◎ 高等院校商法经济法专业核心课
精品系列教材

GAODENG YUANXIAO
SHANGFA JINGJIFA ZHUANYE
HEXINKE
JINGPIN
XILIE JIAOCAI

社会保障法教程

SHEHUI BAOZHANGFA JIAOCHENG

（第四版）

张京萍 ◎ 主　编

首都经济贸易大学出版社
Capital University of Economics and Business Press
· 北 京 ·

图书在版编目(CIP)数据

社会保障法教程/张京萍主编．—4版．—北京：首都经济贸易大学出版社，2015.1

ISBN 978－7－5638－2091－7

Ⅰ.①社…　Ⅱ.①张…　Ⅲ.①社会保障—行政法—中国—高等学校—教材　Ⅳ.①D922.182.31

中国版本图书馆CIP数据核字(2015)第016332号

社会保障法教程(第四版)
张京萍　主编

出版发行　首都经济贸易大学出版社
地　　址　北京市朝阳区红庙（邮编100026）
电　　话　(010)65976483　65065761　65071505(传真)
网　　址　http://www.sjmcb.com
E－mail　publish@cueb.edu.cn
经　　销　全国新华书店
照　　排　北京砚祥志远激光照排技术有限公司
印　　刷　北京市兴怀印刷厂
开　　本　710毫米×1000毫米　1/16
字　　数　431千字
印　　张　25.75
版　　次　2004年2月第1版　2007年9月第2版　2011年1月第3版
　　　　　2015年1月第4版　2018年8月总第11次印刷
书　　号　ISBN 978－7－5638－2091－7/D·156
定　　价　40.00元

修订第4版前言

如今，现代社会保障制度日益为人们所理解，各项社会保障费目的征缴日益被社会大众所接受，社会保障制度立法的真空地带也愈加显露出来。进入21世纪第一个10年之后，社会保障制度体系中各个子制度的立法建设都呈现出立法层级上升的现象。然而，每一个法律的出台都是慎之又慎的，因为新法的出台之日就是与以往旧制度配套的法律法规需要随之作出相应调整之时，新的制度与旧制度的差距很大，且并非是换汤不换药的微调。

现实中，社会保障制度的核心——养老保险制度改革的每一步动作，都面临着很多问题。中国老龄化程度的加深，使得养老保险基金面临巨大的压力。面对这一压力，研究者们呼吁政府应采取诸如延长退休年龄等应对措施，政府也积极做出回应，并且在有些地区已经开始试行。但是，社会保障政策或者制度的推行，除了社会救助制度中多见的那种短期保障措施能很快见到效果外，各项社会保险制度则往往从参保者的立场看，并不能即刻受益。因此，社会对于延长退休年龄的意见反响不一。延长退休年龄也意味着延长缴费年限，还意味着会带来新的就业压力，同时为保证就业人口的家庭生活，照顾老人孩子的需求，社会保险制度之外其他福利制度的压力必将加大。

众所周知，社会保障立法不能解决所有现实中的问题，但在依法治国的法制国家中，它却是解决现实问题的依据。我们不能过高地期望某一部法律可以解决具体的问题，比如，《社会保险法》于2010年出台，但是靠它并没能使人们对社会保险基金的监管增强信心。最近网络上流传的“月存500元比入社保划算”的言论颇有一定社会影响，动摇了一些人对社会保险的理解和信念。这也再次说明了“罗马不是一日建成却可以一日之内被摧毁”的道理。

中国共产党十八届三中全会指出，要紧紧围绕更好保障和改善民生，促进社会公平正义，深化社会体制改革，改革收入分配制度，促进共同富裕，推进社会领域制度创新，推进基本公共服务均等化，加快形成科学有效的社会治理体制，确保社会既充满活力又和谐有序。

三中全会概括中国社会建设的现状和态势中有这样的一段话：“城乡区域发展和居民收入差距仍然很大，部分群众生活仍然困难；发展普惠型民生福利任重道远，基本公共服务均等化步伐还有待加快；新一代异地务工人员融入城市的诉求更加强烈，社会治理模式亟待创新。特别是随着经济社会发展和人民生活水平的不断提高，人民群众的公平意识、民主意识、权利意识不断增强，人民群众对社会不公问题反映越来越强烈。”

体会党中央精神，就是要大力推进社会事业改革创新，解决好民生问题，实现发展成果更多更公平惠及全体社会成员。使社会成员“更多更公平”地共享发展成果，是一种价值理念，也是一种制度安排。从这个意义上说，作为社会事业核心部分的社会保障制度也要充分体会这一精神，加快立法建设的步伐。同时，也对社会保障法的研究提出了更高要求。

本次修订是在2011年年初的第三版基础上进行的，坚持一直以来的力求把握最新的立法动态的原则。在保留总体结构不变的前提下，此次修订包括对前版中的错字及谬误的订正、新内容的添加、对各章的个别部分进行的补充和删减，以及对附录中的法律文件部分进行的调整等。本次所修订部分近200处，修订文字约占全教程的1/4。由于水平及篇幅所限，有些制度和立法沿革未能展开详述。希望此次修订再版能满足高等院校法学专业的本科生、研究生、成人教育以及人力资源专业、社会保障专业学生的要求。

本次修订注意“高水准”与“实用性”的适度结合；从内容安排上求新、求实，力争使本教材能够在一定程度上反映学术前沿的动态。

最后，感谢出版社长久以来的支持，感谢2003年第一版所有参编人员，当然更应感谢的是使用本教程的全体读者，希望本教程能为读者提供有益的帮助。对于书中的不足之处，敬请指正。

2015年1月

目 录

第一章 社会保障法导论……1
第一节 社会保障的概念……2
第二节 社会保障立法的历史沿革……11
第三节 中国社会保障立法的历史沿革……23
复习思考题……37
第二章 社会保障法概述……38
第一节 社会保障法的基本概念……39
第二节 社会保障法的本质、立法理念及基本原则……48
第三节 社会保障法律关系……59
复习思考题……69
第三章 社会救助法……70
第一节 社会救助法概述……70
第二节 社会救助法的历史发展……77
第三节 社会救助法的内容……89
第四节 中国社会救助法律制度……95
复习思考题……108
第四章 社会保险法……110
第一节 社会保险法概述……110
第二节 养老保险法律制度……120
第三节 医疗保险法律制度……133
第四节 失业保险法律制度……146
第五节 工伤保险法律制度……154
第六节 生育保险法律制度……167
复习思考题……175
第五章 社会福利法……176
第一节 社会福利法概述……176
第二节 社会福利立法的发展……180

第三节　公共福利…………………………………………………………………… 192
第四节　专项福利…………………………………………………………………… 198
第五节　社区服务…………………………………………………………………… 204
复习思考题…………………………………………………………………………… 208
第六章　社会优抚法……………………………………………………………… 209
第一节　社会优抚法概述…………………………………………………………… 209
第二节　社会优抚立法的历史沿革………………………………………………… 213
第三节　抚恤制度…………………………………………………………………… 219
第四节　优待制度…………………………………………………………………… 223
第五节　安置制度…………………………………………………………………… 227
第六节　军人保险制度……………………………………………………………… 231
复习思考题…………………………………………………………………………… 234
第七章　社会保障组织运行法…………………………………………………… 236
第一节　社会保障组织运行法概述………………………………………………… 236
第二节　社会保障管理机制………………………………………………………… 238
第三节　社会保障实施机制………………………………………………………… 242
第四节　社会保障监控机制………………………………………………………… 247
第五节　中国社会保障的组织运行………………………………………………… 250
复习思考题…………………………………………………………………………… 263
第八章　社会保障基金法………………………………………………………… 264
第一节　社会保障基金法概述……………………………………………………… 264
第二节　社会保障基金筹集的法律制度…………………………………………… 273
第三节　社会保障基金支付的法律制度…………………………………………… 280
第四节　社会保障基金投资的法律制度…………………………………………… 290
第五节　社会保障基金监管的法律制度…………………………………………… 302
复习思考题…………………………………………………………………………… 311
第九章　社会保障争议法………………………………………………………… 312
第一节　社会保障争议法概述……………………………………………………… 312
第二节　中国社会保障争议处理制度……………………………………………… 317
第三节　社会保障争议解决的辅助制度——法律援助制度……………………… 331
复习思考题…………………………………………………………………………… 338
附录一　案例选编………………………………………………………………… 339
1. 10 万元住院费难倒父亲无奈抛弃病儿致死 ……………………………………… 339
2. 未建个人账户不影响养老金待遇水平…………………………………………… 340
3. 劳动者无权放弃社会保险………………………………………………………… 342

4. 破产企业的退休人员能否分享社会发展成果…… 343
5. 工亡家属是否符合工亡抚恤金的领取条件…… 344
6. 发生工伤后补保的企业自担保险责任的仲裁裁决是否正确…… 344
7. 并非所有的医疗费都由基本医疗保险支付…… 346
8. “封顶线”以上的医疗费由谁负担 …… 347
9. 合同制女职工也应享受生育保险待遇…… 348
10. 最低工资不包括个人依法缴纳的社会保险费 …… 349
11. 被判有期徒刑的人能否领取失业保险金 …… 350
12. 劳动合同解除,失业人员怎样才能得到经济补偿金…… 351
13. 病人复归社会也是社会保障的追求目标之一 …… 352
14. 劳动终局裁决原则的适用问题 …… 355
15. 汉中市社保基金案件 …… 356
附录二　主要社会保障法律法规…… 358
中华人民共和国宪法(节选) …… 358
中华人民共和国劳动合同法(节选) …… 359
中华人民共和国社会保险法…… 362
中华人民共和国老年人权益保障法…… 374
中华人民共和国残疾人保障法…… 383
中华人民共和国军人保险法…… 392
境内证券市场持部分国有股份充实全国社会保障基金实施办法…… 398
参考文献…… 401

第一章

社会保障法导论

本章要点及学习要求

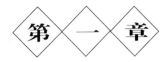

社会保障是各种具有经济福利性的、社会化的国民生活保障系统的统称，是一个项目众多、内容复杂的庞大体系。社会保障主要有社会救助、社会保险和社会福利三大基本领域。从历史的角度看，社会保障制度在各国也经历了种种演变，由于各国的政治、经济、文化、社会风俗等背景的不同，社会保障的概念也是一个动态的概念，至今仍有待进一步研究。这一点从社会保障法的历史回顾中也可得到验证。社会保障法起源于欧洲工业发达国家，它从产生到现在，已经历了 130 多年的历史。从 19 世纪 80 年代到 20 世纪，是社会保障法的产生和发展阶段。20 世纪 30 年代，为适应解决社会问题，尤其是克服经济危机的需要，社会保障立法有了蓬勃发展。在 21 世纪的今天，各国都在结合本国的具体社会经济状况进行着社会保障法律制度的调整和改革。

在本章的学习中，要求掌握社会保障的概念、制度构成、社会保障的功能和类型；了解社会保障法产生、发展、变革的各大阶段的特征；从总体上把握新中国成立以后至社会保障法制建设进入全面发展阶段期间的社会保障立法历史沿革的轨迹及各阶段的特征，了解中国的带有“双重二元结构”特征的社会保障制度体系的成因，为进入社会保障法分论的学习和更好地理解改革意图做铺垫。

第一节 社会保障的概念

一、社会保障的词源

社会保障是英语 Social Security 的译文(也译为社会安全),这一名词,最早出现于美国1935年制定的《社会保障法》(Social Security Act)中。1938年,新西兰通过的社会保障立法案中,也使用了社会保障一词;此后,1941年,美国总统罗斯福和英国首相丘吉尔在联合发表的战时宣言《大西洋宪章》(Atlantic Charter)中,又再次使用了这一概念。1942年,国际劳工组织(International Labour Organization,简称ILO)发表了题为“走向社会保障的途径”的报告;此后,由于国际劳工组织在有关的公约和建议书中多次使用社会保障这一概念,社会保障一词遂被世界各国普遍使用。新中国在《国民经济和社会发展第七个五年计划》中首次提出“我国将逐步地建立起具有中国特色的社会主义社会保障制度雏形”,此后,“社会保障”一词在我国开始得到广泛使用,并且对社会保障的研究日益深入。

二、社会保障的定义

社会保障一词虽然已被广泛使用,但是,对于社会保障的定义,却没有统一的解释。进入20世纪以后,资产阶级社会改良主义成为西方国家社会保障的理论基础,尤其是英国的庇古、凯恩斯,美国的罗斯福和英国的贝弗里奇的理论和主张,以及社会民主党的“福利社会主义”,都对西方国家的社会保障制度的形成和发展具有重大影响。但由于各国的政治、经济、历史、文化和传统的不同,各国都是根据各自的国情与需要制定政策,逐步建立和发展社会保障体制的。因此,各国对于社会保障的理解和解释也不同①。

比如,德国认为社会保障即社会公正和社会安全,是为因生病、残疾、老年等原因而丧失劳动能力或遭受意外而不能参与市场竞争者及其家人提供的基本生活保障,其目的是通过保障使之重新获得参与竞争的机会。

英国认为社会保障是一种以国家为主体的公共福利计划,目的是保护全体公民避免因失业、疾病、老年及养家人死亡而丧失收入来源或工资收入大幅度减少,并通过社会服务和社会救助提高全体公民的福利。社会保障是一种公民因特定的原因收入中断或减少或具有某种需要时,给予本人及其家庭的国家经济保障。

---

① 关于德国、英国、美国、苏联以及日本对于社会保障的主流定义,见覃有土、樊启荣编著:《社会保障法》,法律出版社,1997年,第4~6页。

美国对社会保障的理解介于英国和德国之间，将社会保障视为社会安全网，认为社会保障是根据政府法规建立的，避免人们因老年、疾病、失业、伤残等原因中断或丧失劳动能力，为人们提供因结婚、生育和死亡带来的特殊开支以及抚育子女的家庭津贴的保障体系。

苏联一直以马克思有关“必要劳动”和“剩余劳动”的理论以及列宁关于“最好的工人保险形式就是国家保险”的理论为基础来理解和解释社会保障，认为社会保障是一种分配关系体系，是依靠社会为因年老、疾病、残疾等原因而丧失劳动能力，或因某种原因需要物质帮助的公民提供生活保障的分配关系体系。

日本对于社会保障的理解是，社会保障指对于疾病、负伤、生育、残疾、死亡、失业、多子女及其他原因造成的贫困，从保险方法和国家直接负担上寻求经济保障途径，对陷入生活困境者，通过国家援助保障其最低限度的生活。同时，谋求公共卫生和社会福利的提高，以便使所有国民都能过上真正有文化的社会成员的生活。

中国学者对社会保障也有着不同的解释。如有学者这样定义：社会保障即国家为了维护经济发展和社会安定，通过强制性立法，以国民收入分配和再分配的形式，对全体社会成员的基本生活需要和经济发展享受权予以保障的制度①。我们对这一定义也比较认同，但社会保障还是一个动态的概念，在不同的时代，因社会经济发展政策的不同，社会保障的定义也有着不同的时代特征。考虑到这一点，本教材采用这样的定义：社会保障是各种具有经济福利性的、社会化的国民生活保障系统的统称②。

这一定义包括了如下三个必备要素：一是具有经济福利性，即从直接的经济利益关系来看，受益者的所得一定大于所费；二是属于社会化行为，即由官方机构或社会中间团体来承担组织实施任务，而非供给者与受益方的直接对应行为；三是以保障和改善国民生活为根本目标，包括经济保障与服务保障等。作为国民生活保障系统，社会保障概念客观上包括三个层次：一是经济保障，即从经济上保障国民的生活，它通过现金给付或援助的方式来实现；二是服务保障，即当代社会还需要适应家庭结构变迁与自我保障功能弱化的变化，满足国民对有关生活服务的需求，如安老服务、康复服务、儿童服务等；三是精神保障，即属于文化、伦理、心理慰藉方面的保障，这是更高层次的保障。

本书对社会保障的界定，仍然是大社会保障概念，它包容了社会保险、社会救助、社会福利及其他各种符合上述定义三要素的社会性保障措施。这与中国官方和社会保障界的主流观点基本吻合。不过，在进行国际或地区比较时，则需要看对照国或地区的社会保障范围大小，在某些情况下，这一概念与一些国家或地区的社会福利概念范围更加接近。

---

① 方乐华编著：《社会保障法论》，世界图书出版社，1999 年，第 2 页。

② 郑功成著：《社会保障学》，商务印书馆，2000 年，第 11 页。

三、社会保障的制度构成

社会保障发展到今天,已经成为一个项目众多、内容复杂的庞大体系。从其保障项目的层次及保障对象范围看,有三大基本领域:社会救助、社会保险和社会福利。此外,社会保障的功能除依靠这三大基本领域的制度发挥之外,还要依靠与其关系密切的相关基本制度才能充分发挥出来。

(一)社会保障的基本领域

社会保障是一种综合性的保障制度,根据保障水准,我们可以把社会保障分为社会救助、社会保险和社会福利三个基本领域。

1. 社会救助。社会救助是最低层次的社会保障,也是人类社会最古老的一种保障制度。其特点是:当社会成员遇到各种自然灾害、意外事故而不能自救,陷于困境时,或因某种原因陷入贫困状态时,由政府按照法定标准,向其提供一定的物质帮助。社会救助提供的是最低生活保障,往往是一种临时性的救急措施。社会救助往往要对救济对象的经济状况作一定调查。从世界各国的发展趋势看,社会救助已经从单纯的物质给付发展到通过提供物质帮助,促使其自助、自强、自立。

2. 社会保险。社会保险是社会保障中的主要部分,一般包括养老保险、疾病保险、医疗保险、工伤保险、生育保险、失业保险、遗属保险等项目。其特点是:国家通过立法,强制社会成员缴纳各种社会保险费(税),形成专门的社会保险基金,对社会成员遭遇的年老、疾病、伤残、生育、失业、死亡等风险予以保障。社会保险提供的是基本生活保障,其保障水准高于社会救助;社会保险待遇的享受,不需要任何经济状况调查,以约定的可确认事件(如退休、患病、失业等)的发生为条件,享受保险待遇。

3. 社会福利。社会福利是一个具有争议性的概念,至今仍众说纷纭。现今世界范围内有三种较为普遍的解释。第一种解释认为社会福利是指国家和社会为改善和提高全体社会成员的物质、精神生活而采取的措施和提供的设施及服务,包括人们的衣、食、住、行、乐、环境、教育等,涉及物质生活和精神生活的各个方面。欧美号称福利国家的各国,把"从摇篮到坟墓"的保障措施都称为社会福利,就属于这种解释。这种解释与人们常使用的"福利"一词的意思相近,是范围最广、层次最高的一种解释,包含和超出了社会保障概念的全部内涵和外延。第二种解释是将社会福利等同于社会保障,两个概念交互使用,外延一致,包括社会救助、社会保险,指国家和社会为保障社会成员基本生活而采取的社会政策。这种解释具有一定的普遍性。第三种解释指的是"专为弱者提供的保障和服务"。

在中国,社会福利概念是作为社会保障的子概念来使用的,本教材也采用这一概念。我们认为社会福利是社会保障的重要组成部分,其保障的水平层次高于社会救助,也高于社会保险,是由国家在法定范围内,向社会成员普遍提供的物质帮助和优化服务。其着眼点在于改善社会成员的物质生活质量和给社会成员提供某种生活上的便利。

根据福利的对象,可以分为公共福利、职工福利、老人福利、妇女儿童福利、残疾人福利等;根据福利内容,可以分为各种福利津贴、住房福利、集体或公共设施福利、文化教育卫生福利、社区服务、特殊群体社会福利等。

(二)社会保障的特殊制度

除上述基本领域之外,各国的社会保障制度中还有对于特殊对象提供的综合性的生活保障制度。这种特殊制度目前可以社会优抚制度为例。社会优抚是社会保障中比较特殊的部分,其特点是:国家通过立法,规定对一些负有特殊社会任务和责任的人员、社会有功人员,实行物质照顾和精神抚慰。社会优抚是随着军队的产生而产生的,其内容包括优待军人和军人家属、抚恤伤亡将士、褒扬阵亡将士等,其后范围有所扩大,如对一些因公或为保卫人民生命财产而牺牲的非军人,也实行抚恤和褒扬。从广义的角度理解,中国的离休干部制度、劳动模范制度,也带有社会优抚的成分。应该说,社会优抚具有很强的阶级性,不同性质的社会,必定有不同的优抚对象。但因其保障水平以及手段或方式的综合性,可以说是上述三大基本领域的社会保障对优抚对象的综合运用。

(三)社会保障的相关领域

除上述基本领域外,社会保障还有不少与之有密切关联的制度,我们称之为社会保障的相关领域。从这些关联制度的作用看,大致可以分为三类:

1. 形成社会保障基盘的制度。社会保障的实施,需要法律上、组织上、物质上、人员上的各种保证,这些保证为社会保障提供了坚实的基盘,故称之为形成社会保障基盘的制度。如社会保障管理机构的设置和法律地位的确定,实施社会保障所必需的设施和人才的确保,社会保障监督机制的确立,社会保障争议调解、仲裁和诉讼程序的制定等等,都需要建立一系列严密、完善的制度,才能保证社会保障基本项目的实施。

2. 与社会保障机能相类似的制度。由于社会保障起步较晚,在发展过程中,它吸收了许多相邻制度的做法,特别是与社会保障机能相类似的一些制度,往往在社会保障的实施中直接被吸收、采用,从而成为社会保障制度中的有机组成部分。

比如税收制度,其在国民收入分配、再分配的基本机能上与社会保障制度十分相似,因此,税收制度中的很多内容,都为社会保障制度所吸收。又如,政府的转移支付在调节社会总需求的机能上,与社会保障有相似之处,而社会福利中的福利津贴,就是面向社会成员个人的转移支付项目。

3. 为发挥社会保障功能而建立的各种制度。由于社会保障涉及面相当广,保障项目确立后,为充分发挥其功能,往往需要建立一系列相应的制度。如与失业保险配套的职业培训、职业指导、职业介绍制度;与医疗保险、卫生保健福利相关的医疗服务机构制度、医师制度、食品卫生制度、从业人员健康检查制度、环境保护制度;与生育保险相关的国家人口政策、女职工保护制度;与教育福利配套的义务教育、教师资格、教育设施基准制度;与儿童福利配套的未成年人保护、犯罪青少年的特殊挽救和帮助制度;等等。

上述例子,充分说明了社会保障立法的复杂性、与其他法律部门的关联性。

四、社会保障的功能

现代社会的持续、稳步发展需要动力机制和稳定机制。市场经济提倡、鼓励公平竞争,追求社会效率,通过市场竞争机制,优化资源配置,有效地利用各种生产要素,使有限的生产资料发挥最大的经济效益;通过市场价格和分配机制,使利润流向产品适销对路、勇于开拓创新、发展势头强劲的产业和企业,使社会成员间的收入拉开差距,从而产生一种激励机制。市场机制正是这样一种动力机制。

但是,市场机制在促进社会经济发展的同时,也给社会带来种种不安定因素。这些不安定因素是市场机制不能解决的,也是难以要求市场机制解决的,因为市场机制受竞争规律支配,优胜劣汰在所难免。市场机制自动地向效率倾斜,而并不向公平倾斜,在竞争中出现弱者贫困化的现象也在所难免。因此,社会必须建立另外一种向公平倾斜的稳定机制,由国家主导向弱者和遭遇风险者提供生存保障,克服市场机制的弱点和弊端,实现社会公平,这种稳定机制就是社会保障。

因此,可以说,市场机制和社会保障是保证现代社会持续、稳定发展的两翼,没有社会保障的市场经济体制不但是不健全、不完善的,而且会引起种种社会问题,最终导致市场经济体制的失败。国际劳工组织的常设机关——国际劳工局明确指出:如果一个国家缺少完备的社会保障体系,特别是产业工人的社会保险出现纰漏,那么这个国家构建任何一种市场经济体制都是不可能的。

社会保障作为稳定机制,其功能主要表现为以下三个方面。

(一)政治功能

社会保障被称之为减震器或安全网,主要是就其政治功能而言的。概括地讲,社会保障对社会、对政治具有以下一些功能:

1. 消除或减少不安定因素。全体社会成员的基本生活能够得到保障,是现代社会安定的根本前提。管子说:凡治国之道,必先富民,民富则治易之,民贫则治难也。社会保障向社会的贫困者、遭遇风险者和社会的弱者等提供物质帮助和社会服务,保障其基本生活,实行的就是“富民”之道。不“富民”,“民贫则治难也”,说明民贫是社会的不安定因素。社会保障正是从“富民”着手,消除或减少社会的不安定因素。可以说,社会保障实施的范围越广,覆盖的对象越多,其编织的安全网就越大,社会的安全系数也越高。

2. 缓解社会动荡。当现代社会出现诸如经济结构调整、经济萧条、金融危机、人口老龄化等种种社会风险时,社会成员难免会受到生活、心理上的种种冲击和震荡,如果对此听之任之,则必然会加剧社会动荡,引起社会危机。社会保障被称之为抵御市场经济风险的最后一道防线,它以保障基本生活的功能,构筑了一片缓冲地带,使受到社会风险波及的社会成员得以休整和喘息,从而成为缓解社会动荡的减震器。

3. 有助于提高政府在社会成员心目中的地位。由政府主导建立并不断完善的社会保障制度,使社会全体成员老有所养,病有所医,生活有保障,风险有补偿,当然会增强政府的威信,提高政府在社会成员心目中的地位。而政府的威信越高、地位越高,对社会的管理和控制、对市场经济的调控和运行就越能顺利进行,从而达到一种一呼百应、国泰民安的境界。

(二)社会功能

社会保障是国家的基本国策之一,是整个社会的事业,需要每个社会成员的关心和参与,而社会保障的发展和完善,也必将会推动社会的进步和发展,促进国民素质的提高。

1. 唤起社会参与意识,提高民主自治观念。社会保障的实施,一般都贯彻国家、用人单位和个人共同负担,即社会共同参与的原则,从而将民主自治的观念灌输给社会每个成员,唤起公民对社会生活的关心和参与意识,提高社会成员互助互济的友爱精神,有助于增强社会的凝聚力。

2. 促进社会成员和谐共存。社会保障在横向上是各社会成员间的彼此互助、互济,在纵向上则是不同年龄劳动者的代际赡养、抚育,是代际互助、互济。这种互助、互济有利于社会成员间的团结,有利于代际的沟通,有利于社会体制、道德观念的维护和延续,有助于实现社会公平,使社会各个阶层都能保持心态平衡,促进社会全体成员的和谐共存。

3. 对公众心理的正确导向。社会保障的建立和完善,将使社会成员在心理上产生一种安全感。这种心理因素往往具有社会心理导向的作用,会对公众的行为产生深刻影响,所以,其作用不可估量。

(三)经济功能

社会保障实质上是一种经济制度,在国外,许多学者鉴于社会保障所具有的经济功能,又把社会保障称之为市场经济的调节器。社会保障的经济调节功能可从以下几个方面来体现:

1. 调节社会总需求。在宏观经济中,社会保障调节社会总需求的作用,与政府的税收和转移支付颇为相似。当经济处于景气状态时,由于社会成员就业、收入的增加,社会保障基金的征收也相应增加,从而在一定程度上抑制了社会总需求的增长,这对于防止通货膨胀,避免经济进一步过热具有一定作用;反之,当经济处于不景气状态时,由于失业增加、收入减少、提前退休等种种因素,社会保障基金的支付也大为增加,从而在一定程度上增加了社会总需求,这对于刺激经济复苏,避免经济进一步衰退具有一定作用。

2. 保证经济结构调整顺利进行。社会经济结构调整,是国民经济发展中不可避免的过程。经济结构调整,实质上就是社会资源的重新配置,其中最关键的是劳动力资源的重新配置,因为其能否顺利调整到位,不但关系到经济的发展,还与社会问题紧密相关。而社会保障,则通过发放失业津贴,使闲置劳动力得以休整和喘息,避免因失业增加而引起社会动荡；又通过职业培训、职业指导和职业介绍，提高劳动力素质，沟通劳动力供求渠道，使闲置劳动力的重新配置得以顺利进行。

3. 调节贫富和收入差距，提高边际消费倾向。社会保障所具有的社会再分配功能，能够调节贫富、收入差距，克服第一次社会分配中的不合理、不公平状况。

这种调节，可以是平行的，如从就业人群流向失业人群、从健康人群流向患病人群、从高收入人群流向低收入人群等；也可以是垂直的，如代际间的流动。从宏观经济学的角度讲，这种流动有助于提高整个社会的边际消费倾向，即增加社会总需求。凯恩斯经济理论特别注重社会总需求，认为经济出现问题，往往是总需求不足引起的。为此，在凯恩斯开出的"药方"中，就有一味是"征富济贫"，他认为富人的边际消费倾向普遍低于穷人，收入增加后，富人总是将更多的钱投入储蓄。从这一角度看，上述流动实际是一种"征富济贫"，可以使社会总需求保持旺盛的势头，促进经济发展。

4. 调节社会消费结构。从某种意义上说，社会保障中的养老保险是一种强制性储蓄，其意义在于调节现在消费和将来消费之间的结构，促使社会成员控制现在消费而用于将来消费，可以起到抑制现在消费过度膨胀的作用。

5. 调节财政投融资。社会保障基金具有很高的稳定性和积累性，其在财政投融资方面的重要作用不可忽视。虽然运用基金进行投融资是为了保值增值，但客观上已成为国家调节投资的重要支柱。在国外，有的学者甚至认为，社会保障具有资本积累的作用，能够为经济发展提供丰厚的资金基础。

五、社会保障的类型

迄今为止，世界上已有160多个国家和地区建立了社会保障制度。但是，由于社会制度、发展程度、经济实力和文化传统的不同，各国在社会保障的政策取向、制度设计、机构设置、保障项目组合、实施标准和方法等诸方面，都存在着较大的差别。此外，从历史的角度看，社会保障制度在各国也经历了种种演变。因此，给社会保障划分类型，必须根据不同角度、不同标准来进行。在这一节中，我们将社会保障按照其实施范围、实施方式、基金筹集方式和收支方式进行不同的分类。

（一）按照社会保障的范围分类

按社会保障的范围来划分，可以分为与工作关联的保障制度、普遍保障制度、依据经济状况调查的保障制度三种类型的社会保障。

1. 与工作关联的保障制度。这种类型的社会保障也被称为与就业挂钩的保障制度，或雇佣劳动保险制度。简而言之，即只有受雇佣的劳动者达到一定条件，才能享受保障权利的一种制度。其特点是：保障对象都是有雇佣关系的劳动者；保障待遇直接或间接地与工资收入、工龄或缴费年限挂钩；采取强制性实施方式，基金主要由用人单位和个人承担，国家酌情给予补助，个人和雇主都必须按照法定比例缴纳保险费。世界上大多数国家目前都采用这种类型的保障制度。

2. 普遍保障制度。即凡是本国国民或在本国居住一定年限的外国人，都可以根据法定标准享受保障权利，而不考虑先前的收入、工作或财产状况。发达国家中所谓的“福利国家”一般都实行这种制度，如瑞典、挪威、丹麦、加拿大、澳大利亚等。日本虽然不能说是福利国家，但其实施的“国民皆年金”“国民皆（医疗）保险”制度，与这种普遍保障制度很相似。

3. 依据经济状况调查的保障制度。这一制度，通常在社会救助中实行，保障对象只限于贫苦者或低收入者。当贫苦者或低收入者的生活和收入低于法定最低生活标准时，可以向有关机构提出申请，而有关机构则对申请人的经济收入和生活需要进行调查，以确定其能否享受补助或补助多少。这类保障的基金主要由国家财政提供，也有社会团体和个人捐助的。目前，很多国家还把这种制度和失业保险相挂钩配套实施，即失业者在一定期限内享受失业津贴，期满后仍未就业的，可以经申请、调查后领取失业救济。

（二）按照社会保障的实施方式分类

按社会保障的实施方式，可以把社会保障分为强制、半强制和任意三种类型。

1. 强制方式。即国家通过立法，规定凡是法定范围内的对象，必须毫无例外地加入该保障项目。目前，世界各国在社会保险的主要项目，如养老、医疗、疾病、失业、工伤等社会保险上，都实行这种强制方式。

2. 半强制方式。这种方式并不规定范围，却规定一定的标准，只要达到该标准，就必须加入该保障项目，没有达到该标准的，则可以任意加入。半强制方式主要出现在多层次保障体系中的补充项目上。如多层次养老保险体系中的企业补充养老保险，规定企业利润达到一定数额标准，就必须为其职工参加补充养老保险，没有达到利润标准的企业，则可以任意参加。

3. 任意方式。即由保障对象根据需要，自己决定加入与否。与商业保险相似，它是一种早期的实施方式，目前主要在补充保险项目中实行。

（三）按照社会保障基金的筹集方式分类

按社会保障的基金筹集方式，社会保障可以分为：国家保障型、社会保障型、国家福利型和个人储蓄型。

1. 国家保障型。即国家和企业负担全部社会保障费用，采取对劳动者的生老病死统包下来的一种制度。这种制度由苏联创造，主要存在于改革前的社会主义国家。其特点是国家往往采取高就业、低工资政策，将对全体劳动者的生老病死予以保障作为劳动报酬的另一种形式。这种类型存在着国家财政负担沉重、社会保障覆盖面狭窄等种种问题，面临着根本性的改革。

2. 社会保障型。即主要由用人单位和个人缴纳保险费，建立保障基金，国家只给予必要补贴，或当基金发生危机时给予财政支持的一种制度。这种制度创始于德国俾斯麦时期，所以又称为“俾斯麦类型”。其特点是贯彻“大数法则”和“群体调剂”的原则，通过“人人为大家,大家为人人”的方式,使保障对象不陷入贫困的危机,从而达到阶级调和、社会成员和谐相处的目标。应该说,社会保障型是社会保障的发展趋势,世界上很多国家目前都实行这种类型的保障制度。

3. 国家福利型。即国家通过高额社会保障税、财政补贴来建立保障基金,给予全体社会成员以福利化程度保障的一种制度。其主要特点就是保障程度高,如果说,社会救助只保障最低生活,社会保障型只提供基本生活保障,那么,国家福利型的理想目标则是“从摇篮到坟墓”的全面、普遍、平等和充分的保障。国家福利型的创始人、英国经济学家贝弗里奇认为:通过社会保障发放的津贴和救济,应以维持正常生活,无须再求其他资助和救济为标准,而享受津贴或救济的时间,则以需要为标准,不受限制。只此一条,便可看出国家福利型的保障程度。所以,实施国家福利型的国家,通常被称为“福利国家”。属于这一类型的主要有某些英联邦国家、西欧和北欧等一些国家。但是,“福利国家”目前也遇到了种种困扰,其主要难题在于高保障给国家财政带来了沉重负担,而高保障又使得劳动者勤劳意欲减退,引起了经济上、社会上的各种问题。

4. 个人储蓄型。即国家通过立法,强制劳动者和用人单位进行预防风险储蓄的一种制度。双方的储蓄额,以职工个人名义记入专门机构设立的个人账户,当职工遭遇各种风险时,才可动用账户资金,以救燃眉之急。职工之间没有互助互济,不实行社会统筹,是一种自助型的保障模式。目前,新加坡、印度尼西亚和马来西亚等一些东南亚国家实行这种制度。

(四)按照社会保障基金收支的方式分类

按照社会保障基金收支方式,社会保障可以分为:现收现付模式、现收现付和部分积累模式、个人账户模式三种类型。

1. 现收现付模式。即根据一定时期内(一般是1年)收支平衡的原则,以支定收,确定每个时期的保险费率的模式。其特点是:本期收缴的社会保障基金,全部用于本期该项目的支出,不留积累,并根据本期的支出,确定下期的缴费多寡,每期调整,比较灵活,不易受通货膨胀的影响。但现收现付模式缺少长远规划和必要的积累,一旦遇到突变的情况,容易使该社会保障项目陷入危机。

2. 现收现付与部分积累模式。即在现收现付基础上,留有一定积累,作为长期留存的社会保障基金,以应对变化的情况。其特点是:以支定收,并加上部分积累额来确定保险费率。这种模式弥补了现收现付式的不足,目前为大多数国家所采用。但这种模式,个人和用人单位的缴费负担较重,应充分考虑其承受能力。此外,部分积累的基金管理任务很重,如何使基金不受通货膨胀影响而保值、增值,是必须解决的课题。

3. 个人账户模式。这是与上述个人储蓄型相配合的一种制度。这种模式的主要缺点是没有社会统筹,光靠个人账户的储存额。但是众所周知,个人抵御社会风险的能力往往有限。

第二节　社会保障立法的历史沿革

一、社会保障法的产生

社会保障法起源于欧洲工业发达国家,它从产生到现在,已经历了130多年的历史。

社会保障立法开始于德国。1883年,德国政府颁布了《劳工疾病保险法》,这是世界上第一个劳动保险法,即社会保险法律;之后,德国于1884年又颁布《劳工伤害保险法》,1889年颁布《残废和老年保险法》。德国的社会保险立法,一时间成为各国仿效的楷模。

社会保险立法是人类社会发展进步中的一项文明立法,它在保护劳动者和公民权利、安定社会生活秩序、促进经济发展和社会进步等方面所起的作用,原非主持立法的统治者的本意企求,亦非思想家们完全始料所及,而是后来人们在实践中逐渐认识到的。以英国与德国作比较,从产业革命爆发的时间先后、工业化规模大小、人口中的城市人口比重高低等方面比较,英国有着对社会保障立法更迫切的需求,但为什么德国反而首先开始这项立法呢?这主要是由于德国更为复杂的阶级斗争形势所决定的。19世纪下半叶,德国阶级关系复杂,政治流派繁多,无产阶级力量强大,新兴资产阶级尚显软弱。首相俾斯麦对内对外采取了强硬的铁血政策。他一方面无情镇压工人运动,另一方面为平息劳工斗争而推行社会保险立法。1881年11月17日德皇威廉一世发表的《黄金诏书》宣称:"社会弊病的医治,一定不能仅仅依靠对社会民主党进行过火行为的镇压,而且同时要积极促进工人阶级的福利。"并说,"一个期待养老金的人是最守本分的,也是最容易统治的",改善工人福利,是为了"和破坏性的社会民主党的企图进行斗争";认为社会保险是"一种消灭革命的投资"。

可以说,从世界范围看,社会保险法的出台及法群化标志着现代社会保障立法的开始。换言之,现代社会保障法的产生是以社会保险法的出台及法群化为标志的。

二、社会保障立法的发展

社会保障法诞生以后,在世界各大洲的经济发达国家和大部分发展中国家中受到普遍重视,获得了健康发展。这个发展过程是持续不断和规范有序的,到1995年为止,全世界已有168个国家和地区通过立法建立起社会保障制度。对社会保障立法发展过程的阶段划分,学者们意见不一。本书按照社会保障立法发展阶段划分的主流观点,将社会保障立法的发展情况作以下三阶段划分。

（一）社会保障立法的起步阶段

从19世纪80年代至20世纪初始年代（1883～1909年），是社会保障立法的起步阶段。继德国首倡劳工保险立法之后，一批欧洲国家以及少数美洲和大洋洲国家开始社会保障立法。资料统计表明，19世纪后期立法的有16个国家，20世纪初立法的有8个国家。除新西兰于1898年、澳大利亚于1902年、美国和加拿大同于1908年分别制定了工伤保险法以外，其余20个国家诸如德国（1883年），比利时、波兰（1884年），奥地利、捷克斯洛伐克（1887年），丹麦、瑞典、匈牙利（1891年），挪威、芬兰（1895年），英国、爱尔兰（1897年），法国、意大利（1898年），西班牙（1900年），荷兰、卢森堡（1901年），俄罗斯（1903年），冰岛（1909年）等均为欧洲国家。以上24个国家中，有18个国家首先从工伤保险立法开始，有5个国家从疾病保险立法开始，1个国家从养老保险立法开始。统计资料表明，社会保障立法首先是在经济发达国家开始的，它是密切服务于生产力发展和市场经济发展的客观需要的；同时，进步立法在相邻国家间的倡导和示范作用也是不可忽视的。

这个阶段值得重视的另一件事是工伤事故赔偿中无过错责任原则的确立。德国于1884年颁布的《劳工伤害保险法》规定，由雇主缴纳工伤保险费用，以备发生工伤灾害时向受害劳工支付赔偿费用的需要。1897年英国颁布《劳工赔偿法令》，规定凡发生工伤事故，除非劳工自身出于故意或有重大过失，否则均由雇主向受害者承担赔偿责任。其形式可向受害者直接赔偿，也可通过缴纳工伤保险费的形式由受害者获得赔偿支付。后一种形式，既可避免发生劳资争议，又可由社会分担赔偿负担，其优越性十分突出。

无过错责任原则引入工伤灾害赔偿，使侵权行为法理论发生变化：其一，是举证责任的转移。如按照过错责任原则，需由劳工举证证明雇主在工伤事故中有过错，而在复杂的生产技术条件下，劳工很难提供证据。按照无过错责任原则，需由雇主举证证明受害劳工本人故意或有重大过错，雇主同样很难提供证据。其二，赔偿责任构成要件的变化。只要有损害事实存在以及损害确系劳动过程中工伤所致，就可确定雇主赔偿责任，而不必另外具备一般侵权损害民事责任所需的行为的违法性、加害人主观上有过错两个条件。以上理论变化，反映了社会发展中对公平原则维护的客观需要，这对于保护劳工权益是十分有利的。

（二）社会保障立法的蓬勃发展阶段

20世纪初，为适应解决社会问题尤其是克服经济危机的需要，社会保障立法有了蓬勃发展。以1935年美国颁布《社会保障法案》为标志，“社会保障法”之名首次出现。

1.社会保障立法在世界范围获得大发展。这个阶段是社会保障制度在各大洲普遍建立并获得很大发展的时期，共有75个国家加入到社会保障立法国家的行列。其中，欧洲国家14个，美洲国家23个，非洲国家22个，亚洲国家16个。欧洲国家中6个国家（瑞士、罗马尼亚、苏联、葡萄牙、希腊、乌克兰）立法开始于20世纪，8个国家立法开始于20世纪20年代。欧洲国家中，除阿尔巴尼亚于1947年、摩尔多瓦于1955年开始社会保障立法以外，其余国家在20世纪20年代以前已全部制定有社会保障法律。美洲国家社会保障立法的开始年代，晚于欧洲而领先于其他各洲。已经开始社会保障立法的国家数量，在全美洲国家总数中的比例，20世纪20年代末超过半数，到20世纪30年代末已超过2/3。非洲国家中社会保障立法开始于20世纪20年代以前的只有6个国家，开始于20世纪30年代的则有16个国家。日本于1911年制定了工伤保险法，这是亚洲最早的社会保障立法，也是1919年以前亚洲唯一的一项社会保障立法。日本于1922年又制定了疾病保险法律。东南亚和南亚的一些国家于20世纪20年代开始立法。

值得注意的是，在这一时期，社会主义国家的苏联于1917年十月革命胜利以后，对劳动立法给予了高度重视，于1918年颁布了劳动法典，1922年又加以修正，劳动法典中对社会保险和福利作了规定。1918年还颁布了劳动者社会保障条例，它不仅对后来的社会主义国家的社会保障立法有很大影响，而且对第二次世界大战以后的欧美国家的社会保障立法也有一定的影响。

2. 社会保障法项目在内容上获得了很大发展，其标志是失业保险制度的建立。比利时早在1901年即在根特市实行失业保险制度。其办法较为简单，由政府对工会原有的失业保险给予一定的补助金；对于工会以外的工人，则由政府给予失业救济金，其数额为工会会员失业保险救济金的六成。这一制度在根特市施行效果显著，以后就在比利时全国施行。随后，法国于1905年、挪威于1906年、丹麦于1907年开始仿效实行这种制度。以后由于经济危机越来越严重，失业大军人数猛增，比利时式的以工会力量为主的失业保险制度已不能适应客观需要，遂有强制性立法的出现。

强制性失业保险立法首先出现于英国。英国于1911年12月16日颁布了《失业保险法》，在全国范围的矿山、纺织、建筑、造船、铁路、木器等最易失业的行业内强制施行，所有16岁以上的员工均须参加失业保险，均可享受失业救济。以后经过修改，适用范围扩大。1920年的法律规定，除农民、家庭佣工和机关职员外，受雇人员都包括在失业保险适用范围之内。英国的失业保险法，是世界上第一个强制性失业保险法，对许多国家的立法产生了重要影响。失业保险制度的建立，对于保障市场经济发展中劳动力的灵活供需调节、帮助失业者获得基本生活保障、通过转业培训提高就业条件后重新走上就业岗位，起了很大作用。

继英国之后，意大利于1921年实施失业保险法，德国于1927年通过强制失业保险法。比利时、法国等国家也改变了原来的失业保险办法，转而采取强制立法手段。欧洲施行强制性失业保险法的国家，在20世纪20年代即达到19个。

3. 社会保障立法形式上的大发展。大发展以美国的《社会保障法案》为标志。与以往各国所采取的单一立法形式不同，美国采取综合立法的形式，制定了《社会保障法案》。美国在19世纪末期，工业生产即跃居世界首位。对于社会保障立法，美国传统的认识与英、德等欧洲国家不同。美国政府原先认为，救济、福利等社会事业不宜由政府干预，只能由教会、慈善机构、社会群体去办理。在 1929～1933 年的经济危机的影响下，美国政府改变了传统认识。危机中，美国国民经济陷入困境，全国有 1 500 万～1 700 万工人失业，约 3 400 万户农民陷入贫困境地。富兰克林·罗斯福于 1933 年 3 月就任总统，实行"新政"，实行国家全面干预经济的制度。"新政"的内容包括救济贫民和失业者，恢复工商业和农业，改革银行和投资控制以及改善劳资关系等等。1935 年 8 月 14 日，《社会保障法案》获参、众两院通过。《社会保障法案》的内容以老年社会保险和失业社会保险为最重要。在这以前，各州都没有失业保险法。在《社会保障法案》的影响下，各州在几年之内都制定了失业保险法律。美国的《社会保障法案》并非完美无缺，历经多次修改，人们仍然对某些内容抱有不同见解因而争论不休。但不可否认，这个法律的施行，确实给美国社会带来繁荣、昌盛和稳定。这个法案在资本主义世界的社会保障立法历史上具有里程碑的意义，它所产生的影响是很大的。

（三）社会保障立法发展的巅峰阶段

第二次世界大战以后，以英国为起始的西欧、北欧国家福利政策的实施直至 20 世纪 50～60 年代一批新兴国家颁布社会保障法，是社会保障立法更趋兴盛的阶段。

这一阶段以福利国家纷纷建立为标志。第二次世界大战爆发前后直到 20 世纪 70 年代，是福利国家纷纷建立的阶段。同时，社会保障制度继续在非、亚、美各大洲普及和发展。按开始社会保障立法的年代计算，20 世纪 40 年代 22 个国家，20 世纪 50 年代 21 个，20 世纪 60 年代以后 25 个，共 68 个国家。其中，非洲、亚洲各 23 个，美洲 11 个，大洋洲 9 个，欧洲 2 个。东欧除阿尔巴尼亚以外，各国的社会保障立法均开始于 20 世纪 20 年代以前，但在第二次世界大战后建立起社会主义公有制度以后，它们的劳动立法和社会保障立法以苏联为榜样，有很大发展并取得显著成绩，在保护劳动者合法权益方面起了很大作用。

福利国家的建立是这个阶段世界范围内的大事。英国于 1897 年制定《劳工赔偿法令》，确立了工伤赔偿的无过错责任原则。以后又陆续推出了《工伤保险法》（1906 年）、《老年保险法》（1908 年）、《儿童法》（1908 年）、《职业介绍法》（1909 年）、《失业保险法》（1911 年）、《国民健康法》（1911 年），另外还有一些社会救助和社会福利设施。总之，英国的社会保障制度，无论从实施范围之广泛还是从所含内容之丰富来说，都已具有相当规模。

"福利国家论"原是 19 世纪英国、德国一些经济学家的主张。进入 20 世纪，英国经济学家庇古的福利经济学说于 20 年代开始提出，凯恩斯学派的就业理论等经济学说于 30 年代兴起，更为英国于战后实施社会福利政策提供了理论依据。

"福利国家"主张的理论基础为社会改良主义。社会改良主义理论的要点为：国家是为全体社会成员谋福利的全民国家；不用改变生产方式，只要改变分配方式就可消除社会弊病；遵循"渐进主义"，用点滴改革改变制度性质。"福利国家"一词则首见于英国坎得伯力大主教威廉·邓普 1941 年所著《公民与教徒》一书。他依据 Welfare 和

Warfare 在字形和读音的相似之处，巧妙生动地提出应该由 Welfarestate（福利国家）来代替纳粹德国式的 Warfarestate（战争国家）。

在第二次世界大战激烈进行中的 1941 年，英国政府委托曾任劳工介绍所所长和伦敦经济学院院长的贝弗里奇教授负责制定战后实行社会保障的计划。这个计划于 1942 年底发表，题为《社会保险及有关的服务》，这就是著名的“贝弗里奇报告”。报告以消除贫困、疾病、肮脏、愚昧和怠惰懒散五大社会病害为目标，制定了以社会保险制度为核心的全面的社会保障计划。这个报告提出了一些具有革命性的观点，例如：社会保障应遵循强制性、普遍性原则；社会保障的管理应该统一；国家有责任防止贫困和不幸，社会福利是一种社会责任；实现充分就业；每个国民都有权从社会获得救济，使自己的生活水平达到国民最低生活标准。战后，英国政府按照贝弗里奇的设计，于 1946 ~ 1948 年间通过并实施了一整套社会保障法规，如家庭补助法、国民卫生保健服务法、工伤保险法、国民救助法、社会保险法等。英国于 1948 年宣告：英国已成为世界上第一个“福利国家”。继英国之后，北欧国家瑞典、丹麦、挪威以及其他西欧国家法国、联邦德国、奥地利、比利时、荷兰、瑞士、意大利等，纷纷按英国模式实施社会福利政策，建设自己的“福利国家”。美国、澳大利亚、新西兰以及日本也在按“福利国家”的路子建设各自的社会保障制度。可以说，这一阶段是各个迈向福利国家的国家社会保障制度建设和立法发展的巅峰阶段。

三、社会保障制度改革与社会保障立法

当发达国家的社会保障立法不断完善，实施项目不断扩大，并朝着福利化方向发展的时候，实际上已经酝酿着危机的发生。20 世纪 70 年代以来，有些工业发达国家逐渐发现社会保障制度中存在着诸如公民福利标准过高、国家和社会负担过重，而同时公民某些权利却又保障不足等问题，决心进行改革，因而进入改革时代。英国于 1987 年正式通过了社会保障制度改革方案；日本国会批准从 1987 年起，实行新的养老保险制度；美国里根政府通过立法砍掉了一些社会福利津贴；法国、原联邦德国、荷兰、加拿大和比利时等国，都通过立法提高了社会保险费率。纵观各国的改革方向，归纳起来无非两种：一是想方设法增加社会保障基金的收入；二是紧缩社会保障开支，政府从部分保障项目中“脱身”。

（一）增加社会保障基金的收入

1. 进行税制改革。主要做法有：

（1）对原先免税的社会保障给付，开征所得税。

（2）提高就业率，以增加纳税人数，从而增加税收收入。

（3）严格税收征管办法，防止偷、漏税行为发生。

（4）提高退休年龄，延长纳税期。

2. 提高费率、缴费上限，加快费率调整频率。德国、英国、荷兰和比利时都不同程度

地提高了雇主和个人的缴费比率;美国至1988年已将保险费率提高了30%。比利时起先改变以往根据物价指数调整缴费上限的做法,代之以直接根据社会保险基金盈亏来调整,从而提高了缴费上限,增加了保险费收入,至1981年,干脆取消了失业保险、医疗保险、生育保险、伤残保险和养老保险的缴费上限,不管工资多少,一律按法定比例缴费,彻底改变了高工资者超过上限部分不用缴费的方法。

为了使保险基金的盈亏能迅速得到调整,不少国家加快了费率的调整频率,如法国自1982年起将每年调整1次改为每年2次。

3. 进行制度改革和调整。

(1)改革医疗、疾病保险制度。主要措施是:让病人负担一部分医疗费;削减免费药品的范围;增加领取疾病补贴的等候期,缩短享受疾病津贴的期限;等等。如比利时新增了门诊挂号费,由个人负担;法国对一些药品不再实行免费供应;丹麦将雇主发放疾病补贴的等候期由3日延长到5日,从而相对缩短了政府发放疾病津贴的期限。

(2)调整福利结构。如英国自1998年开始实施"改救济为就业"的计划,以帮助较长时间没有工作的年轻人和城市贫民区单身母亲找到工作,同时准备取消收入较高家庭的儿童补贴和母亲补贴。

(二)紧缩社会保障开支

1. 修改社会保障津贴的调整方法,抑制支出的增长。为了抵御通货膨胀的影响,贯彻享受经济发展权的原则,各国都制定了调整社会保障待遇的方法,由此开支不断增长。在危机中,各国纷纷通过立法修改调整方法,以抑制支出的增长势头。如推迟待遇的调整期限,规定调整的上限,或在一定期限内冻结调整;将调整与某些增长较快的经济指数脱钩,代之以增长缓慢的经济指数,以抑制调整幅度。如英国20世纪70年代后期的物价指数上升较慢,于是,1980年撒切尔政府宣布,无论长期性还是短期性津贴的调整,都只和物价指数挂钩。

2. 通过立法,大幅度削减社会保障开支。英国政府自20世纪70年代后半期开始,就不断削减各项开支。1977年,降低了养老金标准,减少了失业救济金和住房、教育补贴;1981年,减少了对病人、孕妇、残废者和失业者的附加补贴,次年,又干脆取消了这些补贴。日本在80年代末通过立法,将领取养老金的年龄从60岁延迟到65岁,以缓解养老保险基金的入不敷出。

3. 实行社会保障"私人化"、"资本化"。"私人化"和"资本化",是西方政府试图从部分项目中"脱身"的主要方法。

所谓"私人化",就是改变政府统包的局面,让一些项目由私营企业或非政府民间机构来经营;或者提高和恢复某些传统的社会保障机能,如家庭的赡养扶助机能、慈善机构的救助机能、互助组织的自助机能等。英国政府在鼓励公民参加商业保险的同时,还鼓励个人与私人医院签订合同,鼓励私人医院承包医疗服务设施;丹麦和比利时把工伤保险交给保险公司管理;原联邦德国对医疗保险实行部分合作化医疗;瑞典于1970

年开始将某些社会福利项目私有化；日本则鼓励效益好的大企业自己搞养老保险，与政府的养老保险脱钩，但规定不得低于国家法定的养老保险标准。

在社会保障“私人化”发展过程中，智利成为世界瞩目的对象。其养老保险基金私营化管理的做法亦被另外一些拉美国家在20世纪90年代以后开始效仿。

所谓“资本化”，就是允许社会保险基金采取保险公司的资本积累方法，变现收现付为留有部分积累，用积累的基金投融资，以保证基金增值。目前世界许多国家还在通过社会保障的“资本化”，寻求增加社会保障资金、减少政府负担的道路。

世界各国尤其是西方国家的上述改革，无不表现出对社会保障立法的反思。而对于广大正在建立或正在完善社会保障制度的发展中国家来说，它们具有一种后进国的优势，即既可以汲取发达国家成功的立法经验，又可以避免“福利国家”一些政策的弊端。

总之，20世纪后期以后，从世界各国的社会保障立法的变化中，我们还可以得出一个结论，并且这个结论也适用于现在的中国，那就是高龄化问题成为社会保障立法研究的一个课题。比如日本针对人口的少子高龄化，在1992年~2002年用了整整10年的时间，研究推出了介护保险。尽管日本在介护保险实施过程中，也有很多问题出现，但对中国的高龄化的问题，有专家已在建议引入日本以及韩国的老年人介护保险制度。

四、社会保障立法的国际化

（一）国际劳工组织推动了社会保障立法的国际化

1.国际劳工公约中的社会保障规范。国际劳工组织在社会保障立法的发展过程中，通过制定国际劳工公约，促进了社会保障立法的国际化，这一点是不容忽视的。

国际劳工公约是由国际劳工组织全体会员国代表会议通过的文件，是国际劳动标准的主要渊源。国际劳工公约中包含了许多关于社会保障的规范，了解这些规范内容和规范形成历程，对于研究社会保障立法的发展是十分有益的。

国际劳工组织成立于1919年6月，当时是与国际联盟有关系的一个独立机构，1946年起成为联合国的专门机构之一。其宗旨是：推动各国改善劳动条件和生活标准，促进经济发展和社会稳定，实现社会正义，谋求世界持久和平。促进各国扩大社会保障措施是实现其宗旨的主要活动内容之一。国际劳工组织会员国代表大会即国际劳工大会每年至少举行一次，主要活动是通过国际劳工公约和国际劳工组织建议书。公约经会员国批准后即在该国生效。建议书是建议性文件，供会员国制定法律和政策时参考。从1919年举行第一届大会到1997年举行第84届大会为止，共通过公约178项，建议书186项。1998年6月举行的第86届国际劳工大会上通过了《劳动者权利的原则宣言》及其后续措施。1999年6月举行的第87届大会上又通过一项新公约——《最有害童工形式公约》。国际劳动标准的提出，无论是业经会员国批准的公约或仅作参考的文件，均对推进各国劳动立法起了很大作用。

国际劳工组织对社会保障给予了相当高的重视。1919年通过的《国际劳工组织章程》里即提出:“保护工人疾病及因工作而得之伤害……规定老年及残废之养老金。”它在第二次世界大战以前,大都是以建立劳动保险制度的设想为指导,针对某一产业部门某个方面专项劳动保险的需要,通过公约和建议书。许多国家在不断总结社会保险立法经验之后,为了整治经济危机创伤和维护社会生活稳定,或提出社会保障构想并付诸立法,或倡导推行社会福利政策,这种状况不可避免地对国际劳工立法产生了影响。1944 年 5 月在美国费城举行的第 26 届国际劳工大会上通过的宣言即“费城宣言”提出,要把促进各国“扩大社会保障措施,向所有需要此种保护的人提供基本的收入和充分的医疗照顾”,作为自身的庄严义务。此后国际劳工组织制定的公约和建议书,多数具有把保障对象的普遍性和保障项目的综合性作为指导重点的发展趋势。

国际劳工组织认为,社会保障的宗旨概要地说,就是当社会成员遇到影响其维持生活和保持健康的意外或非常事故时,能够得到维持其基本生活所必需的保障。20 世纪 80 年代初,一些工业发达国家由于经济衰退和结构调整等原因,曾经对社会保障的性质、水平、形式等产生疑问,并试图促其逆转,遭到劳动者的警惕和抵制。国际劳工组织认为,不管什么类型和发展程度的国家,都应当在实现经济目标同维护社会保障、增进社会福利之间求得适当的平衡。

2. 国际劳工公约中有关社会保障规范的主要内容。国际劳工公约中专门的关于社会保障的公约,包括内容综合性公约和各类专项公约,加上类似性质的建议书,共已超过 50 项以上,约占公约和建议书总项数的 1/7 上下。

(1)社会保障内容综合性公约。综合性的公约有 3 个,即 1952 年第 35 届大会通过的《社会保障最低标准公约》(第 102 号),1962 年第 46 届大会通过的《社会保障同等待遇公约》(第 118 号),1982 年第 68 届大会通过的《维护社会保障权利公约》(第 157 号)。

第 102 号公约为基本文件,它确立了应当把社会保障作为一种普遍性制度加以实行的原则。它确定社会保障包括 9 个项目:医疗照顾、疾病津贴、失业津贴、老龄津贴、工伤津贴、家庭津贴、生育津贴、残废津贴、遗属津贴。公约要求每一个批准该公约的国家必须实行上述 9 项中的至少 3 项社会保障,并在以后把实施范围逐渐扩及其他事项。该公约对各社会保障事项的实施步骤和适用范围、取得各种补助的条件和补助标准的计算、补助期限、发生争议的处理办法以及基金的保证等,均作了具体、细致的规定,其内容既有强制性,又有灵活性。这项公约是关于社会保障国际标准的一个里程碑,至今仍不失为各国尤其是发展中国家确立其社会保障制度并规划其进一步发展的重要参考和依据。

第 118 号公约规定,凡批准该公约的国家均承担义务,对在其领土上的已批准该公约的任何其他会员国的国民给予与本国国民依法应有的各种社会保障的同等待遇。远在 1962 年通过这项公约以前,1925 年第 7 届大会即通过了第 19 号公约——《事故赔偿同等待遇公约》。该公约规定:凡批准该公约的会员国,保证对已批准该公约的任何其他会员国的国民在其国境内因工业意外事故而伤害者,或对于需其赡养的家属,在工人赔偿方面应给予与本国国民同等的待遇。第 118 号公约是在第 19 号公约的基础上扩大了适用范围。新中国承认的旧中国政府批准的 14 个国际劳工公约中，即包括第 19 号公约。

在第 157 号公约通过以前，1935 年第 19 届大会曾通过了第 48 号公约，即《保持残疾、老年及遗属保险权利国际制度的建立公约》，其目的是在批准该公约的国家之间建立国际制度，借以维护实行残疾、老年及遗属强制保险的工人行将取得和已经取得的受益权利。第 118 号公约再次肯定和补充了第 48 号公约关于维护外国移民社会保障权利的规定。第 157 号公约是对第 48 号公约的修正，把维护社会保障权利的范围，从原有的 3 项扩大到第 102 号公约所规定的全部 9 项。1983 年又通过了第 167 号建议书，即《维护社会保障权利建议书》，其对第 157 号公约确定的基本原则作了示范性的具体规定，同时提供了国际协调的示范性协议。

（2）社会保障各类专项公约。按照公约内容分类，并按各类中第一个公约通过的年代为次序，专项公约概况如下：

①养老、伤残及遗属保险方面。1933 年第 17 届国际劳工大会就养老、伤残、遗属保险各通过了两个公约，即《（工业等）老年保险公约》（第 35 号）、《（农业）老年保险公约》（第 36 号），《（工业等）伤残保险公约》（第 37 号）、《（农业）伤残保险公约》（第 38 号），《（工业等）遗属保险公约》（第 39 号）、《（农业）遗属保险公约》（第 40 号）。1967 年第 51 届大会对以上公约修订后合并成《残疾、老年、遗属津贴公约》（第 128 号）。它是对以上三种事项实行社会保障的主要公约。该公约对享受老年津贴的起始年龄和津贴率计算方法，伤残保障范围、津贴率计算方法以及伤残者康复和就业，遗属津贴等作了规定。第 51 届大会还通过了相应内容的第 131 号建议书。

②医疗保险方面。1927 年第 10 届国际劳工大会通过了《工商业工人及家庭佣工疾病保险公约》（第 24 号）和《农业工人疾病保险公约》（第 25 号），规定实行强制性疾病保险，在劳动者患病时，应给其免费提供治疗和供给药品及用具，对中断收入者给予现金补助。1969 年第 53 届大会对第 24 号公约和第 25 号公约进行修订，通过了《医疗护理与疾病津贴公约》（第 130 号），它是当前关于这两项保障的主要公约。

③失业保险方面。1934 年第 18 届国际劳工大会通过了《失业津贴公约》（第 44 号），要求建立对非自愿失业者给予补贴的保险制度。这种制度可以是强制性的，也可以是自愿性的，或者是强制与自愿相结合的。1988 年第 75 届大会通过了《关于促进就业和失业保护的公约》（第 168 号），将失业津贴与促进就业联系起来。这届大会同时通过了相应内容的第 176 号建议书。

④工伤保险方面。1921 年第 3 届国际劳工大会鉴于许多国家对工业中工人负伤获得赔偿已有立法，要求这一立法应扩大适用至农业工人，因而通过了《农业工人赔偿公约》（第 12 号）。1925 年第 7 届国际劳工大会通过了《工人事故赔偿公约》（第 17 号）、《工人职业病赔偿公约》（第 18 号）以及前述本国工人与外国工人《事故赔偿同等待遇公约》（第 19 号）。1934 年第 18 届大会通过了《工人职业病赔偿公约（修订）》（第 42

号)，对工人负伤包括致残致死、职业病致残、本人及供养家属应得赔偿等，作了原则规定。1964年第48届大会对以上几个公约修订后，通过了《工伤事故津贴公约》(第121号)和《工伤事故津贴建议书》(第121号)。第121号公约是当前有关工伤津贴的主要公约。

⑤生育保险方面。1919年第一届国际劳工大会共通过6项公约，其中第3号公约即为《保护生育公约》。这个公约经1952年第35届大会修订，产生了第103号公约即《保护生育公约(修订)》。后者不是取代前者，而是两个公约并存，任凭会员国选择批准或者都批准。这两个公约规定了适用范围、产假时间、产假期间经济补助等内容。1952年大会还通过了第95号建议书，对生育保护提出了更高的标准和更具体的措施。

国际劳工组织通过制定各种公约，推进社会保障立法的国际化。20世纪50年代批准公约的国家都是发达国家，到60年代，发展中国家开始不断进入批准国之列，而进入70年代，发展中国家则占据了批准国中的大多数。从国际劳工组织在102号公约中规定的九个项目来看，实行养老保险基准的国家最多，占29个批准国的89.7%；其次是工伤保险，占79.3%；最少的是失业保险，只占50%多一点。值得注意的是，在所有批准国中，亚洲国家只有日本一个。

(二)北欧五国的社会保障公约是社会保障立法国际化发展的标志

在社会保障国际立法中，另一个值得注意的问题是有关社会保障国民待遇的实行。

早在1925年公布的19号公约中，国际劳工组织就呼吁：让外国人在工业伤害赔偿中享有同等待遇；102号公约则将外国人的国民待遇扩展到社会保障的所有项目。此后，又在1962年公布的118号公约中，进一步重申和强调了外国人的社会保障国民待遇。但是，由于外国人的社会保障问题有待于本国相关制度的健全和完善，这方面的进展一直比较缓慢。

在这方面做出实质性努力的是北欧的丹麦、芬兰、冰岛、挪威和瑞典五国。上述五国在1981年签署的社会保障公约中，对五国范围内的社会保障国民待遇问题作了明确规定：各国的有关法律必须体现本公约的精神，不得违反；各国实施社会保障立法，应视另一国公民等同于本国公民；同等待遇的项目应包括养老金、社会医疗服务、疾病津贴、失业津贴、生育津贴、工伤津贴、残废津贴、遗属津贴、家庭津贴和儿童现金补贴等。

北欧五国的社会保障公约，为国与国之间在互惠原则下实施社会保障国民待遇提供了样板，标志着社会保障立法向国际化方向发展。

(三)社会保障(社会保险)国际协定①

1.经济全球化与社会保障的国际协定。据国际社会保障协会统计，自现代社会保障制度问世以来，世界上近200个国家(地区)中有172个国家建立了各自的社会保障制度。然而，随着经济全球化的进程，劳动力的跨国流动现象日益普遍。劳动力的跨国流

---

① 参见周彗文、刘辉《国际间社会保障协定及在我国的应用》(中国人民大学书报资料中心，《社会保障》2003年第2期，第53页~55页)。

动对各国经济的发展具有非常重要的作用，同时，也使社会保障制度的覆盖地域范围超出了国界。但这种各国自成体系的社会保障对跨国公司和跨国劳动力带来了不利的影响。如给相关雇主和雇员带来明显的不合理的经济负担，即一种超过正常社会保障税缴纳水平的负担；社会保障待遇支付上存在许多障碍，使劳动者获取社会保障的权利得不到保障等。这些问题实际上反作用于国际劳动力人口的流动，在一定程度上影响了国际经济的发展。为寻求对这个问题的方案，国际上逐渐开始流行的做法是通过签订国与国之间的社会保障协定，以此来协调签约国之间的法律冲突，而不必修改他们各自通行的法规。

2. 社会保障国际协定的目标及作用。国际间社会保障协定的目标旨在让国际间流动就业人员承担合理的社会保障支付义务，同时也享有合理的保障待遇；妥善解决承担社会保障双重覆盖和双重征收义务的矛盾；降低在国外设有分支机构的跨国公司的正常业务成本；依据特定情况降低领取社会保障待遇；改善来往于两国之间工作的人员从社会保障制度获得经济保障的不利状况，帮助“两不管”的人领取社会保障金，帮助在国外工作过的人领取到应得的社会保障补助金。

按照本国的法律规定、本国或所在国的双边协定或者有关国际公约的规定，一方面在国外的本国公民可以使其已经在本国享受的社会保障待遇继续享受，或者为享受社会保障待遇所满足的条件要求（如缴费时间或工作时间的条件要求）可以连续计算，从而保持社会保障待遇的享受的连续性；另一方面，某种情况下本国的公民在所在国可以享受到所在国的社会保障待遇。

3. 社会保障国际协定的分类。社会保障国际协定按照签约国的多少或者按照社会保障待遇的支付责任可以做不同的分类。根据前者可将其分为：①社会保障双边协定[1]；②社会保障多边协定[2]；③国际组织的社会保障法规[3]。根据后者可将其分为：

---

① 社会保障双边协定：是在两个国家之间签订社会保障方面的协定，也是国际间最普遍的解决社会保障双重征收问题所采取的协定方式。加拿大《养老保险法》中规定，部长可以代表政府签订互惠协定。

② 社会保障多边协定：是多国间签订的社会保障方面的协定。如德国、列支登士敦、奥地利和瑞士四国签订的于 1980 年 1 月 1 日生效的四方协定。瑞士等国为渔民签订的多国社会保险协定，还有 1959 年 12 月 11 日生效的欧洲老年、残疾和遗属等社会保障项目暂时性协定（德国于 1956 年 9 月 1 日）。

③ 国际组织关于社会保障的法规：如欧盟关于社会保障的法规。欧盟十五国之间签订了一个统一的社会保险协定，它是合作性法令，成员国可以在履行的方式上进行选择，然后将其转化为国内法加以实施。在欧洲经济区（EEA），该法规也适用于冰岛、列支登士敦和挪威。在欧盟国家内部，它是直接可适用的法规，其效力在各个欧盟国家法规之上，当某个欧盟国家的法规与之发生矛盾时，应该用此法规取而代之，而按照各个欧盟国家的法规已具备的领取社会保障金的资格不会被取消或标准不会降低。欧盟的法规和许多社会保障协定只适用于欧盟、欧洲经济区（EEA）和签约国的公民。

在这里，值得一提的是欧盟成员国之间关于工人自由移动的协定（《欧共体协议》48 条），工人自由移动的权利是基于对欧盟各成员国职业证书的相互认可，在社会保障方面建立国家间社会保险协定以避免社会保障双重覆盖和双重纳费，确保社会保障制度尽可能地完善。以瑞士为例，当它与欧盟关于工人自由移动的协定签订生效后，过去与欧盟各国签订的社会保障双边协定就被类似于欧盟成员国之间的统一的社会保险协定所取代。瑞士所有的州和联邦的关于疾病与生育、残疾、老年、死亡（为遗属提供保障）、职业事故和职业病、失业和家庭津贴的社会保险项目都被纳入到协定范围中。

①共担责任协定[①];②东道国协定[②]。

4. 社会保障国际协定的基本内容。社会保障国际协定的基本内容一般包括:①保障双重覆盖和双重征收方面的条款;②补助金的条款;③向某些外国人支付补助金的限制性条款;④管理协助条款(协定要求两国社会保障机构间在共同管理协定方面相互帮助);⑤索赔和上诉条款(从签约国的一方提出的补助金索赔请求及其结果应该在另一方的社会保障机构有记载)。

5. 社会保障国际协定的基本结构。社会保障国际协定以国际社会保险协定为例,其基本结构如下:

(1)一般性条款。其包括:①社会保障国际协定的适用范围:协定适用的社会保险项目;覆盖对象:协定覆盖的对象范围,通常都包括签约国公民,也有的国家包括在本国居住的难民,无国籍居民,还有的包括第三国公民;待遇对等条款:这是建立社会保险协定的基础,即根据平等互利对等的原则,同时给签约国家公民相同待遇的条款。②适用法规:协定规定相关国家的适用法规,指定跨国流动人员在两国中的哪一国参加社会保障制度,以保证居住在一国,工作在另一国的人员,或在两国就职,不必同时在两国交纳保险费,所有的协定遵循属地管理的原则,即按就职地点决定参加社会保险国家,特殊情况是,雇员由其雇主送到缔约国暂时工作,仍然在原国家参加社会保险。

在一个国家请求豁免交纳社会保障费时,需要与之有协定的国家出具的社会保障参保证明,有给雇员的证明,给自雇者的证明,以及豁免有效日期。

(2)社会保障补助金制度。其包括:①参加社会保障的时间要求与领取补助金的权利;②协定覆盖的各种保险项目与其资格要求;③各国补助金支付方式;④补助金的计算、索赔、支付以及对补助金决定有不同意见时的上诉。

(3)其他条款。①管理协助条款。签约国的职能机关、机构和协会间在贯彻执行协定时应该相互协商。各协定限定了相关国家需要提供什么类型的协助。每个国家的机构对这些来自对方国家的索赔请求独立进行判定并支付补助金。一般地说,这种协

---

① 共担责任协定:它是互惠性协定。依据协定参与国在社会保障资格规定上都做出些让步,使两国公民能依情形从对方国得到相应的补助金,如果没有此种协定,他们就可能没有资格从对方国领取补助金。这样一来,社会保障责任在国与国间实现了共担。只要他在那个国家工作过,他就可能有资格依情形获取补助金。养老金可以跨国支付是协定的基本原则,尽管支付国在货币分发方面仍然有决定权。澳大利亚与10个国家签订了这种协定。依据这些协定,如果某个签约国的人员在澳大利亚和他本国都居住过,澳大利亚就把他在签约国参保时间视为在澳大利亚参保时间一样合起来计算,以符合在澳大利亚领取养老金的最低时间标准;反之,其他签约国也将澳大利亚人在澳大利亚的参保时间与在其本国参保时间合起来计算,以有助于达到在两个签约国领取养老金的最低时间标准。通常,被保险人的养老金由两个签约国共同承担。

② 过去,大多数国家很少向移民发放社会保障金。依据东道国协定,移民所居住的国家有责任向移民提供社会保障金,通过将移民在签约两国中的一国参保的时间算作现居住的国家的参保的时间,使累计的参保的时间更加容易达到本国的社会保障法中规定的参保最低时间标准。实际上,东道国协定降低了在东道国领取社会保障补助金需具备的条件。通过这种协定获得的社会保障补助金一般有支付期的限制。

助包括代表对方国家提出要求补助金的申请,交换索赔相关信息和证据。这种协助一般是免费的。②协定的执行。签约国的职能机构通过协定,建立执行该协定的管理程序,对他们各自法律方面的修改或增补应及时通告对方。指定执行协定的联络机构。建立仲裁机构。

(四)中国步入社会保障国际化社会

在经济全球化的过程中,中国进一步融入了国际社会,这种融合也表现在中国于21世纪初开始步入了社会保障的国际化社会。

2001年7月,中国政府与德意志联邦共和国政府签订了两国社会保险协定:《中华人民共和国与德意志联邦共和国社会保险协定》。该协定是新中国成立以来中国政府与外国政府签署的第一部社会保险方面的双边协定,其宗旨是尽量避免中德两国间可能发生的社会保障双重征收。该协定于2002年4月生效。

2003年2月,中国政府与韩国政府签署了《中华人民共和国与大韩民国互免养老保险缴费临时措施协定》。该协定于2003年5月生效。这是中国政府签署的第二部国际间社会保险双边协定。后此该协定被两国于2012年10月29日在北京签署的三个有关社会保险协定的文件所取代。此三个文件分别为:《中华人民共和国政府和大韩民国政府社会保险协定》、《中华人民共和国政府和大韩民国政府社会保险协定议定书》和《关于实施中华人民共和国和大韩民国政府社会保险协定的行政协议》。

如上所述,国际劳动组织推动了社会保障立法的国际化;北欧五国的社会保障公约是社会保障立法化发展的标志;经济全球化使得社会保障立法国际化的形式多样化。

在经济全球化的过程中,中国进一步融入了国际社会,这种融合也表现在中国于21世纪初开始步入了社会保障的国际化社会。而经济全球化对发达国家与不发达国家的社会发展产生不同的政策效应,使中国原本滞后的社会保障立法面临新的挑战。

第三节　中国社会保障立法的历史沿革

一、革命根据地的社会保障立法

(一)社会保障作为中国共产党的政治主张的提出

在国民党统治时期的旧中国,可以说基本上没有建立什么社会保障制度。国民党政府也曾于1937年颁布了一部社会保险法,却始终没有付诸实施,而只是在一些较大的工矿企业,由于工人的斗争实行了部分残缺不全的保障项目。如电信局规定工伤职工最多可以享受6个月的工伤津贴;资源委员会规定工伤职工前3个月发原薪,第4个月起发半薪,最多享受1年等。

在此时期,中国共产党为劳动者享有社会保障权利进行了不懈的努力。1921年8

月，中国共产党成立了领导工人运动的公开机关，自1922年至1929年间共举行了五次全国劳动大会，每次大会上都提出对社会保险权利的明确要求。例如：1922年8月，中国劳动组合书记部拟定了《劳动法案大纲》，其中第11条规定：对于女子体力劳动者，产前产后应有8星期的休假，其他女子应有6星期休假，休假中工资照发；第17条规定：一切保险事业规章之制定，均应有劳动者参加之，从而可保障政府、公共及私人企业或机关中劳动者所受到的损失其保险费完全由雇主或国家分担之，不得使被保险者担负。1925年5月在广州召开的第2次全国劳动大会通过的《经济斗争决议案》指出：应实行社会保险制度，使工人于工作伤亡时能得到赔偿，于疾病失业老年时能得到救济。1926年5月在广州召开的第3次全国劳动大会通过了《劳动法案大纲决议案》，再次敦促国民党政府实行社会保险，指出国家应设立劳动保险，保险费由雇主或国库支出。1927年6月在汉口召开的第4次全国劳动大会，通过了《经济斗争决议案》等一系列决议，对社会保障提出了许多具体要求，强烈要求政府实行社会保险。如《经济斗争决议案》中提出："为了保障工人的生活条件，对不可避免的疾病、死伤、失业、衰老等，实行社会劳动保险"。《产业工人经济斗争决议案》中提出："政府设立劳动保险局，由资本家每月缴纳工资总额3%为基金，此外政府从预算中拨出若干，以充做工人失业救济及养老金"；"企业主为工人设立诊疗医院"；"工人死亡时，按照其工资的3倍发给家属作为抚恤金"；"老年残废者，由劳动保险金中发给终身养老金"。在《手工业工人经济斗争决议案》中提出："学徒疾病、死伤时，由店主负担医药费，养病期间的工资照发，因工或在学徒期间死亡时，发给治丧费，并按工作年限抚恤"。在《女工、童工问题决议案》中提出："女工童工疾病、伤亡、失业的抚恤，及其他一切待遇应与成年工人一律平等"。1929年11月在上海召开的第5次全国劳动大会，通过了《中华全国工人斗争纲领》，强烈要求政府"举办工人社会保险（失业、养老、疾病等保险），所有费用应由资方与政府分担。"

以上各项决议内容，是1929年以前中国共产党领导工人运动时提出的斗争目标和政治主张，目的在于影响、推动和迫使政府实施有利于工人权益保护的进步立法。迫于劳动大会的影响和工人的斗争，国民党政府不得不制定了一些有关社会保险的法规，但基本上都是纸上谈兵，没有认真实行过。

（二）革命根据地的社会保障立法

与国民党统治区的情况相反，中国共产党领导下的革命根据地和解放区在1929年以后，将其政治主张付诸立法实践。尽管敌人围剿、战争频繁、经济困难，仍然颁布了一系列社会保障法令，尽可能地在区域内实行社会保障，以解决职工的实际困难。

1. 中央苏区的社会保障立法。1930年5月，中央苏区——瑞金颁布了《劳动暂行法》，其中有一些有关社会保障的规定，如长期工遇有疾病死伤者，其医药费、抚恤费由东家供给，标准由工会自定；女工产前产后，两个月内不做工，工资照发；失业工人由政府设法救济并分给田地及介绍工作等。

1931年11月，在瑞金召开的"第一次中华苏维埃共和国工农兵代表大会"上，通过了中华苏维埃共和国的《劳动法》，明确规定在根据地实行社会保障制度。如雇主每月拨出工资总额的10%～15%缴纳保险费，作为职工生老病死伤残的补贴和免费医疗专款，给予职工及其家属以免费医疗帮助；生病或发生其他暂时丧失劳动能力的情况，以及服侍家中病人时，雇主必须保留其原有工作和原有中等工资；年老、残废（包括因工和非因工），可领取残废及老弱优抚金；职工和家属死亡，发给丧葬费；受雇超过6个月的工人死亡，遗属可以享受优抚金；工会会员工作满1年以上（非会员满2年以上），失业后可以享受失业津贴等。该法于1933年4月修改，修改后的《劳动法》第10章规定，社会保险对于凡受雇佣的劳动者，不论他在国营企业，或合作社企业、私人企业以及在商店家庭内服务，不问他工作的性质及工作时间的久暂与付给工资的形式如何，均保实施之。各企业、各机关、各商店及私人雇工，于付给工人职工工资之外，支付全部工资总额5%～20%的数目交纳给社会保险局，作为社会保险基金；该项百分比例表，由中央劳动部以命令规定之，保险金不得向被保险人征收，亦不得从被保险人的工资内扣除。新的《劳动法》将社会保险的实施范围扩展到全部雇佣劳动者，甚至包括新中国成立后都没有统括的家庭劳动者，而社会保险基金的统筹，也实现了社会化。此外，新法根据不同性质的雇主，制定了不同比例的缴费标准等，体现了灵活性，并且还规定了社会保险的统一行政。

2.抗日根据地的社会保障立法。抗日战争时期，根据地仅有一些兵工军需产业，民用产业很少，但各根据地政府仍然颁布了一些有关社会保障的法规。

1940年10月，陕甘宁边区公布了《边区战时工厂集体劳动合同暂行准则》。其中有关社会保障的规定有：女工分娩前后给假2个半月，工资照发，工作不满半年者，工资只发一半，假期照给；工人或学徒因病医治或住院者，医药费概由厂方负责，病假在1个月以内者，工资照发，病假至2个月，发给工资一半，病假至3个月，发给工资1/3，3个月以上，停止发给工资，但医药、伙食仍由公家设立之医院负责，并由厂方每月发给1～3元的津贴费及衣服；工人或学徒因公受重伤而不能工作，厂方除负责医药费外，应发给其原工资至病愈时为止，并由厂方酌给一定之保养费；工人因公受伤而致残丧失其一部分工作能力者，应分配其适当之轻便工作，保持其原有工资，失去全部工作能力者，除发给其半年平均工资外，应照政府颁布之抚恤条例办理等。

1941年晋冀鲁豫边区政府公布的《边区劳动保护暂行条例》与上述陕甘宁边区颁布的准则一样，明确指出：实行社会保障的目的，在于发展生产，保护工人利益，提高劳动热忱，巩固民族统一战线，增进劳资双方的利益。该条例在医疗、疾病津贴、工伤待遇、残废津贴、丧葬补贴、遗属抚恤、生育待遇等方面作了明确具体的规定。

3.解放战争时期东北地区的社会保障立法。解放战争时期，由于解放区的规模不断扩大，各种产业发展迅速，解放区政府有关社会保障的立法也更趋完整、规范。1948年8月，在解放了的哈尔滨召开了第6次全国劳动大会。大会在《关于中国职工运动当前任务的决议》第3章“关于解放区职工运动的任务”中提出：在工厂集中的城市或条件具备的地方,可以创办劳动社会保险。根据大会决议,1948 年 12 月,东北行政委员会颁发了《东北公营企业战时暂行劳动保险条例》(以下简称《东北劳保条例》),并于次年 2 月颁布了《实施细则》。该条例从 1949 年 4 月 1 日起,首先在铁路、邮电、矿山、军工、军需、电气和纺织七大行业中试行,至 7 月 1 日,扩展到东北地区的全部公营企业。根据该条例,职工因工负伤,企业将负担全部医药费,并照发工资;因工残废,将按其残废程度和致残原因,发给本人工资 50% ~60% 的抚恤金;非因工残废发给救济金,数额为抚恤金的一半;退休养老,按工龄长短每月发给本人工资 30% ~60% 的养老金;职工患病或非因工负伤,免费在本企业医疗所和指定医院治疗,病休 3 个月以内的,按工龄长短发给本人工资 50% ~100% 的补助金;女职工生育,共给假 45 天,工资照发;供养的直系亲属患病,免费在本企业设立的医疗所治疗。此外,条例还规定了要举办疗养院、休养院、养老院、残废院等集体福利事业。

由于该条例的实施,东北地区 420 个厂矿企业的 79.6 万名职工享受到了社会保险待遇。这是中国第一次在较大范围内实行社会保障制度,为新中国成立后在全国范围内实行社会保障制度积累了经验、培养了专门人才;同时,从内容上看,该条例是革命根据地和解放区颁布的最为完整和规范的劳动保险法规。

上述革命根据地的社会保障立法,是新中国社会保障立法的先导,是根据法律建立起来的社会保障制度,是新中国社会保障事业的雏形。从上述内容看,革命根据地社会保障立法所表现出的主要特点可以简单概括为:①社会保障从属于劳动关系的倾向非常明显;②强调雇主责任,而劳动者则不承担任何社会保障方面的义务;③政府主动实行社会保障的愿望强烈;④社会保障的内容相当广泛。

这些根据地社会保障立法的特点,对新中国成立后各个时期,甚至是 20 世纪 80 年代以后到今天的社会保障立法都有很大影响。

二、新中国成立初期的社会保障立法(1949—1957 年)

中华人民共和国成立后,国家和政府就围绕确保国民生活的各个方面的基本需要开展了社会保障方面的立法活动,制定了涉及社会救济、社会保险、社会福利和社会优抚等方面的法律规范。其中社会保险与社会优抚方面的立法成果尤为显著。

(一)新中国成立初期的社会救济立法

新中国成立后,鉴于当时农村贫困对象多达 4 000 万人,农业遭受自然灾害,城市中工厂倒闭,大批工人失业以及无依无靠的城市孤老残幼生活困难等情况,政府在全国展开了广泛的社会救济活动。

1950 年成立了"中央生产救灾委员会",确立救灾工作的方针是:生产自救,节约度荒,群众互助,以工代赈,辅之以必要的救济。在 1950 年召开的"中国人民救济代表会议"上提出救济工作的方针是:以人民自救自助为基础,进行人民大众的救济福利事业。1953 年,在"第三次全国社会救济工作会议"上,内务部公布了城市社会救济的具体标准，即大城市每户每月一般不超过 5～12 元；中小城市每户每月一般不超过 3～9 元。1956 年又将上述具体标准改为“能够维持基本生活”的原则。此外，在全国农村合作化运动的基础上，逐步形成了农村“五保户”制度，对没有劳动能力、无依无靠和无生活来源的老人、残疾人和孤儿，实行保吃、保穿、保烧、保教（少年儿童）、保葬的长期救济办法。1956 年初，黑龙江省拜泉县兴华乡办起了全国第一个敬老院，供养了 11 位五保对象。这种做法得到政府的肯定和支持，各地也纷纷办起了敬老院。敬老院这种方式，已经不是单纯的社会救济，带有一定社会福利的成分。

但是，这一时期在社会救济方面虽然做了大量实际工作，却没有形成统一的立法，各种规定散见于各主管部门的行政法规或规定中。值得一提的规章和规范性文件主要有：《救济失业工人暂行办法》（1950 年，内务部）《农村灾荒救济粮款发放使用办法》（1953 年，内务部）《关于加强沿海盐民生产救济工作的通知》（1954 年，内务部和轻工业部）《关于加强渔民救济工作的通知》（1954 年，内务部和农业部）《职工生活困难补助方法》（1956 年，全国总工会）等。

（二）新中国成立初期的社会保险立法

可以说，这一时期的社会保险立法，赋予了中国社会保障制度体系双重二元结构的特征。所谓社会保障的双重二元结构，简单讲就是：一重二元是城市与农村之间社会保障制度的差异；另一重就是在城市内部存在着企业单位与国家机关、事业单位社会保险制度的不同。实际上，在这一时期，社会保险立法是按照其不同的实施对象范围（企业单位职工和国家机关、事业单位职工）分别展开的。

1. 企业单位职工的社会保险立法。中国人民政治协商会议第一届全体会议通过了《中国人民政治协商会议共同纲领》，这部纲领在当时起着临时宪法的作用。其第 23 条规定：要在企业中“逐步实行社会保险制度”。根据这一规定，当时的政务院责成劳动部和中华总工会草拟“劳动保险条例”，从而开始了新中国企业职工社会保险立法的历程。

（1）《中华人民共和国劳动保险条例》（以下简称《劳保条例》）的出台。在政务院的督促下，劳动部和中华总工会总结了革命根据地和解放区的立法经验，考察了铁路和邮电等产业实施社会保障的实际状况，并参考了国外的立法经验，于 1950 年拟定了《中华人民共和国劳动保险条例》草案。草案经政治协商会议审查同意后，政务院决定将其公布，交全国职工进行讨论。经过近 3 个月的充分讨论，草案又作了认真修改，于 1951 年 2 月 6 日正式公布并开始实施。为了保证《劳保条例》的顺利实施，劳动部于 1951 年 3 月 24 日又颁布了《劳动保险条例实施细则草案》。

由于受当时经济状况的限制，《劳保条例》首先在 100 人以上的国营、公私合营、私营和合作社营的工厂、矿场及其附属单位，以及铁路、航运、邮电等企业和附属单位实行。

（2）《劳保条例》的修改。1953 年 1 月，在经济状况根本好转和经济建设走上正轨的情况下，为了适应经济建设的需要，政务院发布了《关于中华人民共和国劳动保险条例若干修正的决定》，同时公布了修正后的《劳保条例》。同年1月26日，劳动部也公布了《劳保条例实施细则修正草案》。

修正后的《劳保条例》，完全是一部综合性的社会保险法规，其内容不但有各项社会保险以及职工福利的具体规定，还包括社会保险主体的权利义务、履行社会保险义务的程序性手续、社会保险行政、社会保险监督等各种内容，从而奠定了新中国"国家保障"与"企业保障"相结合的基本格局，构筑了以劳动保险为中心的社会保障基本框架。与革命根据地时期的《东北劳保条例》相比，修订后的《劳保条例》在统一社会保险行政、统一社会保险基金的征集与管理、统一社会保险待遇等方面，都更为成熟、更为完善，同时也扩大了实施范围，适当提高了社会保险待遇。因此，可以说，《劳保条例》在中国社会保障立法史上具有里程碑意义。几十年来，尽管经历了种种风风雨雨，《劳保条例》作为一部综合性的社会保障法规，却至今仍在施行，成为保障城镇企业劳动者基本权益的重要法律依据。

与先期颁布的《劳保条例》相比，修正后的《劳保条例》扩大了实施范围，酌量提高了保险待遇。如实施范围扩大到所有工厂、矿场、交通事业的基本建设单位和国营建筑公司；退休待遇从本人标准工资的30% ~60%，提高到50% ~70%；因工残废补助由原来的5% ~20%，提高到10% ~30%；短期病假工资由50% ~100%，提高到60% ~100%；长期病假补贴由30% ~50%，增加到40% ~60%；丧葬费由原先2个月企业平均工资，改为3个月等。

1956年，根据国家的财政状况和经济发展的需要，《劳保条例》的实施范围进一步扩大到商业、外贸、粮食、供销合作、金融、民航、石油、地质、水产、国营农牧场、造林等产业和部门，受益职工人数达到1 600万，占当年国营、公私合营和私营企业职工总数的94%。

(3)有关社会保险基金筹集的立法。《劳保条例》规定企业必须按工资总额的3%缴纳劳动保险费，从而建立了由工会统筹掌管的保险基金。从其支付的项目看，主要用于养老保险、疾病津贴(长期病、伤)、工伤津贴和遗属津贴，而其他项目，特别是医疗保险的费用，则由企业直接支付，并没有形成统筹的保险基金。

上述统筹和非统筹的保险金，是采用按工资总额提取一定比例附加工资的方法实施的，在实践中，出现了工资总额计算方法不统一、附加工资的内容和计算不统一的问题。为此，政务院财政经济委员会在《劳保条例》公布的同时，先后发布了《关于工资总额组成的规定》和《关于国营企业1953年计划中附加工资内容和计算方法的规定》，统一了劳动保险费缴纳基数的计算方法；统一了附加工资的内容为：劳动保险金(工资总额的3%)、工会经费(工资总额的2%)和医疗保险金，其中医疗保险金按行业分别提取5% ~7%，即重工业、邮电部门、森林、铁路及交通部门为7%；轻工业、纺织、邮电企业、贸易企业、商业、粮食企业、银行及国营农场为5%。

2. 有关国家机关和事业单位的社会保险立法。在建立企业职工社会保险制度的同时，国家在国家机关和事业单位中，也开始着手有别于劳动保险的社会保险立法活动。

1950 年 12 月，经政务院批准，内务部颁发了《革命工作人员伤亡褒恤暂行条例》，对国家机关和事业单位的工作人员因公因战伤残、部分或全部丧失劳动能力的保险待遇，以及伤亡的丧葬和抚恤待遇作了规定。

1952 年 6 月，政务院颁布了《关于各级人民政府、党派、团体及所属事业单位的国家工作人员实行公费医疗预防的指示》，自同年 7 月起，在国家工作人员中分期推广了药费报销范围更为广泛、医药费完全由公家负担的公费医疗制度。1952 年 9 月，政务院又颁发了《关于各级人民政府工作人员在患病期间待遇暂行办法的规定》。这个暂行办法也适合各党派、团体及其所属事业单位的国家工作人员，从而在上述国家工作人员中，初步建立了医疗服务和疾病津贴制度。其医疗保险的项目和待遇、病假工资待遇基本上与劳保医疗相同，只是经费来源不同，在药品报销范围和个别待遇上有所区别，如批准到外地治疗的路费，劳保医疗规定由个人负担，而公费医疗则由单位行政负担。

1955 年 4 月，政务院颁发了《关于女工作人员生育假期的通知》，初步建立了女工作人员的生育保险制度。

1955 年 9 月，财政部、卫生局和国务院人事局联合发布了《关于国家工作人员子女医疗问题规定》，提出国家工作人员子女的医疗问题可采取两种办法：一是实行统筹医疗，每人每月按公费医疗规定缴纳一定医疗费，由机关统一掌管，医疗费用从统筹基金内开支；二是没有条件实行统筹医疗的单位，子女医疗本人自理，并规定对确有困难的人员可以从机关福利费内给予补助。

1955 年 12 月，国务院颁布了《国家机关工作人员退休处理暂行办法》和《国家机关工作人员退职处理暂行办法》，初步建立起了养老保险制度。

此后，对上述部分法规进行了一些修改。如 1952—1955 年，曾 3 次修改了《褒恤条例》，提高了待遇标准；1954 年和 1955 年，分别对《患病待遇规定》作了修改，但待遇仍比《劳保条例》规定的标准高。

这样，到 1955 年年底，国家工作人员的社会保险制度，已经形成了比较完整的体系。

3. 初期的二元社会保险制度之间的差别比较。新中国成立初期建立的企业的社会保险制度与国家机关和事业单位的社会保险之间，存在一定差别。这些差别主要表现在以下几个方面：

（1）从立法模式上讲，企业单位的社会保险采取以一部综合性法规加以规范的综合立法模式；国家机关和事业单位的社会保险立法是分别按照风险项目的不同制定单行性法律法规加以规范的分散立法模式。

（2）从社会保险基金的来源看，各类企业的社会保险基金，由企业按工资总额的一定比例缴纳；而国家机关和事业单位的社会保险基金，由国家财政拨付。

（3）从各项待遇标准看也有所不同。①在医疗保险和疾病津贴方面，企业实施的是劳保医疗,国家机关和事业单位实施的是公费医疗。公费医疗比劳保医疗的药费报销范围要广泛,疾病津贴也相对高一些。但企业职工的直系亲属可以享受半费劳保医疗,而对于国家机关和事业单位工作人员无类似待遇。②在遗属保险和工伤保险方面,企业职工因工死亡,其供养直系亲属可享受定期发给的抚恤金,数额为死者本人工资的25% ~50%,至受供养者失去供养条件时为止;职工因病或非因工死亡,按其供养的直系亲属人数付给一次性救济金,数额为死者本人6~12个月的工资;而国家工作人员的待遇根据死亡性质确定,只发给一次性抚恤金。③在生育保险方面,生育假期、产假工资及怀孕、分娩的检查费等,两者待遇都一样,但企业女职工享受生育补助费,国家机关和事业单位的女工作人员则不享受。④在养老保险方面,国家机关工作人员的退休待遇为本人标准工资的60%,比企业低10%,退休条件也比较严格。

(三)新中国成立初期的社会福利立法

社会福利方面,与社会救济相类似,在这一时期也没有形成统一的立法。但在《劳保条例》和《劳保条例实施细则修正草案》中,有一些规定是涉及企业职工福利事业的规定,如《劳保条例》第17条规定:"各企业工会基层委员会得根据该企业的经济情况及工人与职员的需要,与企业行政方面或资方共同办理疗养所、业余疗养所、托儿所等集体劳动保险事业";"中华全国总工会可举办或委托各地方或各产业工会组织举办下列各项集体劳动保险事业",即:疗养所、休养院、养老院、孤儿保育院等。

对于国家机关工作人员的社会福利,除集体福利事业外,政务院于1954年发布了有关福利费掌管使用办法的通知,该通知于1957年5月修改为《国务院关于国家机关工作人员福利费掌管使用的暂行规定》,规定福利费的使用范围为:解决工作人员的家属生活费困难;家属患病医药费困难;家属死亡埋葬费困难;其他特殊困难;补助集体福利事业费用。

1956年,国务院发布了《关于国家机关和事业、企业单位一九五六年职工冬季宿舍取暖补贴问题的通知》,对享受取暖补贴的地区和对象作了明确规定;1957年,国务院发布了《关心职工生活方面若干问题的指示》,对职工的上下班问题、长期与家人分居两地的问题、冬季宿舍取暖问题等作了指示,为进一步实施各种职工福利津贴奠定了基础。此外,在职工法定休假日及休假工资等方面也有一些规定,如《全国年节及纪念日放假办法》(1949年,政务院)、《政务院关于各地厂矿对于法定假日工资发放办法的决定》(1950年)等。

(四)新中国成立初期的社会优抚立法

自新中国成立之日起,政府就非常重视对于有特殊革命贡献者的褒奖和抚恤,首先于1950年由内务部颁发了《革命工作人员伤亡褒恤暂行条例》。除此之外,内务部还颁布了4个有关军人优抚的条例:《革命烈士优待暂行条例》、《革命残疾军人优待抚恤暂行条例》、《革命军人牺牲、病故褒恤暂行条例》和《民兵民工伤亡抚恤暂行条例》。这些条例的公布,统一了革命烈士的评判条件、革命军人的评残条件和伤残等级标准、革命军人家属的优待办法和各类优待优抚的标准。

另外，关于对现役军人的优待和退役安置，1955 年公布的《中华人民共和国兵役法》，以及国务院于同年 5 月发布的《关于安置复员建设军人工作的决议》对其作了详细规定。至此，全国初步建立了统一的包括优待、抚恤和安置内容的社会优抚制度。

(五)有关劳动保险争议的立法

1950 年 11 月，经政务院批准，劳动部颁布了《关于劳动争议解决程序的规定》，其中第 4 条规定：劳动争议之范围包括劳动保险及劳动保护事项。这是新中国第一部包括社会保障争议在内的、有关劳动争议解决程序的规章，是社会保障立法的另一个重要领域。

劳动争议解决的程序性规定，对于研究社会保障争议解决的程序性立法具有重要意义。至今为止，中国对于社会保障方面的争议，仍然将其纳入劳动争议的范畴，但是可以预料，随着社会保障事业的发展和社会保障范围的不断扩大，社会保障争议必将从劳动争议中分离开来，从而成为独立的领域。

从上述新中国初期的社会保障立法中，可以看出如下几个特点：①社会保障立法以社会保险为中心、以雇佣劳动关系为基础展开；②采用"国家保障"加"企业保障"模式；③各级工会行使社会保险行政、监督和争议调解之职能。

三、中国社会保障制度调整时期的社会保障立法(1958—1966 年)

1957 年 9 月，在中国共产党第 8 届中央委员会扩大的全体会议上，周恩来总理回顾了新中国成立后 8 年间实施劳保福利的情况，指出劳保福利为职工办了许多好事，但某些方面走得快了，某些规定不切实际和不够合理，因此，必须对劳保福利进行整顿。整顿的方针是简化项目，加强管理，克服浪费，改进不合理的制度。于是，在政府主导下，整个社会保障立法进入了调整时期。调整的内容主要涉及社会保险的一些项目，如退休制度、医疗制度、工伤保险；社会救济和社会优抚等领域。

(一)社会保险制度的调整

1. 退休制度的统一与中国统一养老保险制度的单独立法的首次出台。由于国家机关和事业单位与企业实行不同待遇的退休制度，致使在一部分国家机关工作人员中，出现了因待遇低而不愿退休或虽然年老体衰，却因条件限制严格而难以退休的情况。为了改变这种状况，劳动部草拟了《国务院关于工人、职员退休处理的暂行规定》(以下简称《退休暂行规定》)，并在全国近 1.2 万个重点企业的 300 余万名职工中征求意见。1957 年 11 月，全国人大常委会原则上批准了这一规定；1958 年 2 月，经国务院全体会议修改后，《退休暂行规定》公布实行。为了保证《退休暂行规定》的顺利实施，劳动部于 1958 年 4 月又发布了《退休暂行规定实施细则(草案)》。在这次退休制度的调整中，形成了覆盖企业单位、事业单位、国家机关、人民团体、民主党派的正式工人和职员，在军事系统工作而无军籍的工人和职工，学校的教员、职员和工人和供销合作社的工人和职员的统一养老保险制度。按照《退休暂行规定》，实现了企业单位和国家机关、事业单位之间在退休条件、退休待遇、工伤退休和补贴待遇、退休医疗待遇、死亡补贴方面的一元化。因此,《退休暂行规定》应该说是中国第一部统一养老保险制度的单独立法。

2. 工伤保险与职业病保险的融合。伴随工业生产的发展,职业病伤害在中国逐渐成为突出的问题。为了"保护工人、职员的身体健康,改进劳动条件,做好职业病防治工作,并合理解决工人、职员患职业病以后的劳动保险待遇问题",卫生部于 1957 年制定和颁发了《职业病范围和职业病患者处理办法的规定》(以下简称《职业病规定》),首次将职业病伤害列入了工伤保险的范畴,实现了工伤保险和职业病保险的融合。

3. 医疗制度的改革。

(1)依法建立病、伤、生育假期批准制度。作为加强医疗管理的一环,1957 年在职工中建立了病、伤、生育假期批准制度。该年 2 月,卫生部和中华总工会联合制定了《批准工人、职员病、伤、生育假期的试行办法》和《医务劳动鉴定委员会组织通则》。根据前者规定,工人、职员发生病、伤或者生育时,必须按照医疗单位所批准的病、伤、生育假期证明书进行休息,该证明书是领取劳动保险待遇的合法证明文件;医师每次给假一般不得超过 5 天,同一病例连续给假不得超过 15 天,连续病假 15 天后仍须休假的,或初诊即确定需要休假 15 天以上的,须经本企业的医务劳动鉴定委员会或医务劳动鉴定小组审查批准。1964 年 2 月,劳动部和全国总工会发出了《关于企业职工半日工作、半日休养工资待遇如何处理问题的补充通知》,规定全日休养改为半日休养、半日工作的,连续休养时间应和全日休养时间合并起来计算;在此期间,连续休养时间为 6 个月之内的,发给半日工资和半日病假工资,超过 6 个月的,发给半日工资和半日疾病救济费。

(2)公费医疗和劳保医疗的改革。1965 年 9 月,为了加强对公费医疗的管理,卫生部和财政部联合发出了《关于改进公费医疗管理问题的通知》,对公费医疗制度作了适当改革,如第一次在医疗保险中引进了个人承担挂号费的机制;明确规定营养滋补药品除经医院领导批准外,一律自费。

1966 年 4 月,全国总工会和劳动部联合发布了《关于改进企业职工医疗制度几个问题的通知》,规定职工医疗时所需挂号费和出诊费,由本人负担;患病和非因工负伤时,服用营养滋补品的费用由个人负担,个人负担的药品数目达 102 种;工伤和患职业病住院治疗时的膳费,本人承担 1/3;享受劳保医疗的直系亲属,挂号费、检查费和化验费等由个人承担。

(3)医疗费用提取比例的修正。如前所述,实行劳保医疗的企业,医疗费用是以附加工资的形式提取的,提取比例为工资总额的 5% ~7%。1957 年,根据各类企业劳动保险费用的支出状况,国务院批转了财政部、劳动部和全国总工会《关于整顿现行附加工资提取办法的报告》,对包括医疗费用在内的附加工资提取比例作了重新规定,即重工业和林业部门提取 5.5%;轻工、纺织、铁道、交通、邮电、农业和建筑部门提取 5%;贸易部门提取4.5%，全国总平均约为5.09%。1964年1月，上述各部门联合国家统计局，又颁发了《关于国营企业提取工资附加费的补充规定》，将附加工资改称工资附加费，并对各项附加费（主要是医疗费用）的提取及列支方法作了规定。

4.学徒工与特殊人员的社会保险待遇的调整和确定。具体内容如下：

（1）学徒工社会保险待遇的调整。《劳保条例》第4条规定，包括学徒在内的企业工人和职员，均适用本条例。但在实践过程中，有关学徒的劳动保险待遇问题较多，各地实施办法也不统一。为此，1958年2月国务院发布了《关于国营企业、公私合营、合作社营、个体经营的企业和事业单位的学徒的学习期限和生活补贴的暂行规定》，规定了学徒工的学习期限，以及学习期间改为领取生活补贴的办法。根据该暂行规定，全国总工会劳动保险部于同年6月又发布了具体的处理意见，提出暂行规定发布后招收的学徒及其直系亲属的劳动保险待遇，按以下规定办理，即学徒因病或非因工负伤连续停工不满6个月的，生活补贴照发，超过6个月休学后，停发生活补贴；学徒因病或非因工负伤医疗所需医药费、住院费和住院伙食费，以生活补贴支付后的不足部分，本人负担确实有困难的，由所在单位给予补助，休学后，停止享受医疗补助待遇；学徒的直系亲属，除学徒因工死亡时享受因工死亡抚恤费外，不享受其他劳动保险待遇；而学徒的其他劳动保险待遇，均按《劳保条例》的有关规定办理。

（2）特殊人员的社会保险待遇的确定。由于这一时期强调阶级斗争的特殊状况，国家机关、企业和事业单位都出现了一批地、富、反、坏分子，有关这些人的退休退职问题，各地政策掌握不一。为此，国务院于1965年8月发布了批复，提出四类分子中因年老体弱不能继续工作，需要作精简处理时，视其是否戴帽而不同对待：没有戴帽，本人又符合退休、退职条件的，可作退休退职处理；戴帽的不能作退休处理，按退职对待，其中无依无靠生活无来源，年龄、工龄又符合退休条件的，可以不发给一次性退职补助费，改由民政部门按月发给不超过本人标准工资40%的救济费；过去已按退休处理的四类分子，待遇一般不改变。

（二）社会救济立法的发展

在这一时期，建立了被精简职工的社会救济制度。

在20世纪60年代初期的国民经济调整中，为了减轻企业负担，发展经济，国家精简了一批职工。这些职工退职后，由于种种原因，其中一部分人生活遇到了很大困难。为了解决他们的生活问题，国务院于1965年6月发布了《关于精简退职的老职工生活困难救济问题的通知》。通知规定：1957年底前参加工作，自1961年以后被精简，并领取过一次性退职补助金的职工，凡是现在全部或大部丧失劳动能力、年老体弱或长期患病影响劳动和家庭生活的，由当地民政部门按月发给本人原标准工资40%的救济费；领取救济费后，家庭生活仍有困难的，再按照社会救济标准给予救济；享受救济补贴的职工本人，医疗费用由民政部门补助2/3。

此后，为了尽快落实国务院通知中的各项规定，内务部和民政部又先后于同年9月发布了有关问题的解答，具体解释了通知中规定的救济对象、享受待遇条件、待遇标准和有关政策，从而在精简退职职工中建立了社会救济制度。

（三）社会优抚立法的补充

新中国成立初期，人民解放军开始着手复员工作，后因抗美援朝而一时中止。停战后，大批复员工作全面展开，安置复员军人成为当时的一项重要任务。同时，为了适应和平时期的形势，1954 年末军队改为义务兵制。为此，国务院于 1958 年 3 月颁布了《关于处理义务兵退伍的暂行规定》，建立了义务兵退伍复员制度。

在军人和军烈属抚恤方面，从 1956 和 1963 年起，分别对原先不享受长期抚恤的三等伤残军人、享受优待后生活仍有困难的烈士父母和配偶等，实行了定期定量发给生活补助费的办法。从内务部 1962 年发布的规定看，补助标准为：农村一般每月 2 ~ 4 元；城市以保证生活不低于一般市民为原则。

总之，这一时期的社会保障立法，主要是适应社会、经济形势的发展，对一些不适应经济建设的社会保障制度进行了必要的修正和补充，从而逐步完善了以社会保险为中心的社会保障制度。

四、中国社会保障立法的停滞、恢复期（1966 年至 20 世纪 80 年代初）

1966 年至 20 世纪 80 年代初，中国社会保障的立法实际上分为两个本质不同的时期，一个是社会保障立法的停滞和倒退时期，而另一个是社会保障立法的恢复时期。从时间上看，应该以“十年动乱”作为区分，分为动乱 10 年和动乱后至 20 世纪 80 年代初的两个阶段。但由于后一个阶段的立法活动主要是针对“十年动乱”中的混乱状况和遗留问题拨乱反正，制定一些应急性的法规，所以将这两个阶段放在本节中予以回顾。

（一）“十年动乱”期间社会保障立法工作的停滞和倒退

“十年动乱”期间，《劳保条例》被视为腐蚀工人的修正主义法规，工会、劳动部门和内务部门先后被撤销，社会保险一度处于无人管理的状况；全国积累的 4 亿元养老保险基金被全部冻结，保险基金统一征集、管理和使用的制度难以为继；国家机关、企事业单位职工的退休工作，也因此而大部分中止。10 年期间，几百万老弱病残职工办不了退休手续，而全国 300 余个疗养院、养老院因基层工会的瘫痪而被迫关门……可以说，新中国成立后的社会保障立法工作的成果，经历这十年磨难，基本上毁于一旦。

在这一阶段中，财政部于 1969 年 2 月发布了《关于国营企业财务工作中几项制度的改革意见（草案）》，规定国营企业一律停止提取劳动保险金，企业支付的退休金在营业外列支，劳动保险业务由各级劳动部门管理。至此，社会保险完全倒退成了企业保险，而工会在社会保险业务中的作用，也因此而完全中断。

医疗保险的状况略微好一些，《劳保条例》虽遭批判，却并没有被废除，看病、病假待遇基本上维持原状。1974 年 7 月，对公费医疗的自费药品范围作了新的规定，除用于抢救外，贵重药品和滋补药品都被排除在免费医疗之外。

10年之间社会保障遭受了重创，虽然在以后相当长的时间内进行了修复，但遗留的许多社会问题至今也难以解决，给社会保障立法带来了相当大的难度。

（二）社会保障立法工作的全面恢复

1.退休制度的恢复和离休制度的建立。“十年动乱”后首当其冲的是职工退休问题。此前有关退休的规定还是1958年制定的，经过这些年，情况发生了很大变化，为此国务院于1978年6月同时颁布了《关于安置老弱病残干部的暂行办法》和《关于工人退休、退职的暂行办法》。

但是，这两个暂行办法都规定：企业单位干部、工人的退休费和退职生活费，由企业行政支付；国家机关、群众团体和事业单位干部和工人的退休费和退职生活费，由负责管理的组织、人事和民政部门另列预算支付。这样，并没有改变“十年动乱”期间形成的企业保险的格局，以至于在20世纪80年代后这种格局成为企业发展的巨大障碍。

2.劳动保险工作的整顿和恢复。1980年3月，为了整顿和恢复“十年动乱”期间中断的劳动保险工作，国家劳动总局和全国总工会联合发布了《关于整顿和加强劳动保险工作的通知》，提出以企业行政为主，会同基层工会办理好职工的退休、退职；建立医务劳动鉴定委员会，确定病伤职工的休假、复工、定残工作；改进医疗卫生；做好各项劳动保险待遇的支付工作；以基层工会为主，会同企业行政健全各项手续制度，整顿劳动保险卡片，正确及时地审批和办理职工各项劳动保险待遇；关心病伤职工的生活，定期慰问；做好劳动保险的群众工作。

该通知发布后，连同前面公布的退休、退职暂行规定，使得《劳保条例》的贯彻执行得到全面恢复，但是，社会保险基金的社会统筹却一直没有得到恢复。

3.其他社会保险和福利制度的恢复。1977年10月，为了加强医疗经费管理，杜绝“十年动乱”期间存在的药品浪费现象，卫生部、财政部和国家劳动总局联合发布了《关于享受公费医疗、劳保医疗人员自费药品范围的规定》，规定人参、鹿茸、药用动物脏器、药酒、滋补膏剂、补汁、口服液、血制品等175种药品，都属自费范围；何首乌、阿胶、牛黄等药品，单味使用按自费处理，复方中使用可以报销。1982年又进一步规定凡是标有“健”字的药品不予报销。这些规定的出台，标志着医疗保险制度改革的开端。

1978年12月，财政部发布了《关于计提职工福利基金等所依据的工资总额的范围问题的通知》；1980年2月，财政部和国家劳动总局颁布了《关于城镇集体所有制企业的工资福利标准和列支问题的通知》。这些通知虽然只是规范性文件，效力难以确保，但这些通知的意义在于：统一了“十年动乱”期间被搞乱了的计提和列支办法，使职工福利基金和劳动保险费用的提取、列支走上了正轨。

在职工社会福利方面，“十年动乱”后也进行了一系列恢复工作。1978年2月，根据财政部和国家劳动总局的规定，在职工中建立了上下班交通费补贴制度；同年 2 月和 12 月，财政部和国家劳动总局又颁发了有关改进职工宿舍冬季取暖补贴的意见和通知；1979 年 10 月，在国家决定对 8 种主要副食品价格进行调整后，国务院先后颁布了《关于提高主要副食品销价后发给职工副食品价格补贴的几项具体规定》和《关于工人升级的几项具体规定》。规定调价后，发给职工副食品价格补贴，并适当给一部分职工提高工资等级。为此，国家劳动总局也先后发布通知，对职工的劳动保险待遇、退休职工的退休费、退职职工的生活费进行了一系列调整。

在这一时期，社会保障立法工作的中心，一方面是恢复“十年动乱”前的社会保障机制，另一方面是为 80 年代后社会保障制度的全面改革和发展奠定基础。

五、中国社会保障立法的全面发展时期(20 世纪 80 年代至今)

进入 20 世纪 80 年代后，中国逐步展开了经济体制改革。随着劳动用工制度的改革，企业破产法的实施，中外合资经济、集体经济和私营经济的不断发展，旧的社会保障制度已经越来越不适应社会、经济的发展需要。1985 年 9 月通过的《中共中央关于制定国民经济和社会发展第七个五年计划的建议》中，第一次在国家文件中清晰而明确地提出了“社会保障”的概念，将社会保险、社会福利、社会救助和社会优抚等制度，统一纳入了社会保障的体系，社会保障制度及其立法活动开始从自身的运行机制、模式类型、项目构成等方面进行较深层次的改革和调整。可以说，20 世纪 80 年代后，中国的社会保障制度及其立法进入了全面改革和发展期，主要立法活动涉及了社会救济、社会保险、社会福利、社会优抚等社会保障的各基本领域。

党的十四大确立了建立社会主义市场经济体制的宏伟目标后，建立与社会主义市场经济相适应的社会保障制度成为社会、经济发展的迫切需要，成为国家和公民的共同要求。在宏伟目标和基本原则已经确定的情况下，创建新的社会保障制度的步伐进一步加快。在党的第十五次全国代表大会上的报告中，江泽民总书记明确指出：要“建立社会保障体系，实行社会统筹和个人账户相结合的养老、医疗保险制度，完善失业保险和社会救济制度，提供最基本的社会保障。”此后，在九届人大召开后的国务院机构改革中，国务院决定组建“劳动和社会保障部”(见本教材第七章)，第一次着手在全国建立统一的社会保障管理体制，改变了此前的社会保障业务一直由劳动、卫生、人事和民政等部门兼管的格局。可以说，党的十五大以后，中国的社会保障事业进入了一个崭新的发展时期。

从某种意义上说，从 20 世纪 80 年代开始的立法进程，是最终在中国建立真正的社会保障制度的一个极为重要的时期，不但与前几个时期有许多本质上的区别，而且内容繁多，应作为本章重点。但因其内容庞杂，出于章节结构考虑，在本书中将其内容分散在各个相关分论中予以阐述。

复习思考题

1. 简述社会保障的概念。
2. 社会保障的三大基本领域指的是什么?
3. 社会保障有哪些功能?
4. 对社会保障应如何分类?
5. 试分析中国的社会保障的类型。
6. 世界社会保障立法发展过程可以分为哪几个阶段?
7. 简述世界社会保障立法发展各个阶段的特征和标志。
8. 真正现代意义上的社会保障立法是从什么时期开始的?
9. 福利国家实施的社会保障立法的改革说明了什么?
10. 试分析说明高龄化对于社会保障立法的影响。
11. 中国社会保障立法的过程可以分成几个大的阶段? 各个阶段有何特征?
12. 中国各个时期的社会保障立法对于当今的社会保障制度的影响有哪些?

第二章

社会保障法概述

本章要点及学习要求

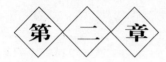

社会保障法是调整社会保障关系的法律规范的总称。它调整特定的社会关系,作为独立的法律部门在法律体系中居于重要的地位。并且,作为一门新兴的部门法,社会保障法具有不同于传统法律部门的一些特征。不同渊源、不同效力层次的法律规范有机地构成了社会保障法律体系。社会保障法从本质上讲是生存权利保护法、是市场经济的支持法、是关于收入分配的社会调节法。生存权思想、社会连带思想是支持社会保障法成立的基本理念。社会保障法的基本原则是集中体现社会保障法的本质和精神,主导社会保障法律体系,调整社会保障法律关系所应遵循的基本准则。

在本章的学习中,要求结合社会保障立法的发展过程,从根本上掌握关于社会保障法的一些基本概念。这些基本概念主要有:社会保障法的定义及调整对象;社会保障法的特征;社会保障法的渊源及效力;社会保障法律体系的构成。另外,还应当掌握社会保障法的本质、立法理念和社会保障法的基本原则这三个方面的内容,以进一步正确理解第二章的基本概念。在此基础上,要求把握社会保障法律关系的概念、了解其种类和特征,运用已有的法学知识充分理解社会保障法律关系的三要素,尤其是对作为社会保障权的核心的享受权及相关权利的理解。

第一节　社会保障法的基本概念

一、社会保障法的定义

（一）定义

如果从社会保障的目的出发来定义，社会保障法是国家为维护社会安定和经济稳步发展而制定的，保障社会成员基本生活需要和经济发展享受权的各种法律规范的总称。保障基本生活需要和经济发展享受权，是社会保障法的独特法域，构成社会保障法特定的调整对象——社会保障关系。如果从部门法之间的区别标志来定义，社会保障法是调整社会保障关系的法律规范的总称。

（二）社会保障法的调整对象

每一个独立的部门法，都有其特定的调整对象，即调整特定的社会关系，解决特定的社会矛盾。特定的调整对象，是该部门法区别于其他部门法的标志。

社会保障法调整的特定社会关系，即国家（通过社会保障管理机构）、集体（用人单位、社区、服务机构等）和公民之间，在保障基本生活需要和经济发展享受权活动中所形成的各种社会保障关系；其所要解决的特定社会矛盾，是社会成员面对种种个人难以抵御的生活风险需要国家给予生存保障的矛盾。

关于社会保障关系有多种分类，如果就保障的内容而简单分类，社会保障关系可以分为：社会救助关系、社会保险关系、社会优抚关系、社会福利关系。如果进一步细分，还可以分成灾害救助关系、扶贫帮困关系、养老保险关系、医疗保险关系、疾病保险关系、工伤保险关系、失业保险关系、生育保险关系、军人优抚关系、军属优待关系、公共福利关系、职业福利关系、儿童福利关系、残疾人福利关系等。如果根据社会保障关系当事人的不同，社会保障法所调整的社会关系则可以分为：国家行政机关之间的关系；国家行政机关与社会团体、企业、事业单位等之间的关系；国家行政机关与公民之间的关系；社会团体、企业、事业单位等与公民之间的关系；公民相互之间的关系。

按照不同分类依据划分出的上述各种社会保障关系，并非完全各自独立存在，有时两种以上的关系交错在一起，呈现出多样性、复杂性的特点。但如果把上述各种社会保障关系的共同点加以概括，社会保障关系应包括以下内容：社会保障管理关系；社会保障基金筹集关系；社会保障基金管理和运营关系；社会保障给付关系；社会保障争议调解、仲裁和诉讼关系；社会保障监督关系。

1. 社会保障管理关系。它是指在确立社会保障管理体制过程中形成的各种关系。如国家授权于社会保障管理机构后，社会保障管理机构在行使职权过程中，必然与用人单位和公民等形成一种管理与被管理的关系、与其他行政机关形成一种协调关系;社会保障组织体系的确立,必然形成高层、中层和基层管理机构之间的关系;社会保障管理机构内部的职责分工,形成了具有决策和立法权的主管机构与具体经办机构的关系。值得注意的是,在社会保障关系中,社会保障管理机构始终是主体的一方。

2. 社会保障基金筹集关系。即在社会保障基金筹集过程中形成的各种关系。如国家、用人单位、个人共同负担社会保险费用的关系;社会保障管理机构与用人单位在缴纳保险费过程中发生的关系等。

3. 社会保障基金管理和运营关系。它是指在社会保障基金管理和运营过程中发生的各种关系。如法律明确规定严禁挤占、挪用社会保障基金,在确保基金的安全使用上,社会保障管理机构必然和其他政府部门、银行、本部门的工作人员等发生各种关系。

4. 社会保障给付关系。这是社会保障关系中最基本的一种关系。社会保障的终极目标,只有通过社会保障给付才能实现;社会保障任何项目的实施,都包含给付内容;社会保障管理机构与公民的关系,主要是给付的实施与领受关系。可以说,社会保障给付关系构成社会保障关系的核心。

5. 社会保障争议调解、仲裁和诉讼关系。它是指在社会保障争议的调解、仲裁和诉讼过程中形成的关系。如无论是调解、仲裁,还是诉讼,争议双方的法律地位都是平等的,是平等主体间的调解、仲裁和诉讼关系。

6. 社会保障监督关系。它是指在监督社会保障实施过程中形成的关系。如社会保障管理机构内部的监督关系;银行、审计等职能部门与社会保障管理机构形成的外部监督关系;广大公民、用人单位与社会保障管理机构形成的社会监督关系。

以上六项内容,构成了社会保障法的调整对象。

二、社会保障法的特征

社会保障法作为一门新兴的部门法,具有不同于传统法律部门的一些特征。

(一)国家干预法的特征明显

所谓国家干预法,不是某一部门法的概念,而是对一群法现象的概括,即国家对传统私法领域进行法律干预的法现象,具体讲,就是国家通过各种立法,对社会经济、社会生活进行强制性干预。这种干预,导致了社会法的诞生,可以说,社会保障法是最具有社会法特征的部门法。

(二)兼有行政法的强制性和私法的给付性特征

社会保障法具有非常明显的强制性:它以国家的行政权力作为强制性实施法律的保证;社会保障管理机构的行为具有强制的法律效力,对任何违反社会保障法的行为,管理机构都有权依法处置;任何社会保障法律关系中的主体,都必须履行自己的义务,否则将承担相应的法律责任。从强制性角度看,社会保障法具有行政法的一些特点。

但是,社会保障法又具有给付性。如前所述,给付关系是社会保障关系中的核心内容。社会保障管理机构和公民之间在给付上发生的关系，实质上是一种合同约定关系，即国家通过社会保障立法约定给付内容，而公民则依法领受约定的给付，其间，社会保障管理机构只是代表国家履行约定的给付义务罢了。社会保障管理机构的这种职能，充分体现在其无权任意修改给付内容的法律规定上。因此，给付关系是一种典型的平等主体间的权利义务关系。而且，从社会保障立法的根本目的看，其调整的是平等主体间的法律关系。因此，可以说社会保障法兼有行政法和私法的特征。

（三）具有实体法和程序法的统一性

在各种法律中，规定社会关系参加者实体权利和义务关系的法是实体法；为保证实体法所规定的权利义务关系得以实现而制定的，有关运用、施行实体法的程序手续的法是程序法。一般而言，实体法和程序法互依互存，有一定的实体法，必然有相应的程序法，如民法和民事诉讼法、行政法与行政诉讼法、刑法和刑事诉讼法。

但是，社会保障法与上述部门法不同，它具有实体法和程序法的统一性。其原因是社会保障领域由各种社会关系构成，社会保障立法必须与各种社会保障关系的特定内容和运行环节相对应。如养老保险法，既有主体权利义务的实体规定，又有资格认定与发放手续等程序性相关的规定。

（四）具有广泛的社会性

社会性是社会保障法的重要特征，其主要表现在享受对象的普遍性、社会保障责任和义务的社会化、社会保障功能的社会公益性。

虽然受经济发展水平的限制，目前很多国家的社会保障远没达到充分、普遍的程度，通过立法施行的只是部分社会成员或部分保障项目，但是，这些国家的宪法，往往规定了在全体社会成员中普遍实现社会保障的最终目标。同时，在国际上，各国通过签订协议，互相保障旅居国外公民的例子，也屡见不鲜。可以预料，随着社会经济的发展，社会保障必将扩展到全体社会成员。

社会保障责任和义务的社会化表现在通过立法，规定国家、用人单位和个人共同承担社会风险的原则，用社会统筹基金来分散社会风险的实施方式。

社会保障功能的公益性，是其立法的根本目的所决定的，即通过实施社会保障来维护社会安定和经济的稳步发展。

（五）具有特定的立法技术

社会保障立法具有特定的技术性，因为社会保障的运行，必须以数理计算为基础，“大数法则”和“平均数法则”等一些数理法则经常在立法中运用。

如养老保险立法，涉及退休后平均存活年数的确定、养老保险基金的社会统筹范围的确定、如何避免新老退休人员的养老金出现太大差距、养老保险费率的确定等种种问题，都需要靠数理计算来厘定。

三、社会保障法的渊源

法的渊源本意是指法的效力来源。法律规范的效力取决于它的创制机关和创制方式,这些虽然存在于法律规范的表现形式背后,却又是决定法律规范效力的关键性因素。所谓社会保障法的渊源,即社会保障法的创制方式和外在表现形式,它实际上回答两个问题:什么国家机关在社会保障领域用什么方式创制法律规范;社会保障法律规范的表现形式及其相互间的关系。

社会保障法的渊源,根据是否成文,可以分为成文法和不成文法两类。中国只有成文法,因此中国社会保障法的渊源包括宪法,有关社会保障的法律、法规、规章、规范性文件和社会保障国际条约。在英美法系国家,除成文法外,还有不成文法,如判例法。

社会保障国际条约可以称为国际渊源,其他则为国内渊源。

(一)宪法

宪法由国家最高立法机关制定,是国家的根本大法,具有最高的法律效力,也是社会保障法的最根本渊源。社会保障法律、法规,必须符合宪法的有关规定,违反宪法规定的法律、法规无效。

世界各国的现行宪法中,大多数都有关于社会保障的规定,其中有的规定了保障公民最低生活的权利,有的规定了保障最低收入的权利。比较典型的如《日本国宪法》。《日本国宪法》第25条第1款规定:所有公民,都享有健康和文化的最低生活的权利。这个规定赋予日本国民社会保障权以健康、文化的最低生活的内涵。第2款规定:国家必须从生活的各个方面,努力增进社会福利、社会保障以及公共卫生的发展。这一款从根本上规定了国家实施社会保障的责任。第13条规定:从个人的尊严出发,有必要通过立法和施政,对公民的生命和追求幸福的权利予以最高的尊重。这一条明确规定了公民的生命权,将社会保障权和生命权联系在一起。从内容看,《日本国宪法》的规定比较原则,仅规定了实施社会保障的基本原则,而没有规定社会保障的具体内容。

《中华人民共和国宪法》第45条确立了公民的社会保障权和国家保障公民这种权利的责任;并确定了社会保障立法的基本原则,即在所有公民中实施平等的社会保障。宪法的其他有关条款,则从各个侧面,规定了公民享受社会保障权的具体内容,成为社会保障具体立法的依据。可以说,《中华人民共和国宪法》不但规定了中国社会保障立法的基本原则,而且构筑了中国社会保障立法的基本框架。所以说,《中华人民共和宪法》是中国社会保障立法的根本依据。

(二)有关社会保障的法律

法律是拥有立法权的国家机关制定的规范性文件,是社会保障法的主要渊源。

国外许多国家的立法机关是国会,只有国会制定的规范性文件才能被称做法律。如日本的《生活保障法》第1条规定:本法根据宪法第25条规定的原则,保障公民健康、文化的最低生活;《国民年金法》第1条规定:根据宪法第25条第2款规定的原则,为维持和提高公民的健全生活而建立国民年金制度。又如,美国国会通过的《社会保障法》、瑞典国会通过的《国家保险法》等,都属于这类情况。

在中国,只有全国人民代表大会及其常务委员会制定的规范性文件,才能称为法律。近年来中国制定的《中华人民共和国劳动法》《中华人民共和国兵役法》《中华人民共和国妇女权益保障法》《中华人民共和国母婴保健法》《中华人民共和国未成年人保护法》《中华人民共和国残疾人保障法》《中华人民共和国老年人权益保障法》《中华人民共和国归侨侨眷权益保护法》《中华人民共和国收养法》《中华人民共和国社会保险法》《中华人民共和国职业病防治法》等,是涉及社会保障领域的重要法律。这些法律的条款中,往往都规定了与宪法的关系。如《中华人民共和国妇女权益保障法》第 1 条规定:根据宪法和我国的实际情况,制定本法;《中华人民共和国未成年人保护法》第 1 条规定:根据宪法,制定本法。说明宪法是这些法律的母法。

此外,与社会保障法密切相关的其他法律,如《中华人民共和国民法通则》《中华人民共和国继承法》《中华人民共和国民事诉讼法》《中华人民共和国行政诉讼法》《中华人民共和国国家赔偿法》等,在解释社会保障法和有关社会保障争议的调解、仲裁、诉讼上,具有重要作用。

(三)有关社会保障的法规

由最高国家行政机关制定的规范性法律文件,称之为行政法规。由省级地方权力机关制定的规范性法律文件称之为地方法规。法规都是从属于法律的规范性文件,效力低于法律,不得与法律相冲突,而地方法规不能与行政法规相抵触。

由于实施社会保障是国家和政府的行为,大量有关社会保障的具体规定,都是通过行政法规的颁发来实施的,而为了实施法律和中央政府行政法规的规定,省级地方权力机关往往制定相应的、适合本地区情况的地方法规,所以,法规成为社会保障法的渊源之一。

在中国,国务院颁布的规范性法律文件都是行政法规。如《国家机关工作人员病假期间生活待遇的规定》《中华人民共和国尘肺病防治条例》《国务院关于工人退休、退职的暂行办法》《国务院关于老干部离职休养的暂行规定》《军人抚恤优待条例》《退伍义务兵安置条例》《国务院、中央军委关于军队干部退休的暂行规定》《革命烈士褒扬条例》《农村五保供养工作条例》《女职工劳动保护特别规定》《残疾人教育条例》《国务院关于职工探亲待遇的规定》《城市生活无着的流浪乞讨人员救助管理办法》等。

中国省、自治区、直辖市人民代表大会及其常务委员会制定的规范性法律文件是地方法规,如《天津市就业促进条例》等。

(四)有关社会保障的规章

国外有些国家把最高行政机关和主管行政机关颁发的规范性法律文件,统称为行政法规,而不分法规和规章。而在中国,由国务院的部、委制定的法律规范文件,是国务院部门规章;由省、自治区、直辖市人民政府,省、自治区人民政府所在地的市,国务院批准的较大的市人民政府所制定的法律规范文件,称之为地方政府规章。规章从属于相关的法律、法规。就中国目前社会保障立法的现状看,政府机关和地方人民政府发布的规章性法律文件最多,是社会保障法的渊源之一。

国务院各机构都分别制定部门规章对社会保障项目进行管理。这些机构发布的规范性法律文件,都属于国务院部门规章。如《全国社会保障基金投资管理暂行办法》(财政部和劳动和社会保障部)、《社会保险登记管理暂行办法》(劳动和社会保障部)、《城镇职工基本医疗保险用药范围管理暂行办法》(劳动和社会保障部与财政部、卫生部等七个部委)、《就业服务与就业管理规定》(劳动和社会保障部)、《城市低收入家庭认定办法》(民政部、国家发展改革委、公安部等十一个部委)等。

为了更好地贯彻、实施有关社会保障的法律、法规,各地人民政府发布了许多地方性规章。如《山东省企业职工生育保险规定》《南宁市职工生育保险办法(试行)》《广西住房公积金业务管理规范》等。

(五)规范性文件

规范性文件的形式多种多样,有决定、通知、意见、复函、批复、批转、会议纪要、解答等,主要由最高行政机关发布;主管行政机关发布的类似文件,也应属于规范性文件。

规范性文件的法律要素很少,但在社会保障行政上,却起着重要的指挥、组织和规范作用。目前,中国的社会保障立法还很不完善、很不规范,社会保障的不少领域,没有法律、法规,只有规范性文件,许多具体实施办法、规定,都是通过各种规范性文件发布的,这些规范性文件传达、贯彻着党和国家的政策、方针,是地方和基层实施社会保障的重要依据,起着补充法律、法规的作用。考虑到上述现实,我们姑且把法规性文件也作为法的渊源之一。

但是,规范性文件是不具备法律效力的,难以作为追究法律责任和审判的依据。比如,规范性文件规定外商投资企业必须为其中国职工参加社会养老保险,但有些外商投资企业至今拒不参加养老保险社会统筹,由于没有这方面的立法,只能说它们违反了行政规定,而不能说它们违法。

但在“国务院法制局”编制的《中华人民共和国新法规汇编》中,把上述国务院发布的规范性文件,称之为“法规性文件”。虽然都是行政文件,但其前面的定语——法规性和规范性,还是有所不同的。法规性即具有法规性质的意思,如此,则国务院发布的行政文件,既然具有法规性质,就具备了一定的法律效力。如何解释这种改变,值得我们探讨。

(六)条约

本国批准的国际条约,包括国际劳工组织制定的有关社会保障的《国际劳工公约》,当然应该严格遵守,从而成为社会保障立法的国际渊源。

（七）习惯法

国家认可并赋予法律效力的习惯称之为习惯法。这些习惯是多年来形成的，为一般公民接受并遵守，从而成为一种行为规范。但习惯法在中国不是社会保障法的渊源。

（八）判例法

法院可以援引作为审理同类案件依据的判决，称之为判例法。在英美法系国家，判例法是正式的法的渊源，上级法院，尤其是最高法院的判决，对下级法院有普遍约束力。在大陆法系国家，判例不是正式的法的渊源，仅作判决时的参考，不具有普遍约束力。但是，受英美法系国家的影响，大陆法系的一些国家，如日本，也开始把判例作为法的渊源之一。日本的《裁判所法》规定，最高裁判所若作出不同于以前判例的判决，必须组织大法庭进行审判，以保证作为法的渊源之一的判例法的稳定性。

有关社会保障的诉讼一经判决，特别是最高法院的判决，自然成为英美法系国家的判例法。在中国，有关社会保障的判例虽然不是法的渊源，但不能以此否认最高人民法院判决的判例，在审判实践中的重要参考作用。

四、社会保障法的效力

社会保障法的效力，是社会保障法律规范生效的范围，即法律规范在什么地方、什么时间、对什么人有效。因此，社会保障法的效力，可以分为空间效力、时间效力、对人效力三种。

（一）空间效力

空间效力与制定社会保障法律规范的主体的权限范围有关。在中国，全国人民代表大会及其常设委员会，是最高权力机构，权限范围溯及国境内的全部区域，其制定的社会保障法律规范，自然在全国范围内有效；国务院是国家的最高行政机关，其制定的行政法规，在全国具有法律效力；劳动与社会保障部，是国家授权主管社会保障事业的机关，其颁布的有关社会保障的规章，也在全国范围内有效；省、自治区、直辖市人民代表大会及其常设委员会，是该行政区域内的权力机构，权限范围只能溯及该行政区域，其制定的社会保障地方法规，只能在该行政区域内有效；同样，地方人民政府发布的地方规章，也只能在该行政区域生效。

（二）时间效力

社会保障法和其他法律一样，因施行而生效，自规定的施行日起，对有关事实产生效力。国内外有关社会保障的法律、法规和规章，一般都有施行起始日的规定。

关于社会保障法的溯及力问题，通常有以下几种情况：

1. 社会保障法的法律责任部分，涉及刑事责任的，当按照刑法的有关规定。如《中华人民共和国刑法》第 12 条规定，中华人民共和国成立以后本法施行以前的行为，如果当时的法律不认为是犯罪的，适用当时的法律；如果当时的法律认为是犯罪，依照本法总则第 4 章第 8 节的规定应当追诉的，照当时的法律追究刑事责任，但是如果本法不认为是犯罪或者处刑较轻的，适用本法。

2. 社会保障法既然具有行政法的特点，一般当适用行政法规无溯及力的原则。但是，有关社会保障制度改善、社会保障给付增加的内容，从被保障对象的利益出发，往往有溯及力的规定。相反，费率的调整，给付水准的下降等内容，也是从被保障对象的利益考虑，往往规定无溯及力。

（三）对人效力

在社会保障事业比较发达的国家，社会保障国民待遇已经基本实现，因此，其施行的社会保障法律规范，对国境内的所有人员有效。所谓所有人员，当然包括在该国居住、工作的外国人（临时滞留、不法滞留者一般除外）。

如中国1953年修正公布的《中华人民共和国劳动保险条例》第4条规定，凡在实行劳动保险的企业内工作的工人与职员（包括学徒），不分民族、年龄、性别和国籍，均适用本条例，但被剥夺政治权利者除外。从这条规定看，中国的劳动保险，是以国境为界，对外国人也有效力的。但是，从新近颁布的涉及外商投资企业的社会保障法规、规章看，几乎都有“外商投资企业中的中方职工”的限制，将外国人排除在适用范围之外。

应当注意，《中华人民共和国劳动保险条例》规定的效力原则是正确的。社会保障国民待遇是世界社会保障事业发展的潮流，如果中国公民在国外都能享受所在国的社会保障待遇，而外国人在中国却毫无保障，则从根本上违背了国与国交往中的互惠原则。此外，从生存权保障原则考虑，也应给予长期在中国工作、学习和居住的外国人以一定的社会保障。对此，国际上采取的多是政府间签订社会保障双边或多边协定来保障外籍人员在本国参加社会保险的做法。但是，中国对离退休后移居国外的公民，实行国内养老金给付照发的办法。因此，可以认为中国目前采取的是以国籍为依据的适用原则。

社会保障法中，往往对该法的适用对象有原则规定，但是目前中国的社会保险立法正在朝着普惠方向发展，以往不属于适用范围内的广大农村居民等也被逐步纳入适用范围内。

五、社会保障法律体系

社会保障法的体系是指按照社会保障项目设置的需要而制定的法律、法规体系。实际上社会保障法律体系是由上述各种渊源的法律法规构成的有机整体。从体系化的角度去分析，进行归类和整理，是社会保障法学的任务，其作用也是为了找出各项社会保障法律法规中的共性与个性，更好地为指导实践服务。对社会保障法律体系的研究，主要可以进行个体结构和整体结构两个方面的研究。个体结构研究是对社会保障法律法规的基本构成要素的研究，整体研究是在个体研究的基础上，对各个单行的社会保障法律法规进行科学的归类。社会保障法律体系的研究重点是后者。

（一）社会保障法的构成

社会保障法的构成，实质上就是指大多数单行社会保障法的基本构成要素。一般来说，社会保障法都由以下八个要素构成：

1. 社会保障法的适用范围。

2. 社会保障项目。

3. 社会保障的对象。

4. 社会保障资金的来源、支出、管理和运营。

5. 社会保障待遇享受资格条件、待遇标准和给付方法。

6. 社会保障的经办、管理、监督机构。

7. 社会保障争议的处理。

8. 法律责任。

（二）社会保障法律体系

1. 社会保障法律体系结构模式。社会保障法律制度作为一个独立的法律部门，其法律体系的组成结构，从世界范围看，主要有两种模式：一是根据社会保险、社会救助、社会福利、社会优抚等社会保障项目，制定若干部平行的社会保障法律法规，分工规范社会保障的某一方面的关系，其特点是多部社会保障单行法律法规并存，互不隶属，共同规定着社会保障法律关系。这种模式由德国首创，俾斯麦于 1883 年颁布《劳工疾病保险法》、1884 年颁布《劳工伤害保险法》、1889 年颁布《老年及残废保险法》，这三部法律于 1911 年合并，另增《孤儿寡妇保险法》，成为著名的“社会保险法典”。第二种模式是由国家统一制定一部综合性的社会保障法律作为社会保障法律部门的基本法，再根据需要制定若干具体的社会保障法律、法规。这种体系由一法统驭、多法并行，呈现层次性，有利于社会保障法律的一体化、全民化，以及立法形式的多样化。这种模式由美国首创，罗斯福新政时期于 1935 年颁布《社会保障法》，即为社会保障基本法性质的法律。这种模式，既有利于宏观层次规范的相对稳定性和统一性，同时又是一个发展和开放的体系，当社会产生新的保障项目需求时，可以基本法为依据进行立法。

中国长期以来的社会保障立法系“分散立法”体例。至今还没有一部社会保障基本法，没有一个专门的法律统驭社会保障并对其作出全面的、系统的原则规定。在市场经济条件下，中国的社会保障法体系构成模式应由“多法并存”的分散立法模式走向“一法统驭多法”的综合立法模式，即由社会保障基本法从宏观上协调、统一和指导各种单行法及地方立法。

2. 社会保障法律体系。学者们认为，社会保障法体系，是指一个国家的全部社会保障法律规范按一定标准分类组合所形成的，具有一定纵向结构和横向结构的有机整体。

（1）社会保障法律体系的纵向结构。它是由不同效力层次的各种法规，按照效力层次高低顺序所组成的“宝塔式”结构，即宪法、社会保障基本法、专项社会保障法律及以下各层次社会保障法规的组合。

(2)社会保障法律体系的横向结构。它是由全部社会保障法律规范按照社会保障法的内容性质为标准所划分的若干项社会保障法律制度所构成，以其横向结构可以划分为以下几个部分：

①社会保障实体法，也称给付法。它是社会保障法的主体内容，通过以社会保障的项目为标准分类立法。如中国的社会保障法的实体性内容主要包括：社会保险法（养老保险法、失业保险法、工伤保险法、医疗保险法等）、社会救助法、社会福利法、社会优抚法等。

②社会保障基金管理法。它是社会保障法的基础内容，主要由社会保障费、社会保障基金的来源、社会保障筹资方式、社会保障基金的运营等内容构成。

③社会保障组织法。它是有关社会保障的组织管理机构及其职能、权限、工作方式的规定。

④社会保障程序法。它是有关社会保障争议、事故处理程序的规定，主要包括社会保障纠纷的调解、复议、仲裁以及责任事故查处程序等内容。

本书以后几章的内容顺序基本上就是以此体系为依据进行编排的。

第二节　社会保障法的本质、立法理念及基本原则

一、社会保障法的本质

学者们认为：社会保障法从本质上讲是生存权利保护法、是市场经济的支持法、是关于收入分配的社会调节法。

（一）社会保障法是生存权利保护法

社会保障法是通过国家出面动员社会力量保护社会成员的生活安全和生存秩序的法。这是社会保障法产生和发展的基本出发点、立足点和归属点。

社会保障法的生活保护的本质，各国宪法和社会保障法的总则均有专门条款进行规定。中国现行《宪法》第45条规定："中华人民共和国公民在年老、疾病或者丧失劳动能力的情况下，有从国家和社会获得物质帮助的权利。国家发展为公民享受这些权利所需要的社会保险、社会救济和医疗卫生事业。国家和社会保障残废军人的生活，抚恤烈士家属，优待军人家属。国家和社会帮助安排盲、聋、哑和其他有残疾的公民的劳动、生活和教育。"日本则将《日本国宪法》第25条的"社会成员生存权"具体化，于1950年实施《生活保护法》，从而建立起了以《生活保护法》为基础的社会保障制度和公民生存权保护体系。

社会保障法是一种生活的"安全支柱"法，给社会成员以生活的安全感。社会保障法又是社会成员生存秩序的"稳定支柱"法，它给社会成员的生活带来稳定，维持一定的生活水平和质量。

（二）社会保障法是市场经济的支持法

社会保障法是市场经济产生和成熟后出现的一种新的“法群”，是市场竞争机制的支持法。

从社会学的角度来看，任何一个社会都需要有动力机制和稳定机制，市场机制即是现代各国经济发展的首选动力机制，而社会保障则充当着首选的稳定机制。从此意义上讲，社会保障法是市场经济的支持法。另外，用系统论的观点来分析现代市场经济及其运作机制，从功能结构上看它可分为主体运作系统、运作导引系统和社会支持系统。其中，主体运作系统是基础，由企业制度体制构成，由民法来规范和调整，因而民法被喻为市场经济的基本法；运作导引系统是主导，由宏观调控体系构成，主要由经济法来规范和调整，因而经济法被喻为市场经济的主导法；由社会政策体现的社会保障体系是社会支持系统的重要组成部分，正是从这一意义上，学者们认为社会保障法为市场经济的支持法。

（三）社会保障法是关于收入分配的社会调节法

社会保障法对社会成员的生活保护及其对市场竞争中弱者的社会关照功能，是通过对社会收入分配的社会性调剂而实现的。

在现代市场经济条件下，收入分配机制主要有两种类型，一是市场分配，二是政府出面干预形成的社会分配。市场机制调节的收入分配是第一次分配，收入分配的主体是作为独立的商品生产者和经营者的企业；收入在不同社会成员之间的分配依据是其拥有的生产要素的市场价格波动及由此引起的不同企业、不同生产要素所存在收益的波动。这种分配是国民经济运行的重要环节。国家在国民收入初次分配中的责任是规范分配秩序、以法律形式规定最低工资标准，对国民收入初次分配环节中的财税调节应竭力保持中性，以防止政府调节干扰市场分配的正常功能。

但是，由于市场分配的内在缺陷，国民收入由市场机制初次分配的结果必然是财富和收入在社会成员之间的分配不公甚至两极分化，这不仅会危及社会稳定，而且也会影响市场机制本身健康有序的运行和经济效益的提高。因此，需要由政府对市场分配的结果进行矫正性再分配和再调节，以维护社会公平和社会公正。这种分配主要由国家出面通过社会保障法的途径来实现。由社会保障法所调节的分配关系及其功能实现的途径主要有：

1. 社会成员个人收入的纵向再分配。通过社会保障税或费使社会成员在部分劳动时间内创造的劳动收入在一生中调剂使用。

2. 社会成员之间的横向再分配。通过社会保障税或费调节社会成员中高收入阶层与低收入阶层、就业者与失业者、健康者与疾病者、幸运者与不幸者、有子女家庭与无子女家庭之间的收入分配，体现社会成员之间的互助和“以富济贫”的关系。

3. 企业与劳动者之间的收入再分配。国家通过向企业收取社会保障税或费，使企业从净利润中支付其所属职工的社会保障费，而受益者是职工，实际上是以社会保障的形式增加了劳动者的收入。

4. 企业之间收入的横向再分配。通过社会保障费用的统筹,实现各类企业之间社会保障负担的均衡。

5. 地区之间收入的横向再分配。通过征收相同比例的社会保障税,让全社会范围内的社会成员享受相同的社会保障待遇,可使不同经济发展水平的地区之间达到社会保障费用的互助共济。

6. 代际之间的收入再分配。通过对现役劳动者征收社会保障费(税),让退役劳动者享受社会保障待遇,实现代际互助功能。

7. 国家财政收入再分配。主要表现为国家财政对社会保障基金的直接补贴。

因此,社会保障法从一定意义上说是一种收入分配的社会调节法。

二、社会保障法的立法理念

如前所述,社会保障的产生有其深刻的社会、政治和经济原因,而且社会保障从一开始起就是国家通过立法施行的,因此,社会保障产生的原因,亦可以看做是社会保障法产生的根据。但是,除此之外,社会保障法的产生,应该还有其深刻的思想根据,或者说,社会保障法的背后,有支持其成立的理念。这种思想理念,正是社会保障法区别于其他部门法的重要标志。

可以说,生存权思想、社会连带思想是支持社会保障法成立的基本理念,此外,社会平等思想、慈善思想等也是支持社会保障法成立的重要理念。

(一)生存权思想

生存权即为维持人的生存所必不可少的权利,包括生命权、健康权、物质享受权等内容。生存权基于人类的生存本能而产生,是一种自然权利,或者说是一种法前权利,即伴随人的出生而自然产生,直至人的死亡而自然消灭的一种权利。这种自然权利和实在法规定的法定权利不同,它是天赋的、不可转让的。

可以说,生存权虽然自人类诞生就已经存在,但直至资产阶级革命,才随着其他自然权利的确立而得到确认。

但是,资产阶级革命所确认的生存权,是不充分、不确定且极其抽象的。随着资本主义从自由经济发展到垄断经济,社会上出现了悬殊的贫富差距,贫穷成为威胁社会成员生存的最大社会问题,而确立生存权作为法的权利,也成为资本主义国家立法的重要课题。

最初在宪法中明确规定生存权的是 1919 年 7 月的德意志共和国的《魏玛宪法》。该宪法共二篇 181 条,其中第二篇为“公民的基本权利和义务”。该宪法第 151 条 1 款规定:经济生活的秩序,必须适合社会正义的原则,而所谓社会正义,则在于保障所有社会成员能够过上体现人的价值、体现人的尊严的生活。作为生存权保障的具体措施,该宪法在 161 条和 163 条中,还特别制定了有关社会保险和社会救助立法的规定:“为了维持健康和劳动能力，保护母性，防备老年、衰弱和生活的突变，国家在被保险者的协力下，设置包括各种领域的社会保险制度”；“国家给予全体劳动者以通过经济性劳动获得生活来源的机会，如果一时没有这种机会，应考虑给予必要的生活保障，具体实施方法，由国家另外通过立法规定”。《魏玛宪法》的重要作用，在于确立了现代意义上的生存权，并赋予生存权以具体的内涵，即生存权不仅仅是活下去的权利，而且是能够体现人的价值、体现人的尊严地生活下去的权利。《魏玛宪法》在生存权上的规定对西方各国的立法产生了深远的影响。

第二次世界大战以后，生存权在世界范围内得到了广泛重视，生存权作为法定权利在各种重要国际文献和各国宪法中普遍得到确认。1945 年的《联合国宪章》强调了生存权是一种基本人权。1948 年的《世界人权宣言》明确规定：所有公民，作为社会成员之一，都享有社会保障权。1946 年颁布的《日本国宪法》第 25 条规定：所有公民，都享有健康和文化的最低生活的权利。法国 1946 年宪法宣布了公民的工作权，受教育权，失去劳动能力者、儿童、母亲、老弱者享受社会救济和社会文化的权利。

上述国际文献和宪法中，虽然对生存权的表述各有侧重，但生存权作为基本人权的内涵，都十分明确。中国的宪法中也有相关规定。

中国在 1954 年公布的第一部宪法中，就确认了社会保障权是公民的一项基本权利。《中华人民共和国宪法》(1993 年)第 44 条规定：国家依照法律规定实行企事业组织的职工和国家机关工作人员的退休制度，退休人员的生活受到国家和社会的保障；第 45 条规定：中华人民共和国公民在年老、疾病或者丧失劳动能力的情况下，有从国家和社会获得物质帮助的权利。国家发展为公民享受这些权利所需要的社会保险、社会救济和医疗卫生事业。国家和社会保障残废军人的生活，抚恤烈士家属，优待军人家属。国家和社会帮助安排盲、聋、哑和其他有残疾的公民的劳动、生活和教育。

生存权从根本上说是一种自然权利。法律的作用在于确认和保护这种自然权利，并赋予权利以具体内容。由此，则生存权在形式上又表现为法定权利。因此，法律规定的生存权内容与作为自然权利的生存权是否一致、如何尽可能达到一致，成为社会保障立法中的永恒课题。事实上，各国在把握生存权的内涵时具有很大的余地，而不同的内涵把握导致了各国社会保障立法的差异。

生存权思想着重于强调国家的社会保障责任，是支持整个社会保障立法的理念，主要表现在社会救助、社会福利等立法理念中。

(二)社会连带思想

社会连带思想，或者说社会共同责任思想，在社会保障立法中占有重要的地位。其基本内涵为：社会保障在自助的前提下，强调社会共同连带责任。用通俗的语言表述，可以称之为“人人为我，我为人人”的思想。就其产生的根源来说，除了高尚的“利他”动机外，也有自己遭遇困难时希望他人给予帮助的“利己”动机。这种社会连带思想，在各国的社会保障立法中随处可见。从社会连带思想的特点看，其主要表现在社会保险立法的理念中。

社会连带思想源远流长。早在人类社会诞生时,互助互济思想就存在于血缘共同体中,此后,又扩大为地域共同体或职域共同体成员的互助互济。随着人类社会的发展,国家成为人类社会的主要形式,保障社会成员的基本生活成为国家不可推卸的责任,但是,国家承担责任不等于国家全额负担,于是逐渐形成了由国家出面组织社会成员通过缴纳保险费来建立共同保险基金,帮助遭遇风险者的社会保障格局,其出发点便是社会连带思想。值得注意的是,即使是社会保障制度日渐成熟的现代社会,古老的、自发的互助互济行为依然存在于社会之中,成为社会保障的一种补充。

三、社会保障法的基本原则

任何法律部门都有自己的基本原则。有的法律部门,其基本原则体现在该法律部门的基本法中,如民法等;有的法律部门,其基本原则在法律中没有集中规定,需要从众多的法律规范中,通过理论研究概括而成,如刑法等。社会保障法就是属于后一种法律部门。

社会保障法的基本原则,即集中体现社会保障法的本质和精神,主导社会保障法体系,调整社会保障法律关系所应遵循的基本原则。可以说,社会保障法的基本原则,是这一法律部门的灵魂和统帅,它能够将众多的社会保障法律凝聚成一个法律体系,是社会保障立法的依据和准则,并且在社会保障执法中起到指导和制约作用。

确立社会保障法的基本原则,是社会保障法学的重要任务。在确立社会保障法基本原则的过程中,我们必须要有法律依据和现实依据。法律依据中,宪法是最高的法律依据,任何违背宪法精神的基本原则,都是不可能成立的;同时,我们又必须以社会现实为依据,从基本国情出发,依据国家的基本政策,确立符合实际的基本原则。

(一)生存权保障的原则

在前面我们已经充分讨论了作为社会保障立法理念的生存权保障的内容,可以说,生存权保障是社会保障法成立的根本依据。在当今世界各国的宪法普遍确认了公民的生存权、规定了国家保障公民生存权的义务的同时,生存权保障也成为社会保障立法的法律依据。生存权保障原则,具体体现在社会保障的普遍性和全面性上。

1. 社会保障的普遍性。从每个社会成员都有生存权利,而生存权利可能受到威胁这一原理出发,社会保障立法应将法的适用范围确定为面向全体公民,不问其性别、年龄、国籍,不管其职业、地位、信仰,只要是居住在法定范围内的公民,都有享受社会保障的权利。

社会保障的普遍性,指每个公民的生存权利都应该得到保障。但纵观世界各国关于社会保障适用范围的规定,也有一个从小到大、自部分到全体的变化过程,这说明各国社会保障法的实施力度在很大程度上是受其国家具体国情所制约的。实际上,各国在这一点上往往是根据本国的国情和政策决定其法律覆盖范围的。一般而言,“福利国家”一般采取无差别地适用全体公民的保障标准；而其他国家，有的根据不同类型的公民，采取有区别的保障标准，如中国长期以来，一直是以“干部——工人——农民”的身份差别为标准，并且在21世纪的今天，从中国的养老保险制度的覆盖范围看，仍然不适用于居住于中国境内的外籍人员。

但是，普遍实施社会保障的原则，必然要经受现实的考验。由于受经济发展水平、城乡人口结构等种种因素的影响，社会保障的普遍实现往往又成为一种必须努力奋斗才能实现的长远目标。尤其是像中国这样农业人口众多的发展中国家，又处在全面创建社会保障制度的阶段，要一下子在全体公民中实现普遍的社会保障是不现实的。一般认为，众多的农业人口是严重制约社会保障普遍实施的重要因素，而中国在这方面的情况尤为严峻。

但是，社会保障的普遍性原则是不容置疑的，中国宪法规定的面向全体公民的社会保障权利也是这一原则的体现。从这一根本认识出发，国家应当在经济发展的前提下有计划、分阶段地在全体公民中普遍实施社会保障。

2. 社会保障的全面性。社会保障的全面性即社会保障的内容应该覆盖生存权利可能受到威胁的各个方面。英国于20世纪50年代提倡的所谓“从摇篮到坟墓”的保障，形象地概括了这种全面性。不过，社会保障的全面性并不意味着包容一切生活风险，只有纯粹的、偶然发生的、普遍存在的生活风险，才会构成社会保障的风险项目。

所谓纯粹风险，是相对于投机风险而言的，其区别在于纯粹风险只会给人带来损失而毫无利益可言，而投机风险则既有受损可能，也有获利机会。据此，像买卖风险、证券市场的风险，不可能成为社会保障项目。所谓偶然发生的风险，是指事先无法预料是否会发生，或难以预料何时何地会发生的风险。这是为了排除因当事人故意行为而造成的风险，如犯罪行为、自杀行为等。而普遍存在的生活风险则意味着这些风险具有广泛性、社会性，是公民基本生活的主要威胁，如自然灾害、贫困、年老、疾病、失业、职业伤亡、生育、家庭成员的死亡、残疾等生活风险，都是难以预料的纯粹风险，都可能威胁到每个社会成员的基本生存，只有消除和化解这些威胁和风险，才能达到生存权保障的根本目的。

事实上，发达国家多数也正是据此进行社会保障立法，从各个侧面建立起帮助社会成员抵御上述生活风险的社会保障体系。

社会保障普遍性和全面性是生存权保障原则的具体体现，两个侧面缺一不可。任何部分成员、部分内容的社会保障，都是不全面、不完善的，都将使社会成员因社会保障体系的残缺、覆盖面过窄而受到生活风险的威胁，从而违背了生存权保障的原则。

（二）普遍性和区别性竞合的原则

这里的普遍性同生存权保障原则中的社会保障普遍性的含义相同，就是社会保障的实施范围应包括所有社会成员，强调一切社会成员享有社会保障的共同权利，从而制定对全体社会成员普遍适用的相同的保障标准；区别性的含义，即针对不同类型的社会成员制定不同的适用法规和标准。普遍性和区别性相结合,是“福利国家之父”贝弗里奇勋爵在《社会保险及相关服务报告书》里首次倡导的,他建议:①“全面和普遍”原则,把全体国民均作为社会保障覆盖的对象;②“区别对待”原则,也称“拣选性”原则,即针对不同类型的社会成员制定不同的社会保障标准。

日本在20世纪60年代实施了“皆保险皆年金”,即在全体公民中建立了基本养老保险和医疗保险制度,其保障标准是无差别的,遵循了普遍性原则;在此基础上,又分别建立了国家公务员(包括公立学校教职员工)、公有企业职工、大型企业职工、中小企业职工、私立学校教职员工、农林渔业成员的社会保险体制(类似于中国的企业补充养老保险,但属于强制性),由于上述成员既参加了基本社会保险,又参加了系统内的补充社会保险,其社会保险给付自然要高于基本项目的给付,可以说是区别性原则的体现。

世界上其他国家的社会保障立法,或以选择性原则为出发点制定针对不同类型的社会成员的不同适用标准(如美国的社会保障法案);或以普遍性原则为出发点制定针对全体社会成员适用的相同的保障标准(如英国和瑞典等国的社会保障立法)。而中国传统的保障立法,是以“干部——工人——农民”的身份差别为标准加以有选择地区别对待。

中国市场经济条件下的社会保障立法,既不能单纯地以普遍性原则为出发点,也不能单纯地以区别性原则为出发点,而应当把二者有机结合起来。因为,首先,如果否定了普遍性原则,就等于否定了社会成员在社会主义公有制条件下平等的社会保障权利。其次,还应该充分认清社会经济发展不平衡的现实。这就要求在社会保障立法过程中,在确定全体社会成员享有平等社会保障权利,将全体社会成员纳入社会保障保护之下的同时,坚持城乡有别的区别性原则,制定适合城乡之间、各经济区域之间、各地区之间的社会保障水平和标准。

总之,普遍性与区别性在社会保障制度框架内的竞合,其总体要求是:将全体社会成员纳入社会保障保护之下,赋予全体社会成员都有面临生存危机时从国家或社会获得物质帮助的权利;同时,按城乡不同经济水平和生活水平,确定不同类型成员的保障标准。

(三)保障水准与经济发展水平相适应的原则

世界社会保障立法的经验证明,社会保障的水准,必须以社会经济发展水平为基础和条件:高于经济发展水平的社会保障水准,不但难以维持,而且对整个社会和经济都将是一场灾难;而低于经济发展水平的社会保障水准,将引起社会成员的不满,从而给社会带来不安定因素。同时,社会保障的实施,应有利于社会经济的发展。

(四)保障基本生活的原则

社会保障立法规定了各种给付标准,这些给付标准,都有一个明显特点,即以满足基本生活需要为宗旨。

保障基本生活的原则,与生存权保障原理是完全一致的。公民生存所必须具备的基本条件由国家提供社会保障,而基本生活以上的需求,则完全应该贯彻“经济责任自负”的原则,靠个人努力奋斗去取得,靠自我保障去实现。国家为此也建立了多层次的保障体系,像企业补充养老保险、个人储蓄性养老保险、商业保险等,就是为有能力的公民提供的一种基本保障以外的生活保障体系。

事实上,各国社会保障立法都遵循着这一原则,尽管各国因对“基本生活”的概念理解不同而对社会保障制度本身的解释也不同,但在各项社会保障待遇给付的水平上掌握着一个质的尺度,即保障基本生活需要。例如,社会救助给付按最低生活标准发放,以满足社会成员生存的基本需要。

社会保险法以公民抵御生活风险的基本需要为出发点制定给付标准:养老保险给付满足公民退休后的基本生活需要;医疗保险、工伤保险和生育保险,提供基本医疗服务,并为此制定免费药品和服务的范围;疾病津贴和工伤津贴,为公民养病养伤期间提供基本生活保障;失业保险为暂时失去生活手段的公民提供基本生活保障;遗属保险则为失去供养来源的公民提供基本生活保障。

在社会福利中,各种社会福利院,为社会上的孤儿、孤老、身心残疾者提供基本生活保障;特殊群体权益保障立法,则以保障其基本劳动、生活权利为目的;有些福利津贴,如物价补贴,其发放目的是为了保障公民的基本生活不受物价上涨的影响。

在社会优抚中,伤残军人的生活津贴、革命烈士家属的生活补贴、死亡军人家属的生活补贴等,都是为了保障其基本生活需要。

(五)社会化的原则

社会保障事业是全体公民的事业、全社会的事业,国家通过立法实施社会保障,绝不意味着国家承担全部社会生活风险,实行“国家保险”。事实证明,没有社会成员的参与和协助,“国家保险”将陷入困境,社会保障的目标将难以真正实现。因此,社会保障立法,必须遵循社会化原则,尽可能动员广大社会力量来共同参与社会保障事业。从世界各国社会保障的发展轨迹看,“国家保险”这种本着“受益者无负担”原理而建立的保障制度,已经渐渐淡出历史舞台。

1. 社会保障资金源泉的社会化。社会保障资金源泉的社会化,在社会保障的各个子部门可以有各种不同的表现形式。

(1)社会保险方面。其表现为社会保险费的“三方负担”,即由“国家、用人单位和个人共同负担”的原则。在各国的社会保险立法中都将这一原则规定为法定义务,当事人必须履行义务,否则将承担相应的法律责任。在具体保险项目中,养老保险费和医疗保险费都较为普遍地实行三者共同负担的原则;失业保险费则有的实行三者共同负担,有的主要由用人单位和国家承担;工伤保险费、生育保险费和遗属保险费一般采取用人单位和国家负担的办法,但有的国家认为,安全生产也是职工的重要义务,因此职工也应承担部分保险费用。

(2)社会救助领域。一般认为国家有义不容辞的公共救济义务,社会救助费用理应由国家财政拨款承担。但是,这并不意味着社会成员就没有任何道义上的责任,国家应当通过立法,大力提倡和发展社会慈善事业,动员社会力量共同救助贫困对象,帮助贫困地区发展经济、文化,从而提高整个社会的经济发展水平。这对于我们这样一个人口众多,疆土辽阔,东、中、西部经济发展不平衡,国家财力有限的发展中国家来说,这一点尤为重要。应该说,这方面中国有优良的传统,像“希望工程”、“慈善募捐”、“结对子帮困”、“向灾区捐助衣物”等活动,对国家的社会救助事业起到了积极的补充和辅助作用。

(3)社会福利领域。国家除积极发展公共福利事业、发放福利津贴外,应当通过立法,组织和动员社会力量,共同发展社会福利事业。如规定用人单位必须举办职工集体福利,组织社区积极发展社区福利事业,组织社会团体举办各种团体福利事业,鼓励社会团体、单位、个人为社会福利事业捐款等,从而形成福利基金来源多元化、福利项目多层次的局面,通过各方共同努力,提高社会成员的生活素质。

2. 社会保障管理的社会化。由于社会保障事业的广泛性和特殊性,当前世界各国的发展趋势是:社会保障立法高度统一、集中,而具体业务管理则面向社会,趋向于分散而接近广大公民。即社会保障立法和政策的制定,集中统一于主管部门,并由该部门全面规划社会保障事业,协调各方面利益;而业务管理机构和服务设施,则深入基层社区,靠近公民,同公民保持密切的联系,及时了解社会保障实施的情况和问题,在给付发放、服务提供上,充分利用金融机构、社会组织和团体,以节约管理费用,提高工作效率,为群众提供方便服务和高质量服务。

关于社会保障管理的社会化,可以根据社会保障项目的不同,具体考虑从以下几个方面来深入实践:

(1)在社会救助方面:可以将管理深入社区。由社区负责救济申请、登记、调查、救济金发放,而社会保障管理机构仅负责审查和监督。

(2)在社会保险方面:可以根据社会保险运营过程或资金流程以及各种风险项目的特点,将业务管理分散。如保险费的缴纳,可以充分利用金融机构的网络,由银行扣缴;如采取征收社会保险税的方法,则由税务部门统一征收和调拨。长期保险项目的给付,如养老金、工伤保险给付、遗属保险给付等,采取银行转账支付;短期保险项目的给付,如失业保险给付由社区负责发放,生育保险和医疗保险给付由单位行政或工会组织负责发放。

(3)在社会福利方面:因社会福利是以对人的服务为主的社会保障领域,最适宜将业务管理分散。比如举办各种福利项目可以依托社区和工会、妇联、残联、青联等社会团体;而一些基本福利设施,可以让社区创办并负责管理,如托儿所、康复中心、养老院、便民服务中心等。

(4)在社会优抚方面:因社会优抚是针对有特殊贡献人群提供的一整套的社会保障措施,所以应结合有特殊贡献人群的日常生活情况,充分发挥社区在拥军优属中的作用;而优抚金发放、优抚对象救济等工作,完全可以依托社区进行。

（六）公平和效率相结合的原则

应该说，公平和效率，是社会发展追求的两个目标。

没有效率的市场经济是不可思议的。传统私法曾经从“经济责任自负”的原则出发，赋予社会成员以抽象的“参与市场的均等机会”，结果造成了严重的社会问题。于是，国家加强了对市场经济的干预，通过经济立法，强化“机会上的公平”，即力求每个社会成员都有平等的权利、均等的机会参与市场竞争。但是，市场经济并不因追求机会公平而达到“结果上的公平”，而是恰恰相反，市场经济的结果是优胜劣汰。那么，对于市场经济的失败者、对于暂时或永久性退出市场竞争的社会成员该如何予以保护，就引出了对于结果公平的要求。所以社会的稳步前进依靠的是两方面作用力，一方面是市场经济的竞争机制的激励作用，一方面是社会保障所具有的对竞争机制带来的结果不公的修复作用。从这种意义上讲，也能说明社会保障的立法本质，由此得出社会保障法是市场经济支持法的结论。

总之，社会保障就是这样一种通过国家干预（立法）而向公平倾斜的制度，其追求的目标，既有“结果上的相对公平”，又有“机会上的公平”。

比如，职工退休后理应不再按劳分配，于是养老保险立法从公平原则出发，通过技术上的调整，大幅度缩小了职工间养老金给付的差距；对于因疾病、劳动事故而暂时不能劳动的职工，国家则通过立法一方面保障其适当收入，使其能“不劳而获”，一方面保障其获得医疗服务和不被解除劳动合同，使其能安心养病；对于难有均等机会的残疾人，国家通过残疾人权益保障立法，或设立特殊的福利工厂，或强制性规定用人单位的雇佣义务，或给予个人创业以种种优惠政策，帮助其获得参与市场经济，从而使其有自立的机会；对于竞争的失败者，国家则通过失业保险立法，一方面给予其维持基本生活的费用，另一方面通过职业培训、职业介绍，为其创造重新参与市场竞争的机会。

社会保障在向公平倾斜的同时，还要充分考虑效率的原则。概括地讲，社会保障只能追求“结果上的相对公平”，而不能追求“结果上的绝对公平”。绝对公平的结果与市场经济原则会发生严重碰撞，造成平均主义、“大锅饭”；社会保障的实施，应有利于促进和稳定经济发展，有利于解决社会问题。

比如，如果社会救助水平超过最低工资标准、失业津贴超过最低工资标准、疾病津贴与正常工资相同（中国的短期病假工资曾经是100%），则社会成员的勤劳意欲将大受影响，从而影响整个社会的劳动生产率；如果社会救助只是一味给予物资帮助，而不是将救济与助其自立相结合、救济与发展地区经济相结合，则会造成落后地区经济长期停滞不前、地区成员长期依赖救济而不思努力的后果；如果失业保险只是消极地发放救济金，而不采取积极的促进就业政策，则不能有效地解决因经济结构调整、经济或金融危机带来的社会问题；如果社会保障水准超越经济发展水平，致使企业等不堪费用负担，社会再生产和扩大再生产资金严重不足，则社会保障不但失去了促进和稳定经济的作用，而且也难以维持下去。

总之，强调社会保障的公平原则，并非是以不讲效率为条件。从宏观上来说，社会保障只是整个社会体系中的一个系统，它的公平性需要以社会产品按生产要素分配为基础，并非是要取代按劳分配或损害按劳分配；从微观上来说，社会保障追求社会公平，其本身也要求效率，因为只有最大限度地发挥出社会保障资源的效率，才能更好地实现社会公平并促使社会进步。因此，社会保障立法应贯彻公平与效率相结合的原则，不断进行调整，力求达到公平和效率两个目标之间的动态平衡。

（七）自我保障与群体调剂相结合的原则

在社会保障立法中，要强调公民的自我保障意识。自我保障的概念实际上是强调个人的自我保障意识，对自己的生活采取多种设计，避免和有效化解生活风险。在农业社会，家庭保障是公民的主要生活保障形式，进入工业社会以来，公民通过参加商业保险获得自我保障。而如今世界各国在现代社会保障中提出的"多层次"或"多支柱"概念，就是现代社会保障对自我保障的一种强调和利用，以谋求发挥社会保障自身的最大效率。中国目前已经确立了多层次的社会保障体系，但是，由于立法上的滞后，多层次体系中的企业补充养老保险和个人储蓄性养老保险进展缓慢，公民也缺乏参加的意识。所以，中国应加快社会保障立法，通过颁布"企业补充养老保险条例"和"个人储蓄性养老保险条例"并加快施行步伐来提高公民的自我保障意识。另外，还应结合中国实际情况，大力发展商业保险，鼓励公民通过参加商业保险获得自我保障；强化相关法律，如民法规定的赡养义务，强化传统的家庭保障的功能，以家庭保障作为社会保障的补充。

当然，强调自我保障不是要将抵御风险的责任完全交给个人。事实上，在现代社会自我保障的功能已经相当有限。因此，在强调自我保障的同时，还要强调群体调剂，即尽可能地集合国家和社会的力量来有效地帮助少数遭遇生活风险的公民。这实际上是社会保障立法的互济性原则的体现。

互济性是社会保障制度赖以生存和发展的基础，同时也是整个社会协调发展的重要条件。互济性原则以互惠制为基础。互惠制在家庭成员之间表现出一种互助与互助的关系，如"养儿防老"是家庭成员间经济关系的描述。从家庭扩展到家族，再由家族扩展到邻里与社区，最后由社区扩展到整个社会，便构成了社会保障的群体意识。

中国目前在养老保险和医疗保险中确立的社会统筹和个人账户相结合原则，以省、自治区、直辖市为社会统筹单位的社会保障模式，就是自我保障与群体调剂相结合原则的体现。

上述七个原则既互相联系又互相制约的。如生存权保障是社会保障法的最基本原则，但这一原则必须与其他社会原则，尤其是市场经济原则相协调；其保障水准必须适应经济发展水平；其保障内容应该定位在基本生活需要上；而生存权保障的普遍性、全面性，又决定了社会保障的实施，必须贯彻社会化、统一性原则。

在社会保障立法和实践中，只有充分贯彻上述原则，才能真正发挥社会保障的稳定机制作用，实现社会保障的根本目的。

此外,社会保障法是一个庞大的体系,由社会救助、社会保险、社会优抚和社会福利四大部分组成,各项社会保障立法在内容和调整范围上,都有所不同。因此,除了能够统帅和驾驭整个法律体系的基本原则外,各项社会保障立法还有一些自身的具体原则。关于各项社会保障立法的具体原则我们将在后面的各相关部分予以介绍。

第三节 社会保障法律关系

一、社会保障法律关系的概念

一般而言,社会保障关系是指社会保障当事人之间在社会保障制度实施过程中产生的社会关系。实际上,社会保障关系的形成有两种方式:一种是依法建立社会保障制度而形成;另一种是基于政策文件的规定而形成,或出于群众的自发创造而出现的一些不规范且分散的社会保障活动而形成。这两种社会保障关系经过社会保障法律调整以后,就成为法律上的权利义务关系,称为社会保障法律关系。社会保障关系的存在是社会保障法律关系产生的事实前提,用现行有效的社会保障法律对其加以调整和规范,这种社会保障关系才成为社会保障法律关系。

可以说,社会保障法律关系是指社会保障关系的主体在社会保障活动中依据社会保障法而形成的权利义务关系。社会保障法律关系本质上是政府与国民之间就基本生活需要的保障依法产生的各种权利义务关系。其中最基本的法律关系,是社会保障管理机构和公民之间形成的社会保障给付关系。

社会保障法律关系,具有不同于其他法律关系的一些特征,正确认识社会保障法律关系的特征,有助于我们加深对社会保障法的理解。

二、社会保障法律关系的分类

社会保障法律关系涉及国民基本生活的各个侧面,复杂而多样。因此为便于正确把握社会保障法律关系,学者们对各种各样的社会保障法律关系进行了一定的分类。根据不同的标准和依据,社会保障法律关系可以划分不同的种类。

(一)根据社会保障的制度设计的不同进行分类

根据社会保障的制度设计的不同,社会保障法律关系可以分为以下三种:

1. 社会救助法律关系。社会救助法律关系是在国家、社会团体和特定的社会成员之间,依照社会救助法律规定,因社会救助费用、实物和服务项目的实施所形成的权利义务关系。

2. 社会保险法律关系。即在保险人、投保人、被保险人和受益人之间,依照社会保险法律规定,因社会保险费用的缴纳、社会保险待遇支付和基金管理所发生的权利义务关系。

3. 社会福利法律关系。即在国家、社会团体和社会成员之间，依照社会福利法律规定，因社会福利费用的提供和公共服务设施的建立及管理所发生的权利义务关系。

（二）根据各种社会保障法律关系中各方主体之间的关系进行分类

根据各种社会保障法律关系中各方主体之间发生的关系，可以将社会保障法律关系做如下具体分类：

1. 国家和社会保障管理机构的授权关系。国家授予社会保障管理机构管理和施行社会保障的权利，社会保障管理机构必须通过国家授予的职权，履行国家承担的社会保障义务。社会保障管理机构内部的分工和职权分配关系，上级机关、社会公众对社会保障管理机构的监督关系等，都基于授权关系而成立。

2. 社会保障管理机构和公民间的给付关系。给付关系是社会保障法律关系中的最基本关系。

3. 社会保障管理机构和用人单位间的强制履行义务关系。用人单位承担的社会保障义务，是国家依据行政权力强制规定的，用人单位必须履行法定义务，否则将承担不履行义务的法律责任。用人单位和下属职工间的社会保障法律关系，基于这种强制履行义务关系而成立。

4. 社会保障管理机构与受托单位间的委托和管理关系。对这种委托关系应作广义理解。例如，社会保障管理机构和医疗服务机构之间，是一种经资格审查后的认定委托关系，就医疗服务机构而言，被认定为“医保医院”，意味着有了大批稳定的业务；各种公共福利设施单位、社会福利院等，实际上与社会保障管理机构有一种行政上的隶属关系，但这些单位往往又有独立的事业法人资格，在接受管理的同时，独自办理各种具体事务。社会保障管理机构在基金管理和运作中，与金融机构之间发生的关系，是一种委托关系。

5. 受托单位和公民间的给付关系。社会保障管理机构和公民间的给付关系，以社会保障管理机构直接提供为特征；受托单位和公民间的给付关系，以社会保障管理机构委托他方提供为特征，两者是完全一致的给付关系。

6. 社会保障争议关系。即上述主体间发生的关系，都可能在一方违法不履行义务时，转化成社会保障争议关系。

（三）根据当事人之间的关系性质进行分类

根据当事人之间的关系性质，可以将社会保障法律关系概括为三种，即行政性法律关系、平等性法律关系以及仲裁和诉讼法律关系。

1. 行政性社会保障法律关系是指，当事人有一方是行使权力的国家行政机关，国家行政机关为依法建立和监督执行社会保障制度而行使权力时与其他当事人之间所发生的权利与义务关系。社会保障制度特点之一是具有强制性，凡法律规定实施范围内的一切对象，包括各级国家机关、事业单位、社会组织、企业及公民个人，均须参加和执行社会保障制度。国家行政机关是社会保障行政法律关系的当事人，贯彻执行法律是它的权力，也是其职责所在。

2. 平等性的社会保障法律关系是指，社会保障法律关系的参加者均处于平等的地位，相互间存在着平等的权利与义务关系，不存在行使权力的行政机关一方。这种平等性的社会保障法律关系主要包括以下几种：

（1）社会保障事务经办机构与投保部门及其他相关单位、基金存储银行、公民个人、职工劳动者等相互之间发生的关系。

（2）参加社会保险的单位与本单位职工及工会之间发生的关系。

（3）公民个人之间、职工之间、工会会员之间为举办和参加互助互济性社会保障事务而发生的关系。

（4）福利院、敬老院、慈善机构等与受保障对象之间的关系。

（5）社会管理机构等为提供社会服务而与社会保障对象之间发生的关系。

3. 仲裁和诉讼法律关系是指，为处理社会保障争议仲裁机构和法院与争议当事人之间发生的关系。

三、社会保障法律关系的特征

与其他部门法调整的社会关系相比，社会保障关系主要具有以下七个方面的特征：

1. 社会保障法律关系只发生在社会保障活动过程中，即只在保障基本生活需要和经济发展享受权的活动中发生。如为保障退休职工的基本生活，就产生了养老方面的社会保障法律关系；为保障公民的健康需要，就产生了医疗方面的社会保障法律关系。

2. 社会保障法律关系主要依据法律强制产生，具有强制性特征。在社会保障法律关系中，强制性是主要的，任意性是次要的。无论是社会保障制度构成的任何领域，凡属社会保障法律法规适用范围之内的所有单位和公民、职工个人均须无条件参加，不具有可参加或可不参加的任意性。

3. 在社会保障法律关系中，社会保障管理机构始终是主体的一方。社会保障法律关系是在社会保障管理机构行使行政职权过程中发生的，没有社会保障管理机构的参与，社会保障法律关系就无法形成。即使是原先存在隶属劳动关系的用人单位和职工，在社会保障管理机构的参与下，在社会保障活动中也形成了新的社会保障法律关系。

4. 社会保障法律关系涉及面极其广泛，具有广泛性特征。社会保障法律关系涉及的地域广泛，包括城镇与乡村；涉及的保障对象广泛，包括劳动者乃至全体社会成员；涉及的风险项目广泛，生、老、病、死等生活风险几乎无所不包，无所不管。其广泛程度为一般部门法所无法相比。

5. 社会保障法律关系非常复杂，具有复杂性特征。如前所述它既包括行政性法律关系，又包括平等性法律关系，还包括仲裁和诉讼法律关系。而且前两种社会保障法律关系有时还会发生纵横交错。如社会保障基金来源不一，筹集方式多样，各项待遇的资格条件和待遇标准不同，致使产生的社会保障法律关系既有行政性的，又有平等性的。

6. 在广泛复杂的社会保障法律关系中,给付关系是社会保障法律关系中的最基本关系。如社会保障管理机构与用人单位之间存在着保险费收缴关系;社会保障管理机构与医疗服务机构之间存在着委托关系,即管理机构委托医疗服务机构实施医疗服务给付;医疗服务机构与被保险人之间存在着医患关系;社会保障管理机构在经办具体业务时,与社区、工会、金融系统等发生广泛的委托关系。这些关系虽然表面看非常之复杂,但是上述种种关系发生的目的,最终都是为了形成一种给付关系,即社会保障管理机构能够履行给付义务,公民享有接受给付的权利。

给付关系实质上是一种合同约定关系,即国家通过社会保障立法,约定给予符合法定要件的公民以各种社会保障给付,而社会保障管理机构只是代表国家履行约定的内容而已。因此,在给付关系中,不存在行政法律关系中基于行政权力的管理与被管理关系,而是平等主体间基于合同约定产生的权利义务关系。但是这种合同约定,又具有其特殊性,即实际上,社会保障给付的约定,是国家依据行政权力单方面作出的,是一种授益约定。这种关系,颇像保险合同中被保险人与受益人的关系,被保险人指定受益人是无须受益人同意的。由此,可以说,给付关系是一种国家依据行政权力作出授益约定,社会保障管理机构依法履行授益约定的关系。

从给付关系的这种特殊性看,社会保障法律关系既不同于当事人地位平等,充分体现当事人意思自治的民事法律关系,又不同于体现国家行政权力的行政、刑事法律关系,是一种体现社会连带责任的法律关系,通过社会保障权利与社会保障义务,将国家、法人团体、社会成员联系在一起。

7. 社会保障关系是一种人身关系属性和财产关系属性结合的社会关系。这一特点,在社会保险和社会福利关系等方面表现得尤为突出。劳动者向用人单位提供劳动力而与用人单位形成社会保障关系,就其本意来说,这是一种人身关系;而另一方面,劳动者通过劳动换取生活资料,获得社会保险和社会福利待遇,就此而言,又是一种财产关系。

四、社会保障法律关系的要素

社会保障法律关系的要素,就是构成每一个具体的社会保障法律关系所必须具备的因素。同法律关系的要素一样,任何一个具体的社会保障法律关系都必须同时包括主体、内容、客体三个要素,缺一不可。

(一)社会保障法律关系的主体

1. 社会保障法律关系主体的概念。社会保障法律关系的主体指社会保障关系的参加者,即参加社会保障法律关系、享受社会保障权利和承担社会保障义务的当事人。

社会保障法律关系具有广泛性、复杂性的特点,所以,社会保障法律关系的主体种类也很多。如果对各种社会保障法律关系进行概括,则社会保障主体包括国家、用人单位、受托单位和公民。其中:国家以社会保障管理机构为代表参加社会保障法律关系,履行国家保障全体公民基本生活的义务；用人单位是一个广泛的概念，包括各种类型的企事业法人，以及合伙企业和个体工商户等特殊自然人主体，国家通过立法强制用人单位参加社会保障法律关系；受托单位也是很广泛的概念，只要社会保障管理机构委托，其接受委托，便参与了社会保障法律关系，如医疗服务机构、公共福利设施单位、各种社会福利院、参与社会保障基金管理和运作的金融机构、审计机构等。

2. 社会保障法律关系主体的构成。在各种具体的社会保障法律关系中，其主体构成呈现出多样化状态，有的是两方当事人，有的是多方当事人。在两方或多方当事人中，享有社会保障权利的称之为权利主体，负有社会保障义务的称之为义务主体。社会保障法律关系的权利主体和义务主体的构成，在各种具体的社会保障法律关系中也不尽相同。其主体的构成大致有如下情况：

(1)在社会救助法律关系中，基本上存在着两方当事人。国家是义务主体，符合法定救济要件的公民是权利主体。

(2)在社会保险法律关系中，存在着多方当事人。一个保险关系一般要由保险人(国家)、投保人(用人单位、公民)、被投保人(公民)和受益人(公民)多方当事人构成。其中，国家兴办社会保险，是义务主体，而参加社会保险的公民既是义务主体(履行缴费义务)，又是权利主体(享受社会保险待遇)，用人单位是投保人，具有为其员工缴纳社会保险费的义务。

在社会保险的某些项目，如医疗保险、工伤保险和生育保险，存在着上述主体之外的其他主体，即受托单位——医疗服务机构。由于受托单位的出现，使原本就是多方当事人的社会保险关系变得更加复杂。就社会保障法律关系而言，医疗服务机构是社会保障管理机构委托从事医疗保险服务的事业单位(医疗服务机构必须经社会保障管理机构认定，才能取得这种资格)，具有公益性，是义务主体；但医疗服务机构又不是社会福利院那样的纯粹公益性事业单位，它具有营利性，有通过医疗服务取得收益的权利，而这种权利，并不是社会保障法律关系中的权利。

(3)在社会优抚法律关系中，一般存在着两方当事人，但在有些情况下，又存在着多方当事人。国家是义务主体，符合法定身份和条件的公民是权利主体。用人单位的情况比较复杂，如在接受、安置退役军人方面，就是义务主体。

(4)在社会福利法律关系中，一般存在着两方当事人，国家是义务主体，公民是权利主体。但社会福利包含很多具体的项目，如公共福利、特殊群体福利等，所以社会福利法律关系也因其在主体构成上存在差异。公共福利方面，基本上是两方当事人，没有身份和条件的限制。但是，在特殊权益保障方面，又存在着多方当事人，如各种社会福利院、福利工厂等，负有保障特殊群体权益的义务。

(5)在社会保障争议处理过程中，主体则包括仲裁机构、人民法院以及争议双方的当事人。

(二)社会保障法律关系的内容

社会保障法律关系的内容,是指社会保障主体享有的社会保障权利和承担的社会保障义务。

1. 社会保障权利。其内容包括:

(1)社会保障权利的含义。社会保障权利在社会保障法的意义上是指社会保障法律关系中的权利主体,依照法律规定所享有的权利。其包含以下三层意思:

①权利主体依照法律规定享有某种社会保障给付的权利。

②权利主体有权在法律规定的范围内,要求义务主体为一定行为,或不为一定行为,以实现权利主体的某种利益。如要求用人单位为自己参加社会保险、要求社会保障管理机构不得挪用社会保障基金等。

③权利主体有权在自己的社会保障权利遭受侵害,或义务主体不履行义务时,通过调解、仲裁、诉讼程序,请求有关方面给予法律保护。

(2)社会保障权利的核心。社会保障权利的核心,是公民要求社会保障管理机构施行给付的权利,即给付领受权。一般来说,只要符合一定的给付要件,公民就具有这种给付领受权。除此之外,为了保护给付领受权,法律必然给予公民以相应的申诉权。当公民和社会保障管理机构就给付手续和给付内容发生争议时,当公民的给付领受权受到侵害时,公民有权向有关机构申请调解和仲裁,有权要求法院给予法律保护。

在社会保障法中,凡是规定了具体、明确给付要件和内容的法律、法规,都赋予了公民以给付领受权和相应的申诉权。与此相对应,只是规定了政府的义务的、以不确定公众为对象的"福利措施",并没有给付领受权的内涵,也就意味着没有赋予公民以给付领受权和相应的申诉权。

值得注意的是,社会保障给付不一定都是依据法律、法规实施的,根据国家行政机关或地方政府的有关通知、决定、公告等,都可以实施给付。如在中国,由于立法的滞后,很多给付都是通过规范性文件实施的,如物价补贴、交通补贴、取暖补贴等福利津贴给付;自然灾害救济、农村扶贫济贫、城镇贫民救济等社会救助给付等。

(3)给付领受权与给付申请权。在社会保障法的给付规定中,有的条款含有"必须"的意思,即只要公民符合给付要件,就必须实施给付。这种条款,社会保障机构本身没有多少行政裁夺的余地,公民只要履行一定手续,便可领受给付,是典型的领受权的表现。

但是,在某些社会保障项目的给付规定中,却往往含有"可以"的意思,即公民符合给付要件,可以实施给付。对于这种给付,社会保障管理机构本身往往具有较大的行政裁夺余地。若公民不申请,给付不可能实施,即使申请,也还要经过严格的要件审查。有些给付,即使符合要件,也可能不予给付。如社会福利院,并非符合条件的都可入院。

由于法律规定不可能覆盖现实生活中的一切情况,出现法律没有规定的情况时,社会保障机构的行政裁夺就可能出现很大的随机性；同时，对要件的审查，也具有一定的不确定性，特别是处于可认定与不予认定之间的情况，结果将完全由社会保障管理机构的具体经办人员掌握，因为对于法律规定，可以从不同的角度去理解。

总之，在"可以"实施给付的法律条款下，社会保障管理机构有较大的行政裁夺余地，因而难以认为公民有给付领受权，只能说公民有申请给付的申请权。由于行政裁夺的余地较大，公民与社会保障管理机构的行政争议，往往发生在这一领域。虽然公民享有申诉权，但法律保护的作用有限，因为法律本身没有作"必须"的规定。

一般认为，在社会保险法律关系中，其主要内容为给付领受权；在社会救助和社会福利法律关系中，有相当部分内容为给付申请权。

(4)社会保障权的保护。社会保障权的保护应该有以下三方面内容：

①保护社会保障权。如禁止挪用、借用社会保障基金；禁止将社会保障基金进行风险投资；禁止对社会保障领受权没收或冻结；禁止对社会保障给付征收租税；禁止因退职等变动而取消公民的领受权；禁止对领受权作不利益的改动；禁止对领受权附加法律没有规定的条件；保障个人账户金额的继承权；等等。

②限制社会保障权的不正当行使。如禁止社会保障领受权的转让；禁止将领受权作为担保；禁止将领受权作为抵押；对故意制造事故者不予给付；禁止伪造、变造有关文件，骗取社会保障给付；禁止同时领受各种社会保障给付(有些"福利国家"没有这方面的禁令)；禁止隐瞒资产、收入或其他事实，骗取社会保障给付；禁止非本国公民享受某些社会保障给付；等等。

③强化履行义务的责任。如规定用人单位的社会保障费用税前列支；规定国家和地方财政的负担比例；规定国家和地方财政在社会保障基金发生危机时的援助义务(以上为国家义务)；强化用人单位和个人的缴费义务，设立追缴和滞纳金制度；禁止从个人工资中扣除应该由用人单位缴纳的社会保障费(以上为用人单位和个人义务)；以政务公开的形式，规定社会保障管理机构的办事制度，建立各种查询、咨询和申诉制度；建立高效率的社会化给付体制，保证给付及时、足额履行(以上为社会保障机构义务)；等等。

从国内外的立法实践看，上述法律规范通常散见于各种社会保障立法中，但集中立法可以强化对权利的保护，加强对义务履行的监督，并使之成为社会保障争议处理的基础和依据。

2. 社会保障义务。具体内容如下：

(1)社会保障义务的含义。社会保障义务是指社会保障法律关系中的义务主体为了满足权利主体的某种利益而为一定行为，或不为一定行为的必然性。其内涵也有三层：①义务主体必须按照法律规定为一定行为，或不为一定行为，如国家必须根据法律规定，发展为公民享受社会保障权利所需要的社会保险、社会救助和医疗卫生事业。②义务主体承担的义务，是在法律规定范围内为一定行为，或不为一定行为的义务。

③社会保障义务是一种法律义务，由国家强制约束。义务主体对于自己承担的义务，应当自觉履行，否则将承担相应的法律责任。

(2)社会保障义务的种类。①国家实行社会保障的义务。国家实行社会保障的义务是由宪法规定的。在社会保障法中，往往以“根据宪法制定本法”的形式出现；此外，在社会保障费用负担等方面，社会保障法往往还直接规定国家承担的义务。而社会保障的具体实施，则是法律授权的社会保障管理机构的职责，国家的社会保障义务，具体表现为社会保障管理机构的给付义务。②社会保障给付的费用负担义务。在社会保险法领域，通常被保险人和用人单位都负有缴费义务。这种缴费义务，有的是双方共同负担，有的是用人单位一方负担。法律明确规定了缴费对象、缴费基数、缴费方法、缴费份额和违反缴费义务的法律责任等。国家的社会保险费用负担一般以三种形式出现：社会保险法直接规定国家负担的份额；以让税的形式负担，即以用人单位缴纳的保险费税前列支、被保险人缴纳的保险费税前扣除的形式负担；国家以给予财政支持的形式负担，如规定社会保险基金出现危机时，国家予以财政支持。除社会保险法中规定的缴费义务外，领受人在享受社会保障给付时，有时还要承担一定的费用，用人单位在某些项目中也要再承担一定费用。如医疗保险中的部分医疗费用、医疗期间的工资等。③协助社会保障事务的义务。所谓协助社会保障事务的义务，即对于领受权的发生社会保障管理机构要办理登记、确认、审核等一系列事务，只有在领受权人、用人单位和服务机构等的主动配合和协助下，才能顺利进行。为此，法律规定了种种协助义务。协助义务直接与领受权相关，其实质就是协助社会保障管理机构确认或审核当事人是否符合给付要件。协助义务主要包括：申请义务；递交必要证明文件的义务；诊断或鉴定义务；到场义务；协助调查和如实告之情况的义务；遵守法定期限的义务。

3. 社会保障法律关系内容的特征。在社会保障法律关系中，权利主体的权利和义务主体的义务，都因法律规定而产生，并非出自当事人的个人意愿，因此，作为联结两方和多方当事人纽带的权利、义务关系，呈现出如下所述的一些特征：

(1)不履行义务的法定权利。在社会救助、社会优抚和社会福利法律关系中，享受社会保障权利的公民，不需要履行任何社会保障义务，是一种没有义务的法定权利。具体讲，就是这些主体不需要履行缴费等义务，只要具备法定身份或要件，就可以享受社会保障给付。

在社会救助法律关系中，国家往往通过立法规定贫困线或最低生活标准，只要该公民生活在贫困线和最低生活标准以下，就可以获得社会救助给付。

在社会优抚法律关系中，国家通过立法规定享受优抚待遇的对象和要件，如现役军人、军人家属、在战争中牺牲或伤残的军人、为保护国家利益或人民生命财产而牺牲的革命烈士等，只要具备法定身份或条件，该公民便可以享受优抚待遇。

在社会福利法律关系中，国家通过立法规定享受福利津贴的对象和要件；规定社会福利院的入院对象和要件；规定企业职工应该享受的劳动福利待遇；规定国家应大力发展面向全体公民的公共福利事业;规定实行义务教育制,只要是法定范围内的公民,均可享受各种社会福利给付。

有人说享受上述权利的前提是公民必须为社会作贡献,但这只是一种道义上,或其他法律规定的义务(如公民有劳动的义务),而不是社会保障法规定的义务,社会保障给付实际上也不和这种义务相联系。事实上,一个天生就完全丧失劳动能力的残疾人,也同样能享受法定的社会保障权利。

(2)无实质性权利的社会保障义务。在社会保障法律关系中,义务主体往往无实质性权利可言。国家承担了保障全体公民基本生活的义务,却并无相应的实质性权利可言,我们前面所言的社会保障功能,如安全网、稳定器之类,只是就实施社会保障的效果而言,并不是一种权利;用人单位的社会保障义务是绝对的,其所谓的权利是相对的,只是就社会保障的功能而言,分散了应该由用人单位承担的各种风险。

(3)权利和义务的不对等性。在社会保险法律关系中,权利主体必须履行缴费义务,但与其享受的权利相比,其履行的只是一部分义务,即国家和用人单位还为其享受保险给付而缴纳一部分保险费。因此,可以说社会保障的权利、义务关系是对应的,而不是对等的。

(三)社会保障法律关系的客体

所谓社会保障法律关系的客体,即社会保障权利和社会保障义务所共同指向的对象,或者说事物。

从社会保障制度的实践内容来看,它的客体是指社会保障规定项目和范围内的各种物质利益和自然人。一方面,社会保障所保障的都是客观存在的财产物资和自然人的身体与生命,灾害救助等是以属于社会成员所有的财产物资(包括有生命的种植业、养殖业生产和无生命的家庭财产)上的利益为具体的保障对象,而其他社会保障项目则多是以保障自然人的生活与身体为目标;另一方面,社会保障的目的主要是为社会成员的基本生活提供物质保障,国民保障权益的实现是通过支付货币或提供某种服务等方式来进行。因此,人是社会保障法律关系中最重要的客体,而物则是部分具体社会保障法律关系中的特殊客体。

五、社会保障法律关系的产生、变更和消灭

(一)社会保障法律关系的产生

社会保障法律关系的产生,是指依据有关的法律规定和形式,明确当事人之间的权利和义务,引起一个具体的社会保障法律关系。如养老保险法规定,凡是城镇范围内所有企事业法人单位的职工、个体工商户及其帮工,都必须参加养老社会统筹,而假如某职工符合法律规定的范畴,这就在该职工、用人单位和社会保障管理机构之间形成了养老保险法律关系。如雇员被辞退,依据失业保险法律的有关规定,在一个就业服务机构进行登记后,他和就业服务机构之间的失业保险法律关系即产生。

（二）社会保障法律关系的变更

社会保障法律关系的变更，是指社会保障法律关系当事人的权利、义务内容的改变。社会保障法律关系的变更，不是主体的改变。主体的改变往往引起社会保障法律关系产生或导致社会保障法律关系的消灭。还是以上述养老保险为例，该职工如中途调换工作，到其他社会统筹区域的另一企业就职，在设有个人账户的情况下，就会因此引起该受益人个人账户养老金缴纳记录的变化。

（三）社会保障法律关系的消灭

社会保障法律关系的消灭，是指现存的社会保障法律关系的解除和终止。

社会保障法律关系的解除，是经社会保障法律关系当事人协商同意，或在法定条件出现后，由某方提出提前消灭该社会保障法律关系。如日本的国民年金，覆盖全体社会成员，对外籍人员也适用国民待遇，但如果外籍劳动者退职，未达到国民年金领受给付要件时，可以要求解除养老保险法律关系，对于已经缴纳的养老保险费按其缴费年限乘以一定的系数（缴费年限越长，系数越大）计算出退费金额一并退还缴费者本人。

社会保障法律关系的终止，是因该社会保障法律关系期限届满，预期的目标已经实现，或者因不可抗力原因主体消失，引起该社会保障法律关系的消灭。如失业保险法律关系因当事人重新就职而终止；社会救助法律关系因当事人收入增加超过贫困线以上，摆脱了贫困而终止。

（四）社会保障法律关系的产生、变更和消灭的条件

社会保障法律关系的产生、变更和消灭，即社会保障法主体之间权利义务关系的产生、变更和消灭，必须具备以下条件：

1. 国家颁布、实施了相应的社会保障法律法规。如果在某一社会经济生活领域中，国家从未颁布实施过相应的法律法规，那么在这一领域中就不会有相应的社会保障法律关系发生，当然也就谈不上其变更和消灭。

比如，领受权发生的给付要件是法定的，不同的社会保障给付，有不同的给付要件，当事人只有符合给付要件，才能享受社会保障给付。

2. 社会保障法律关系的产生、变更和消灭的直接原因是要有相应的社会保障法律事实，即能导致社会保障法律关系的产生、变更和消灭的客观情况。社会保障法律事实分为两种：

（1）社会保障法律行为，即当事人意志能控制和支配的法律事实。如社会保障经办机构筹集社会保障资金的行为；企事业单位缴纳社会保险费用的行为等。

（2）事件，即不以人的意志为转移的法律事实，包括不可抗力和一些人们难以预测的突发事件。事件不是人的行为，但对人们的社会保障活动会产生一定影响。例如，自然灾害等会引起社会救助法律关系的产生。

值得注意的是，在社会保障法律关系的产生、变更和消灭过程中，有时存在一个法律事实就足以引起上述事态，有时则需要几个法律事实才能引起社会保障法律关系的

产生、变更和终止。如养老保险法律关系中，男性当事人年满60岁是一个法律事实，缴费年限是另一个法律事实，只有两者都符合给付要件，该当事人才能领取养老金给付；又如失业救济法律关系中，当事人领取失业津贴期满尚未就业是个要件，家庭资产状况和家庭其他成员的收入状况也是要件，只有同时具备三个要件，才能领取失业救济给付。

复习思考题

1. 什么是社会保障法？
2. 为什么说社会保障法是一个独立的法律部门？
3. 社会保障法在法律体系中居于怎样的地位？
4. 社会保障法有哪些形式？
5. 如何理解社会保障法的效力？
6. 为什么说社会保障法律体系是具有一定纵向结构和横向结构的有机整体？
7. 社会保障法的本质是什么？
8. 如何理解社会保障法的立法理念？
9. 社会保障法的立法原则有哪些？
10. 什么是社会保障关系与社会保障法律关系？
11. 社会保障法律关系有哪些种类？
12. 社会保障法律关系的特征有哪些？
13. 社会保障法律关系的要素是什么？
14. 如何理解领受权是社会保障法律关系内容的核心？
15. 随着我国人口老龄化程度的加深，以及未来几年人口增长拐点的到来，社会上关于我国养老金收不抵支、养老金个人账户空账、养老保险亏空的担忧越来越严重，甚至出现了“月存500元比缴社保划算”的观点，而现实中，也确实有一部分劳动者采取了中断缴纳保险费的做法。这种观点已经有很多专家予以了否定。在此，试用社会保障法律关系的知识来分析这种观点是否正确。

第三章

社会救助法

本章要点及学习要求

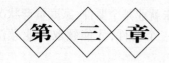

社会救助法是调整社会救助关系的法律规范的总称。其立法目的在于对那些因自身、自然和社会原因不能维持最低生活标准的贫困者提供帮助，以保障他们的最低生活水平。中国的社会救助法主要由贫困救助、救灾救助两部分法律制度构成。

在本章的学习中，要求掌握社会救助法的概念和内容，在理解其立法理念和立法原则的基础上把握住其特征，并掌握中国社会救助法的核心内容，即贫困救助制度和灾害救助制度的主要内容。

社会保障实体法，是社会保障法的主要内容，它通过以社会保障的项目为标准分类立法，主要有三大部分内容，即社会救助法、社会保险法、社会福利法。本章内容是从社会保障法的实体法或称给付法切入的第一部分内容。

第一节　社会救助法概述

一、社会救助的概念

社会救助，又称社会援助。“社会救助”这一范畴，是从传统的贫民救济和社会救济这一对范畴中演变而来的。

“贫民救济”和“社会救济”都是非常古老而又流传甚广的概念。“贫民救济”一词是西方国家长久以来惯用的词汇，而中国则把古代以至新中国成立之前的一切安贫赈济措施称之为“社会救济”,并一直沿用到今天。

在现代社会保障制度产生之前,所有的社会救济行为都具有恩赐性和惩罚性。这说明,在工业化社会之前的人类历史中,没有把对贫困者的救济看成是社会不可推卸的责任和贫困者应享有的权利,而是奉行着贫困者“低人一等”的信条,并且往往在对方接受有损于人格尊严的附加条件下才实施救济,这显然是不公平的。

随着现代社会保障制度的发展,人们的观念不断更新,逐渐抛弃了过去那种惩戒性的“济贫”观念,在概念上也逐渐用“社会救助”或“社会援助”(Social Assistance)取代了传统的贫民救济(Poor Relief)。“社会救助”一词最早见于 1909 年英国的一个皇家专门委员会的报告中,这个报告要求废除惩戒性的济贫法,而代之以合乎人道主义精神的社会救助。不过,这个建议直到 20 世纪 30 年代才被采纳。把社会救助纳入社会保障体制的,则首推美国 1935 年通过的《社会保障法》,这部立法把对老人、孤儿、盲人、伤残者和病人的“社会救助”列为社会保障的三大部分之一。第二次世界大战之后,“社会救助”一词在全世界被普遍接受。

从“贫民救济”到“社会救助”不是一个简单的概念替换,而是一种观念上的飞跃。首先,“社会救助”取代“贫民救济”的真正意义在于通过了新的权利立法,公开承认贫困现象主要是由于社会原因造成的。由此,一方面国家和社会必须对克服贫困负责任;另一方面贫困者从国家和社会获得救助是自己的权利,不必带有任何附加条件。其次,社会救助强调建立被救助者的个案资料,从中找出贫困的原因,以对症下药,根治贫困。再次,社会救助不但重视应急补救措施,而且尤其强调积极主动的援助扶持,如通过医药治疗、康复训练、职业培训、心理治疗,消除救助对象的贫困根源,以树立起被救助者的自立信心。

由此可知,社会救助相对于“贫民救济”和“社会救济”是一个全新的概念,其为世界大多数国家所接受是必然的。

就社会救助的含义而言,是指人们在其不能维持最低限度的生活水平时,根据有关法律规定,有权要求国家和社会按照法定标准向其提供最低生活需求的资金和实物救助的一种社会保障制度。

当代中外一些学者对于社会救助含义的理解各有不同。但概括地讲,基本包括以下几层意思:

1. 救助限于以自己能力不能维持其生存,而又不可能从其他方面获得帮助而维持其生存的人,在此,体现出社会救助的对象具有选择性。

2. 为被救助者提供的是合乎人道的生活保障条件或者是与其特殊需要相适应的人身和经济帮助,以使其有能力自助。

3. 社会救助的主体是国家(通过政府或其所属机构)或者社会(通过社会组织、社团或机构),依据法律或者相应的政策、规定实施救济措施。

4. 社会救助标准是仅能维持最基本物质生活的最低层次。

5. 国家和社会对被救助者承担单方的责任和义务，即国家和社会对被救助者提供帮助，并不要求被救助者预先缴纳任何费用。

在当代中国，一些学者在解释社会救助时指出，社会救助作为社会保障的重要组成部分，是实行以国家为主体，通过国民收入的分配和再分配，用法律规定对其社会成员因疾病、伤残、老年而丧失劳动能力，或因灾害、不幸事故和失业以及曾对社会尽过义务而生活面临困难者，提供一定物质帮助以保障其基本生活的制度。社会救助的任务是对因各种原因陷入生存困境的社会成员，给予款物救济的扶助，是一种无偿的、保障水准很低的社会保障。社会救助的目标是保障最低生活，如果将社会保障视为一种安全网的话，那么在社会福利、社会保险和社会救助三个层次中，社会救助就是张在最低生活水平之上的最后一张安全网。在中国，社会救助包括济贫、扶贫、救灾等项目。其中：贫困救济面向城乡低收入居民家庭，是一种最低生活保障制度；扶贫面向贫困地区；救灾主要面向灾民。社会救助是中国现阶段社会保障制度中具有基础地位的一个子系统。

二、社会救助法的概念、特点及构成

（一）社会救助法的概念

社会救助法是调整社会救助关系的法律规范的总称，是国家为了从物质上帮助陷入生存危机的公民而制定的各种法律规范的总称。

在社会保障法的体系中，社会救助法是基础，从历史的角度看，它最早上场；从提供的保障看，它又是国民生存的最后一道防线。

（二）社会救助法的特点

相对于社会保障法的其他构成部分而言，社会救助法的特点表现为以下几点：

1. 社会救助对象往往是不确定的，因某种意外或突变事故而成为法定对象。
2. 社会救助基金主要由政府财政开支，辅之以社会捐助和募集。
3. 社会救助的对象不负有缴费义务。
4. 社会救助的给付通常以个人或家庭人均收入低于最低生活保障水平为要件。
5. 伴有资产和收入方面的调查。

（三）社会救助法的构成

社会救助法通常包括灾害救助法、贫困救助法、失业救助法、优抚对象补助法（对因公伤残，而仅靠伤残金难以维持生活者的一种补贴救济）、福利年金法（对没有参加养老保险，或仅靠养老金生活困难的老人实施的一种年金救助）、特殊群体救助法（对特殊群体中无依无靠或失去生活来源者的一种救助，如育儿的寡妇、孤儿、失去谋生手段的残疾人等）、公害受害者救助法（对因公害而丧失劳动能力、陷入生活困境者的一种救助）等。

如果将上述具体内容分门别类的话，社会救助法实际上可以分为两类：贫困救助法和灾害救助法。灾害救助法针对因各种自然或人为灾害而陷入生存危机的公民；贫困救助法在中国又分为城镇最低生活保障法和农村最低生活保障法等。城市最低生活保障法针对城镇中各种陷入生存困境的人员；而农村最低生活保障法的对象是农村中的穷困孤寡人员。之所以要把城镇和农村分开，是因为城镇和农村的最低生活水平往往存在差距，农村有土地依托，而城镇则除了就业谋生，别无他路。因此，农村最低生活保障法的救助对象，总是失去劳动能力的人员。

随着社会经济的发展，社会救助法的构成体系也在不断扩大。

三、社会救助法的立法理念

社会救助的着眼点、实施保障的方式和针对的对象群体方面有其特殊的地方，所以在立法方面除以社会保障法的生存权思想为理念之外，还有其特有的理念。

（一）慈善思想

顾名思义，慈善中的慈，本义是父母对子女的怜爱之心，引申为对他人的同情和怜悯之心；善，即为善举，故此，慈善即同情和怜悯他人的善举。慈善最初只是个人的一种同情心、怜悯心或“利他”之心，是宗教使其具有了社会意义。宗教的教义中所谓的普度众生、大慈大悲，把慈善行为的范围扩展到了广大民众。

慈善思想，虽然难以成为现代社会保障立法的重要理念，但却在社会保障立法理念形成的历史上起过不可忽视的作用，尤其是对于现代的社会救助立法而言，可以说是主要的立法理念。简而言之，人类的慈善之心，古亦有之，并源源不断地发展、充实，从而成为社会保障产生的最原始思想基础；最初有组织地向社会贫民施舍衣物、食物的，正是出于慈善思想的宗教组织行为，而这种宗教慈善行为，逐渐演变成社会慈善事业，即使在现代社会，社会慈善事业也是社会保障中的有机组成部分。

而政府最初施行社会救助的动机，虽然不能完全排除某些统治者的慈善思想，其主要目的却在于宣扬统治者的仁慈、仁政，借以安定社会，巩固政权，其救济对象也仅限于慈善意义上的怜悯对象。从这个意义上说，最初的社会救助，只是利用慈善行为来达到统治目的，并非真正出于慈善思想。

撇开个人的慈善之心不讲，事实上，向穷人施舍成为宗教组织宣传宗教教义、扩大宗教影响的有力手段。显然，慈善行为的这种功能，给予政府以极大的启示，因此，当社会因贫穷而出现动荡时，政府为了平息民众的不满，避免政权危机，就利用宗教组织来实行较为广泛的救济，这样慈善行为开始被赋予了社会救助的色彩。

英国的《济贫法》（The Poor Law Act，1601）是世界上第一部带有社会救助性质的法律，其出台的背景是：席卷英国大地的圈地运动造成了广大农民的普遍破产，社会动荡不安。但是，《济贫法》通过教会实施的救济对象仅限于失去双亲的儿童、贫民中没有劳动能力的残疾人和老人，而对于有劳动能力的贫民，则采取强制就劳措施，并特别强调亲属对失去劳动能力者的抚养义务，可见其立法思想中，政府济贫责任的色彩比较淡薄，主要是通过有限的慈善行为来平息社会的动荡。

比《济贫法》更为明显地强调统治者仁慈的，是日本1874年颁布的《恤救规则》，其开宗明义即强调：实施恤救是天皇的仁政和恩惠。与《济贫法》一样，《恤救规则》对救济对象也规定了极其苛刻的条件。

应该指出的是，最初的社会救助，往往伴随着对救济对象政治权利和自由权利的剥夺，具有惩戒性的"矫治"意味，因而会出现救济对象宁可饿死也不要施舍的现象。

慈善思想，在今日的社会慈善事业中，仍然占据着主导思想的地位，中国的"希望工程"、"献爱心"活动，无不体现着社会成员的慈善之心；而政府的社会救助，从仁政、施与恩惠出发，已经演变成为政府不可推卸的社会保障责任。此外，昔日社会救助中的许多内容，已经发展成为社会福利事业中的许多项目。

（二）反贫困理论

社会救助最核心的内容是对生活在"贫困"线下的人给予应有的救济，使其获得生存和再生的能力，是对贫困现象的一种事后救济办法。这其中蕴含着基于反贫困理论而成的社会救助理念。

从某种意义上说，贫困是人类永远要与之奋战的恶魔。尽管在现代社会，人类运用强大的科学技术力量在获取物质和精神财富方面已经取得了巨大的进步，然而世界范围内缺衣少穿甚至终日生活在恐惧和屈辱当中的人群仍然存在。无论是国际组织还是地球公民，都越来越深刻地意识到：饥荒、疾病、营养不良、失业、人口膨胀、环境恶化与缺少教育机会，这些都直接与贫困相关联。而消除贫困或反贫困则与对经济、政治、社会、文化甚至心理等各个领域的探索和反思相关联。

20世纪60年代末，有学者认为，对贫穷的认定可以从生计维持、体现群体差异的不均和外部形式三个方面来加以确认。也有学者指出，贫穷的界定是一个政策问题，或者说是一项政治活动。实际上都说明了贫困尽管作为社会和经济生活中一个显而易见的现象存在，但在政策上和理论上对于它的界定和测量则是一个复杂多变的问题，人们对贫困的内涵及外延的认识是在不断深化的。

有学者认为对贫困的解释有几种不同的思维模式，不同的思维模式将产生不同的解决问题的策略。第一种思维模式是将贫困视为个人资源的缺乏。资源在此既可以狭义理解为维持生存的必需品，也可以更广泛地理解为获得社会物品的途径或个人（家庭）对生活自主的参与，包括现金收入、食物、教育、住房、洁净水、健康或进入文明社会的途径等。既然问题的症结在于物质匮乏，解决方法就应该在于把这些资源送到穷人的手里。这作为一种传统的福利观反映了以往关于贫困的学术研究成果及延续至今的OECD国家福利政策的发展。第二种思维模式则强调贫困人口自身的社会组织，认为他们的生活方式和社会规范与社会上大多数人是否不同，这些与众不同的行为是导致贫困的产生与持续的原因。因此认为，仅仅给予贫困人口现金对他们并没有实质意义上的帮助，反而助长了其坐享其成的倾向，并鼓励了那些反社会的行为。从这个意义上说，反贫困战略要求的是通过惩罚“机能缺陷”行为的不同形式的社会控制，重新组织和教育贫困人口，使其规范符合于非贫困主导的社会。针对于前两种思维模式，第三种思维模式是将贫困与机遇结构在更广泛意义上与社会中的短缺联系在一起。这些机遇结构包括教育系统、劳动力市场和工作的可能性、获得住房或土地（所有权）的途径等。他们所面临的障碍包括阶级主导型的社会和政治结构、性别歧视、民族或宗教信仰以及大多数人将贫困视为无能的普遍态度。这种观点形成了关于“社会遗弃”的讨论，撇开这一观点的正确与否不说，单就它所反映的思维特点而言，这一思维视角的重要性在于它将焦点从贫困人口自身转向了致使一部分人口处于贫困状态的社会及经济结构。

反贫困是全人类面临的共同的课题。在认识贫困并与贫困进行抗争的实践中，人们逐渐形成这样的理性认识，即消除贫困并不是一次性的短期行为，政治、经济及社会的变化都可能产生或引发贫困，贫困也不仅仅是一个经济范畴的问题，它与一个社会正常运作的常规所具有的包容性、参与性与接受程度都有关。它还与尊严、尊重等名词相关联。反贫困的理论研究作为一项系统工程，其研究在各个领域得以展开。

1. 经济学与社会学的不同视角。一般来说，经济学是从外部环境的角度来研究贫困问题的。在宏观层次上，它考察人类行为的环境条件、要素禀赋，特别是人们经济活动的条件，如购买消费品、出售生产性服务等的条件以及经济结构的运行；在微观层次上，侧重于解释市场中个人的收入分配行为失误。社会学则是围绕“贫困的文化”，着重分析人类在特定环境中内在的态度和行为方式。在宏观层次上，社会学把视角放在对人类活动的文化和符号环境，以及阶级和社会结构的不平方面；在微观层次上，社会学主要关注社会变动，即根据家庭背景、地位等级和行为传递来解释家庭组织的差别反映。

2. 经济发展与消除贫困的关系。一般认为，经济发展与消除贫困存在必然的联系。经济增长是消除贫困的必要条件，当国民经济快速增长、运行良好的时期，贫困人口下降的可能性就大；反之，当经济增长缓慢、甚至停滞的时期，贫困人口无疑会相应增多。

然而，并不是说经济增长了贫困现象就一定会缓解或消除，因为，贫困的消除还与其他许多因素，如收入分配方式、政府的扶贫政策、公共服务等有关。在这方面的研究中，发展经济学和发展社会学的理论都做出了贡献。特别是20世纪80年代以来，发展经济学提出的新经济增长理论、知识经济理论、可持续发展理论以及制度变迁理论；发展社会学家提出的现代化理论、依附理论以及世界体系理论等都对经济发展或社会发展的规律作出了新的概括和说明，也必将影响到对贫困消除对策的选择。

3. 机会、赋权和安全的提出。世界银行报告（《2000—2001年世界发展报告：向贫困开战》）则直接启发我们进行如下的思考——若要达到大幅度扶贫的目标就必须采取一种更具有综合性的观念，直接解决贫困人口在机会、赋权和安全三个重要领域的需求。

所谓机会即通过刺激经济增长增加穷人的经济机会，使市场更好地服务于穷人，致力于穷人的参与，特别是建立他们的资产，比如土地和教育。所谓赋权即强化穷人对与他们生活有关的决策的影响能力，消除基于性别、种族、民族和社会地位方面的歧视。所谓安全即增强穷人对于疾病、经济冲击、粮食歉收、失业、自然灾害和暴力的抵御能力，在不幸事件发生时对他们提供帮助。

由此，人类对于经济增长和消除贫困之间关系的理解又得到了进一步的深化，即经济增长固然至关重要，但仅仅依靠经济增长来为改善世界上最贫困人口的生活条件是不够的。因为贫困不仅意味着低收入和低消费，也意味着缺少受教育的机会、营养不良、健康状况差等；在对贫困的进一步思考中甚至还包含了无权、“无发言权”、脆弱和恐惧的内容等。

贫困可由多种原因引起，如战争、灾害、耕地稀缺、缺乏基础设施或水源、政策的误导、疾病、文盲等。当收入不能满足人类衣、食、住等社会生活基本需要时都会出现贫困。改变刺激政策以鼓励人们通过自己的努力改善收入和生活水平有助于减缓贫困。而政府在基础设施、医疗、教育和农村用水的供应方面的扶持性投资将会有助于人们收入和生活水平的改善。

在1999年6月世界银行运作评估部与世界银行研究所联合召开的大会上指出下列减贫的成功之路：①贫困问题有它特定的环境背景，呈现出多样性。尽管不同地区的基本价值标准可能相同，但还要考虑到观念的多样性、发展优先性，以及政治意愿和政治经济因素等等。②运用整体性的观点。贫困问题具有复杂性、多面性，与价值有关，远远超越于经济本身，不可能有固定的答案。因此，要针对这一本性对贫困开展广泛的思考并增强各部合作，设计出协调合作的总体项目并以总体性观点来评估。③贫困有特定地域性，穷人自己的观念至关重要，必须考虑到文化差异。我们必须指出构成贫困的所有因素，如生存、获得资源、知识、权利，认同项目和政策介入的最佳点。

可以说这种反贫困理论成为现代社会救助法中的扶贫立法的理念。

四、社会救助法的立法原则

社会救助的着眼点、实施保障的方式和针对的对象群体方面有其特殊的地方，所以在立法方面除具有社会保障法的一般立法原则之外，还有具体的立法原则。

（一）生存权原则

现代国家，公民因维持不了最低生活而获得社会救助，是生存权的体现，每个公民都有权获得。各国宪法中均对此有规定。

（二）反贫穷原则

通过社会救助的实施，应当力争在短期内消灭绝对贫困现象，与此同时，也力争尽可能地减少相对贫困。这是现代国家对实施社会保障制度的最低要求。

（三）收入状况调查原则

由于社会救助的无偿救济性质，在实施给付前，通过收入状况调查，确认其处于贫困状况是完全必要的。各国的社会救助法中,都有这方面的规定。

收入状况调查,主要包括家庭成员的工资收入、隐性收入、资产收入;有无法定供养关系存在;日常生活情况等方面的调查。从效率的角度考虑,收入状况调查可依托申请人居住地的社区进行。

(四)救济与助其自立相结合的原则

这一原则也可以称为积极救助原则。传统的社会救济,是一种消极型救济,即以发放给付为主要手段;目前世界各国的趋势是转向积极型救济,即将救济与贷款相结合、救济与发展区域经济相结合、救济与助其自立相结合、救济与防贫相结合。

在自然灾害救济中,应贯彻救济与贷款相结合的原则,对于基本生活需要,给予一定救济,同时,通过发放低息或无息贷款,帮助其积极开展生产自救,迅速恢复正常生活。

当区域经济落后成为贫困的主要原因时,救济应当与大力发展区域经济相结合,否则救济就是一种无底洞。

对于有劳动能力的救济对象,应贯彻救济与助其自立相结合的原则,把重点放在助其自立上。如在领取失业救济金的人群中,积极开展职业培训、职业介绍工作;通过发放贷款、免税等优惠政策,鼓励有条件的贫民开业等。

在一些发达国家,随着贫民的减少,其社会救助的重心已转向防贫。所谓防贫,即对于可能陷入贫困的阶层,采取积极措施,防止其进一步贫困化。如提供公建的低租金住房、优先提供工作机会和给予个人开业的种种政策优惠等。

第二节　社会救助法的历史发展

一、国外社会救助立法的发展与制度的变革

(一)国外社会救助立法的发展

一般认为,社会救济及其相关立法最早产生于英国。在公元16世纪前后,英国社会普遍出现失业、流浪和贫困现象。鉴于此种情况,英国伊丽莎白女王于1601年颁布了《济贫法》(即旧济贫法),其主要内容是:①建立地方行政和征税机构;②为有劳动能力者提供劳动场所;③资助老人、盲人等丧失劳动能力的人;④组织贫困者和儿童学艺;⑤以较富裕地区之税收补贴贫困地区等。该法规定建立"贫民习艺所",强迫贫民劳动,防止流浪。在这里,救助同时具有强迫劳动和福利救济的性质,这是国家以立法形式介入济贫的开始。18世纪下半叶,英国部分地区实行"斯宾汉姆兰德制",这是一种家庭津贴法,它规定对每个在固定收入水平线以下的劳动者按面包的市价与劳工家庭成员的人数进行补贴。这种制度的口号是"公平收入",旨在维持现有的社会秩序。到

1834 年,英国女王颁布了《新济贫法》,从而否定了“斯宾汉姆兰德制”的只是恩惠的户外救济方法。《新济贫法》规定需要救济的人必须到习艺所“习艺”,并从事力所能及的劳动,此处体现出了强制性而不是恩惠。

在近代西方一些国家中,德国率先比较全面地实行了社会保障措施,其内容包括社会救济。早在 1794 年 5 月,普鲁士王国颁布的《全国通用法律》中,对国家的贫民救济就作出了具体规定。从 1883 年至 1889 年,德意志帝国议会先后通过几项法律和法令,对建立健康保险、工伤事故保险、退休保险等制度作了规定,其中包含有关对贫困、伤残以及不是因个人原因而失去劳动机会的人的救济规定。1881 年 11 月,德国威廉一世皇帝在其发表的《黄金诏书》中就宣布要制定《社会保障法》。此后较短时间内,先后采取了改善工人生活境遇、救济贫困者的措施。在这个时期,德国初步建立起社会救济制度以及制定了相应的法律法规。但是这种救济制度和立法,包括宗教界、社会团体的慈善事业和诸侯国的局部性立法,都只是从自由资本主义人道主义的价值观出发的。

进入 20 世纪特别是第二次世界大战之后,社会救助制度及其立法有了显著发展,它与社会保险、社会福利和国家赔偿制度及其立法有机地结合成一体,形成了一种“德国模式”的社会保障法律制度。其中,有关社会救助的立法有《社会救济法》《社会法典》《残疾人社会保险法》《农民养老救济法》《劳动就业法》《战争伤亡人员抚恤法》《失业救济条例》等。这一时期,德国社会救助立法较之其他西方国家,是比较全面具体的。

在法国,早在 1850 年通过的《公共救济与预防》法令,就规定了要以公共救济补充私人或宗教慈善事业。进入 20 世纪后,法国不断完善社会保障制度及其立法,一方面扩大社会救济网,例如对儿童、老年残疾人和绝症患者给予救济,对孕妇给予补贴等,另一方面通过社会立法确认社会保险及健全相应的法律制度。

在西欧国家中,荷兰的社会救助制度及其立法是很有特色的。早在 1854 年荷兰就制定了《济贫法》,规定济贫工作由教会和私人团体承担,地方当局只在社会治安受到破坏时实行救济。1870 年经修改后的《济贫法》规定,当地政府负责穷人的安置和救济工作。进入 20 世纪后,在不断完善整个社会保障制度及其立法的同时,社会救助立法也不断发展。由于 1942 年英国经济学家威廉·贝弗里奇发表的《社会保障及相关服务报告书》以及丘吉尔提出的人人应当享受“从摇篮到坟墓”的社会保障的影响,荷兰从 20 世纪中期开始,不断改革社会保障的各种措施。近几十年来,荷兰先后制定了《失业保险法》《失业津贴法》《政府失业救济条例》《临时病残年金者法》《残废保险法》,特别是在 20 世纪 60 年代制定了《国民救济法》《老年和部分残废失业雇员补助法》等。

被称为“瑞典模式”的“从摇篮到坟墓”的社会保障制度,在西方已成为“福利国家”的典型,其社会救助制度及其立法也是较完备的。早在 17 世纪,瑞典制定了《济贫法》,当时的济贫等慈善事业都由天主教会承担。直到 18 世纪中期,济贫工作正式成为教区的法定职责。进入 20 世纪后,特别是在凯恩斯主义和“贝弗里奇报告”的影响下，瑞典加快了社会保障制度的改革及其立法，济贫工作同时也有所发展。1956年瑞典通过了《社会救助法》，规定救济工作中公民的权利和市政当局的义务。从瑞典有关社会救助和整个社会保障立法看，偏重广泛的公共补贴制度，使公民享有社会保障的普遍权利；同时，很重视举办公共救助工程，以此作为对失业救济和贫困救济的主要途径。

社会救助立法的发展历史，体现了社会救助工作由单纯的恩惠到强制义务，由政策向法制的变化途径，政府由迫不得已而为之向自愿主动实行之的变化。

(二)国外社会救助制度的变革

依据社会救助法律建立起的社会救助制度在不同的国家经历着不同的变化过程。其变革原因主要是：一方面社会救助制度中的救济范围不断扩大，救济标准不断提高；另一方面，经济发展不平衡、贫困问题仍在加剧、社会问题逐渐增多、各种矛盾冲突不断加剧，再加上经济危机的出现，财政预算不堪重负，各国政府觉得无法控制局面，并且社会救助制度本身也面临着巨大挑战，原有的社会救助制度产生了一个制度依赖群体。因此，各国纷纷开始变革，期望由此带来财政上的转机。这些变革主要表现在以下几个方面：

1.有选择性地实施救助制度。随着经济发展，中产阶级扩大，贫困人口减少，社会救助制度争论的焦点集中于实施制度式的救济方案还是有选择式的方案上。莫雷托教授曾把20世纪80年代各国普遍使用的反贫困方法归纳为“传统的救济制度”，即“使一定的资源就像经过漏斗一样进行分配”的制度。认为这种制度针对的是所有生活在贫困线以下的穷人，但是最贫困的穷人却无法从中受益。他分析其中的主要原因是福利扩散了，而对最悲惨的特殊群体的救助却远远不足，再加上各行其责的政府官员在其中相互钳制，对调整救济的要求漠不关心，而且对穷人的命运也缺乏情感的关注和支持。因而提出“有选择的救济制度”，用来对贫困进行更直接的打击。

2.社会救助权责关系的转变。社会保障可被视为国家与家庭或个人之间的契约。但这个契约的条款要公平，救济制度的责任要清楚，明确规定应支付的具体金额和资格条件，领取救济人的责任也要清楚。最近的政策发展涉及更加明确地制定受益人的责任，包括要求受益人更加积极地找工作，或参加培训课程，定期与“个案经理”见面，帮助他们制定重新获得经济独立的计划，不这样做可能会导致失去社会救助。这种转变的目的是为促使领取救济者独立。

3.对受益者完整人格的强调。对于社会救助制度的受益者大多要经过收入调查程序，以证明他们是符合国家所规定的最低生活费标准，从而由国家或社会给予救助。而近年来，一些国家对此做了修改，不再对申请援助者申报的家庭财产状况进行一一核实而是根据要求和标准发放救济金，既简化了手续，又避免了令人难堪的核对工作给受益者带来的人格和心理上的伤害。社会救助的目的是满足社会成员最起码的生活需要，从而保持他们最基本的生存条件和人格。

其实，社会救助自建立与发展以来一直面临并难以完结的课题就是如何减少人类在生存权利与生活自立这两者之间的冲突与矛盾。随着社会的发展，社会救助制度的目的越来越超越个人生存的范围，而趋向于向个人提供机会与条件以恢复和促进个人的发展，减少从长远观点来看会加重租税并威胁公共利益的那些社会弊端。

4. 与就业等方面相关联的激励制度。近年来，由于经济和财政危机的发生，一些国家纷纷对社会保障制度施行改革。从世界范围来看，即便在经济发达的美、德等国，社会救助制度的改革也开始转移到与安排就业相关联的方向上来。职业介绍所的出现开始改变社会救助制度的面貌。

在美国，"谁有劳动能力，谁就有义务工作"，比尔·克林顿1996年签署了一项社会救助法案，使联邦从帮助穷人的义务中解脱出来，只有极少数需要援助的美国公民才享有得到国家财政支持的法定权利。发给社会救助的限期为两年，而且几乎无一例外地取决于穷人的良好表现和工作的诚意。有的州甚至取消了社会救助，并把大多数接受援助的人看做是暂时没有工作的人。其目标是给所有接受救济的人提供一个经常性的工作。谁不遵照规定或者无故旷工、旷课，他就没有理由要求得到国家的钱。反之，那些服从计划的贫穷公民却会受到慷慨救助，他们的子女在此期间可以进入得到国家资助的托儿所，得到免费医疗。

5. 加强社会服务体系，减少财政支出。这方面比较典型的是日本。由于20世纪90年代以来经济泡沫的破裂，特别是1997年东南亚爆发的金融危机以及人口老龄化趋势，使日本财政在巨额的社会保障支出面前捉襟见肘，迫使政府不得不进行社会保障制度改革。在社会救助方面，主要通过扩大家庭服务，培养家庭护理员，建立保健医疗和社区服务体系，以求在减少支出增加幅度的情况下解决老龄化社会的医疗问题。在强调个人自我服务的同时，促进家庭护理质量的全面提高。日本在1996年通过了《介护①保险法》，建立了由个人负担部分费用的高龄者介护制度。此法于2005年修改。

6. 考虑经济理性之外的人的需要。社会救助制度的改革引起了争议，尤其是对特殊群体如单亲家庭和残疾人的救济制度的变革受到了各方面的干扰。归根结底，对于社会救助制度的设立，不仅要从经济理性的角度去考虑，还要多了解一般人的需要和人的行为基本原则。社会救助制度的设立或实施应促进受救济者人格成长的能力，而不是损害受救济者原来的人格成长潜力。社会救助的实施应能促进家庭生活，有利于个人和社会。在我们强调社会救助对恢复自力更生的重要性的同时，我们还必须记住，社会保障法就是为那些未能自力更生的人制定的。没有个性，或者精神贫乏，也和经济穷困一样是应该避免的大忌。

---

① "介护"一词来源于"CARE"的日文用法。对于日常生活不能自理，但身体状况又不属于在医院通过治疗可以改善的人而提供的福利服务。即对日常生活中需要借助他人的护理与照顾而生活的人而提供的福利服务，日本将其称为介护服务。最早出于研究交流方便，中国学者之间一般借用日文这一词汇，现在社会上也开始使用这一词汇。

7. 社会救助管理方式与资金筹集方式的改革。最后应指出的一点是，社会救助事业的管理方式和资金的筹集方式对于提高社会救助措施的效益具有特殊作用。意大利威尼斯政府需要将救济预算的55%用做救济机构的行政管理费。罗马市政府救济机构的行政管理“维持费”，则占全部救济预算的60%。美国经济学家密尔顿·弗里德曼认为，所谓福利国家的福利机关挥金如土。在美国，如果将救济款总金额除以按官方统计的美国贫民总数，就会发现，处于贫困线以下的人们的收入将比普通公民的平均收入高出一倍半到两倍，美国的贫困现象早已不复存在，可事实上，美国的贫困阶层仍然存在，因为，能分配给贫困者的救济金所剩无几，大部分救济金被在福利机关的“高薪门客”挥霍掉。扩大地方机构在社会救助事业管理方面的自主权，会大大减轻国家的社会开支负担，因为在大多数情况下，国家无力达到令人满意的社会救助水平。世界上一些发达国家如美国，尽管采取了许多社会救助措施，然而贫穷问题不仅未解决，还有愈演愈烈之势。因为经济、政治、文化冲突与矛盾创造了许多“新贫民”，国家内部的结构性矛盾不是单纯的救济方案所能解决的。众所周知的2008年9月在美国发生的“雷曼事件”就是一个很好的例证，不仅给美国，也给世界经济带来了新一轮的冲击，致使许多原本属于中产阶级的人们沦为新的贫民，无论是谁当选为总统，也会为实施怎样的救济措施而苦恼。

二、20世纪80年代以后中国的社会救助立法的发展

从中国社会救助制度及其立法的形成和发展看，与一些发达国家相比较，在时间上还是比较短的。关于20世纪80年代以前的中国的社会救助立法的历史沿革，在本书第三章中已经介绍，故在本节中仅介绍20世纪80年代以后的立法发展状况。

（一）《社会救助法》的出台准备

1.《社会救济法》纳入立法规划

（1）20世纪80年代以后，社会救助立法得到了重视，1994年，第八届全国人大常委会曾将制定《社会救济法》列入立法规划。

（2）1998年，第九届全国人大将《社会救济法》列入了立法规划。《全国人大内务司法委员会关于第九届全国人大第二次会议主席团交付审议的代表提出的议案审议结果的报告》指出，社会救济包括城市居民的社会救济和农村居民的社会救济两个方面，鉴于我国城乡社会救济情况差别较大，国务院法制办商民政部提出，拟先分别制定城市居民社会救济和农村居民社会救济两个行政法规。

（3）1999年9月国务院颁布了《城市居民最低生活保障条例》并于同年10月1日实施。2000年，民政部对农村居民的社会救济情况进行调查研究，开始有关农村居民的社会救济行政法规的起草工作。

2.《社会救济法》更名为《社会救助法》

（1）2003年以来，一些全国人大代表、全国政协委员以及民主促进会中央等先后在

全国“两会”上提出国家应尽快出台《社会救助法》。第10届全国人大立法规划将《社会救济法》纳入社会法类,位列第二。

(2)2005年,民政部提出并经有关部门同意,将《社会救济法》更名为《社会救助法》。

3.《中华人民共和国社会救助法》的出台准备

2005年开始了社会救助法的起草工作。三年后的2008年,中国政府网全文公布该法征求意见稿。国务院很重视这部法律的制定,2009年、2010年两次常务会议进行了草案的审议。国务院有关部门目前正继续深入开展相关研究工作。由于长时间未能以一部法律呈现给国人,2013年3月十一届全国人大三次会议上,再度被人大代表提案。人大代表建议制定社会救助法,重新引发各界高度关注。

社会保障制度是个庞大的制度体系,制定社会救助法就必然要考虑避免和社会保险及其他社会保障制度部分的重复,更要避免各部分法律制度之间有可能的矛盾。加之社会救助更多的是对人的服务,而中国又是人口第一大国,就更要求立法有很高的操作指导性。总之,制定出台社会救助法一方面要考虑作为社会保障子制度本身刚性很强的特点,必须慎重;另一方面也要顺应社会环境的要求,必须加快出台社会救助法的步伐。

当前,主流观点认为完善中国社会救助法律制度,应当制定一部社会救助法作为社会救助制度的基本法律,同时配以法规、规章等规范性文件,构建一套完整、科学、统一的社会救助法律制度。有专家建议,社会救助法要明确社会救助的基本原则、管理体制和经费保障。重点对社会救助体系中制度基础和实践经验比较成熟的最低生活保障制度、农村五保供养、自然灾害救助作出规定。同时对监督管理机制和法律责任作相应规定。对于尚在实践探索、积累经验过程中的教育、医疗、住房救助制度,可作原则性规定。

(二)最低生活保障制度的建立

1.城市最低生活保障制度的建立。这个制度主要是1993年以后发展起来,大致经历了以下4个阶段:

(1)各地自行实施阶段(1993~1997年)。上海率先颁布了《关于本市城镇居民最低生活保障线的通知》,并于1993年6月1日起执行。

1994年,在国务院召开的第10次会议上,明确提出了“对城市救济对象逐步实行按最低生活保障线标准进行救济”的工作思路。随后各地纷纷响应,1995年上半年,厦门、青岛、广州、福州、大连、无锡先后实行这一制度。1995年底,扩展到12个城市,到1996年底扩展到116个城市。

(2)制度普建阶段(1997~1999年)。1997年9月,国务院发出《关于在全国建立城市居民最低生活保障制度的通知》。同时召开电话会议,要求将这项工作列入“党政一把手工程”,明确“九五”期间要在全国建立起城市居民最低生活保障的奋斗目标,为此提出具体要求："1997 年年底以前，已建立这项制度的城市要逐步完善，尚未建立这项制度的要抓紧做好准备工作；1998 年年底以前，地级以上城市要建立这项制度；1999 年年底以前，县级市和县政府所在地的镇要建立起这项制度。各地要根据当地的实际情况，逐步使非农业户口的居民得到最低生活保障。"在该通知中明确规定，凡是家庭人均收入低于当地最低生活保障标准的持有非农业户口的城市居民，属于城市居民最低生活保障制度的保障对象，主要包括三类人员：一是无生活来源、无劳动能力、无法定赡养人或抚养人的居民；二是领取失业救济金期间或失业救济期满仍未能重新就业，家庭人均收入低于最低生活保障标准的居民；三是在职人员和下岗人员在领取工资或最低工资、基本生活费后以及退休人员领取退休金后，其家庭收入仍低于最低生活保障标准的居民。

(3)制度的规范化、法制化阶段(1999 年至今)。1999 年 9 月 28 日，国务院第 21 次常务会议通过了《城市居民最低生活保障条例》，宣布从 1999 年 10 月 1 日起正式施行。该法规的实施，标志着这项制度已经在全国范围内建立起来，也标志着居民的最低生活保障权受法律保护，不得侵犯，国家对提供最低生活保障负有履行义务。2000 年 10 月 11 日，在中国共产党第 15 届中央委员会第 5 次会议全体会议通过的《中共中央关于制定国民经济和社会发展纲要第十个五年计划的建议》中明确提出："加强和完善城市居民最低生活保障制度，逐步提高贫困人口救济补助标准。"2001 年 11 月 12 日，国务院办公厅向全国发出《进一步加强城市居民最低生活保障工作的通知》，并在《通知》中提出五项要求，从统一思想、加大投入以及落实等方面要求全面贯彻执行。

20 世纪 90 年代末期以后，城镇低保对象的保障内容在收入保障、医疗、子女入学、住房问题等方面不断得以充实和完善。以住房保障为例，1999 年 4 月 22 日，建设部发布了《城镇廉租住房管理办法》(第 70 号令)，在实施过程中出现了一些如骗租、转租等问题。对此，建设部、财政部、民政部、国土资源部以及国家税务总局于 2003 年联合发布了《城镇最低收入家庭廉租住房管理办法》(第 120 号令)，以确保落实低保对象的住房保障措施。

2008 年，民政部会同发展改革委、财政部等 10 部委下发了《城市低收入家庭认定办法》，为识别认定低收入家庭提供了政策依据，进一步规范了城市最低生活保障制度，也为社会救助法的出台做了进一步的铺垫。

2. 农村最低生活保障制度的建立。农村最低生活保障制度最早可以追溯到 1994 年。进入 20 世纪 90 年代后，受城市最低生活保障线的启示，有些地区也开始出现建立农村最低生活保障线的情形。1994 年山西省阳泉市率先颁布《阳泉市农村社会保障试行办法》，规定县、乡、村根据各自情况确定基本保障线，并对基本保障线以下的农户实行救济。1994 年国务院召开的第 10 次全国民政会议提出，到 20 世纪末要："在农村初步建立起与经济发展水平相适应的层次不同、标准有别的社会保障制度。"山西、山东、浙江、河北、湖南等省份被列入试点。

1996 年底，民政部正式印发《关于加快农村社会保障建设的意见》，并制定了《农村社会保障体系建设指导方案》。试点地区逐步扩大,发展到256个县市。在浙江省,还在33个小康县开始了城乡一体化最低生活保障试点。到2005年年底,全国13个省、市、地区全面建立了农村最低生活保障制度。2006年,中共中央国务院发出了《关于推进社会主义新农村建设的若干意见》,提出了"有条件的地方,要积极探索建立农村最低生活保障制度"的要求。截至2006年11月,又有9个省、市、地区制订了全面建立和实施农村最低生活保障制度的政策文件。

2007年,国务院印发了《关于在全国建立农村最低生活保障的通知》,更加快了这项制度的建设步伐。

2012年国务院发布《国务院关于进一步加强和改进最低生活保障工作的意见》,同年,民政部制定了《最低生活保障审核审批办法(试行)》。加上其他的救助制度的配合,目前,全国已全面覆盖有农业人口的县(市、区),正向应保尽保的目标迈进。

总之,城市和农村的最低生活保障制度的建立,是对传统救济制度的重大改革,是构成中国社会救助制度的主要内容。在建立制度和制度执行的过程中,法制化、规范化是一个有效的保证。2008年为配合全国基层低保规范化建设活动的开展,民政部制定了《全国基层低保规范化建设暂行评估标准》,为今后的制度规范化发展初步奠定了基础。

根据国家统计局2013年2月发布的《中华人民共和国2012年国民经济和社会发展统计公报》,截至2012年年末,全国共有2 142.5万人纳入城市最低生活保障。5 340.9万人纳入农村最低生活保障。

(三)医疗救助制度的建立

医疗救助立法的发展可以说是分两个阶段:一个是城市与农村医疗救助分别立法的阶段;另一个是城乡医疗救助统一立法的阶段。

1. 城市与农村医疗救助制度的分别立法。

(1)农村医疗救助制度立法发展。进入21世纪后,中国的农村社会救助体系雏形初见,除了最低生活保障制度和"五保户"制度之外,农村的医疗救助制度的建设也在顺利推进。农村救助是政府对患病且无力就医的贫困农民的医疗费用给予适当补助的制度。农村医疗救助的适用范围包括:农村低保户、三等甲级以下伤残军人、革命烈士家属、因公牺牲军人家庭生活特别困难的、独生子女领证户和儿女结扎户中的贫困户、其他需要特殊救助的对象。

民政部、卫生部、财政部于2003年发出了《关于实施农村医疗救助的意见》,财政部、民政部于2004年发布了《关于印发〈农村医疗救助基金管理试行办法〉的通知》。根据这些文件的精神,2003年底开始推行农村医疗救助制度。后于2005年,民政部、卫生部、财政部联合发出《关于加快农村医疗救助工作的通知》,农村医疗救助得以大力推进。

(2)城市医疗救助制度立法发展。此制度适用范围主要是城市居民最低生活保障对象中未参加城镇职工基本医疗保险人员、已参加城镇职工基本医疗保险但个人负担仍然较重的人员和其他特殊困难群众。

2005 年国务院办公厅转发民政部等部门《关于建立城市医疗救助制度试点工作意见的通知》;同年财政部发出《关于加强城市医疗救助基金管理的意见》,对制度的建立与资金的筹措、管理等进行了规定,使城市医疗救助制度得以建立。

2. 城乡医疗救助制度统一立法。2009 年,民政部根据《中共中央、国务院关于深化医药卫生体制改革的意见》和《国务院关于印发医疗卫生体制改革近期重点实施方案(2009—2011 年)的通知》精神,发出了《关于进一步完善城乡医疗救助制度的意见》,要求进一步完善城乡医疗救助制度,保障困难群众能够享受基本医疗卫生服务。这个意见的层级虽然不高,但其意义很大。要求在中国搞好医疗救助制度与相关社会保障制度的衔接,探索建立城乡一体化的医疗救助制度。

(四)救灾制度的改革与发展

1. 国家统包体制改革的开始。1980 年以前,救灾工作的实际状况是中央出钱,地方救灾,不但资金渠道单一,而且经费严重不足。1980 年,国家进行财政体制改革,实行了中央与地方"分灶吃饭"的办法,以往的救灾制度就难以适应新的财政体制。因此,1983 年,中共中央办公厅、国务院办公厅转发了《第八次全国民政会议纪要》,提出了救灾工作改革的原则,拉开了救灾制度改革的序幕。

1983 年至 1985 年,民政部、财政部先后发布了《关于对甘肃省、宁夏回族自治区特大自然灾害救济费实行包干的通知》《关于对西藏自治区特大自然灾害救济费实行包干的规定》《关于对新疆维吾尔自治区特大自然灾害救济费实行包干的规定》,对上述地区救济费包干的原则、方法、数额等作了规定,改变了救灾费用国家全包的局面。

但是,改革后,有些地方矫枉过正,只重视扶持,忽略了无偿救济。针对于此,民政部于 1987 年发布了《关于切实加强救灾款管理使用工作的通知》,规定有偿扶持部分的上限为全年救灾款总额的 10% 。

此外,在此时期,在救灾体制改革方面出现了引进保险机制的动向。1983 年,浙江省诸暨县首先把保险手段引进救灾工作,效果显著。1984 年 8 月,民政部批转了《关于诸暨县大力开展家财保险的报告》,推广引进保险机制的经验。1989 年 6 月,中国人民银行和民政部联合发布了《关于农村救灾保险试点工作若干问题的通知》,规定农村救灾保险是国家扶持、组织的农民互助互济的非盈利的政策性保险。

到 80 年代末,救灾改革向着开放、国际合作、争取外援方面深入发展,要求信息的快速传递,针对当时中国的灾情信息报告的实际问题,民政部于 1989 年 5 月发出了《关于加强灾情信息工作及时准确上报灾情的通知》,表明中国的救灾体制的改革全面展开。

2. 分级管理、分级承担的救灾制度的建立与公益事业的发展。进入 20 世纪 90 年代以后,面对社会主义市场经济体制的确立,救灾工作开始了新的一轮的改革。1993

年11月，在全国救灾工作座谈会上，民政部提出了建立救灾工作分级管理、救灾款分级承担的新思路。其后，各地纷纷开展试点工作。

到1995年底，全国各省、自治区直辖市都基本上建立了分级管理分级承担的救灾制度。1998年7月，民政部、财政部颁布了《关于建立中央级救灾物资储备制度的通知》。

同时，在这一时期，呼吁全民参与救灾事业也相对到达高潮。为了鼓励捐赠，规范捐赠和受赠行为，保护捐赠人、受赠人和受益人的合法权益，促进公益事业的发展，1999年6月28日第九届全国人民代表大会常务委员会第十次会议通过1999年6月28日公布《中华人民共和国公益事业捐赠法》。此法的立法层级很高，在救灾立法的历史上占有重要地位。

此外，为确保救灾工作的及时、有效，在技术层面上，民政部经过多年的不懈努力，于2003年底初步建成了中央、省、地、县四级联网的灾害信息业务运行系统。为了确保灾情数据可靠准确，有效推进救灾工作，民政部建立了四项灾情管理制度，即灾情快速报告制度、重大灾情24小时零报告制度、台账管理制度、中央各灾害管理部门的灾情会商制度。

3. 救灾工作的制度化、规范化、程序化。近几年来，民政部门着眼于建立健全保障困难群体基本生活的长效机制，着力推进救灾救助制度建设，救灾救助工作不断向制度化、规范化、程序化方向发展，灾民和困难群众的基本生活有了更可靠的制度保障。救灾工作法规逐步完善，先后颁布实施了“一个预案三个规程”。

（1）一个预案。为确保自然灾害发生后的紧急救援工作高效、有序进行，最大限度地减少群众的生命和财产损失，保障受灾群众基本生活，维护灾区社会稳定，国务院根据《中华人民共和国防洪法》《中华人民共和国防震减灾法》《中华人民共和国气象法》等，于2004年审定、2005年5月发布了《自然灾害救助应急预案》。根据新形势的需要，为进一步完善救助应急预案体系建设，2008年12月9日民政部颁布《关于加强自然灾害救助应急预案体系建设的指导意见》。其后，在此基础上，依据如《中华人民共和国突发事件应对法》《中华人民共和国防震减灾法》《自然灾害救助条例》《国家突发公共事件总体应急预案》等，于2011年10月16日对《自然灾害救助应急预案》进行了修订。规定了当灾害发生后地方各级人民政府视情启动本级自然灾害救助应急预案。达到本预案响应启动条件的，启动本预案。对于资金、物资、通信和信息、装备和设施、人力资源、社会动员、科技、宣传和培训方面的应急准备作出了规定。此外还对信息管理，预警响应，四级启动响应，灾后救助与恢复重建等作出了规定。

（2）三个规程。2004年11月8日，民政部印发了《灾害应急救助工作规程》《灾区民房恢复重建管理工作规程》和《春荒、冬令灾民生活救助工作规程》。这三个规程对救灾资金的申请、拨付、使用和监督管理程序进行了明确规定，也是地方落实救灾工作的重要行动指南。其中，有关《灾害应急救助工作规程》，根据突发自然灾害危害程度设定四级响应机制，民政部于2006年4月修订出台了《应对自然灾害工作规程》，于

2008 年 3 月 10 日再次印发了修订后的《民政部自然灾害救助应急工作规程》。2008 年汶川地震后，灾后重建方面的立法建设也有了新的需求，国务院颁布实施了《汶川地震灾后恢复重建条例》，这也是第一次以国家行政法规规范一个地方的灾后恢复重建工作。

在一个预案和三个规程的执行过程中，救灾工作的情况依然存在很多问题，要求立法上进行配套建设，2010 年 7 月国务院公布了《自然灾害救助条例》，于 2010 年 9 月 1 日起施行。这一方面说明灾害救助制度立法日臻完善，另一方面也说明自然灾害频发的中国面临的救灾形势也是相当严峻的。

在加强立法建设的同时，救灾项目也在不断增加，2007 年 8 月，国务院决定新增旱灾救助项目，由中央财政按一定标准对因旱灾造成生活困难、需要政府救济的群众给予适当补助；2008 年，在汶川地震后又实施了遇难者抚慰金、过渡性救助、后续生活救助、对“两孤一残”生活救助等项目。

同时，救灾对口支援的力度空前强化，志愿者队伍的规模空前壮大，社会公益组织的参与积极性空前发挥。国际合作建立了减灾救灾领域的双边和多边国际合作机制，成功举办第一届亚洲国家部长级减灾大会，签署并全面落实了《上海合作组织成员国政府间救灾互助协定》，与联合国相关机构、区域组织、非政府组织及有关国家在减灾救灾领域建立了密切合作关系，推动了在减灾领域的国际空间技术合作。

（五）农村救贫、扶贫制度的改革与发展

1.“五保户”制度的改革与发展。“五保户”制度在“十年动乱”中受到了很大冲击，据 1978 年统计，全国敬老院仅剩 7 175 所，收养人员仅 10 万余人，为此，“十年动乱”后首先进行了恢复工作。

1979 年 9 月，在《中共中央关于加快农业发展若干问题的决定》中，中央明确指出：随着集体经济的发展，要逐步办好集体福利事业，使老弱、孤寡、残疾社员、残废军人和烈军属的生活得到更好的保障。据此，“五保户”的概念被赋予了新的内涵，即从原先的吃、穿、烧、教、葬变为保吃、保穿、保住、保医和保葬（年幼者保教）。在中央精神指导下，全国“五保户”制度得到迅速恢复和发展。

为了将五保工作规范化、法制化，1994 年 1 月，国务院发布了《农村五保供养工作条例》，对五保供养工作的原则、供养对象、供养内容、供养形式和五保工作的监督管理等作了规定。《农村五保供养工作条例》可以说是社会救助立法中的第一部全国性正式法规，其在社会救助立法上的意义自然超出了法规本身的内涵。进入 21 世纪以后，五保供养工作更加成为政府工作的重点。2006 年 1 月 11 日，国务院第 121 次常务会议通过重新修订的《农村五保供养工作条例》，并于 2006 年 3 月 1 日予以实施。新修订的《农村五保供养工作条例》重点修改了有关农村五保供养资金渠道的规定，明确今后五保供养资金在地方人民政府预算中安排，中央财政对财政困难地区的农村五保供养给予补助。这一规定将农村最困难的群众纳入了公共财政的保障范围，实现了五保供养从农民集体内部的互助共济体制向以国家财政供养为主的现代社会保障体制的历史性转变。此外,《农村五保供养工作条例》修改的主要内容还包括:改革农村五保供养的审批管理程序;强化监督管理;建立五保供养标准自然增长机制;加强五保供养服务机构建设与管理;保障五保供养对象的合法财产权利;等等。

截止2010年1月,全国农村五保对象有553万1千人左右,其中170万6千人享受集中供养,382万5千人处于分散供养,基本实现了应保尽保。

并且,《中华人民共和国国民经济与社会发展第十一个五年规划纲要》和《民政事业发展第十一个五年规划》中也都提出了要加强农村五保供养服务设施建设,解决各地农村五保供养设施滞后问题的要求。为此,民政部决定在"十一五"时期,利用发行福利彩票筹集的彩票公益金,开展"农村五保供养服务设施建设霞光计划"。其主要内容为:自2006年至2010年,从中央到地方,各级民政部门要从本级留用的彩票公益金中,划拨一部分资金资助农村五保供养服务设施建设,同时积极争取地方政府加大投入,总投入力争达到50亿元左右。其中本级每年安排资金不少于1亿元。

2. 农村扶贫的制度化发展。中国的农村扶贫工作,从20世纪80年代开始,从消极、单纯的救济转为积极的救济与扶持相结合,扶持贫困户发展农副业生产,建立扶贫经济实体,以帮助其迅速、彻底地"脱贫"。1982年12月,国家经委、民政部等9个部门,联合发布了《关于认真做好扶助农村贫困户工作的通知》,积极扶助农村贫困户发展生产。1985年4月,国务院批转了民政部等部门"关于扶持农村贫困户发展生产治穷致富的请示",明确了扶持工作的基本原则和基本政策。

1985年以后,中国开始探索科技扶贫的道路。1985年8月和翌年4月,民政部和中国科协先后联合发布了《关于开展科技扶贫工作的通知》和《关于开展科技扶贫试点工作的通知》,并于1989年联同国家民委,再次发布了《关于进一步开展科技扶贫工作的意见》。

1987年10月,国务院发出《关于加强贫困地区经济开发工作的通知》,对扶贫工作的目标和重点、贫困地区经济开发的途径和办法、扶贫资金的使用效率、重视智力开发和科技开发等问题作出明确规定。

为了规范扶贫工作中出现的扶贫经济实体,民政部于1989年12月发布了《全国救灾扶贫经济实体管理暂行办法》,对救灾扶贫经济实体的组织形式、职责、管理体制等作了明确规定,扶贫工作逐渐走向规范化。1997年8月,为切实加强国家扶贫资金的管理,提高扶贫资金的使用效益,国务院有关部门发布了《国家扶贫资金管理办法》,规定了资金以及增值资金的投放原则。要求实行严格的扶贫贷款使用责任制,建立健全扶贫资金的检查、监督制度,对扶贫资金使用情况进行专门审计。

农村扶贫工作在其后随着国家经济发展战略的部署不断深入,在进入21世纪以后,主要表现在三个方面:一是加强宏观调控,加大对农业农村的投入,进一步促进农民减贫增收;二是推进农村扶贫开发,提高贫困农民自我积累和自我发展能力;三是加大对中西部地区政策支持和财政投入，促进各项社会事业发展。

（六）交通事故抢救费用社会救助基金垫付制度的创设

2004 年 5 月 1 日起施行的《中华人民共和国道路交通安全法》第 17 条首次提出设立道路交通事故社会救助基金。该法第 17 条规定“国家实行机动车第三者责任强制保险制度，设立道路交通事故社会救助基金，具体办法由国务院规定”。第 75 条规定“对伤者的抢救费用超过责任限额的，未参加机动车第三者责任强制保险或肇事后逃逸的，由道路交通事故社会救助基金先行垫付部分或者全部抢救费用，道路交通事故社会救助基金管理机构有权向交通事故责任人追偿”。2006 年国务院颁布的《机动车交通事故责任强制保险条例》第 24 至 26 条对道路交通事故社会救助基金的适用情形及来源作了更为详细的划定。然而，交通事故责任强制保险建立以来近四年的时间里，救助基金一直处于缺失状态。2009 年，财政部、保监会、公安部、卫生部和农业部联合颁布了《道路交通事故社会救助基金管理试行办法》，创设了道路交通事故中的社会救助基金制度。也可以说是社会救助的适用范围扩展到了遭遇交通事故人群。

总之，中国的社会救助制度的建设可以说有了巨大的进步。但是从立法的层级上看，依然还是以低层级的各种部门的法律文件形式为主。各种社会救助制度的建立，以及各制度实施的经验，可以说已经为社会救助法的出台打下了基础。

第三节　社会救助法的内容

各国的社会救助法的内容规定存在着很大的差异，但从其基本项目来说，均包含社会救助的对象、标准及项目，社会救助基金的筹集、管理和使用，社会救助待遇的支付和享受资格这三大部分。

一、社会救助的对象及标准

（一）社会救助的对象

凡是生活在法定最低生活水平线和低于这个最低水平线的国民和家庭，均属社会救助的对象。具体来讲，社会救助对象可分为以下三类：

1. 无依无靠又没有生活来源的公民。这类公民绝大多数属于长期救助对象，多指孤儿、无社会保险津贴的劳动者、长期患病者、未参加社会保险且又无子女和配偶的老人。这里讲的孤儿，给予社会救助的期限虽然很长，毕竟有个限度，就是整个未成年期间；一旦成年，可以找到适当工作自立，社会救助便停止。但孤儿中有严重残障的，则需长期救助，并借助收容形式来实施。

2. 有劳动能力也有收入，但意外灾害降临，遭受沉重的财产甚至人身损失，一时生活困难的人。这类救助起因于突发性和损害程度很大的灾害，难以预测和预先加以防护。既然生活困难的造成源于客观因素，给予社会救助是完全正当、合情合理的。这类灾害包括自然灾害和社会灾祸。自然灾害又来自气候、大地和生物三个方面，有旱灾、飓风、雹灾、森林火灾、泥石流、地震、火山喷发、虫灾、疾病等。社会灾祸则是生产和生活中潜藏着对人身严重危害的危险因素，诸如车祸等。严重自然灾害以及社会灾祸绝非短期内可以消除，但是在现代科学技术条件下，可以做到减少发生次数和危害程度。也正因如此，社会救助仍将是一个很长时期必不可少的社会保障事业之一。

3. 有收入来源，但生活水平低于或仅相当于国家法定最低标准的公民。这里包括的公民类别很多。比如，工资收入过少，不能使家庭每个成员过上法定最低的生活。又如，有失业津贴的失业者，在享受津贴期满之后仍未找到工作。再如，有退休养老金的老人，或是因为要供养配偶和未成年子女，或是因为长期患病而支出沉重以及残疾人也属这类救助对象。

社会救助对象，还可按具体的人口群体分为儿童救助（确切地说，是未成年人救助）、老年人救助、残疾人救助、失业者救助、病人救助、患难者救助、不幸者救助等。在此基础上还可以再进一步细化，如以儿童救助为例，可以分为一般儿童救助、特殊儿童救助、不幸儿童救助等。

社会救助对象还可以按地区划分，如中国的贫困县。

（二）社会救助的标准

作为社会救助法的内容，对于救助标准的确定，即什么是最低生活水平，无论是从社会资源的有效利用的角度，还是从社会公平的角度看，都是十分重要的。

社会救助的目标在于保障被救助者享有当时当地最低的生活水平，而如何科学地确定最低生活标准则构成社会救助的重要内容。最低生活水平通常用贫困线标准来界定。

贫困线，即贫困标准是测定贫困的工具，也是社会救助的基础。这不仅因为贫困类型的差别和贫困的评估取决于所采用的贫困标准，而且也在于它对确定主要的社会救助扶贫项目受益者和产生反贫困的有效战略尤为关键。

对于贫困的测定有很多方法，各种方法都有各自的优缺点，事实上，不同国家在确定贫困标准的实践上的差距也非常大，这与贫困问题所触及的内容庞杂而又不断变化的特点是正相关的。目前，常用的贫困测量方法有以下 4 种：

1. 预算标准法。预算标准法即一般所说的“市场菜篮子法”，就是事先列出一份为社会所公认的、维持最起码生活水平的、生活必需品的清单（包括必需品的种类和数量），然后根据市场价格来计算购买这些必需品需要多少钱，这个所需金额就是贫困线。低于这一基准的人群就是贫困人口。

2. 恩格尔系数法。学者恩格尔认为，用于食品的收入比例能够很好地体现贫困程度。他在对英、法、德、比等工人家庭收支（预算）研究的基础上得出一个定律：随着家庭和个人收入增加，收入中用于食品方面的支出比例会越来越小；反之，收入越少，用于食品方面支出的比例就会越来越大。恩格尔系数法建立在恩格尔定律的基础上，它以食品消费支出除以已知的恩格尔系数(即食品消费支出占总消费支出的比例)来求出所需的消费支出。联合国根据恩格尔系数确定了划分贫富的标准,即恩格尔系数在60%以上为绝对贫困,所以用这个数据求出的消费支出即为贫困线,亦即最低生活保障线。而恩格尔系数在50% ~60%为勉强度日;恩格尔系数在40% ~50%为小康水平;恩格尔系数在30%以下为最富裕。

3. 国际贫困标准。国际贫困标准实际上是一种收入比例法,联合国经济合作与发展组织提出:以一个国家或地区社会中平均收入的50% ~60%作为这个国家或地区的贫困线,亦即最低生活保障线。

4. 生活形态法。生活形态法也称“剥夺指标法”。它首先是从人们的生活方式、消费行为等“生活形态”入手,提出一系列有关贫困家庭生活形态的问题,让被调查者回答,然后选择出若干“剥夺指标”,再根据这些剥夺指标和被调查者的实际生活状况计算出“贫困门槛”,从而确定哪些人属于贫困者,然后再来分析他们(被剥夺)的需求以及消费和收入来求出贫困线,亦即最低生活保障线。

中国在救助标准的制定上,逐步实现了从人为安排到科学测算的转变。建立现代社会救助制度,最重要的就是建立科学的救助标准制定办法。传统社会救助标准的确定,更多的是由政府能拿多少钱,愿拿多少钱来确定。随着中国城乡低保制度的建立,各级政府对保障城乡困难群众的基本生活作出了庄重的承诺,救助标准直接按照城乡困难群众基本生活需要,经过科学测算决定,并随经济发展逐步提高。《城市居民最低生活保障条例》第6条规定:“城市居民最低生活保障标准,按照当地维持城市居民基本生活所必需的衣、食、住费用,并适当考虑水电燃煤(燃气)费用以及未成年人的义务教育费用确定。”这一规定,确立了救助标准与维持救助对象基本生活之间的关联,体现了现代社会救助制度的科学内涵。

(三)社会救助的项目

救助项目在各国相应的法律规范中都有所明确。在中国。传统社会救助项目多因人而设、因事而设,缺乏救助的连续性和稳定性。自城市最低生活保障制度建立以来,传统的分散救助项目逐步被整合为基本生活救助和专项救助两大类。

其中基本生活救助包括城市低保、农村低保(含特困户救助)、农村五保等。专项救助包括医疗救助、住房救助、教育救助、司法救助、就业援助等。近年来,我国的社会救助的制度化程度和项目设定的规范化程度明显提高,救助资源的综合利用程度也大大提高。

二、社会救助基金的筹集、管理和使用

社会救助基金根据其来源,属于财政性基金,即主要来源于国家财政拨款。按照用途,社会救助基金可以分成救灾基金和济贫基金两大部分。按照基金的存储与运转特征,基本上属于非积累性基金。故社会救助基金在运行过程中不同于社会保险基金的

轨迹。一般不存在基金的投资环节。因本书第八章按照社会保障基金的运行进行了介绍,故在本节中,主要结合中国的情况进一步了解社会救助法内容。在中国目前关于社会救助尚未形成基金的情形下,故以下使用社会救助资金一词。

(一)社会救助资金的筹集

1. 国家财政拨款。社会救助资金主要来源于国家财政拨款。在中国,社会救助资金有中央财政拨款和地方财政拨款两种。近年来,国家财政用于农村社会救助方面的投入不断增加。根据现行的国家发展计划和政策要求,财政支出从主要针对城市逐步转向城乡兼顾,支持包括农村社会救助在内的各项农村社会事业发展。2007 年中央财政安排 30 亿元补助资金支持财政困难地区建立农村最低生活保障制度,2008 年中央财政补助规模增加到 93.6 亿元,并在计算农村税费改革转移支付时考虑了五保供养这一因素,帮助地方解决五保供养资金来源问题。

2. 社会筹集。中国自改革开放以来,通过社会各方筹集社会救助资金的形式得到了很大发展,使这笔资金在社会救助金中占的比重不断增大。社会筹集的形式主要有:

(1)募捐。即社会团体或个人无偿捐赠的款物,有的是直接向受灾地区或贫困地区捐赠物资或现金,有的是捐赠给各种救灾扶贫经济实体、救灾扶贫互助储金会、敬老院、福利院等。如,中华社会救助基金会是全国性公募基金会。该基金于 2009 年 1 月经中华人民共和国民政部批准设立登记,业务主管部门为民政部,面向公众募捐的地域范围是中国以及许可本基金会募捐的国家和地区。

(2)乡镇统筹。主要指农村由乡镇统一筹集粮款,供养五保户。

(3)扶贫经济实体和社会福利企业利润分成。扶贫经济实体和社会福利企业一方面享受一定的免税优惠待遇,另一方面还必须上缴一定的发展社会福利事业和社会救助事业的基金。

(4)救灾扶贫互助储金会的储金。这一部分是立足于基层社区既方便又灵活的资金。

3. 信贷扶贫。信贷扶贫就是通过金融部门筹集融通资金,发放低息或贴息优惠贷款,支持贫困地区经济开发,扶持贫困户发展生产。20 世纪 80 年代以来,信贷资金在中国的社会救助中起着越来越重要的作用。

4. 国际援助。国际援助的社会救助资金主要体现在救灾款上。在中国,争取国际援助,扩大社会救助资金经历了一个解放思想的过程。20 世纪 80 年代以后开始采取通过接受国际援助筹集社会救助资金。

(二)社会救助资金的管理

中国社会救助资金的管理机构主要是民政部门,从中央民政部到地方的民政厅、局、基层民政办公室(所),都设有专门机构具体负责管理社会救助工作和社会救助资金。

随着社会救助立法的发展及各项制度的设计、建立和完善,对于社会救助资金的管理也走向规范化。从2005年的社会救助法草案的内容看,中国社会救助所需资金,由地方各级人民政府列入财政预算,专项管理,专款专用;对财政困难的地区和遭受特大自然灾害的地区,由中央财政按照规定给予适当补助。发生重大自然灾害时,各级人民政府民政部门可以开展救灾募捐并接受国内外的社会捐赠。

中国政府在对社会救助法草案进行修订的同时加强了对各项救助制度的资金管理。为贯彻落实《国务院关于加强和改进城乡最低生活保障工作的意见》(国发〔2012〕45号),进一步加强城乡最低生活保障资金管理,财政部、民政部于2012年9月制定了《城乡最低生活保障资金管理办法》。为了加强自然灾害生活救助资金管理,落实自然灾害分级管理责任,切实保障受灾群众基本生活,根据国务院颁布的《自然灾害救助条例》(国务院令第577号)和中央财政专项资金管理有关规定,财政部和民政部制定了《自然灾害生活救助资金管理暂行办法》。

(三)社会救助资金的使用

1. 使用原则。在中国社会救助款的使用必须坚持专款专用和重点使用的原则。

"专款专用"是指,救灾款只能用于救灾,五保粮款必须用于对五保户的救助,扶贫资金一定要用于扶贫等等。社会救助资金不得贪污、挪用,否则,就是犯罪。我国《刑法》第126条规定:"挪用国家救灾、抢险、防汛、优抚、救济款物,情节严重,致使国家和人民群众利益遭受重大损失的,对直接负责人员处以3年以下有期徒刑或拘役,情节特别严重的处以3年以上,7年以下有期徒刑。"

重点使用原则,主要体现在三个方面:一是在贫困救助中,首先要救助特困对象。这些人往往都是临时发生了困难而急需救助的,这就要求有充分的特困救助准备资金,一旦遇有临时特困救助对象,可及时给予救助。二是在救灾工作中,要保证把有限的救灾款物重点用于最困难的灾区或灾民。灾区的情况各有不同,有的灾情重,有的灾情轻;有的经济基础好,有的差。在同时受灾的情况下,就应该把救灾款物重点用于灾情重、经济基础差的地区。三是发给灾民与贫困户的救助款物,要重点用于吃饭、穿衣、住房等方面,其他方面的困难,则要量力而行,酌情给予适当补助。

总之,对各种救助款物不能搞平均分配,要分清轻、重、缓、急,要从实际情况出发,把有限的救助款物用在最急需者身上。

2. 使用方式。社会救助资金的使用方式是中国社会救助工作改革的重点之一。进入21世纪以后,民政部门根据以往的经验,在坚持无偿使用、分散使用这两种传统方式的同时,探索出有偿使用、集中使用的新方式,使社会救助款得以更好地发挥其效力。

(1)无偿使用。即把救助款物无偿地发放给被救助者,这是社会救助款的传统使用方式之一,也是社会救助款最主要的使用方式。绝大多数救助对象通过享受国家和社会提供的无偿援助而获得了基本生存条件,个人生活安宁,社会稳定。但是,这种被动的输血型救助方式在一定程度上有所谓容易"养懒人"的危险,不利于调动救助对象自力更生、发展生产的积极性,有的人干脆坐待救助,不思进取。

(2)有偿使用。即把社会救助款中的一部分低息或无息借贷给救助对象,扶持发展生产,限期使用,到期收回,周转使用。这是社会救助款使用方式的新创之举,被誉为造血型救助方式。社会救助资金中的救灾扶贫周转金、信贷扶贫款、互助储金会储金的使用,都是采取有偿使用式。这对于扩大救助资金数额,调动救助对象脱贫致富的主观能动性,具有积极作用。

(3)分散使用。即把社会救助资金直接发放被救助者手中,单独使用,这是社会救助款的最基本、最普遍、最主要的使用方式之一。一般说来,用于救助对象吃、穿、住、医等基本生活需求的资金都是采用这种方式,而用于扶持贫困地区或贫困户发展生产的扶贫款则大都不是采用这种方式。因为这种撒胡椒面似的方式不利于提高社会救助资金的使用功效。

(4)集中使用。即将社会各方面筹集起来的社会救助款捆在一起,集中用在扶持贫困地区或贫困户发展生产上,这种使用方式也是社会救助工作改革发展的成果。集中使用的社会救助款包括:国务院贫困地区经济开发小组批准下拨的款项要求各省、自治区全面考察,选准项目,集中使用;其他扶贫到户的扶贫款也不完全是把资金直接分配到户,对那些素质偏低、缺乏经营能力的贫困户,则将扶贫款集中起来,由能人带头,兴办扶贫经济实体,组织他们发展生产,最终达到解决温饱到户的目的;此外,乡镇统筹的五保粮款,大多也是集中使用。适当集中使用社会救助资金,有利于形成整体效益。

三、社会救助待遇的支付和享受资格

(一)社会救助的支付形式

在中国,社会救助的形式多种多样。如按救助时间的长短,可分为临时性救助和定期性救助;如按救助实际发放形式,可分为现金救助和实物救助。

1. 临时性救助。是对因偶然事故等原因临时发生困难而影响基本生活者,给予一次性的救助,包括人口多、劳动力少的家庭,或平时依靠劳动自谋生活因遇到偶然事故等种种原因临时发生困难,需要给予临时救助者。如对于城市生活无着的流浪乞讨人员救助就是临时性的救助。

2. 定期性救助。是指按照规定期限给予的救助,包括无依无靠、无生活来源的孤老病残人员,以及符合救助条件的精简退职的老职工等人员。

3. 实物救助。是指不直接给救助对象发放现金,而是根据其实际情况和需要,用国家的救助款购买衣服、被褥给救助对象穿用;发放救助粮,用做救助对象的口粮,或者购买生产资料(包括农具、种子等),帮助其发展生产和发展家庭饲养业(养猪、羊、兔等)。

4. 现金救助。现金救助有两种形式,即无偿救助和无息有偿两种。前者将救灾款无偿地救济灾民度过灾荒,一般是在灾害发生后,处于紧急情况下为了抢救灾民的生命财产而给予的救助;后者是将救灾款供给灾民渡过灾荒后,视其偿还能力适当收回救济款的全部或一部分,不计利息,一般在灾情稳定后,多采取这种办法。中国于1985年召开的《第八次全国民政工作会议纪要》中规定：采取无息有偿形式发放的救灾款收回后，可以留在地方作为救灾扶贫周转基金。有灾时用于救灾，无灾时用于扶贫，如此周转效益较高。

此外，社会救助待遇的给付如按救助层次的高低，还可分为救济、救灾和扶贫三项。

救济，即对生活困难者给予的物质帮助，目的是为了保障被救助者的生活，使其维持当时当地最低的生活标准。

救灾，即当公民因自然灾害造成生活困难时由国家和社会给予的物质等方面的救助。救灾一般由查灾、报灾和抗灾三个阶段组成。当自然灾害发生时，首先要立即深入灾区查看灾情，摸清灾害的范围，以及灾害造成的损失程度，然后迅速如实地向有关部门报告灾情。有关部门要采取有力措施，组织人力、物力、财力进行救灾，抢救国家和人民群众的生命财产，最大限度地减少损失，并妥善地安排人民群众的生活，组织灾区群众恢复生产，重建家园。

扶贫，即对贫困户通过扶持，帮助他们脱贫致富。扶贫是指在保障贫困户基本生活的基础上，通过一定的方式，即由国家、集体和群众从思想、技术、资金、物质和信息方面，帮助被救助者和扶持贫困户发展生产，摆脱贫困，走向共同富裕的道路。

（二）社会救助待遇享受资格的认定程序

为了妥善地实施社会救助，不浪费国家资金，也不漏掉救助的对象，各国对社会救助待遇的享受资格的认定都有程序方面的规定。

在中国，社会救助待遇的给付是以家庭经济状况调查为前提的，因此，享受社会救助待遇需要经过个人申请、社区证明、基层审核、上级批准等一系列法定程序。

中国在救助对象的认定上，逐步实现了从依据社会身份到依据贫困程度的转变。按照传统的救助办法，不同社会身份的人群，即使困难程度一样，享受的救助待遇也不一样。以城乡低保制度为核心的现代救助制度则摒弃了按社会身份确定救助对象和救助标准的作法，将关注的重点放到救助对象的贫困程度上，这使得社会救助政策更加公平、合理，社会救助的规模也不断扩大。

第四节　中国社会救助法律制度

中国的社会救助法主要由贫困救助和灾害救助两大部分法律制度构成。

一、贫困救助法律制度

中国贫困救助制度的主要内容有最低生活保障制度、农村五保供养制度、特殊对象救助制度、扶贫救助措施等。

（一）最低生活保障制度

1. 城市居民最低生活保障制度。城市居民最低生活保障制度，是国家对城市中的贫困居民，按照最低生活保障线标准给予基本生活保障的制度。

(1)救助标准。中国目前的救助标准，即“最低生活保障线”是由当地政府在调查研究的基础上，根据城市居民维持基本生活的最低支出和物价指数，并考虑社会平均生活水平和政府财政的承受能力等因素经过测算和论证后制定的。并且，“最低生活保障线”还应随物价上涨等因素进行调整。

关于保障金金额，享受城市居民最低生活保障待遇的家庭分为全额享受和差额享受两类。对于无生活来源、无劳动能力、又无法定赡养人、扶养人或抚养人的城市居民，按照其当地城市居民最低生活保障标准全额享受；对尚有一定收入的城市居民，按照家庭人均收入低于当地城市居民最低生活保障标准的差额享受。关于保障水平，在坚持低保线的基础上，政府重视基本生活消费品价格上涨对低保家庭的影响，适度的逐渐提高。

(2)救助范围。城市居民最低生活保障制度救助的范围是城市有常住户口的居民，包括所有家庭人均收入低于“最低生活保障线”的贫困对象。

(3)资金来源。最低生活保障的资金来源，根据1999年10月1日起施行的《城市居民最低生活保障条例》规定，城市居民最低生活保障所需资金，由地方人民政府列入财政预算，纳入社会救济专项资金支出项目，专项管理，专款专用。国家鼓励社会组织和个人为城市居民最低生活保障提供捐赠、资助；所提供的捐赠资助，全部纳入当地城市居民最低生活保障资金。另外在2012年规定的《城乡最低生活保障资金管理办法》中也明确规定，最低生活保障的资金来源包括各级财政预算安排的资金、社会捐赠收入等。规定各级财政部门应将城乡低保资金纳入同级财政预算。同时，通过财税优惠政策，鼓励和引导社会力量提供捐赠和资助，多渠道筹集低保资金。低保资金年终如有结余，可结转下一年度继续使用。年终滚存结余一般均不得超过其当年支出总额的10%。

(4)救助方式和程序。一般采取现金救助，包括定期救助与临时救助。也有个别地方采取现金和实物相结合的救助方式。

关于救助程序，《城市居民最低生活保障条例》规定：申请享受城市居民最低生活保障待遇，由户主向户籍所在地的街道办事处或者镇人民政府提出书面申请，并出具有关证明，填写《城市居民最低生活保障待遇审批表》。县(市、区)民政局接到已签署街道办事处、镇人民政府审核意见的保障对象申请书后，对符合条件的申请人予以认定，认定时限一般不超过十天。获得认定的，通过街道办事处或镇人民政府发给保障对象城市居民最低生活保障金领取证。不予认定的，应当书面通知申请人，并说明理由。认定后，县(市、区)民政局要按时将汇总的保障对象名单报上一级民政部门备案。

关于保障资格认定，2008年10月，民政部会同有关部委(局)联合下发《城市低收入家庭认定办法》，就城市低收入家庭的认定标准、认定程序、认定方法以及民政部门的职责任务等作出了明确规定。

2. 农村最低生活保障制度。农村最低生活保障制度是国家对于家庭年人均纯收入低于当地最低生活保障标准的农村居民按照最低生活保障线标准给予基本生活保障的制度。

（1）救助标准。农村最低生活保障标准由县级以上地方人民政府按照能够维持当地农村居民全年基本生活所必需的吃饭、穿衣、用水、用电等费用确定，并报上一级地方人民政府备案后公布执行。农村最低生活保障标准要随着当地生活必需品价格变化和人民生活水平提高适时进行调整。

（2）救助范围。家庭年人均纯收入低于当地最低生活保障标准的农村居民，主要是因病残、年老体弱、丧失劳动能力以及生存条件恶劣等原因造成生活常年困难的农村居民。

（3）资金来源。根据 2007 年国务院发出的《关于在全国建立农村最低生活保障制度的通知》规定，农村最低生活保障资金的筹集以地方为主，地方各级人民政府要将农村最低生活保障资金列入财政预算，省级人民政府要加大投入。地方各级人民政府民政部门要根据保障对象人数等提出资金需求，经同级财政部门审核后列入预算。中央财政对财政困难地区给予适当补助。另外在 2012 年规定的《城乡最低生活保障资金管理办法》中也明确规定，最低生活保障的资金来源包括各级财政预算安排的资金、社会捐赠收入等。

（4）救助方式和程序。救助方式上要与扶贫开发、促进就业以及其他农村社会保障政策、生活性补助措施相衔接，坚持政府救济与家庭赡养扶养、社会互助、个人自立相结合，鼓励和支持有劳动能力的贫困人口生产自救，脱贫致富。程序上也有明确的要求，按照《关于在全国建立农村最低生活保障制度的通知》规定，需要经过四个环节的程序：申请、审核和审批；民主公示；资金发放；动态管理。

（二）农村五保供养制度

所谓农村五保供养，是指依照现行的《农村五保供养工作条例》的规定，在吃、穿、住、医、葬方面给予村民的生活照顾和物质帮助。

1. 农村五保供养的性质。《农村五保供养工作条例》第 3 条规定：国务院民政部门主管全国的农村五保供养工作；县级以上地方各级人民政府民政部门主管本行政区域内的农村五保供养工作。村民委员会协助乡、民族乡、镇人民政府开展农村五保供养工作。可以这样理解，现行农村五保供养是一项由政府财政出资保障的、村民委员会协助开展的农村居民社会救助制度。

2. 农村五保供养的对象。农村五保供养的对象是农村村民中符合下列条件的老年、残疾或者未满 16 周岁者：①无劳动能力；②无生活来源；③无法定赡养、抚养、扶养人，或者其法定赡养、抚养、扶养人无赡养、抚养、扶养能力。享受农村五保供养待遇，应当由村民本人向村民委员会提出申请；因年幼或者智力残疾无法表达意愿的，由村民小组或者其他村民代为提出申请。经村民委员会民主评议，对符合上述条件的，在本村范围内公告;无重大异议的,由村民委员会将评议意见和有关材料报送乡、民族乡、镇人民政府审核。

乡、民族乡、镇人民政府应当自收到评议意见之日起20日内提出审核意见,并将审核意见和有关材料报送县级人民政府民政部门审批。县级人民政府民政部门应当自收到审核意见和有关材料之日起20日内作出审批决定。对批准给予农村五保供养待遇的,发给《农村五保供养证书》;对不符合条件不予批准的,应当书面说明理由。

乡、民族乡、镇人民政府应当对申请人的家庭状况和经济条件进行调查核实;必要时,县级人民政府民政部门可以进行复核。申请人、有关组织或者个人应当配合、接受调查,如实提供有关情况。

当农村五保供养对象不再符合上述条件时,村民委员会或者敬老院等农村五保供养服务机构(以下简称农村五保供养服务机构)应当向乡、民族乡、镇人民政府报告,由乡、民族乡、镇人民政府审核并报县级人民政府民政部门核准后,核销其《农村五保供养证书》。

农村五保供养对象死亡,丧葬事宜办理完毕后,村民委员会或者农村五保供养服务机构应当向乡、民族乡、镇人民政府报告,由乡、民族乡、镇人民政府报县级人民政府民政部门核准后,核销其《农村五保供养证书》。

3. 农村五保供养的内容。所谓五保,就是对五保对象在五个方面予以保障。但是,这五个方面的保障内容和标准在不同的历史时期也是不同的。目前五保供养的内容为:保吃、保穿、保住、保医、保葬(保教)。根据现行条例规定:

(1)供给粮油、副食品和生活用燃料;

(2)供给服装、被褥等生活用品和零用钱;

(3)提供符合基本居住条件的住房;

(4)提供疾病治疗,对生活不能自理的给予照料;

(5)办理丧葬事宜。

此外,对农村五保供养对象未满16周岁或者已满16周岁仍在接受义务教育的,规定应当保障他们依法接受义务教育所需费用。

对于农村五保供养对象的疾病治疗,规定应当与当地农村合作医疗和农村医疗救助制度相衔接。

上述内容说明,五保供养是对五保供养对象的生活各个方面进行全面的保障。

4. 农村五保供养的资金来源。农村五保供养资金在地方人民政府财政预算中安排。有农村集体经营等收入的地方,可以从农村集体经营等收入中安排资金,用于补助和改善农村五保供养对象的生活。农村五保供养对象将承包土地交由他人代耕的,其收益归该农村五保供养对象所有。具体办法由省、自治区、直辖市人民政府规定。中央财政对财政困难地区的农村五保供养,在资金上给予适当补助。

《农村五保供养工作条件》规定,农村五保供养资金应当专门用于农村五保供养对象的生活,任何组织或者个人不得贪污、挪用、截留或者私分。

5. 农村五保供养的标准。《农村五保供养工作条例》规定农村五保供养标准不得低于当地村民的平均生活水平,并根据当地村民平均生活水平的提高适时调整。

农村五保供养标准,可以由省、自治区、直辖市人民政府制定,在本行政区域内公布执行,也可以由设区的市级或者县级人民政府制定,报所在的省、自治区、直辖市人民政府备案后公布执行。

国务院民政部门、国务院财政部门应当加强对农村五保供养标准制定工作的指导。

6. 农村五保供养的形式。农村五保供养对象可以在当地的农村五保供养服务机构集中供养,也可以在家分散供养。农村五保供养对象可以自行选择供养形式。

7. 农村五保供养的监管。县级以上人民政府负责农村五保供养工作的监督管理,从管理制度的制定到负责督促实施。财政部门负责对资金拨付以及使用情况的监督管理。审计机关对资金使用情况进行审计。五保供养的整个实施情况还应接受社会监督。

8. 法律责任。《农村五保供养工作条例》的第 22 条至第 24 条对不同的违反条例的情况作出了相应的规定:

> 第二十二条　违反本条例规定,有关行政机关及其工作人员有下列行为之一的,对直接负责的主管人员以及其他直接责任人员依法给予行政处分;构成犯罪的,依法追究刑事责任:
>
> (一)对符合农村五保供养条件的村民不予批准享受农村五保供养待遇的,或者对不符合农村五保供养条件的村民批准其享受农村五保供养待遇的;
>
> (二)贪污、挪用、截留、私分农村五保供养款物的;
>
> (三)有其他滥用职权、玩忽职守、徇私舞弊行为的。
>
> 第二十三条　违反本条例规定,村民委员会组成人员贪污、挪用、截留农村五保供养款物的,依法予以罢免;构成犯罪的,依法追究刑事责任。
>
> 违反本条例规定,农村五保供养服务机构工作人员私分、挪用、截留农村五保供养款物的,予以辞退;构成犯罪的,依法追究刑事责任。
>
> 第二十四条　违反本条例规定,村民委员会或者农村五保供养服务机构对农村五保供养对象提供的供养服务不符合要求的,由乡、民族乡、镇人民政府责令限期改正;逾期不改正的,乡、民族乡、镇人民政府有权终止供养服务协议;造成损失的,依法承担赔偿责任。

(三)特殊对象的救助制度

特殊对象的社会救助,是国家对特定对象给予生活救济或困难补助以及特殊帮助的制度。中国历来在不同的历史时期有着不同的特殊救助对象。针对不同的救助对象,救助的措施也不同。目前,我国的特殊对象的救助制度大致可以分为两种:一种是长期救助;一种是临时的特殊救助。

1. 长期救助。主要包括:麻风病人的救助;原国民党起义、投诚人员的救助;归侨、侨眷、侨属的救助；台胞、台属的救助；宽大释放人员的救助；摘掉“右派”帽子人员的救助；“十年动乱”中受迫害人员的救助；上山下乡知识青年因公致残人员的救助；因计划生育手术事故造成死亡和丧失劳动能力人员的救助；外国侨民的救助。

此外，还有一些特殊人员的救助。例如，对于法院错判的当事人家属、工商业者遗属、企业职工遗属、外逃回归人员、特赦释放战犯、错定成分人员、释放“托派头子”、被解散文艺剧团生活无着落人员、平反释放人员、高校毕业生有病人员、刑事罪犯家属等人员的救助。

2. 临时救助。临时救助制度主要是为困难家庭提供临时性生活救助，其对象主要包括：在最低生活保障和其他专项社会救助制度覆盖范围之外，由于特殊原因造成基本生活出现暂时困难的低收入家庭，重点是低保边缘家庭；虽然已纳入最低生活保障和其他专项社会救助制度覆盖范围，但由于特殊原因仍导致基本生活暂时出现较大困难的家庭；当地政府认定的其他特殊困难人员。临时救助标准，是根据当地经济社会发展水平以及造成家庭生活难以维持的临时性、突发性困难类型来确定。符合条件的救助对象以相同事由申请临时救助时，享受的救助金额应当相同。各地针对城乡困难家庭遭遇天灾人祸、有重病重残、子女就学，或生活必需品价格大幅度上涨、家庭生活特别困难时，给予各种形式的临时救助。我国的临时救助目前主要指：

（1）低收入家庭救助。近年来，全国各地通过建立城市居民最低生活保障制度，保障了城市最低收入人群的基本生活。但是，各地仍有很多低收入家庭在遇到天灾人祸、各种突发事件等情况后，生活水平马上落在低保家庭之下。2008 年，各地开展了城市低收入家庭救助的试点，经过调研和科学测算，根据财政承受能力，确定了对城镇低收入家庭实施救助的标准，并实施了各种有针对性的社会救助。通过临时救助、医疗救助、住房救助、取暖救助、教育救助、法律援助、就业援助等各种形式，各地不断拓展了救助途径，强化了保障措施。

（2）流浪未成年人救助。目前主要指城市无着的流浪乞讨人员的救助制度。针对城市行乞人员的安置问题，2003 年国务院发布了《城市生活无着的流浪乞讨人员救助管理办法》，并配套出台了该管理办法的实施细则，以此取代了 1982 年 5 月 12 日国务院发布的《城市流浪乞讨人员收容遣送办法》。

此制度的救助对象是“城市生活无着的流浪乞讨人员”，即指因自身无力解决食宿，无亲友投靠，又不享受城市最低生活保障或者农村五保供养，正在城市流浪乞讨度日的人员。救助的程序为：流浪乞讨人员向救助站求助；救助站人员告知其救助对象的范围和实施救助的内容，询问与求助需求有关的情况，并对其个人情况予以登记；实施救助。对因年老、年幼、残疾等原因无法提供个人情况的，救助站当先提供救助，再查明情况。对于不属于救助对象的，不予救助并告知其理由。救助标准为：救助站为受救助人员提供的食物和住处，应当能够满足受救助人员的基本健康和安全需要。受救助人员的食宿定额定量的标准，由省级人民政府民政部门商财政部门具体规定。

2007 年，民政部与国家发展改革委共同制定了《“十一五”流浪未成年人救助保护体系建设规划》，启动了流浪未成年人救助保护中心项目的建设。根据规划，“十一五”期间国家将投资流浪未成年人救助保护设施新建、改造。设定的目标是，到 2010 年，基本建成布局合理、规模适度、功能完善、有效覆盖、反应及时、符合国情的流浪未成年人救助保护体系，实现全国 90% 以上的地级城市和工作任务较重的县级市拥有流浪未成年人救助保护设施。2008 年 11 月，民政部颁布《流浪未成年人救助保护中心建设标准》，并于 2008 年 12 月 1 日起正式实施。目前，民政部门正抓紧制定《流浪未成年人救助保护条例》，进一步落实国家十九部委关于加强未成年人工作的意见，特别是积极配合公关部门打击胁迫、威胁流浪未成年人乞讨的现象。民政部门在实施“十一五流浪未成年人救助保护中心项目建设”的同时，通过流浪未成年人救助保护中心的平台工作，针对未成年人的身心特点来开展心理干预、行为矫治等各方面的救助和保护，努力使他们能尽快地返回家庭，恢复正常的生活和学习。

(3)交通事故抢救费用社会救助基金垫付制度。中国每年遭遇交通事故的人群是世界第一大规模的。创设这个制度的主旨就是避免因抢救费用的负担问题延误对遭遇事故人员救治所带来的恶果。关于制度的适用范围，《道路交通事故社会救助基金管理试行办法》第 12 条规定，有下列情形之一时，救助基金垫付道路交通事故中受害人人身伤亡的丧葬费用、部分或者全部抢救费用：①抢救费用超过交通事故责任强制保险责任限额的；②肇事机动车未参加交通事故责任强制保险的；③机动车肇事后逃逸的。垫付的实施机构为：依法应当由救助基金垫付受害人丧葬费用、部分或者全部抢救费用的，由道路交通事故发生地的救助基金管理机构接到公安机关交通管理部门的通知后及时垫付。费用垫付的基准为：救助基金一般垫付受害人自接受抢救之时起 72 小时内的抢救费用，特殊情况下超过 72 小时的抢救费用由医疗机构书面说明理由。具体应当按照机动车道路交通事故发生地物价部门核定的收费标准核算。

(四)扶贫救助

扶贫救助本身就是反贫困的一种方式，目的在于帮助贫困者逐步自力解决温饱，摆脱贫困。扶持贫困地区和农村贫困户是中国解决贫穷问题的一项长期性任务。在 20 世纪 80 年代以后中国政府采取了扶贫贷款；创办经济实体；扶贫互助储金会；资金、技术、物资、信息和人才的配套投入；各种政策优惠等措施。进入 21 世纪以后，中国扶贫工作逐渐制度化，规范化，扶助的项目主要集中在对贫困人口的医疗救助、住房保障等方面。

1. 医疗救助。医疗救助是政府通过提供财务、政策和技术上的支持以及社会通过各种慈善行为，对贫困人群中因病而无经济能力进行治疗的人群，或者因支付数额庞大的医疗费用而陷入困境的人群，实施专项帮助和经济支持，使他们获得必要的卫生服务，以维持其基本生存能力，改善目标人群健康状况的一种医疗保障制度。它既是医疗保障体系中一个重要组成部分，又是社会救助体系中的重要内容。医疗救助的特点在于它是以政府为主导的、社会力量广泛参与的、为贫困群体中因疾病致使生活陷入困境的人群提供救助，旨在帮助恢复健康，缓解疾病对家庭生计造成的负担，体现得更多的是对公民健康权的保护。

近年来，党中央、国务院从保障民生、改善民生的高度出发，对城乡医疗救助工作给予了高度关注。按照党中央、国务院的要求，民政部把医疗救助工作作为为民解困的重点工作之一，给予了高度重视，联合有关部门，先后下发了《关于实施农村医疗救助的意见》《关于建立城市医疗救助制度试点工作的意见》《关于做好城镇困难居民参加城镇居民基本医疗保险有关工作的通知》，并采取了一系列措施，加快推进医疗救助工作的步伐。为贯彻落实《中共中央、国务院关于深化医药卫生体制改革的意见》（中发〔2009〕6号）和《国务院关于印发医药卫生体制改革近期重点实施方案（2009—2011年）的通知》（国发〔2009〕12号）的精神，进一步完善城乡医疗救助制度，保障困难群众能够享受到基本医疗卫生服务，民政部与2009年发出《关于进一步完善城乡医疗救助制度的意见》。之后，国务院又于2012年发出了《"十二五"期间深化医药卫生体制改革规划暨实施方案的通知》，民政部、财政部、人力资源和社会保障部、卫生部发出了《关于开展重特大疾病医疗救助试点工作的意见》。根据这些法律性文件，城乡医疗救助制度得以进一步完善，开展了重特大疾病医疗救助试点的工作。

（1）完善城乡医疗救助制度。《"十二五"期间深化医药卫生体制改革规划暨实施方案的通知》中相关要求主要有：①完善城乡医疗救助制度。加大救助资金投入，筑牢医疗保障底线。资助低保家庭成员、五保户、重度残疾人以及城乡低收入家庭参加城镇居民医保或新农合。取消医疗救助起付线，提高封顶线，对救助对象政策范围内住院自负医疗费用救助比例提高到70%以上。在试点基础上，全面推进重特大疾病救助工作，加大对重特大疾病的救助力度。无负担能力的病人发生急救医疗费用通过医疗救助基金、政府补助等渠道解决。鼓励和引导社会力量发展慈善医疗救助。鼓励工会等社会团体开展多种形式的医疗互助活动。②探索建立重特大疾病保障机制。充分发挥基本医保、医疗救助、商业健康保险、多种形式补充医疗保险和公益慈善的协同互补作用，切实解决重特大疾病患者的因病致贫问题。在提高基本医保最高支付限额和高额医疗费用支付比例的基础上，统筹协调基本医保和商业健康保险政策，积极探索利用基本医保基金购买商业大病保险或建立补充保险等方式，有效提高重特大疾病保障水平。加强与医疗救助制度的衔接，加大对低收入大病患者的救助力度。

（2）开展重特大疾病医疗救助试点。①救助人群。主要是患重特大疾病的低保家庭成员、五保户、低收入老年人、重度残疾人以及其他因患重特大疾病难以自付医疗费用且家庭贫困的人员。具体条件由地方政府民政部门会同财政、人力资源社会保障、卫生等部门制定并报同级人民政府批准。②救助病种。先从医疗费用高、社会影响大的病种起步，并随基金总量的增加，稳步推进，逐步扩大病种范围。重特大疾病医疗救助要与城镇居民基本医疗保险（以下简称"居民医保"）和新型农村合作医疗（以下简称“新农合”）等基本医疗保障制度相衔接，优先将儿童急性白血病和先天性心脏病、妇女宫颈癌、乳腺癌、重度精神疾病等病种纳入救助范围。③救助内容。重特大疾病救助主要帮助解决符合条件的重特大疾病贫困患者经基本医疗保险和大病医疗保险或补充医疗保险补偿后仍然难以负担的住院医疗费用，同时可兼顾门诊医疗费用。重特大疾病医疗救助诊疗和用药范围参照居民医保和新农合的报销目录。④定点医疗机构。救助范围内重特大疾病患者在居民医保和新农合定点医疗机构诊治。重特大疾病救助只对救助对象在医疗保险定点医疗机构发生的医疗费用给予救助。鼓励有条件的地方探索向救助对象提供低成本的医疗服务。⑤救助程序。对于符合医疗救助条件，患重特大疾病的患者，到定点医疗机构就诊后，应及时报民政部门备案；对于申请重特大疾病医疗救助的其他困难群体，应持相关证明材料到民政部门申请救助。⑥救助方式。对于重特大疾病救助对象在定点医疗机构发生住院和门诊医药费用，城乡医疗救助经办机构可通过降低或取消医疗救助起付线、提高救助封顶线和救助比例等方式提高救助水平。各省（区、市）可根据试点病种的临床路径等标准化诊疗方案，测算并限定相应病种的合理诊疗费用，探索实行按病种确定救助标准。⑦费用结算。要通过城乡医疗救助和相关保障制度信息管理平台，为救助对象提供“一站式”服务。救助对象所发生的医疗费用可先由定点医疗机构垫付城乡医疗救助基金支付的部分，救助对象出院时只支付自负部分。定点医疗机构垫付部分由民政部门与定点医疗机构定期及时结算，城乡医疗救助基金可以先期向定点医疗机构支付适当的周转金。⑧资金筹集。重特大疾病救助所需资金在当地城乡医疗救助基金中统筹安排，同时，各地要动员和发动社会力量，通过慈善和社会捐助等多渠道筹集资金。

2. 住房保障。2003 年 12 月 31 日建设部、财政部、民政部、国土资源部、国家税务总局联合发布《城镇低收入家庭廉租住房管理办法》，建设部、民政部等九部门日前联合发布《廉租住房保障办法》，并于 2007 年 12 月 1 日起正式实施。

本办法，由总则、保障方式、保障资金及房屋来源、申请与标准、监督管理、法律责任、附则 7 个部分构成。其中，关于适用对象，办法规定，本办法所称城市低收入住房困难家庭，是指城市和县人民政府所在地的镇范围内，家庭收入、住房状况等符合市、县人民政府规定条件的家庭。

全国廉租住房保障工作由国务院建设主管部门指导和监督，县级以上地方人民政府建设（住房保障）主管部门负责本行政区域内廉租住房保障管理工作。廉租住房保障的具体工作可以由市、县人民政府确定的实施机构承担。县级以上人民政府发展改革（价格）、监察、民政、财政、国土资源、金融管理、税务、统计等部门按照职责分工，负责廉租住房保障的相关工作。

廉租住房保障方式实行货币补贴和实物配租等相结合。货币补贴是指县级以上地方人民政府向申请廉租住房保障的城市低收入住房困难家庭发放租赁住房补贴，由其自行承租住房。实物配租是指县级以上地方人民政府向申请廉租住房保障的城市低收入住房困难家庭提供住房,并按照规定标准收取租金。实施廉租住房保障,主要通过发放租赁补贴,增强城市低收入住房困难家庭承租住房的能力。廉租住房紧缺的城市,应当通过新建和收购等方式,增加廉租住房实物配租的房源。

廉租住房保障资金采取多种渠道筹措。廉租住房保障资金来源包括:年度财政预算安排的廉租住房保障资金;提取贷款风险准备金和管理费用后的住房公积金增值收益余额;土地出让净收益中安排的廉租住房保障资金;政府的廉租住房租金收入;社会捐赠及其他方式筹集的资金。对中西部财政困难地区,按照中央预算内投资补助和中央财政廉租住房保障专项补助资金的有关规定给予支持。实物配租的廉租住房来源主要包括:政府新建、收购的住房;腾退的公有住房;社会捐赠的住房;其他渠道筹集的住房。

享受廉租住房保障必须经过申请与核准程序。申请廉租住房保障的家庭,应当由户主向户口所在地街道办事处或者镇人民政府提出书面申请;街道办事处或者镇人民政府应当自受理申请之日起30日内,就申请人的家庭收入、家庭住房状况是否符合规定条件进行审核,提出初审意见并张榜公布,将初审意见和申请材料一并报送市(区)、县人民政府建设(住房保障)主管部门;建设(住房保障)主管部门应当自收到申请材料之日起15日内,就申请人的家庭住房状况是否符合规定条件提出审核意见,并将符合条件的申请人的申请材料转同级民政部门;民政部门应当自收到申请材料之日起15日内,就申请人的家庭收入是否符合规定条件提出审核意见,并反馈同级建设(住房保障)主管部门;经审核,家庭收入、家庭住房状况符合规定条件的,由建设(住房保障)主管部门予以公示,公示期限为15日;对经公示无异议或者异议不成立的,作为廉租住房保障对象予以登记,书面通知申请人,并向社会公开登记结果。

经审核,不符合规定条件的,建设(住房保障)主管部门应当书面通知申请人,说明理由。申请人对审核结果有异议的,可以向建设(住房保障)主管部门申诉。

二、灾害救助法律制度

灾害救助是指对因为受到洪水、地震、水灾、台风、火山爆发等自然灾害的侵袭而失去生活保障人员的救济,另外,也包括对遭受战争之苦的地区和人民的救助。

中国是个多自然灾害的国家,由于这种自然界的破坏力对人类的打击往往超过人的抵抗能力,因此自然灾害往往造成人口的大批死亡和迁移,导致经济的迅速衰落,也是造成贫困的重要原因。为防止灾害造成的社会动荡和骚乱,不得不把救灾放在重要地位。灾害救助制度是社会救助体系中特殊制度的一种,虽然世界各国大多已不把这项内容列为社会保障体制中的救助项目,但它在中国却是社会救助制度的传统项目并被延续下来。据统计,中国每年接受灾害救助的社会成员大约有数亿人,所以,灾民的生活安排始终是社会救助工作的中心工作。

中国的自然灾害救助进入21世纪后经历了重大的转型:在救灾目标方面,从过于强调减少经济损失转向以人为本;在救助内容方面,从事后救济转向全方位救助尤其是应急救助;在救助指挥方面,从经验性转向系统的预案与应急行动;在救灾过程方面,从封闭性转向全方位透明;在救助标准方面,从低标准转向保证基本生活并与国际接轨;在救灾手段方面,从系统工作手段转向高科技装备的应用。

中国的自然灾害救助制度的原则是遵循以人为本、政府主导、分级管理、社会互助、灾民自救的原则。从制度构成看有以下主要内容。

(一)自然灾害救助的环节

1.救助准备。根据《自然灾害救助条例》规定,中国目前的自然灾害救助准备措施主要包括以下五个方面的措施。

(1)县级以上地方人民政府及其有关部门应当根据自然灾害风险调查情况,制定自然灾害救助应急预案。

(2)县级以上人民政府应当建立健全自然灾害救助应急指挥技术支撑系统,并为自然灾害救助工作提供交通、通信等装备。

(3)国家建立自然灾害救助物资储备制度,设区的市级以上人民政府和自然灾害多发、易发地区的县级人民政府应当设立自然灾害救助物资储备库。

(4)县级以上地方人民政府应当统筹规划设立并公告自然灾害应急避难场所。

(5)县级以上地方人民政府应当加强自然灾害救助队伍建设和业务培训。

2.应急救助。为了更好地应对自然灾害,减少损失,《自然灾害救助条例》在应急救助环节确立了自然灾害预警响应机制和应急响应机制。

(1)自然灾害预警响应机制。县级以上人民政府或者自然灾害救助应急综合协调机构应当根据自然灾害预警预报启动预警响应,及时向社会发布避险警告,开放应急避难场所,组织避险转移,做好基本生活的救助准备。

(2)自然灾害应急响应机制。灾害发生并达到应急预案启动条件的,县级以上人民政府或者自然灾害救助应急综合协调机构应当及时启动应急响应,紧急转移安置受灾人员,紧急调拨资金和物资,及时向受灾人员提供食品、饮用水、衣被、取暖、临时住所、医疗防疫等应急救助,抚慰受灾人员,处理遇难人员善后事宜,组织开展自救互救,组织救助捐赠。

3.灾后救助。为了保障受灾人员的基本生活,《自然灾害救助条例》在总结实践经验的基础上,对灾后生活救助制度予以规范。

(1)受灾地区人民政府应当在确保安全的前提下,对受灾人员进行过渡性安置;

(2)受灾地区人民政府及其有关部门应当组织重建或者修缮损毁的居民住房;

(3)在受灾的当年冬季和次年春季,受灾地区人民政府应当为受灾人员提供基本生活救助。

(二)灾害救助款物的筹集、管理与使用

1. 灾害救助款物的筹集。

(1)灾害救助款的筹集。灾害救助款的筹集主要通过3个渠道:财政预算、社会互助、生产自救。在21世纪的今天,灾害救助款的筹集,延续了1993年11月全国救灾救济工作座谈会上所确立的救灾工作分级管理、救灾款分级承担的改革思路。2009年民政部发出《关于加强救灾应急体系建设的指导意见》,要求加强救灾资金保障机制建设。2010年9月的《自然灾害救助条例》规定县级以上人民政府应当将自然灾害救助工作纳入国民经济和社会发展规划,建立健全与自然灾害救助需求相适应的资金、物资保障机制,将人民政府安排的自然灾害救助资金和自然灾害救助工作经费纳入财政预算。财政部和民政部于2011年1月制定的《自然灾害生活救助资金管理暂行办法》规定,自然灾害生活救助资金是指中央和地方财政安排的自然灾害生活补助资金,主要用于解决遭受自然灾害地区的农村居民无力克服的衣、食、住、医等临时困难,紧急转移安置和抢救受灾群众,抚慰因灾遇难人员家属,恢复重建倒损住房,以及采购、管理、储运救灾物资等项支出。自然灾害生活救助工作坚持"政府主导、分级管理、社会互助、生产自救"的方针,受灾群众的生活困难应主要通过灾区群众自力更生、生产自救和互助互济,以及地方政府帮扶等方式加以解决。地方各级财政、民政部门应根据本地区经济发展水平和财力可能,确定对受灾群众的救助项目和补助标准,保障受灾群众的基本生活。对遭受特大自然灾害的省(自治区、直辖市,包括计划单列市和新疆生产建设兵团,以下简称省),中央财政给予适当补助,受灾群众生活救助资金由中央和地方按比例承担。但中央财政对新疆生产建设兵团原则上按中央补助项目和补助标准,以及核定的灾情予以补助,不适用按比例分担办法。

(2)接收救灾捐赠款物。救灾捐赠是在发生较严重的突发性自然灾害后,由政府部门或社会团体等机构有组织地向海内外各界募集资金和物资,帮助解决灾区和灾民因灾造成的困难。捐赠款物来自海内外各界:包括友好国家和地区政府,国际组织,外国民间团体、企业及个人,海外华人华侨组织及个人,港澳台同胞,国内社会各界机关、团体、企事业单位、军队、学校和个人。

为了规范救灾捐赠活动,加强救灾捐赠款物的管理,保护捐赠人、救灾捐赠受赠人和灾区受益人的合法权益,根据《中华人民共和国公益事业捐赠法》和《国家自然灾害救助应急预案》,民政部于2008年公布了《救灾捐赠管理办法》。对组织捐赠与募捐、接受捐赠、境外救灾捐赠、救灾捐赠款物的管理和使用、法律责任等作出规定,取代了2000年5月12日民政部发布的《救灾捐赠管理暂行办法》。县级以上人民政府民政部门接受救灾捐赠款物,根据工作需要可以指定社会捐助接收机构、具有救灾宗旨的公益性民间组织组织实施。乡(镇)人民政府、城市街道办事处受县(县级市、市辖区)人民政府委托,可以组织代收本行政区域内村民、居民及驻在单位的救灾捐赠款物。代收的捐赠款物应当及时转交救灾捐赠受赠人。另外根据分级负责的原则,民政部还于2009

年制定了《民政部救灾捐赠工作规程》适用于民政部组织开展的救灾捐赠活动。

2. 灾害救助款物的管理与使用

（1）2010 年的《自然灾害救助条例》强化了对救助款物的监管措施，对自然灾害救助款物管理与使用作出了四点规定。

①县级以上人民政府财政部门、民政部门负责救助资金的分配、管理并监督使用情况，民政部门负责调拨、分配、管理救助物资。

②救助款物应当专款（物）专用、无偿使用，专项用于灾民紧急转移安置，灾民基本生活救助，医疗救助，教育、医疗等公共服务设施和住房的恢复重建，遇难人员家属抚慰以及救助物资的采购、储存和运输等项支出。

③受灾地区人民政府民政、财政等部门和有关社会组织以及村委会、居委会应当向社会公开所接受的救助款物的来源、数量及其使用情况。

④各级人民政府应当建立健全监督检查制度，及时受理投诉和举报；监察机关、审计机关应当依法加强对救助款物管理使用情况的监督检查。

（2）2011 年 1 月制定的《自然灾害生活救助资金管理暂行办法》中对自然灾害生活救助资金管理使用的原则规定为以下四点：①分级管理，分级负担；②专款专用、重点使用；③公平公正，公开透明；④强化监督，注重时效。其第六章对资金管理作出了指导性规定。规定有以下两点：①地方各级财政、民政部门要切实加强财务管理，对自然灾害生活救助资金实行专账核算，确保专款专用，不得挤占、截留、挪用和擅自扩大资金使用范围。②县级民政部门要规范救助款物管理，严格按照民主评议、登记造册、张榜公布、公开发放的工作规程，通过“户报、村评、乡审、县定”四个步骤确定救助对象。采取现金救助形式的，要遵守财务管理有关规定，有条件的地方应将自然灾害生活救助资金纳入“一卡（折）通”发放；采取实物救助形式的，要严格按照政府采购管理有关规定，及时采购救助物资并发放到受灾群众手中。

（3）2008 年的《救灾捐赠管理办法》中对救灾捐赠款物的管理与使用作出如下规定：①救灾捐赠受赠人应当对救灾捐赠款指定账户，专项管理；对救灾捐赠物资建立分类登记表册。②具有救灾宗旨的公益性民间组织应当按照当地政府提供的灾区需求，提出分配、使用救灾捐赠款物方案，报同级人民政府民政部门备案，接受监督。③在国务院民政部门组织开展的跨省（自治区、直辖市）或者全国性救灾捐赠活动中，国务院民政部门可以统一分配、调拨全国救灾捐赠款物。④县级以上人民政府民政部门根据灾情和灾区实际需求，可以统筹平衡和统一调拨分配救灾捐赠款物，并报上一级人民政府民政部门统计。⑤对捐赠人指定救灾捐赠款物用途或者受援地区的，应当按照捐赠人意愿使用。在捐赠款物过于集中同一地方的情况下，经捐赠人书面同意，省级以上人民政府民政部门可以调剂分配。⑥对灾区不适用的境内救灾捐赠物资，经捐赠人书面同意，报县级以上地方人民政府民政部门批准后可以变卖。一般应当采取公开拍卖方式。变卖救灾捐赠物资所得款必须作为救灾捐赠款管理、使用，不得挪作他用。⑦可重复使用的救灾捐赠物资，县级以上地方人民政府民政部门应当及时回收、妥善保管，作为地方救灾物资储备。⑧接受的救灾捐赠款物，受赠人应当严格按照使用范围，在本年度内分配使用，不得滞留。如确需跨年度使用的，应当报上级人民政府民政部门审批。

此外，为保证灾害救助款物的管理使用情况的规范合理，对整个灾害救助款物的管理与使用实施全过程的监督。监督包括：审计监督、监察监督、海关监督、舆论监督、基层监督和捐赠者监督。

（三）法律责任

《自然灾害救助条例》的第 29 条至第 32 条明确规定了自然灾害救助的法律责任。

第 29 条　行政机关工作人员违反本条例规定，有下列行为之一的，由任免机关或者监察机关依照法律法规给予处分；构成犯罪的，依法追究刑事责任：

（一）迟报、谎报、瞒报自然灾害损失情况，造成后果的；

（二）未及时组织受灾人员转移安置，或者在提供基本生活救助、组织恢复重建过程中工作不力，造成后果的；

（三）截留、挪用、私分自然灾害救助款物或者捐赠款物的；

（四）不及时归还征用的财产，或者不按照规定给予补偿的；

（五）有滥用职权、玩忽职守、徇私舞弊的其他行为的。

第 30 条　采取虚报、隐瞒、伪造等手段，骗取自然灾害救助款物或者捐赠款物的，由县级以上人民政府民政部门责令限期退回违法所得的款物；构成犯罪的，依法追究刑事责任。

第 31 条　抢夺或者聚众哄抢自然灾害救助款物或者捐赠款物的，由县级以上人民政府民政部门责令停止违法行为；构成违反治安管理行为的，由公安机关依法给予治安管理处罚；构成犯罪的，依法追究刑事责任。

第 32 条　以暴力、威胁方法阻碍自然灾害救助工作人员依法执行职务，构成违反治安管理行为的，由公安机关依法给予治安管理处罚；构成犯罪的，依法追究刑事责任。

此外，2011 年 1 月制定的《自然灾害生活救助资金管理暂行办法》中对自然灾害生活救助资金管理和使用中的违法行为，依据《财政违法行为处罚处分条例》（国务院令第 427 号）的规定追究法律责任。

复习思考题

1. 社会救助法的概念及其在社会保障法律体系中的地位如何？
2. 社会救助法的主要内容是什么？
3. 从国际社会救助立法的发展中可以得到哪些启示？
4. 简述中国社会救济立法向社会救助立法转变的过程。
5. 以最低生活保障制度等为例，分析社会救助法的特征。

6. 简单分析社会救助法的法律要素。

7. 结合当今的“失独家庭”这一民生热点问题,分析中国社会救助法适用范围应如何确定。

8. 当今社会上存在一些有关民生的热点问题,如“廉租住房的空置问题”等。试结合这些问题,分析中国社会救助立法实践中存在怎样的问题。

9. 分析思考社会救助中设立交通事故费用社会救助基金垫付制度的利弊。

第四章

社会保险法

本章要点及学习要求

社会保险法是调整社会保险关系以及与社会保险关系有密切联系的其他关系的法律规范的总称。与其他社会保障法的子部门相比，其调整的社会保险关系更能说明社会保障法律关系的复杂性。社会保险法按照社会风险的项目种类，可以分成社会养老保险法、社会医疗保险法、社会失业保险法、社会工伤保险法和社会生育保险法等。其中，社会养老保险法、社会医疗保险法、社会失业保险法被称为三大基本社会保险法。本章内容按照中国目前推行的社会保险项目而设置，以介绍中国实行的社会保险制度的内容为主。

在本章的学习中，要求在把握社会保险法的基本知识的基础之上，具体了解其各个主要子项目的特点及主要内容。思考如何进一步完善中国社会保险立法，使现有的社会保险法律制度能发展成为适应现代社会需要的社会保险法律制度体系。

第一节　社会保险法概述

在社会生产和生活中，无论是家庭、个人，还是单位、地区乃至国家，都有可能因遭受灾害和意外事故而蒙受损失。从一个较长的时间和较大的空间维度来看，灾害或意外事故的发生是必然的、不可避免的，但从一个较短的时间和较小的空间维度来看，灾害或意外事故的发生并造成损失又是偶然的。这种必然性和偶然性的对立统一就构成了风险。

由于风险的客观存在对人们的生活构成巨大威胁，所以人们总是希望通过一定的手段来预防和规避风险。在对付风险的漫长过程中，保险产生了。所谓保险，就是以集中起来的保险费建立保险基金，用于对被保险人因自然灾害或意外事故造成的经济损失给予补偿，或对人身伤亡和丧失工作能力给予物质保障的一种制度。换言之，保险就是按照大数法则的原理，使参保者以较小的支出换取在遭遇较大风险损失时的经济补偿。实践证明，保险是人们减少风险、转移风险的一种有效途径。而社会保险实际上也不过是以国家和社会为保险实施主体的一种保险。然而，也正是因为国家和社会为保险的实施主体，就把这种保险与一般意义上的保险区别开来。

一、社会保险的概念及特点

所谓社会保险，是指国家通过立法设立的，以劳动者为保险对象，以劳动者的年老、疾病、伤残、失业、死亡等特殊事件为保险内容的一种社会保障制度。

社会保险是社会保障体系的核心部分。它与社会保障体系中的社会救济、社会福利相比，具有强制性、互济性、储备性、补偿性、社会性的特点。

（一）强制性

社会保险是由国家立法强制实施的，法律规定范围内的人员都必须参加社会保险。

（二）互济性

社会保险是政府为其社会成员提供的一系列基本生活保障。由于年老、失业、疾病、伤残等人员在社会上分布不均，各地区和各单位的承受能力是不同的，社会保险实行互济原则，集中资金在大范围内分散风险，保障劳动者在失去生活来源时能够获得物质帮助，以维持基本的生活水平。

（三）储备性

社会保险的参加者按规定缴纳费用作为基金，储存待用。就个人而言，从参加社会保险开始便按规定长期缴费，等于为自己储蓄了一笔费用，供遭遇风险时使用，以渡过难关；就社会而言，也是一种储备基金。

（四）补偿性

社会保险给予参加者的物质帮助，仅限于收入损失的补偿，即只有当被保险者在遭遇风险时，受益人才有权得到给付。但社会保险的给付，一般都低于被保险者的工资。因此，从社会保险那里得到的收入损失补偿，只能是一定程度的补偿，即保障劳动者的基本生活需要。

（五）社会性

社会保险的适用范围很广，只要是在法律规定的范围内，不同地区、不同行业中的人员乃至全体社会成员都必须参加，所以它具有稳定社会的功能。社会保险实行风险分担，目的在于保障社会成员的基本生活，是社会公益性事业，不以营利为目的。社会保险基金主要来源于社会，由国家、单位和个人三方负担。社会保险之所以称为社会保险，最根本的一点就在于它的社会性。

二、社会保险法的概念、地位和体系

(一)社会保险法的概念

1. 社会保险法的概念。什么是社会保险法？学术界的表述不尽一致，有的将其表述为“国家立法机构依照立法程序所制定的调整社会保险主体之间关系的法律规范”。也有的表述为“是调整在参加、组织、管理、经办、监督社会保险的过程中发生的社会关系的法律规范的总称”。

本书采纳这样一种解释，社会保险法是调整社会保险关系以及与社会保险关系有密切联系的其他关系的法律规范的总称。

2. 社会保险法的调整对象。按照以上定义，社会保险法的对象包括社会保险关系和与之有密切联系的其他关系①。

(1)社会保险关系及其特点。社会保险关系，即参与社会保险的劳动者与作为社会保险的主办者(即政府)之间所形成的社会关系。与其他社会关系相比，社会保险关系有 3 个突出特点：①社会保险关系只能产生于社会保险过程之中，亦即只有在发展社会保险事业的过程中所引发的社会关系，才有可能形成社会保险关系。②社会保险关系的当事人是特定的，即一方是政府，另一方为主要是劳动者的社会成员。③社会保险关系主要表现为一种社会权利和社会义务关系。当事人之间是由社会权利和社会义务连接起来的，这种权利和义务的内容一般由法律确定，不是由社会保险关系的参与者自由商定的。社会保险关系依其具体内容的不同，又可分为养老、医疗、失业、工伤、生育等保险关系。从各国发展社会保险的历史和趋势看，社会保险呈现出范围扩大、项目增多的态势，与此相对应，社会保险关系的外延也会不断有所扩展。

(2)与社会保险关系有密切联系的其他关系。这是指那些本身不是社会保险关系，但或是基于社会保险关系而产生，或是为维护社会保险关系而产生，离开社会保险即丧失其存在之必要的那些关系。这些社会关系包括以下 4 项：

一是社会保险行政管理关系。这是指社会保险行政管理机关在进行社会保险行政管理过程中与管理对象(或称被管理者或称管理相对人)所形成的社会关系。社会保险作为政府推行的一项社会经济措施，要使之顺利推行且富有成效，除要进行必要的立法外，还必须建立起一套行之有效的行政管理系统。社会保险行政管理机关在行政管理过程中与管理对象所形成的社会关系，如与社会保险经办机构、用人单位形成的社会关系等，虽不属社会保险关系的范畴，但由社会保险法调整为宜。

二是社会保险经办关系。这是指社会保险经办机构在经办社会保险过程中，与用人单位、劳动者之间所形成的社会关系。社会保险的大量日常工作都是由相应的社会

---

① 余卫明：《社会保险法若干理论问题研究》，《中南工业大学学报》(社会科学版)，第 7 卷第 1 期 2001 年 3 月。

保险经办机构来完成的,如社会保险费的征缴、保险基金的管理、各类保险金的发放等。社会保险经办机构在办理社会保险事务的过程中,必然会与相对一方发生一定的社会关系,这些社会关系亦应由社会保险法调整。

三是社会保险监督关系。这是指享有法律监督权的国家机关在监督社会保险管理、经办过程中所发生的社会关系。其监督主体是享有法律监督权的有关国家机关,如全国人民代表大会及地方各级人民代表大会、国务院及地方各级人民政府、各级财政管理部门等。随着社会保险社会化的进一步深入发展,社会保险监督机构的构成也有变化的趋势,如有的国家的社会保险监督机构是由国家机关代表、缴费主体的代表共同组成。社会保险监督的对象主要是社会保险行政管理部门、社会保险经办机构。社会保险监督是建立健全社会保险制度的重要一环,由此而产生的社会关系应由社会保险法调整。

四是处理社会保险争议所发生的某些社会关系。在社会保险的实施过程中,肯定会发生这样或那样的争议,如社会保险经办机构与用人单位的争议、用人单位与劳动者的争议、劳动者与社会保险经办机构的争议等。在争议发生后如何迅速地解决这些争议,社会保险法应作相应的规定。当然,如果争议的解决进入到司法程序,则应由诉讼法来调整。

(二)社会保险法的地位、体系与内容

1. 社会保险法的地位。社会保险法的地位问题,实际上是社会保险法在一个法律体系中的位置及其重要性的问题。社会保险法有其特有的调整对象,所以它是一个独立的法律部门。它与社会救济法、社会福利法等是隶属于社会保障法的次一层级的法律部门,或者说是社会保障法的一个重要组成部分。社会保险法是社会保障法的一个组成部分,而且处于核心地位,这是由社会保障发展过程所决定的。众所周知,现代社会保障制度的建立是以社会保险法的出台以及社会保险法的法群化为标志的。由此可见,社会保险法在社会保障法中的地位是何等重要。而中国的社会保障制度目前正处于由社会救助型向社会保险型过渡时期,在这一时期,社会保险制度的建立和完善实际上是整个社会保障制度改革和完善的重点。

2. 社会保险法的体系。

(1)社会保险法的体系构成。由于社会保险项目通常都是根据社会风险的种类而设定的,一般而言,社会保险法律体系由养老保险法、医疗保险法、疾病保险法、失业保险法、工伤保险法、生育保险法和遗属保险法构成。

但各国的社会保险法的体系由于各自国情不同存在着差异。许多国家除根据风险种类之外,还根据不同的被保险人采取不同的保险办法。如养老保险法中,对国家公务员实施公务员养老保险法,对企业职工实施职工养老保险法等。

此外,根据保险期限的长短,还可以说社会保险法包括“长期保险法”和“短期保险法”。属于前者的有养老保险法、工伤保险法,属于后者的有医疗保险法、疾病保险法、

失业保险法和生育保险法。而遗属保险法则根据给付的内容,或为长期或为短期。

(2)中国的社会保险法律体系。探讨中国的社会保险法的体系,旨在从宏观上指导社会保险立法,从而使社会保险法具有最佳的结构和效能。根据中国社会保险的实践,中国的社会保险制度体系由养老保险、医疗保险、工伤保险、失业保险和生育保险5个子系统构成。按照法的体系构成理论和社会保险制度的发展目标,从2010年10月出台的《中华人民共和国社会保险法》的规定来看,中国的社会保险法律体系则是以社会保险法为龙头,以基本养老保险法、基本医疗保险法、工伤保险法、失业保险法和生育保险法为基础建立起来的一个有机联系的统一整体。

3. 社会保险法的内容。社会保险法主要规定社会保险的类型、实施范围和实施对象、经费来源、待遇标准、待遇发放等内容。

以下,本章内容基本按照这一顺序分节予以归纳。

三、社会保险法律关系

(一)社会保险法律关系的定义及特征

社会保险法律关系是社会保险法在调整和规范社会保险活动过程中形成的社会保险参与者之间的权利义务关系。

社会保险法律关系除了具备法律关系的一般特征外,还有自身的特征:

1. 综合性与普遍性。社会保险法律关系的综合性是由社会保险主体的多元性以及主体活动的复杂性决定的。参与社会保险活动的主体包括管理人、监督人、保险人、投保人、被保险人、受益人、鉴定人、代办人、投资人、服务人等多种类型。其中,管理人包括行政主管部门、业务主管部门;监督人包括主管部门、业务部门和专门机构,有的还包括权力机构;保险人可以是经办机构或中心,也可以是特许的公司;投保人有企业、机关、事业单位、社会团体、个体劳动者、自由职业者等;受益人一般为被保险人及其遗属;鉴定人主要是工伤保险的经办机构;代办人、投资人、服务人都是社会保险业务的延伸主体,也十分广泛。社会保险各类主体的活动是复合、交叉的。社会保险法律关系的普遍性是与社会保险主体的广泛性紧密相连的。社会保险几乎涉及所有的社会组织和个人。

2. 国家干预性。社会保险法是一个国家的社会保险政策的法律形式,社会保险政策是国家的社会政策,是国家为了社会的稳定与和谐,运用国家权力强制干预社会财富的分配和再分配的重要形式。社会保险法律关系属于强制性的法律关系,没有国家的社会保险政策,没有社会保险政策的法律形式,就没有社会保险法律关系。社会保险法律关系的产生、变更和消灭都必须依照社会保险法的规定,社会保险法律关系主体的活动必须按照社会保险法的规定进行,社会保险法的规定一般都是强制性的规定,社会保险法律关系主体一般没有协商和自由选择的权利。

3. 稳定性和连续性。社会保险法律关系一经建立,对个人而言,一般延续到生命终止；对社会组织而言，一般不得解除。社会保险法律关系的稳定性主要与国家社会保险政策的稳定性有关。进入20世纪中期以来，许多国家纷纷将社会保险政策奉为基本国策，并写入宪法。社会保险已成为劳动者或公民享有的社会经济权利，国家和社会应当保障这一权利的实现。

（二）社会保险法律关系的类型

社会保险法律关系可以按照不同的标准进行分类：

1. 按照社会保险的业务范围和业务性质进行分类。按此标准分类，社会保险法律关系可以分为社会保险行政管理法律关系、社会保险经办法律关系、社会保险监督法律关系、社会保险合同法律关系、社会保险服务法律关系、社会保险投资法律关系。

（1）社会保险行政管理法律关系。社会保险行政管理法律关系是社会保险在调整社会保险行政管理机关进行行政管理的过程中与管理相对人形成的法律关系。社会保险行政管理法律关系具有行政法律关系的一般特征。社会保险行政管理法律关系的内容主要包括：①社会保险行政管理部门与社会保险经办机构之间的行政管理法律关系；②社会保险行政管理部门与用人单位、被保险人之间的行政管理法律关系。

（2）社会保险经办法律关系。社会保险经办法律关系是社会保险法在调整社会保险经办机构在经办社会保险业务的过程中与投保人、被保险人、受益人之间形成的法律关系，还包括与金融机构、投资人之间形成的法律关系。前者受社会保险法的调整，后者受社会保险法和民法的调整。

（3）社会保险监督法律关系。社会保险监督法律关系是社会保险监督机构按照社会保险法的规定对社会保险法律、法规、政策的执行情况和社会保险基金筹集及使用情况进行监督的过程中，与被监督人之间形成的法律关系。

（4）社会保险合同法律关系。社会保险合同法律关系是用人单位与劳动者之间以合同的形式约定的双方在社会保险方面的权利和义务关系。社会保险一般作为劳动合同的必要条款加以规定，但当事人双方的合同约定不得违反社会保险法的规定。需要强调的是，劳动者享受社会保险的权利直接来自法律的规定，而不是合同的约定。

（5）社会保险服务法律关系。社会保险服务法律关系，是指服务机构在根据法律规定为合格的社会保险待遇享受者提供服务的过程中，与服务对象之间形成的权利义务关系。社会保险法一般对社会保险的服务作出一般和原则性的规定。社会保险的服务机构可以是社会保险的专门业务机构，也可以是社区服务组织。社会保险的服务对象主要是退休人员、失业人员和工伤人员。社会保险服务关系往往既受社会保险法律的调整，也受其他部门法的调整。

（6）社会保险投资法律关系。社会保险投资法律关系，是指在进行社会保险基金的投资过程中，依法形成的有关当事人之间的权利义务关系。社会保险投资不同于一般的商业投资，社会保险法一般对投资的决策、投资的方向、投资的方式、投资的机构和比例等有较为严格的规定和约束。

2. 按照重要性进行分类。按此标准分类，社会保险法律关系可以分为基本法律关系和辅助法律关系。社会保险基本法律关系，是社会保险法律关系中最为重要、广泛和基础性的法律关系。社会保险行政管理法律关系、社会保险经办法律关系、社会保险合同法律关系属于社会保险基本法律关系；社会保险辅助法律关系是社会保险法律关系中处于次要和从属地位的法律关系，这些法律关系一般是社会保险基本法律关系的延伸。其中社会保险监督法律关系、社会保险服务法律关系、社会保险投资法律关系等都可以列为社会保险辅助法律关系。

3. 按照性质进行分类。按此标准分类，可以分为平等主体之间的法律关系和管理从属的法律关系。前者如社会保险合同法律关系、社会保险服务法律关系、社会保险投资法律关系，后者如社会保险行政管理法律关系。社会保险经办法律关系的性质则较为特殊。由于社会保险经办机构的职责既有业务管理的内容，也有服务的内容，因此社会保险经办法律关系在性质上具有双重性。但我们应当认识到，社会保险经办机构的业务管理毕竟不同于行政管理，从基本的方面来看，社会保险经办法律关系仍然主要是一种平等主体之间的法律关系。

此外，按照社会保险法律关系的产生是否以合同为基础，可以分为基于合同的社会保险法律关系和非基于合同的社会保险法律关系。在社会保险的诸多法律关系中，只有社会保险合同法律关系、社会保险投资法律关系是以合同为基础的法律关系，其他的社会保险法律关系是非基于合同的法律关系。

（三）社会保险法律关系的主体及权利义务

1. 保险人。保险人也称为承保人，是依法收取社会保险费，在保险事故发生时按照规定支付保险待遇的主体。在中国，社会保险的保险人称为社会保险经办机构，是指依法经办社会保险业务的主体。

社会保险的保险人主要有以下职责：

（1）收缴社会保险费。依法收缴社会保险费，督促投保人按时缴纳社会保险费。

（2）基金管理。依法编制社会保险预算、决算草案，编制社会保险的财务、会计和统计报表，建立健全内部的审计制度。

（3）社会保险待遇的给付。按照法律规定的项目和标准支付被保险人的各项社会保险待遇。

（4）建立健全社会保险的档案和个人账户，依法保障社会保险档案的安全与完整，及时办理社会保险关系和个人账户的接转手续。

（5）向保险人和被保险人提供社会保险方面的咨询和查询服务，组织推动对被保险人的社会化管理服务工作。

2. 投保人。投保人也称为要保人，是为被保险人的利益向保险人投保社会保险的主体。投保人一般为企业、用人单位或雇主。在有些国家，自营业者也可以成为投保人。

社会保险的投保人的主要义务是按照法律规定为被保险人办理社会保险手续，按时、足额向保险人缴纳社会保险费，接受保险人的监督检查。投保人的主要权利有：向保险人查验本单位的缴费记录；要求提供社会保险的政策咨询；监督保险人的社会保险工作；就与本单位有关的社会保险争议按照法律程序和法律途径请求解决。

3. 被保险人。被保险人也称为受保人，是对社会保险标的具有直接保险利益的主体。被保险人一般为在受保行业中就业的劳动者，有的国家规定自营业者在履行缴费义务后，可以成为被保险人。

社会保险的被保险人的主要义务是按照规定缴纳社会保险费。一个合格的社会保险的被保险人之主要权利是：在保险事故发生后按照规定享受社会保险待遇，领取社会保险金；查询与本人有关的社会保险缴费记录；督促保险人的社会保险工作；就与本人有关的社会保险争议通过法律途径和法律程序得以解决。

4. 受益人。受益人是基于与被保险人的一定关系而享有一定保险利益的主体。社会保险的受益人一般只限于法定范围的被保险人的亲属。多数国家规定主要包括被保险人的妻子、未成年的子女以及鳏夫。受益人享有的保险利益，是在被保险人所得保险待遇以外，或者被保险人死亡之后，按法定项目和标准获得物质帮助。受益人享受的待遇标准一般要低于被保险人享受的待遇标准。受益人的受益权实际上是被保险人权利的延伸和扩展。

5. 管理人。社会保险管理人是指依法负有管理职责的社会保险行政管理部门。社会保险的管理人包括社会保险的行政主管部门和社会保险的业务管理部门，前者主管社会保险的综合工作，后者管理社会保险的单项业务工作。社会保险的主管部门的主要职责是负责社会保险工作的组织、管理、监督和指导，研究社会保险的政策和发展规划，指导社会保险经办机构的工作，组织实施社会保险的各项制度。

6. 监督人。社会保险的监督人是依法负有监督职责的机构。社会保险监督人既可以是专门设立的社会保险监督机构，也包括负有监督职责的社会保险行政主管部门和业务管理部门。社会保险监督机构的职责主要是监督社会保险法律、法规、政策的执行和社会保险基金的运用。社会保险监督机构的权力包括了解权、建议权和处置权。社会保险监督机构有权了解下列情况：①社会保险法律、法规和政策的执行情况；②社会保险经办机构内部制度建设的情况；③社会保险基金的收支情况；④社会保险基金的投资运营情况；⑤社会保险待遇的支付情况。

社会保险监督机构有权对社会保险经办机构的工作提出改进意见和建议。对于社会保险经办机构的违法行为，社会保险监督机构有权依法处置或者提交有关部门处理。

在社会保险法律关系的主体中，还有社会保险的服务管理人、社会保险代办人以及社会保险基金的投资人。

四、社会保险法的立法原则

社会保险法的立法原则,是指贯穿于社会保险法始终的根本规则。它对于社会保险立法以至于社会保险法体系的建立起着至关重要的作用。作为社会保险法的立法原则,是在社会保障立法基本原则的基础上,结合了社会保险的个性,一方面应充分反映社会保险制度的本质特征,另一方面应对社会保险立法具有较强的指导意义。社会保险立法原则因社会保险项目的繁多,又分为一般社会保险立法原则和具体社会保险立法原则。

(一)一般社会保险立法原则

1. 普遍性原则。把所有劳动者乃至全体国民都纳入社会保险体系中,是发展中国社会保险事业的一个基本方向。从社会保险立法可以看出,目前养老保险和医疗保险制度的建设就是朝着这个方向发展的,力求覆盖全体国民。

2. 与经济发展相适应的原则。与经济发展相适应,是指社会保险的内容、项目、标准要和国家、单位、个人所能提供的财力、物力相适应。这一原则在各国实践中已经得到了验证。

3. 保障基本生活需求原则。社会保险制度,在很大程度上是在劳动者遭遇困难,导致收入减少时的一种物质补偿制度,其目的是对社会成员的基本生活予以保证。人的需求是多层次的,但处于第一层次的是对基本生活的需求,即对衣、食、住的需求。就中国目前的社会经济情况来看,社会保险所能满足的也主要是这一层次的需求。这一方面固然受制于中国的经济发展水平,另一方面也是为了抑制社会保险标准过高可能带来的副作用。后一点突出地表现在“公平”与“效率”的关系上。社会保险制度的推行,有利于社会公平的实现,这也是社会保障立法基本原则的要求,但如果保险的标准过高,就极易导致效率的损失。因为历史经验已经证明高标准的保险体系,会促使部分社会成员滋长懒惰心理和不劳而获的思想。

4. 权利与义务相对应的原则。在社会保险的一些主要项目中,社会成员欲获得社会保险给付,必须先履行缴费义务,即享受社会保险权利的同时,必须履行法定的社会保险义务。这是社会保险立法中的一条重要原则。社会保险关系实质上就是一种权利义务关系。在这一关系中,就个人来讲,当他符合法定条件而取得社会保险金时,他居于权利主体的地位;但他取得社会保险金有一个先决条件,即必须依照社会保险法的规定,缴纳一定数量的社会保险费,在这时,他则处于义务主体的地位。换言之,社会成员在享受社会保险权利的同时,必须先尽缴纳保险费的义务。但是,这种权利与义务关系,只能是一种对应关系,而不是对等关系。所谓对应关系,即缴费与否,决定能否享受保险给付;缴费数额的多少、缴费期限的长短,在一定限度内,决定给付的多少。不是对等关系是指,有些项目保险人即使履行了缴费义务,也并不意味着必然享受权利,如医疗保险、失业保险等;另外,像养老保险这种义务人必然成为权利人的项目,其履行的义务，与享受的权利也是不对等的，简单讲，个人缴费仅是其享受的养老金中的一部分。

5. 强制性原则。强制性原则，是指社会成员是否参加社会保险不取决于本人的意愿，而是取决于法律的明文规定。在社会保险的立法中遵循强制性原则的好处有三个方面：一是能最大限度地把劳动者纳入到社会保险体系中，从而可以避免未参加保险者在遭遇困难时生活无着情况的发生；二是按照大数法则，参加保险的人越多，风险就越分散，保险系数就越大；三是可防止只有风险大的人参加，风险小的人不参加，从而导致保险成本上升的情况出现。

6. 公平与效率、保障功能与激励功能相结合的原则。社会保险作为国民收入再分配的一种手段，是调节收入差距，实现社会公平的手段。因此单位之间的社会保险负担应大体平衡，各劳动者的社会保险待遇差别也应小于初次分配的差别，以保障劳动者的基本生活，充分发挥社会保险的互助共济功能。但在体现公平的同时，也要防止人们产生依赖心理，这要求我们又要尽量考虑效率，体现激励机制，使多贡献者多享受，以激励所有社会成员勤奋工作，提高劳动生产率和经济效益。

7. 统一性和多样性相结合原则。组织社会保险是政府管理社会的基本职责之一。社会保险的基本政策和制度要统一由国家集中决策，实行法制化管理，建立社会保险的各项法律法规，使社会保险的运作有法可依。这是统一性原则的要求。

自社会保险问世以来，从各国的立法活动中可以看出其立法原则也在发生着变化。自 20 世纪 80 年代以后，由英国政府首先提出了社会保障的两个支柱的原则①。在各国的社会保险立法实践中，这种影响表现为目前在许多国家建立了多层次的社会保险制度体系，包括国家基本保险、企业补充保险、个人强制储蓄保险。

目前，从中国的实际情况看，在国家统一政策的指导下，各地区存在有不同形式和不同层次的社会保险。根据新出台的社会保险法规定，可以看出在养老保险制度中保留了多层次的形式。而新出台的社会保险法明确了中国的养老保险制度项目有基本养老保险、新型农村社会养老保险和城镇居民社会养老保险。其中第 22 条规定，省、自治区、直辖市人民政府根据实际情况，可以将城镇居民社会养老保险和新型农村社会养老保险合并实施。可以看出中国的社会保险立法是以统一性与多样性相结合为原则的。

（二）社会保险的具体立法原则

由于社会保险法根据不同的社会保险项目形成了具有相对独立的法律体系，另外，还由于存在着不同的风险项目，所以社会保险在立法时也要结合其各个风险项目的特点遵循不同的具体立法原则。

1. 养老保险和医疗保险中的多层次原则。自 20 世纪 80 年代以来，许多国家形成

---

① 受 20 世纪 70 年代的福利国家危机论的影响，英国政府为减轻政府财政压力，于 80 年代提出了“两个支柱”理论，主要观点是：社会保障是由国家和国民共同支撑的事业。国家与国民是社会保障的两个支柱。

了社会保险的多层次概念，并作为立法中遵循的原则，适用于养老保险和医疗保险这种覆盖人群广泛、风险发生概率大、耗费资金巨大的保险项目。按照这个原则，这些国家对这两个风险项目分三个层次实行社会保险。这三个层次即：国家对全体社会成员实施的基本保险、企业对劳动者实施的补充保险、个人强制储蓄保险。中国目前对这两个项目明确规定实施“社会统筹与个人账户相结合”的原则，其主要目的是增强自我保障意识，将社会保障与自我保障结合起来。

2. 失业保险中的“非自愿失业原则”。各国失业保险立法中都贯穿了这样一个原则，目的就是为了杜绝对失业保险制度的恶用，如以故意失业来获取失业保险金的行为。

3. 工伤保险中的“无过失补偿”原则和“差别费率与浮动费率相结合”的原则。无过失补偿原则，强调用人单位的绝对赔偿责任，而不问其有无过失或过错。差别费率即针对不同的行业、不同的劳动危险程度，制定不同的费率；而浮动费率则对于一定时期内，无重大工伤事故或工伤保险费支出明显减少的用人单位，以降低费率的形式予以奖励，反之则提高费率。差别费率与浮动费率总是结合在一起实行。这些原则确立的目的就是为了督促用人单位改善劳动环境，加强劳动保护，避免工伤事故的发生。

4. 生育保险中的“善前与善后相结合”的原则。与其他社会保险项目相比，生育保险法的立法原则不仅注重风险事故发生后的补偿，更是结合了妇女生育过程的特点，从保护妇女儿童权益的角度出发，充分考虑到生育前的医疗保健需要和产前的休假待遇。

第二节　养老保险法律制度

一、养老保险的概念和法律特征

（一）养老保险的概念

养老保险（或养老保险制度）是国家和社会根据一定的法律和法规，为解决劳动者在达到国家规定的解除劳动义务的劳动年龄界限，或因年老丧失劳动能力退出劳动岗位后的基本生活而建立的一种社会保险制度。

从社会保障的方式特点与生活风险项目来看，养老保险是社会保险的一个组成部分。在各国实践中，社会保险除养老保险之外，还包括医疗保险、失业保险、工伤保险、生育保险等项目。在这些社会保险项目中，养老保险是覆盖人群范围最广的项目。

从社会保障的对象特点与生活风险项目来看，养老保险又是养老保障的一个组成部分。国际上养老保障的方式一般分为普遍保障计划、普遍救济计划、社会保险计划、储蓄基金计划。其中，社会养老保险计划是目前使用得最为广泛的一种。

（二）养老保险的法律特征

养老保险作为社会保险的组成部分，除具备社会保险的一般法律特征外，还有如下特有的法律特征：

1. 养老保险是在法定范围内的老年人完全或基本退出社会劳动生活后才自动发生作用的。这里所说的“完全”，是以劳动者与生产资料的脱离为特征的；所谓“基本”，指的是参加生产活动已不成为主要社会生活内容。需强调说明的是，法定的年龄界限（各国有不同的标准）才是切实可行的衡量标准。

2. 养老保险的目的是为保障老年人的基本生活需求，为其提供稳定可靠的生活来源。

3. 养老保险是以社会保险为手段来达到保障的目的。养老保险是世界各国较普遍实行的一种社会保障制度。一般具有以下几个特点：①由国家立法，强制实行，企业单位和个人都必须参加，符合养老条件的人，可向社会保险部门领取养老金；②养老保险费用来源，一般由国家、单位和个人三方或单位和个人双方共同负担，并实现广泛的社会互济；③养老保险具有社会性，影响很大，享受人多且时间较长，费用支出庞大，因此，必须设置专门机构，实行现代化、专业化、社会化的统一规划和管理。

4. 养老保险是适用范围最为广泛的社会保险项目之一。养老保险作为社会保险的一种，同医疗保险一样具有适用范围最为广泛的特点。由于生理原因，步入老年是人类生存过程中自然要面临的普遍问题，所以养老保险保障范围的最终目标应该是覆盖全体国民。

二、养老保险立法的历史沿革

在人类漫长的历史长河中，人类养老制度的安排大致经历了家庭养老阶段和社会养老保险两个阶段。家庭养老，即由家庭承担赡养老人的功能。在传统社会里，无论是以“父子关系”为核心的东方家庭，还是以“夫妻关系”为核心的西方家庭，都在承担着“抚育儿童和赡养老人”及抵御家庭成员社会风险的功能。尤其是在东方国家，传统家庭承担着保障、再分配甚至储蓄的全部功能。不可否认，这种家庭养老机制具有很大的不稳定性。家庭中主要劳动力的病残或者子女的早逝，都可能导致家庭养老保障机制的瓦解。所以，伴随工业革命所发生的经济、政治、社会、法律和人口结构的改变，在工业化国家，家庭养老保障制度首先开始瓦解，在相当程度上被社会养老保险所取代。国际上一般认为，现代意义的养老保险立法始于德国。德国于 1889 年颁发了《残疾和养老保险法》。随后，奥地利、英国、法国、卢森堡、荷兰和瑞典等国分别于 1906 年至 1913 年颁布了养老保险法律，欧洲其他许多国家及澳大利亚、新西兰等也纷纷仿效实施此种法律。目前，世界上有 160 多个国家和地区有养老保险立法。而中国的养老保险的立法的发展可以说是以 20 世纪 80 年代以后进入了新的阶段。

（一）中国城镇职工养老保险改革的深化与立法的发展

1. 企业职工养老保险制度的改革与立法。(1)20 世纪 80 年代。中国于 1984 年开始在全民所有制企业建立社会统筹试点，在市、县级国有企业按以支定收、略有节余的原则实行养老保险的统一收缴以及对职工养老问题的统一管理。

(2)20 世纪 90 年代以后。国务院先后发布了 3 个指导中国城镇企业职工养老保险制度重建的文件,被称之为中国养老保险改革的三个里程碑。即《国务院城镇企业职工养老保险制度改革的决定》(1991 年)《国务院关于深化企业职工养老保险制度改革的通知》(1995 年)《国务院关于建立统一的企业职工养老保险制度的决定》。随后,1998 年国务院发布了《国务院关于实行企业职工基本养老保险省级统筹和行业统筹移交地方管理有关问题的通知》,1999 年劳动和社会保障部与财政部发布了《关于建立基本养老保险省级统筹制度有关问题的通知》。可以说,从 1998 年起,开始建立了"社会统筹与个人账户相结合"的"城镇企业职工基本养老保险制度"。同时,1995 年 12 月劳动部发出《关于印发〈关于建立企业补充养老保险制度的意见〉的通知》,意味着从这一时期开始推行实施企业补充养老保险制度。

(3)进入 21 世纪以后。① 社会统筹与个人账户相结合的企业职工基本养老的进一步巩固。国务院发布了《关于印发完善社会保障体系试点方案的通知》(2000 年),财政部与劳动和社会保障部发布了《全国社会保障基金投资管理暂行办法》,使社会统筹与个人账户相结合的模式得到进一步巩固。为了保证养老保险个人账户的实施,中国人民银行发出了《关于商业银行办理养老保险个人账户基金人民币协议存款的通知》(2002 年 12 月)。为进一步巩固落实城镇职工养老保险的缴费,劳动和社会保障部于 2003 年 3 月发出《关于调整基本养老保险个人缴费比例的通知》,还与财政部联合发出《关于调整原行业统筹企业基本养老保险缴费比例的通知》。②企业职工基本养老保险制度适用范围的扩大与个人账户的做实。2005 年 12 月国务院发布了《关于完善企业职工基本养老保险制度的决定》。主要提出了 8 个方面的任务。其中之一就是扩大制度覆盖范围:城镇各类企业职工个体工商户和灵活就业人员都要参加企业职工基本养老保险。还有一个方面的任务与做实个人账户相衔接,进行了个人账户的资金构成以及被保险人的缴费比例的改革。之后, 2008 年,在扩大适用范围方面,人力资源和社会保障部起草了《农民工参加基本养老保险办法》;在做实个人账户方面,人力资源和社会保障部制定下发了《关于完善做实企业职工基本养老保险个人账户有关问题的通知》。③省级统筹的推行。为保证保险基金真正发挥作用,劳动和社会保障部与财政部于 2007 年联合下发了《关于推进企业职工基本养老保险省级统筹有关问题的通知》,要求未实现省级统筹的地区,尽早实现省级统筹。④基本养老保险关系的转移接续问题的解决。现实中由于统筹层级低而导致劳动力流动过程中发生了基本养老保险关系转移接续难的问题。为此,2008 年人力资源和社会保障部起草了《城镇企业职工基本养老保险关系转移接续暂行办法》,后于 2010 年国务院办公厅予以了转发。就此,包括农民工在内的参加城镇企业职工基本养老保险的所有人员,其基本养老保险关系可在跨省就业时随同转移。根据暂行办法规定,统一了办理转续关系的流程。今后,国家将建立全国统一的社保机构信息库和基本养老保险参保缴费信息查询服务系统,发行全国通用的社会保障卡。⑤企业补充养老保险制度的实施与规范化。在这方面,2004 年劳动和社会保障部公布《企业年金试行办法》,同时会同有关部门联合发出了

《企业年金基金管理试行办法》。并据此对尚未规范管理的原企业补充养老保险的移交工作提出了《关于做好原有企业年金移交工作的意见》。为多层次养老保险制度的完善提供了运营操作技术以及法律上的支持。

2. 事业单位工作人员养老保险制度的改革与立法。中国长期以来对事业单位工作人员养老待遇问题的解决依靠的是退休制度,完全依靠国家财政拨款。当对企业养老制度进行了 社会保障改革之时,国家机关和事业单位未列入改革范围。直至进入 21 世纪后,才开始了对国家机关和事业单位的养老保险制度的改革。2008 年 3 月国务院印发了《事业单位工作人员养老保险制度改革试点方案》确定山西、上海、浙江、广东、重庆开展事业单位养老保险制度改革试点。人力资源和社会保障部会同有关部门成立了事业单位养老保险制度改革小组,制定了工作方案,研究提出了激发办法、改革过渡办法和职业年金办法的初步思路。其中的职业年金相当于城镇企业职工多层次养老保险中的企业年金部分。但由于事业单位的人事制度、工资制度、财政体制改革与之紧密相连,需要同步推进,所以推行面临很多困难。

3. 企业事业单位养老保险的一体化与立法。

(1)机关事业单位养老保险制度改革的推进。2009 年 1 月国务院要求试点省份正式启动事业单位养老保险制度的改革,实现企业与机关事业单位之间制度能够衔接,事业单位养老保险制度改革与企业基本一致。《社会保障“十二五”规划纲要》提出“在试点的基础上,积极稳妥地推动机关事业单位养老保险制度改革”。推行机关事业单位养老保险制度的意义在于追求社会保障确保公平原则的实现,同时意味着中国城镇职工养老保险“双轨制”的时代即将结束。尽管阻力重重,这一趋势不会逆转。

(2)补充养老保险制度的有关立法发展。在企业补充养老保险方面,国家税务总局于 2009 年发出《国家税务总局关于企业年金个人所得税征收管理有关问题的通知》,于 2011 年发出《国家税务总局关于企业年金个人所得税有关问题补充规定的公告》。在事业单位补充养老保险方面,国务院办公厅于 2011 年发布了《事业单位职业年金试行办法》。后者要求事业单位及其工作人员在依法参加基本养老保险的基础上,建立补充养老保险制度,为与企业在补充养老保险制度上的并轨奠定了基础。

2013 年 12 月,财政部、人力资源社会保障部和国家税务总局发布《关于企业年金职业年金个人所得税有关问题的通知》(以下简称《通知》),自 2014 年 1 月 1 日起,实施企业年金、职业年金个人所得税递延纳税①优惠政策。《通知》规定,对单位和个人不超过规定标准的企业年金或职业年金缴费,准予在个人所得税前扣除;对个人从企业年金或职业年金基金取得的投资收益免征个人所得税;对个人实际领取的企业年金或职

① 递延纳税,在年金缴费环节和年金基金投资收益环节暂不征收个人所得税,将纳税义务递延到个人实际领取年金的环节,也称 EET 模式。其中,E 代表免税,T 代表征税。EET 模式是西方发达国家对企业年金普遍采取的一种税收优惠模式。

业年金按规定征收个人所得税。

综上，进入21世纪之后中国在多层次养老保险制度体系中的基本养老保险、补充养老保险方面获得了较大的发展。

（二）农村社会养老保险制度的初步形成

从其他国家社会保险的发展看，对农业人口实施社会保险一般都在工业人口之后。如德国于1883年出台了面向职工疾病社会保险法，到1957年才将农民纳入此法案；美国于1935年依照《社会保障法》建立起社会保险体系，但农业人口享有社会保险却始于50年代；苏联于1917年开始建立社会保险制度，而集体农庄的庄员于1964年才开始享有保证金和补助费等社会保险待遇。

农业劳动者晚于城市工人享受社会保险，主要是因为社会保险是生产社会化和商品经济发展到一定阶段的产物，而农业生产的社会化和农村商品经济的发展滞后。中国也不例外。

中国早在1956年第一次全国人民代表大会第三次会议通过的《高级农业合作社示范章程》以及1962年中共中央发布的《农村人民公社工作条例修正草案》，对在农村建立社会保险就作了原则性规定。但是，由于受到较低的农业生产力发展水平的制约，除了少数大城市的近郊区的生产力水平较高、经济较富裕的社队逐渐发展起来一些老年社会保险外，大多数农村都处于无社会保险的状况。

应该说中国农村的社会养老保险的建设是从20世纪80年代后期以后被列入国家发展计划的。国家在"七五"计划中指出："……抓紧研究建立农村社会保险制度，并根据各地的经济发展情况，进行试点，逐步实行。"国家在"八五"计划中进一步指出："……在农村采取积极引导的方针，逐步建立不同形式的老年保障制度。" 国家"九五"计划和2010年远景目标中又重申："'九五'期间，……农村养老以家庭保障为主，坚持政府引导和农民自愿，发展多种形式的养老保险。"

1. 个人账户式的农村社会养老保险的试点及普及阶段。根据国家发展计划要求，民政部于1986年就开始建立农村社会养老保险制度的探索。

国务院1990年第111次总理办公会议和国务院1991年第33号文件确定，农村的养老保险由民政部负责。1992年1月，民政部颁发了《县级农村社会养老保险基本方案（试行）》，指出农村社会养老保险是国家保障全体农民老年基本生活的制度，是政府的一项重要社会政策。建立农村社会养老保险制度，要从我国农村的实际出发，以保障老年人基本生活为目的；坚持资金个人缴纳为主、集体补助为辅，国家予以政策扶持；坚持自助为主、互济为辅；坚持社会养老保险与家庭养老相结合；坚持农村务农、务工、经商等各类人员社会养老保险制度一体化的方向。由点到面，逐步发展。

为了保证农村养老保险的经办和有关基金的管理，民政部于1992年发布了《关于印发〈农村社会养老保险管理服务费提取使用办法（试行）〉的通知》。1995年，就在推行农村社会养老保险的工作中出现的资金挪用等问题，国务院办公厅转发了《民政部关于进一步做好农村社会养老保险工作意见》的通知，要求高度重视对农村养老保险基金的管理和监督，积极稳妥地推进农村社会养老保险工作。进入21世纪以后，农村养老社会保险工作开始并归由劳动和社会保障部管理。2002年2月，劳动和社会保障部办公厅发出了《关于对农村社会养老保险基金调剂金使用问题的复函》。2004年，劳动和社会保障部又发出了《关于进一步防范农村社会养老保险基金风险的紧急通知》。

2.新型农村社会养老保险的试点阶段的开始。21世纪以后，为加快建立覆盖城乡居民的社会保障体系，解决广大农村居民老有所养问题，2009年9月，国务院印发了《关于开展新型农村社会养老保险试点指导意见》（以下简称《指导意见》），决定今年在全国选择10%的县（市、区、旗）开展新型农村社会养老保险（以下简称新农保）试点，以后逐步扩大试点，全国普遍实施，2020年之前基本实现对农村适龄居民的全覆盖，并明确了各级财政对新农保的补助政策。根据此《指导意见》，2011年3月财政部会同人力资源社会保障部制定了《新型农村社会养老保险基金财务管理暂行办法》。

农民60岁以后将享受国家普惠式养老金，这就是新型的农村养老保险。新型农村社会养老保险试点的主要内容包括两个方面，一是实行基础养老金和个人账户养老金相结合的养老待遇，国家财政全额支付最低标准基础养老金；二是实行个人缴费、集体补助、政府补贴相结合的筹资办法，地方财政对农民缴费实行补贴。过去的养老保险都是农民自我储蓄模式的自己交费而新型农村社会养老保险是个人缴费，集体补助和政府补贴相结合时三个筹资渠道。中央财政对地方的补贴是直接补到农民的身上。

参加新农保的农村居民应当按规定缴纳养老保险费。缴费标准目前设为每年100元、200元、300元、400元、500元5个档次，地方可以根据实际情况增设缴费档次。参保人自主选择档次缴费，多缴多得。国家依据农村居民人均纯收入增长等情况适时调整缴费档次。

由于目前尚处于试点阶段，现实中当事人是否适用新型农村社会养老保险，取决于其所在地区是否属于试点地区。

（三）城镇居民养老保险的建立

2008年以后，中国的社会保险制度朝着广覆盖的方向发展，面向城镇居民开始实施了养老保险制度，彻底摆脱了以往的与就业相挂钩的保险制度形式，呈现出走向全民皆保险的趋势。有关建立城镇居民养老保险制度的规定也明确见于2010年10月出台的社会保险法。该法第32条规定，国家建立和完善城镇居民社会养老保险制度。

根据党的十七大精神和《中华人民共和国国民经济和社会发展第十二个五年规划纲要》《中华人民共和国社会保险法》的规定，国务院于2011年6月发出《关于开展城镇居民社会养老保险试点的指导意见》。根据此文件，中国于2011年7月启动了城镇居民社会养老保险试点工作。城镇居民社会养老保险试点的基本原则是“保基本、广覆盖、有弹性、可持续”。一是从城镇居民的实际情况出发，低水平起步，筹资标准和待遇标准要与经济发展及各方面承受能力相适应；二是个人（家庭）和政府合理分担责任，权利与义务相对应；三是政府主导和居民自愿相结合，引导城镇居民普遍参保；四是中央确定基本原则和主要政策，地方制定具体办法，城镇居民社会养老保险实行属地管理。建立个人缴费、政府补贴相结合的城镇居民社会养老保险制度，实行社会统筹和个人账户相结合，与家庭养老、社会救助、社会福利等其他社会保障政策相配套，保障城镇居民老年基本生活。城镇居民社会养老保险的实施范围与新型农村社会养老保险试点基本一致。其目标是2012年基本实现城镇居民社会养老保险制度全覆盖。

三、养老保险的类型

随着社会保险的发展和发展过程中遇到的问题，各国养老保险的理论和立法实践出现了许多新的模式。受多支柱理论的思想影响，养老保险根据实施主体和强制性程度的不同，可分为基本养老保险、补充养老保险和个人储蓄养老保险。也有的将后二者统称为补充养老保险。

（一）基本养老保险

基本养老保险是根据法律规定，由国家统一组织、强制实施、涉及面较广，为保障退休人员基本生活的一种养老保险制度。

（二）补充养老保险

补充养老保险是指在基本养老保险的基础上，由用人单位根据本单位的实际情况，为本单位职工建立的一种追加或称辅助性的养老保险。

（三）个人储蓄养老保险

个人储蓄养老保险是由劳动者个人自愿参加，国家在政策上予以鼓励和支持的一种养老保险形式。

四、养老保险的实施范围和对象

各国的养老保险法首先都规定了社会保险的实施范围和对象。养老保险在一国的实施范围既取决于该国所实行的养老方式，也取决于保险制度在该国的建立年代和该国的工业化程度及经济发展水平。其中，国际公约和建议书也为各国实施社会保险提供了依据。

（一）有关国际公约和建议书对养老保险实施范围的规定

1. 1952年国际劳工组织通过的《社会保障最低标准公约》第27条规定的老年津贴的受保人包括：

（1）规定类别的雇员，其在全体雇员中的构成不应低于50%。

（2）规定类别的经济活动人口，其在全体居民中的构成不低于20%。

（3）凡在意外事故期间，其收入不超过根据第67条要求规定的限度的居民。

（4）在根据第3条所作声明业已生效时的情况下，在雇用20人或20人以上的工业场所的规定类别的雇员，其在全体居民中的构成不低于50%。

2. 1967 年国际劳工组织通过的《残疾、老年和遗属津贴公约》中的规定。其具体包括：

(1)受保人应包括：全体工薪劳动者(含学徒)；经济活动人口中规定的类别，其总量应至少为全部经济活动人口的 75%；全体居民，或在不测事件期间其收入不超过依照第 28 条规定所定界限的居民。

(2)在根据第 4 条所作的声明业已生效的情况下，受保人应包括：法定类别的工薪劳动者，其总量应至少为全体工薪劳动者的 25%；工业企业劳动者的法定类别，其总量应至少为工业企业中全体工薪劳动者的 50%。

(3)要求会员国应将其关于残疾和老年津贴立法的实施范围和对象分阶段和在适当的条件下扩展至：从事机会性工作的人员；一切经济活动人员。

(二)养老保险制度实施范围和对象的国际实践

1. 最早对外自誉为福利国家的英国养老保险制度的实施范围覆盖所有居民。

2. 有“福利国家橱窗”之称的瑞典实行的养老保险分为普遍年金和收入关联年金。普遍年金制度覆盖全体瑞典国民以及住满规定期限的外侨；收入关联年金面向收入在“基数”以上的所有雇员和独立劳动者。

3. 长寿之国的日本的养老保险制度已经形成了由若干制度构成的覆盖全体国民的体系。目前日本实施的主要有雇员年金保险、国民年金保险。雇员年金保险面向雇佣 5 名及以上的工商业雇员的雇主、雇员；国民年金制度面向对未参加任何其他保险制度的成年公民。此外，海员、农民、公用事业雇员、私立学校教师、农业和渔业协会的成员，还各有专门制度。

4. 以公积金形式实施社会保障制度并且其效率得到世界公认的新加坡，其养老保险制度的实施对象为月收入在 50 新元以上的受雇人员(受雇于同一雇主一个月后)，以及若干独立劳动者。另外，对政府雇员实施单独的养老制度。

(三)中国养老保险制度的实施范围

中国养老保险制度的实施范围有一个曲折但逐步扩大的过程：建立于 20 世纪 50 年代初期的养老保险分别面向企业职工和国家机关、事业单位职工，占人口绝大多数的农民全部被排除在外。此种此种“双重的二元结构”的养老保险体制的特点在 21 世纪第一个 10 年的结束之际，已经发生了重大的变化，中国已经逐步创建出了一个覆盖全体国民的社会养老保险的雏形，尽管农村社会养老保险部分还处于试点阶段，但是在 2020 年有望覆盖所有应覆盖的对象人群，即满足老龄这一条件的人群。需要注意的是，从各国的经验以及中国的具体实践来看，对于适用年龄的规定不是一成不变的。并且，目前中国社会养老保险制度更多的是朝着普惠方向发展，这一点符合社会保障的普遍性原理的要求，而从结果公平的角度来看，距离理想还有很大差距。

五、养老保险基金的筹集

养老保险制度是社会保险制度中基金数额最大、支付时间最长的一个项目。各国政府对于养老保险基金的筹集和费用负担问题，一般都通过养老保险立法来加以明确。但也有的国家对于养老保险基金问题由专门的社会保险基金管理立法来予以规定。

(一)养老保险基金的筹集

养老保险基金，在整个社会保障制度中占有相当重要的地位。养老保险基金在社会保险基金中的比重一般占到2/3以上，而且一般采用年金支付方式，一直支付到年金领取人死亡。随着一个国家老龄化的不断发展，养老保险基金的增长也十分迅速，养老保险基金不仅关系到社会保险制度的安全运行，而且与国家的经济发展密切相关，因此各国都十分重视，且通常都是从基金的筹集问题入手研究养老保险基金问题。从世界范围来看，随着各国政府实施的社会保障改革，各国都在探索如何能够更好地“开源节流”，摸索出几种不同的养老保险基金筹集模式。这些筹集模式可以归纳为：现收现付式，也称“以支定收”式，或称纳税方式；完全积累式，也称完全基金式；部分积累式，也称混合式(见第八章内容)。

目前中国的社会养老保险属于部分积累式。城镇职工基本养老保险是社会统筹和个人账户相结合的模式。新型农民社会养老保险是国家财政全部保证支付的基础养老金和个人账户相结合的模式。国务院于2011年6月发出《关于开展城镇居民社会养老试点的指导意见》，规定从当年起开展试点。城镇居民社会养老保险是依靠个人缴费与政府补贴支撑的社会统筹与个人账户与相结合的模式。

(二)养老保险的费用负担

建立养老保险基金就必须确定恰当的分担机制，以保证资金来源和分散风险。在长期的实践中，形成了养老保险费分担的五种模式：

1. 由用人单位和被保险人共同负担。具体有用人单位负担大部分、被保险人负担小部分，用人单位负担小部分、被保险人负担大部分和两者平均负担三种方式。

2. 由用人单位、被保险人和政府三方按规定的比例共同负担。

3. 由用人单位负担全部。

4. 由政府和被保险人共同负担。被保险人只缴纳少许保险费，其余全部由政府负担。

5. 由政府全部负担。政府通过两条渠道筹得资金，一是从一般税收中的公共经费拨付；二是开征专门的社会保险税，专用于社会保险的费用开销。

养老保险费用由政府、用人单位和被保险人三方筹集的分担机制，已成为一种国际性的趋势。目前全球已有一百多个国家和地区建立了由个人缴纳部分养老保险费的制度。

中国城镇职工基本养老保险费用主要由企业和个人缴纳为主，政府只支付管理费和必要的补贴，也属于三方分担或共担制。新型农民社会养老保险是个人缴费、集体补助、政府补贴的三方负担。城镇居民社会养老保险属于政府和被保险人共同负担。

关于中国新型农村社会养老保险的费用负担问题，中央和地方都将加大投入力度予以解决。目前的政策是对新型农村社会养老保险既补“入口”，又补“出口”。所谓“补入口”，就是在农民参保缴费环节给予财政补助；所谓“补出口”，就是在新农保养老金待遇支付环节给予财政补助①。

六、养老保险待遇

开始享受养老保险待遇是被保险人向受益人角色转换的标志。各国对享受养老待遇都有相应的法律规定。各国都规定了享受养老保险待遇的资格条件；养老保险待遇的给付范围、给付项目与计发办法；养老保险待遇的水平；养老保险待遇的调整机制，以此保证养老保险的公平性和效率性。

（一）享受养老保险待遇的资格条件

享受养老保险待遇的资格条件通常包括以下几个：

1. 年龄条件。老年年龄，是一个国家根据社会经济发展的需要、人口的平均寿命及劳动力供求状况对老年年龄所作的规定。

老年年龄的高低直接影响养老保险基金的筹集和发放。降低老年年龄，支付的养老保险金相对增多，同时对国家人力资源供给产生重大影响。

目前，由于老龄化的程度加深，养老金的支付压力巨大。迫于这种情况，延长退休年龄已经成为政策法律规定修订的趋势，这就意味着开始领取养老金的年龄也将延迟。虽然存在由于退休年龄的延长直接带来劳动力人口的猛增，但也有可能造成就业岗位严重不足的问题。劳动政策与社会保障政策的矛盾或者说难点也在于此。

城镇职工基本养老保险的待遇领取开始年龄为退休年龄。中国劳动者法定退休年龄为男性年满60周岁，女性年满55周岁、生产岗位年满50周岁，对于特殊岗位的劳动者，还可以提前退休。参加新型农村社会养老保险的农村居民和参加城镇居民社会养

---

① 中央财政主要补“入口”，即对国务院统一确定的基础养老金部分，对中西部地区给予全额补助，对东部地区给予50%的补助。补助基数每人每月55元，即每年660元。这是目前的补助水平，今后国家将根据经济发展和物价变动等情况适时调整。地方财政兼顾补“补入口”与“补出口”。(1)“补入口”。为激励农村居民参保缴费，《指导意见》规定，地方政府对个人缴费给予补贴。具体讲，主要有三项政策：①一是对农村居民个人缴费每人每年至少补30元。②二是为鼓励参保农村居民多缴费，地方财政按照“多缴多补”的原则，对选择较高档次标准缴费的，给予适当鼓励，具体办法由地方政府确定。③三是对农村重度残疾人等缴费困难群体，地方财政代其缴纳部分或全部最低标准的养老保险费。这部分保险费也将计入个人账户，作为将来计发个人账户养老金的基数，具体办法也由地方政府确定。(2)“补出口”。具体有三种情况：①对国务院统一确定的基础养老金部分，东部地区需要安排50%的补助资金，中西部地区因中央财政全额补助则无须再安排补助资金。②鉴于各地经济发展水平、消费水平等存在差异，地方政府可以根据实际情况提高基础养老金标准。③为鼓励参保农村居民长期缴费，增加个人账户积累，对缴费超过一定年限的，地方政府可适当加发基础养老金，具体政策由地方政府确定。

老保险的城镇居民,开始领取养老保险待遇的年龄规定为年满60周岁。

2.工龄条件。工龄是劳动者以工资收入为其全部或主要生活来源的年限。各国有关工龄的规定不尽一致,短的15年,长的达40年。在实行个人缴费制的国家和投保职业,多数以投保年限和缴费年限替代工龄条件,在不实行个人缴费制的国家或投保职业,工龄则是最重要的条件之一。

中国以往规定,职工连续工龄满10年,国家公务员提前退休一般须连续工龄满20年,连续工龄满30年者提前退休可不受年龄限制;因工伤致残而完全丧失劳动能力的职工,退休不以连续工龄为条件。符合工龄条件,才有权享受养老保险待遇。但现在的新制度只以年龄和缴费年限作为享受保险待遇的资格条件。

3.缴费年限。缴费年限是指企业和职工共同缴纳养老保险费的年限。各国一般都规定一个最低缴费年限,即最低保龄。最低保龄是参照人的正常寿命和可能的工作年限并结合保险金支出的财务状况估算而确定的。关于最低保龄的长短,国际劳工组织建议为15年,目前中国企业职工基本养老保险制度的规定也是15年。关于新型农村社会养老保险和城镇居民社会养老保险的最低保龄要求,都规定有过渡性措施,但同样也都要求累计缴费15年。

关于居住年限和公民资格,一些国家规定必须在本国居住满一定期限或者具有该国公民资格,才能成为养老金的领取者。中国在养老保险方面对外国人附带就业条件的适用了国民待遇原则,如社会保险法第97条中规定了外国人在中国境内就业的,参照本法规定参加社会保险。

(二)养老保险待遇的给付范围、给付项目与计发办法

1.给付范围。养老保险待遇的给付范围,因各国国情不同而有所不同,但总的来说,给付的范围比较广,不仅包括被保险者本人,还包括没有收入的配偶、未成年的子女以及其他由被保险人抚养的直系亲属在内。在实行普遍养老金制度的国家,有的还包括在本国居住满一定年限的外国人。

中国的社会养老保险制度中的基础养老金部分待遇的给付范围主要是参保的被保险人。被保险人因故因病死亡后,个人账户部分有余额的,根据社会保险法规定的可以继承部分可以由其法定继承人继承。

2.给付项目。养老保险待遇的给付项目,主要有养老金和养老金以外的其他补贴。

(1)养老金。养老金是劳动者退休后按有关条件领取的赖以度过晚年的生活费用。养老金按支付方式的不同分为一次性退休养老金和养老年金,前者为一次性支付,后者为按期长期支付,直至被保险人死亡。

(2)养老金以外的其他补贴。养老金以外的其他补贴通常有低收入补贴——给予退休金低于国家规定的最低收入标准的被保险人;看护补贴——给予伤残年金的领取者;超过规定投保期的增发额以及超龄退休补贴等。

中国的社会养老保险给付项目主要是基础养老金给付和个人账户给付两部分。此外,以城镇职工基本养老保险为例,参加基本养老保险的被保险人,因病或者非因工死亡的,其遗属可以领取丧葬补助金和抚恤金;在未达到法定退休年龄时因病或者非因工致残完全丧失劳动能力的,可以领取病残津贴。这两项给付所需资金从基本养老保险基金中支付。

3. 计发办法。养老金待遇的计发办法是依据其支付方式来确定的。主要有均一制和比例制两种。

(1)均一制也称绝对数额制,以生活费为基础,按人计算养老金,与被保险人的工资收入无关。

(2)比例制目前在世界上有两种情况:第一种情况是工资(报酬)比例制,以工资为基础,按照规定的比例计算养老年金。第二种情况是储蓄(积累)额比例制,在实行公积金制度的国家,退休金按照个人账户储存额的一定比例计发,国际上通行的做法是根据退休后的平均余命 10 年计算,每月按存储额的 1/120 计发。

关于中国的城镇职工基本养老保险的计发办法,根据社会保险法的规定,参加基本养老保险的个人,达到法定退休年龄时累计缴费满 15 年的,按月领取基本养老金;累计缴费不足 15 年的,可以缴费至满 15 年,按月领取基本养老金;后者也可以转入新型农村社会养老保险或者城镇居民社会养老保险,按照国务院规定享受相应的养老保险待遇。个人账户养老金一般按被保险人个人账户的 1/139 按月计发。

新型农村社会养老保险与城镇居民社会养老保险的计发办法相同,按照规定,由中央政府确定一个定额的基础养老金标准,由地方政府根据具体情况予以提高和加发。提高和加发部分的资金由地方政府支出。个人账户养老金的计发办法同城镇职工养老保险个人账户计发办法。

(三)养老保险待遇的水平

养老保险待遇的水平主要有两个问题:一是基本养老保险待遇的总体水平;二是养老保险待遇水平的个别差异。

从养老保险的发展过程来看,有两种不同的处理方式:一是以贫困线为标准或以此为基础有一个很小的向上浮动幅度;另一种是力图把个人基本养老保险待遇的水平与被保险人退休前的生活水准联系起来。从建立养老保险制度的国家看,大部分采用后一种方式。

养老保险待遇水平的个别差异,是指根据事先规定的养老保险待遇计发办法,被保险人相互之间所领取的养老保险金的数额差异。由于被保险人的职业、工作年限、收入水平、缴费年限、抚养人数等方面存在的差异,养老保险待遇水平的个别差异也就成为必然的现象。对待养老保险待遇水平的个别差异,一方面要考虑社会保险的公平原则,另一方面又不能搞平均主义,应当坚持权利与义务对等的原则。

中国城镇职工基本养老保险的待遇水平由个人累计缴费年限、缴费工资、当地职工平均工资、个人账户金额、城镇人口平均预期寿命这些因素决定。可以理解为不低于上年度在岗职工月平均工资和本人指数化月平均缴费工资的平均值。而关于新型农村社会养老保险和城镇居民社会养老保险,中央确定的基础养老金标准为每人每月 55 元。地方政府可以根据实际情况提高基础养老金标准,对于长期缴费的被保险人,可适当加发基础养老金,提高和加发部分的资金由地方政府支出。其中,中央财政对中西部地区按中央确定的基础养老金标准给予全额补助,对东部地区给予 50% 的补助。地方人民政府应对参保人员缴费给予补贴,补贴标准不低于每人每年 30 元;对选择较高档次标准缴费的,可给予适当鼓励,具体标准和办法由省(区、市)人民政府确定。对重度残疾人等缴费困难群体,地方人民政府为其代缴部分或全部最低标准的养老保险费。另外,关于新型农村社会养老保险中的集体补助部分,根据规定,有条件的村集体应当对参保人缴费给予补助,补助标准由村民委员会召开村民会议民主确定。

(四)养老保险待遇的调整机制

养老保险待遇属于长期支付的待遇,较其他保险项目而言,受通货膨胀和经济发展水平的影响较大,所以建立合理的养老保险待遇调整机制,是保障退休人员基本生活的重要措施,历来为各国政府所重视。

世界通行的养老保险待遇的调整方式主要有四种:

1. 养老保险待遇根据物价指数的变化进行调整,以美国和日本为代表。

2. 养老保险待遇根据工资水平的变化进行调整,以法国和德国为代表。

3. 养老保险待遇与物价和工资的变化双挂钩,以英国为代表。

4. 在基本养老保险待遇之外再加发与工资收入挂钩的补充养老金,以挪威和加拿大为代表。

中国城镇职工基本养老保险制度属于上述第二种。关于基本养老保险待遇的调整,根据 2010 年出台的社会保险法规定,国家建立基本养老金正常调整机制。根据职工平均工资增长、物价上涨情况,适时提高基本养老保险待遇水平。根据职工工资和物价变动等情况,国务院适时调整企业退休人员基本养老金水平,调整幅度为省、自治区、直辖市当地企业在岗职工平均工资年增长率的一定比例。各地根据本地实施情况提出具体调整方案,报人力资源和社会保障部、财政部审批后实施。而新型农村社会养老保险和城镇居民社会养老保险制度属于上述第一种。国家根据经济发展和物价变动等情况,适时调整全国新型农村社会养老保险基础养老金和城镇居民社会养老保险基础养老金的最低标准。

七、养老保险待遇的给付

养老保险待遇的给付,即养老保险金的发放。当养老保险受益人开始领取养老保险金时,就此受益人而言,养老保险就进入了待遇给付阶段。

养老保险的待遇给付有两种形式:一种是用人单位给付;另一种是社会保险经办机构给付。

改革前,中国企业职工养老金的给付一直采取由用人单位给付的方式。按照改革的目标模式，目前从方便受益人领取的角度，已实行社会化发放。根据《劳动法》的规定，劳动者享受的社会保险金必须按时足额支付。对于养老保险待遇的发放，《国务院关于深化企业职工养老保险制度改革的通知》规定："各地区和有关部门应积极创造条件，提高养老保险管理服务的社会化程度，逐步将企业发放养老金改为社会化发放，技术条件和基础工作较好的地区，可以实行由银行或者邮局直接发放；暂不具备条件的地区，可以由社会保险经办机构发放。社会保险经办机构也可以通过在大型企业设立派出机构等办法，对企业离退休人员进行管理服务。"近年来，在实行养老金社会化发放，特别是在向异地居住人员发放养老金过程中，冒领问题时有发生。为规范管理，堵塞漏洞，人力资源和社会保障部于 2004 年 6 月发出通知决定对异地居住退休人员领取养老金资格进行协助认证工作。

就农村社会养老保险看，根据新型农村社会保险政策的规定，发生变化的主要是养老金待遇的水平，而不是发放的办法。而在以往的实践中，具体做法是，参加保险者达到规定的领取条件时，由当地的社会保险机构定期计发。

自 20 世纪 80 年代以后，伴随农民工的进城务工，劳动关系的性质发生了很大变化，相应的要求劳动法、劳动合同法、社会保障相关制度都要随之调整。城镇企业职工养老保险制度的覆盖范围到今天已经覆盖到农民工，为解决因农民工的跨地移动就业导致的原社会保险关系无法延续问题，政府近年又制定出了新的执行发放政策。新政策规定：基本养老保险关系不在户籍所在地，而在其基本养老保险关系所在地累计缴费年限满 10 年的，在该地办理待遇领取手续，享受当地基本养老保险待遇。基本养老保险关系不在户籍所在地，且在其基本养老保险关系所在地累计缴费年限不满 10 年的，将其基本养老保险关系转回上一个缴费年限满 10 年的原参保地办理待遇领取手续，享受基本养老保险待遇。

第三节　医疗保险法律制度

一、医疗保险的概念和法律特征

（一）医疗保险的概念

对于什么是医疗保险，目前国内外学术界还没有统一的解释，对医疗保险的提法、表述及其内容存在着不同的认识。

国际上围绕疾病风险采取的保险措施有多种，如医疗保险、疾病保险、健康保险等，但这些保险措施保障的范围和作用是不同的。无论各国的称呼如何，根据其保障范围来看，一般来讲，健康保险的范围最大，既包括前两者，还包括对生育、残疾、死亡等风险的经济补偿，支持疾病预防、健康维持等。而医疗保险与疾病保险则常被区别使用。疾病保险一般指疾病津贴或生活补助，如对病人的现金补助和生活补助，相当于中国的病假工资。医疗保险则仅限于直接用于医疗服务的费用补偿。

即使是仅限于直接用于医疗服务的费用补偿的医疗保险,其本身也是一个很大的概念,既可以专指由政府提供的社会医疗保险,也可以指由市场提供的商业医疗保险。但本书中使用这个概念时,是指社会医疗保险。因此,医疗保险是国家通过立法手段建立并强制单位和个人加入的,当社会成员在遭遇疾病风险损失时,能够从社会获得医疗服务或经济补偿的社会保障制度。医疗保险的实质是社会共担风险,目的在于通过国家、单位、个人集资建立基金,实行社会调剂,保证社会成员在其健康受到伤害时得到基本医疗,而不会因为医疗影响生活,从而保证劳动力再生产的正常进行,保证社会安定。

(二)医疗保险的法律特征

医疗保险是社会保险系统中的重要组成部分,它与前面的养老保险一样具有社会保险的强制性、互济性、福利性、社会性等基本特征。它与其他社会保险项目之间既有联系又有区别。医疗保险的侧重点是保障社会成员的身体健康,其他社会保险的侧重点是保障社会成员的基本生活。医疗保险往往与养老、工伤、残疾、生育等保险项目是不可分割的,因为医疗的需求会在任何时间突然发生,有时是其他风险的伴生物,所以它是这些项目中的重要内容和重要方面,与这些项目一起对社会成员在生、老、病及意外事故下的损失进行补偿。但由于疾病和医疗保健服务需求与供给的特殊性,又使医疗保险与其他社会保险项目有着明显的区别,具有自己的特点:

1. 医疗保险具有普遍性。医疗保险是社会保险系统中保障对象最广泛的一个项目。原则上,它应该覆盖到全体社会成员,因为疾病风险是每个人都会遇到且难以回避的,不像生育、失业、工伤、残疾等风险,保险对象主要是劳动者,而且有些人甚至可以避开这些风险。

2. 医疗保险关系更具复杂性。具体内容如下:

(1)医疗保险涉及医、患、保三方,另外,有时还有用人单位等之间复杂的权利义务关系。

(2)为了确保医疗卫生资源的合理利用,医疗保险还存在着对医疗服务的供方和需方的行为进行引导和控制的问题。

(3)医疗保险还涉及医疗保险服务系统的管理问题。

3. 医疗保险属于短期的、经常性的保险。由于疾病的发生是随机的、突发性的,医疗保险提供的补偿也只能是短期的、经常性的,不像其他社会保险项目,如养老保险、工伤保险等,是长期的或一次性的。

4. 医疗保险采用医疗给付的补偿形式。为了确保医疗保险资金专款专用,对享受者主要采取医疗给付的补偿形式,而且补偿多少往往与享受者缴纳的保险费无紧密关系,而与实际医疗服务本身的费用关系更大。

5. 医疗保险费用往往难以控制。人在一生中随时都有可能遭遇到疾病的风险,但每个人发生疾病风险的时间、种类、次数却大不相同。即使治疗同一种疾病,对不同的人在不同的时间、不同的地点、不同的医疗服务提供者的情况下，所消耗的医疗费用也会差别很大。因此，医疗保险的风险预测和费用控制是一个难度较大的问题。

6. 与其他险种的关联性强。从医疗保险与其他险种的关系看，医疗保险在社会保险体系中属于关联性最强的险种，各项社会保险待遇，除现金补助外，都有医疗服务问题。如生育行为在获得生育津贴外，还离不开医疗服务，退休者除获得退休金外，还有权享受医疗服务，因此，医疗保险与其他险种紧密交织在一起。

7. 医疗保险具有高度的系统性。医疗保险不仅是社会保险系统的一个子系统，而且它本身也是由若干个系统组成的高阶系统。在医疗保险的实施中，围绕着医疗的需求与供给以及医疗费用的筹集、管理和支付的过程形成了有关各个方面、各种因素相互作用和相互依存的有机整体，即医疗保险系统。影响这一整体的各个方面、各种因素则构成医疗保险系统的子系统。用系统的观点来看，医疗保险的子系统是多种多样的、多层次的，但总体上可以分为医疗保险的组织系统（见图 4－1）和运行系统。

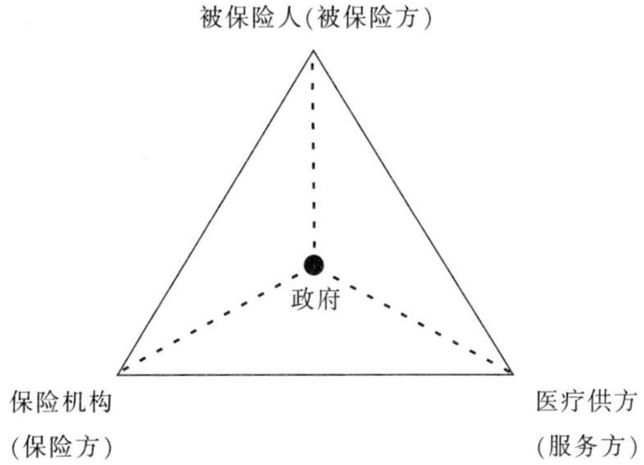

图 4－1　医疗保险组织系统的基本构成

医疗保险的组织系统是指构成医疗保险市场的行为主体和管理机构。它包括社会人群（被保险方）、医疗保险的提供方（保险方）、医疗服务的提供方（医疗供方）和有关政府部门（管理方）。现代医疗保险组织系统的一个显著特点是实行政府干预。相对于其他行业而言，医疗保险作为医疗卫生事业正常运转的经济保险系统必然要受到政府更加深入、更加直接的干预。政府是以经济、法律、行政等手段卷入到医疗保险系统之中，并把这一系统纳入到社会保障系统之中的。在医疗保险的组织系统中，政府实际上是处在医疗保险其他三方关系之上的领导地位，形成了一种由保险方、被保险方、服务方和政府组成的立体的三角四方关系。

医疗保险组织系统中的四个基本构成方都有各自的功能、特点，但又是相互密切联系、相辅相成的一个整体，任何一方的状况和变化都会对其他方的状况和变化产生直接影响，而联系它们之间的基本因素是医疗服务付费的补偿过程。因此，医疗保险组织系统各方的关系实质上是一种经济关系。

二、医疗保险法的历史沿革

世界上最早的医疗保险立法是1883年德国的《疾病保险法》。此法中规定:某些行业中工资少于限额的工人应强制加入医疗保险基金会;基金会强制征收工人和雇主应缴纳的基金。这一法令标志着医疗保险作为一种强制性社会保险制度的产生。这一法令在德国的实施影响了当时整个欧洲。

19世纪末20世纪初,医疗保险伴随资本主义的发展进入国家立法阶段。尤其是1929~1933年世界经济危机后,医疗保险立法进入全面发展时期,这一时期的立法,不仅规定了医疗保险的对象、范围、待遇项目,而且对医疗保险相关的医疗服务也进行了立法规范。其中,英国颁布的《公共健康法》是这一制度全面发展的典型,并为美、德、法等国家所仿效。亚洲国家的日本也于1922年制定了《健康保险法》,规定居民必须全民参加医疗保险,并按不同职业分别纳入不同的医疗保险组织。

到20世纪中叶,医疗保险得到世界范围的广泛重视,其间,国际劳工组织的大力推动也发挥了很大作用。由国际劳工组织所建立与规划的许多医疗保险建议书或公约,对各国制定政策和立法具有指导意义。1944年在《医疗护理建议书》中呼吁各国政府,满足"公民对医疗服务和设施的需要,以便恢复健康和预防病情进一步恶化,以及减轻疾病所带来的痛苦,并进一步保护和改善健康状况",表达了社会医疗保险的新观念,即综合的普遍的保护健康。此后1963年与1969年《医疗护理与疾病津贴公约》和《医疗照顾与疾病津贴建议书》又分别问世。

与养老保险一样,中国的医疗保障在建国初期一直到改革以前也具有双重的二元结构的特征,表现为城镇中对企业单位实施的劳保医疗,对国家机关、事业单位实施的公费医疗和在农村实施的合作医疗。随着20世纪80年代的经济体制的改革,医疗保障制度也发生了根本性的变化。1998年我国开始建立城镇职工基本医疗保险制度,之后又启动了新型农村合作医疗制度试点,建立了城乡医疗救助制度。2007年开始,为实现基本建立覆盖城乡全体居民的医疗保障体系的目标,国务院决定,开展城镇居民基本医疗保险试点。2007年在有条件的省份选择2至3个城市启动试点,2008年扩大试点,2010年在全国全面推开,逐步覆盖全体城镇非从业居民。可以说初步实现了医疗方面的全民皆保险。

(一)20世纪80年代以后城镇医疗保险的制度改革与立法发展

中国共产党第十一届三中全会之后,中国社会保障的制度背景开始经历重大变化,传统的医疗保障体制也经历了由企业和事业单位自发变革(1981~1985年)到地方政府介入(1985~1989年),再到中央政府出面直接推动(1989~1994年)这样三个不同层次的责任主体主导变革的阶段。自中央政府直接出面推动之后,关于医疗保险方面的立法工作也上升了一个层次。特别是进入21世纪以后,医疗保险更是朝着普惠方向发展,体现出社会保障的国民权利性。

1. 城镇职工医疗保险的立法发展。

(1)医疗保险社会化改革的开始。20 世纪 80 年代中、后期，一些地区开展了大病医疗费用社会统筹和离退休人员医疗费用的社会统筹的尝试，标志着医疗保险开始朝社会化方向发展。1989 年 3 月 4 日，国务院发文批转了《国家体改委 1989 年经济体制改革要点》，正式确定在丹东、四平、黄石、株洲四市进行医疗保险制度改革试点工作，在深圳、海南进行社会保障制度综合改革试点工作。卫生部和财政部于 1989 年 8 月联合颁发了《公费医疗管理办法》。这是自解放初期的医疗制度法规发布以来，又一个内容较为完整、全面的管理办法。虽然这个管理办法仍是一种大包大揽的传统模式，但其中对公费开支和自费范围分别作了较为详尽的规定，对享受范围所作规定更为细化。相对于公费医疗而言，劳保医疗的改革在这一阶段更具有实质性和代表性。1992 年 9 月 7 日，劳动部颁布了《关于试行职工大病医疗费用社会统筹的意见》，其后，实施的范围逐步从县市、地级市直至扩大到大城市。

为增强部门间的合力，国务院办公厅于 1992 年 5 月 4 日发出《关于进一步做好职工医疗制度改革工作的通知》，决定成立由八个部门组成的医疗制度改革小组，负责推进和指导全国的医改工作。此后，卫生部于 1992 年 5 月 21 日成立了公费医疗制度改革领导小组，下设了全国公费医疗管理与改革办公室，同时下发《关于加强公费医疗制度改革试点工作的通知》。劳动部也于 1993 年 10 月 8 日印发了《关于职工医疗保险制度改革试点的意见》。该意见在原试行大病统筹意见的基础上对统筹基金进行了修正，提出由单一的大病统筹基金变为医疗保险基金，医疗保险基金由个人专户金、单位调剂金和大病统筹金组成。由此，改革传统制度、建立新型医疗保障制度已逐渐成为共识。

(2)社会统筹与个人账户相结合的城镇职工基本医疗保险制度体系的建立。20 世纪 90 年代，中共十四届三中全会《关于建立社会主义市场经济体制若干问题的决定》明确了建立社会统筹基金和个人账户相结合的医疗保险制度。从 1994 年开始，国务院有关部委选择在江苏省镇江市和江西省九江市进行了职工医疗保险制度改革试点，并于 1996 年将改革试点扩大到全国 40 多个城市。

在广泛试点的基础上，国务院于 1998 年 12 月发布了《关于建立城镇职工基本医疗保险制度的决定》。1991 年 1 月，国务院发布的《社会保险费征缴暂行条例》中对医疗保险费的征缴进行了规定。根据这些法规的规定，社会医疗保险制度领域结束了城镇内部的二元局面，走向了制度的一体化。从制度规定的覆盖范围来看，医疗保险制度的覆盖范围在中国的五大社会保险项目中是最为广泛的一个。为了更好地建立和实施这一制度，在 1999 年的 4 ~6 月，劳动和社会保障部与国家药品监督管理局颁发了《城镇职工基本医疗保险定点零售药店管理暂行办法》；劳动和社会保障部、卫生部与国家中医药管理局颁发了《城镇职工基本医疗保险定点医疗机构管理暂行办法》；劳动和社会保障部、国家发展计划委员会、国家经济贸易委员会、财政部、卫生部、国家药品监督管理局、国家中医药管理局联合颁发了《城镇职工基本医疗保险用药范围管理暂行办法》；劳动和社会保障部发出了《关于城镇职工基本医疗保险诊疗项目管理的意见》和《关于确定城镇职工基本医疗保险医疗服务设施范围和支付标准的意见》。2000 年 5 月，劳动和社会保障部会同有关部门制定了《国家基本医疗保险药品目录》。可以说，到 2000 年，在城市地区，一个强制性的、受益者也要负担的、一元化的中国城镇职工基本医疗保险制度体系已经基本建立。

(3)城镇职工基本医疗保险制度的调整与覆盖范围的扩大。如上所述，城镇医疗保险的改革经历了从国家级试点的选定、试验、推广，到以“社会统筹和个人账户相结合”为基本医疗保险模式的多层次医疗保障体系框架的确立的过程。但是在实施这一制度的过程中，出现了许多的问题，诸如个人账户基金流失、应参保人员未参保、农民工的医疗待遇问题等。制度实施的过程本身也是一个不断校正的过程。2002 年 8 月，劳动和社会保障部发布了《关于加强城镇职工基本医疗保险个人账户管理的通知》，同年 9 月，劳动和社会保障办公厅发出《关于妥善解决医疗保险制度改革有关问题的指导意见》；2003 年 4 月，劳动和社会保障部发出《关于进一步做好扩大城镇职工基本医疗保险覆盖范围工作的通知》，同年 5 月，劳动和社会保障部办公厅发出《关于完善城镇职工基本医疗保险定点医疗机构协议管理的通知》《关于城镇灵活就业人员参加基本医疗保险的指导意见》；2004 年 5 月，劳动和社会保障部办公厅发出《关于推进混合所有制企业和非公有制经济组织从业人员参加医疗保险的意见》；2004 年 9 月，劳动和社会保障部发出《关于印发国家基本医疗保险和工伤保险药品目录的通知》；2006 年，劳动和社会保障部办公厅发出《关于开展农民工参加医疗保险专项扩面行动的通知》。

(4)退休人员医保纳入城镇职工基本医疗保险以及城镇职工基本医疗保险的费率调整。2008 年 7 月，财政部、人力资源和社会保障部、国资委印发《关于中央财政帮助地方财政性关闭破产国有企业退休人员参加城镇职工基本医疗保险补助资金拨付有关问题的通知》，据此打破了封闭运行，实行统一管理，实现了退休人员医保待遇与所在单位脱钩，朝着人人享受基本医疗的目标迈进。2008 年下半年，为了应对经济形势的变化，人力资源和社会保障部会同有关部门连续下发了《关于应对当前经济形势做好人力资源和社会保障有关工作的通知》和《关于采取积极措施减轻企业负担稳定就业局势有关问题的通知》。提出阶段性降低医疗保险费等措施，帮助企业渡过难关。各地采取了降低费率、调整困难企业缴费基数、集中减收 1 个月的缴费等不同方式来减轻企业负担。总之，不仅是中国的情况，医疗保险制度的发达国家目前也面临医疗保险制度难以维持的困难，这说明保险体制本身不是万能的，应当根据法律规范的规定适时地科学合理地予以调整。

2. 城镇居民基本医疗保险的创设立法。2007 年，国务院发出《关于开展城镇居民基本医疗保险试点的指导意见》，要求通过试点，探索和完善城镇居民基本医疗保险的政策体系，形成合理的筹资机制、健全的管理体制和规范的运行机制，逐步建立以大病统筹为主的城镇居民基本医疗保险制度。不属于城镇职工基本医疗保险制度覆盖范围的中小学阶段的学生(包括职业高中、中专、技校学生)、少年儿童和其他非从业城镇居民都可自愿参加城镇居民基本医疗保险。之后，劳动和社会保障部又于同年发出了《关于城镇居民基本医疗保险医疗服务管理的意》，于 2008 年发出了《关于做好 2008 年城镇居民基本医疗保险试点工作的通知》。2008 年年底，全国 317 个城镇居民基本医疗保险试点城市全部启动实施。

2008 年 10 月，国务院办公厅印发《关于将大学生纳入城镇居民基本医疗保险试点范围的指导意见》，提出将大学生纳入城镇居民基本医疗保险试点范围。截至 2008 年年底，全国有 240 万大学生参保。对该制度的财政补助也由制度初期的人均不低于 40 元提高到不低于 80 元，增强了制度的吸引力，提高了待遇的保障能力。并且，根据中央要求，部分省份省级财政补助资金实行分类补助办法，重点向困难市县倾斜，推进试点工作。

虽然立法层级不高，但是从医疗保险的适用范围的扩大看，可以说社会保障是国民权利的又一体现。在城镇地区，一个与就业与否无关的医疗保障制度体系初步确立。

（二）中国农村合作医疗的立法发展

1. 旧农村合作医疗制度的兴衰。中国农村正式出现具有保险性质的合作医疗保健制度是在 1955 年农业合作化运动的高潮时期。到 1980 年，全国农村约有 90% 的行政村（生产大队）实行了合作医疗保健制度。

在这期间，中国农村合作医疗事业的模式是统一的，规范化的，这是因为全国均实行社、队集体核算，从而具有统一的基础和统一的社会政策。然而，农村改革以后，由于农业生产责任制的推行和集体经济的瓦解，1982 年以后，全国实行合作医疗的行政村下降到 5%。在农村地区经济发展水平极不平衡，同一地区，甚至同一乡、村的发展也不平衡的条件下，再要恢复、重建全国统一的农村合作医疗制度显然是不现实的。所以，20 世纪 80 年代以后，国家虽然倡导恢复与推广农村合作医疗事业，但却难以实施统一的政策。而农村医疗保险改革实际上主要是由各地结合自己的实际情况加以探索。

2. 农村合作医疗制度的恢复。1997 年，中共中央、国务院发布《关于农村卫生改革与发展的决定》，明确恢复农村合作医疗制度。进入 21 世纪以后，政府大力推进在农村地区建立医疗保险制度的工作。

2002 年 10 月 29 日，中共中央、国务院发布了《关于进一步加强农村卫生工作的决定》，明确了中国农村卫生工作目标：用 8 年的时间，在全国农村基本建立起适应社会主义市场经济体制要求和农村经济发展水平的农村卫生服务体系和农村合作医疗制度。2002 年 12 月，第九届全国人大常委会第 31 次会议修订的《中华人民共和国农业法》第 10 章第 84 条规定：国家鼓励、支持巩固和发展农村合作医疗和其他医疗保障形式，提高农民健康水平。

3. 新型农村合作医疗的建立。2003 年 1 月，国务院转发了卫生部、财政部和农业部所发的《关于建立新型农村合作医疗制度的意见》；同年 12 月，在湖北宜昌召开了全国新型农村合作医疗试点工作会议。至此，在中国农村地区进入了建立“新型合作医疗”制度的时期。2004 年 1 月，国务院办公厅转发了卫生部等部门《关于进一步做好新型农村合作医疗试点工作的指导意见》。

新型农村合作医疗制度是由政府组织、引导、支持,农民自愿参加,个人、集体和政府多方筹资,以大病统筹为主的农民医疗互助共济制度。自2003年起,采取在各省、自治区、直辖市至少要选择2~3个县(市)先行试点,取得经验后逐步推开的做法。2004年开始确定大额或住院医药费用补助的起付线,封顶线和补助比例,并在农村地区探索手续简便的报账方式。至今,新型农村合作医疗仍在推广过程中。农村合作医疗方面的立法虽然也只是属于法律性文件,但是可以从其他政府文件中看出中国将会加强对农村医疗制度的立法建设。

(三)全民医保的立法建设

2008年以后中国的医疗保障立法建设着重于覆盖全民的基本医疗保障。这从立法上看主要有两个重要的规范性文件的发布。

1.2009年4月,《中共中央国务院关于深化医药卫生体制改革的意见》正式发布。旨在着力解决"看病难、看病贵"问题。提出了2009—2011年的五项重点改革:加快推进基本医疗保障制度建设;初步建立国家基本药物制度;健全基层医疗卫生服务体系;促进基本公共卫生服务逐步均等化;推进公立医院改革试点。基本医疗保障制度的建设排在了首位。要求基本医疗保障制度全面覆盖城乡居民,3年内城镇职工基本医疗保险、城镇居民基本医疗保险和新型农村合作医疗参保(合)率均达到90%以上;城乡医疗救助制度覆盖到全国所有困难家庭。以提高住院和门诊大病保障为重点,逐步提高筹资和保障水平,2010年各级财政对城镇居民基本医疗保险和新型农村合作医疗的补助标准提高到每人每年120元。做好医疗保险关系转移接续和异地就医结算服务。完善医疗保障管理体制机制。有效减轻城乡居民个人医药费用负担。

到2011年末,覆盖城乡全体居民的基本医疗保障制度框架初步形成,职工基本医疗保险、城镇居民基本医疗保险和新型农村合作医疗参保人数达到13亿人,筹资和保障水平明显提高,保障范围从大病延伸到门诊小病,城乡医疗救助力度不断加大。

2.2012年3月国务院印发了《"十二五"期间深化医药卫生体制改革规划暨实施方案》。深化医药卫生体制改革的总体目标。建立健全覆盖城乡居民的基本医疗卫生制度,为群众提供安全、有效、方便、价廉的医疗卫生服务。提出了加快健全全民医保体系,要充分发挥全民基本医保的基础性作用,重点由扩大范围转向提升质量。通过支付制度改革,加大医保经办机构和医疗机构控制医药费用过快增长的责任。在继续提高基本医保参保率基础上,稳步提高基本医疗保障水平,着力加强管理服务能力,切实解决重特大疾病患者医疗费用保障问题。具体要求有八个方面:巩固扩大基本医疗覆盖面;提高基本医疗保障水平;完善基本医疗保障管理体制;提高基本医疗保障管理服务水平;改革完善医疗保障支付制度;完善城乡医疗救助制度;积极发展商业健康保险;探索建立重特大疾病保障机制。

可以看出未来中国社会保障的重要任务之一就是健全覆盖城乡居民的基本医疗卫生制度。这一基本医疗卫生制度的四大支柱是公共卫生服务体系、医疗服务体系、医疗保障体系、药品供应保障体系。四大体系相辅相成,要配套建设,协调发展,任务是相当繁重而艰巨的。本书所涉及的主要是其中之一的医疗保障体系。

三、医疗保险法律制度的适用范围

医疗保险的范围覆盖公务员、雇员、个体劳动者(含农民)、退休人员和公民、合法居民。有些国家还为特殊行业建立了专门的医疗保险制度,如矿工、海员等。医疗保险的适用范围比其他社会保险制度更广泛。

(一)国际劳工公约规定的范围

1. 1950年国际劳工组织通过的《社会保障最低标准公约》规定的医疗和疾病津贴的受保人包括:

(1)规定类别的雇员,其在全体雇员中的构成不低于50%,以及他们的妻子和孩子。

(2)规定类别的经济活动人口,其在全体居民中的构成不低于20%,以及他们的妻子和孩子。

(3)规定类别的居民,其在全体居民中的构成不低于50%。

(4)在雇用20人或20人以上的工业场所的规定类别的雇员,其在全体居民中的构成不低于50%,以及他们的妻子和孩子。

2. 1960年《医疗照顾与疾病津贴公约》规定的医疗照顾和疾病补贴的受保人包括:

(1)全体工薪劳动者(含学徒)及其妻子和子女。

(2)经济活动人口中规定的类别,其总量应至少为全部经济活动人口的75%,以及属于这些类别人员的妻子和子女。

(3)规定的类别居民,其总量应至少为全体居民的75%。公约规定,经济和医疗资源未达到足够发展水平的会员国,可以在批准书中对适用范围作出保留,并规定了可以排除在公约实施范围以外的人员。

3. 1969年《医疗保健和医疗津贴建议书》对1960年公约的适用范围做了进一步扩大,并明确可以分阶段和在适当的条件下实施。其具体包括:

(1)具有临时就业性质的人员。

(2)居住于雇主住所,且为他工作的雇主家庭成员。

(3)所有经济活动人员。

(4)上述人员的妻子和孩子。

(5)所有居民。

(二)医疗保险范围的国际实践

各国医疗保险实施范围和对象的发展一般经历了从个别地区到全国范围,从个别行业、职业到所有行业和职业,从工薪劳动者到非工薪劳动者和全体居民,从职工到家属这样的过程。实施对象和范围的大小,既与一个国家的经济和社会发展水平有关,也与医疗保险制度的历史发展和类型有着密切的关系。

在许多国家法律中,通常将医疗保险的被保险人分为强制被保险人和任意被保险人,将普通劳动者规定为强制被保险人,将经济地位高、收入较多者或临时工规定为任意被保险人。挪威早在1909年、英国于1924年,在立法上就几乎把一切劳动者纳入医疗保险的强制被保险人范围。德国规定,所有工资收入者、学徒,失业保险受益者和残疾人员和年收入不超过一定数额的某些类别的独立劳动者等,都享受医疗保险。而年收入高于一定数额的薪金雇员和收入低于限额的某些群体,可自愿参加医疗保险。

许多国家,特别是发展中国家,医疗保险仅适用于一定规模的公司和一定地区的雇员。医疗保险一般是先在首都或其他少数大城市实施,然后扩展到其他地区。许多国家的医疗保险都排斥农业工人,还有许多国家对某些类别的人员如铁路员工、海员和公务员实行专门的医疗保险制度。如法国,规定某些类别人员包括农业、医师、矿业、公务员和海员等实行专门的保险制度。

中国医疗保险的范围如前所述,自1998年以后范围不断扩大,进入21世纪后更是有了明显的进展,在2009年以后基本上形成了一个由城镇职工基本医疗保险、城镇居民基本医疗保险和新型农村合作医疗这三个子制度共同支撑的基本医疗保障制度体系。覆盖范围为全体社会成员。

今后几年内健全完善中国基本医疗保障制度的任务是要巩固扩大基本医保覆盖面。《"十二五"期间深化医药卫生体制改革规划暨实施方案》中明示:职工医保、城镇居民医保和新农合三项基本医疗保险参保率在2010年基础上提高三个百分点。重点做好农民工、非公有制经济组织从业人员、灵活就业人员,以及关闭破产企业退休人员和困难企业职工参保工作。

四、医疗保险资金的筹集

医疗保险资金的筹集,一般包括资金的来源、缴费比例和筹集模式等内容。根据医疗保险的范围不同,资金筹集的规定也内容迥异。很多国家的医疗保险同其他社会保险制度统一筹集资金。

(一)资金的来源

医疗保险资金的来源涉及缴费义务人。通常各国对公务员的医疗由政府提供保险资金;而对雇员实施的医疗保险,一般资金来源有下列三种:雇主缴费;雇主和雇员缴费;国家、雇主和雇员三方负担。个体劳动者的医疗保险资金的来源通常是个体劳动者本人,但其缴费额则是雇主和雇员的缴费之和。

中国的城镇职工基本医疗保险的缴费义务人是用人单位(雇主)和职工(雇员)。基本医疗保险基金由统筹基金和个人账户构成。职工个人缴费全部计入个人账户,单位缴费全部纳入统筹基金。城镇居民基本医疗保险主要以家庭缴费为主,政府给予适当补助。新型农村合作医疗制度的资金来源于个人缴费、集体扶持和政府资助。

（二）缴费比例

社会医疗保险的缴费比例由政府规定和调整。方法主要有：固定保险费金额；与工资挂钩（按工资的百分比缴纳）；与收入挂钩（按个人收入的百分比缴纳）；按区域缴纳（按照各区域内基本卫生设施条件，确定几种保险费级别）等。

中国城镇职工医疗保险费用负担比例（1998 年）：用人单位缴费率应控制在职工工资总额的 6% 左右，职工缴费率一般为本人工资收入的 2%，随着经济发展，缴费率可作相应调整。现在各地区的缴费比例不同，用人单位的缴费费率大致在职工工资总额的 7% 到 10% 之间；职工个人缴费比例也比 1998 年有所上升，但各地做法比较灵活。城镇居民基本医疗保险和新型农村合作医疗制度都属于定额保费制，前者每年每人按照一定的数额缴纳保险费，有条件的用人单位可以对职工家属参保缴费给予补助，政府按照参保人数给予定额补助。后者视各地经济情况定出几个档位的缴费标准，农民个人负担最低限的缴费，之后中央财政以及各级财政对参加新型农村合作医疗的农民予以适合当地经济情况的定额补助。在某些地区正在推行城乡居民医保一体化。2009 年以后，城镇居民医疗保险和新型农村合作医疗中的政府补助部分和个人负担部分都逐渐加大。其中 2010 年的政府补助标准为每人每年 120 元。《“十二五”期间深化医药卫生体制改革规划暨实施方案》中明示：到 2015 年，城镇居民医疗保险和新型农村合作医疗的政府补助标准提高到每人每年 360 元以上。关于个人缴费部分各地的标准不同，但都是采取定额制，基本是按照当地生活水平与不同参保人员所属年龄群等确定不同的缴费金额。

（三）筹集模式

医疗保险资金的筹集模式或办法与养老保险基本相同。大致可以分为现收现付制、积累制和混合制三种。但现收现付的筹集办法是最为传统也最为通用的。中国城镇目前实施的职工基本医疗保险实行“社会统筹与个人账户相结合”的方式。城镇居民基本医疗保险和新型农村合作医疗制度属于大病统筹基金制。在实践中，某些地区也采取了农大病统筹与家庭账户相结合的方式。但总体分析看，中国目前推行的三种医疗保险的筹资模式均属于混合制。

五、医疗保险待遇

关于医疗保险待遇，各国在立法中规定的内容主要有：享受医疗保险待遇的资格条件（津贴支付条件），待遇标准和期限，医疗待遇的支付项目、方法和比例。由于医疗保险涉及医疗服务提供方，所以关于基本医疗保险的诊疗项目，基本医疗保险用药范围和药品价格，基本医疗保险医疗服务设施范围和支付标准，定点医院和药店资格，医生、医院服务价格等规定，都是医疗保险立法的重要内容。比如，从 1989 年开始，德国便通过立法对部分药品实行法定价格，超过这个价格的医疗费用，保险公司可以不予报销。

从总体上看,主要有以下内容:

(一)享受医疗保险待遇的资格条件

享受医疗保险待遇的资格条件一般以就业为条件,但也有例外。例如瑞典的家庭主妇,若因疾病丧失劳动能力,也有资格得到医疗待遇。此外,大多数国家规定,医疗待遇申请者必须缴纳保险费达到最低限度的合格期,或者在发病前从事一定的受保职业达到一定的工龄。

对于医疗保险而言,资格条件的限制相对宽松,因为医疗服务是每个公民的需要。但为使有限的医疗基金发挥更大的作用,许多国家在立法中对医疗保险待遇的给付都规定了具体的限制条件,当受保人属于限制条件范围内时,全部或部分不予给付医疗保险待遇。如:保险事故由被保险人故意或犯罪行为所引起的,概不给付保险待遇;被保险人无正当理由不服从或拒绝医生诊断治疗的,全部或部分停止保险给付;被保险人被收容、被处拘役或徒刑,享受国家或公共团体负担费用之疗养或身处法律适用范围以外区域者,在这些情形存续期间不给付保险等。

中国城镇职工享受医疗保险待遇,除完全丧失劳动能力外,只限于规定的医疗期内。此医疗期,即职工因患病或非因工伤停止工作治疗休息且不得辞退的期限,其长度根据职工本人连续工作时间和在本单位工作时间分档次确定,最短不可少于 3 个月,最长一般不超过 24 个月;难以治愈的疾病,经医疗机构提出,本人申请,劳动保障部门批准后,可适当延长医疗期,但最多不超过 6 个月。

(二)医疗保险待遇的支付项目和待遇标准

对医疗保险法律制度的调整对象各国有不同的规定,有的国家医疗保险法律制度的调整对象为医疗津贴、医疗待遇和生育津贴,有的国家为医疗津贴、医疗待遇,如中国。各国对医疗保险待遇的项目有不同的规定,这也与各国对于医疗保险本身的范围规定不同有关。与疾病风险相关的待遇项目主要有三个:疾病现金补助、医疗补助和供养亲属的医疗补助。而前者往往属于疾病保险的待遇给付,后两者中,有的国家也只包括其中的医疗补助部分。

中国基本医疗保障体系内的各制度的支付项目都有具体规定,但都包括就诊、检查、处方、住院等几个项目。保险待遇均包括医疗服务的提供,医疗费用的补偿。

根据相关规定,中国城镇职工一般可在与社会保险经办机构和用人单位签订的医疗服务合同规定的多个定点医疗机构中选择就医,其待遇项目主要有:规定范围的药品费用、规定范围内的检查费用和治疗费用、规定标准的住院和留观费用。

城镇居民基本医疗保险的参保人就医实行定点首诊和双向转诊制度,将社区卫生服务中心、专科医院、院店合作和二级及其以下医疗机构确定为首诊医疗机构,将部分三级综合和专科医疗机构确定为定点转诊医疗机构,参保居民就医时应首先在定点首诊医疗机构就诊,因病情确需转诊转院治疗的,由定点首诊医疗机构出具转院证明,方可转入定点转诊医院接受住院治疗,等病情相对稳定后,应转回定点首诊医院。其待遇主要包括支付参保居民的住院和门诊大病、门诊抢救医疗费，支付范围和标准按照城镇居民基本医疗保险药品目录，诊疗项目和医疗服务设施范围和标准的有关规定执行。参保人员在定点医疗机构、定点零售药店发生的下列项目费用纳入城镇居民基本医疗保险基金报销范围：住院治疗的医疗费用；急诊留观并转入住院治疗前7日内的医疗费用；符合城镇居民门诊特殊病种规定的医疗费用；符合规定的其他费用。

新型农村合作医疗的参保人员也要按照相关规定在定点医院就医。其保险待遇包括门诊补偿、住院补偿以及大病补偿三部分。按照规定，门诊补偿根据就诊医院的级别不同，其就诊费、各项检查费以及厨房费的补偿金额不同；住院补偿部分的待遇包括参加人员在统筹期内因病在定点医院住院诊治所产生的药费、检查费、化验费、手术费、治疗费、护理费等符合城镇职工医疗保险报销范围的部分（即有效医药费用）；大病补偿的待遇包括凡参加合作医疗的住院病人一次性或全年累计应报医疗费超过一定限额的部分，对这部分费用给予分段性按比例补偿。

（三）医疗保险待遇支付方式

各国医疗保险规定的医疗服务费用的具体支付办法主要有三种方式：

1. 由公共卫生系统或社会保险机构直接将医疗费用支付给医疗照顾的提供者，病人一般与医疗照顾的提供者很少或不发生经济关系。

2. 偿还病人的治疗费用的方式。通常先由病人按其所得到的医疗服务向医生、药房或医院缴纳医疗费，然后由社会保险机构按规定的比例报销病人所缴的医疗费用。报销一般有最高限额的规定。

3. 直接向病人提供医疗照顾。有些国家的社会保险机构或政府自己拥有并经办医疗设施，这些设施一般由领取薪金的人掌管，由他们直接向受保人提供医疗服务，病人对大部分医疗服务项目不支付费用，只是他们缴纳的保险费的一部分要拨做医疗经费。

上述中国基本医疗保险的三个制度的待遇支付方式基本都属于第二种。三个制度的待遇支付都规定有起付标准和最高支付限额，也就是实行三段式支付。累计未达到起付标准时，所发生的医疗费用，由个人账户或者个人自付；所发生的超过起付标准为达到最高支付限额部分的医疗费用，按照不同的制度各自所规定的具体比例报销；累计超过最高支付限额的部分的医疗费用，除癌症等特大严重疾病给予特殊医疗待遇报销之外，一般不予报销，可通过商业医疗保险等途径解决。参保人员就医所发生的有关医疗保险项目内的费用，一般先由参保人员垫付，再经由其医疗保险所属地区的医疗保险经办机构按照相关规定及时审核报销。

六、医疗保险管理机构及其职责

国家一般对医疗保险的管理负监督责任，在实行中央管理体制的国家，政府一管到底，如新加坡；在实行多元化和混合管理体制的国家，由两方或者三方组成的委员会、疾病基金会进行管理。

由于医疗保险关系的复杂性,医疗保险的管理也非常复杂,一方面涉及行政管理,一方面涉及业务管理。各国医疗保险的立法中都有有关管理机构设置及职责方面的内容。在医疗社会保险制度中,医疗保险基金的管理和监督一般属政府行为,同时赋予缴费人监督权和诉讼权。关于基金管理的一般内容见本书第八章内容。

中国城镇医疗保险的主管机构是人力资源和社会保障部,其主要负责法规政策的制定以及对执行机构执行情况的监督和管理。执行机构指医疗保险经办机构,其具体负责承办医疗保险基金的筹集、管理、支付、监督等医疗保险业务。人力资源和社会保障部对医疗保险经办机构进行行政监管,还要负责协调医疗保险经办机构与定点医疗机构、定点药品销售单位、参保单位及参保职工之间的关系。

关于中国城镇居民基本医疗保险的管理,国家实行国务院城镇居民基本医疗保险部际联席会议制度。在国务院领导下,国务院城镇居民基本医疗保险部际联席会议负责组织协调和宏观指导试点工作,研究制定相关政策并督促检查政策的落实情况,总结评估试点工作,协调解决试点工作中出现的问题,并就重大问题向国务院提出报告和建议。新型农村合作医疗一般由县级人民政府成立有关部门和参加合作医疗的农民代表组成的农村合作医疗管理委员会,负责有关组织、协调、管理和指导工作。委员会下设经办机构,负责具体业务工作。

第四节　失业保险法律制度

一、失业保险的概念和法律特征

(一)失业保险的概念

失业对劳动者而言,意味着失去职业,失去生计来源,生活陷入困境;对社会而言,则是劳动生产力的极大浪费,会给社会带来不安定的因素,影响社会的稳定。因此,必须对之进行事先预防和事后救济,以限制其带来的负面影响,手段之一就是依法建立完善的失业保险制度。

所谓失业保险,是指国家通过立法强制实行的,由社会集中建立基金对因失业而中断生活来源的劳动者提供物质帮助的一项制度,它是社会保障体系的重要组成部分。其核心内容是社会集中建立失业保险基金,分散失业风险,使暂时处于失业状态下劳动者的基本生活得到保障,并通过失业培训达到就业安置。

(二)失业保险的法律特征

失业保险与其他社会保险制度相比,具有以下法律特征:

1. 在实施对象上,失业保险的对象为失业劳动者,即失业保险是只对有劳动能力并有劳动意愿但无劳动岗位的人提供的保险。中国对失业保险对象进一步限定为已就业但非因本人意愿中断就业的、并办理失业登记的那部分劳动者,从未就业者不在此列。

2. 在保障功能上，失业保险不仅要为失业者提供基本生活保障，还要促进其再就业。只有如此，才能更彻底地解决失业问题。

3. 在享受待遇期限上，失业保险不同于工伤保险和养老保险，失业保险待遇有一定期限，劳动者只能在法定期限内享有保险待遇，超过这一期限，即使劳动者仍处于失业状态，也不可再享受。如中国规定失业者领取失业保险金的最长期限为 24 个月。

4. 在费用负担上，失业保险费由企业和劳动者缴纳。在各项社会保险中，工伤保险和生育保险的保险费由企业全部负担，劳动者个人不缴费。而对于失业保险来讲，劳动者要按其工资的一定比例缴纳保险费，之后才能享有相应待遇。

二、失业保险法的历史沿革

在本书第一章中介绍了失业保险法的发展状况。到 1997 年底，世界上共有 68 个国家实行了失业保险（包括失业救济）制度。其中：中国、日本、美国、加拿大、英国、德国等国家和地区实行强制性失业保险；丹麦、瑞典等北欧福利国家则实行非强制性失业保险制度，还同时实行失业救济；澳大利亚、新西兰等国家实行失业救济；新加坡和加纳实行的是个人账户下的强制性失业保险储蓄。许多发达国家建立了雇用促进法律制度，其中具有两部分内容。一部分是传统的失业保险部分的内容，即对失业人群的生活保障部分；另外一部分是帮助失业人群尽快就业的制度安排。换言之，既有失业救济金的给付，也有就业促进服务的提供。中国围绕失业人口的生活保障问题也是首先通过失业保险制度的建设开始的，近几年开始加大了就业促进的法制建设的力度。

（一）中国的失业保险立法的沿革

中国失业保险的立法发展可以说是表现为从待业保险到失业保险的转变过程，立法内容由以失业救济为主转移到失业者的生活保障和就业促进两个方面。

中国的失业保险制度真正开始于改革开放以后，其标志是国务院于 1986 年 7 月 12 日颁布的《国营企业职工待业保险暂行规定》。这一法规的颁布对增强企业的活力、推进我国经济体制改革起了不可忽视的作用。经过十年多的实践，为适应国有企业改革的深入发展，1993 年 4 月，国务院发布了《国有企业职工待业保险暂行规定》，对 1986 年的《暂行规定》作了进一步的修改和完善。这次修改，进一步完善了中国失业保险制度，也标志着中国失业保险制度进入了正常运行期。

随着市场经济的确立，通过市场保护劳动力的再生产和合理配置劳动力资源也就成为必然趋势。如何解决失业和跳槽过程中劳动者的基本物质生活保障已成为当今政府必须面对的一个现实问题。为此，根据党的十四届三中全会作出的《关于建立社会主义市场经济体制若干问题的决定》的精神，国务院于 1999 年 1 月颁布了《失业保险条例》。1999 年的《失业保险条例》中正式使用了“失业”一词，其内容规定适应了当前和今后一段时期社会经济发展的需要，标志着中国的失业保险制度又迈进了一个新的阶段。

《失业保险条例》颁布之后，各地都开始陆续制定本地区的失业保险条例。为保障《失业保险条例》的顺利实施，2000 年 10 月，劳动和社会保障部颁布了《失业保险金申领发放办法》。为规范城镇企事业单位及其职工参加失业保险和履行缴费义务的行为及经办机构的管理服务程序，准确审定失业人员申领失业保险金资格、确定待遇期限，劳动和社会保障部于 2002 年 4 月发出《关于建立失业保险个人缴费记录的通知》。此后，为了纠正在实施失业保险制度过程中出现的问题，2003 年，最高人民检察院对挪用失业保险基金和下岗职工基本生活保障资金的行为作出了《关于挪用失业保险基金和下岗职工基本生活保障资金的行为适用法律问题的批复》；为促进失业人员通过多种形式实现就业，处理好职工在不同经济类型单位间转换时失业保险关系接续问题，提供便捷周到的服务，2004 年，劳动和社会保障部发出了《关于对不符合领取失业保险金条件人员原有缴费时间的处理意见》；为充分发挥失业保险制度促进再就业的功能，劳动和社会保障部与财政部于 2006 年 1 月联合发出《关于适当扩大失业保险基金支出范围试点有关问题的通知》。至此，中国的失业保险制度得到了进一步完善。其后，为了解决与失业制度密切相关的待业人群的问题，自 2003 年以后政府加大了就业促进方面的立法工作。

（二）就业促进立法的发展

进入 21 世纪以来，为解决中国的就业问题，政府除进一步完善失业保险制度之外，还加强推进再就业。政府在 2003 年提出全方位推行“再就业工程”的任务目标，由单纯被动的生活救济转向积极的再就业工程，采取了救济与再就业两条腿走路的方式。《劳动和社会保障事业发展“十一五”计划纲要》也要求继续实施积极的就业政策，促进下岗失业人员再就业；加快推进统筹城乡就业试点工作，逐步建立城乡统一的劳动力市场，实现农村劳动力的合理有序转移；健全覆盖城乡的公共就业服务体系，继续开展一些如“再就业援助月活动”；进一步加强失业调控，切实做好政策性关闭破产企业职工安置工作。为此，2006 年，原劳动和社会保障部发出《关于印发 2007 年就业再就业专项计划的通知》。同年国务院发出了《关于解决农民工问题的若干意见》，其中要求搞好农民工就业服务和培训。根据此意见精神，原劳动和社会保障部于 2007 年发出了《关于做好 2007 年度农村劳动力技能就业计划实施工作的通知》，对农村劳动力培训工作进行了部署，以进一步推动“再就业工程”。同时，为贯彻《中共中央关于构建社会主义和谐社会若干重大问题的决定》关于“扩大再就业政策扶持范围，健全再就业援助制度，着力帮助零就业家庭和就业困难人员就业”的精神，落实国务院领导同志提出的“争取到今年底基本解决零就业家庭就业问题”的要求，原劳动和社会保障部于 2007 年发出了《关于全面推进零就业家庭就业援助工作的通知》。

为了促进就业，促进经济发展与扩大就业相协调，促进社会和谐稳定，中华人民共和国第十届全国人民代表大会常务委员会第二十九次会议于 2007 年 8 月通过，并于

2008 年 1 月 1 日起施行了《中华人民共和国就业促进法》。其规定对失业人员再就业采取了政策性保护。该法第十六条规定国家建立健全失业保险制度，依法确保失业人员的基本生活，并促进其实现就业。第十七条规定国家鼓励企业增加就业岗位，扶持失业人员和残疾人就业，对下列企业、人员依法给予税收优惠：①吸纳符合国家规定条件的失业人员达到规定要求的企业；②失业人员创办的中小企业；③安置残疾人员达到规定比例或者集中使用残疾人的企业；④从事个体经营的符合国家规定条件的失业人员；⑤从事个体经营的残疾人；⑥国务院规定给予税收优惠的其他企业、人员。第十八条规定了对上述④⑤项规定的人员，有关部门应当在经营场地等方面给予照顾，免除行政事业性收费。该法律的发布实施说明中国在就业保障制度上的进步。其立法层次上升到国家级立法，可以说是社会保障立法发展进步的象征。

为加强就业服务和就业管理，培育和完善统一开放、竞争有序的人力资源市场，为劳动者就业和用人单位招用人员提供服务，根据就业促进法等法律、行政法规，原劳动和社会保障部 2007 年 10 月 30 日通过了与之配套的《就业服务与就业管理规定》，该规定也于 2008 年 1 月 1 日起实施。同时，发出了《关于做好 2008 年公共就业服务专项活动的通知》，决定于 2008 年继续在全国组织实施“就业援助月”、“春风行动”、“民营企业招聘周”和“大中专技校毕业生就业服务月”四项公共就业服务专项活动。

以上可以看出，21 世纪是中国就业促进法的发展的开始，也是在社会保障制度的建设上与国际接轨的一个体现。

除了上述与失业保险相关的专门立法之外，2010 年 10 月出台的《社会保险法》中的第 5 章，以及 2011 年 6 月人力资源和社会保障部发布的《实施 < 中华人民共和国社会保险法 > 若干规定》对失业保险也进一步做出了规定。

三、失业保险的对象和范围

由于失业保险是为遭受失业风险、暂时丧失工资收入的失业者设计的，因而其覆盖范围在创始阶段界定得十分明确和严格，一般限定于正式参加经济活动、有了稳定的职业、暂时失去工作岗位的工资劳动者，而那些职业不稳定、不正规的临时工、季节工人、家庭佣人、农业工人，职业相当稳定的国家公务员，有独立收入的个体劳动者以及中等以上的学校毕业生，均不包括在承保范围内。

随着社会经济的发展，对失业概念的解释也发生了变化，失业保险的覆盖范围也在相应的扩大。国际劳工组织 1998 年举行的第 75 届劳工大会将失业界定为：凡有能力参加经济活动，可以寻找工作并确实在寻找职业而未能得到适当工作，以致没有收入、生活无着落的劳动者都是失业者，都有权享受失业保险待遇。根据该大会通过的《促进就业和失业保险公约》（第 168 号），失业保险对象范围包括公务员、学徒、临时工、季节工、家庭佣人以及所有工资劳动者，同时还规定以下十种寻找职业的人，至少三种应包括在失业保险范围之内：①结束了职业培训的青年人；②完成了学业的青年人；③完成义务兵役的青年人;④结束专门养育子女或照顾病残、老人的人;⑤无权领取遗属津贴的丧偶者;⑥离婚或分居者;⑦获释犯人;⑧结束了一期培训的成年人,包括残疾人;⑨回到原籍国的移民工人;⑩以前从事个体就业的人员。

今天的失业保险对象更是扩大了其涵盖范围,同时已注重将失业保险与促进就业相结合,因而,自20世纪60年代起,国际劳工组织通过的有关失业问题的决议就称为《就业公约》。现在,国际劳工组织及一些发达国家对失业的新界定为:凡达到一定年龄、具有劳动能力但没有职业或工作负荷达不到一定标准而正在为获取收入寻找工作,并已向职业介绍机构登记者,均为失业人员,都是失业保险的对象。

根据国务院1999年1月颁布的《失业保险条例》规定,中国的失业保险适用于城镇企业事业单位及其职工。根据《失业保险条例》的规定,社会团体及其专职人员、民办非企业单位及其职工、城镇有雇工的个体工商户及其雇工可否纳入失业保险范围,由各省级人民政府确定。这就为失业保险全覆盖提供了法律依据。可以说,《失业保险条例》的实施,从根本上解决了失业保险广覆盖的问题。而相对《失业保险条例》而言,就业促进法等法律规定的适用范围则更广泛,覆盖了整个劳动力人口;《社会保险法》则规定了中华人民共和国境内的职工应当参加失业保险。

四、失业保险基金的筹集

失业保险基金的来源为雇主和雇员缴纳的失业保险费和政府财政补贴。现行筹集失业保险基金的方式,有三方共担的,也有由其中的一方或两方负担的。负担方式及负担比例取决于政府、企业、劳动者个人对失业责任的认知;缴费方对费用负担的承受能力;就业政策的指导思想和原则。

目前,澳大利亚、匈牙利、新西兰等国家由政府全部负担;意大利实行政府和雇主共担;法国实行企业和雇员共担;印度尼西亚由雇主全部负担;加拿大、日本、德国、美国等国家实行三方共担。

《失业保险条例》规定,失业保险基金由下列各项构成:城镇企业事业单位、城镇企业事业单位职工缴纳的失业保险费;失业保险基金的利息;财政补贴;依法纳入失业保险基金的其他资金。这里的其他资金是指按规定加收的滞纳金及应当纳入失业保险基金的其他资金。至于缴费部分,中国同法国相同,实行用人单位和职工个人共担。缴费比例根据1999年《失业保险条例》规定,用人单位按照本单位职工工资总额的2%,职工个人按照本人工资的1%缴费。城镇企业事业单位招用的农民合同制工人本人不缴纳失业保险费。城镇企业事业单位的缴费基数为本单位工资总额,个人缴费基数为本人工资额。在确定缴费基数时,各地可以根据情况统一规定各单位以哪一个时期的工资总额和工资额为缴费基数。其中所说工资总额,包括了单位招用的农民合同制工人的工资部分。

五、失业保险待遇

(一)享受失业保险待遇的资格条件

关于享受失业保险待遇的资格条件,各国规定大致相同,主要有以下限定:

1. 失业者必须处于劳动年龄阶段,即必须是处于法定最低劳动年龄和法定退休年龄之间的劳动者。

2. 失业者必须是非自愿性失业。也就是说失业原因并非出于本人意愿,而是由于超出其所能控制的各种社会或经济因素所造成的,例如企业破产、经济性裁员或自然灾害等,因由此造成的失业与失业者无关,所以理应由国家和社会向其提供失业保险。各国政府对此均有一致的规定,其目的也是为了防止故意失业以骗取失业保险金的现象发生。

3. 失业者失业前必须工作过一定时日,或投保过一定时日。为了贯彻失业保险权利与义务相一致的原则,大多数国家都有此规定,一般以失业前一年中的 6 个月为准。还有一些国家规定,失业者只有失业前在有关国家居住过一定期限,才能取得领取失业保险金的资格。

4. 失业后必须进行就业介绍登记,表明自己有劳动能力和就业意愿但已失业。为了检查失业者的劳动能力和就业意愿,各国均规定,失业者申请失业后在领取保险金前,须先到就业机构登记,申请辅导就业,并在领取失业保险金期间,定期向就业机构报到。此期间,就业机构要向失业者介绍工作,若失业者无正当理由而拒绝接受,则其失业不再视为非自愿性失业,将被取消享受失业保险待遇的资格。但是就业机构所介绍的工作必须是"适当职业",适合于失业者个人的具体实际情况。

关于中国的失业保险待遇的享受资格条件,《社会保险法》第 5 章中明确规定,具备下列条件的失业人员,可以领取失业保险金:按照规定参加失业保险,所在单位和本人已按照规定履行缴费义务满 1 年的;非因本人意愿中断就业的;已办理失业登记,并有求职要求的。其中,关于非因本人意愿中断就业包括下列情形,指《实施 < 中华人民共和国社会保险法 > 若干规定》中规定的:①依照《劳动合同法》第 44 条第 1 项、第 4 项、第 5 项规定终止劳动合同的;②由用人单位依照《劳动合同法》第 39 条、第 40 条、第 41 条规定解除劳动合同的;③用人单位依照《劳动合同法》第 36 条规定向劳动者提出解除劳动合同并与劳动者协商一致解除劳动合同的;④由用人单位提出解除聘用合同或者被用人单位辞退、除名、开除的;⑤劳动者本人依照《劳动合同法》第 38 条规定解除劳动合同的;⑥法律、法规、规章规定的其他情形。

(二)失业保险待遇标准

1. 失业保险待遇标准的确定。各国在确定失业保险待遇标准时,一般遵循确保失业者及其家属的基本生活需要;给付标准应适当低于失业者原有工资水平;失业保险权利和义务相对等的原则。

中国的社会保险法规定,失业保险金的标准根据社会保险法的规定,由省、自治区、直辖市人民政府确定,不得低于城市居民最低生活保障标准。

2. 失业保险给付期限的确定。失业保险的给付期限是失业者享受领取失业保险金的最长时间,多数国家均有一定限制,通常为 8 ~ 36 周,一般为 26 周。国际劳工大会 1952 年规定失业保险的给付期限为 12 个月发 26 周,1988 年又规定为 24 个月内可支付 30 周,特殊情况下可支付 52 周。

中国的失业保险给付期的确定,社会保险法有明确规定。失业人员失业前用人单位和本人累计缴费满 1 年不足 5 年的,领取失业保险金的期限最长为 12 个月;累计缴费满 5 年不足 10 年的,领取失业保险金的期限最长为 18 个月;累计缴费 10 年以上的,领取失业保险金的期限最长为 24 个月。重新就业后,再次失业的,缴费时间重新计算,领取失业保险金的期限与前次失业应当领取而尚未领取的失业保险金的期限合并计算,最长不超过 24 个月。

3. 失业保险待遇给付的项目。世界各国失业保险待遇给付的项目大体一致,主要包括基本失业津贴、失业救济金、失业者家庭补助和为失业者提供的职业介绍及重新就业等服务。其中,基本失业津贴的给付形式大体有:工资比例制;均一制;混合制;一次性给付。

失业救济金指支付给那些超过合理的给付期限但仍未找到工作的失业者,仅能维持失业者的最低生活水平的救济金。

失业者家庭补助也称补充失业津贴,顾名思义,此项补助是一种对失业者供养的家属给付的津贴。

在国外,一般失业者再就业有三个途径。其一是通过各种就业信息(报纸广告、熟人、朋友介绍等)就业;其二是通过劳工部门的职业介绍机构介绍就业;其三是自谋职业。职业介绍机构主要是尽可能地了解并掌握各单位职位空缺情况,并通过公众媒体广为分发,为求职者提供信息并协助寻找合适的工作,或根据用人单位委托物色合适的求职者,为之培训专门的人才。

各国对自谋职业者都有一定的鼓励措施,如法国,失业者凡举办或接管工业、商业、手工业或农业企业,或从事其他不靠工资谋生的职业,都有权在一定时间内享受国家的补助。另外,自谋职业者凡从事自营职业后 6 个月内又停业的,可以重新享受失业补贴,这也在一定程度上鼓励了失业者办企业,自谋职业。在爱尔兰,失业者可以申请将失业期内的津贴作为本金,以兴办企业。

关于中国失业保险待遇给付的项目,根据现行社会保险法和《实施 < 中华人民共和国社会保险法 > 若干规定》的规定,主要有:①失业保险金。维持失业人员基本生活的失业保险金。②医疗保险待遇。失业人员在领取失业保险金期间,参加职工基本医疗保险,享受基本医疗保险待遇;失业人员应当缴纳的基本医疗保险费从失业保险基金中支付,个人不缴纳基本医疗保险费。③丧葬补助金和抚恤金。失业人员在领取失业保险金期间死亡的,参照当地对在职职工死亡的规定,向其遗属发给一次性丧葬补助金和抚恤金。所需资金从失业保险基金中支付。但当失业人员个人死亡同时符合领取基本养老保险丧葬补助金、工伤保险丧葬补助金和失业保险丧葬补助金条件的，其遗属只能选择领取其中的一项。④职业介绍与职业培训补贴。失业人员在领取失业保险金期间，应当积极求职，接受职业介绍和职业培训。失业人员接受职业介绍、职业培训的补贴由失业保险基金按照规定支付。

（三）失业保险待遇的发放

世界上有的国家在发放失业保险待遇时规定等待期限，即失业者失业后，必须经过一段时间的等待，才能领取失业保险金。此项规定有助于减少小额给付的烦琐工作，并可以控制给付数量。大部分国家规定的等待期为3～7天，个别的国家如比利时、瑞士最长达36天。同时，多数国家规定，每次受领失业给付前均须有一定等待期间，但如一年内遇有第二次失业时，则这次不需经过等待期限。

中国的失业保险待遇的发放没有等待期的规定。根据社会保险法规定，具体发放程序为：

1. 用人单位应当及时为失业人员出具终止或者解除劳动关系的证明，并将失业人员的名单自终止或者解除劳动关系之日起15日内告知社会保险经办机构。

2. 失业人员应当持本单位为其出具的终止或者解除劳动关系的证明，及时到指定的公共就业服务机构办理失业登记。

3. 失业人员凭失业登记证明和个人身份证明，到社会保险经办机构办理领取失业保险金的手续。失业保险金领取期限自办理失业登记之日起计算。

失业人员在领取失业保险金期间有下列情形之一的，停止领取失业保险金，并同时停止享受其他失业保险待遇：①重新就业的；②应征服兵役的；③移居境外的；④享受基本养老保险待遇的；⑤无正当理由，拒不接受当地人民政府指定部门或者机构介绍的适当工作或者提供的培训的。

六、失业保险的管理

（一）管理模式

目前，世界失业保险的管理主要有三种模式：

1. 国家管理模式。该模式指失业保险由政府设立的主管机构以层级方式专门管理。如英国，其卫生和社会保障部门负责失业保险资金的管理和失业档案管理；就业部门通过所属各地办事机构和职业介绍所管理失业保险金。

2. 国家监督下的工会管理模式。实行该管理模式的代表是瑞典，其国家劳工市场监督失业法规的实施；工会失业基金会管理全国各行各业的失业保险业务；工会失业基金会各地分支机构负责失业保险费的收缴工作，并与各地职业介绍所密切配合管理失业保险金。

3. 劳资双方联合管理模式。法国对失业保险实施此种模式的管理。法国的卫生和社会保障部门行使失业保险事宜全面监督权；劳资双方组成共同理事会，负责失业保险的管理事宜，包括失业保险金的给付。

（二）中国的失业保险管理

中国失业保险由国务院劳动保障行政部门主管，县级以上地方各级政府劳动保障行政部门主管本行政区域内的失业保险工作。劳动保障行政部门按照国务院规定设立的失业保险经办机构，具体承办失业保险工作。

失业保险经办机构的主要职能有：

1. 失业人员的登记、调查和统计。

2. 失业保险基金的管理：中国的失业保险基金必须存入财政部在国有商业银行开设的社会保障基金专户，实行收支两条线管理，由财政部门依法监督。

3. 失业保险待遇的核定与给付。

4. 失业人员培训与职业介绍补贴经费的拨付。

5. 为失业人员提供免费咨询服务。

第五节　工伤保险法律制度

一、工伤保险的概念及法律特征

（一）工伤保险的概念

"工伤"是职业伤害的简称，主要指职工在生产工作中因意外事故和职业病造成的伤残或死亡。一般而言，意外事故必须与从事工作或职业的时间和地点相关，而职业病必须与从事工作或职业的环境、接触有害有毒物质的标量和时间有关。它既包括劳动者在直接从事生产经营活动时所遭受的各种伤害，也包括劳动者在非直接从事生产经营时所遭受的各种伤害，如劳动者上下班途中遇到的交通事故等。

工伤保险也称职业伤害保险，是指劳动者在生产劳动和其他工作过程中遭受意外事故或因长期接触有毒有害因素而造成负伤、患病、致残及暂时或永久性丧失劳动能力乃至死亡时，由国家或社会向劳动者及其生前供养的亲属所提供的必要的医疗、生活保障以及经济补偿的社会保障制度。

（二）工伤保险的法律特征

工伤保险与其他社会保险项目有着明显不同的法律特征。

1. 保险待遇给付资格条件、待遇标准、费用渠道等严格以因工和非因工伤害为界限。因工伤事故发生的费用，应由工伤保险基金来承担，而且，医疗康复待遇、伤残待遇和死亡抚恤待遇均比因疾病和非因工伤亡社会保险待遇优厚。这样做有利于对那些为国家或集体奉献者进行褒扬抚恤，也有利于生产发展和社会财富的积累。

2. 采取无过失责任原则。所谓无过失责任是指劳动者在各种伤害事故中只要不是受害者本人故意行为所致，就应该按照规定标准对其进行伤害赔偿。只要事故发生不论雇主或雇员是否存在过错，无论责任在谁，原则上，受害者都可以受到赔偿，即无过错赔偿。

3. 待遇给付遵循损害补偿原则。工伤保险应坚持损害补偿原则来给付待遇，即不仅是考虑劳动者维持原来本人及其家庭基本生活进行劳动力生产和再生产的最直接、最重要的费用来源的损失外，同时还要考虑伤害程度、伤害性质及职业康复和激励等因素进行适当经济补偿。工伤事故不同于一般民事责任事故，基于损害赔偿的原则对于既有工伤，又有民事责任的工伤事故，受害者不应享有双重待遇。即受害者只能在享有工伤待遇和民事索赔权之间选择其一。

4. 劳动能力鉴定是确定因工致残待遇标准的必经程序。工伤保险待遇是根据伤残和职业病等级而分类确定的。各国在制定工伤保险制度时，都制定了伤残和职业病等级，并通过专门设立的鉴定机构和人员，对受职业伤害的职工所受伤害程度予以确定。根据鉴定结果，决定给付与否或给付的标准。

5. 预防、补偿和康复三位一体。工伤保险最直接的任务是经济补偿，保障伤残职工和遗属的基本生活；但同时还要做好事故预防和医疗康复，以保障职工安全与健康，真正达到工伤保险的目的。

6. 具有补偿性(赔偿性)。这是工伤保险不同于其他社会保险的显著特性，即工伤保险费用不实行分担制，完全由用人单位(雇主)负担。

二、工伤保险法的历史沿革

纵观各国的职业伤害保险法可以看出，在很多国家，对工伤保险和职业病保险是分别立法的。但中国实行混合立法的模式，职业病保险是工伤保险立法的组成部分。

(一)20 世纪 50 年代的工伤保险立法

中国的工伤保险制度是 20 世纪 50 年代建立起来的。1951 年政务院颁布的《中华人民共和国劳动保险条例》中即已规定了因公负伤、残废待遇以及因公死亡时的待遇。1953 年，劳动部发布了《中华人民共和国劳动保险条例实施细则修正草案》，对工伤事故的范围作了基本的规定。国务院于 1956 年制定了有关安全生产的“三大规程”，即《工厂安全卫生规程》《建筑安装工程安全技术规程》和《工人职员伤亡事故报告规程》。1957 年卫生部颁发了《职业病范围和职业病患者处理办法的规定》，确立了职业病的防治制度。1963 年，国务院又在工伤预防方面专门作出了《关于加强企业生产中安全工作的几项规定》。

(二)改革开放以后的工伤保险立法的发展

1. 改革开放初期的工伤保险有关规定的修订。改革开放以后，中国对 20 世纪 50 年代建立起的工伤保险制度中的一些内容进行了调整。1978 年国务院 104 号文件《关于工人退休、退职的暂行办法》中，对伤残职工的退休、护理等待遇作了相应调整。

1985 年，国家增加了对抚恤遗属给予困难补助的规定。1987 年，卫生部、劳动人事部、财政部、全国总工会联名发布了《职业病范围和职业病患者处理办法的规定》，以此作为对 1957 年卫生部颁发的《职业病范围和职业病患者处理办法的规定》的重新修订。该规定扩大了原规定中的职业病范围，计 9 类 99(102)种，基本上包括了国际劳工组织(ILO)第 121 公约中规定的 29 种职业病项目。

2. 20 世纪 90 年代的立法。1992 年 11 月，第 7 届全国人大常委会第 28 次会议通过了《中华人民共和国矿山安全法》，这是新中国建立后制定的第一部有关安全生产的专门法律。此后，在《煤炭法》《建筑法》等法律中，也都规定了有关安全生产的条款。国务院也陆续制定了《矿山安全法实施条例》《煤矿安全监察条例》《关于特大安全事故行政责任追究的规定》等有关安全生产的行政法规。原劳动部等国务院有关部门和新设立的国家安全生产监督管理局也制定了一系列有关安全生产的规章、规定。国务院有关主管部门也依法制定大量有关安全生产的国家标准、行业标准和技术规范。1994 年 7 月《中华人民共和国劳动法》颁布，其第 73 条规定："劳动者在下列情况下，依法享受社会保险待遇：……(三)因工伤残或患职业病"。这一基本法以国家法律的形式保障了工伤职工及其亲属享受工伤保险待遇。由于社会生产与经济生活日益复杂化，原劳动部于 1996 年颁布了《企业职工工伤保险试行办法》，第一次将工伤保险作为单独的保险制度统一组织实施，对沿用了 40 多年的企业自我保障的工伤福利制度进行了改革。同时，原劳动部组织制定并由原国家技术监督局颁布了《职工工伤与职业病致残程度鉴定》的国家标准。这些文件的颁布实施，对工伤保险制度改革具有体制创新和机制转换的意义。

3. 进入 21 世纪以后，工伤保险以法规的形式问世。在认真总结中国安全生产管理的实践经验，探索保证安全生产的客观规律，并借鉴国外有关安全生产法律规定的基础上，2002 年 6 月一部适应本国的综合性的《安全生产法》出台。《安全生产法》的通过施行，为加强对安全生产的监督管理，规范生产经营单位的安全生产行为，提供了明确的法律依据。并且，2002 年还出台了《职业病防治法》，重在改善用人单位的职业环境，保证职工健康。同时，为进一步完善工伤保险制度，2003 年 4 月 16 日，国务院第 5 次常务会议讨论并原则通过了《工伤保险条例》。4 月 27 日，温家宝总理签署了 375 号国务院令，颁布了《工伤保险条例》。此《条例》共分八章六十四条，包括总则、工伤保险基金、工伤认定、劳动能力鉴定、工伤保险待遇、监督管理、法律责任和附则。《工伤保险条例》出台后，工伤保险各项政策措施不断完善，相继出台了《工伤认定办法》《关于工伤保险费率问题的通知》《因工死亡职工供养亲属范围规定》《非法用工单位伤亡人员一次性赔偿办法》等一系列政策措施，进一步推进了工伤保险各项工作。

4. 保险适用范围的扩大。其一是体现在对农民工的适用上。为切实推进农民工的参保工作，2004 年 6 月，劳动保障部发出了《关于农民工参加工伤保险有关问题的通知》(劳社部发[2004]18 号)，提出了切实有效的政策措施：①优先解决农民工工伤保险问题，对用人单位为农民工先行办理工伤保险的，各地经办机构应予办理；②用人单位注册地与生产经营地不在同一统筹地区的，可在生产经营地为农民工参保；③农民工受到事故伤害或患职业病后，在参保地进行工伤认定、劳动能力鉴定，并按照参保地的规定依法享受工伤保险待遇；④用人单位在注册地和生产经营地均未参加工伤保险的，农民工受到事故伤害或者患职业病后，在生产经营地进行工伤认定、劳动能力鉴定，并按照生产经营地的规定依法由用人单位支付工伤保险待遇；⑤对跨地区流动就业的农民工，工伤后的长期待遇可试行一次性支付和长期支付两种方式，供农民工选择，实现农民工工伤保险待遇领取便捷化，进一步方便农民工领取和享受工伤待遇。为进一步做好农民工工伤保险工作，2006 年初国务院专门下发了《国务院关于解决农民工问题的若干意见》，根据此文件要求，5 月原劳动和社会保障部制定并组织实施了以推进矿山、建筑等高风险企业农民工参加工伤保险为主要内容的“平安计划”，提出了三年内实现高风险企业农民工全部参加工伤保险的工作目标。随后，发出了《关于做好建筑施工企业农民工参加工伤保险有关工作的通知》。其二是体现在对事业单位和民间非营利组织工作人员的适用上。2005 年 12 月原劳动和社会保障部、人事部、民政部和财政部联合发出《关于事业单位民间非营利组织工作人员工伤有关问题的通知》。

5. 工伤保险立法的进一步完善。具体措施如下：

①工伤预防立法的发展。2002 年制定的安全生产法，施行近 10 年来，对于加强安全生产监督管理，预防和减少生产安全事故，保障人民群众生命和财产安全，发挥了重要作用；同时，也需要根据新形势、新情况、新问题修改完善，为进一步加强安全生产工作提供更有效的法律保障。2011 年 7 月国务院第 165 次常务会议明确要求要加快修订安全生产法。2005 年，国务院颁布了《安全生产许可证条例》，规定企业应当参加工伤保险是获取安全生产许可证的必备条件之一。后此条例于 2013 年 7 月进行了局部修订。2011 年底《职业病防治法》也得以重新修订。

②为保障工伤职工依法享有医疗服务的权益，有利于加强工伤保险基金管理，有利于规范医疗行为、促进我国卫生事业发展，2007 年原劳动和社会保障部发出《关于加强工伤保险医疗服务协议管理工作的通知》。

③由国家标准化管理委员会批准发布，并于 2007 年 5 月 1 日实施了有关劳动能力鉴定、职工工伤与职业病致残等级的新评定标准《劳动能力鉴定、职工工伤与职业病致残等级》（GB/T16180—2006）。为做好新旧标准的衔接，实现新旧标准的平稳过渡，原劳动和社会保障部发出了《关于新旧劳动能力鉴定标准衔接有关问题处理意见的通知》。

④就国务院国有资产监督管理委员会监管企业（以下简称中央企业）参加工伤保险的有关工作，原劳动和社会保障部发出了《关于进一步做好中央企业工伤保险有关问题的通知》。

⑤工伤康复立法的进展。为全面贯彻《工伤保险条例》，建立工伤预防、工伤补偿

和工伤康复相结合的工伤保险体系，规范和促进工伤康复试点工作的健康开展，原劳动和社会保障部发出《关于加强工伤康复试点工作的指导意见》，同时配发了附件《工伤康复试点机构准入条件(试行)》。附件中对工伤康复的硬件要求进行了较为明确的规定。为规范和加强工伤康复管理工作，2008年制定了《工伤康复服务项目(试行)》和《工伤康复诊疗规范(试行)》。为进一步规范和加强工伤康复管理工作，在总结执行情况的基础上，结合国家发改委、卫生部、国家中医药管理局颁布的《全国医疗服务价格项目规范(2012年版)》，2013年4月对《工伤康复服务项目(试行)》和《工伤康复诊疗规范(试行)》进行了修订。

⑥工伤保险条例的修订。2003年4月27日中华人民共和国国务院令第375号公布的第一部《工伤保险条例》根据2010年12月20日《国务院关于修改〈工伤保险条例〉的决定》修订。

⑦《工伤认定办法》的修订。2003年9月23日颁布的《工伤认定办法》经人力资源和社会保障部第56次部务会议通过修订，2010年12月30日公布。2013年4月人力资源社会保障部发出《关于执行〈工伤保险条例〉若干问题的意见》为贯彻执行新修订的《工伤保险条例》，妥善解决实际工作中的问题，更好地保障职工和用人单位的合法权益，提出14点意见。此意见自发文之日起执行，此前有关规定与此意见不一致的，按此意见执行。

⑧工伤保险费率的调整。执行基础为2003年的《关于工伤保险费率问题的通知》。2008年人力资源和社会保障部下达25号文件要求适当降低企业工伤保险的浮动费率。2011年人力资源和社会保障部办公厅发出《关于做好工伤保险费率浮动工作的通知》，要求做到真正的浮动，要求各省指导各统筹地区逐步完善费率浮动办法。

综上，通过这些立法建设，在中国初步形成了工伤预防、工伤补偿、工伤康复“三位一体”的制度体系。

三、工伤保险的范围

工伤保险的范围包括两个方面的内容：一是工伤事故和职业病的范围；二是受保人的范围。

(一)工伤事故和职业病的范围

工伤即职业伤害，并非单指工作中的意外事故，也包括因工作而导致的身体慢性损伤，即职业病。国际劳工组织1952年制定的《社会保险(最低标准)公约》(第102)确定的职业伤害的标准为：身体属于疾病状态者；由于职业伤害丧失劳动能力而造成工资收入中断者；由于永久或暂时失去劳动能力而完全失去生活费来源者。

上述因工作而导致的后果，都与工作的时间、地点直接或间接相关。1921年，国际劳工大会在《关于工伤赔偿公约》(第121号)中指出：“由于工作直接或间接引起的事故为工伤事故。”

工伤保险建立初期，只包括工业生产中的事故，后来将由于工作原因造成的职业病等包括进去，许多国家还把一些非工作原因的事故纳入职业伤害的范围，如上下班途中发生的意外事故。现在，许多国家又进一步扩大了工伤保险的范围，如红十字救援和其他救援人员、消防灭火人员、协助警察工作人员（包括临时警察）、从事工会活动人员和就业培训人员，在工作中出现意外事故和为保卫国家安全而负伤致残人员，均包括在工伤范围之内。

职业病是由国家立法规定的，指那些因所从事职业所必然直接带来的对身体造成较大损害的疾病。当前，各个国家对职业病的划分情况有三种：

1. 大多数国家通过立法规定了职业病的名单。其中又分为两种情况：第一种是“开放式列表法”，即虽然规定了职业病的名单，但可以在实践中随时把那些已证明是由职业导致的新的疾病列入职业病的范围；第二种是“封闭式列表法”，即国家立法规定的职业病范围在一定时期内相对稳定，在工伤保险的实践操作中严格按照国家规定，对有些新发现的职业病不予承认。

2. 一些国家只在法律上对职业病进行原则规定，并不确定具体的职业病名单。这种类型由于范围太宽泛，在具体操作中很难把握，容易引起劳资纠纷和其他争议。

3. 还有的国家综合了前两种形式的优点，把凡是因职业原因引起的疾病都确认为职业病，如瑞典。

（二）受保人的范围

工伤保险制度建立初期，受保人的范围仅仅包括那些靠工资收入、从事有危险工作的工人。但从总的发展趋势看，工伤保险受保人的范围正在不断扩大，从体力工作扩大到非体力工作，从工人扩大到所有劳动者。不同国家对工伤保险受保人范围的规定不尽相同：在发达国家，正在把保姆、家庭教师、家庭工人等纳入工伤保险范围；另外，还把一些从事非经济活动的人纳入工伤保险范围，比如在工伤保险立法中包括了学生和教师；还有的国家把个体经营者及消防人员、救援人员和国家安全人员也包括在工伤保险范围之中。

根据现行《工伤保险条例》，中国的受保人范围包括中华人民共和国境内的企业、事业单位、社会团体、民办非企业单位、基金会、律师事务所、会计师事务所等组织的职工和个体工商户的雇工。

四、工伤保险基金的筹资模式及资金来源

（一）工伤保险基金的筹资模式

由于目前世界各国工伤保险存在雇主责任制和社会保险制两大类型，因此，在基金筹集模式上的选择，又有两种不同的思路。

1. 雇主责任制下的工伤保险基金筹资方式。雇主责任制下的工伤保险基金筹资方式有三种：

(1)企业自保办法。即政府立法规定企业对职工负责工伤赔偿的责任并对工伤待遇的给付作出原则规定,但对待遇的标准并无统一规定,而是由用人单位在政府原则指导下,根据自身的经济赔付能力,自行确定工伤待遇给付标准。

(2)由企业向商业保险公司投保的办法。即政府立法规定企业必须强制开办工伤事故赔偿保险,并由雇主担负全部费用开支。工伤保险待遇给付应符合政府规定的最低标准。

(3)由政府征收工伤赔偿准备基金的办法。即由政府立法规定企业必须开办工伤保险,费用由企业全部负担,并指定商业保险公司承担"再保险"业务。

2. 社会保险制度下的工伤保险基金筹集方式。社会保险制度下的工伤保险基金筹集方式有两种:

(1)社会统筹的办法。即由政府立法规定企业必须参加工伤社会保险,按时足额向社会保险管理机构缴纳工伤保险统筹费用,并由工伤保险管理机构负责进行工伤待遇的给付。企业应缴的统筹费用全部由企业或雇主负担,个人无须缴费。

(2)由政府规定统一的待遇项目与标准,由企业自行支付的办法。这种办法不同于雇主责任制的地方,在于给付项目和标准由政府统一规定,企业无权更改,也不能向商业保险公司投保。所需开支费用由企业全部负担,计入成本,个人不缴费。

中国的工伤保险费用筹资模式经历了由上述第二种办法向第一种办法的转变。

(二)工伤保险的基金来源

目前国际上通行的做法是工伤保险基金全部由雇主缴纳,劳动者概不担负缴费义务。也就是说,工伤保险费只向企业(雇主)征集,不向也不允许向雇员、雇工筹措。这也是中国历来的做法。

(三)工伤保险的费率

中国根据不同行业的工伤风险程度,参照《国民经济行业分类》(GB/T 4754—2002),将行业划分为三个类别:一类为风险较小的行业;二类为中等风险行业;三类为风险较大的行业。这三类行业分别实行三种不同的工伤保险缴费率。统筹地区社会保险经办机构根据用人单位的工商登记和主要经营生产业务等情况,分别确定各用人单位的行业风险类别。

根据原劳动和社会保障部2003年发出的《关于工伤保险费率问题的通知》,各省、自治区、直辖市工伤保险费平均缴费率原则上要控制在职工工资总额的1.0%左右。在这一总体水平下,各统筹地区三类行业的基准费率要分别控制在用人单位职工工资总额的0.5%左右、1.0%左右、2.0%左右。各统筹地区劳动保障部门要会同财政、卫生、安全监管部门,按照以支定收、收支平衡的原则,根据工伤保险费使用、工伤发生率、职业病危害程度等情况提出分类行业基准费率的具体标准,报统筹地区人民政府批准后实施。基准费率的具体标准可定期调整。

用人单位属一类行业的,按行业基准费率缴费,不实行费率浮动。用人单位属二、三类行业的,费率实行浮动。用人单位的初次缴费费率,按行业基准费率确定,以后由统筹地区社会保险经办机构根据用人单位工伤保险费使用、工伤发生率、职业病危害程度等因素,每1~3年浮动一次。在行业基准费率的基础上,可上下各浮动两档:上浮第一档到本行业基准费率的120%,上浮第二档到本行业基准费率的150%;下浮第一档到本行业基准费率的80%,下浮第二档到本行业基准费率的50%。费率浮动的具体办法由各统筹地区劳动保障行政部门会同财政、卫生、安全监管部门制定。

关于工伤保险的费率的调整问题,2011年人力资源和社会保障部办公厅发出《关于做好工伤保险费率浮动工作的通知》指出:几年来,各地认真贯彻29号文件,工伤保险费率浮动工作取得积极进展,但有的统筹地区至今尚未出台费率浮动的具体办法,有的地方虽出台了办法,但在实践中并未实施,导致工伤保险费率浮动机制的作用没有充分发挥。通知的目的是为更好地贯彻社会保险法和新修订的《工伤保险条例》,切实做好工伤保险费率浮动工作。要求充分认识费率浮动的重要性,使费率真正浮动起来;各省要对统筹辖区的浮动办法的制定进行督促指导。

五、工伤保险待遇

工伤保险待遇是对遭受职业伤害者的赔偿,也是工伤保险的传统和核心内容。它包括以下几方面的内容。

(一)工伤保险待遇的享受条件

享受工伤保险待遇,必须具备一定的条件,简言之,必须是与工业伤害密切相关的活动造成的轻伤、重伤、残障、职业性中毒、死亡,才有此资格和权利。在实行独立工伤保险制度的国家,对工伤保险待遇的享受条件一般有以下规定:

1. 当事人为工伤保险的受保人。随着工伤保险的社会化,工伤保险受保人的范围也不断扩大。并且,当今世界各国普遍确立的一项基本原则是工伤保险在通常情况下也不因劳动关系的无效而丧失。

2. 参加工伤保险。在实行工伤保险制度的国家,保险费由社会保险机构向用人单位强制征收,职工个人一般不承担保险费缴纳义务。参加工伤保险的企业职工在发生工伤和职业病时,才能享受工伤保险。

3. 因保险事故发生而受到损害。参加工伤保险的劳动者在因公伤亡或发生职业病时,可以享受工伤保险待遇。

(二)工伤的范围及其认定

1. 工作范围。在工伤保险中,最核心的问题是对于因工伤亡的认定问题。因为工伤保险制度的确定目的,在于给予因工伤亡者优于非因工伤亡和疾病受害人的待遇。对于因工伤亡的认定,大致有两种不同的立法方式:一为列举式立法;二为定义式立法。采取前种立法的由法律直接列举工伤的范围,不属于法定列举范围内的伤害,都被排斥在工伤之外。这种方法的优点在于它明确、具体,使用起来方便易行。中国目前对于工伤的认定,主要采用此种立法方式。采取后种立法的则由法律对于工伤提供一个一般的定义,符合定义规定条件的,属于工伤的范围,否则便不属于工伤。英国立法对于工伤的认定便采用这种方法。

关于中国工伤范围,根据2010年新修订的《工伤保险条例》和2013年的《关于执行〈工伤保险条例〉若干问题的意见》规定,包括以下几种情形:①在工作时间和工作场所内,因工作原因受到事故伤害的;②工作时间前后在工作场所内,从事与工作有关的预备性或者收尾性工作受到事故伤害的;③在工作时间和工作场所内,因履行工作职责受到暴力等意外伤害的;④患职业病的;⑤因工外出期间,由于工作原因受到伤害或者发生事故下落不明的(此项的"因工外出期间"应当考虑职工外出是否属于用人单位指派的因工作外出,遭受的事故伤害是否因工作原因所致。);⑥在上下班途中,受到非本人主要责任的交通事故或者城市轨道交通、客运轮渡、火车事故伤害的(此项的"非本人主要责任"的认定,应当以有关机关出具的法律文书或者人民法院的生效裁决为依据。);⑦法律、行政法规规定应当认定为工伤的其他情形。

此外,根据2010年新修订的《工伤保险条例》规定,职工有下列情形之一的,视同工伤:①在工作时间和工作岗位,突发疾病死亡或者在48小时之内经抢救无效死亡的;②在抢险救灾等维护国家利益、公共利益活动中受到伤害的;③职工原在军队服役,因战、因公负伤致残,已取得革命伤残军人证,到用人单位后旧伤复发的。

但是,根据《工伤保险条例》和《关于执行〈工伤保险条例〉若干问题的意见》规定,即使符合上述情形的规定,如果有下列情形之一的,也不得认定工伤或者视同工伤:①故意犯罪的(此项的"故意犯罪"的认定,应当以司法机关的生效法律文书或者结论性意见为依据。);②醉酒或者吸毒的(此项的"醉酒或者吸毒"的认定,应当以有关机关出具的法律文书或者人民法院的生效裁决为依据。无法获得上述证据的,可以结合相关证据认定。);③自残或者自杀的。

2. 工伤认定。工伤的认定是由法律规定的机构对特定伤害是否属于工伤范围的确认。它是一项非常复杂的工作,通常要建立专门的工伤认定机构。在中国负责认定工作的机构是社会保险行政部门。

关于工伤认定,2011年起施行的新修订的《工伤认定办法》对于工伤认定的申请、工伤认定的受理、工伤认定资料的调查核实、工伤认定过程的回避制度、工伤认定与否决定的作出、工伤认定与否决定书的送达等整套程序做了详尽的规定。同时,第23条还规定了职工或者其近亲属、用人单位对不予受理决定不服或者对工伤认定决定不服的,可以依法申请行政复议或者提起行政诉讼。

此外,在《关于执行〈工伤保险条例〉若干问题的意见》中,还对一些工伤认定的特殊情形作出了补充规定:曾经从事接触职业病危害作业、当时没有发现罹患职业病、离开工作岗位后被诊断或鉴定为职业病的符合下列条件的人员,可以自诊断、鉴定为职业病之日起一年内申请工伤认定,社会保险行政部门应当受理:①办理退休手续后,未再从事接触职业病危害作业的退休人员;②劳动或聘用合同期满后或者本人提出而解除劳动或聘用合同后,未再从事接触职业病危害作业的人员。

(三)劳动能力鉴定和工伤评残

劳动能力鉴定是工伤保险待遇给付的前提条件。发生工伤事故后,职工在工伤医疗期间或伤情处于相对稳定状态,或是医疗期满仍不能工作,应当进行劳动能力鉴定,评定伤残等级,并定期复查伤残情况。评残工作应在医疗终结后进行,如能恢复劳动即为暂时丧失劳动能力,再根据残废等级原则确定该受伤者属于哪个等级。丧失劳动能力的程度,一般有人身能力丧失、职业能力丧失、一般劳动能力丧失三种。大多数国家在制定工伤残废登记的过程中,都综合考虑了上述三种情况。各国规定的残废等级标准不一,也有些国家不规定具体的残废等级,在劳动者发生工伤后,由专家组成评残小组,根据一定的评残原则,通过考察残废者丧失劳动能力的程度,结合其从事的职业工种、目前的培训情况和康复的可能性以及今后发展前景等,由专家讨论评定。

关于中国劳动能力鉴定和工伤评残的规定以 2010 年的《工伤保险条例》规定为准。中国的劳动能力鉴定是指劳动功能障碍程度和生活自理障碍程度的等级鉴定。劳动功能障碍分为 10 个伤残等级,最重的为 1 级,最轻的为 10 级。生活自理障碍分为 3 个等级:生活完全不能自理、生活大部分不能自理和生活部分不能自理。

1. 劳动能力鉴定标准。由国务院社会保险行政部门会同国务院卫生行政部门等部门制定。

2. 劳动能力鉴定机构成为劳动能力鉴定委员会。省、自治区、直辖市劳动能力鉴定委员会和设区的市级劳动能力鉴定委员会分别由省、自治区、直辖市和设区的市级社会保险行政部门、卫生行政部门、工会组织、经办机构代表以及用人单位代表组成。

3. 劳动能力鉴定的程序主要有:申请的提出、申请的受理、专家鉴定、回避制度的适用、工伤职工劳动能力鉴定结论的作出、鉴定结论的送达。实行二次鉴定终结制,即申请鉴定的单位或者个人对设区的市级劳动能力鉴定委员会作出的鉴定结论不服的,可以在收到该鉴定结论之日起 15 日内向省、自治区、直辖市劳动能力鉴定委员会提出再次鉴定申请。省、自治区、直辖市劳动能力鉴定委员会作出的劳动能力鉴定结论为最终结论。自劳动能力鉴定结论作出之日起 1 年后,工伤职工或者其近亲属、所在单位或者经办机构认为伤残情况发生变化的,可以申请劳动能力复查鉴定。

(四)待遇给付

工伤保险待遇一般较其他类型的保险,如医疗保险、失业保险、养老保险待遇优厚;而且,工伤保险实行无责任赔偿制,受伤害者不承担任何费用。工伤保险的现金津贴包括暂时丧失劳动能力、永久丧失劳动能力和遗属待遇。对于丧失劳动能力的程度,需要有专门机构进行鉴定后确认。

1. 工伤保险的医疗护理。医疗护理指致残后的一系列治疗过程和措施。1952 年,第 35 届国际劳工大会通过的《社会保障(最低标准)公约》规定:应向受伤人员提供各种类型的医疗照顾,包括矫形器具的供给和维修、配镜和治疗;对受伤人员提供的医疗照顾不应受时间的限制,并且不向个人收取费用。

2. 暂时失能补助金。它是指治疗期间支付给受伤人员的保险费用。补助标准在所有国家都是按照发生事故前若干时间内本人平均工资的一定比例发放。国际劳工大会1952年第102号公约规定的补助金标准为工伤者原工资的50%,1964年第121号公约规定为60%。大多数国家的比例为本人平均工资的60%、65%和75%。1964年国际劳工组织的第121号公约要求从丧失劳动能力的第一天起就支付暂时失能补助金,不应有任何等待期。目前,大多数国家的做法与国际劳工大会的主张基本一致。

关于工伤治疗期,许多国家规定为6~12个月,日本规定为一年半。但这一规定是可以灵活掌握的,因为对有些工伤来讲,一年左右的时间并不能保证病情稳定。所以,许多国家同时还规定医疗期满如需再治疗,可以延期。

3. 永久性残废年金和一次性残废补助金。这是指在伤情稳定、医疗终结后,根据专门的评残委员会评定的残废等级予以支付。完全丧失劳动能力者,如双目失明、截瘫等,给予永久性残废待遇,以年金形式定期支付。国际公约规定的待遇标准为原工资的60%,多数国家规定为本人过去收入的66%~75%。部分丧失劳动能力者,视残废等级等因素,发给长期的或一次性的残废补助金。对残废程度在10%、15%或20%以上的,一般给予长期残废待遇。对于残废程度在10%、15%或20%以下的,给予一次性补助金,有的国家不给补助金。

在有些国家,不论是全部丧失劳动能力还是部分丧失劳动能力,都给予一次性待遇。一次性待遇标准一般不少于本人5年工资的总和。对全部丧失劳动能力和大部分丧失劳动能力需人照顾者,大多数国家都支付一定数额的护理费。

4. 工伤保险的遗属津贴。大多数国家都有向遗属支付津贴的规定。因工死亡者的遗属比非因工死亡者的遗属待遇高,条件也比较宽。一般来说,遗孀获得遗属补助金是没有什么限制条件的,而鳏夫要想得到此项待遇则必须是残疾人,缺乏完整的工作能力。给孩子津贴的条件是他们必须不满16岁或不满18岁,如果18岁后他们继续接受教育或本人是残疾人,年龄也可适当延长。除此之外,遗属津贴还可以支付给过去一直由死者赡养的父母。在有些国家,死者未成年的兄弟姐妹也可享受遗属津贴。

遗属津贴大多是以年金形式定期支付的。国际劳工大会1964年第121号公约规定的遗属补助金标准为死者工资的50%~60%。目前的一般规定是:遗孀抚恤金为死者工资的30%~50%,子女为15%~20%。(如子女在1个以上,每个子女为15%;孤儿为20%)。遗孀和子女的待遇之和不超过死者生前工资的75%。美国规定的遗属抚恤金标准按照供养人口确定;英国实行"均一制",遗孀每人每周发39.25英镑(最初的26周每周发54.2英镑),子女每人每周发8.05英镑。

雇主责任制的遗属责任津贴费实行一次性支付。有些实行社会保险的国家也采取一次性支付待遇的办法,抚恤金额度一般为死者几年的工资之和。如新加坡规定,一次性发给相当于死者4～9年的工资，但最高不超过4.5万新元，最低不少于1.5万新元。

对应于赔偿性待遇，补偿性待遇主要指工伤康复。工伤康复是指残疾人在国家和社会的帮助下，经过特殊的医疗照顾和训练，加以辅助工具，不同程度地改善身体的健康状况，部分或全部恢复劳动能力，使之能够最大限度地从事日常生活和工作。虽然目前在有些实行雇主责任制的国家和地区的工伤保险计划中不包括职业康复，但第二次世界大战以后，发达国家大都建立了工伤预防、保险与康复三位一体的工伤保障制度。发展中国家也在朝着这一方向发展。

中国也根据国情制定了工伤保险的待遇项目及给付标准。从其历史看，也是逐步朝着科学合理的方向发展的。从规定的内容看，与国际上的普遍做法基本一致，有医疗待遇、医疗期待遇、康复待遇、生活护理待遇、伤残待遇、死亡待遇。具体见2010年的《工伤保险条例》与《关于执行〈工伤保险条例〉若干问题的意见》规定。中国还对工伤待遇的停止作出了明确规定。《工伤保险条例》第42条规定，工伤职工有下列情形之一的，停止享受工伤保险待遇：丧失享受待遇条件的；拒不接受劳动能力鉴定的；拒绝治疗的。

六、工伤预防和工伤康复

(一)工伤预防

工伤保险直接服务于工业化大生产，对于保障职工合法权益，给予伤残者实物(医疗)和现金补助是完全必要的，但这仅是一种善后的工作。工伤保险的另一重大职能是工伤预防，只有防患于未然，才能真正减少工伤保险基金支出，对于促进安全生产和维护社会稳定，具有深远意义和深远影响。

为此，工伤保险机构应配合劳动保障行政部门督促企业落实国家的职业安全卫生法律法规和标准，采取宣传、教育、检查和奖惩等措施，支持工伤保险和职业病预防的科学研究工作。促进企业改善劳动条件，加强安全生产管理，遵守劳动的安全卫生操作规程，降低工伤事故和职业病发生率。

为了增强激励机制，对于当年未发生工伤事故和职业病，或者发生率低于本行业平均水平的企业，工伤保险机构可以返还该企业当年缴纳的工伤保险费用的5%～20%，用于安全生产宣传和职工安全生产培训工作，奖励对安全生产作出贡献的单位和个人，适当补偿企业为降低事故和职业病的发生而先期投入安全生产设施、设备建设中的部分资金不足。

关于工伤预防立法，目前中国有《中华人民共和国安全生产法》《工伤保险条例》和《安全生产许可证条例》。根据三者规定，要求矿山、危险化学品、烟花爆竹、民用爆破器材生产等企业应高度重视安全生产工作，依法参加工伤保险，按时、足额为所有从业人员缴纳工伤保险费。企业应将参保情况及时在本单位内公示。企业和职工应当遵守有关安全生产和职业病防治的法律法规，执行安全卫生规程和标准，预防工伤事故发生,避免和减少职业病危害。

从国际上看,现代文明国家都制定了本国有关工伤预防方面的法律,如美国在20世纪六七十年代分别制定了《职业安全卫生法》《煤矿安全与健康法》《矿山安全卫生法》等法律;日本制定了《劳动安全卫生法》;德国于1996年制定了新的《联邦劳动保护法》等。有关国际组织也制定了有关安全生产的国际条约、建议或有关的国际标准。如国际劳工组织制定了《职业安全和卫生公约》《矿山安全卫生公约》《建筑业安全卫生公约》《防止工业事故建议书》等;欧洲共同体制定了关于某些工业活动的严重事故的指令、工作场所最低安全要求、关于生产设备使用的安全与健康的最低要求等。此外,在法律中规定企业进行安全生产方面的协作,也是各国为预防工伤,实现安全生产管理中的通常做法。《德国新劳动保护法》第8条就明确规定,如果若干个用工者所负责的劳动者在一个劳动场所从事劳动,用工者之间在执行劳动安全健康保护规定方面必须进行合作。如果这种合作对劳动者在劳动过程中搞好劳动安全健康保护是必须的,用工者要按照工种相互告知和重点告知自己的人员注意与劳动有关的安全健康方面的危险,并协调一致采取防止危险的措施。《瑞典工作环境法》第6条也规定,在公共工地上同时从事活动的两个或多个合法人员应相互协商,并就得到令人满意的安全条件进行合作。日本和中国台湾地区在安全生产方面的法律中也有类似的规定。

关于工伤预防立法,中国目前现行有效的规定主要有2002年的《中华人民共和国安全生产法》、新修订的《工伤保险条例》和《安全生产许可证条例》、2011年底新修订的《职业病防治法》。

(二)工伤康复

工伤康复是工伤保险制度的重要组成部分,利用现代康复的理论和技术,为工伤人员提供康复服务,最大限度地改善和提高其生理功能和职业劳动能力,促进其回归社会和重返工作岗位。

目前中国现行有效的工伤康复方面的规定主要有2010年修订的《工伤保险条例》、2012年版的《全国医疗服务价格项目规范》、2013年新修订的《工伤康复服务项目(试行)》和《工伤康复诊疗规范(试行)》。

其中,《工伤保险条例》第36条第六款规定:工伤职工到签订服务协议的医疗机构进行工伤康复的费用,符合规定的,从工伤保险基金支付。第35条至第37条中,各有对于工伤职工是否与原单位保留劳动关系以及相应调整工作岗位或对退出工作岗位所做的相应补偿措施的规定。

《全国医疗服务价格项目规范》分为综合、诊断、治疗、康复、辅助操作和中医六大类,具体包括综合医疗服务、病理学诊断、实验室诊断、影像学诊断、临床诊断、临床手术治疗、临床非手术治疗、临床物理治疗、康复医疗、辅助操作和中医医疗服务等,从A—P共11章。与康复医疗有关的内容主要见于M章。

2013年人力资源社会保障部《关于印发〈工伤康复服务项目(试行)〉和〈工伤康复

服务规范(试行)〉(修订版)的通知》中指出,《工伤康复服务项目(试行)》和《工伤康复诊疗规范(试行)》的适用范围仅限于在各地确定的工伤康复协议机构进行康复的工伤人员。工伤职工康复期间必需使用的中医治疗、康复类项目按本地《工伤保险诊疗项目目录》的规定执行。要求各地在贯彻实施《服务项目》和《服务规范》中,应坚持实事求是的原则,根据当地康复技术发展水平对《服务项目》进行适当调整,调整幅度控制在《服务项目》总数10%范围内,并加强对康复服务项目使用合理性的管理,明确康复服务项目使用适应症、服务项目合理次数等要求。同时结合本地实际对《服务规范》进一步细化。各地对《服务项目》和《服务规范》的调整情况报人力资源和社会保障部备案。

《工伤康复服务项目(试行)》分为医疗康复服务类、职业社会康复服务类等共54页具体项目列表。《工伤康复诊疗规范(试行)》针对颅脑损伤、持续性植物状态、脊柱脊髓损伤、周围神经损伤、骨折、截肢、手外伤、关节及软组织损伤和烧伤九个常见工伤病种的住院康复服务内容,从康复住院标准、康复住院时限、医疗康复、职业社会康复和出院标准等五个方面进行了规范。

第六节　生育保险法律制度

一、生育保险的含义及法律特点

(一)生育保险的概念

生育保险是国家通过立法,在怀孕和分娩的妇女劳动者暂时中断劳动时,由国家和社会提供医疗服务、生育津贴和产假的一种社会保险制度,国家或社会对生育的职工给予必要的经济补偿和医疗保健的社会保险制度。

由于对象主体是以育龄期的女性为主,故在中国生育保险与计划生育工作和母婴保健工作关系密切相关。

(二)生育保险的法律特点

1. 生育保险的实施对象一般是女性。这是由生育这一特定的生理现象所决定的。在中国,还只是在达到法定结婚年龄,正式登记结婚,并符合国家计划生育规定的女职工生育时,才能享受生育保险待遇。

2. 给付项目多。在国外,生育保险的给付项目包括生育假期、生育收入补偿、生育医疗保健和子女补助金等项目。在中国,生育保险还配合国家的人口控制政策,对实行晚婚、晚育的生育妇女制定了一些奖励政策。

3. 待遇给付标准高。由于妇女生育是履行繁衍人类的重要天职,其社会意义超过了其他任何社会保险。为了保证新一代劳动力有较高的先天素质,同时又要保护履行繁衍人类天职的妇女的身体健康,对生育保险待遇的给付标准大多数国家都确定得比较高,妇女生育补偿一般相当于被保险人生育前基本工资的100%。

4.生育保险实行“产前与产后都应享受的原则”,既善前又善后。在临产分娩前一段时间,由于行动不便,女职工已经不能工作或不宜工作;分娩以后,需要一段时间休假、恢复健康和照顾婴儿,这是生育保险不同于其他险种的又一特点,因为其他险种一般具有重在善后的特点。

5.生育风险具有明显的阶段性。通常情况下,生育带来的劳动力缺失和收入中断是暂时的,不似其他风险带来的可能是劳动收入的长期甚至永久中断。

二、生育保险立法的发展

在国际社会保障发展史上,以保险为特征的妇女生育社会保障是现代工业化社会的产物。它作为社会保障制度体系中的重要一项,与国民社会保障制度的产生和演变是密不可分的。

众所周知,19世纪末,社会保险制度在德国问世,但最初的社会保险立法中并没有对女工的特殊保障规定。1911年,意大利政府率先把社会保险扩大到产妇,把生育保险列入疾病保险的范围,之后,西方国家陆续在社会保险制度中增加了生育保险项目。1918年,英国议会通过了保障孕妇和5岁以下儿童健康的《产妇幼儿福利法》,该法第一次以专项法规的形式规范妇女儿童保障,并拓宽了妇女儿童社会保障的内容。以后,西方国家又逐步建立了生育补助、家庭补助等保障母亲儿童生活和健康的保障项目。

从第二次世界大战结束到20世纪70年代,是西欧社会保障发展的“鼎盛时期”。妇女儿童社会保障也得到重视和发展。同时,社会主义阵营国家的苏联和东欧国家等也积极建立健全妇女儿童社会保障制度。国际组织也对此给予关注。1952年,国际劳工组织通过了《生育保护公约修正案》(第103号)、《生育保护建议书》(第95号)。1953年,国际劳工组织维也纳会议提出争取社会保障的完备纲领,纲领指出:真正的社会保险必须包括生育保险在内。由此,生育保险逐步建立,并形成了较完备的体系。

(一)中国的生育保险制度的改革

中国生育保险的建立也具有二元结构特征。中国企业女职工生育保险制度建于1951年,是《中华人民共和国劳动保险条例》一个组成部分。国家机关、事业单位女职工的生育保险建于1955年,其政策依据是前政务院颁布的《关于女工作人员生育假期的规定》。企业单位与国家机关、事业单位女职工生育保险制度虽然分别建立,但是两个制度的待遇项目和水平是相同的。为了进一步保护母亲和婴儿的健康,1986年,卫生部、劳动人事部、全国总工会、全国妇女联合会联合发布了《女职工保健工作规定(试行草案)》;1988年,国务院颁布了《女职工劳动保护规定》;1988年9月,劳动部发布了《关于女职工生育保险待遇若干问题的通知》。根据这些规定,国家对20世纪50年代初建立的生育保险制度的若干规定进行了废止。这一时期,一些省市相继对生育保险制度进行了改革,实行生育保险基金的社会统筹制,企业生育保险制度得到正式认可。

（二）中国的生育保险的社会保险化与适用范围的扩大

1992 年第七届全国人大第五次会议发布《中华人民共和国妇女权益保障法》，其中，第二十五条规定，任何单位均应根据妇女的特点，依法保护妇女在工作和劳动时的安全和健康，不得安排不适合妇女从事的工作和劳动。妇女在经期、孕期、产期、哺乳期受特殊保护。第二十六条规定，任何单位不得以结婚、怀孕、产假、哺乳等为由，辞退女职工或者单方解除劳动合同。第二十七条规定，国家发展社会保险、社会救济和医疗卫生事业，为年老、疾病或者丧失劳动能力的妇女获得物质资助创造条件。1994 年 7 月颁布《劳动法》出台。其后，原劳动部在总结各地生育保险制度改革经验的基础上，颁发了专门适用于生育保险的《企业职工生育保险试行办法》，其中规定，生育保险费用实行社会统筹。生育保险根据“以支定收”“收支基本平衡”的原则筹集资金，由企业按照其工资总额的一定比例向社会保险经办机构缴纳生育保险费，建立生育保险基金。标志着在中国真正具有社会保险意义的新制度的初步形成。

1995 年国务院颁发了《中国妇女发展纲要》（1995—2000 年），其中对生育保险提出了目标要求。“在全国城市基本实现生育费用社会统筹。”“改革女职工生育保障制度。将女职工生育保险费用由企业管理逐步改为社会统筹管理，这项改革由国有企业逐步扩展到所有企业。”1995 年 11 月原劳动部颁发了《关于贯彻实施 < 中国妇女发展纲要 > 的通知》（劳部发［1995］412 号）；1996 年 1 月原劳动部社会保险司下发了《落实 < 关于贯彻实施 < 中国妇女发展纲要 > 的通知 > 的意见》（劳险司函［1996］1 号）；1996 年 7 月原劳动部颁发了《关于印发 < 劳动部贯彻 < 中国妇女发展纲要（1995—2000 年）> 实施方案 > 的通知》（劳部发［1996］215 号）；1996 年 12 月原劳动部和国家科委联合发布《关于在国家社会发展综合实验区全面建立生育保险制度的通知》（劳部发［1996］414 号）；1996 年国务院办公厅发出《关于做好计划生育和母婴保健工作有关问题的通知》；1997 年 7 月国务院妇女儿童工作委员会发布《关于转发 < 关于研究深入开展职工生育保险制度改革的会议纪要 > 的通知》（国妇儿委字［1997］13 号）；1997 年 8 月原劳动部颁发《转发国务院妇女儿童工作委员会 < 关于转发 < 关于研究深入开展职工生育保险制度改革的会议纪要 > 的通知 > 的通知》（劳部发［1997］80 号）；1997 年 10 月原劳动部下发《关于印发 < 生育保险覆盖计划 > 的通知》（劳部发［1997］291 号）；1998 年 3 月国务院妇女儿童工作委员会下发《关于印发 < < 中国妇女发展纲要 > 目标职责分解书 > 的通知》（国妇儿工委字［1998］2 号）。1998 年 10 月劳动和社会保障部下发了《关于印发中国妇女发展纲要目标职责分解书实施计划的通知》（劳社发［1998］16 号）。1999 年劳动和社会保障部、国家计生委、财政部、卫生部联合下发了《关于妥善解决城镇职工计划生育手术费用问题的通知》（劳社部发［1999］32 号）。

截至 20 世纪末，生育保险立法方面的工作主要是根据国务院办法的妇女发展纲要的精神，配套发出若干的通知，以此为推动生育保险的社会化与适用范围的扩大提供法律依据。

(三)21 世纪的生育保险立法的进一步发展

2000 年劳动和社会保障部办公厅下发了《关于进一步落实中国妇女发展纲要有关问题的通知》(劳社厅函[2000]16 号);2001 年 5 月国务院妇女儿童工作委员会下发了《中国妇女发展纲要(2001—2010 年)》。根据这些纲要的精神,在总结近 10 年来各地实施《企业职工生育保险试行办法》的情况的基础上,劳动和社会保障部办公厅于 2004 年 9 月发布了《关于进一步加强生育保险工作的指导意见》,就进一步加强生育保险工作提出五点意见:高度重视生育保险工作;协同推进生育保险与医疗保险工作;切实保障生育职工的医疗需求和基本生活待遇;加强生育保险的医疗服务管理;提高经办机构管理和服务水平。原劳动和社会保障部办公厅 2006 年发出《关于生育保险覆盖范围的复函》规定,各地可制定适合本地实际的生育保险办法,扩大生育保险制度覆盖范围。

2008 年,受经济形势影响,人力资源和社会保障部、财政部、国家税务总局发出《关于采取积极措施减轻企业负担稳定就业局势有关问题的通知》,指导有条件的地区通过允许企业在一定期限内缓缴或阶段性降低生育保险费等办法减轻企业负担,全国有 16 个省市根据生育保险基金运行情况,在保证生育保险待遇足额落实的情况下,降低了生育保险费率。同年,财政部、国家税务总局还发出了《关于生育津贴和医疗费有关个人所得税政策的通知》,明确了生育津贴、生育医疗费或其他属于生育保险性质的津贴、补助免征个人所得税。为生育保险制度建设的进一步发展提供财政优惠措施。

目前,人力资源和社会保障部起草了《生育保险办法(征求意见稿)》,从 2012 年 11 月 20 日起面向社会公开征求意见。现行有效的有关生育保险的法律文件主要有:1994 年的《生育保险试行办法》、2005 年 8 月修订的《中华人民共和国妇女权益保障法》《社会保险法》、2010 年修订的《工伤保险条例》、2012 年 4 月出台的《女职工劳动保护特别规定》等。

三、生育保险覆盖的范围、对象与基金的筹集

(一)生育保险覆盖的范围和对象

生育保险的覆盖范围和对象,除了在部分发达国家是覆盖一切妇女之外,甚至有的国家生育保险的假期待遇还适用于生育妇女的丈夫,大多数国家均是面向女性工资劳动者。中国也属于后者。

中国的生育保险的覆盖范围和对象,从制度的建立,经过改革发展到今天也是不断在扩大的。1994 年原劳动部颁发的《企业职工生育保险试行办法》规定,生育保险的对象和范围包括城镇各类企业及其职工。但各地在具体的实践中有不同的做法。全国有 31 个省(区、市)已经出台了生育保险方面的地方性法规、地方政府规章或者其他规范性文件,对本省(区、市)生育保险制度作出了具体安排。其中,有 19 个省份已将机关、事业单位和企业等用人单位全部纳入生育保险覆盖范围。截至 2012 年 9 月,全国生育

保险参保人数已达1.5亿人。

2011年7月施行的《中华人民共和国社会保险法》(以下简称社会保险法)进一步明确规定:"国家建立基本养老保险、基本医疗保险、工伤保险、失业保险、生育保险等社会保险制度,保障公民在年老、疾病、工伤、失业、生育等情况下依法从国家和社会获得物质帮助的权利。"按照社会保险法的立法精神和《社会保障"十二五"规划纲要》关于加快建立覆盖城乡居民的社会保障体系的要求,人力资源和社会保障部起草了《生育保险办法(征求意见稿)》。其中对于生育保险的覆盖范围确定为国家机关、企业、事业单位、有雇工的个体经济组织以及其他社会组织等各类用人单位及其职工。

(二)生育保险基金的筹集

世界上许多国家的生育保险基金从其来源上看,一般有三种渠道:国家财政、用人单位和个人。各国因各自的人口政策、财力等不同,分担方式各有特点。在筹集时,世界大多数国家采用社会保险基金的传统筹措方法,将生育保险的资金筹措和其他社会保险项目的资金结合起来征收。事实上,世界上多数国家的生育保险基金来源于被保险人、雇主和政府三方(日本、韩国)或雇主与雇员双方(巴拿马、塞内加尔)。

中国原有的女职工生育保险制度规定,生育保险的费用是由各自的企业负担的,这种办法使女职工所占比重大的企业负担过重。改革后,目前中国生育保险基金来源于用人单位缴费。1994年《企业职工生育保险试行办法》,对生育保险制度改革提出了原则性的意见。基本上肯定和采纳了生育费用社会统筹的模式,提出由企业按照不超过职工工资总额的1%的比例缴纳生育保险费用,生育保险基金由当地人民政府根据计划内生育人数和生育津贴、生育医疗等费用的实际情况确定。如前所述,2008年以后,根据《关于采取积极措施减轻企业负担稳定就业局势有关问题的通知》要求,全国有条件的省市根据生育保险基金运行情况,在保证生育保险待遇足额落实的情况下,采取了降低生育保险费率的措施。

顺应社会经济形势的需要,《生育保险办法(征求意见稿)》第5条规定生育保险基金按照"以支定收、收支平衡"的原则筹集和使用。根据近20年各地生育保险基金的收支情况及生育保险支出占工资总额的比例情况,规定用人单位按照本单位职工工资总额的一定比例缴纳生育保险费,缴费比例一般不超过0.5%,比现行规定的1%左右大幅度降低,具体缴费比例由各统筹地区根据当地实际情况测算后提出,报省、自治区、直辖市批准后实施;为有效控制用人单位的缴费负担,《生育保险办法(征求意见稿)》第六条同时规定,缴费比例超过0.5%的,应当报人力资源社会保障部备案。

四、生育保险待遇

(一)享受生育保险待遇的资格条件

对于享受生育社会保险待遇的条件,各个国家的规定也不尽相同,大体有两种情况:

1. 没有最低合格期限的规定，只要女职工是该国公民，就有资格享受生育社会保险，如澳大利亚、芬兰等国。这主要与这些国家的人口政策有关，鼓励多生育。

2. 有最低合格期限的规定。绝大多数国家属于这种类型，但每一国家的规定都不相同，可以归纳为以下 5 种情形：

（1）只对居住权有一定要求。如冰岛规定有常住权的母亲，可以享受生育保险金；卢森堡规定受益人必须在该国居住 12 个月，夫妻两人必须在该国居住 3 年，才能享受生育社会保险。

（2）只要从事受保职业的，就可以享受，而没有规定其他条件。如意大利、日本、波兰、危地马拉、几内亚、丹麦等国。

（3）要求具备从事一定时间的受保职业。如，加拿大规定在最近一年内从事受保职业 10～14 周后，才能取得享受资格；阿根廷规定，产前连续受雇 10 个月，或从事现职工作 1 个月，并在从事现职工作前的一年内，受雇不少于 6 个月的，才能享受。

（4）要缴足一定时限的保险费后，才能取得享受生育社会保险的资格。如墨西哥规定，受保妇女生育前 12 个月内，必须已缴纳 30 周保险费才能享受生育保险。大多数国家缴费时间规定长短不一，一般为生育前 12 个月缴纳保险费 10 个月。

（5）除要求被保险人在生育前投保达到一定时期外，要求被保险人实际参加工作还要达到一定时间。如法国规定，被保险人在分娩前必须投保满 10 个月，并且在生育的最近一年内的头 3 个月中，至少受雇 200 小时。

中国享受生育保险待遇的条件是以建立劳动关系为前提，同时，还要受计划生育政策的限制，女职工享受生育津贴的前提必须是单位为其缴纳了生育保险费，而且领取生育津贴的时间要与生育产假相一致。

（二）生育保险待遇项目及标准

一般生育保险待遇主要指医疗服务津贴和生育津贴。中国的生育保险待遇包括生育医疗费用待遇和生育津贴。用人单位已经缴纳生育保险费的，其职工享受生育保险待遇；职工未就业配偶按照国家规定享受生育医疗费用待遇。所需资金从生育保险基金中支付。

1. 生育医疗服务津贴。各国对于生育医疗服务待遇的规定基本相同，基本包括检查费、接生费、手术费、住院费、药费及其他与生育直接相关的医疗费用。在中国，根据社会保险法的规定，生育医疗费用包括：生育的医疗费用；计划生育的医疗费用；法律、法规规定的其他费用。根据《生育保险办法（征求意见稿）》的规定，按照参加生育保险的人员在协议医疗服务机构发生的生育医疗费用，符合生育保险药品目录、诊疗项目及医疗服务设施标准的，由生育保险基金支付，即个人不需要支付费用；对于急诊、抢救的，可在非协议医疗服务机构就医。

2. 生育津贴。关于生育津贴标准，国际劳工组织《保护生育建议书》（第 95 号）提议，生育津贴应等于该妇女生育之前的收入。在一些国家，生育社会保障除了使女职工享有收入补偿外，还给予一定金额或实物的补助，这种补助具有社会福利色彩，如法国、葡萄牙、玻利维亚等国。生育津贴的多少还与生育假期的长短有关，假期长，津贴相对就低，如芬兰，产假33周，但生育津贴仅占原工资的55%。根据中国社会保险法第56条规定，职工有下列情形之一的，可以按照国家规定享受生育津贴：①女职工生育享受产假；②享受计划生育手术休假；③法律法规规定的其他情形。

关于生育假期。中国妇女的产假，新中国成立初期为56天，持续了近30年。国务院于1988年颁布的《女职工劳动保护规定》对此作了改动，增加了产假天数。同时根据具体的妇女育产过程分割安排了休假天数；还根据一胎生子的数量不同，增加了休假天数。2012年4月国务院颁布的《女职工劳动保护特别规定》进一步作出了改动。其中第七条规定：女职工生育享受98天产假，其中产前可以休假15天；难产的，增加产假15天；生育多胞胎的，每多生育1个婴儿，增加产假15天。女职工怀孕未满4个月流产的，享受15天产假；怀孕满4个月流产的，享受42天产假。

关于生育津贴的标准。按照社会保险法的规定，生育津贴以职工所在用人单位上年度职工月平均工资为标准计发。

（三）生育保险待遇的支付

各国对生育保险待遇的支付一般采用定期支付现金的方式。除了医疗费用外，主要是支付生育津贴。生育津贴的计算主要有三种方式：一是定额制；二是工资比例制；三是混合式。采用第二种方式的国家居多。但对于医疗费用是否从生育保险基金开支，各国规定不同。

中国的生育保险基金主要用于支付生育医疗费用和生育津贴。由社会保险经办机构负责支付。通常在生育女职工产假满30天内，由用人单位或街道、镇劳动保障服务站工作人员携带申报材料到所在辖区社会保险处生育保险窗口办理待遇结算；工作人员受理核准后，支付生育医疗费和生育津贴。其中，生育医疗费用部分的支付相对复杂。

生育医疗费用由生育保险基金支付的前提是符合医疗保险规定的药品和医疗项目目录的生育医疗服务费。目前现实中的支付方式是参保人垫付后报销的方式，所以支付程序比较烦琐。参保人在自己选定的医保定点医院发生生育医疗费用后，参保个人先现金垫付，并将生育保险医疗费用明细、处方、原始收据及相关证明妥善保存。生育保险报销需要参保职工生育或流产后，由所在单位在职工产假结束回到工作岗位后，到所在辖区的社会保险经办处申报生育保险待遇，申报时应提供《计划生育服务手册》（手册中应有编号）原件、复印件，婴儿出生医学证明原件、复印件及医疗费发票，剖腹产还需提供医院出具的剖腹产证明。引流产需提供《计划生育服务手册》（手册中应有服务编号）原件、复印件，诊断书、门诊病历原件和复印件以及医疗费发票。女职工生育出院后，因生育引起疾病所发生的医疗费用，按照城镇职工基本医疗保险的有关规定办理。

《生育保险办法(征求意见稿)》第二十条规定,应当由生育保险基金支付的生育医疗费用,由经办机构与协议医疗服务机构直接结算。这样可以简化程序,便于保护女工权益。同时,《生育保险办法(征求意见稿)》还规定因用人单位不依法为职工缴纳生育保险费,造成职工不能享受生育保险待遇的,由用人单位支付其生育保险待遇。

五、生育保险的管理

生育保险的管理按照所涉及的法律关系不同,实施的管理也不同。中国的生育保险的主管单位是人力资源和社会保障部。具体涉及生育保险的管理业务由人力资源和社会保障部所属业务机构,即社会保险经办机构办理。

首先,生育保险涉及女职工和用人单位与社会保险经办机构之间的投保人、被保险人与社会保险机构之间的保险关系决定了用人单位要按照社会保险法的规定,为女职工投保,按照规定缴纳生育保险费。用人单位对生育保险的责任有:按期缴纳生育保险费;不得虚假冒领生育津贴和医疗费;不得拖欠拒付员工生育津贴和医疗费。相对于此,社会保险机构负责生育保险基金的管理运营、生育医疗费用与医疗生育津贴的支付。

根据社会保险法的规定,职工应当参加生育保险,由用人单位按照国家规定缴纳生育保险费,职工不缴纳生育保险费。根据社会保险法中社会保险基金相关规定,社会保险经办机构负责生育保险费的收缴、支付和管理。生育保险基金存入社会保险经办机构在银行开设的生育保险基金专户,专款专用。利息不计税费,转入生育保险基金。2004 年的《关于进一步加强生育保险工作的指导意见》要求作为经办生育保险的社会经办机构要理顺管理职能,落实经费和人员,完善管理措施,加强基础建设,提高管理服务能力。要认真做好生育保险参保登记、保险费征缴和基金管理工作,加强医疗服务协议管理和生育保险津贴的社会化管理服务工作。简化经办流程,提高办事效率,为参保职工提供快捷、便利的服务。

其次,职工和用人单位、社会保险机构与医疗服务机构之间的三方医疗服务合同关系决定了职工可以在社会保险协议机构内选择医疗服务机构;医疗服务机构要按规定提供相关的服务以及出具各项医疗服务费用的明细和生育保险待遇领取的相关证明。参保职工在选择范围内的机构发生的费用由生育保险基金支付。支付的范围原则上按照基本医疗保险药品目录、诊疗项目和医疗服务设施标准执行。

根据 2004 年的《关于进一步加强生育保险工作的指导意见》要求,生育保险实行医疗机构协议管理,签订协议的医疗机构范围要考虑基本医疗保险定点医疗机构和妇产医院、妇幼保健院等医疗机构。社会保险经办机构在对这些医疗机构的保险管理、服务质量、信息管理等服务能力进行评价的基础上,选择适合生育保险要求的医疗机构签订生育保险医疗服务协议,明确双方的权利和义务。要积极探索生育医疗费用的结算办法,逐步实现社会保险经办机构与协议医疗机构直接结算。要加强对医疗服务费用的监督检查，控制不合理的支出，探索制定科学规范的生育医疗费用结算办法，在协议中明确监督检查措施和考核办法。

目前各地实施生育保险的做法不尽相同。《生育保险办法》虽然尚处于征求意见稿的阶段，但为今后各地生育保险的实施提供了操作指南。当然即使《生育保险办法》出台，在具体执行与管理过程中，有些规定也不是一成不变的，具体在实践中遇到的问题，还需要进一步调整和完善。

复习思考题

1. 社会保险法律体系是如何构成的？
2. 简述社会保险法律关系的复杂性。
3. 社会保险立法的原则有哪些？
4. 社会保险的特征有哪些？
5. 简述 20 世纪 80 年代以后中国社会保险立法的发展过程。
6. 试分析各个社会保险项目的法律特征有哪些。
7. 中国各项社会保险制度的基本内容有哪些？
8. 借鉴国际社会保险立法的经验，分析中国应如何加强社会保险立法？现阶段的立法重点是什么？
9. 试分析社会保险范畴的基本医疗保险与社会救助范畴的医疗救助的异同。
10. 试分析社会保险范畴的生育保险与社会救助范畴的失独家庭救助之间有何种关联。
11. 试分析社会保险中的各个子项目之间存在何种联系。各个子项目社会保险关系之间有着怎样的不同。

第五章

社会福利法

本章要点及学习要求

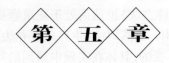

社会福利法是调整社会福利关系的法律规范的总称。其立法目的在于提高全体社会成员的物质生活水平,改善其生活条件和为其提供某种生活便利,从而达到稳定社会秩序、促进经济发展的目的。社会福利法与前面的社会救助法和社会保险法相比,其适用范围最广,覆盖全体国民,并且所提供的保障水平也最高。经过多年的改革和完善,中国的社会福利法律制度由以往的公共福利、专项福利、职业福利为主,发展到以公共福利、专项福利、社区服务为主要支柱的制度体系。

在本章的学习中,要求对比前面两章的内容,把握社会福利法的概念和特征,整体把握社会福利法律制度体系,具体了解社会福利法律制度的各个构成部分的内容。

第一节　社会福利法概述

一、社会福利的概念及法律意义

(一)社会福利的概念

在第一章中已经提到,社会福利是一个争议很大的概念,其内涵和外延因各国社会保障制度的内容不同而有区别。

在中国,社会福利作为社会保障体系中的一个子系统,隶属于社会保障概念之下,是与社会保险、社会优抚、社会救助相平行的概念。一般来说,社会福利、社会保险和社会救助的概念都被涵盖在社会保障的范围之内。目前中国有关立法文件和理论研究上使用的社会福利概念，也都置于社会保障的概念之下。实际上，中国对社会福利的概念是从狭义角度去界定的，它是指由国家出资兴办的、旨在为社会大众谋福利的各种福利性事业，以及国家为社会全体成员提供的各种福利性补贴，包括一般社会福利、职工福利和特殊社会福利。一般社会福利是指国家和社会有关部门及团体举办的社会文化教育事业以及市政建设、社会服务等，享受的对象是全体社会成员。职工福利是指职工所在单位通过举办集体福利设施、建立各种补贴或发放实物以改善职工的物质文化生活，享受的对象是本单位的职工及其家属。特殊社会福利是国家和社会为残疾人和无劳动能力的人举办的福利事业，包括残疾人福利、儿童福利、老人福利等。

（二）社会福利的法律意义

社会福利是国家对国民收入进行再分配的一种形式，它保证社会成员除劳动收入外，均等地获得国家提供的各种福利设施和服务，因此，社会福利是全体社会成员共享社会成果的一种国家政策。建立社会福利制度具有重要意义。

1. 举办社会福利，有利于满足社会成员的物质生活需要。随着社会化生产的发展和生产力水平的提高，劳动者创造的财富越来越多。生产的社会化发展必然带来人们生活社会化程度的提高，许多原来属于个人的责任和家庭的职能成为国家的责任和社会的职能，如儿童健康、老人保健、残疾人康复和就业、科学文化和教育事业的发展等，这些都需要国家为社会成员来举办。国家通过财政税收的方式，将积累的财富通过举办各种社会福利事业，使社会成员共同受益，提高社会成员的物质生活水平。

2. 举办社会福利，有利于提升社会成员的精神生活需求。社会福利项目中，包括以全体人民为对象的公益性事业（如教育、科学、文化、教育、卫生、环境保护等服务和设施）的发展，极大地满足了社会成员在精神生活方面的需求，从而推动了社会的文明和进步。

3. 举办社会福利，有利于促进社会经济的发展。社会福利通过一种公平的机制向社会成员提供各种福利设施和服务，使社会成员能够分享社会发展的成果，满足其物质生活和精神生活的需要，从而能够激发劳动者的生产积极性和创造性，提高劳动生产率，最大限度地实现劳动者资源的效率，促进经济的发展。

二、社会福利法的概念、特点及构成

（一）社会福利法的概念、特点

社会福利法，是调整社会福利关系的法律规范的总称。

社会福利法与其他社会保障子部门法相比较，具有以下的特点：

1. 适用范围和对象的广泛性。最初它表现为必要的公共设施的提供和对社会成员基本生活的维持，以维护人类的生存权。后来，逐渐扩张到人类发展权的领域，最后延伸到娱乐、享受性公共设施、公共服务的提供等更高层次。因此，社会福利的范围随着经济的发展逐渐扩展。

社会福利是国家和社会向社会全体成员提供的一种福利,任何人都有权享受。在社会福利项目中,有些是向全体社会成员提供的,如国家提供的义务教育,各种公共福利设施;有些是向特殊社会群体提供的,如残疾人福利、儿童福利、老人福利等,而就特殊群体范围而言,对于他们是具有普遍性的。只要是社会成员,就可以享受这些福利待遇。

2. 社会福利具有权利义务不对等性。这一特征是社会福利的资金来源所具有的单向性在法律意义上的表现。与社会保险费用实行三方负担原则不同,社会福利的资金来源于国家和社会,社会成员享受各种社会福利无须缴费。从国家来说,社会福利资金主要来源于国家税收,属于政府开支中的转移支付部分;从社会来说,主要来源于各单位的福利资金或各种社会捐助。

3. 待遇标准更追求公平性。社会福利是一种典型的国民收入再分配方式,是对社会财富分配的必要补充。它通过对全体社会成员或部分社会群体提供福利设施和服务来共同分享社会发展的成果,满足社会成员的需要。享受社会福利与每个人的经济地位、职业背景等无太多联系,也无须与其贡献挂钩,因此,在“人人有份”的社会福利原则下,更多体现为追求社会公平的目的。社会福利待遇标准的一致性,是其公平性的表现。它不像社会救助那样,越贫穷可以申请越多的救助;也不像社会保险那样要求履行缴费义务,而是对于所有同类对象给予一致的享受标准,即无论“贫富贵贱”都是一个待遇标准。

4. 社会福利保障水平的不确定性。社会福利的终极目的在于为特定的或全体的社会成员提供一定的福利,使他们能够获得更高的素质,获得更高的生活质量。社会福利水平的高低,没有硬性指标规定,不具有法律强制性。各国的社会福利水准取决于自身的社会经济发展水平。

(二)社会福利法的构成

社会福利法的适用范围广泛,犹如一张巨大的网,覆盖全国,泽荫国人。不但老年人、儿童、伤残人和低收入贫困者等社会阶层受到福利网的保护,一般的社会成员也可以从中获益。中国的社会福利法在中国社会经济及法制发展中,应由为全体社会成员提供的公共福利;为本单位、本行业从业人员及其家属提供的职业福利;为老年人提供的老年福利;为婴幼儿、少年儿童提供的儿童福利;为妇女提供的妇女福利及为残疾人提供的残疾人福利等特殊群体的专项福利等方面的法律规范构成。

应该指出,在不同国家里,社会福利法的内容不尽相同,有的多一些,有的少一些;在一个国家里,不同时期、不同发展阶段,社会福利法所包括的内容也可能不完全相同。一般而言,一国经济发展水平越高,社会福利法所包括的内容越广泛;在经济欠发达的国家中,社会福利法的内容是不可能太多的。

可以将上述社会福利法所规范的内容按照不同的标准进行如下的制度分类:

1. 根据社会福利的表现形式进行制度分类。具体分类如下：

(1)设施性福利。设施性福利是通过各种福利设施的建设而向受益人提供福利的制度。如由政府、社区、单位修建文化娱乐和教育设施，以丰富一定地区或单位的居民或职工文化生活，方便本地居民或职工子女接受教育。

(2)物资性福利。物资性福利是通过向社会成员发放一定金额的货币资金或实物来实现的福利制度，例如，国家为改善居民住房条件而实施的安居工程中所作的财政补贴、单位发放有关福利用品或福利费等。

(3)服务性福利。服务性福利是通过一定服务的提供而向受益人提供福利的制度，如全民免疫计划的实施等。

2. 根据福利的实施有无资格条件限制划分的制度类型。具体分类如下：

(1)开放式福利。开放式福利是对一切人提供福利的制度，这是真正意义上的社会福利制度。如电影院、公园等文化设施、旅游设施、休闲设施通常是全面开放的，每一个人都可以享受，属于开放性的福利。

(2)封闭式福利。封闭式福利是对特定的人提供福利的制度，如对职工发放卫生用品等便属于封闭式的福利，这种福利的享受必须符合一定的条件。这种福利从严格意义上讲不属于社会福利，但随着社会福利的社会化，此种封闭式福利也被纳入广义社会福利的范畴之中。

3. 根据福利事业的资金来源不同划分的制度类型。具体分类如下：

(1)财政福利。通过国家财政筹集福利事业的经费，并以此作为各种社会福利项目的资金来源而形成的福利制度。

(2)自筹资金兴办的福利。自筹资金兴办的福利是特定社区通过捐资或集资而兴办的福利。

4. 根据覆盖对象范围及实施主体的不同划分的制度类型。具体分类如下：

(1)全民性福利。全民福利是向全体人民提供的福利，是国家和社会向全体人民提供福利的一种福利制度。

(2)社区性福利。社区性福利是地方政府和社区基层组织向特定社区内的成员提供福利的一种福利制度。

(3)职业福利。职业福利是各行业、部门和用人单位对于作为其成员的劳动者提供福利的一种福利制度。

5. 根据社会福利的形式划分的制度类型。具体分类如下：

(1)货币形式的福利。指发放各种福利补贴或津贴的制度。比如对寒冷地区居民发放冬季取暖补贴、对住公房的居民给予房租补贴等各种津贴，都是以现金形式发放的。

(2)劳务形式的福利。指提供各种福利劳务和服务的福利制度。如对老人、儿童、残疾人等的特殊照顾和护理，对失业工人的义务就业咨询，对无力支付费用的起诉提供义务法律咨询及诉讼活动，进行义务教育和免费培训等等。

(3)实物形式的福利。指通过发放实物而实现的福利制度。如对病人赠送营养品，对结婚的人赠送结婚礼品，免费为残疾人提供假肢、助行器、助听工具等。

三、社会福利的立法原则

无论将社会福利作为社会保障的同义词，还是作为社会保障的子概念，其立法原则与社会保障的立法原则都是一致的。若将社会福利作为社会保障子概念予以理解的话，社会福利的立法除了要遵循前面提及的社会保障立法基本原则之外，还要遵循其具体的立法原则。

(一)提高生活质量的原则

与其他社会保障项目相比，社会福利除保障国民基本生活的一面，更具有提高公民生活质量的特点。因此，社会福利立法在经济发展的前提下，应以提高公民的生活质量为宗旨。就社会保障水准而言，社会福利是最高层次的保障，应在整个社会保障体系中起到示范作用。如国家或地方政府拨款大幅度改善公共福利设施，实质上标志着社会经济和生活水平有了较大的提高，对此，应当在社会保障给付中逐步反映出来。

(二)普惠性原则

与社会救济、社会保险以及社会优抚的对象相比，社会福利更具“人人有份”的普惠性特点。除一些特殊群体福利项目，社会福利立法应当充分贯彻普惠性原则，通过社会福利的实现，让每一个社会成员都能平等地享受经济发展和文明进步的成果，都能过尊严、健全、文明的生活。

第二节　社会福利立法的发展

由于历史的成因，各国对于社会福利与社会保障概念的理解的不同，我们无法将社会福利立法的发展与社会保障立法的发展截然分开。故在此，我们仅就中国20世纪80年代以后的社会福利的立法沿革进行介绍。

中国的社会福利制度，长期以来一直存在着双重结构的状况，即社会福利由民政部主管的“社会福利”和原劳动部主管的“职工福利”两部分内容构成。由于立法的滞后，有关社会福利的规定散见于各部门的规章和规范性文件中，没有形成社会化、规范化和法制化的统一制度。20世纪80年代以后，中国的社会福利事业也和社会保障领域的其他制度一样进入了全面改革，逐步朝着社会化、规范化和法制化方向发展。特别是进入到21世纪以后，中国更是紧锣密鼓地抓进行社会福利的立法工作。随着社会福利社会化的思想的渗透，社会公益事业也愈加兴旺发展起来。

一、保障特殊权益的社会福利立法的发展

（一）保障妇女权益的社会福利立法

1. 立法依据。1954 年版《中华人民共和国宪法》第 96 条中就规定妇女受国家的保护。其后 1982 年版对这一条进行了补充，1988 年、1993 年、1999 年和 2004 年修正案版与其内容相同。如，现行的《中华人民共和国宪法》第 48 条：中华人民共和国妇女在政治的、经济的、文化的、社会的和家庭的生活等各方面享有同男子平等的权利。国家保护妇女的权利和利益，实行男女同工同酬，培养和选拔妇女干部。第 49 条：婚姻、家庭、母亲和儿童受国家的保护。夫妻双方有实行计划生育的义务。父母有抚养教育未成年子女的义务，成年子女有赡养扶助父母的义务。禁止破坏婚姻自由，禁止虐待老人、妇女和儿童。进一步对妇女的权益保护作出了规定，成为其他保护妇女权益的社会福利立法的依据。

2. 保护女职工特殊权益的社会福利立法。如上一章生育保险一节中所介绍，20 世纪 80 年代后期至 90 年代初形成了一套有关保护女职工特殊权益的社会福利的系列法规，之后这一系列的法规不断在实践的经验教训基础上得到修改和完善。现行有效的保护女职工特殊权益的法律法规主要有 2012 年 4 月出台的《女职工劳动保护特别规定》和《社会保险法》。

3. 保护妇女权益的综合立法。1992 年 4 月，第 7 届人大 5 次会议通过了第一部综合性保障妇女权益的基本法律——《中华人民共和国妇女权益保障法》。历经 13 年后，2005 年 8 月对 1992 年 4 月的《中华人民共和国妇女权益保障法》进行修订，做了 39 项修改。其内容包括总则、政治权利、文化教育权益、劳动和社会保障权益、财产权益、人身权利、婚姻家庭权益、法律责任、附则 9 个部分的内容。全方位保护女性的社会福利权益。

4. 保护母婴权益的社会福利立法。1994 年 10 月，第 8 届人大常委会 10 次会议通过了《中华人民共和国母婴保健法》。该法规定的母婴保健具有很大的社会福利成分，为母婴提供的是基本免费的保健服务。该法是中国第一部保护妇女和儿童健康的法律，属于赋予妇女享受围产保健待遇权的一部综合立法。

5. 保护妇女权益的国际公约。①1981 年 9 月生效的《消除对妇女一切形式歧视公约》是联合国为消除对妇女的歧视、争取性别平等制定的一份重要国际人权文书。该公约确立规则，保障妇女在政治、法律、工作、教育、医疗服务、商业活动和家庭关系等各方面的权利。中国政府于 1980 年 7 月 17 日签署该公约，同年 11 月 4 日交存批准书，12 月 4 日该公约对中国生效。②1995 年在北京召开第四次世界妇女大会通过的《北京宣言》为进一步提高世界各地妇女的地位并赋予她们权利提供了指针。

6. 保障妇女权益、促进妇女发展、推动男女平等的规划。《中国妇女发展纲要》（1995—2000 年）这是中国政府与国际接轨，保障妇女权益、促进妇女发展、推动男女平

等的规划，是中国发展妇女权益保护立法的一个规范性文件。之后又制定了《中国妇女发展纲要》（2001—2010 年）和（2011—2020 年）。

新中国成立至今，已经基本形成了以《中华人民共和国宪法》为根据，遵循联合国《消除对妇女一切形式歧视公约》、第四次世界妇女大会通过的《北京宣言》、行动纲领等国际公约和文件的宗旨，以《中华人民共和国妇女权益保障法》为主体，包括《中华人民共和国婚姻法》《中华人民共和国继承法》《中华人民共和国劳动法》《中华人民共和国母婴保健法》《女职工劳动保护规定》等法律、行政法规和地方性法规在内的一整套保障妇女权益和促进妇女发展的法律体系。

（二）保障未成年人特殊权益的社会福利立法

1. 立法依据。如保障妇女特殊权益的社会福利立法的依据一样，《中华人民共和国宪法》规定了国家对儿童实施教育、保护；儿童有受父母抚养教育的权利。

2. 保护全体未成年人权益的社会福利立法。①保证未成年人教育权的立法。1986 年 4 月，第 6 届人大 4 次会议通过了《中华人民共和国义务教育法》，规定国家实行 9 年制义务教育。可以说是未成年人社会福利的一项重要立法。②综合立法。1991 年 9 月，第 7 届人大常委会 21 次会议通过的《中华人民共和国未成年人保护法》，从家庭、学校、社会、司法保护等各个方面，规定了未成年人的各种特殊权益。③保护儿童权益的国际公约。第 44 届联合国大会第 25 号决议通过，1990 年 9 月 2 日生效的《儿童权利公约》，旨在保护儿童权益，为世界各国儿童创建良好的成长环境。公约具体所规定的条款至今对所有缔约国的儿童权益保护方面的立法都具有约束性。中国于 1991 年 12 月 29 日批准《儿童权利公约》。此外，1990 年 9 月世界儿童问题首脑会议提出的全球目标也成为中国的儿童福利立法发展的参考。④保护婴儿健康的立法。前面提及的《中华人民共和国母婴保健法》。⑤未成年人劳动保护立法。1994 年颁布了《未成年人特殊保护规定》，2009 年颁布了《禁止使用童工规定》。⑥促进儿童发展的规划。中国政府于 1992 年、2003 年和 2011 年分别发布了《中国儿童发展纲要》。成为中国保护未成年人权益发展规划的规范性文件。⑦预防未成年人犯罪的立法。主要有：1999 年颁布的《中华人民共和国预防未成年人犯罪法》，该法于 2012 年 10 月修订通过，2013 年 1 月 1 日起施行。

3. 保护特殊困难未成年人权益的社会福利立法。

（1）残疾康复援助方面的立法建设。代表性的规范性文件和法律有：民政部《关于进一步发展孤残儿童福利事业的通知》（1997 年）；民政部《关于印发〈“残疾孤儿手术康复明天计划”实施方案〉的通知》（2004 年）。1990 年 12 月 28 日通过、2008 年 4 月 24 日修订的《中华人民共和国残疾人保障法》第二章中规定了优先开展残疾儿童抢救性治疗和康复。

（2）有关孤儿救助方面的立法建设。①艾滋病患者遗孤救助方面的立法建设。代表性的规范性文件有：民政部《关于加强对生活困难的艾滋病患者、患者家属和患者遗孤救助工作的通知》(2004 年);民政部《关于进一步加强受艾滋病影响儿童福利保障工作的意见》(2009 年)。②有关儿童福利设施方面的立法建设。代表性的法律文件有:民政部《社会福利机构管理暂行办法》(1999 年 12 月);民政部《中华人民共和国行业标准(MZ010－2001)儿童社会福利机构基本规范》(2001 年);民政部与发改委《儿童机构建设"十一五"规划》;民政部办公厅《关于做好儿童福利机构手足口病疫情预防控制工作的紧急通知》(2008 年);民政部《关于制定福利机构儿童最低养育标准的指导意见》(2009 年)。③有关孤儿的院外救助方面的立法建设。主要有以下法律和规范性文件:全国人民代表大会常务委员会《中华人民共和国收养法》(1991 年 12 月通过 1998 年修订);民政部《家庭寄养管理暂行办法》(2003 年);民政部社会福利和慈善事业促进司《关于全国散居孤儿最低养育标准执行情况的通报》(2009)。目前民政部将推动出台《中国公民收养子女登记条例》,制定收养评估、华侨收养子女登记等办法,建立全国统一的收养登记公告平台。④灾害致孤未成年人救助的立法建设。汶川大地震后,民政部等发出《关于汶川大地震四川省"三孤"人员救助安置的意见》(2008 年),为此后灾害致孤未成年人的救助工作以及立法建设奠定了基础。⑤孤儿救助的综合性立法建设。代表性的法规和规范性文件主要有:国务院《农村五保供养工作条例》(2006 年);民政部等 15 部委《关于加强孤儿救助工作的意见》(2006 年);民政部办公厅《关于发放使用〈儿童福利证〉的通知》;民政部办公厅《关于开展全国孤儿福利保障状况调研工作的通知》与《关于启用全国孤残儿童信息系统的通知》(2008 年);国务院办公厅《国务院办公厅关于加强孤儿保障工作的意见》(2010 年)。其中,《国务院办公厅关于加强孤儿保障工作的意见》对今后的维护孤儿权益工作的开展有很现实的指导意义。

(3)特殊困难未成年人教育救助的立法建设。代表性的规范性文件和法律有:民政部、教育部的《关于进一步做好城乡特殊困难未成年人教育救助工作的通知》(2004 年),《中华人民共和国残疾人保障法》。其中,《中华人民共和国残疾人保障法》中的第二十一条至第二十六条分别对残疾人教育保障作出了规定,是特殊困难未成年人教育救助的准据法。

(4)流浪未成年人救助的立法建设。这方面的规范性文件主要有:民政部发出的《城市生活无着的流浪乞讨人员救助管理办法》(2003 年)、民政部等 19 部委发出的《关于加强流浪未成年人工作的意见》(2006 年)。目前民政系统要推动《城市生活无着的流浪乞讨人员救助管理办法》的修订,进一步加大流浪未成年人救助保护,尤其是街面、社区主动保护力度,切实做到街面发现一个就主动及时救助保护一个,同时规范流浪未成年人家庭寄养、支持重点县(市)流浪未成年人救助保护机构建设、发动社会力量参与流浪未成年人救助保护、探索开展未成年人社会救助保护工作。

(5)预防特殊困难未成年人犯罪的立法建设。这方面的规范性文件主要有:2006 年中央综治委发出了《关于开展"为了明天——全国服刑人员未成年子女关爱行动"的通知》和《关于开展为了明天——全国强迫诱骗未成年人流浪乞讨和强迫拐骗聋哑青少年违法犯罪整治工作的通知》。

综上,目前在中国通过制定众多的法律、法规、规范性文件来维护未成年人特殊权益。但是现实中的很多问题,不只是立法就能一蹴而就的,还需要动员家庭以及社会的力量共同努力来解决。

(三)保障残疾人特殊权益的社会福利立法

1. 立法依据。《中华人民共和国宪法》第45条第3款规定了国家和社会帮助安排盲聋哑和其他有残疾的公民的劳动生活和教育。

2. 保护全体残疾人权益的社会福利立法。代表性的法律就是1990年12月出台后于2008年4月修订的《中华人民共和国残疾人保障法》。该法由总则、康复、教育、劳动就业、文化生活、社会保障、无障碍环境、法律责任和附则,共九章构成。从其主要条款看,福利内容覆盖了残疾人社会生活的各个方面,是残疾人权益保障的综合性基本法。

3. 保护残疾人权益的国际公约。《残疾人权利公约》于2006年12月13日由联合国大会通过,并于2007年3月30日开放供签字。包括中国在内,《公约》有146个签字国,有90个缔约国批准了《公约》。《残疾人权利公约》是国际社会在21世纪通过的第一个综合性人权公约,也是首个开放供区域一体化组织签字的人权公约。《公约》旨在成为记录明确的社会发展问题的人权文书。它标志着人们对待残疾人的态度和方法发生了“示范性转变”。公约核心是确保残疾人享有与健全人相同的权利,并以正式公民的身份生活,从而在获得同等机会的情况下,为社会作出宝贵贡献。公约涵括了残疾人应享有的各项权利,如享有平等、不受歧视和在法律面前平等的权利;享有健康、就业、受教育和无障碍环境的权利;享有参与政治和文化生活的权利等。此外,公约就残疾人事业的国际合作提出相应措施。

4. 保护残疾人权益的各种专门的规范性文件。代表性的有:国务院于1991年先后发布的《关于贯彻实施〈中华人民共和国残疾人保障法〉的通知》、《残疾人教育条例》和《国务院批转中国残疾人事业“八五”计划纲要的通知》。据此,1992年,国家计委、民政部、卫生部等有关部门联合发布了《全国残疾人三项康复工作“八五”实施方案》《全国聋儿听力语言训练工作“八五”实施方案》和《低视力康复工作“八五”实施方案》;国家计委、劳动部、民政部和中国残联联合发布了《关于在部分城市开展残疾人劳动就业服务和按比例就业试点工作的通知》,第一次在国内开展了按比例吸纳确有相应能力的残疾人在适宜岗位上工作的制度。2007年2月国务院发布《残疾人就业条例》,自2007年5月1日起施行。

5. 残疾人福利事业的发展规划。中国最先实施的残疾人事业发展规划是由国务院1988年9月3日批准颁布实施《中国残疾人事业五年工作纲要(1988—1992年)》。国民经济和社会发展进入“八五”计划期间,国家制定《中国残疾人事业“八五”计划纲要(1991—1995年)》将首个“《中国残疾人事业五年工作纲要》后两年的任务纳入其中。

之后，在国民经济和社会发展的“九五”“十五”计划期间、国务院分别都批准颁布实施了相应的《中国残疾人事业计划纲要》；“十一五”“十二五”计划期间，国务院分别批准颁布实施了相应的《中国残疾人事业发展纲要》。根据《中国残疾人事业“十二五”发展纲要》，为了目前 8 300 万人规模的残疾人的福祉，残疾人事业发展目标和任务：①“十二五”时期我国城镇新就业残疾人将达到 100 万人；②将对 1 000 万农村残疾人进行扶持；③将为残疾人托养提供 200 万人次补助；④将帮 1 300 万残疾人得到不同程度康复；⑤将建立贫困残疾人生活补助和重度残疾人护理补贴制度；⑥将逐步实施残疾学生高中阶段免费教育。

6. 有关残疾人才事业发展的规范性文件。“十一五”计划期间，中共中央、国务院于 2008 年首次发出《中共中央国务院关于促进残疾人事业发展的意见》，对中国的残疾人事业发展具有里程碑意义。以此为指导，根据《国家中长期人才发展规划纲要(2010—2020 年)》，结合中国残疾人事业人才队伍建设实际，中国残疾人联合会于 2011 年 2 月制定了《中国残疾人事业中长期人才发展规划纲要(2011—2020 年)》及 23 个具体的配套文件；于 2011 年 5 月制定了《关于贯彻落实〈中国残疾人事业中长期人才发展规划纲要(2011—2020 年)〉职责分工》。

总之，国家修订《中华人民共和国残疾人保障法》，批准加入联合国《残疾人权利公约》，制定实施《残疾人就业条例》和残疾人社会保障、特殊教育、医疗康复等领域的一系列政策法规，为发展残疾人事业、保障残疾人权益奠定了法律制度基础。

（四）保障老年人特殊权益的社会福利立法

1. 立法依据。宪法第 45 条第 1 款规定，中华人民共和国公民在年老、疾病或者丧失劳动能力的情况下，有从国家和社会获得物质帮助的权利。国家发展为公民享受这些权利所需要的社会保险、社会救济和医疗卫生事业。

2. 保护全体老年人权益的社会福利立法。中国第一部全面保障老年人权益的基本法是《中华人民共和国老年人权益保障法》，于 1996 年 8 月 29 日第 8 届全国人民代表大会常务委员会第 21 次会议通过；2012 年 12 月 28 日第 11 届全国人民代表大会常务委员会第 30 次会议修订。由总则、家庭赡养与扶养、社会保障、社会服务、社会优待、宜居环境、参与社会发展、法律责任、附则，共 9 章构成。自 2013 年 7 月 1 日起实施。是今后一段时期内老年人权益保护的相关具体法规等制定的基本依据。

3. 老年人工作与老年人优待的相关政策及规范性文件。代表性的有：中共中央于 2000 年作出了《中共中央、国务院关于加强老龄工作的决定》；全国老龄工作委员会建设部等发出了《关于加强老年人优待工作的意见》。指导了 21 世纪老年人事业和老年人优待工作的开展。中国自 1999 年正式步入老龄化社会以后，全国人大及其常务委员会、国务院及其有关部门颁发的老龄法律、法规、规章及有关政策达 200 多件，初步形成以宪法为基础，以《老年人权益保护法》为主体的老龄法律、法规、政策体系框架。

综上所述，从保障特殊权益的社会福利立法的发展看，妇女儿童、未成年人、残疾人、老年人这四大权益保护立法的出台与修订，标志着20世纪末至21世纪初，是中国保障特殊权益的社会福利立法建立健全的时代。根据2013年11月12日中国共产党第18届中央委员会第3次会议上通过的《中共中央关于全面深化改革若干重大问题的决定》的第12部分内容，其中“(45)建立更加公平可持续的社会保障制度”中指出：积极应对人口老龄化，加快建立社会养老服务体系和发展老年服务产业。健全农村留守儿童、妇女、老年人关爱服务体系，健全残疾人权益保障、困境儿童分类保障制度。这将成为今后保护特殊权益的社会福利立法发展的方向。

二、社会福利事业的立法发展

21世纪社会福利事业是国家和社会为优抚对象、老年人(主要是鳏寡孤独)、残疾人等提供各种生活服务和劳动场所而举办的事业。主要由三部分内容构成：第一部分是社会福利机构，包括优抚安置事业和社会收养事业单位；第二部分是社会福利企业单位(含假肢业单位)；第三部分是国家为优抚对象、现役军人制定的特殊保障措施。其中第三部分的内容与本书第六章内容有交叉。

20世纪80年代以后，中国政府通过各种改革和立法活动，改变了社会福利事业无法可依的状况，专门为儿童、残疾人等特殊群体服务的制度得到了加强，并逐步将社会福利的范畴逐步扩大到为全民服务，将社会福利事业的重点由发展为特殊群体服务的社会福利设施和社会福利企业逐步转移到开展社区服务之上。

(一) 有关社会福利机构的立法发展

1.20世纪80年代社会福利机构的规范化管理的开始。1982年4月，民政部颁发了《城市社会福利事业单位管理工作试行办法》，开始了对社会福利机构的规范化管理。

2.20世纪90年代的立法建设。这一时期是中国社会福利机构朝着正规化、标准化、社会化方向发展转折的重要时期。①有关社会福利机构的正规化、标准化方面的规范性文件主要有：1993年4月，民政部颁布的《国家级福利院评定标准》；1999年12月民政部发布了《社会福利机构管理暂行办法》。②有关社会福利机构的社会化方面的政策性文件有：1993年8月国务院和民政部制定的《社会福利业发展规划》。其指导思想是加快改革步伐，立足民政，面向社会，采取“国家、集体、个人一齐上”的方针，坚持社会福利社会化的发展方向。其中提出了“加强立法工作”，成为之后的社会福利事业的法制化发展的政策导向。

3.21世纪以后的立法建设。①有关社会福利机构的规范化的法律性文件主要有：2001年2月，民政部颁发了由三个基本规范构成的《社会福利机构基本规范》。其中三个基本规范为：《老年人社会福利机构基本规范》、《残疾人社会福利机构基本规范》和《儿童社会福利机构基本规范》。②有关社会福利机构社会化发展的法律性文件有：2000年，国务院办公厅转发民政部等11个部委的《关于加快实现社会福利社会化的意见》;2005 年民政部发出的《关于支持社会力量兴办社会福利机构的意见》;2009 年民政部发出《关于在广东省试点开展港澳服务提供者以独资民办非企业单位形式举办残疾人福利机构工作的通知》,表明中国政府今后要更加大力推行社会力量办社会福利机构的宗旨。③在这一时期,出台了一些有关精神障碍者福利机构建设方面的规范性文件。主要有:2009 年国家发改委、卫生部《关于编报精神卫生防治体系建设与发展规划被选项目和 2009 年建设项目中央预算内专项资金投资计划的通知》及《精神卫生专业机构建设指导意见(试行)》、民政部发出《关于编报精神卫生防治体系建设规划被选项目的补充通知》。其中的《精神卫生专业机构建设指导意见(试行)》适用于精神卫生专业机构的新建、迁建、改建、扩建项目。这些文件的出台表明中国精神障碍者福利事业将在今后得到进一步发展。

(二)有关福利企业的立法发展

为使传统的只重视福利不重视效益的社会福利企业朝着既注重福利又追求效益的方向发展,在对福利机构进行改革的同时,针对社会福利企业也开始进行了各种政策规范的制定。

根据《福利企业资格认定办法》(2007 年)规定,福利企业,是指依法在工商行政管理机关登记注册,安置残疾人职工占职工总人数 25% 以上,残疾人职工人数不少于 10 人的企业。以下从 3 个方面简单概括改革开放后的有关福利企业的立法的发展情况。

1. 扶持社会福利生产的综合立法。1981 年 5 月,国务院批转了民政部《关于保护和扶持社会福利生产》的报告;1988 年 4 月中国农业银行和民政部发布了《关于积极扶持乡镇福利企业发展的联合通知》。

2. 有关社会福利企业用工以及企业管理方面的立法。1989 年 8 月,民政部、原劳动部、卫生部和中国残联联合会发布了《社会福利企业招用残疾职工的暂行规定》;1990 年 9 月,民政部、国家计委、财政部、原劳动部等联合发布了《社会福利企业管理暂行办法》;1991 年 6 月,民政部发布了《社会福利企业技术改造贷款贴息资金管理办法》;1996 年和 2000 年两次联合发出《关于统一换发社会福利企业证书的通知》;2007 年民政部发出《关于对调整完善现行福利企业税收优惠政策试点地区福利企业进行资格审核认定的通知》。目前关于福利企业的管理执行的是民政部于 2007 年发出的《关于印发〈福利企业资格认定办法〉的通知》,附带《福利企业资格认定办法》。

3. 有关对社会福利企业实施金融财政优惠方面的立法。财政部、国家税务总局《关于企业所得税若干优惠政策的通知》《关于对福利企业、学校办企业征税问题的通知》(1994 年);国家税务总局发布《国家税务总局关于民政福利企业征收流转税问题的通知》(1994 年);财政部、国家税务总局《关于福利企业有关税收政策问题的通知》(2000 年);《财政部、国家税务总局关于调整完善现行福利企业税收优惠政策试点工作的通知》(2006 年);国家税务总局、财政部、民政部、中国残疾人联合会联合发出《关于调整完善现行福利企业税收优惠政策试点实施办法的通知》(2006 年)、财政部和国家税务总局发布的《关于进一步做好调整现行福利企业税收优惠政策试点工作的通知》(2006年)。目前执行的是2007年财政部和国家税务总局于发出《关于促进残疾人就业税收优惠政策的通知》和国家税务总局、民政部、中国残疾人联合会联合发出的《关于促进残疾人就业税收优惠政策征管办法的通知》。

(三)社区服务事业立法的发展

1986年,为配合城市经济体制改革,民政部首先倡导发展社区服务,旨在城市开展以民政对象为主的福利服务和便民利民服务。自此,社区服务由新生事物发展到为人们所熟知,由20世纪的社区服务走向21世纪的社区建设,并且还将逐步通过一系列的立法由一个概念发展成为一个制度体系。

20世纪90年代,政府开始对社区服务事业进行规范化的领导,出现了一些地方性的立法活动,如湖北省武汉市于1992年7月制定了《武汉市社区服务管理办法》等。为了将社区服务纳入规范化的轨道,1993年8月,在总结各地经验的基础上,民政部等14个部委联合发布了《关于加快发展社区服务业的意见》。

1. 城市社区服务立法的发展。1996年,江泽民总书记明确提出"大力加强社区建设"的要求;1998年,国务院明确赋予民政部"指导社区服务管理工作,推动社区建设"的职能。民政部在倡导社区服务基础上,积极寻找、探索新时期城市社区建设的实践道路,于1999年开展了社区建设的试点工作,并先后在全国选出社区服务和城市基层工作基础比较好的26个城区作为社区建设实验区。2000年11月,中共中央办公厅和国务院办公厅发出23号文件,转发了《民政部关于在全国推进城市社区建设的意见》。自此,中国城市社区建设开始进入全面推进的新阶段。2001年,民政部发布《"社区老龄服务星光计划"实施方案》,开始实施项目内容明确的社区服务计划。2006年4月,国务院发出了《关于加强和改进社区服务工作的意见》。

2. 农村社区服务立法的发展。为贯彻党的十六大和十六届四中、五中全会精神,全面落实科学发展观,统筹城乡发展。研究探索社会主义新农村建设和深化村民自治的有效途径,根据2006年全国民政工作年中分析会关于"认真开展农村社区建设试点"的工作部署,发出《关于做好农村社区建设试点工作推进社会主义新农村建设的通知》,决定在全国有条件的地区开展农村社区建设的研究探索和试点工作。2009年民政部发出《关于开展"农村社区建设实践全覆盖"创建活动的通知》,其中一项要求是社区各项服务的全覆盖。要求初步构筑起社区基本公共服务、志愿服务和互助服务、社区服务业相衔接的农村社区服务体系。将以社会救助、社会福利、社会治安、医疗卫生、计划生育、文教体育为主要内容的公共服务覆盖到农村社区,普遍开展群众性的志愿服务和互助服务活动。

3. 城乡一体化的社区服务的立法建设。2009年民政部《关于进一步推进和谐社区建设工作的意见》中将进一步完善以民生需求为导向的新型社会服务体系,不断提高社区居民生活水平作为当前和今后一个时期进一步推进和谐社区建设工作的主要任务之一。

（四）有关社会福利事业人才队伍建设的立法

进入21世纪以来，中国的社会福利事业有了很大的发展，在制度的改革和完善的同时，也加强了人才队伍的建设。其中有关的立法有2006年的《社会工作者职业水平评价暂行规定》。本规定适用于在社会福利、社会救助、社会慈善、残障康复、优抚安置、卫生服务、青少年服务、司法矫治等社会服务机构中，从事专门性社会服务工作的专业技术人员。社会工作者职业水平评价分为助理社会工作师、社会工作师和高级社会工作师三个级别。为有效提高专业人才的职业水平，民政部于2007年开展社会工作人才队伍建设试点；2008年发出《关于开展社会工作人才队伍建设试点总结评估工作的通知》；2009年发出《关于开展社会工作人才队伍建设试点示范创建活动的通知》。社会工作人员将促进中国的社会福利事业朝着更为规范化、制度化的方向发展。

三、社会公益慈善事业立法的发展

中国的社会公益慈善事业是社会福利社会化的一个主要部分。它的兴旺发达，标志着一个国家社会福利的整体水平的提高。本部分将中国的社会公益事业的发展立法分为福利彩票事业和慈善事业两个部分来介绍。

（一）福利彩票事业的立法发展

福利彩票事业在中国的起步比较晚，而有关立法的发展则更为滞后。中国自1987年开始正式发行彩票。1987年6月经国务院批准，中国社会福利有奖募捐委员会成立，成为新中国第一个全国性专业彩票发行机构。1994年，国务院批准当时的国家体委在全国范围内发行体育彩票。一直到今日，"福利彩票"和"体育彩票"是中国彩票的两大类。

随着彩票发行规模不断扩大的同时，彩票管理领域无法可依的问题日益突出。21世纪开始的2000年，彩票管理权由中国人民银行转移到财政部，有学者认为这才是中国"国家彩票"的开始。针对当时的彩票管理问题，2001年国务院发出了《关于进一步规范彩票管理的通知》；民政部发布了《关于加强管理扩大发行福利彩票的通知》。之后尽管彩票管理问题上问题多多，一直都没能出台专门的有关彩票管理的行政法规。

其间，应社会的强烈呼声，彩票管理条例的制定，曾先后几次列入过国务院年度立法规划，但始终未能成行。2006年，温家宝总理做出关于加快彩票立法进度的重要批示，其后，国务院法制办与有关部门又几次调整协调，终于2007年年底之后形成了新的《彩票管理条例（草案）》。经过2008年3月15日至28日的网上社会意见征求，最终于2009年5月4日正式出台了《彩票管理条例》。

《彩票管理条例》，共45条，系统规范了彩票的管理体制、运作原则、发行销售、开奖兑奖、安全管理、风险防范、资金监管以及法律责任等内容。此条例是新中国历史上第一部系统规范彩票管理工作的行政法规，是中国彩票发展历史，也是彩票立法发展史上的里程碑，为中国未来的社会公益事业的发展打下规范化发展的基础。

紧继其后，为贯彻落实《彩票管理条例》，财政部、民政部、国家体育总局在认真梳理现行彩票管理制度规定基础上，共同研究起草了《彩票管理条例实施细则（草案）》，之后，2012 年 1 月，经国务院批准，财政部、民政部、国家体育总局三部门负责人签署命令，公布《彩票管理条例实施细则》，于 2012 年 3 月 1 日起施行。《彩票管理条例实施细则》共 6 章 64 条，进一步细化了《彩票管理条例》的各项规定，充分吸收中国现行彩票管理的成功做法，合理借鉴国际彩票管理的成熟经验，对彩票管理职责、彩票发行销售、彩票开奖兑奖、彩票资金管理等作出明确规定。《彩票管理条例实施细则》是继 2009 年 7 月施行《彩票管理条例》之后中国彩票法制化建设和规范化管理的又一个重要成果，是中国彩票发展和管理的重要制度保障。

（二）慈善事业的立法发展

在中国，现代意义的慈善，有学者认为应该说是开始于 20 世纪 90 年代，有学者认为应该是开始在 21 世纪以后。20 世纪 90 年代以来，中国陆续颁布一系列与慈善事业相关的法律和法规，相继制定出台了鼓励慈善捐赠的税收优惠等政策。其中代表性的是 1999 年出台的《中华人民共和国公益事业捐赠法》。但是该法调整的只是一般意义上的捐赠法律关系，对于慈善机构的法律地位支撑体系和运营规则等没有明确。

党的十六届四中全会第一次将“慈善事业”写进执政党的重要文献。党的十六届五中全会、十七大也都对发展慈善事业进行了强调。2005 年 3 月，国务院将“支持慈善事业发展”第一次写入政府工作报告，2006 年、2007 年的政府工作报告也都对发展慈善事业进行了重申。新世纪的第一个国民经济与社会发展“十五”计划首次写入“发展慈善事业，加强对捐助资金使用的监管”的内容。国家“十一五”规划中也提出了“鼓励开展社会慈善、社会捐赠、群众互助等社会扶助活动，支持志愿服务活动并实现制度化”的要求。在社会各界的推动下，民政部于 2005 年正式启动慈善立法工作。

2005 年 11 月，民政部在首届中华慈善大会上发布《中国慈善事业发展指导纲要（2006—2010 年）》，首次明确了中国慈善事业发展的目标、原则和措施，为推动慈善事业全面协调发展奠定了基础。

目前，党和政府高度重视慈善立法建设，慈善事业发展的政策环境正日益完善。截至 2008 年 10 月底，全国人民代表大会及其常务委员会颁布的《中华人民共和国红十字会法》《中华人民共和国个人所得税法》《中华人民共和国公益事业捐赠法》等 6 部法律中各有部分条款涉及慈善的相关内容。在国务院制定的行政法规中，《基金会管理条例》《中华人民共和国企业所得税法实施条例》等 7 部行政法规中对慈善组织的监督管理、组织规范和免税办法等制度也作出了明确规定。国务院各部门共出台《救灾捐赠管理办法》《基金会年度检查办法》《基金会信息公布办法》等 14 部与慈善相关的部门规章和 270 余件相关规范性文件。

国家还通过税收减免促进慈善事业的发展，鼓励慈善组织通过合适的方式和手段，对所拥有的资产进行保值增值,并对用于慈善公益性活动和项目的增值部分免征所得税。2008 年 1 月 1 日起施行的新的《企业所得税法》将企业捐赠免税额度由原来的 3% 提高到 12%,有利于激发企业捐赠的积极性。

2006 年,《慈善事业促进法(草案)》出台并被列入国务院年度立法计划。该草案在内部引发争议,几易其稿,至今呼声虽然很高,却因有许多根本性问题尚未形成完全的共识。目前需要解决比较核心的问题有两个:一个是慈善的内涵和外延;一个是政府到底如何管理慈善。

尽管《慈善事业促进法》处于难产期,近几年各地都纷纷开始起草、制定本地区的慈善事业促进条例。如,江苏省的《慈善事业促进条例》于 2010 年 1 月通过,长沙市的《慈善事业促进条例》于 2012 年 4 月通过。

《中共中央关于全面深化改革若干重大问题的决定》第 12 部分中,“(44)形成合理有序的收入分配格局”中提到:完善以税收、社会保障、转移支付为主要手段的再分配调节机制,加大税收调节力度。建立公共资源出让收益合理共享机制。完善慈善捐助减免税制度,支持慈善事业发挥扶贫济困积极作用。明示了今后中国的慈善事业的立法发展方向。

四、新住房福利的立法发展

中国于 20 世纪 80 年代开始在住房领域对传统的福利体制进行改革,到 20 世纪末期终止了福利分房制度。当时是一边对旧制度改革,一边通过立法建立新的住房福利制度。

(一)有关住房公积金制度的立法

1. 与住房公积金制度的建立相关的立法。住房公积金制度的实施是向职工以住房公积金的支付,即住房福利津贴取代了住房福利改革前的提供实物的方式。1991 年,上海市率先建立住房公积金。1994 年 11 月 23 日,财政部、国务院住房制度改革领导小组、中国人民银行联合下发的《建立住房公积金制度的暂行规定》,标志着住房公积金制度的建立。

2. 有关住房公积金管理的立法。1999 年 4 月国务院颁发《住房公积金管理条例》;2002 年国务院发出《关于修改〈住房公积金管理条例〉的决定》,后于 2005 年发布新的《住房公积金管理条例》。

3. 有关公积金贷款的立法。为了推行住房公积金,保证住房的提供,中国人民银行于 2002 年发出《关于降低个人住房公积金贷款利率的通知》。

4. 经济适用住房制度的立法。经济适用住房制度始于 1988 年,起初适用条件形同虚设,有一些适用范围之外的人群,利用一些规避手段和方法购置了经济适用住房。2007 年 8 月国务院发出《关于解决城市低收入家庭住房困难的若干意见》,提出一个总体目标就是:以城市低收入家庭为对象,进一步建立健全城市廉租住房制度,改进和规范经济适用住房制度，加大棚户区、旧住宅区改造力度，力争到“十一五”期末，使低收入家庭住房条件得到明显改善，农民工等其他城市住房困难群体的居住条件得到逐步改善。在“改进和规范经济适用住房制度”部分中包括：规范经济适用住房供应对象、合理确定经济适用住房标准、严格经济适用住房上市交易管理、加强单位集资合作建房管理。

（二）最新有关住房福利的规范性文件

2010年4月国务院发出《国务院关于坚决遏制部分城市房价过快上涨的通知》，此通知也被简称为“国十条”。“国十条”要求各地区、各有关部门要切实履行稳定房价和住房保障职责、坚决抑制不合理住房需求、增加住房有效供给、加快保障性安居工程建设、加强市场监管，共计10项措施。与此相配套，2010年6月4日住房和城乡建设部、中国人民银行、银监会公布的《关于规范商业性个人住房贷款中第二套住房认定标准的通知》。

（三）今后住房福利立法的方向

《中共中央关于全面深化改革若干重大问题的决定》第12部分的“（45）建立更加公平可持续的社会保障制度”中规定：健全符合国情的住房保障和供应体系，建立公开规范的住房公积金制度，改进住房公积金提取、使用、监管机制。

从以上的住房福利立法的发展看，有关新住房福利制度的法律文件立法层级比较低，不能完全适应福利住房制度发展的需求。同时，近几年来，在某些地区开始探讨社会保障联动机制。即医疗、教育、住房、失业、低保和养老等社会保障项目之间的互联互动，以及直系亲属之间医疗保障资金的互动、住房公积金的互动等。具体点讲，允许百姓提前支出住房公积金和养老金等，用于看病、交纳子女上学学费等应急性支出。虽然对这种建议存在赞成与否定的两种态度，但是要求在进行住房福利立法时要综合考虑与其他社会保障制度项目之间的关联，这一点可以说已经是时代的要求。

第三节　公共福利

公共福利是国家和社会为了改善和提高全体社会成员的物质和精神生活而提供的单向性利益。公共福利以全体国民作为福利授予对象，其目的是为了提高全民的身体素质、生活质量，丰富人民的文化生活。社会成员在享受这些福利服务时，是免费的或低费的（在价格上优惠的）。在实行免费提供服务时，这些公共福利设施的维持和发展费用全部由国家负担；在以优惠价格提供服务时，则由消费者负担一部分，不足部分由国家负担。在这类福利项目中，哪些完全免费，哪些实行优惠价格，费用减免多少，主要由社会生产发展水平和居民对该种事业需要的普遍程度决定。

公共福利的提供通常采用三种形式：一是通过公共服务使全体人民享受某种利益；二是通过福利设施的建设为公民开展各种文化、娱乐、审美、体育等活动创造条件；三是通过一定补贴，保障公民的生活质量得以提高。

公共福利的内容主要包括：国民保健、教育、住房、环境卫生、文化娱乐、生活服务方面的福利。

一、国民保健制度

（一）制度含义

健康是人类最宝贵的财富，是每个人的一项基本权利。国民保健制度是为了提高公民的身体素质，预防各种疾病发生而由国家提供的福利。国民保健有两个方面的含义：

1. 国家将通过投资建立各种医院、防疫、保健机构和设施，为公民提供就医机会，防治疾病传播，进行疫情调查、统计和处理。

2. 国家通过提供各种服务，采取预防措施提高公民的防病抗病能力。如组织实施接种免疫疫苗，进行饮食结构方面的科学研究并公布研究成果，引导人们改变饮食结构和饮食习惯等等。

（二）国家职责

国家在国民保健福利方面的基本职责是：通过投资和政策引导，使公民得到便利的就医条件；通过卫生防疫机构，直接为公民提供必要的医疗服务；组织推行和推进医疗和卫生防疫方面的研究；进行卫生保健宣传工作，引导公民改变不良的卫生习惯，进行疾病预防保健工作；不断提高医疗水平和卫生防疫水平；保障并不断提高公民生活环境的卫生等。

二、教育福利

教育成为社会福利关注的内容，首先是因为教育的本质是对人的培养，是人的发展权的实现，人们只有得到受教育的机会，才能得到自我的发展；其次还因为教育能培养人的劳动能力，提高劳动者的文化素质和劳动熟练程度，从而提供人们参与社会生活、参与社会竞争的能力；再次，教育能扩大人们对职业、前途的选择范围，是人们增进自身福利的一条途径；最后，教育可以提高国民素质，推动社会经济的发展，增进整个社会的福利水平。

教育本身就具有福利性，特别是基础义务教育更是一种“国民福利”。教育本来就是国家办的事业，教育经费在任何国家都是由政府保证的，义务教育是免费的教育，国家有义务为学龄前儿童提供受教育的一切便利条件，保障每一位儿童拥有平等受教育的机会。为保障国民不分民族、性别都有接受义务教育的权利，国家采取了一系列政策措施，这些政策往往是通过社会福利机构发挥其积极的作用。

（一）对特殊困难家庭的子女和孤儿、无收养家庭的弃儿等的教育

规定公立学校通过一定的审核程序给予减免学费和代支书本费，由社会福利机构

集中收养的孤儿、弃儿,其教育费用由社会福利机构直接向学校支付。对上述对象中的成绩特别优异者,给予的照顾和资助限于基础教育阶段,如有需要,给予的资助可延续到高等教育阶段。

(二)在中等以上学校设立助学金和贷学金,资助困难家庭的在学子女

助学金是无偿提供的,困难家庭子女向学校申请获得,用以解决在学期间学习、生活上的基本开支需要。贷学金是一种无息或低息的有偿资金,在学学生可申请贷款,满足在学阶段的学习、生活上的资金需要,学成工作取得收入后一次或分次偿还,或由用人单位偿还。

(三)社会单位、社会热心人士以及慈善机构设立的捐助教育基金

类似的基金以单位名义或以个人名义设立,也有集社会捐资组成的基金,用以资助困难学生和奖励学习成绩特别优异的学生。

(四)社会、单位以及慈善组织直接出资办学

如各类私立学校、教会学校和企业单位办的学校等能够解决一部分适龄儿童的入学问题,社会保障机构也可直接办学。社会办学与国家办学互为补充,形成了覆盖全国的教育网。

中国普及义务教育制度,这一制度也是公共福利制度的基本制度。自改革开放以来,中国的教育福利方面的一个最显著的变化就是允许私立学校的发展,同时,高等教育的福利色彩逐渐淡化。

三、住房福利

从社会保障的角度来看,将住房本身的属性撇开,就不难理解住房也如粮食和衣物一样,是人的基本生活需要。社会保障以满足社会成员的基本生活为宗旨,理所当然把住房纳入保障的内容,问题是在于以何种形式实施保障。目前世界各地的社会保障计划中对住房问题的解决基本上不存在“毫无代价地分给个人使用”的情况,都以不同方式制定住房政策,以期保证每个家庭,包括低收入家庭都得到基本住房需要的满足。

(一)居住条件的保障方式

居住条件的保障方式可以采用多种形式进行。一是可以通过社会救济的方式,例如对于无家可归的人提供24小时服务的居住照顾,建立济贫院、庇护站等予以收容,以及对于特殊困难户给予购买、兴建住房的资金和材料的帮助;二是可以通过社会保险的方式,规定雇主和雇员按工资一定比例定期缴纳住房公积金,积累购买住房基金,并给予一定的财政补贴,从而增强人们解决住房的能力;三是社会福利方式,通过国家对于公民获得住房和改善居住条件给予一定的利益的方式实现。通过这种利益的赋予使公民能够取得比单纯依靠自己的能力或按市场价格支付代价获得更好的住房条件。

(二)住房福利的实施手段

住房福利通常通过以下手段实施:

1. 由国家作为所有人向住户提供低租金的住房，或对于出租者给予租金补贴，使其以低于市场价格的租价向租户出租房屋。

2. 国家直接修建福利性住房，定向低价出租给特定的住户，或规定住房开发商划出一定比例的住房，定向低价出售给特定的住户。

3. 对住房的开发商或提供人给予一定的补贴，使其以低于市场价格的售价将住房出售给住户。这种补贴可以采用土地使用权出让价格优惠、税收优惠或资金补贴的形式进行。

4. 以住房补贴的形式向租户支付一定金额的货币，以替代住户支付部分的租金。

5. 向住户提供购买房屋价格一定比例的货币，以使其能够购买房屋。

6. 向住房需求者支付一定金额的货币，以便使其能够利用该笔资金修建房屋。

7. 向住户提供低息的住房贷款，以使其能够及时获得住房。

8. 对房屋折旧、增值、税收等方面进行技术性处理，以减轻住户的负担。

（三）中国现行的住房福利制度

关于中国的住房福利，主要是指城市地区的住房福利制度。广义而言，包含了住房公积金、面向低收入城镇居民的经济适用住房和廉租住房制度。其中面向低收入城镇居民廉租住房制度由于适用人群包括最低生活保障人群，属于社会救助范畴。本书社会救助法一章中已经涉及，不再赘述。

1. 住房公积金制度。住房公积金，是指国家机关、国有企业、城镇集体企业、外商投资企业、城镇私营企业和其他城镇企业、事业单位、民办非企业单位、社会团体（以下统称单位）以及其在职职工缴存的长期住房储金。可以看出，这个制度尽管覆盖范围很广，但依然不是大众福利，而是与就业相关联的福利制度。按照《住房公积金管理条例》规定，住房公积金应当用于职工购买、建造、翻建、大修自住住房，任何单位和个人不得挪作他用。

《住房公积金管理条例》还规定省、自治区人民政府建设行政主管部门会同同级财政部门以及中国人民银行分支机构，负责本行政区域内住房公积金管理法规、政策执行情况的监督。住房公积金管理委员会应当按照中国人民银行的有关规定，指定受委托办理住房公积金金融业务的商业银行；住房公积金管理中心应委托受委托银行办理住房公积金贷款、结算等金融业务和住房公积金账户的设立、缴存、归还等手续。

2. 经济适用住房制度是为城市低收入人群提供住房保障的制度。适用对象人群与廉租住房保障对象衔接，住房供应对象需要符合低收入家庭标准和住房困难标准才能申购经济适用房。经济适用房在建筑平米上，装修档次上都有限制性要求。经济适用房属于福利性住房，购买够虽拥有产权，但在房产市场出售时要符合政府规定的限制性条件。

四、文化娱乐方面的福利

文化娱乐福利是指由国家和社会为满足人们的文化娱乐的精神需要而兴办的具有福利性质的文体活动设施和相应的服务。文化、娱乐、体育以及其他方面的活动是公民陶冶情趣、增强体质的基本途径,对于提高人民的身体和精神素质、丰富生活内涵、增强人们之间的友谊、促进相互交往,都具有十分重要的意义。因此,国家有义务不断完善各种文化、体育、娱乐设施,为丰富人民的文化生活和开展体育锻炼提供必要的条件。

在市场经济条件下,文化娱乐方面的消费主要有文化市场的有偿消费和公共福利性消费两个层次的消费途径。但即使是通过第一种消费途径进行文化娱乐的消费,也不能完全排除社会福利成分的存在。

(一)文化市场的有偿消费

指通过支付服务费用,购买文化娱乐产品,获得文化娱乐享受。就此而言,社会福利的色彩比较淡,但也不完全排除存在社会福利的成分。国家可以通过适当的政策引导,使得文化娱乐方面的设施和服务机构设置更合理,公民能够顺利接受这种营利性的文化服务,并对文化市场进行监督,最终使公民能够获得丰富、健康、价格合理的文化享受。为保证文化娱乐服务网点设置合理,国家对于有关机构的设立可以给予一定的政策优惠或财政补贴。

(二)公共福利性消费

指通过国家和社区提供的公共产品和公共服务而获得文化娱乐方面的享受。此类文化娱乐的享受具有浓厚的社会福利色彩。这种文化娱乐福利的提供通常采用下列形式:

1. 用国家投资或社会集资的方式建立文化娱乐设施和文化娱乐服务机构,但为了保证文化设施能够得到正常的维持、及时的维修和不断地更新,在经营管理上可以采用企业化的经营方式,收取一定的服务费用。如各种公园、博物馆、展览馆、剧院、电影院、少年宫、俱乐部、老年人康乐中心等都是以这种方式提供的福利。

2. 通过立法使文化娱乐业经营者在一定的时间提供免费的公共服务。如规定文艺演出单位或专业的文艺工作者每年进行一定次数的义务演出。

3. 提供具有纯粹的公共产品性质的文化娱乐设施和文化娱乐场所。如建立文化广场、历史传统教育基地等。

4. 通过大众传媒提供文化服务。如在电视节目中安排文化节目等。

5. 对于文化服务机构的收费给予一定额度的补贴。

6. 直接组织进行免费、开放的文化服务活动。

7. 组织全民健身活动并提供群众性体育活动设施。

五、生活环境方面的福利

国家和社会通过各种方式改善公民生活环境，为公民提供便利的生活条件和隔离的市场服务，也是一项重要的福利政策。例如，根据居民的需要在居民住宅小区建设开放性园林，对在污染较严重的地区居住的居民给予污染补贴，在居民集中的住宅区植树种花、美化环境，这些对便利居民生活、提高生活质量都具有一定的作用。

2006 年 10 月 11 日中国共产党第十六届中央委员会第六次全体会议通过的《中共中央关于构建社会主义和谐社会若干重大问题的决定》提出：以解决危害群众健康和影响可持续发展的环境问题为重点，加快建设资源节约型、环境友好型社会。优化产业结构，发展循环经济，推广清洁生产，节约能源资源，依法淘汰落后工艺技术和生产能力，从源头上控制环境污染。实施重大生态建设和环境整治工程，有效遏制生态环境恶化趋势。统筹城乡环境建设，加强城市环境综合治理，改善农村生活环境和村容村貌。加快环境科技创新，加强污染专项整治，强化污染物排放总量控制，重点搞好水、大气、土壤等污染防治。完善有利于环境保护的产业政策、财税政策、价格政策，建立生态环境评价体系和补偿机制，强化企业和全社会节约资源、保护环境的责任。完善环境保护法律法规和管理体系，严格环境执法，加强环境监测，定期公布环境状况信息，严肃处罚违法行为。

六、生活服务方面的福利

对公民的衣食住行等方面提供各种便利和优惠或在市场行情发生不正常波动时，对居民的生活给予一定的补贴，同样是一种社会福利。生活服务方面的福利主要包括以下几方面。

（一）对基本生活消费品进行财政补贴

目前中国对城市居民提供的水、电、气、公共交通等基本生活必需品和服务都进行了大量的财政补贴（包括税收优惠），这实际上也是社会福利的一种形式。

（二）为公民生活便利提供市场条件

例如，为了满足居民的生活需要，为公民购买日常家庭生活所必需的生活用品提供便利，由国家出资或补贴在居民住宅小区设立商业网点、购物中心等。

（三）为维持日常生活用品的价格而设立微利企业

例如，为了满足低薪阶层的生活需要，由财政补贴设立平价商店。

（四）财政性生活补贴

例如，地方政府为了保证市民的生活水准不因市场行情的重大变化（如提价或放开价格）而下降，为居民发放的副食品补贴、粮食补贴等财政性生活补贴。

第四节 专项福利

国家和社会为了维持和提高某一类人的生活水平和生活质量而提供的社会福利称为专项福利。专项福利尽管针对特定类型的公民，但它不是一种特权，而是使他们能够像正常的人一样生活。福利的赋予是为了改善他们的生活状况。目前，中国专项的福利主要是以妇女为对象的妇女福利、以少年儿童为对象的儿童福利、以老年人为对象的老年人福利，以及以残疾人为对象的残疾人福利。

一、妇女福利

在现代社会，妇女逐渐摆脱了历史形成的各种无形的枷锁，成为平等的社会成员。妇女在社会生活的各方面当然享有与男子一样的平等权利和地位。但妇女在生理、心理上有与男子相区别的特点，需加以特殊的照顾和保护。第6次人口普查数据显示，中国女性人口为652 872 280人，占总人口的48.73%。仅从人口规模上看，实施妇女福利的重要性不言而喻。中国在宪法、婚姻法、劳动法、行政法和刑法等许多法律文件中都设立了专门条款来保护妇女的合法权益，打击侵犯妇女权益的各种违法犯罪行为，切实保障广大妇女的特殊需要和特殊利益。因此，中国妇女福利的内容广泛，普遍涉及社会保险制度的各个部分。并且，还有很多对于女性实施的特殊保护，都属于妇女福利，也都与社会保障制度的其他部门相关联。这些福利概括起来主要有以下三个方面的内容。

(一)与妇女生育保险相重合的福利津贴

对于妇女生育，提供生育医疗费用与生育津贴，是各国比较通行的福利措施。1919年国际劳工组织通过的《生育保护公约》的宗旨就是“保护妇女劳动者在产前产后的全部假期内，应能使产妇本人及其婴儿得到支持和照顾”。据此，许多国家的劳工立法规定由雇主支付产假工资，如果对妇女没有这种足够的保护，便由社会保障机构提供。绝大多数国家给予妇女特殊福利津贴主要是围绕生育而提供的。

生育津贴提供的渠道有若干种，其中包括健康保险的渠道(往往采取与医疗照顾合并在一起的做法)，同时提供疾病和生育两种补助金；较为综合性的全民补助计划；直接向家庭提供津贴，特别规定对家庭妇女在怀孕和生育时给予津贴补助。除生育津贴外，有些国家还提供其他项目的福利津贴。

中国的与妇女生育相关的福利津贴目前采取生育保险的形式。但也规定，未参加保险的用人单位，或者单位未给妇女投保的，生育医疗费用和生育津贴部分的费用由单位支付。也就是说，无论妇女就业所在单位是否参保，是否为某个就业的生育妇女投保，妇女都有权利享受与生育相关的福利。关于中国的生育医疗费用与津贴见本书第

4 章第 6 节内容。

（二）与妇女劳动相关的福利

1. 产假待遇。除了为妇女提供与生育相关的福利津贴之外，与生育相关的福利还有产假。有的国家还规定生育妇女的配偶也享受产假待遇。多数国家都将这种与生育相关的休假待遇包括在劳动妇女保护中。世界各国对产假的规定长短不一，丹麦、瑞典、挪威、斯洛文尼亚等国家的产假均有 52 周或更多，而埃塞俄比亚产假仅有 45 天。中国也有此项规定。见本书第四章第六节生育保险的内容。

2. 与身体及生理有关的特殊劳动保护。除产假之外，各国还有与女性的身体及生理有关的劳动保护。中国的《女职工劳动保护特别规定》中也有具体规定，主要有以下内容（详见《女职工劳动保护特别规定》）：

（1）女职工禁忌从事的劳动范围：①矿山井下作业；②体力劳动强度分级标准中规定的第四级体力劳动强度的作业；③每小时负重 6 次以上、每次负重超过 20 公斤的作业，或者间断负重、每次负重超过 25 公斤的作业。（2）女职工在经期禁忌从事的劳动范围：一定标准下的冷水和低温作业；体力劳动强度在一定标准之上的作业；高处作业级别在一定标准以上的作业。（3）女职工在孕期禁忌从事的劳动范围：规定了包括上述（2）在内的，但比（2）范围更广的共计 10 项的禁忌范围的作业。如：作业场所空气中铅及其化合物、汞及其化合物、苯等有毒物质浓度超过国家职业卫生标准的作业；从事抗癌药物、己烯雌酚生产，接触麻醉剂气体等的作业等。（4）女职工在哺乳期禁忌从事的劳动范围：《女职工劳动保护特别规定》中孕期禁忌从事的劳动范围的第 1 项、第 3 项、第 9 项；作业场所空气中锰、氟、溴、甲醇、有机磷化合物、有机氯化合物等有毒物质浓度超过国家职业卫生标准的作业。

3. 与精神和心理有关的劳动保护。《女职工劳动保护特别规定》规定：在劳动场所，用人单位应当预防和制止对女职工的性骚扰。

（三）妇女保健设施和妇女保健服务

设施和服务涉及妇女生活、保健等多个方面。如设立妇幼保健机构、妇产医院、妇女活动中心、咨询服务中心、健美中心、妇女用品专门店等，同时对妇女宣传有关保健知识，提供保健服务和医疗服务。

（四）建立各种妇女维权机构和组织，维护妇女的合法权利和利益

尽管在法律上妇女享有与男子平等的地位，但由于妇女的心理特点和传统的封建意识，妇女的权利和利益非常容易受到损害，由此应当建立维护妇女权利和利益的各种机构。当妇女受到不公正待遇和非法侵害时，可以利用这些组织的力量维护自己的利益。

二、儿童福利

根据《儿童权利公约》，凡 18 周岁以下者均为儿童，除非各国或地区法律有不同的定义。中国的《未成年人保护法》等法律也规定儿童为0～18岁之间者。但在医学界以0～14岁的儿童为儿科的研究对象；中国的儿童组织少先队的队员年龄在14岁以下。而人口统计普查中的人口年龄构成也是将人口划分为0～14岁、15～59岁、60岁以上,65岁以上四个档。尽管在儿童年龄的界定上无论法律上的定义和普遍认知是否有差距,有一点认识是共同的,年龄越低的儿童,需要保护的程度越高。这也要求在制定具体的儿童福利制度之际,要根据不同的年龄段有所区别。中国大陆31个省、自治区、直辖市和现役军人的人口中,0～14岁人口约为22 250万人,据估算,中国有0～18岁儿童大约有近4亿人口。这一庞大的数字要求在中国的社会福利中,将儿童福利与妇女福利并重。

儿童福利的概念分为广义和狭义两种。广义的儿童福利包括国家和社会对于所有在法定年龄以下的(18岁)儿童专项给予的各种利益,它涉及儿童保护、养育、教育、卫生保健等多方面。狭义的儿童福利单指对孤儿、弃儿和伤残儿童的收养、教育和康复等。

(一)广义的儿童福利涉及的内容

1. 提供各种医疗服务设施和医疗保健服务,如设立儿童医院、开设儿童专科进行预防性疫苗接种、对儿童进行定期健康检查等。

2. 为儿童开展各种活动提供条件,如设立育婴室、幼儿园、少年宫、科普中心、儿童公园等。

3. 实行强制性的义务教育措施,保障所有的儿童都能接受基础的义务教育。

4. 对于符合国家计划生育政策的独生子女,国家给予一定的津贴。

(二)狭义的儿童福利措施

1. 设立收养机构,收养弃儿、孤儿和伤残儿童。对于失去父母的孤儿和遭受父母遗弃的弃儿及伤残儿童主要通过两种方式进行收养:一是个别收养,即通过公民个人领养孤儿、弃儿和伤残儿童进行养育和教育。国家鼓励家庭领养、代养、收养孤儿、弃儿和伤残儿童,以及由伤残儿童所在家庭自行承担养育责任,国家和社会给予特殊津贴或政策上的帮助。二是集体收养,即通过举办收养机构的方式来集体收养孤儿、弃儿和被遗弃伤残儿童。收养机构不仅负有养育义务,而且也负有保健和教育的义务。儿童福利院对孤儿、弃儿和伤残儿童的管理教育,区别对象情况采取不同的方针。对学龄前儿童是教与养结合,根据条件开班上课,或送附近学校走读,有培养前途的给予深造机会,使其德、智、体、美全面发展;对婴幼儿以保育为主,在养好的基础上,搞好学龄前教育,使其身心健康成长;对智力健全而肢体残缺的婴幼儿,实行养治教相结合,尽可能予以矫治和锻炼,并施以适当的文化和职业技能教育;对智力发育不全的婴幼儿,其中智力缺损较轻的,尽可能训练其生活自理和从事简单劳动的能力,对智力严重缺损和有护理依赖的,也本着人道精神抚养。

2. 设立残疾儿童康复机构,使残疾儿童能够得到有效的治疗和康复。对于有身体和精神障碍的儿童,各地根据各自的具体情况设立残疾儿童康复中心、聋哑儿童校正中心等机构,集中对伤残儿童进行综合性医疗和矫正。

3. 发展特种教育,使残疾儿童成为自食其力、对社会有用的劳动者。在促进残疾儿童康复的同时,各地还根据情况设立残疾儿童教育机构,如盲人学校、聋哑学校、弱智儿童学校等,针对残疾儿童特点,采用特殊的形式对他们进行教育。

三、老年人福利

老年人福利是以老年人为对象的社会福利项目,是国家和社会为了发扬敬老爱老美德,以安定老人生活、维护老人健康、充实老人精神文化生活为目的而采取的政策措施和提供的设施服务。老年人福利是养老保险的延续和提高,并不是国家给予老年人的一种特权,而是因为年老的原因,他们不能像中青年人一样享受社会提供的各种便利和服务;同时,由于不同年龄的人经历的社会环境不同,他们各自有自己的生活习惯和文化氛围,因此,对于老年人的生活应当给予特别的考虑。

老年人一般是指年龄在 60 岁以上者,发达国家所称老年人是指 65 岁以上者。中国人口普查中 60 岁以上人口约为 17 765 万人,占总人口的 13.26%,其中 65 岁及以上人口为 11 883 万人,占总人口的 8.87%。从人口规模上看比女性和儿童在总人口中各自所占的比例要小得多,但单从总人口中老年人口所占比重看,人口老龄化在中国已经到了不得不重视的程度。所以老年人福利今后将是越来越重要的任务,困难也将越来越大。中国的老年人福利目前还很薄弱,主要内容如下。

(一)老年人福利津贴

对于老年人来说,有关老年问题的任何其他问题都不如收入保障方面的问题更重要。收入保障意味着老人丧失劳动能力后,仍能有稳定的收入来支付基本生活费用,取得更广泛的服务。老年福利金制度是一种普遍养老金计划(或称福利养老金计划),这些计划为所有超过规定年龄的社会成员提供养老金,不管他们的收入、就业状况或经济来源如何。这种普遍性的原则意味着全体社会成员都可以得到不依附于市场能力的收入待遇,是典型的福利保障形式。中国一些地区已开始对一定年龄以上(高于退休年龄)的老年人发放老年福利津贴。随着中国经济的发展,老年福利津贴应当作为一种全民性的制度建立起来,并根据社会发展,不断扩大老年人福利津贴的覆盖范围,提高津贴标准。

(二)老年人保健

老年人保健是一个系统工程,涉及多个方面的内容。加强老年人保健,主要有以下几种做法:

1. 采取切实可行的政策措施,预防各种可能出现的老年疾病。

2. 建立以医疗机构为基础和以社区为依托的医疗保健组织,配备必要的设备,并相互协作,为老人提供医疗服务。例如,开设专门的老年医院或在全科医院中开设老人专科,建立社区老人保健中心等。

3. 准备足够的医疗服务队伍,由经过专业训练的、具有老年学方面知识的医生、护士、心理保健医生等专业人员组成,保持各专业人员之间的交流和密切联系。

4. 改善老年人的生活环境,提供足够的营养。包括建立老年公寓、疗养院、日间护理中心等。

5. 平均分配老年急性病和慢性病护理资金,使慢性病及时得到护理。

6. 开展老年医学研究,以保证实践时有扎实可靠的科学依据。

7. 建立适合老人活动的体育设施和组织,以增强老人的体质。

8. 指导家庭护理和保健。

9. 满足老年人物质和精神需要,包括感情和社会交往的需要,保持老人身心健康等等。

(三)老年人再就业安置

职业不仅仅是一种生活来源,也是人们接触社会、参加社会活动、进行身体锻炼的一种方式。医学研究表明,适度的职业活动,对于促进老人身心健康、改善老年人的生活环境具有重要作用。老年人再就业一方面可以充分发挥老年人的余热,为社会做贡献;另一方面,也有利于老年人的身心健康。因此,国家和社会应当根据老年人的特点,特别是老年人的专业特长和身体状况,适当安排老年人再就业。解决老年人再就业并无固定模式,主要方式有三种:

1. 个人适应职业,即老人通过学习,适应新的职业的需要。

2. 继续原职业的工作。这种方式对老年人最为有利,但要考虑国家或地区整体就业的压力。

3. 调整某些职业工种的编排、环境的变换、岗位的劳动强度来适应老人。

这几种方式,视其实际需要及可能性灵活采用。

(四)设立老年人生活照料机构

如设立敬老院、养老院等机构对老年人进行照料,并使老年人能够进行正常的社会交往。

(五)设立老年人活动机构

如老年人俱乐部、老年人活动中心等。这些机构的建立,会使老年人陶冶情操,驱除孤独,从而促进老年人身心健康。随着中国经济的发展,这方面的老年人福利必将得到进一步的发展。

四、残疾人福利

残疾人是指由于生理或心理上的缺陷,如视力、听力、肢体、智力缺损等,造成劳动生产、生活、学习上的障碍者。残疾人分为若干类:①听力及语言残疾;②智力残疾;③肢体残疾;④视力残疾;⑤精神病残疾。某些人两种或两种以上残疾并存,这类残疾人称为综合残疾人。判定是否为残疾人，有一套借助医学的数、理标准，并且根据残疾人日常生活活动能力以及感官、智能和情绪等方面障碍的程度，将残损程度分残疾、轻度残疾等。

残疾人是特殊的社会群体，他们虽然身体有某种缺陷，但依然是具有独立完整的人格，与健全人一样具有平等的社会地位、政治地位和经济地位，具有平等参与社会生活、享受社会文明成果的权利。每一个社会成员都有义务帮助残疾人，使他们战胜病残的折磨，生活得更加轻松、快乐。残疾人福利制度正是这一基本的道德理念在法律中的体现，它是国家和社会在保障残疾人基本物质生活需要的基础上，为残疾人在生活、工作、教育、医疗和康复等方面提供的设施、条件和服务，是社会福利的一个重要项目。根据《中华人民共和国残疾人保障法》等法律法规的规定，残疾人福利主要包括以下几方面。

（一）残疾人就业

残疾人就业是指达到法定劳动年龄、具有一定劳动能力的残疾人从事社会劳动、得到社会承认并取得相应报酬和收入。残疾人就业是残疾人全面参与社会生活的前提，是实现自身权利和价值的关键环节。

残疾人就业是一个世界性的社会问题，目前还没有哪个国家能从根本上解决。一些国家采取了一些措施，使部分残疾人获得就业机会。

解决残疾人就业问题的基本方式主要有：

1. 集中就业。就是由国家和社会举办残疾人福利性企业、工疗机构和其他福利性经济组织安排残疾人就业。

2. 分散就业。即国家要求有关企事业单位、机关、团体按一定比例安置残疾人就业。

3. 个体开业。由残疾人自己组织起来就业或作为个体经营者实现就业。

4. 农业劳动。对于农村残疾人应当按照与正常人一样的标准使其承包土地，从事生产经营活动。

（二）残疾人教育

对盲、聋、哑等残疾人及问题儿童的教育，称为特殊教育。特殊教育是国家教育事业的组成部分，具有普通国民教育的共性，其目的和任务都是要让受教育者在德、智、体、美、劳等方面全面发展，掌握生活和职业劳动技能，掌握一定的科学文化知识，并且具有共产主义的道德品质。顾名思义，特殊教育具有鲜明的特殊性，首先是教育对象特殊，以残疾人为对象；其次是教育方式和教育设备的特殊性，如教盲人学生运用盲文作为摸、读、书写的文字符号，对聋哑学生则引导他们模仿教师发音的口形，辅以手语，并使用直观教具、助听器等设备；再次是教育内容也有特殊性，以生活技能、职业技能教育为最主要内容。

特殊教育的内容因受教育对象的类别、残疾的不同而有所分别，并且考虑现实的需要和可能来确定。除了在普通学校中招收部分残疾学生外,国家和社会兴办各种类别的特殊学校,如聋哑学校、弱智学校、情绪问题学校、特殊职业学校等。不同类型的学生进入不同的学校,接受与之相适应的教育。特殊教育的内容主要涉及生活自理能力教育、文化知识教育、心理辅导等。

(三)残疾人康复

康复也称健康重建,是指人们因疾病或某些事故致残后,通过自身的努力和外力的辅助,使精神上、身体上、生活上、经济上、社会上以致劳动能力上得到最大限度的恢复。随着医疗水平的发展,一些以前不能医治或不能根治的疾病会变得可以治疗甚至得到根治。因此,对于残疾人,国家和社会绝不能放弃对其进行治疗和康复的机会。国家应当通过各种手段推进医学研究和医疗技术的发展,使残疾人得到越来越多的治疗康复机会。康复工作是一项综合性工作,涉及面广,包括了心理康复、体疗、假肢与矫形器的装配、职业康复、精神病人的治疗康复等。

(四)残疾人辅助设施和工具

残疾人行动不便,需通过辅助工具和辅助设施进行活动。为此,国家和社会应当为残疾人提供各种辅助性工具,并建立各种为残疾人提供便利或能为残疾人识别的公共设施,如大型商场、购物中心应当建立残疾人专用车道等。残疾人搭乘交通工具,应当给予照顾和方便,其需要随身携带的辅助器材应当免费配给。

(五)残疾人生活救助

对于生活确有困难的残疾人应当通过多种渠道给予救济和补助;对无劳动能力、无法定抚养人、无生活来源的残疾人应当给予供养、救济;各级政府机构应当举办残疾人福利院或其他安置机构,收养残疾人并改善其生活。盲人乘坐市内公交车、电车、地铁、渡船应当免费,盲人读物也应当免费提供。

第五节　社区服务

中国的社区服务从严格意义上说是在 1987 年国家民政部正式提出开展城市社区服务之后开始的,逐步发展成项目内容丰富,服务队伍壮大,服务形式多样,服务面向全体社区居民的服务体系。目前,全国有 6 923 个城市街道,8.7 万个城市社区。全国共建成街道社区服务中心 3 515 个,社区服务站 44 237 个,社区综合服务设施覆盖率达 50.81%。截至 2010 年底,全国共有社区居民委员会成员 43.9 万人,社区公共服务从业人员 105.9 万人,有 507.6 万社区居民成为社区志愿者。《社区服务体系建设规划(2011—2015 年)》中指出,社区服务体系,是指以社区为基本单元,以各类社区服务设施为依托,以社区全体居民、驻社区单位为对象,以公共服务、志愿服务、便民利民服务为主要内容,以满足社区居民生活需求、提高社区居民生活质量为目标,党委统一领导、政府主导支持、社会多元参与的服务网络及运行机制。

一、社区服务的基本原则

《"十一五"社区服务体系发展规划》明确了以下社区服务的五个基本原则。

（一）坚持以人为本、公平对待

着眼于社区居民最关心、最需要、通过努力又可以解决的问题，及时提供服务，为社区居民排忧解难，使社区服务覆盖到社区全体成员，为流动人口平等地提供社区服务。

（二）坚持社会化、多样化、专业化

实现服务主体多元化，坚持政府支持引导，社会力量和社区居民广泛参与。针对不同服务对象和服务项目，分别采取无偿、低偿、有偿服务，丰富服务形式，提高社区服务的专业化水平。

（三）坚持全面发展、突出重点

既要整体推进，又要着力解决薄弱环节、重点项目和关键问题；既要坚持广受居民欢迎的传统服务方式，又要善于运用现代科学技术手段，不断提高社区服务能力和质量。

（四）坚持合理规划、资源整合

统筹考虑各类公共资源，科学配置，充分利用现有公共设施，避免重复建设，实现社区服务设施的共建共享。

（五）坚持因地制宜、分类指导

从各地的实际情况出发，根据经济发展水平、自然条件和居民需求，确定社区服务体系建设重点。区分不同规模、不同类型的社区及不同类型的社区服务，实行分类指导。

二、社区服务的提供者和服务对象

经过25年的发展，社区服务初期的基层政府和居委会独自提供社区服务的传统格局有所改变。提供主体的多元化，使社区服务由政府为主转变为服务主体多元。新形势下的社区服务既不是单纯的政府行为，也不是单纯的民间活动，而是政府、居委会、民间组织、企事业单位和居民共同参与的过程。目前的有关社区建设政策既提出了社区服务坚持社会化原则，发挥政府、社区居委会、民间组织、驻社区单位、企业及个人在社区服务中的作用，又明确了不同主体在社区服务中的地位与角色，使各类组织既分工明确，又功能互补，共同完成社区服务目标。政府除承担宏观规划、组织保障、管理监督外，还负责提供公共服务、为其他主体开展社区服务提供支持、指导。社区居委会协助城市基层政府提供社区公共服务、组织社区成员开展自助和互助服务，为发展社区服务提供便利条件。社区民间服务组织被纳入社区服务兴办主体之一，支持社区成立形式多样的生活服务类民间组织。鼓励各类组织、企业和个人开展社区服务业务。力图突出政府提供公共服务的责任，加强公共财政对公共服务的支撑。表现出以政府为主导、充分发挥社会力量共同开展社区服务的取向。但是这种主导作用并非政府包揽一切、事事亲力亲为,而是政府统揽全局,在社区服务中发挥引导、规划、公共服务和监督管理的作用。提供主体的多元化,也不意味着放弃政府在社区服务中的主体责任,而是政府将社会各种服务资源纳入到社区服务的整体规划中,发挥行政机制的主导优势、市场机制的效率优势、志愿、互助机制的道德优势,共同满足居民需求。

服务对象已从老年人、残疾人、优抚对象等困难群体逐步扩展到全体社区居民。

三、社区服务的内容

最初中国社区服务的内容主要是指四个面向,即:面向老年人、儿童、残疾人、社会贫困户、优抚对象的社会救助和福利服务,面向社区居民的便民利民服务,面向社区单位的社会化服务,面向下岗职工的再就业服务和社会保障社会化服务。这种方式通过区分不同的服务对象认定其服务内容,但没有包括居民的医疗卫生服务、安全服务、文化教育服务等,而这些对于社区居民也是重要的、必不可少的生活需求,而且当前各地在社区服务实践中,也已将社区文化、卫生、安全等服务包含于社区服务当中。随着社会转型、企业转制和政府职能转变,越来越多的“单位人”成为“社会人”,大量政府社会管理和公共服务职能向社区转移,社区居民的服务需求日趋个性化、多元化。劳动就业、社会保险、社会服务、文化娱乐、社会治安等政府公共服务事项逐步向社区覆盖,社区志愿者注册登记制度广泛推行,社区志愿服务蓬勃开展。家政服务、物业管理、养老托幼、食品配送、修理服务、再生资源回收等便民利民服务项目及超市、菜场、早餐等服务网点逐步进入社区,方便了社区居民生活,提高了生活质量。其结果就是社区服务的内容不断拓展。

从社区服务的服务项目看,目前包括了:社区就业服务;社区社会保障服务;社区救助服务;社区卫生和计划生育服务;社区文化;教育、体育服务、社区流动人口管理和服务;社区安全服务等多方面内容。实践中多数社区实施有以下几项内容的服务。

(一) 为老服务

1. 老有所学项目:开办各种类型的老年大学;社区阅览室、图书馆。

2. 老有所乐项目:开展各种有利于老年健康的文体活动,开办诸如扇子舞、秧歌、太极、棋牌乐、书画室等场所。

3. 老有所养项目:开办老年人饭桌,兴办如老年人日托所等老年人机构。

4. 老有所医项目:开展社区老人上门医疗服务,进行老年人心理健康咨询,开展免费体检和健康讲座活动。

5. 老年人关爱项目:开展社区老年保健、老年婚介。

(二)社会保障服务

1. 低保服务项目:对社区低收入家庭,根据国家政策提供社会保障和救助,落实低保政策。

2. 就业服务项目:加强职业中介,尽力安排下岗职工再就业和待业青年的就业。

3. 优抚服务项目:协助政府落实优抚政策,做好退伍安置工作,开展拥军优属,为军人家属和伤残人员的生活提供方便。

4. 为残疾人服务项目:为残疾人提供就业安置、医疗康复、基本生活服务及婚介服务。

(三)安全防范服务

1. 防范设备、设施的整备项目:各居民楼区、院落的围墙与防盗锁的配置,电子防盗监控系统的配置等。

2. 治安巡逻项目:社区志愿者组成的治安巡逻,交通安全维持。

(四)未成年人服务

为青少年提供各种健康有益的文体健康活动场所,组织开展各种健康有益的活动。

(五)家政服务

家庭服务员介绍项目:给社区居民家庭介绍月嫂、家教辅导员、清洁工、幼儿的上下幼儿园和少年上下学接送服务等人员。

(六)社区宣传服务

设置楼区宣传栏,进行社会正能量宣传,宣传健康防病知识等。

(七)中介、信息服务

逐步建立社区区域性求助网络体系,实现社区服务的现代化、网络化,发放求助卡,公开社区服务项目、收费标准、联系方式和服务承诺。

四、社区服务方式

近25年来,社区服务方式不断改善。不少地方依托街道社区服务中心、社区服务站,实行"一站式"服务;利用现代信息技术,推动社区信息化建设,方便快捷地满足了居民多样化需求。有的地方通过政府购买服务、设立项目资金、开展项目补贴等方式,引导社会组织、企事业单位和居民参与社区管理和服务活动,增强了社区服务的活力和社会组织的服务能力。

就总体情况而言,如《社区服务体系建设规划(2011—2015年)》中所指出的那样,中国的社区服务内容在不断扩展,但社区服务体系的建设仍处于初级阶段,存在一些困难和问题。社区服务设施总量供给不足,社区服务设施缺口达49.1%。社区服务项目较少,水平不高,供给方式单一。社区服务人才短缺,素质偏低,结构亟待优化。社区服务体制机制不顺畅,缺乏统一规划,保障能力不强,社会参与亟待完善。

"十二五"时期,随着工业化、信息化、城镇化、市场化、国际化进程逐步加快,城乡基层社会正发生深刻变化,社区服务体系建设面临难得机遇和重大挑战。

未来一个时期也将是社区服务立法建设的重要发展时期。

复习思考题

1. 简述社会福利法的主要内容。

2. 社会福利法的立法原则有哪些?

3. 试分析中国的社会福利事业与社会公益慈善事业之间的关系。

4. 社区福利与社会福利是什么关系?

5. 试分析特殊群体的社会福利制度与社会救助法律制度之间的关系。

6. 试说明社会福利立法中的社区服务与社区建设有无区别。

7. 试分析狭义的社会福利法律关系的主体有何特点。

8. 试分析中国社会福利制度中的住房保障与社会救助中的住房保障的异同。

9. 试分析社区组织在社会福利与社会救助中担当的角色。

10. 结合社会救助、社会保险、社会福利三大基本制度的相互间的关联性,分析中国的社会保障在立法建设中存在的问题。

第六章

社会优抚法

本章要点及学习要求

社会优抚法是国家为了给予法定特殊对象以物质照顾和精神抚慰而制定的各种法律规范的总称。社会优抚法是社会保障法中的特殊部分,其优抚对象是以军人及其家属为主的、社会成员中一部分承担特殊社会责任或对社会有特殊贡献的人员。由于军人等在国家中的特殊职责以及其面临的风险具有与一般社会成员不同的特点,社会优抚法对于优抚对象的生活保护从保障内容到形式、手段进行规范。目前,世界上许多国家都建立有较为完善的社会优抚制度。目前,中国的社会优抚法主要包括抚恤制度、优待制度、安置制度与军人保险制度四个部分的内容。

在本章的学习中,要求掌握社会优抚法的特点及其在社会保障法中的地位。全面把握社会优抚法的各主要部分的内容。

第一节　社会优抚法概述

一、社会优抚制度的概念及法律特征

(一)概念

社会优抚制度是社会保障制度中一个重要的组成部分。它是国家以法定的形式和通过政府行为,对社会成员中有特殊贡献及其眷属实行的具有褒扬和优待赈恤性质的社会保障措施。社会优抚制度与其他社会保障制度最根本的不同之处在于其保障对象

的特殊性，它是针对社会特殊对象所实行的优待抚恤。作为优待措施，包括政治、经济方面的优待；作为抚恤措施，包括抚慰和赈恤。其中，抚慰即给予优抚对象以政治荣誉和精神上的安慰；赈恤即给予钱款或物质帮助。

（二）社会优抚制度的法律特征

社会优抚是一种补偿和褒扬性质的特殊社会保障，直接服务于国防建设和军队建设。优抚保障既具有一般社会保障共同的基本属性，又具有自身的特殊性。与其他社会保障的子部门相比，社会优抚在保障对象、法律关系、资金投入体制、保障层次、运行机制、保障手段方面具有特殊性。

1. 身份的限制性。社会优抚的对象是社会上具有特殊贡献的那一部分人员。包括有贡献者本人，也包括有贡献者的家属。这种贡献主要是对国家和民族而言的。这些对象是指为维护国家民族利益，保护国家和民族的安全，牺牲个人利益，影响个人需求或利益发展，为国家和民族做出一定贡献的那部分人，主要是军人及其亲属。

在中国，社会优抚制度以军人及其家庭成员为保障对象，国家法律、法规和政策对此有明确的、具体的规定，有严格的身份限制，保障的是一个特殊的社会群体。

中国的社会优抚对象是为革命事业和保卫国家安全做出牺牲和贡献的特殊社会群体，是国家和社会的有功之臣。主要有"三红"（指退伍老红军、西路军红军老战士和红军失散人员。这一类的人员规模日渐缩小，将逐渐从制度中淡出）、"三属"（烈士家属、因公牺牲军人家属、病故军人家属）、伤残军人、老复员军人、退伍军人、现役军人及其家属等 11 类人员。

2. 特殊的保障层次。社会优抚总的指导思想是在同条件下，其优抚水平与标准要高于一般社会成员，军人的生活应稍高于当时当地群众的平均生活水平。一般而言，社会优抚的标准要普遍高于一般社会成员的社会保障水平与标准。因为，社会优抚对象为国家所付出的牺牲、所作出的贡献较一般社会成员大，应当由国家、社会给予较好的生活保障。中国政府也同样规定，对于优抚对象提供的保障标准一般应高于一般社会成员，优抚对象优先优惠享受政府和社会提供的形式多样的扶持政策和社会公益服务，政府保障优抚对象的生活水平高于当地人民群众平均生活水平。

3. 具有激励效果，体现国家意志。一方面，社会优抚的身份限制性和待遇优待性本身就是对有特殊贡献者的一种褒扬；另一方面，国家通过群众性的拥军优属活动，以及对军人的各种政治褒奖，激励军人为国家和民族无私奉献。

优抚保障代表了一种国家意志，优抚工作体现为政府行为，具有强制性，世界各国都在各自的兵役立法中，对现役军人的优待、抚恤和退役安置后的生活待遇等作出规定。中国的《宪法》、《兵役法》、《国防法》和《军人抚恤优待条例》等都有这方面的明文规定。如《宪法》第 45 条规定：国家和社会保障残废军人的生活，抚恤烈士家属，优待军人家属。

4. 综合性的保障手段或方式。社会优抚制度中对于优抚对象的生活保障所采取的保障手段或方式是多样的，可以说是救济手段与福利手段以及一部分的保险手段的综合运用。也正是从这个意义上讲，一般介绍社会保障制度体系的基本构成分为社会救助、社会保险、社会福利三大领域，并不包括社会优抚。从另一个角度甚至可以说，社会优抚是对于特定对象所提供的全套的社会保障。

二、社会优抚法的概念及法律体系构成

（一）社会优抚法的概念

社会优抚法是国家为了给予法定特殊对象以物质照顾和精神抚慰而制定的各种法律规范的总称。

社会优抚法是社会保障法中的特殊部分，其优抚对象是以军人及其家属为主的、社会成员中一部分承担特殊社会责任或对社会有特殊贡献的人员。由于军人等在国家中的特殊职责以及其面临的风险具有与一般社会成员不同的特点，社会优抚法对于军人等的生活保护从保障内容到形式、手段进行规范。

中国社会优抚法是以国家财政投入为主要资金来源，对那些为革命事业和保卫国家安全做出牺牲和贡献的特殊社会群体（已退役的还乡军人，伤残军人及军属、烈属等）实行的各种优待、抚恤制度的总称。

（二）社会优抚法律体系的构成

按照《中国社会保障制度总览》的分类，社会优抚法律制度体系由三个部分构成。这三个部分即优待制度、抚恤制度与安置制度。此外，八届人大 5 次会议通过的《中华人民共和国国防法》明确规定："国家实行军人保险制度。"并且，国务院、中央军委批准实施了《军人保险制度实施方案》。它标志着社会优抚法律制度体系的构成有了新时代的特征，即现阶段中国的社会优抚法律制度体系的内容由优待制度、抚恤制度与安置制度及军人保险制度构成。

现代社会优抚法律体系，是在社会保障法律体系不断完善的过程中形成的，是现代社会保障法律体系中的特殊部分。但是，社会优抚保障并不是一种与其他社会保障截然不同的、独立于其他保障措施之外的特殊形式，而是借助于其他保障形式的相互结合、交叉而开展的对特殊保障对象提供保障的一种保障形式。也正因如此，社会优抚法律体系实际上根据其保障对象的不同、保障形式的不同以及保障内容的不同等可形成不同的体系构成。

（三）社会优抚法律与相关社会保障制度形式的衔接

在中国，根据社会优抚对象的保障需要，社会优抚法律的制定要考虑到与以下社会保障制度形式之间的有机衔接：

1. 与最低生活保障制度相衔接。优抚对象在享受最低生活保障时，其抚恤补助金不计入家庭收入。

2. 与五保供养制度相衔接。孤老优抚对象在享受社会孤老供养待遇的基础上，再

加上抚恤补助金。

3. 与社会救助制度相衔接。优抚对象优先优惠享受对口扶持、有奖募捐福利资金等方面倾斜性政策，做到扶贫先扶优，救济先救优。

4. 与社会保险制度相衔接。运用保险手段保障军人及其家属所可能遭遇老龄、疾病等风险时的生活。保障军人退役后更快融入地方生活，保障军人家属能享受与其他社会成员相同的待遇。

5. 与其他类型的社会福利事业单位相整合。优抚医院、光荣院要与康复医院、敬老院、福利院等社会福利事业单位相整合，走多功能一体化的发展道路。

三、社会优抚法的地位、作用与立法原则

（一）社会优抚法的地位与作用

社会优抚法律制度是社会保障法律制度体系中的特殊部门，它在一切社会保障项目中占有突出的地位，是国家优先安排的项目。社会优抚的基本特征是直接与国家政治利益相联系的，具有明显的政治色彩。社会优抚法的地位和作用表现在以下四个方面。

1. 社会优抚法是国家稳定和发展的重要法律保证。优抚事业是和国家的军事活动紧密相连的，它的地位和作用与军队的地位和作用紧密相关。军队是国家政权的重要组成部分。只要有国家存在，就必然有军队存在。同样，要使军队存在并正常发挥作用，就必须建设优抚事业。加强优抚立法可以保证优抚事业走向制度化、规范化，依法开展社会优抚工作，是国家长治久安、社会稳定发展的重要保证。

2. 社会优抚法具有促使社会经济繁荣发展的功能。社会优抚制度属于上层建筑，是为社会经济基础服务的。国家通过依法推进优抚事业促进军队建设，安定军心，可以使军队在保卫国家，维护和平，为社会经济建设创造和谐、安定的环境中充分发挥作用，从而促进经济和社会的发展。同时，国家通过依法开展优抚工作，可以增强军队实力，融洽军政、军民关系，可以使军队在和平时期直接参与地方建设，为社会经济发展做出贡献。

3. 社会优抚法的实施可以促进精神文明建设。国家依法开展社会优抚，可以鼓舞和调动军事人员的民族献身精神。同时，社会大众依法开展的群众性的优抚活动可以使军人的献身精神得到弘扬，使民众和各界人士的爱国热情得到鼓舞，从而使精神文明建设得到进一步发展。

4. 社会优抚法具有社会安全的调节功能。社会优抚对象在生活和工作上得不到合理安排和必要保障时，必然会造成他们物质和精神上的损害，从而形成社会上的不稳定因素。依法实施优抚项目，不但可以解除优抚对象的困难，而且可以解除正在服役者的后顾之忧，使他们安心服役，尽心尽力完成军队的任务。

（二）立法原则

社会优抚立法活动在依据社会保障立法一般原则基础之上，还需要结合社会优抚工作的特点，遵循其特殊的具体原则。其特殊的具体原则主要有四个方面。

1. 优待抚恤与精神褒扬相结合的原则。社会优抚与其他社会保障子部门的最大不同，在于其具有强烈的政治性。国家通过立法确立的优抚对象和优抚内容，不仅仅是物质上的优待抚恤，而且带有强烈的精神褒扬倾向，并希望通过物质上的优遇和精神上的褒扬，在全体公民中树立起英雄形象和学习榜样。

2. 待遇优厚的原则。社会优抚给付标准的制定，应贯彻待遇优厚原则。具体讲，给付标准应不低于或稍高于当地群众的平均生活水平。这一原则与社会保障中保障层次最低的社会救助制度的原则完全不同。

3. 社会优抚资金的三方负担原则。三方负担指以国家投入为主体，社会筹集为辅助，个人出资为补充。

4. 待遇的层次性原则。针对不同的优抚对象，实施保障层次不同、标准有别的优抚措施，综合运用社会救助、社会保险与社会福利措施。

第二节　社会优抚立法的历史沿革

一、社会优抚立法的历史沿革

世界各国的社会优抚立法是在军队建设和社会发展过程中不断发展和完善的。

世界各国都从各自的兵役立法和国家稳定的需要出发，对现役军人的优待抚恤和退役后的生活待遇等作出了相应的规定。从各国社会优抚立法情况看，有些国家是单独制定优抚条例，对现役军人的优待抚恤和退役后的生活待遇等作出特殊规定；有些国家是在一般性社会保障制度中对优抚对象给予优惠性保障。

无论是资本主义国家还是社会主义国家，都建立了适合其本国国情的社会优抚制度体系。美国在1930年成立了退伍军人管理署，内设医疗、福利、阵亡纪念三个处。其主要保障项目是：病残退休补偿；阵亡军人遗属抚恤；退伍军人生活贫困补助；退伍军人死亡后其配偶、子女的补助；丧葬补助；职业培训；医疗；退伍军人安置。英国政府规定：对两次世界大战中的残废军人及其遗孀、孤儿等家属，实行战争抚恤金制度。这种抚恤金由政府财政部门拨给，由保健和社会保障部门管理。具体种类有：①残废抚恤金，根据军阶高低、家庭负担轻重和残废造成困难的程度，给予补助津贴；②遗属津贴，包括遗孀抚恤金、子女津贴、房租津贴、取暖津贴、饮食津贴和子女教育津贴等多项内容。法国早在19世纪就在政府文职官员和军人中实行养老、退休制度。如今，法国军人也享受较高福利水准的社会保障。原苏联的义务兵役制把军人家属的优待视为解除军人后顾之忧、稳定军心、提高军队战斗力的主要措施。早在1918年1月，联邦人民委员会就颁布《关于工农红军的法令》,明确规定了军人的优待措施。其后,随着国力的增强和人民生活水平的提高,国家对军人优待的范围越来越广泛,立法也越来越完善。1981 年 2 月,原苏联部长会议批准的《军人、预备役人员、退役人员及其家属优待条例》和《苏联普遍义务兵役法》等,都明确提出了军人优待的法规条款,对军人及其家属的住房、劳动就业、教育、医疗、税收、工资等都作出了优待规定。受其影响,新中国成立以前,中国共产党领导下的革命政府也把优抚立法作为一项重要工作。从 20 世纪 20 年代末至 30 年代初,中国共产党领导建立军队之日起,即伴随着革命开展了多项优抚活动,并相应的制定出一些以社会优抚为专门内容的法律规范。如 1931 年中央苏区第一次全国苏维埃代表大会通过的《红军优待条例》以及随后颁布的《红军优抚条例》《优待红军家属条例》等。再如抗日战争时期的《晋冀豫边区优待抗日军人家属条例》(1940 年 5 月 10 日)及解放战争时期的《陕甘宁边区优待革命军人、烈士家属条例》(1948 年 10 月 27 日)等。这些在新中国成立之前制定的优待抚恤制度,对新中国成立后制定社会优抚法规积累了很多的经验。

二、中国社会优抚立法的发展

关于新中国成立后至 20 世纪 80 年代的社会优抚立法的发展在本书第一章中有所涉及,此处仅就 20 世纪 80 年代以后的立法发展予以概括。20 世纪 80 年代是中国发生巨变的时期,社会优抚立法也是自这个时期发生了很大的改变。

(一)20 世纪 80 年代社会优抚立法的发展

1. 20 世纪 80 年代前期。在改革开放的方针指引下,中国开始探索具有自己特色的经济发展道路,打破了一切由国家统包统管的传统模式,使社会优抚面临许多新情况,迫切需要建立和完善适应改革开放的社会环境、适应中国国情的社会优抚法律制度。

1983 年第八次全国民政会议上将 1978 年确定的优抚工作的方针修改为:“思想教育、扶持生产、群众优待、国家抚恤。”优抚工作的这一方针在此后制定的一系列法律、法规中得到充分体现。如 1984 年 5 月 31 日公布的《兵役法》,分别在第 52 条和第 54 条对优抚对象的优抚待遇作了规定;1985 年 7 月 27 日,中共中央、国务院发出《关于尊重、爱护军队,积极支持军队改革和建设的通知》,要求切实做好优抚工作。国务院有关部门要求抓紧修订优待、抚恤和安置工作条例、法规。

20 世纪 80 年代,是中国发生根本性变化的年代,是由计划经济向社会主义市场经济转轨的初始时期。在这一时期,社会优抚立法情况也随之发生了很大变化。从国家宪法、法律到各级政府和部门制定的有关优抚制度、规定,都对社会优抚法律制度的内容予以不断地充实。如 1982 年《中华人民共和国宪法》第 45 条的规定,军人及其家属应受到社会的尊重,受到国家和人民群众的优待。同时,1984 年公布的《中华人民共和国兵役法》对义务兵家属的优待,对军人因公致残、牺牲、病故抚恤以及对退出现役军人的安置等均作了规定。国务院、中央军委根据国家宪法、兵役法等法律的有关条款也制定了一系列的优抚法规。如1980年6月中华人民共和国国务院颁布《革命烈士褒扬条例》。1981年10月13日国务院、中央军委发布了《关于军队干部退休的暂行规定》,对退休条件、退休后的生活费待遇、住房、家属安置作了详细规定。1982年国务院、中央军委又为完善军队干部离休制度,发布了《关于军队干部离职休养的暂行规定》《国务院关于老干部离职休养制度的几项规定》。同年,为了解决无军籍职工退休安置问题,民政部、劳动人事部、总参谋部、总政治部、总后勤部联合发出《关于做好军队编内和编外职工退休、退职工作的通知》,扩大了退休安置制度的覆盖范围。1983年国务院、中央军委发布《中国人民解放军志愿兵退出现役安置暂行办法》也对优抚工作进行了规范。国务院有关部(委)、中国人民解放军各总部制定了一些优抚规章。

从20世纪80年代初至80年代中期出台的这一系列有关优抚工作的法律法规,为中国优抚工作逐步走向法制化、制度化创造了条件。

2.20世纪80年代后期。其后,80年代后期,国务院分别于1987年《退伍义务兵安置条例》、1988年7月颁布《军人抚恤优待条例》,1988年中央军委颁布《中国人民解放军现役军官服役条例》,都对优抚工作进行了规范。其中尤以国务院于1988年7月颁布的《军人抚恤优待条例》最具有代表性。该条例是在总结新中国成立以后40年来优抚工作和优抚立法经验的基础之上颁发的一部综合性法规。民政部也于第二年4月发布了"关于贯彻执行《军人抚恤优待条例》若干具体问题的解释"。该条例明确规定了社会优抚的对象;社会优抚的实施原则;社会优抚工作的内容。故有学者称该条例是社会优抚的基本法①。各省、直辖市、自治区根据各地具体情况制定了具体优待办法。

(二)20世纪90年代社会优抚立法的发展

1.20世纪90年代前期。

(1)有关抚恤标准提高方面的规范性文件主要有:民政部和财政部发布的《关于提高在乡革命伤残人员抚恤金标准的通知》(1991年)《关于调整在乡红军老战士生活补助标准的通知》(1992年)《关于提高部分优抚对象抚恤补助标准的通知》(1994年)。

(2)退役安置制度方面的规范性文件主要有:1992年民政部安置办发出的《卫生部、总后勤部关于进一步做好军队无军籍退休退职职工安置工作的通知》;1994年5月12日第8届全国人民代表大会常务委员会第7次会议通过修订了《中国人民解放军现役军官服役条例》;国务院、中央军委于1994年发布的《关于1994年冬季士兵退出现役工作的通知》。

2.20世纪90年代后期。这一时期是军队保险制度的立法开始时期。1997年3月第八届全国人民代表大会第五次会议通过《中华人民共和国国防法》,规定实施军人保险;1998年7月,解放军总参谋部、总政治部、总后勤部、总装备部四部联合发出通知,

---

① 方乐华:《社会保障法论》,世界图书出版公司,1999年3月。

向全军印发《中国人民解放军军人保险制度实施方案》。至此，军人保险正式启动，开始了社会优抚与社会保险相衔接的尝试。1998 年在全军推行了《中国人民解放军军人伤亡保险暂行规定》。之后，国务院、中央军委于 1999 年 12 月 16 日颁布《中国人民解放军军人退役医疗保险暂行办法》。这一暂行办法既是军队保险制度的完善，也是军队退役安置制度的进一步完善。

（三）21 世纪社会优抚立法的发展

1. 军人抚恤优待方面。

（1）抚恤待遇标准的提高。2005 年，民政部、财政部、国家统计局发出《对〈军人抚恤优待条例〉第 3 条第 1 款中“当地的平均生活水平”解释的函》、民政部、财政部发出《关于提高部分优抚对象抚恤补助标准的通知》及《关于提高回乡务农抗战老战士等在乡复员军人生活补助标准和维修抗日烈士纪念设施等工作的通知》。关于优抚对象抚恤补助标准，民政部优抚司于 2006 年以后每年都分别有规定，每年都有所提高。

（2）抚恤优待管理方面。民政部与财政部联合发出了《关于调整一次性抚恤金发放办法的通知》。2004 年，民政部、劳动和社会保障部、卫生部、总后勤部印发了《军人残疾等级标准（试行）》，明确了各类精神病的评定等级、民政部发出《关于国家机关工作人员、人民警察伤亡抚恤有关问题的通知》。2007 年，民政部发布《伤残抚恤管理办法》、民政部、人事部、财政部发出《关于国家机关工作人员及离退休人员死亡一次性抚恤发放办法的通知》。2009 年民政部发出《关于带病回乡退伍军人认定及待遇问题的通知》、《关于公务员在执行任务中或工作岗位上猝然发病情形如何认定因公致残的复函》、《关于伤残人员变更国籍后伤残抚恤有关问题的复函》及民政部办公厅发出《关于军队离退休干部死亡后边远地区津贴是否纳入一次性抚恤金计发范围的复函》，对具体的优抚人员的优抚待遇享受资格和范围进行了规定。

（3）现役军人生活保障方面。2004 年 9 月 28 日，民政部和总后勤部联合发出《军用饮食供应工作正规化建设规定》。

2. 退役安置方面。

（1）退役人员享受待遇标准方面。2001 年，民政部与军地有关部门先后发出三个有关提高退休人员享受待遇标准方面的文件：《关于移交政府安置的军队离退休干部、退休士官增加离退休费的通知》、《关于移交政府安置的军队离退休干部、退休士官（志愿兵）地区生活津贴标准的通知》及《关于调整移交政府安置的军队离退休干部、退休士官离退休费的通知》。2007 年军地六部门联合发出《关于移交政府安置的军队离退休干部购房面积未达标货币补差有关问题的通知》和《关于移交政府安置的军队离退休干部购买现有住房有关问题的通知》。

（2）退役安置的管理工作方面。①有关士兵退役安置管理的规范性文件主要有：2005 年，国务院发出的《关于进一步做好城镇退役士兵安置工作的通知》、民政部发出的《关于贯彻落实〈国务院关于进一步做好城镇退役士兵安置工作的通知〉的通知》、民政部、总参谋部联合发出的《关于做好精神病义务兵和初级士官退役移交安置工作有关问题的通知》。②有关军队转业和复员干部安置管理的规范性文件主要有：2001年，中共中央、国务院、中央军委发布《军队转业干部安置暂行办法》。2007年总政干部部发出的《关于2007年专业复员干部移交安置工作中几个具体问题的通知》。对军队转业复员干部的安置计划、自主择业条件、安置去向、档案材料的管理问题采取了针对性的规定。③关于军队离退休干部安置管理的规范性文件主要有：2004年，中共中央办公厅发布《关于进一步做好军队离退休干部移交政府安置管理工作的意见》。重点解决军地住房保障、医疗保障和政治、生活待遇等制度的衔接问题；提出军队离退休干部交接安置和服务管理的新制度新办法；着力推进交接安置多样化、保障制度法制化、服务管理社会化和工作组织网络化。2009年，民政部办公厅发出《关于军休干部房租补贴有关文件执行若干问题的复函》。④关于无军籍退休职工安置管理的规范性文件主要有：2005年9月社会保障部、总后勤部发出的《关于加强和改进军队无军籍退休退职职工移交安置工作的意见》，意见涉及了移交安置的范围和对象，调整了移交安置办法。

（3）退役安置人员的就业促进方面。2004年1月，国务院办公厅转发《关于扶持城镇退役士兵自谋职业优惠政策的意见》，明确了自谋职业优惠政策的适用对象，规定自谋职业退役士兵在就业服务和社会保障、成人教育和普通高等教育、从事个体经营、税收、落户六大方面享有优惠政策，填补了中国退役士兵自谋职业优惠政策上的空白，推进了安置制度的改革。与此相配套，民政部办公厅同时发出了《关于规范使用〈城镇退役士兵自谋职业证〉的通知》、财政部、国家税务总局发出《关于扶持城镇退役士兵自谋职业有关税收优惠政策的通知》。

3. 军人保险方面

（1）有关军人配偶随军未就业人员。随着军人伤亡保险和退役医疗保险的实施，2003年12月国务院办公厅、中央军委办公厅又发布《中国人民解放军军人配偶随军未就业期间社会保险暂行办法》，创造性地确立了军人配偶随军未就业期间的社会保险制度，还制定了针对转业到企业工作的军官、文职干部的养老保险办法等。

（2）军人保险基金管理方面。为配合20世纪末开始实施的军人保险，2000年总后勤部配套出台了《军人保险基金管理暂行办法》、《军人保险基金会计核算办法》、《军人保险个人账户管理暂行办法》和《关于军地医疗保险个人账户转移办法》等配套制度。2004年10月总后勤部发布《军人保险工作规范化管理规定》，适用于军人保险金审批，个人账户，保险基金预算、收支、存储、决算、核算，以及档案资料管理工作。随后还发布了《军人保险工作规范化管理考评标准》。

4. 优抚对象医疗保障方面。2005年12月，民政部、财政部、劳动和社会保障部联合颁布《1至6级残疾军人医疗保障办法》；2007年8月，民政部、财政部、劳动和社会保障部与卫生部又联合发出了《优抚对象医疗保障办法》。这两个办法明确采取政府补助和个人负担相结合、普通保障与重点保障相结合、优抚特殊医疗保障与社会医疗保障相结合、政策照顾和大病救助相结合等措施，帮助优抚对象优先进入城镇职工（居民）基本医疗保险或农村新型合作医疗体系、医疗救助体系，并在大病起付标准、最高支付限额和住院报销比例等方面给予适当优惠，对优抚医疗进行了重大改革。2008 年 10 月，民政部、人力资源和社会保障部、财政部、卫生部又联合发出《关于进一步加强优抚对象医疗保障工作的通知》。

5. 有关社会优抚的基础性立法。

(1)《中华人民共和国现役军官法》。2000 年 12 月 28 日第 9 届全国人民代表大会常务委员会第 19 次会议《关于修改〈中国人民解放军现役军官服役条例〉的决定》第 2 次修正。共 7 章，其中第 5 章和第 6 章是关于现役军官的待遇和退出现役的规定。此法是军官享受社会优抚的待遇资格条件等的根据。

(2)《中国人民解放军文职干部条例》。中央军委于 2005 年 6 月 23 日颁布，2005 年 6 月 23 日开始实施。全法共有 9 章，其中第 8 章和第 9 章是关于文职干部待遇和退出现役的规定。此法是文职干部享受社会优抚的待遇资格条件等的根据。

(3)《军人抚恤优待条例》。2001 年对 1988 年的《军人抚恤优待条例》进行了修订；特别是 2004 年公布了新的《军人抚恤优待条例》使军人抚恤优待走向更加规范化的方向，如：确立了制定各项抚恤标准的参照依据；完善了批准烈士的条件；明确了义务兵家属享受社会优待金的范围和标准等。根据 2011 年 7 月 29 日《国务院、中央军事委员会关于修改〈军人抚恤优待条例〉的决定》修订 。

(4)《烈士褒扬条例》。2011 年 7 月 20 日国务院第 164 次常务会议通过，自 2011 年 8 月 1 日起施行。同时废止了 1980 年 6 月国务院发布的《革命烈士褒扬条例》。除与《军人抚恤优待条例》共同规定了对于烈士遗属提供相关抚恤部分的费用之外，还有其他各方面优惠待遇的规定。

(5)《退役士兵安置条例》于 2011 年 10 月 29 日由中华人民共和国国务院、中华人民共和国中央军事委员会令第 608 号发布。该《条例》分总则、移交和接收、安置、保险关系的接续、法律责任、附则 5 章。

(6)《中华人民共和国兵役法》。2009 年 8 月第 11 届全国人民代表大会常务委员会第 10 次会议第 2 次修订通过；2011 年 10 月第 11 届全国人民代表大会常务委员会第 23 次会议第 3 次修订通过。其中第 10 章全章对现役军人的待遇和退出现役的安置作出了全面的综合性规定。

(7)《中华人民共和国军人保险法》。中华人民共和国第十一届全国人民代表大会常务委员会第二十六次会议于 2012 年 4 月 27 日通过，自 2012 年 7 月 1 日起施行。由总则、军人伤亡保险、退役养老保险、退役医疗保险、随军未就业的军人配偶保险、军人保险基金、保险经办与监督、法律责任、附则共九章构成。

综上，20 世纪 80 年代以后的 30 多年中，中国的社会优抚立法有了巨大的发展，随着时间的推移，社会优抚的立法层级逐渐提高，尤其是进入 21 世纪以后发展迅速，形成了一整套有关社会优抚的基础性法律法规，规范着目前中国社会优抚工作的开展，与诸多社会优抚的规范性文件一同构成了社会优抚法律制度体系。从制度内容看主要由优待制度、抚恤制度、安置制度、保险制度构成。

第三节　抚恤制度

抚恤是国家对伤残人员和牺牲、病故人员的家属所采取的一种物质抚慰形式。中国的传统抚恤制度由死亡抚恤和伤残抚恤两部分构成。随着社会情况的发展变化，一系列的立法活动的展开，抚恤制度的适用范围得到了扩大，项目内容也得到了充实。中国的社会优抚中的抚恤制度根据《军人抚恤优待条例》规定，主要适用于中国人民解放军现役军人（以下简称现役军人）、服现役或者退出现役的残疾军人以及复员军人、退伍军人、烈士遗属、因公牺牲军人遗属、病故军人遗属、现役军人家属。社会抚恤制度内容主要由死亡抚恤和残疾抚恤构成，涉及资格条件、资格认定和待遇三个方面的内容。

一、死亡抚恤制度

中国现行死亡抚恤制度适用于烈士遗属、因公牺牲或病故军人遗属。

（一）资格条件

根据死亡的情形不同，死亡人员被批准或评定为烈士、被确认为因公牺牲或者病故。资格条件不同，死亡人员遗属所享受的抚恤待遇不同。

1. 烈士。烈士因死亡者的身份不同，被批准或认定为烈士的机构和标准不同。

（1）军人死亡批准为烈士需要符合下列情形之一：①对敌作战死亡，或者对敌作战负伤在医疗终结前因伤死亡的；②因执行任务遭敌人或者犯罪分子杀害，或者被俘、被捕后不屈遭敌人杀害或者被折磨致死的；③为抢救和保护国家财产、人民生命财产或者执行反恐怖任务和处置突发事件死亡的；④因执行军事演习、战备航行飞行、空降和导弹发射训练、试航试飞任务以及参加武器装备科研试验死亡的；⑤在执行外交任务或者国家派遣的对外援助、维持国际和平任务中牺牲的；⑥其他死难情节特别突出，堪为楷模的。现役军人在执行对敌作战、边海防执勤或者抢险救灾任务中失踪，经法定程序宣告死亡的，按照烈士对待。

（2）公民死亡被评定为烈士需要符合下列情形之一：①在依法查处违法犯罪行为、执行国家安全工作任务、执行反恐怖任务和处置突发事件中牺牲的；②抢险救灾或者其他为了抢救、保护国家财产、集体财产、公民生命财产牺牲的；③在执行外交任务或者国家派遣的对外援助、维持国际和平任务中牺牲的；④在执行武器装备科研试验任务中牺牲的；⑤其他牺牲情节特别突出，堪为楷模的。

2. 军人因公牺牲。确认为因公牺牲需要符合下列情形之一：①在执行任务中或者在上下班途中，由于意外事件死亡的；②被认定为因战、因公致残后因旧伤复发死亡的；

③因患职业病死亡的；④在执行任务中或者在工作岗位上因病猝然死亡，或者因医疗事故死亡的；⑤其他因公死亡的。现役军人在执行对敌作战、边海防执勤或者抢险救灾以外的其他任务中失踪，经法定程序宣告死亡的，按照因公牺牲对待。

3. 军人病故。现役军人除因公牺牲中③和④规定情形以外，因其他疾病死亡的，确认为病故。现役军人非执行任务死亡或者失踪，经法定程序宣告死亡的，按照病故对待。

(二)资格认定

1. 批准或确认机构。

(1)军人与公民死亡评定烈士的确认机构是不同的。其中，现役军人牺牲，预备役人员、民兵、民工以及其他人员因参战、参加军事演习和军事训练、执行军事勤务牺牲应当评定烈士的，依照《军人抚恤优待条例》的有关规定评定。批准烈士，属于因战死亡的，由军队团级以上单位政治机关批准；属于非因战死亡的，由军队军级以上单位政治机关批准；属于本条第一款第六项规定情形的，由中国人民解放军总政治部批准。相对于此，公民死亡申报烈士的，由死者生前所在工作单位、死者遗属或者事件发生地的组织、公民向死者生前工作单位所在地、死者遗属户口所在地或者事件发生地的县级人民政府民政部门提供有关死者牺牲情节的材料，由收到材料的县级人民政府民政部门调查核实后提出评定烈士的报告，报本级人民政府审核。公民死亡属于上述烈士资格①和②情形的，由县级人民政府提出评定烈士的报告并逐级上报至省、自治区、直辖市人民政府审查评定。评定为烈士的，由省、自治区、直辖市人民政府送国务院民政部门备案；属于上述烈士资格③和④情形的，由国务院有关部门提出评定烈士的报告，送国务院民政部门审查评定；属于上述烈士资格⑤所规定情形的，由县级人民政府提出评定烈士的报告并逐级上报至省、自治区、直辖市人民政府，由省、自治区、直辖市人民政府审查后送国务院民政部门审查评定。

(2)现役军人因公牺牲，由军队团级以上单位政治机关确认；属于其他因公死亡规定情形的，由军队军级以上单位政治机关确认。

(3)现役军人病故，由军队团级以上单位政治机关确认。

2. 资格证书。对烈士遗属、因公牺牲军人遗属、病故军人遗属，由县级人民政府民政部门分别发给相应的证明书：《中华人民共和国烈士证明书》《中华人民共和国军人因公牺牲证明书》《中华人民共和国军人病故证明书》。

(三)抚恤待遇项目及标准

社会优抚制度中的抚恤待遇项目及标准，因资格不同规定不同。其中烈士的待遇项目最多，且待遇标准最高。

1. 定期抚恤金。对符合下列条件之一的烈士遗属、因公牺牲军人遗属、病故军人遗属，发给定期抚恤金：①父母(抚养人)、配偶无劳动能力、无生活费来源，或者收入水平低于当地居民平均生活水平的；②子女未满 18 周岁或者已满 18 周岁但因上学或者残疾无生活费来源的;③兄弟姐妹未满 18 周岁或者已满 18 周岁但因上学无生活费来源且由该军人生前供养的。对符合享受定期抚恤金条件的遗属,由县级人民政府民政部门发给《定期抚恤金领取证》。定期抚恤金标准应当参照全国城乡居民家庭人均收入水平确定。定期抚恤金的标准及其调整办法,由国务院民政部门会同国务院财政部门规定。县级以上地方人民政府对依靠定期抚恤金生活仍有困难的烈士遗属、因公牺牲军人遗属、病故军人遗属,可以增发抚恤金或者采取其他方式予以补助,保障其生活不低于当地的平均生活水平。

2. 一次性抚恤金。分为烈士和因公牺牲一次性抚恤金、病故一次性抚恤金。发放给烈士和因公牺牲军人的遗属。范围包括:其父母(抚养人)、配偶、子女;没有父母(抚养人)、配偶、子女的,发给未满 18 周岁的兄弟姐妹和已满 18 周岁但无生活费来源且由其生前供养的兄弟姐妹。其中:①烈士和因公牺牲一次性抚恤金。标准为上一年度全国城镇居民人均可支配收入的 20 倍加本人 40 个月的工资。②病故一次性抚恤金。标准为上一年度全国城镇居民人均可支配收入的 2 倍加本人 40 个月的工资。这两种情形的 一次性抚恤金标准的计算基础都是死者生前的月工资或者津贴,低于排职少尉军官工资标准的,按照排职少尉军官工资标准计算。

3. 烈士褒扬金。按照《烈士褒扬条例》规定对烈士的遗属发放烈士褒扬金。标准为烈士牺牲时上一年度全国城镇居民人均可支配收入的 30 倍。战时,参战牺牲的烈士褒扬金标准可以适当提高。①军人死亡被批准为烈士的,按照《军人抚恤优待条例》同时还要享受上述两项待遇。②公民被评定为烈士,符合《工伤保险条例》相关规定范围的,还享受一次性工亡补助金以及相当于烈士本人 40 个月工资的烈士遗属特别补助金。

4. 其他规定待遇和标准。

(1)获得荣誉称号或者立功的烈士、因公牺牲军人、病故军人,其遗属在应当享受的一次性抚恤金的基础上,由县级人民政府民政部门按照下列比例增发一次性抚恤金:获得中央军事委员会授予荣誉称号的,增发 35%;获得军队军区级单位授予荣誉称号的,增发 30%;立一等功的,增发 25%;立二等功的,增发 15%;立三等功的,增发 5%。

(2)多次获得荣誉称号或者立功的烈士、因公牺牲军人、病故军人,其遗属由县级人民政府民政部门按照其中最高等级奖励的增发比例,增发一次性抚恤金。

(3)对生前作出特殊贡献的烈士、因公牺牲军人、病故军人,除按照《军人抚恤优待》规定发给其遗属一次性抚恤金外,军队可以按照有关规定发给其遗属一次性特别抚恤金。

二、残疾抚恤制度

中国社会优抚中的残疾抚恤制度适用于因战致残、因公致残或者因病致残的现役残疾军人。

(一)资格条件

根据致残性质不同,残疾抚恤制度中将其分为因战致残、因公致残和因病致残三种。根据残疾的程度不同,残疾抚恤制度中将其分为10个等级。残疾军人根据致残性质,根据所属残疾等级,享受不同残疾抚恤待遇。

1. 致残性质。

(1)因战致残。现役军人残疾,符合下列情形之一导致残疾的,评定为因战致残:①对敌作战残疾,或者对敌作战负伤在医疗终结后因伤致残的;②因执行任务遭敌人或者犯罪分子伤害,或者被俘、被捕后不屈遭敌人折磨致残的;③为抢救和保护国家财产、人民生命财产或者执行反恐怖任务和处置突发事件致残的;④因执行军事演习、战备航行飞行、空降和导弹发射训练、试航试飞任务以及参加武器装备科研试验致残的;⑤在执行外交任务或者国家派遣的对外援助、维持国际和平任务中致残的;⑥其他致残情节特别突出、堪为楷模的。

(2)因公致残。现役军人残疾,符合下列情形之一导致残疾的,评定为因战致残:①在执行任务中或者在上下班途中,由于意外事件致残的;②因患职业病致残的;③在执行任务中或者在工作岗位上因病致残,或者因医疗事故致残的;④其他因公致残的。

(3)因病致残。义务兵和初级士官因为"抢救和保护国家财产、人民生命财产或者执行反恐怖任务和处置突发事件致残的"和"因执行军事演习、战备航行飞行、空降和导弹发射训练、试航试飞任务以及参加武器装备科研试验致残的"这两种情形以外的疾病导致致残的,认定为因病残疾。

2. 残疾等级。残疾的等级根据劳动功能障碍程度和生活自理障碍程度确定,由重到轻分为1级至10级。残疾等级的具体评定标准由国务院民政部门、人力资源社会保障部门、卫生部门会同军队有关部门规定。被评定为残疾,可以享受抚恤待遇的有两种情况:

(1)因战、因公致残,残疾等级被评定为1级至10级的,享受抚恤。

(2)因病致残,残疾等级被评定为1级至6级的,享受抚恤。

(二)残疾认定和评定

现役军人因战、因公致残,医疗终结后符合评定残疾等级条件的,应当评定残疾等级。义务兵和初级士官因病致残符合评定残疾等级条件,本人(精神病患者由其利害关系人)提出申请的,也应当评定残疾等级。

1. 认定和评定机构。因战、因公、因病致残性质的认定和残疾等级的评定权限所属不同:①义务兵和初级士官的残疾,由军队军级以上单位卫生部门认定和评定;②现役军官、文职干部和中级以上士官的残疾,由军队军区级以上单位卫生部门认定和评定;③退出现役的军人和移交政府安置的军队离休、退休干部需要认定残疾性质和评定残疾等级的,由省级人民政府民政部门认定和评定。评定残疾等级,应当依据医疗卫生专家小组出具的残疾等级医学鉴定意见。

2. 发给残疾人证。残疾军人由认定残疾性质和评定残疾等级的机关发给《中华人民共和国残疾军人证》。

(三)残疾抚恤的待遇项目及标准

1. 残疾抚恤金。

(1)残疾军人的抚恤金标准。应当参照全国职工平均工资水平确定。残疾抚恤金的标准以及1级至10级残疾军人享受残疾抚恤金的具体办法,由国务院民政部门会同国务院财政部门规定。县级以上地方人民政府对依靠残疾抚恤金生活仍有困难的残疾军人,可以增发残疾抚恤金或者采取其他方式予以补助,保障其生活不低于当地的平均生活水平。

(2)残疾抚恤金的发放。根据具体情况,残疾抚恤金由不同的机构发放:①退出现役的残疾军人,按照残疾等级享受残疾抚恤金。残疾抚恤金由县级人民政府民政部门发给。②因工作需要继续服现役的残疾军人,经军队军级以上单位批准,由所在部队按照规定发给残疾抚恤金。

2. 供养待遇。退出现役的1级至4级残疾军人,享受供养待遇,即由国家供养终身。供养方式有集中供养和分散供养。

(1)集中供养。对于需要常年医疗或者独身一人不便分散供养的,经省级人民政府民政部门批准,可以集中供养。

(2)分散供养。对于分散供养的1级至4级残疾军人发给护理费。护理费的标准因致残性质和残疾级别不同:①因战、因公1级和2级残疾的,为当地职工月平均工资的50%;②因战、因公3级和4级残疾的,为当地职工月平均工资的40%;③因病1级至4级残疾的,为当地职工月平均工资的30%。

(3)护理费的发放。根据残疾军人是否退出现役,发放机构不同:①退出现役的残疾军人的护理费,由县级以上地方人民政府民政部门发给;②未退出现役的残疾军人的护理费,经军队军级以上单位批准,由所在部队发给。

3. 配制假肢、辅助器械。根据需要,对于残疾军人给以提供配置假肢、辅助器械的待遇。根据残疾军人是否退出现役,发放机构不同:①残疾军人正在服现役的,有配制需要的,由军队军级以上单位负责解决;②残疾军人退出现役的,有配制需要的,由省级人民政府民政部门负责解决。

第四节　优待制度

优待制度是国家和社会对以军人及其家属为主体的优抚对象实行物质照顾和精神抚慰的一项特殊保障制度。优待的目标是保证现役军人尤其是义务兵及其家属维持一定的生活水平,进而能享受社会政治与经济发展的成果。一直以来,中国的优待制度在一般意义上被理解为拥军优属。优待的手段既包括各种经济补助保障,也包括服务保障。

根据《军人抚恤优待条例》规定，中国的优待制度包括对烈士遗属的优待、对义务兵和初级士官的优待、对现役军人的优待制度，对残疾军人、复员军人、带病回乡退伍军人的优待，因公牺牲军人遗属、病故军人遗属的优待等。

一、烈士遗属优待制度

烈士遗属依照《烈士褒扬条例》的规定享受优待。国家保障烈士遗属的生活不低于当地居民的平均生活水平。烈士遗属除享受抚恤制度中的烈士褒扬金和一次性抚恤金或定期抚恤金外，还享受以下优惠待遇。

（一）医疗优惠

《烈士褒扬条例》第十八条规定，烈士遗属享受相应的医疗优惠待遇，具体办法由省、自治区、直辖市人民政府规定。

（二）服兵役与公务员录取方面的优惠

《烈士褒扬条例》第十九条规定，烈士的子女、兄弟姐妹本人自愿，且符合征兵条件的，在同等条件下优先批准其服现役。烈士的子女符合公务员考录条件的，在同等条件下优先录用为公务员。

（三）教育方面的优惠

烈士子女接受学前教育和义务教育的，应当按照国家有关规定予以优待；在公办幼儿园接受学前教育的，免交保教费。烈士子女报考普通高中、中等职业学校、高等学校研究生的，在同等条件下优先录取；报考高等学校本、专科的，可以按照国家有关规定降低分数要求投档；在公办学校就读的，免交学费、杂费，并享受国家规定的各项助学政策。

（四）就业方面的优惠

烈士遗属符合就业条件的，由当地人民政府人力资源社会保障部门优先提供就业服务。烈士遗属已经就业，用人单位经济性裁员时，应当优先留用。烈士遗属从事个体经营的，工商、税务等部门应当优先办理证照，烈士遗属在经营期间享受国家和当地人民政府规定的优惠政策。

（五）住房方面的优惠

符合住房保障条件的烈士遗属承租廉租住房、购买经济适用住房的，县级以上地方人民政府有关部门应当给予优先、优惠照顾。家住农村的烈士遗属住房有困难的，由当地人民政府帮助解决。

（六）老年人机构入住优惠

男年满 60 周岁、女年满 55 周岁的孤老烈士遗属本人自愿的，可以在光荣院、敬老院集中供养。各类社会福利机构应当优先接收烈士遗属。

二、义务兵和初级士官优待制度

对待义务兵和初级士官的优待措施分为现役期间和退役后优待措施两种。

（一）现役期间优待措施

1. 家庭优待金。义务兵服现役期间，其家庭由当地人民政府发给优待金或者给予其他优待，优待标准不低于当地平均生活水平。

2. 保留入伍前待遇的优待措施。①来自城市的义务兵和初级士官，入伍前是国家机关、社会团体、企业事业单位职工的，服现役期间，其家属继续享受该单位职工家属的有关福利待遇；②来自农村的义务兵和初级士官，入伍前的承包地（山、林）等，应当保留；服现役期间，除依照国家有关规定和承包合同的约定缴纳有关税费外，免除其他负担。

3. 邮政优待。义务兵从部队发出的平信，免费邮递。

（二）退役后优待措施

1. 复职制度。义务兵和初级士官入伍前是国家机关、社会团体、企业事业单位职工（含合同制人员）的，退出现役后，允许复工复职，并享受不低于本单位同岗位（工种）、同工龄职工的各项待遇。

2. 招收录取优惠。报考国家公务员、高等学校和中等职业学校，在与其他考生同等条件下优先录取。

三、现役军人优待制度

现役军人凭有效证件优先购票乘坐境内运行的火车、轮船、长途公共汽车以及民航班机；乘坐市内公共汽车、电车和轨道交通工具享受优待，具体办法由有关城市人民政府规定。凭有效证件参观游览公园、博物馆、名胜古迹享受优待，具体办法由公园、博物馆、名胜古迹管理单位所在地的县级以上地方人民政府规定。

四、残疾军人优待制度

（一）残疾军人医疗费用保障

1. 国家对 1 级至 6 级残疾军人的医疗费用按照规定予以保障，由所在医疗保险统筹地区社会保险经办机构单独列账管理。具体办法由国务院民政部门会同国务院人力资源社会保障部门、财政部门规定。

2. 关于 7 级至 10 级残疾军人旧伤复发的医疗费用，已经参加工伤保险的，由工伤保险基金支付，未参加工伤保险，有工作的由工作单位解决，没有工作的由当地县级以上地方人民政府负责解决；7 级至 10 级残疾军人旧伤复发以外的医疗费用，未参加医疗保险且本人支付有困难的，由当地县级以上地方人民政府酌情给予补助。

（二）劳动保护优惠

在国家机关、社会团体、企业事业单位工作的残疾军人，享受与所在单位工伤人员同等的生活福利和医疗待遇。所在单位不得因其残疾将其辞退、解聘或者解除劳动关系。

（三）移动工具的利用优惠

残疾军人凭《中华人民共和国残疾军人证》优先购票乘坐境内运行的火车、轮船、长途公共汽车以及民航班机；残疾军人享受减收正常票价 50% 的优待；免费乘坐市内公共汽车、电车和轨道交通工具。

五、"五种人"优待

此处"五种人"是指残疾军人、复员军人、带病回乡退伍军人、因公牺牲军人遗属、病故军人遗属。优待措施具体如下。

（一）住房优先、优惠待遇

残疾军人、复员军人、带病回乡退伍军人、因公牺牲军人遗属、病故军人遗属承租、购买住房依照有关规定享受优先、优惠待遇。居住农村的抚恤优待对象住房有困难的，由地方人民政府帮助解决。具体办法由省、自治区、直辖市人民政府规定。

（二）医疗优惠待遇

残疾军人、复员军人、带病回乡退伍军人以及因公牺牲军人遗属、病故军人遗属享受医疗优惠待遇。具体办法由省、自治区、直辖市人民政府规定。中央财政对抚恤优待对象人数较多的困难地区给予适当补助，用于帮助解决抚恤优待对象的医疗费用问题。

六、其他优待

（一）应征服役方面的优待

因公牺牲军人、病故军人的子女、兄弟姐妹，本人自愿应征并且符合征兵条件的，优先批准服现役。

（二）教育机构录取时的优待

残疾军人、因公牺牲军人子女、一级至四级残疾军人的子女，驻边疆国境的县（市）、沙漠区、国家确定的边远地区中的三类地区和军队确定的特、一、二类岛屿部队现役军人的子女报考普通高中、中等职业学校、高等学校，在录取时按照国家有关规定给予优待；接受学历教育的，在同等条件下优先享受国家规定的各项助学政策。现役军人子女的入学、入托，在同等条件下优先接收。具体办法由国务院民政部门会同国务院教育部门规定。

（三）享受安置地优待

随军的烈士遗属、因公牺牲军人遗属和病故军人遗属移交地方人民政府安置的，享受本条例和当地人民政府规定的抚恤优待。

（四）供养方面的优待

国家兴办优抚医院、光荣院，治疗或者集中供养孤老和生活不能自理的抚恤优待对象。各类社会福利机构应当优先接收抚恤优待对象。

除《军人抚恤优待条例》中所规定的优待措施之外，优抚对象还同时享受所在地方政府提供的一些抚恤优待政策和措施。

第五节　安置制度

在民政工作中，安置最初是指国家和社会对于中华人民共和国建国后志愿参军、建国初期分期分批复员的志愿兵的生产、生活或职业安排。后泛指对特定对象或生产、生活有困难者的扶持、帮助或就业安排。安置对象主要是复员退伍军人、军队离退休干部及其随军家属、无军籍退休退职职工、遭受毁灭性自然灾害的灾民、流入城市的流浪乞讨人员等。

目前中国社会优抚范畴的安置制度，主要是指退役士兵的安置。关于其他人员的安置，有的属于本章中抚恤优待制度的内容，有的属于本书第三章中的社会救助制度范畴的内容。从安置手段看，主要是以扶持就业为主、自主就业、安排工作、退休、供养等多种方式相结合。从退役安置的性质看，本身也是义务兵待遇的一种。

一、安置地的确定

退役士兵所在部队应将退役士兵移交安置地县级以上人民政府退役士兵安置工作主管部门。安置地县级以上人民政府退役士兵安置工作主管部门负责接收退役士兵。具体到某个退役士兵时，则首先要确定其具体的安置地。安置地的确定有以下三种情况。

（一）户口所在地为安置地

退役士兵安置地为退役士兵入伍时的户口所在地。但是，入伍时是普通高等学校在校学生的退役士兵，退出现役后不复学的，其安置地为入学前的户口所在地。

（二）易地安置

退役士兵有下列情形之一的，可以易地安置：①服现役期间父母户口所在地变更的，可以在父母现户口所在地安置；②符合军队有关现役士兵结婚规定且结婚满 2 年的，可以在配偶或者配偶父母户口所在地安置；③因其他特殊情况，由部队师（旅）级单位出具证明，经省级以上人民政府退役士兵安置工作主管部门批准易地安置的。

（三）优选安置地

退役士兵有下列情形之一的，根据本人申请，可以由省级以上人民政府退役士兵安置工作主管部门按照有利于退役士兵生活的原则确定其安置地：因战致残的；服现役期间平时荣获 2 等功以上奖励或者战时荣获 3 等功以上奖励的；是烈士子女的；父母双亡的。

二、安置程序

(一)安置计划的制定

国务院退役士兵安置工作主管部门和中国人民解放军总参谋部应当制定全国退役士兵的年度移交、接收计划。

(二)安置地报到

自主就业的退役士兵、安排工作的退役士兵、退休、供养的退役士兵应在30天内到安置地人民政府退役士兵安置工作主管部门报到。过期不报到,无正当理由者,视为放弃安置待遇。退役士兵安置工作主管部门应当于退役士兵报到时为其开具落户介绍信。公安机关凭退役士兵安置工作主管部门开具的落户介绍信,为退役士兵办理户口登记。

(三)调档

1. 档案的移交。退役士兵所在部队应当按照国家档案管理的有关规定,在士兵退役时将其档案及时移交安置地县级以上人民政府退役士兵安置工作主管部门。

2. 档案管理办法。①自主就业和安排工作的退役士兵的档案,由安置地退役士兵安置工作主管部门按照国家档案管理有关规定办理。②退休、供养的退役士兵的档案,由安置地退役士兵安置工作主管部门移交服务管理单位。

三、安置方式

(一)自主就业

1. 适用范围。义务兵和服现役不满12年的士官退出现役的。

2. 政府扶持。扶持措施主要有:

(1)对自主就业的退役士兵,由部队发给一次性退役金,一次性退役金由中央财政专项安排;地方人民政府可以根据当地实际情况给予经济补助,经济补助标准及发放办法由省、自治区、直辖市人民政府规定。一次性退役金和一次性经济补助按照国家规定免征个人所得税。

(2)县级以上地方人民政府退役士兵安置工作主管部门应当组织自主就业的退役士兵参加职业教育和技能培训,经考试考核合格的,发给相应的学历证书、职业资格证书并推荐就业。退役士兵退役1年内参加职业教育和技能培训的,费用由县级以上人民政府承担;退役士兵退役1年以上参加职业教育和技能培训的,按照国家相关政策执行。自主就业退役士兵的职业教育和技能培训经费列入县级以上人民政府财政预算。

(3) 各级人民政府举办的公共就业人才服务机构,应当免费为退役士兵提供档案管理、职业介绍和职业指导服务。国家鼓励其他人力资源服务机构为自主就业的退役士兵提供免费服务。

(4)对从事个体经营的退役士兵,按照国家规定给予税收优惠,给予小额担保贷款扶持,从事微利项目的给予财政贴息。除国家限制行业外,自其在工商行政管理部门首次注册登记之日起 3 年内,免收管理类、登记类和证照类的行政事业性收费。

(5)退役士兵可享受符合规定的各项优待(见优待制度)。

(二)安排工作

1. 适用范围。退役士兵符合下列条件之一的,由人民政府安排工作:

(1)士官服现役满 12 年的。

(2)服现役期间平时荣获二等功以上奖励或者战时荣获三等功以上奖励的。

(3)因战致残被评定为 5 级至 8 级残疾等级的。

(4)是烈士子女的。

适用范围内的退役士兵在艰苦地区和特殊岗位服现役的,优先安排工作;因精神障碍基本丧失工作能力的,予以妥善安置。符合安排工作条件的退役士兵,退役时自愿选择自主就业的,按照有关自主就业的退役安置办法安置。

2. 安排就业的程序。

(1)制定下达安排就业的计划。国务院退役士兵安置工作主管部门和中国人民解放军总参谋部制定下达全国需由人民政府安排工作退役士兵的年度安置计划;中央国家机关及其管理的在京企业事业单位接收安排退役士兵工作任务,由国务院退役士兵安置工作主管部门下达;中央国家机关京外直属机构、中央国家机关管理的京外企业事业单位接收安排退役士兵工作任务,由所在地县级以上地方人民政府按照属地管理的原则下达;县级以上地方人民政府,应当根据符合安排工作条件的退役士兵人数和用人单位的实际情况,下达安排退役士兵工作的任务,并依法向社会公开。

(2)实现第一次就业。安置地县级以上地方人民政府应当按照属地管理的原则,对符合安排工作条件的退役士兵进行安置,保障其第一次就业;国家机关、事业单位、国有以及国有控股和国有资本占主导地位的企业招收录用或者聘用人员的,应当在同等条件下优先招收录用或者聘用退役士兵;安置地人民政府应当在接收退役士兵的 6 个月内,完成本年度安排退役士兵工作的任务。

(3)就业等待期的生活保障。退役士兵待安排工作期间,安置地人民政府应当按照不低于当地最低生活水平的标准,按月发给生活补助费。

(4)安排上岗等待期与劳动合同或聘用合同的期限。承担安排退役士兵工作任务的单位应当按时完成所在地人民政府下达的安排退役士兵工作任务,在退役士兵安置工作主管部门开出介绍信 1 个月内安排退役士兵上岗,并与退役士兵依法签订期限不少于 3 年的劳动合同或者聘用合同。

3. 退役士兵可享受符合规定的各项优待。

(1)合同存续期内单位依法关闭、破产、改制的,退役士兵与所在单位其他人员一同执行国家的有关规定。

(2)接收退役士兵的单位裁减人员的,应当优先留用退役士兵。

(3)由人民政府安排工作的退役士兵,服现役年限和符合本条例规定的待安排工作时间计算为工龄,享受所在单位同等条件人员的工资、福利待遇。

(4)非因退役士兵本人原因,接收单位未按照规定安排退役士兵上岗的,应当从所在地人民政府退役士兵安置工作主管部门开出介绍信的当月起,按照不低于本单位同等条件人员平均工资80%的标准逐月发给退役士兵生活费至其上岗为止。

(5)对安排工作的残疾退役士兵,所在单位不得因其残疾与其解除劳动关系或者人事关系。

(6)安排工作的因战、因公致残退役士兵,享受与所在单位工伤人员同等的生活福利和医疗待遇。

(三)退休与供养

1. 退休与供养的适用范围。

(1)退休。中级以上士官符合下列条件之一的,作退休安置:年满55周岁的;服现役满30年的;因战、因公致残被评定为1级至6级残疾等级的;经军队医院证明和军级以上单位卫生部门审核确认为因病基本丧失工作能力的。中级以上士官因战致残被评定为5级至6级残疾等级,本人自愿放弃退休安置选择由人民政府安排工作的,可以按照安排工作的办法安置。

(2)休养。被评定为1级至4级残疾等级的义务兵和初级士官退出现役的,由国家供养终身。因战、因公致残被评定为1级至4级残疾等级的中级以上士官,本人自愿放弃退休安置的,可以选择由国家供养。

2. 退休与供养的优待。

(1)退休的退役士官,其生活、住房、医疗等保障,按照国家有关规定执行。

(2)国家供养的残疾退役士兵,其生活、住房、医疗等保障,按照国家有关规定执行。国家供养分为集中供养和分散供养。其中,分散供养的残疾退役士兵购(建)房所需经费的标准,按照安置地县(市)经济适用住房平均价格和60平方米的建筑面积确定;没有经济适用住房的地区按照普通商品住房价格确定。购(建)房所需经费由中央财政专项安排,不足部分由地方财政解决。购(建)房屋产权归分散供养的残疾退役士兵所有。分散供养的残疾退役士兵自行解决住房的,按照上述标准将购(建)房费用发给本人。

三、退役安置人员的保险关系接续

(一)工龄的计算方法

退役士兵服现役年限计算为工龄,与所在单位工作年限累计计算,享受国家和所在单位规定的与工龄有关的相应待遇。

（二）保险关系的接续手续

军队的军人保险管理部门与地方的社会保险经办机构，按照国家有关规定为退役士兵办理保险关系转移接续手续。

1. 对自主就业的退役士兵，凭退役士兵安置工作主管部门出具的介绍信，由社会保险经办机构按照国家有关规定办理保险关系接续手续。

2. 对安排工作的退役士兵，由接收单位按照国家有关规定办理保险关系接续手续。

（三）保险缴费期限

在养老保险、医疗保险、工伤保险、失业保险的接续上，退役士兵的服役年限视同缴费年限。

安置制度中的有关退役安置人员保险关系接续的内容与下一节军人保险制度中的相关内容重合。在此不多赘述。

第六节　军人保险制度

军人保险制度是国家通过立法设立的专项基金，在军人遇到死亡、伤残、年老、退役等情况时，给予军人及其家属一定经济补偿的特殊社会保障制度，是社会优抚制度的一部分，也是国家社会保障制度的重要组成部分。

中国的军人保险制度是根据中共中央、国务院关于加快社会保障制度改革的要求和中央军委的有关决定，并依据《中华人民共和国国防法》关于"国家实行军人保险制度"的规定出台的。军人保险制度应当体现军人职业特点，与社会保险制度相衔接，与经济社会发展水平相适应。国家根据社会保险制度的发展，适时补充完善军人保险制度。

中华人民共和国第 11 届全国人民代表大会常务委员会第 26 次会议于 2012 年 4 月 27 日通过了《中华人民共和国军人保险法》，已于 2012 年 7 月 1 日起施行。根据此法规定，目前中国的军人保险有四个险种，即军人伤亡保险、军人退役养老保险、军人退役医疗保险和随军未就业的军人配偶保险。

一、军人伤亡保险

（一）军人伤亡保险的构成

中国的军人保险是抚恤制度的补充。根据《中华人民共和国军人保险法》规定，军人保险由两个子保险构成：其一，是死亡保险。对于军人因战、因公死亡的，按照认定的死亡性质和相应的保险金标准，给付军人死亡保险金。其二，是残疾保险。对于军人因战、因公、因病致残的，按照评定的残疾等级和相应的保险金标准，给付军人残疾保险金。

(二)军人伤亡保险的性质

军人伤亡保险所需资金由国家承担,个人不缴纳保险费,属于国家保险的一种。

(三)保险待遇的确定

军人死亡和残疾的性质认定、残疾等级评定和相应的保险金标准,按照国家和军队有关规定执行。

(四)保险赔付的除外条件

军人因下列情形之一死亡或者致残的,不享受军人伤亡保险待遇:①故意犯罪的;②醉酒或者吸毒的;③自残或者自杀的;④法律、行政法规和军事法规规定的其他情形。

(五)特殊规定

已经评定残疾等级的因战、因公致残的军人退出现役参加工作后旧伤复发的,依法享受相应的工伤待遇。

二、军人退役养老保险

(一)军人退役养老保险的性质

军人退役养老保险实行个人缴费制,国家对这部分费用予以补助。从国家给予补助这一点看,是一种具有优待性质的社会保险。中国实行义务兵制,绝大多数的军人都会在到达老龄之前退役到地方安置,实施退役养老保险的个人缴费的目的就是为了便于与目前地方实施的基本养老保险相衔接。

(二)军人退役养老保险的缴费标准

1. 个人缴费的缴费标准。缴费单位和缴费个人应当以货币形式全额缴纳社会保险费,社会保险费不得减免。但达到退役军人的服役年限(军龄)视为"视同缴费年限"。也就是说与安置地的基础养老保险的缴费标准相同。

2. 国家补助的标准。《中华人民共和国军人保险法》规定,军人退出现役参加基本养老保险的,国家给予退役养老保险补助。

军人退役养老保险补助标准,由中国人民解放军总后勤部会同国务院有关部门,按照国家规定的基本养老保险缴费标准、军人工资水平等因素拟订,报国务院、中央军事委员会批准。

(三)退役养老保险与社会保险的接续

1. 与职工基本养老保险的接续。

(1)入伍前已经参加基本养老保险的,由地方社会保险经办机构和军队后勤(联勤)机关财务部门办理基本养老保险关系转移接续手续。军人服现役年限与入伍前和退出现役后参加职工基本养老保险的缴费年限合并计算。

(2)军人退出现役后参加职工基本养老保险的,由军队后勤(联勤)机关财务部门将军人退役养老保险关系和相应资金转入地方社会保险经办机构,地方社会保险经办机构办理相应的转移接续手续。军人服现役年限与退出现役后参加职工基本养老保险的缴费年限合并计算。

2. 与新型农村社会养老保险或者城镇居民社会养老保险的接续。军人退出现役后参加新型农村社会养老保险或者城镇居民社会养老保险的，按照国家有关规定办理转移接续手续。

3. 与其他养老制度的接续。军人退出现役到公务员岗位或者参照公务员法管理的工作人员岗位的，以及现役军官、文职干部退出现役自主择业的，其养老保险办法按照国家有关规定执行。

4. 以退休方式安置的，养老办法按国务院和中央军事委员会的有关规定执行。

三、军人退役医疗保险

（一）军人退役医疗保险的性质

军人退役医疗保险从费用分担的角度看，是一种多种形式混合的保险。此保险设立的目的也是为了便于与目前地方实施的医疗保险相衔接。

1. 优待性社会保险的部分。参加军人退役医疗保险的军官、文职干部和士官应当缴纳军人退役医疗保险费，国家按照个人缴纳的军人退役医疗保险费的同等数额给予补助。

2. 国家保险部分。义务兵和供给制学员不缴纳军人退役医疗保险费，国家按照规定的标准给予军人退役医疗保险补助。

（二）军人退役医疗保险的缴费标准

军人退役医疗保险个人缴费标准和国家补助标准，由中国人民解放军总后勤部会同国务院有关部门，按照国家规定的缴费比例、军人工资水平等因素确定。

（三）与社会保险的接续

1. 与基本医疗保险的接续。

（1）军人入伍前已经参加基本医疗保险的，由地方社会保险经办机构和军队后勤（联勤）机关财务部门办理基本医疗保险关系转移接续手续。军人服现役年限视同职工基本医疗保险缴费年限，与入伍前和退出现役后参加职工基本医疗保险的缴费年限合并计算。

（2）军人退出现役后参加职工基本医疗保险的，由军队后勤（联勤）机关财务部门将军人退役医疗保险关系和相应资金转入地方社会保险经办机构，地方社会保险经办机构办理相应的转移接续手续。军人服现役年限视同职工基本医疗保险缴费年限，与退出现役后参加职工基本医疗保险的缴费年限合并计算。

2. 与新型农村合作医疗或者城镇居民基本医疗保险的接续。军人退出现役后参加新型农村合作医疗或者城镇居民基本医疗保险的，按照国家有关规定办理。

四、随军未就业的军人配偶保险

(一)随军未就业的军人配偶保险的性质

适用范围是随军未就业的军人配偶。保险种类涉及养老保险、医疗保险等。保险费的负担上,被保险人要缴纳养老保险费和医疗保险费,国家给与相应的补助。但这种补助以随军未就业的军人配偶要服从就业安置为前提。因此可以说是一种带有附加条件的优待性社会保险。此保险的设立目的是出于对军人及其家属的优待,也是便于与社会接轨的一种保险形式。

(二)随军未就业的军人配偶保险的缴费标准

按照《军人保险法》规定,国家为随军未就业的军人配偶建立养老保险、医疗保险等。随军未就业的军人配偶参加保险,应当缴纳养老保险费和医疗保险费,国家给予相应的补助。随军未就业的军人配偶保险个人缴费标准和国家补助标准,按照国家有关规定执行。

(三)与社会保险的接续

1. 转入随军未就业的军人配偶保险。随军前已经参加社会保险的,由地方社会保险经办机构和军队后勤(联勤)机关财务部门办理保险关系转移接续手续。

2. 转出随军未就业的军人配偶保险。随军未就业的军人配偶实现就业或者军人退出现役时,由军队后勤(联勤)机关财务部门将其养老保险、医疗保险关系和相应资金转入地方社会保险经办机构,地方社会保险经办机构办理相应的转移接续手续。

3. 军人配偶在随军未就业期间的养老保险、医疗保险缴费年限与其在地方参加职工基本养老保险、职工基本医疗保险的缴费年限合并计算。

4. 随军未就业的军人配偶达到国家规定的退休年龄时,按照国家有关规定确定退休地,由军队后勤(联勤)机关财务部门将其养老保险关系和相应资金转入退休地社会保险经办机构,享受相应的基本养老保险待遇。

(四)附带条件

1. 地方人民政府和有关部门应当为随军未就业的军人配偶提供就业指导、培训等方面的服务。

2. 随军未就业的军人配偶无正当理由拒不接受当地人民政府就业安置,或者无正当理由拒不接受当地人民政府指定部门、机构介绍的适当工作、提供的就业培训的,停止给予保险缴费补助。

复习思考题

1. 试对社会保障实体法的各个部分进行比较,分析其各自具有什么特征?

2. 社会优抚法在社会保障法律体系中居于何种地位?

3. 中国社会优抚法的体系是如何构成的？
4. 简述中国社会优抚法的内容。
5. 简单说明中国社会优抚法的适用范围。
6. 试根据中国的实际情况分析社会优抚法与社会救助法的关系。
7. 试说明军人保险的施行给社会优抚制度带来了怎样的变化。
8. 试分析军人保险与社会保险有怎样的异同。

第七章

社会保障组织运行法

本章要点及学习要求

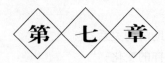

任何社会保障项目均需经过具体的组织运行过程才能实现其特定的目标或宗旨。社会保障组织运行法规定了在社会保障组织运行过程中,社会保障管理机构、实施机构、监督机构的设立以及各机构自身的职能、权限、工作方式。

在本章的学习中,要求全面了解社会保障组织运行机制的构成,加深对现代意义上的社会保障法的理解,并且要对社会保障组织运行机制的各个有机组成部分各自的作用、运行原则有充分的理解,能运用这些知识分析中国社会保障组织运行立法乃至社会保障立法的不足。

第一节　社会保障组织运行法概述

一、社会保障组织运行法的概念

(一)社会保障组织运行机制

社会保障的任务和目标需要通过社会保障的组织运行来实现。社会保障组织运行,是指政府及社会管理和监督实施有关社会保障法律法规以及政策的过程。

社会保障的组织运行过程客观上包括社会保障项目的设置、资金的筹集、基金的管理、待遇的支付等诸环节,每一环节均需要以法律、法规、政策的规范作为操作依据,并在政府的管理或监控下采用相应的措施或手段,面向符合条件的全体社会成员实施。

（二）社会保障组织运行法的概念

社会保障组织运行法则可定义为：明确在社会保障组织运行过程中，社会保障管理机构、实施机构、监督机构的设立以及各机构自身的职能、权限、工作方式的法律规范的总和。具体由社会保障管理法律制度、社会保障实施法律制度、社会保障监督法律制度构成。

二、社会保障组织运行机制的构建

（一）国际经验

世界各国的社会保障的组织运行并无统一的模式。并且，即使是工业化国家的社会保障制度，其运行机制已经发展了多年，也存在着对社会保障运行机制中的某些内容或某些环节进行修正的问题，如一些发达国家在面临着日益严重的社会保障财政危机的条件下，正在改变以往的社会保障现收现付制，而代之以部分积累制，并在以往较为简单的社会保障基金收、付环节中增加了基金运营的环节；有的国家将以往全部由国家包下来的社会保障事务部分地交由民营机构经办；一些发展中国家则在吸收发达国家经验教训的基础上，尝试着建立自己的社会保障运行机制。总的看来，各国的社会保障运行机制还在发展、完善之中。但从工业化国家社会保障制度的发展实践来看，重视社会保障方面的法制建设是其共性特点。几乎所有的工业化国家和一部分发展中国家或地区，均颁行过多部与社会保障有关的法律，用以规范社会保障制度组织运行的各个环节、各个方面。并且，社会保障组织运行机制的基本原则也已在许多国家得到了确立，如立法、管理与具体实施机构的分离；追求运行机制的高效率化和协调化；重视基金的保值与增值问题；发挥民间团体的作用等。

（二）构建目标

社会保障组织运行机制的构建目标应当是科学、合理、高效与协调。具体而言，这一目标又包括了以下四个子目标：

1. 科学、合理的目标。一方面，在构建社会保障运行机制时，应当使运行机制中的各系统、各层级的构架既能够满足社会保障正常运行的需要，又能够实现相互制衡、相互推进的目标；另一方面，运行机制的构建既要创新又要减少改革的社会成本，避免因对旧的运行机制的摒弃而产生巨大的社会震荡，使之能够适应社会保障制度持续发展的内在要求。

2. 整体化目标。社会保障运行机制应当坚持立法、管理与实施等相互分离又相互制约的原则，但在分离与制约的同时还应当实现运行机制整体化，即运行机制中的各系统能够共同构成为一个紧密相关、协调运转的大系统。各系统要具有相对独立性，即有明确的分工、职责和不同的手段，但它们的目标完全一致，在运行过程中是一个不可分割的整体。因此，社会保障运行机制中的诸环节应当既分工明确，又不可分割，互为要件。

3. 高效、经济、灵敏的目标。它包括:①必须追求高效率,即能够做到法律规范具体、管理政令畅通、实施环节简单、实施效果良好;②必须符合经济原则,即杜绝因运行机构的庞大或非正常而导致对社会保障基金的侵蚀,以及运行环节中的缺漏导致的基金流失,尽可能地做到维护社会保障基金的安全并实现保值增值;③整个运行机制应当反应灵敏,能够对运行中的非正常状态迅速作出反应,并及时采取有效的措施来防止、控制非正常事件的发生。

4. 与社会经济大系统的协调运转的目标。社会保障是一个独具特色并有着自己运行规律的大系统,但它又不可能孤立地存在并运转,而需要随着整个社会经济的发展而不断发展,这一前提决定了社会保障的运行机制必须与整个社会经济的运行与发展相协调,具体包括:①与社会系统的运行与发展相协调;②与经济体制相适应;③与政治体制相适应。

第二节　社会保障管理机制

社会保障管理属于社会政策管理,作为国家上层建筑的组成部分,它既是社会保障法制的自然延伸,也是对社会保障法制的强化。

社会保障管理能够将社会保障法律制度细化并促使其得到贯彻落实,能够通过社会保障计划或方案的制定来主导社会保障制度的长期发展,能够监控和纠察社会保障的具体实践以保证其健康有序地运行。可见,在整个社会保障组织运行系统中,社会保障管理更成为社会保障责任主体履行自己责任的象征,因此,依法建立的现代社会保障制度要求建立起相应的社会保障管理机制。而这一机制的效率的确保在于各个管理机构职权责的明确与相互间的协调配合。

世界各国的社会保障管理同样也是并非采取某种标准模式,也是因各国国情而不同,尤其是在实践中要受到社会生产力和社会经济制度及现代各国行政管理体制的制约。但是,在绝大多数国家或地区,最主要的社会保障管理责任都是由政府部门来承担。

一、社会保障管理的基本原则

社会保障管理在运行中需要遵循管理的一般原则,同时还应当考虑社会保障制度的特殊性而遵循某些特定的规则。它主要包括依法管理原则,公开、公正与效率原则,集中管理与分类管理相结合原则,属地管理原则和与相关系统协调一致的原则等。这些原则是建立合理的社会保障管理体制的基本依据,也是社会保障管理系统正常、有效地运行的准则与保证。

(一)依法管理原则

在法治国家,社会保障制度在各个环节均须严格按照现行法律、法规与政策的"肯定的、明确的、普遍的”规范运行，并接受社会公开监督。

社会保障管理作为整个社会保障运行机制中的一个重要环节，实行依法管理包括两个方面：一是管理机构及管理岗位的设置需要有相应的法律、法规作为依据，有关法律、法规对此应当有明确而具体的规范；二是管理系统必须依法运行，即管理机构只能在既定的职责范围内行使权力，而不能越权行事。

依法管理作为对社会保障管理的一项基本要求，既是为了避免因管理职责紊乱致使社会保障制度在运行中出现非正常状态，也是为了确保社会保障管理的权威性。因此，社会保障管理的立法应当先于社会保障管理体制的建立，这也是西方国家在社会保障制度领域采取立法先行的经验之谈。

社会保障管理的基本任务就是保证现行社会保障法律、法规、政策的贯彻落实。

（二）公开、公正与效率原则

这实际上也是执政为民的基本要求之一。现代社会保障是公共事务，它关系到全体社会成员的切身利益，而支撑社会保障制度运行的财政基础，无论其来源如何，亦是社会公共基金，实质上是属于全体社会成员所共有。因此，社会保障制度的运行应当是透明的，要遵循公开、公正与效率的原则。这一原则有三点要求：首先，社会保障管理机构及其职责应当通过社会成员熟知的途径与方式加以公开化，以便让大众接受必要的社会保障政策信息，明了自己的社会保障权益及可以申请与上诉的路径及处所。中国一些地区的政府职能部门开展政务公开活动，利用大众传媒向公众公开自己的职责、办事程序及岗位责任等，实际上即是公共管理公开化原则的具体体现；其次，管理机构在社会保障运行中是责任承担者，但其首先更应该作为社会保障制度公正性的维护者出现，应当严格依法保护社会成员的社会权益，并对社会保障纠纷采取公正的态度；再次，效率是管理系统运行最重要的目标之一，管理机构是否职责分明、政令是否畅通无阻、管理成本是否低廉、管理资源是否得到最优配置，均是衡量管理效率的基本标志。从20世纪80年代以前，国际上的一些学者就从管理效率的角度，对国家政府机构实施社会保障管理提出了一些质疑，并宣扬社会保障私营化的主张；还有些国家已经将私营管理的方式付诸实施，如智利，自20世纪80年代开始让私营公司管理养老保险基金，它的经验已经引起世界各国的关注。

（三）集中管理与分类管理相结合原则

由政府机构对社会保障事务实行统一集中管理既是社会保障理论界公认的一项原则，也是为许多国家社会保障发展实践所证实的必由之路。纵观世界各国的社会保障管理体制，在集中统一管理原则的指导下，政府构建的官方社会保障管理系统可以概括为如下三种模式：一是高度集中管理，二是适度集中管理，三是分散集中管理。

1. 高度集中管理。在这种管理模式下，各种主要的社会保障事务统一由一个政府部门集中管理，其他个别的社会保障事务则由其他个别机构附带管理，如英国的社会保障管理机构就是英国社会保障部，而卫生部等机构也附带管理个别社会保障事务；美国也是由社会保障总署负责管理各种主要的社会保障事务,由劳工部等机构承担少数社会保障事务的管理责任。

2. 适度集中管理。在此种模式下,可能有两个或两个以上的社会保障管理部门分别管理着主要的社会保障事务,同时还有有关部门分担着少数社会保障事务的管理职责。

3. 集中管理。这种模式则是按照具体的社会保障项目来建立相应的管理机构并分别实施管理职责,如南非,就由社会服务部负责集中管理养老社会保险,劳工部负责集中管理和监督医疗保险、工伤保险与失业保险等事务,此外,还有一些政府部门分担着不同社会保障事务管理职责。

上述模式除揭示了社会保障管理要求采取集中管理的内在要求外,实际上还体现了分类管理的原则,即不同的社会保障项目可以按照其属性分别归入相应的社会保障类别,并由相应的管理机构来统一管理。因此,集中管理实质上是与分类管理相结合的,这也是社会保障管理中的一项重要原则。

(四)属地管理原则

属地管理原则,即同一地区的社会保障事务由该地区的管理机构统一管理。社会保障制度追求的社会目标是社会稳定与社会公平,在运行中是一个开放的社会化系统,它通过在一定区域内设置实施机构来完成项目实施任务,实现的也主要是一定区域范围内社会成员之间的共济或互济互助,因此,社会保障管理奉行属地管理原则是维护社会保障制度的公平性、互济性和社会性的内在要求。目前,除新加坡等少数城市国家或小国家外,各国的社会保障事务通常都是在国家法律、法规的统一规范下,由各地区组织实施并由各地区的社会保障管理机构负责管理与监督的。

(五)与相关系统协调一致原则

虽然社会保障是一个独立运行的系统,但它与其他社会系统和经济系统却存在着不可分割的联系,从而在运行中需要与其他系统保持协调一致。例如,社会保障管理系统与国家财政系统就需要在社会保障基金管理等方面协调一致;如果社会保障基金进行商业运营,管理系统还应当与金融证券系统等保持协调一致等。即使在社会保障管理系统内部,不同的管理机构亦需要在明确职责、分工负责的基础上保持某种程度的合作。此外,管理系统还需要与社会保障实施系统及监督系统保持协调一致。强调管理系统与其他系统的协调及管理系统内部的协调,目的在于减少摩擦、提高效率并促使管理目标的顺利实现。

二、社会保障管理体制

社会保障管理按照管理人的不同,可以分为国家或政府管理和非政府管理。国家对社会保障事务的管理通常是通过法律手段与行政手段来进行的,而法律手段亦需要通过行政手段来发挥效用,因此,社会保障行政管理体制的合理构建,在社会保障管理系统中占有核心地位。而在政府管理系统之外，各国都会有一些社会保障事务需要依靠自治机构或半自治机构进行管理，这些机构独立于政府系统之外，自主运行、自我管理，在现代社会保障管理中达到了社会化的效果。

（一）政府机构的管理

1. 社会保障管理机构的设置。社会保障是社会化事业，它要求有社会化、专业化的社会保障管理，从政府的角度出发，依法建立起符合社会保障运行规律的社会保障管理机构。一个国家或地区应当根据社会保障事务的多寡设置一个或多个专门的社会保障部门，由该部门行使管理社会保障事务的职责。同时，明确各管理部门的管理职责，即每个管理部门乃至部门内部机构、各岗位均需要确定相应的管理职责，实行专岗、专人负责制。管理机构的职权，或来源于相应的法律赋予，或由政府授权管理。

2. 管理机构的内部结构。建立合理的社会保障管理机构是对社会保障事务实施有效管理的关键，而管理机构的内部机构设置及职责分工是否科学、合理，又直接影响着管理与管理机构的效率。因此，各国政府均十分注重社会保障管理部门内设机构的设置。如英国，社会保障部是英国最主要的社会保障管理部门，此外，英国卫生部管理着全国的医疗保障事务，国民救济署负责国民社会救助事务的管理，就业部则管理着失业保障事务等。在社会保障部内，设有政策规划局、财务管理局和法律事务局三个行政管理机构。

（二）自治或半自治机构的管理

在政府管理系统之外，各国都会有一些社会保障事务由自治机构或半自治机构进行管理，这些机构独立于政府系统之外，自主运行、自我管理。这些自治机构与政府没有直接关联，政府一般不介入其事务，如慈善团体、私人养老院等；而半自治机构则可能有政府机构的代表直接介入组织，有时其领导人亦会由政府任命，但政府社会保障管理机构又并不负责对该类机构的管理，如欧洲一些国家建立的社会保险基金会或协会，中国的残疾人联合会等即是半自治机构。

1. 依法管理、社会监督。自治机构或半自治机构都是相对于政府系统是否直接通过行政权力的介入而言的，它们客观上不接受政府的直接管理，而是由有关立法进行相应的规范，在法律、法规的规范下自我管理、自我发展，并接受社会监督。因此，自治或半自治性质的社会保障机构通常是管办合一的机构，即同时充当着管理机构与实施机构的双重身份。在这种情形下，社会保障法和来自社会的监督起到很重要的作用。如 1999 年 6 月通过的《中华人民共和国捐赠法》，即为慈善机构募集社会保障资金提供了法律规范。

2. 机构自律。由于政府的不干预政策，严格自律便成为各种自治或半自治社会保障机构在运行过程中表现出的一个主要特征。在实践中，机构自律首先表现为运行程序规范、透明。在程序方面，募集基金或款项、业务管理及待遇或服务的提供，均会有一套完整的规则，任何个人或组织均不能违背这些规则；同时，自治或半自治机构还将自己的社会保障活动置于社会公开监督之下，有的则接受政府职能部门的一般监督。其次，在机构内部，一般设置相应的监督部门，专门负责对各项社会保障活动与固定员工的检查与监察，并为此建立起相应的考评机制。再次，各自治或半自治机构通常还要接受超越机构之上的系统监督，即一些自治机构或半自治机构会通过建立团体联合会的形式来形成整体合力，团体联合会一方面负有与政府及社会各界沟通的责任，同时亦是机构自律的一种超级形式，团体联合会制定的规章、制度等通常成为各参与机构的行为准则。

（三）社会保障管理的专业化、集中化与社会化发展的趋势

一个国家社会保障的管理以一个部门为主，还是多部门共同管理；是政府管理，还是政府与民间管理相结合，不同的国家有着不同的选择，但政府管理走向专业化、集中化、社会化却是一个趋势。综观世界各国社会保障管理的发展状况，可以得到一些规律性的启示：

1. 政府积极介入。政府应当积极介入社会保障事务并承担主要的管理职责，尽管现阶段有些国家将一些社会保障事务交由自治或半自治机构管理，但各国政府并未推脱其主要的管理责任。

2. 管理体制无定式。包括管理机构的名称、数量及所负管理职责，政府与社会机构、中央政府与地方政府之间的管理职责划分，在不同的国家或地区均存在着差异，因此，社会保障管理体制并无统一范式，表明它需要充分考虑各国的具体情况。

3. 以法律为依据。即管理机构的设置及其职责均由相关法律规范，并根据法律赋予的职权行使管理职责。

4. 追求高效率。高效率成为几乎所有国家的社会保障管理体制追求的目标，一些国家为了实现效率目标，往往会对原有的社会保障管理体制进行改革或干脆重组管理机构。

此外，也可以看到在一些国家的社会保障管理中，存在着官僚主义、效率不高的现象。例如：一些国家社会保障管理机构日趋臃肿，管理队伍日益庞大，造成了管理资源的严重浪费；一些国家的管理机构则对社会保障基金运行监控不力，造成了政府在有关社会保障事务方面日益被动的局面。因此，改革社会保障管理体制，不断提高管理效率并维持高效率，已经成为许多国家的共同目标。

第三节 社会保障实施机制

社会保障项目的实施，是整个社会保障制度运行过程的核心环节，这一环节既要接受社会保障法律规范和政府管理机关的约束，又直接面向着各社会保障项目覆盖范围内的全体社会成员，还需要接受各方的监督。因此，构建高效、合理的社会保障实施系统，往往是社会保障制度能否最终获得预期效果的关键。

组成社会保障实施系统的要素具体包括：①保障项目，它是根据相关法律制度建立的、面向受益群体的可供分配的社会公共产品；②实施机构，它承担具体的项目实施责任，是社会保障实施系统的基本依托和组织保证；③实施手段，即运用适当的方式与方法来实施社会保障项目；④实施目标，即每个社会保障项目的实施均是为了解决某一社会问题，实现某一社会目标。项目、机构、手段、目标，共同构成社会保障实施系统的四个基本要素，它们的合理结合与相互协调，即标志着社会保障实施系统的完善化。

保障项目是社会保障法实体法部分的主要内容。详细可见其他章的内容。本节的重点是社会保障实施机构的设置及运行要求。

一、社会保障实施机构

（一）建立社会保障实施系统的原则

社会保障实施系统与社会保障管理系统相分离是政事分开的具体表现。社会保障管理机构所制定的保障计划均需要通过实施机构将其体现于社会成员的生活当中。建立一个有效的社会保障实施系统，需要遵循一定的原则：

1. 官民结合。各国社会保障制度的实施状况表明，在社会保障管理中，政府虽然是社会保障的主要责任主体，但却不一定要包办一切社会保障事务。即使是那些由政府负责的高福利国家，由非官方系统承担有关社会保障事务的具体经办任务也是正常现象；而且在传统模式的社会主义国家，政府采取的是国家保险制度，但许多具体的社会保障事务依然需要通过非官方组织来承办。在市场经济条件下，政府通常以追求效率为目标，“小政府、大社会”被认为是一种理想的社会格局，从而使让民间承担更多、更大的社会责任与社会事务成为一种优良的选择。因此，构建社会保障实施系统的首要原则，应当是坚持官民结合的原则，政府应当在切实保障国民的法定社会保障权益不受损害的前提下，支持非官方机构承办有关社会保障事务。

2. 统放适度。“统”是指在社会保障体系中，有些社会保障项目是必须统一实施才能确保其实施效果的，政府应当作为直接责任主体，按照统一机构、统一内容、统一标准、统一时间的要求来实施。而“放”则是指另一些不需统一实施也能实现其保障效果的项目，则可以在法律、法规、政策的原则规范下放开实施。

统放适度包含了两层含意：一是在中央政府与地方政府之间的统与放，即合理划分中央政府与地方各级政府在社会保障事务方面的组织实施责任，其中地方政府承担的实施责任显然一般应当大于中央政府；二是在官方系统与非官方系统之间的统与放，即官方系统负责实施的保障项目是统一的，非官方系统组织实施的保障项目却只能取决于该团体的既定宗旨、现实财力和服务手段，从而需要合理划分两个系统的职责，它们在社会保障实施系统中处于并重地位。

3. 方便受益对象，就近提供服务。在整个社会保障组织运行机制中，只有实施系统直接面对着亿万国民，每一个社会成员的社会保障权益都需要通过社会保障项目的实施才能得到实现，因此，实施系统需要按照方便受益对象、就近提供服务的原则来构建。如养老金的发放，就可以选择服务网点众多、服务质量优良的银行机构来代办等。

4. 追求效率。社会保障以创造和维护社会公平为基本宗旨，但在实施过程中同样需要特别关注效率，不考虑效率的社会保障制度不仅是不可持续发展的，而且会产生严重的不良后果。因此，社会保障实施系统的构建，必须充分考虑运行成本的大小和运行效率的高低，防止实施成本过大而侵蚀社会保障基金或给政府财政带来新的压力，同时还必须杜绝实施过程中的官僚主义和渎职行为。以较低的运行成本争取尽可能高的运行效率，应当成为构建社会保障实施系统的基本原则和评价其良性与否的重要指标。

5. 同类集中、合理分工。社会保障具体经办的业务，涉及不同性质类型的生活保障项目。而从社会保障组织运行的内在规律来看，它具有同类归属的特性。因此，在构建社会保障实施系统时，应当以管理系统的科学构建为基础，根据管理系统的职责分工，采用同类归属、适当集中、合理分工的原则建立不同的实施系统并分别运行。如同一地区的养老保险费的征收与养老金的发放就不宜由多个实施机构同时实施。

（二）实施机构的种类

作为社会保障项目的具体执行者，社会保障实施机构依照社会保障法律制度和相关社会政策的规范，承担着经办各种社会保障事务的职责。在一个健全的社会里，担负社会保障项目实施任务的往往既有官方系统的官营机构与公营机构，也有非方系统的民营机构，还有一些介于官方系统与非官方系统之间的半自治机构，它们的合理组合是社会保障实施系统高效运行的基本条件。

1. 官营或公营机构。目前，许多国家的社会保障事务仍然依靠官营或公营系统来组织实施，主要有两种形式：一是政府社会保障管理部门直接经办有关社会保障事务，表现为上管下办模式。如美国的社会保障事务就主要是由官方系统经办的，其社会保障署既是联邦政府管理社会保障事务的最重要的部门，同时也通过其设立的地区机构、服务中心和1 300多个地方办公室等具体经办着各项社会保险事务。二是在政府社会保障管理部门之外，另行设置独立的社会保障实施系统，专门经办有关社会保障事务，一般表现为管办分离模式。例如，英国的社会保障制度就主要是通过独立的运营系统来实施的，它在政府社会保障主要管理部门——社会保障部之外另行设立了六个相对独立的实施系统来完成，它们各司其职。其中：待遇发放机构是最大的实施系统，它通过设置地区局、分局、分区办事处等三个层次遍布全国，依法审核申请并发放20多项社会保障待遇；基金收缴机构专门负责征收社会保障费用，其内部机构设置与待遇发放机构大体一致；信息服务机构负责全国社会保障计算机网络系统，包括硬件、软件技术服务和预测、分析工作等；安置机构主要负责收容单身的无家可归者；儿童权益保护机构主要承办儿童照顾和津贴事务；战争优抚机构则面向军人及军属，负责支付战争抚恤金和津贴，并提供相应的援助服务。

2. 民营机构。民营机构介入社会保障的实施有两种方式：一是接受政府委托经办有关社会保障事务；二是自主组织实施有关社会保障事务。第一种方式是纯粹的经办机构，它完全按委托机构——社会保障管理机构的意志行事，如银行代发养老金时就没有做决定的权利。第二种方式则与政府不存在管理与被管理的关系，而是作为社会中间力量，以独立法人的地位开展有关社会保障工作，属于自管自办型，当然，政府职能部门往往可能起监督作用。在社会保障领域，民营机构介入较多的是社会福利事务（如各国民办的养老院、公益医院、康复服务中心等等），社会救助与社会保险领域亦有民营机构介入，它们多是提供相关的福利或公益服务，提供现金与实物援助的较少。一般而言，民营机构多以具备独立法人资格的社会公益事业团体面孔出现，慈善团体是比较典型的自治性社会保障实施机构。

3. 半官方机构。除官方系统与民营系统外，在社会保障领域，许多国家实际上还活跃着一部分既具有部分官方色彩又具有民营特征双重身份的实施机构，它们与政府或政府职能部门保持着特殊的关系，或由法律、法规等赋予其部分官方职能，但在业务范围内又完全独立自主地开展社会保障工作。在中国，中国残疾人联合会即是一个半官方组织，它虽然未被纳入各级政府序列之中，却接受着政府的财政拨款，其主要负责人一般被视同政府工作人员任命；红十字会虽然在国际上是一个非政府组织，但中国红十字会却与卫生部门密切相关，并接受着政府的拨款，在必要时承担着政府的某些使命；中国青少年发展基金会则是另一种半官方性质的实施机构，它依靠社会捐献来实施公益慈善事业，却与中国执政党领导下的共青团组织密不可分，其各种活动依靠共青团组织来推动。在国外，许多国家亦建立有专门的半官方机构来负责社会保障事务的具体实施，如新加坡的中央公积金局即是一个享有半官方地位的实施机构，它下设领导服务部、雇主服务部、人事部、行政部、电脑部和内部审计部等六个部门，负责经办公积金事务；德国、法国、意大利等国家亦建立有各种社会保险协会或联合会，负责经办有关社会保险事务；日本则有全国劳动者共济生活协同组合联合会等团体，负责承办相应的社会保障事务；韩国的工伤保险与失业保险亦由半官方性质的勤劳福利公社具体经办等。

（三）实施机构的法律性质、特征及其职责

1. 法律性质。社会保障实施机构，也就是社会保障法律规范和政策的执行机构和具体业务经办机构。该机构的法律性质应当是相对独立的、事业性的、非营利性的法人机构。

2. 特征。社会保障实施机构的法律特征主要表现为独立性、服务性和非营利性。

（1）独立性。社会保障实施机构主要负责社会保障费用的收取、保障津贴的发放、享受待遇资格的审查、人对人的服务（高龄者的照料）等。社会保障实施机构在规定的范围内独立进行上述业务管理活动，不受政府部门的干预。

（2）服务性。社会保障实施机构的行为或活动的最终目标是服务。

（3）非营利性。社会保障实施机构及其工作人员不得通过经办社会保障事务为本机构或本人谋取任何利益。

3. 职责。社会保障实施机构负责费用的收缴、津贴的发放、待遇享受资格的审定以及提供各种服务等业务。其具体职责有：基金收缴职责、待遇给付职责、基金的管理职责、办理保障手续变更的职责、提供生活服务职责。

二、社会保障实施机构的运行

社会保障实施机构的运行即社会保障项目的实施，是最终落实国家社会保障政策和实现国民社会保障权益的环节，它作为一个工作过程，直接面对着城乡居民家庭和亿万国民。对国民而言，享受社会保障权益的直接表现就是在社会保障项目实施过程中能够获得法律、法规与政策规定的社会保障待遇，因此，社会保障实施机构的运行，特别强调项目在实施过程中规范操作、有序运行和公开化。

（一）实施社会保障项目需要具备的基本条件

1. 完备的法制规范。在项目实施过程中，除民营机构自主开办的社会性保障事务外，属于国家制度安排范畴内的社会保障项目，其具体内容均是由相应法律来规范的，社会保障实施机构扮演的只能是社会保障法律制度执行者的角色，从而要求完备的法律制度作为具体依据。

2. 合理的管理体制。社会保障的管理体制是否合理，是通过管理机构的设置及国家所赋予的管理职责来体现的，但管理机构设置本身在国际上并无统一的定例，多样化管理体制是全球社会保障管理体制呈现出来的客观现实，因此，各国在建立自己的管理体制时，不能盲目照搬国外模式，而是需要考虑本国的政治行政构架、传统及国民接受的程度。实施机构实施社会保障项目虽然以相关法律制度为依据，但实践中却往往表现为根据管理系统的具体要求运行，不合理的管理体制必然带来实施系统的低效率运行，合理的管理体制却可以有效地提升实施系统的效率。

3. 监督条件。即需要有独立的监督系统来促使实施机构正常运行，纠察其偏差与失误。

4. 垄断经办。社会保障属于公共领域，它原则上不适用于市场机制，尽管某些项目或其实施过程中的某个环节可以通过引进市场竞争机制来达到提高效率的目的，但绝大多数社会保障项目却要求垄断经办，以保障待遇提供者与受益对象之间的关系长期稳定化、公开化。因此，属于制度安排范畴的社会保障项目的实施均只能采取强制实施、专门机构垄断经办的办法；即使是民营社会性保障事业，亦需要接受政府的统筹规划，以避免因分布不合理及无谓的竞争而付出不必要的代价。

（二）实施社会保障项目的基本程序

按程序办事是实施社会保障项目的基本要求，而程序公正又是其基础。因此，任何社会保障项目的实施，均需要由管理者事先制定出规范的程序，实施机构必须不折不扣地按程序操作。在基本程序的法律规定方面各国均有规定。不过，不同社会保障项目的实施程序是有区别的。

以贫困救济项目的实施为例，一般要包括如下五个程序：一是申请者提出要求救济的申请；二是由实施机构或其委托的机构进行申请资格审查和家计调查；三是根据政策规定条件,核定申请者是否符合领取救济金的条件;四是发放救济金或实物;五是接受主管机构的检查与来自有关各方的监督;上述程序每一环节还可以细分,而最关键的莫过于家计调查即申请者的收入状况与资产调查。社会保险项目的实施,一般包括如下程序:一是检查规定范围内的单位与劳动者是否已全部参加了社会保险;二是征收并检查用人单位和劳动者个人应当缴纳的社会保险费;三是记录并保存参保单位和受保劳动者的有关情况,作为支付相应社会保险待遇的依据;四是审核受保者对社会保险待遇提出的申请;五是根据规定的条件和确定的标准,发放相应的社会保险待遇,或委托社会机构如银行等发放。民营机构实施社会保障项目的程序则包括:一是筹集可供开展社会保障项目的资金;二是接受并审查有需要者的申请;三是在调查核实的基础上确定受助对象;四是提供服务援助或款物援助。

(三)实施社会保障项目的手段

实施手段的科学与否,直接决定着社会保障实施系统的效率。除强制实施手段外,尤其需要注重吸收现代科技成果,如运用电子计算机管理社会保障资料尤其是受益对象资料,实行社会保障号码制,建立灵敏的信息反馈系统等,均已成为必要的手段。即使在项目实施过程的某些具体环节,亦应尽可能地采取方便居民的服务手段,如银行在发放养老金时设置自动提款机等。

第四节　社会保障监控机制

在社会保障宏观组织运行机制中,监控机制独立于管理系统与实施系统之外,并根据法律的规定行使着自己的监督职能。社会保障法律制度是否能够得到有效的、规范化的实施,社会保障管理系统的行为是否符合法律制度的规范,社会保障实施系统是否处于正常运行状态,均需要通过监控机制来进行监察和督促。因此,对整个社会保障运行机制而言,监控机制既是不可缺少的环节,同时也是对运行机制乃至整个社会保障制度的自我完善。

一、社会保障监控机制的运行原则

建立社会保障监控机制的目的,是确保社会保障制度实现良性运行与可持续发展。社会保障监控机构的健全,将促使整个社会保障制度得到健康、正常的发展,即使实施过程中有失误,也会得到及时的纠正,从而不会造成整个运行机制的紊乱与危机的发生;但社会保障监控机构的非正常运行,如越权行事或形同虚设等,则必然无助于整个运行过程的正常化,有时甚至会起反作用,破坏社会保障制度的正常运行。因此,社会保障监控机制的运行应当以下列原则为运行准则。

(一)依法运行

监控机制的建立,不是要介入社会保障制度管理或实施过程中的具体事务,而是通过定期或不定期的检查来行使监控职责。这种职责的设定,通常由国家的社会保障法律制度或其他相关法律制度规范,即社会保障监督机构承担什么样的职责不是由监控机构自身决定的,而是由法律制度决定的。因此,在监控系统的运行中,必须依法行使监督职能。它包括两层含义:一是社会保障监控机构只能在法律规范的范围内行使职权,而不能越权行事;二是社会保障监控机构必须行使法律制度赋予的职责,而不能不负责任。越权行事会破坏社会保障运行机制的正常秩序,不负责任同样会使社会保障运行陷入非正常状态。因此,依法运行是社会保障监督机构运行中的首要原则。

(二)运行有序,行为规范

这一原则包括四个方面的要求:一是社会保障监控机构需要按照一定的程序办事;二是不同的社会保障监控机构在行使监控权的同时,需要严格按照各自的职责规范运行;三是在发现社会保障管理或实施中的问题时,需要严格按照规范的手段进行监察和纠正;四是与社会保障管理系统、实施系统配合协调。运行有序、行为规范是社会保障监控机制运行正常化的基本前提条件。

(三)多重化与权威化

由于社会保障内容庞杂、涉及面广,从国内外的社会保障制度发展实践来看,任何国家都不可能由一个机构单独来行使监控职责,因此,构建多重化的监督机制是社会保障制度的内在要求;同时,对社会保障制度的组织运行进行监控的目标是保证社会保障制度的运行正常、纠察失误、预警危机,这就需要监控机构具有权威性。多重化是促使社会保障监控机制结构严密的需要,权威化则是促使社会保障监控机制行为有效化的需要。

(四)日常监控与预警监控相结合

监控机构通常将自己的职责界定为具体事务的日常监督,这使其重要性打了很大的折扣,因为工业化国家的实践证明,一些监控部门尽管对纠正社会保障日常运行中的个别失误有功用,却也对社会保障制度长期运行中形成的积重难返的危机负有不可推脱的责任。如人口老龄化带来的养老保险金支付高峰、失业规模扩大化带来的影响等,就往往不能被社会保障监控机构及时注意并提前预警,致使危机发生时往往措手不及。因此,社会保障监控机制不仅要注重日常的、微观的监督,而且应当将长期性的、宏观性的预警监控纳入自己的职责范围。将日常监控与预警监控相结合,应当成为社会保障监控机制运行的一项新的准则。

(五)充分关注与社会保障有关的宏观关系

社会保障涉及每个国民的利益和每个单位的利益,其发展规模日益扩大,一些国家的社会保障支出甚至在20世纪80年代就占其国内生产总值的1/3左右,这表明社会保障与一个国家的社会、经济、政治、人口发展密切关联。社会保障监控机制不能仅注意社会保障制度运行本身,而且需要关注到与社会保障密切相关的各种宏观关系。如社会保障水平与国民经济增长的关系,社会保障水平与整个社会发展水平的关系,社会保障与人口发展的关系等，从中监督并客观评价社会保障的发展是否适度，为社会保障的健康发展提供可供参考的依据。

二、社会保障监督机构及其职责

对社会保障运行的监控是通过具有监督权力的监督系统来实施的，它一般包括行政监督系统、专门监督系统、司法监督系统和社会监督系统，各系统均根据法律赋予的特定职责行使不同的监控权力，并严格按照自己的职责分工分别运行。

（一）行政监督系统

行政监督是指政府序列中有关职能部门根据其管理职能，代表国家对社会保障制度的运行进行监督。在实践中，行政监督系统通常以日常监督方式为主，即将监督社会保障事务纳入自己的本职工作范畴，并按照本部门的工作程序、工作手段行使监督权。行政监督系统实际上包括社会保障主管部门的监督和非主管部门的监督。

（二）专门监督系统

社会保障涉及国家（政府）、企业和社会成员个人的切身利益，社会保险基金更是劳动者拥有的共同的后备基金，民营保障事业基金也是捐献者用于援助社会弱者的基金，从而需要有官民结合的或民间的专门监督系统对社会保障制度进行专门监督。如在社会保险领域就必须建立起由政府代表、缴费单位代表、劳动者个人代表等组成的专门监督委员会，定期审查社会保险基金的收支及其运行情况，反映非官方的意见，以便使各方的利益都能够得到维护；在民营保障事业领域，亦应当有民间的监督机制，以便确保捐献者的捐献真正用于社会弱者。专门监督系统除维护有关各方的权益和确保捐献者的意愿得到实现外，还应当与政府部门密切配合，开展宏观预警监督活动。专门监督系统的建设与发展，需要引起国家的高度重视，并应当走向规范化、制度化、健全化。

（三）司法监督系统

行政监督与专门监督能够纠正社会保障运行过程中的失误，但对于一些超越其监督范围的问题却缺乏相应的权威性，如社会成员与社会保障机构之间的争议、社会保障工作人员的严重违法行为等，就需要有司法部门即包括法院、检察院等在内的有力监督。有的国家或地区还建立有专门的社会保障法院或法庭来处理社会保障方面的法律诉讼事件。因此，不论是独立的社会保障司法系统，还是国家设立的综合的司法系统，都承担着对社会保障制度运行的特殊监督职责。国家在不断完善社会保障法律制度建设的条件下，应当强化司法系统对社会保障运行的司法监督。香港特别行政区建立有独立于社会保障系统之外的申诉与仲裁制度，为受保障者提供法律保护；海南省亦建立过专门的社会保障法庭，并独立处理有关社会保障方面的法律诉讼案件。

（四）社会监督系统

社会监督系统是指非官方的、非专门的社会保障监督系统之外的其他方面的监督，

它符合普通民众的需求与意愿,属于群众性、社会性、非强制性监督系统。在社会监督方面,主要的有以下几个方面:

1. 工会组织监督。从理论上讲,工会组织既非法定的社会保障管理部门,亦非法定的社会保障监督部门,而是一个代表工人利益、反映工人意愿的群众组织,它作为最有实力的劳动者群体利益的代表,对社会保障制度及其运行产生着巨大影响。如果工会要求建立或修订某种社会保障制度,或阻止国家改革、修订某种社会保障制度,均会产生重大的社会影响,并必然涉及国家在社会保障方面的决策,这一点在许多工业化国家已经被实践证明。如 1995 年法国因工会的反对,使政府对社会保险改革的方案流产。因此,工会作为职工利益的代表,通常自觉监督各种社会保障制度的实施,以现行的社会保障法律制度为依据,以维护职工利益为最高宗旨;而社会保障系统需要高度重视工会的监督作用,并主动接受工会组织的监督,以便不断改进工作。

2. 妇女、儿童、老年人、残疾人组织监督。这些组织往往是妇女、儿童、老年人、残疾人利益的代言人,从而能够担负起对有关对特定人群的保障制度及其运行的监督责任。

3. 企业团体监督。企业是当代社会保障制度中的主要义务责任主体,具有自己的独特利益,亦通过企业团体组织来监督社会保障制度的运行过程,维护企业自身利益。在此,企业团体组织不仅可以通过派代表参加专门的监督系统并发挥其应有的作用(如海南省总商会、海口市小汽车出租公司协会的负责人参加海南省社会保险基金监事会即是一例),而且可以将监督社会保障制度的运行纳入自己的工作范围。

4. 社会舆论监督。包括电视、报刊、广播等各种大众化的社会传媒,都可以发挥自身的优势来监督社会保障制度的运行,揭露社会保障运行中的非正常事件,抨击社会保障机构或工作人员的官僚主义,反映社会成员在社会保障方面的呼声,发表理论家的社会保障方面争鸣文章等,这些都能够起到维护社会保障制度正常运行的作用。

此外,一些国家还设置有社会保障方面的顾问咨询机构,并开展日常监督与预警监督,其中预警监督属于中、长期趋势监督,是技术性很强的工作,尤其需要专业人士来监督,在实践中还需要社会保障管理部门等的密切配合。

总之,对社会保障运行情况进行监督,不仅仅是政府主管部门的事情,也不仅仅是出了问题才去监督的事后监督,而是社会保障制度运行过程中必须具备的一种机制,它不取决于社会保障管理者的意愿,而是依据相关的法律制度对社会保障事务进行监督。

第五节　中国社会保障的组织运行

本节主要从社会保障管理模式、社会保障实施模式及社会保障监督模式来介绍中国社会保障的组织运行。在此之前,先就 20 世纪 80 年代以后中国的有关社会保障组织运行的主要立法情况予以简单概括。

一、中国的社会保障组织运行立法

有关中国的社会保障组织运行立法，可以从社会保障机构设置、社会保障实施、社会保障监督的相关立法三个方面来看。社会保障组织运行是一个系统，对一个机构而言，是从设立开始到各个项目任务完成的整个过程。社会保障组织运行立法，以综合性立法为多。因此，关于社会保障实施方面的立法有很多，见于各章社会保障中相关部分，在此不一一列举。其中最多的是有关社会保障基金运营等方面的管理规定，可以参见本书第八章相关部分内容。下面主要从社会保障机构的设置立法与监督立法两个侧面来看中国的社会保障组织运行立法。

（一）社会保障机构设置的立法

1. 社会保障行政机构类的机构设置立法。这类社会保障机构主要依据《国务院组织法》、《地方政府组织法》和《国务院行政机构设置和编制管理条例》的规定进行设置。

（1）《国务院组织法》。《国务院组织法》是 1982 年 12 月 10 日第五届全国人民代表大会第五次会议通过，1982 年 12 月 10 日全国人民代表大会常务委员会委员长令第 14 号公布施行。

（2）《中华人民共和国地方各级人民代表大会和地方各级人民政府组织法》。1979 年 7 月 1 日第 5 届全国人民代表大会第 2 次会议通过，根据 1982 年 12 月 10 日第 5 届全国人民代表大会第 5 次会议《关于修改〈中华人民共和国各级人民代表大会和地方各级人民组织法〉的若干规定的决议》第 1 次修正，根据 1986 年 12 月 2 日第六届全国人民代表大会常务委员会第 18 次会议《关于修改〈中华人民共和国各级人民代表大会和地方各级人民组织法〉的决定》第 2 次修正，根据 1995 年 2 月 28 日第八届全国人民代表大会常务委员会第 12 次会议《关于修改〈中华人民共和国各级人民代表大会和地方各级人民组织法〉的决定》第 3 次修正，根据 2004 年 10 月 27 日第 10 届全国人民代表大会常务委员会第 12 次会议《关于修改〈中华人民共和国各级人民代表大会和地方各级人民组织法〉的决定》第 4 次修正。

（3）《国务院行政机构设置和编制管理条例》。该条例是国务院 1997 年为了规范国务院行政机构的设置，加强编制管理，提高行政效率，根据宪法和国务院组织法而制定的条例，于 1997 年 8 月 3 日国务院令第 227 号发布，自发布之日起施行。

根据这些法律法规的规定，有关社会保障行政部门的设立、增减、合并或分立等要根据一定的程序进行：①国务院组成部门的设立、撤销或者合并由国务院机构编制管理机关提出方案，经国务院常务会议讨论通过后，由国务院总理提请全国人民代表大会决定；在全国人民代表大会闭会期间，提请全国人民代表大会常务委员会决定。②国务院直属机构、国务院办事机构和国务院组成部门管理的国家行政机构的设立、撤销或者合并，由国务院机构编制管理机关提出方案，报国务院决定。③省、自治区、直辖市人民政府的厅、局、委员会等工作部门的设立、增加、减少或者合并，由本级人民政府编制管理机关提出方案，报经同级人民政府常务会议讨论通过，并报请国务院批准，最后报同级人民代表大会常务委员会备案。④自治州、县、自治县、市、市辖区人民政府的工作部门的设立、增加、减少或者合并，由本级人民政府报请上级人民政府批准。⑤省、自治区的人民政府在必要的时候，经国务院批准，可以设立若干派出机构；县、自治县的人民政府在必要的时候，经省、自治区、直辖市的人民政府批准，可以设立若干区公所，作为它的派出机构；市辖区、不设区的市的人民政府，经上级人民政府批准，可以设立若干街道办事处，作为它的派出机构。⑥县级以上地方各级人民政府工作部门内部机构的设立，在上级政府批准的编制总额内，由各工作部门报请同级编制部门批准。

各地的社会保险经办机构的设置，根据 2010 年 2 月 28 日第 11 届全国人民代表大会常务委员会第 17 次会议通过的《社会保险法》第 72 条规定，统筹地区设立社会保险经办机构。社会保险经办机构根据工作需要，经所在地的社会保险行政部门和机构编制管理机关批准，可以在本统筹地区设立分支机构和服务网点。

2. 其他类的社会保障机构设置立法。除行政管理类的社会保障机构外，社会保障机构还包括社团组织、民办社会福利机构、基金会等。《社会团体登记管理条例》《社会福利机构管理暂行办法》《基金会管理条例》是有关机构设置的主要法律依据。这类法规和部门规章对机构设置作出了规定，同时也都包含有对相应机构的管理方面、监督方面的规定。

（1）《社会团体登记管理条例》。1998 年 9 月 25 日国务院第 8 次常务会议通过。据此条例规定，社会团体是指中国公民自愿组成，为实现会员共同意愿，按照其章程开展活动的非营利性社会组织。国家机关以外的组织可以作为单位会员加入社会团体。成立社会团体，应当经其业务主管单位审查同意，并依照本条例的规定进行登记。社会团体应当具备法人条件。

（2）《社会福利机构管理暂行办法》。该办法是民政部的部门规章，自 1999 年 12 月 30 日起施行。根据此办法规定，社会福利机构是指国家、社会组织和个人举办的，为老年人、残疾人、孤儿和弃婴提供养护、康复、托管等服务的机构。规定了机构设置的程序、管理。社会福利机构的设置应当符合社会福利机构的设置规划和社会福利机构设置的基本标准。

（3）《基金会管理条例》。2004 年 2 月 11 日国务院第 39 次常务会议通过，自 2004 年 6 月 1 日起施行。根据此条例规定，基金会是指利用自然人、法人或者其他组织捐赠的财产，以从事公益事业为目的，按照本条例的规定成立的非营利性法人。基金会分为公募基金会，即面向公众募捐的基金会和非公募基金会，即不得面向公众募捐的基金会。其中公募基金会按照募捐的地域范围，又分为全国性公募基金会和地方性公募基金会。基金会的成立，需要符合基金会成立的条件、经过国务院民政部门和省、自治区、直辖市人民政府民政部门的审核、登记成立。此条例还对基金会的管理与监督作出了规定。

（二）社会保障机构监督方面的立法

由于对于社会保障的监督不仅仅是结果的监督，而是全过程的监督，所以 社会保障监督方面的立法往往见于一些综合性的法律法规的一些条款之中。如上述《基金会管理条例》中第5章的第34条至第39条专门规定了监督管理的内容。基金会不仅接受来自基金会登记管理机关的监督，还应当接受税务、会计主管部门依法实施的税务监督和会计监督，并且在通过登记管理机关的年度检查后，还要将年度工作报告在登记管理机关指定的媒体上公布，接受社会公众的查询和监督。

社会保障监督方面的专门立法总体看还很薄弱，不仅反映了在社会保障领域依法行政的任务很重，也说明整个中国社会依法行政的任务艰巨。20世纪80年代以后所能见到的社会保障监督方面的立法依据主要有以下几方面。

1. 审计监督方面的立法。

（1）《关于加强民政部门内部审计工作的通知》。为了贯彻执行《国务院办公厅转发审计署关于加强内部审计工作报告的通知》精神，进一步建立健全民政部门的内审机构，开展和加强内审工作，1987年10月16日民政部发出此通知。

（2）《中华人民共和国审计法》。1994年8月31日第八届全国人民代表大会常务委员会第9次会议通过根据2006年2月28日第十届全国人民代表大会常务委员会第20次会议《关于修改〈中华人民共和国审计法〉的决定》修正。其中第23条规定，审计机关对政府部门管理的和其他单位受政府委托管理的社会保障基金、社会捐赠资金以及其他有关基金、资金的财务收支，进行审计监督。

（3）《中华人民共和国审计法实施条例》。根据《中华人民共和国审计法》（以下简称《审计法》）的规定，制定本条例。于1997年10月21日中华人民共和国国务院令第231号公布，于2010年2月2日国务院第100次常务会议修订通过。自2010年5月1日起施行。其第23条规定，接受审计监督的社会保障基金，包括养老、医疗、工伤、失业、生育等社会保险基金，救济、救灾、扶贫等社会救济基金，以及发展社会福利事业的社会福利基金。接受审计监督的社会捐赠资金，包括境内外企业、团体和个人捐赠用于社会公益事业的货币、有价证券和实物。

（4）《审计署关于内部审计工作的规定》。该规定于2003年2月10日经审计署审计长会议通过，自2003年5月1日起施行。内部审计是独立监督和评价本单位及所属单位财政收支、财务收支、经济活动的真实、合法和效益的行为，以促进加强经济管理和实现经济目标。第3条规定，国家机关、金融机构、企业事业组织、社会团体以及其他单位，应当按照国家有关规定建立健全内部审计制度。

2. 机构自律方面的立法。

（1）依法行政。①国务院于1999年11月发布，《国务院关于全面推进依法行政的决定》，要求各级政府及其工作部门加强制度建设，严格行政执法，强化行政执法监督。②2004年国务院发布《全面推进依法行政实施纲要》。

(2)政务公开。①2005年中央办公厅发布《中共中央办公厅、国务院办公厅关于进一步推行政务公开的意见》。②同年,劳动和社会保障部制定了《劳动和社会保障政务公开办法》,2006年3月施行。③2007年1月17日国务院常务会议《中华人民共和国政府信息公开条例》通过,自2008年5月1日起施行。④2011年6月2日民政部部务会议通过《民政部规范性文件制定与审查办法》,自2011年8月1日起施行。其中第10条规定,起草规范性文件,应当听取社会意见并进行社会风险评估。听取社会意见可以采取书面征求意见、座谈会、论证会、听证会等形式。涉及公众切身利益,或者社会关注度高的规范性文件,应当向社会公开征求意见。

(3)社会保险稽核。2003年2月9日经劳动和社会保障部第16次部务会议通过了《社会保险稽核办法》,自2003年4月1日起施行。办法规定社会保险的经办机构,负责依据有关法律对社会保险费缴纳情况和社会保险待遇的领取情况进行的核查。社会保险包括医疗保险、养老保险等。社会保险稽核的主要作用有:促进社会保险基金的征缴;防止社会保险基金的流失;促进参保企业公平竞争;另外,可以提高社会保险管理质量。

(4)行政监察。①1990年12月9日国务院发布《中华人民共和国行政监察条例》。取而代之的是1997年5月9日第八届全国人民代表大会常务委员会第25次会议通过的《中华人民共和国行政监察法》,根据2010年6月25日第11届全国人民代表大会常务委员会第15次会议《关于修改〈中华人民共和国行政监察法〉的决定》修正。②2004年9月6日国务院第63次会议通过的《中华人民共和国行政监察法实施条例》。

二、中国的社会保障管理模式

中国的社会保障管理随着社会保障事业发展的需求,处于逐渐完善和不断改革的过程中。社会保障管理决定了社会保障体系能否良性运行。20世纪80年代以后,中国社会保障的覆盖面逐渐扩大,社会保障的项目也日渐增多,增加了社会保障组织运行的难度。

(一)中国的社会保障管理的机构及职责

在中国,主要负责社会保障管理的机构是人力资源和社会保障部、民政部两大机构。

1. 主要机构。

(1)人力资源和社会保障部。人力资源和社会保障部是国务院组成部门。负责统筹机关企事业单位人员管理和统筹城乡就业和社会保障政策。人力资源和社会保障部的前身是劳动和社会保障部。劳动和社会保障部于1998年在原劳动部与原人事部、卫生部以及国家体制改革委员会的机构中负责社会保险事务的有关司局的基础上合并组建。人力资源和社会保障部是根据第十一届全国人民代表大会第一次会议批准的国务院机构改革方案和2008年国务院发布的《国务院关于机构设置的通知》设立的,为国务院组成部门。根据其职责，内设 23 个机构：办公厅、政策研究司、法规司、规划财务司、就业促进司、人力资源市场司、军官转业安置司（国务院军队转业干部安置工作小组办公室）、职业能力建设司、专业技术人员管理司、事业单位人事管理司、农民工工作司、劳资关系司、工资福利司、养老保险司、失业保险司、医疗保险司、工伤保险司、农村社会保险司、社会保险基金监督局、调解仲裁管理司、劳动监察局、国际合作司（港澳台办公室）、人事司。

（2）民政部。民政部是主管有关社会行政事务的国务院组成部门。其前身是成立于 1949 年的“中央人民政府内务部”，1954 年改称“中华人民共和国内务部”，1969 年撤销，1978 年设立“中华人民共和国民政部”并延续至今。历次国务院机构改革中，民政部都是保留单位，其基本职能一直没有改变。1998 年的国务院机构改革中，关于其职能定位，除了规定民政部是国务院主管社会行政事务的职能部门之外，还在政府部门序列上将民政部列入“国家政务部门”，加强了民政部门行政管理的职能。

民政部的机构设置因组织运行范围广而复杂，分为四个层次：职能司局、部属单位、部主管社团和代管单位。民政部的内设机构自 1998 年以后多次职责调整，进行过多次的增减合并。

目前民政部的职能司局包括：办公厅、政策法规司、民间组织管理司、优抚安置司、救灾司、社会救助司、基层政权和社区建设司、区划地名司、社会福利和慈善事业促进司、社会事务司、规划财务司、国际合作司、驻民政部纪检组监察局、直属机关党委、人事司、监察司、离退休干部局。

部属单位有：机关服务中心、北京社会管理职业学院、民政部政策研究中心、中国社会新闻出版总社、中国福利彩票发行管理中心、民政部地名研究所、中国儿童福利和收养中心、民政部社会福利中心、民间组织服务中心、中国老年报社、国家减灾中心、民政部信息中心、国家康复辅具研究中心、国家康复辅具研究中心附属康复医院、档案资料馆、一零一研究所、民政部紧急救援促进中心、海峡两岸婚姻家庭服务中心、民政部低收入家庭认定指导中心。

部管社团有：爱之桥服务社、中华慈善总会、中国社工协会、中国殡葬协会、中国康复器具协会、中国 SOS 村协会、中益老龄事业发展中心。

代管单位有：全国老龄办。

2. 主要相关职责。

（1）人力资源和社会保障部的主要相关职责。其包括：

①拟订人力资源和社会保障事业发展规划、政策，起草人力资源和社会保障法律法规草案，制定部门规章，并组织实施和监督检查。

②拟订人力资源市场发展规划和人力资源流动政策，建立统一规范的人力资源市场，促进人力资源合理流动、有效配置。

③负责促进就业工作，拟订统筹城乡的就业发展规划和政策，完善公共就业服务体

系，拟订就业援助制度，完善职业资格制度，统筹建立面向城乡劳动者的职业培训制度，牵头拟订高校毕业生就业政策，会同有关部门拟订高技能人才、农村实用人才培养和激励政策。

④统筹建立覆盖城乡的社会保障体系。统筹拟订城乡社会保险及其补充保险政策和标准，组织拟订全国统一的社会保险关系转续办法和基础养老金全国统筹办法，统筹拟订机关企事业单位基本养老保险政策并逐步提高基金统筹层次。会同有关部门拟订社会保险及其补充保险基金管理和监督制度，编制全国社会保险基金预决算草案，参与制定全国社会保障基金投资政策。

⑤负责就业、失业、社会保险基金预测预警和信息引导，拟订应对预案，实施预防、调节和控制，保持就业形势稳定和社会保险基金总体收支平衡。

⑥会同有关部门拟订机关、事业单位人员工资收入分配政策，建立机关企事业单位人员工资正常增长和支付保障机制，拟订机关企事业单位人员福利和离退休政策。

⑦会同有关部门指导事业单位人事制度改革，拟订事业单位人员和机关工勤人员管理政策，参与人才管理工作，制定专业技术人员管理和继续教育政策，牵头推进深化职称制度改革工作，健全博士后管理制度，负责高层次专业技术人才选拔和培养工作，拟订吸引国（境）外专家、留学人员来华（回国）工作或定居政策。

⑧会同有关部门拟订军队转业干部安置政策和安置计划，负责军队转业干部教育培训工作，组织拟订部分企业军队转业干部解困和稳定政策，负责自主择业军队转业干部管理服务工作。

⑨负责行政机关公务员综合管理，拟订有关人员调配政策和特殊人员安置政策，会同有关部门拟定国家荣誉制度和政府奖励制度。

⑩会同有关部门拟订农民工工作综合性政策和规划，推动农民工相关政策的落实，协调解决重点难点问题，维护农民工合法权益。

⑪统筹拟订劳动、人事争议调解仲裁制度和劳动关系政策，完善劳动关系协调机制，制定消除非法使用童工政策和女工、未成年工的特殊劳动保护政策，组织实施劳动监察，协调劳动者维权工作，依法查处重大案件。

⑫负责本部和国家公务员局国际交流与合作工作，制定派往国际组织职员管理制度。

⑬承办国务院交办的其他事项。

（2）民政部的主要相关职责。其包括：

①拟订民政工作的基本方针、政策、规章和法律、法规，研究提出民政事业发展规划，指导民政工作的改革与发展。

②负责全国性社团、跨省（自治区、直辖市）社团、在内地的香港特别行政区及澳门、台湾同胞社团、外国人在华社团、国际性社团在华机构的登记和年度检查；研究提出会费标准和财务管理办法；监督社团活动，查处社团组织的违法行为和未经登记而以社

团名义开展活动的非法组织;指导、监督地方社团的登记管理工作。

③负责中央单位所属和挂靠的民办非企业单位的登记和年度检查;研究提出有关财务、收费管理办法;查处民办非企业单位的违法行为和未经登记的民办非企业单位;指导、监督地方民办非企业单位登记管理工作。

④组织、指导拥军优属活动;研究提出各类优抚对象优待、抚恤、补助标准和国家机关工作人员伤亡抚恤标准;拟定革命烈士、因公伤亡人员褒扬办法;审核报批全国重点烈士纪念建筑物保护单位。承担全国拥军优属拥政爱民工作领导小组的日常工作。

⑤拟订退伍义务兵、转业志愿兵、复员干部、移交地方安置的军队离退休干部和军队无军籍退休退职职工安置计划及实施方案,研究提出有关生活待遇标准;拟订军队离退休干部休养所管理办法和军供站设置规划;指导军地两用人才保护单位的工作。

⑥组织、协调救灾工作;组织核查灾情,统一发布灾情,管理、分配中央救灾款物并监督使用;组织、指导救灾捐赠;承担中国国际减灾十年委员会日常工作,拟订并组织实施减灾规划,开展国际减灾合作。

⑦建立和实施城乡居民最低生活保障制度;组织和指导扶贫济困等社会互助活动,审批全国性社会福利募捐义演;指导地方社会救济工作。

⑧拟订国内及涉外婚姻管理的方针、政策、规章;制定婚姻服务机构管理办法;指导婚姻管理工作;倡导婚姻习俗改革。

⑨承担老年人、孤儿、五保户等特殊困难群体权益保护的行政管理工作,指导残疾人的权益保障工作,拟订有关方针、政策、法规、规章;拟订社会福利事业发展规划和各类福利设施标准;研究提出社会福利企业认定标准和扶持保护政策;研究提出福利彩票(中国社会福利有奖募捐券)发展规划、发行额度和管理办法,管理本级福利资金。

⑩研究提出加强和改进基层政权建设的意见和建议;指导村民委员会民主选举、民主决策、民主管理和民主监督工作,推动村务公开和基层民主政治建设;指导城市居民委员会建设,制定社区工作及社区服务管理办法和促进发展的政策措施,推动社区建设。

⑪拟订儿童收养管理的方针、政策;指导国内及涉外收养工作。

拟订和监督实施城市生活无着的流浪乞讨人员救助管理的方针、政策;指导全国救助管理站的工作。

⑫参加与民政有关的国际组织和国际活动;管理民政工作领域的政府、民间组织和国际经援机构的多边、双边国际交流与合作;负责在华国际难民的安置和遣返事宜。

⑬承办国务院交办的其他事项。

(二)中国社会保障管理模式

中国的社会保障体现了国家对人民生活的基本保障。因而政府对于社会保障的态度与做法是积极介入,直接参与管理。由于社会保障的项目多,覆盖的对象广,所以管理是具有很大难度的。经过历年的改革完善,社会保障的管理目前形成了一个比较成形的模式，其特色是适度集中管理。

所谓适度本身，在现实当中是需要不断调整的。社会保障制度的内容随着社会经济发展的变化、人口增长情况、自然环境的变化、国际社会的变化等因素而不断调整，进而要求社会保障管理也要随之进行调整，增加或分立管理机构，减少或合并管理机构。

目前中国的社会保障管理主要集中在人力资源和社会保障部、民政部。从这两个机构及其职责中可以看出，人力资源和社会保障部主要负责管理城镇和农村社会保险事务的组织运行；而民政部则主要负责管理城乡社会救助、社会福利和社会优抚的组织运行。

除了这两大机构之外，财政部、住房和城乡建设部等也都在各自的机构设置与职责内负责或者参与一部分的社会保障事务的管理。其中财政部的职责之一就是会同有关部门管理中央财政社会保障和就业及医疗卫生支出，会同有关部门拟订社会保障资金（基金）的财务管理制度，编制中央社会保障预决算草案。而住房和城乡建设部的职责则包括：拟订住房公积金政策和发展规划并组织实施；制定住房公积金缴存、使用、管理和监督制度；监督全国住房公积金和其他住房资金的管理、使用和安全；管理住房公积金信息系统；拟订住房保障政策并指导实施；承办中央廉租住房资金安排的有关事项；组织编制住房保障发展规划和年度计划并监督实施。

三、中国社会保障的实施模式

（一）中国社会保障的实施机构

社会保障的实施机构根据社会保障项目而定。社会保障项目往往涉及服务对象、服务资金和服务方式。这就决定了社会保障的实施机构种类很多，有承办或者经办机构，有资金筹集运营机构，也有直接提供服务的机构。这些机构有的身兼数职，有的只负责某个社会保障项目中的某一个环节的实施。

1. 社会保障实施机构的分类。中国的社会保障实施机构按照是否由政府兴办分为：官方的实施机构、半官方的实施机构、民办的实施机构三种类型。

按照社会保障的制度部门分可以分为社会救助机构、社会保险机构、社会福利机构、社会优抚机构、社会保障基金运营机构。

2. 主要实施机构。

（1）社会保险经办机构。社会保险经办机构是国家或社会对社会保险实行行政性、事业性管理的职能机构。行政性管理，指通过立法确定社会保险资金的收缴和使用办法，并对下级机构收缴资金进行监督检查。事业性管理，指具体收缴和调剂使用社会保险资金和具体支付各项资金以及具体支付各项社会保险待遇。社会保险经办机构负责及时、完整、准确地记录参加社会保险的个人缴费和用人单位缴费，以及享受社会保险待遇等个人权益记录，定期将个人权益记录单免费寄送本人。用人单位和个人可以免费向社会保险经办机构查询、核对其缴费和享受社会保险待遇记录，要求社会保险经办机构提供社会保险咨询等相关服务。

(2)社会保险事业管理中心。社会保险事业管理中心是综合管理全国社会保险基金和社会保险经办业务工作的部直属事业单位。职责范围涉及社会保险事业的各个方面。诸如:①制定全国社会保险经办管理总体规划和实施方案,并组织实施;②组织拟订社会保险经办工作的管理、技术和服务标准,并组织实施;③会同有关部门拟订社会保障服务中心建设规划,并组织实施;④拟订社会保险参保扩面、基金征缴和支出计划建议方案,制定计划考核评估体系,并组织实施;⑤制定社会保险参保登记、缴费申报、费用征缴、财务核算、权益记录、稽核检查、关系建立、终止和转移、接续、待遇审核、支付等经办规程与操作规范,并组织实施。会同有关部门审核补充养老保险方案;⑥承办社会保险经办事务的国际交流与合作及中外社会保险协议的具体实施;等等。

(3)全国社会保障基金理事会。全国社会保障基金理事会为国务院直属正部级事业单位,是负责管理运营全国社会保障基金的独立法人机构。其主要职责是:①管理中央财政拨入的资金、减持国有股所获资金及其他方式筹集的资金。②制定全国社会保障基金的投资经营策略并组织实施。③选择并委托全国社会保障基金投资管理人、托管人,对全国社会保障基金资产进行投资运作和托管,对投资运作和托管情况进行检查;在规定的范围内对全国社会保障基金资产进行直接投资运作。④负责全国社会保障基金的财务管理与会计核算,定期编制财务会计报表,起草财务会计报告。⑤定期向社会公布全国社会保障基金的资产、收益、现金流量等财务情况。⑥根据财政部、人力资源与社会保障部共同下达的指令和确定的方式拨出资金。⑦承办国务院交办的其他事项。

(4)其他社会保障实施机构。例如:①开办养老保险、医疗保险、住房公积金账户的各种签约银行;②政府办的、政府资助的、民办的养老设施、儿童福利设施等各种社会福利机构;③残疾人联合会开展公益事业的各种社团、协会等。

(二)实施模式

从上述社会保障实施的机构看,目前中国的社会保障的实施模式是混合模式。这主要是由于社会保障项目性质不同决定的。

在社会保险的多数项目中,实施模式表现为政府负责的管办分离的模式。

在社会救助、社会福利和社会优抚的多数项目中,实施模式则表现为上管下办的模式,民政部除了作出民政工作的最高决策之外,还直接经办着许多社会福利事务。这也说明了中国社会保障管理方面的政府积极介入。

当然,随着政府体制改革的深入以及社会需求程度的加深,从实施机构的性质看,半官方的机构或者民办的社会救助、社会福利机构、社团开始增加。比如,目前政府对于社区开办养老设施等给予了资金上的补助 。这一方面说明社会保障社会办的发展趋势,另一方面也说明社会保障的实施模式的多样化。

四、中国社会保障的监督模式

(一)社会保障监督机构

目前中国的社会保障监督主要来自行政监督系统的监督、社会监督，而司法监督和专门的社会保障监督机构的监督还很薄弱。其中的司法监督只是在某些地方曾经在人民法院设立过社会保障法庭；后者的专门监督机构也主要是对社会保险基金的监督，如有些地方设立的社会保障监督委员会、社会保障委员会、社会保险基金监督委员会等机构，但基本上形同虚设的较多。在社会保障制度部门中，社会保险监督体系根据2010年的《社会保险法》规定，形成了一个比较完善的体系。但社会保障是个复杂而且专业性强的事务，监督体系的设立不能仅仅流于形式。这些仍然是社会保障监督环节存在的亟待解决的问题。

1. 行政监督系统的监督机构。

(1)人力资源和社会保障部门。人力资源和社会保障部门作为中国社会保险事务的主管部门，它主要依据劳动法、社会保险法及其配套法规，并通过内部设置的基金监察机构等行使自己的监控权力。其监控的内容包括用人单位是否依法缴纳社会保险费，有无违背最低工资保障线的规定，社会保险机构的运行是否正常，社会保险基金是否安全，社会保险机构有无损害企业或劳动者的正当权益等。人力资源和社会保障部设有基金监察司，其职责是维护社会保险基金的安全。

(2)民政部门。民政部门是中国社会福利事务、社会救助事务和军人保障事务等的主管部门，它主要依据国家有关社会福利、社会救助、军人保障等方面的法律、法规，对上述保障项目的实施行使监控权。它监控的内容主要是上述保障事务的财政拨款、待遇发放等是否符合法律法规与政策规定，民营公益事业团体与慈善团体的运行是否规范等。

(3)财政部门。财政部门是政府的综合管理部门，它不仅承担着向社会保障机构拨款的直接责任，而且主管着全国的财务会计工作。因此，除做好自身的社会保障财务管理工作外，还应当对各社会保障管理机构、实施机构行使财务监督权。监督的内容主要包括社会保障收支的年度预算执行情况，中、长期计划执行情况，财政性社会保障基金的使用情况，社会保险基金的使用情况，民营保障事业基金的使用情况。财政部门主要是通过对社会保险基金财政专户的监督和对社会保障机构财务会计报表的审核及平时审查来行使监督权。

(4)审计部门。审计部门是财经法纪的维护者，它与社会保障机构不存在直接的关系，仅仅是依法行使审计监督的权力，这使其更加具有超脱性。审计监督的内容主要是监督社会保障机构是否遵守了社会保障法律制度，其职责是使国家、企业、社会成员个人的利益都能够得到公正的维护。

(5)监察部门。监察部门是国家授权监督、考察国家机关公务人员行为的专门部门。社会保障属于政府行为，不仅社会保障管理机构属于国家机关的有机组成部分，而且公立的社会保障实施机构工作人员也在许多国家被纳入公务员系列。因此，监察部门亦应当承担起对社会保障管理部门及公立实施机构工作人员的监督职责，依照《行政法》等法律制度来考察社会保障领域工作人员的行为，纠正工作人员的不规范行为（如官僚主义、不负责任等），惩处腐败变质的工作人员（如索贿受贿等），将造成严重损害后果的工作人员（如贪污救灾款物等）送交司法机关审判，以确保社会保障制度的运行正常、健康。

（6）金融管理部门。社会保障是用经济手段来解决特定的社会问题。在采取部分积累或完全积累方式筹集基金的情况下，社会保障机构手中总是沉淀着相当数量的资金，这笔资金在许多国家被允许用于投资运营，从而是金融市场的一支重要力量。因此，国家的金融管理部门也应当承担起相应的监督职责，包括金融政策监督、基金运营过程监督、投资结果监督，以及社会保障基金存入银行专户后的存取过程监督等。金融监督的主要目的有两个：一是确保社会保障基金的安全和保值、增值；二是维护整个金融市场的秩序。随着社会保障基金（主要是养老保险基金）积累规模日益扩大和国家对社会保障基金运营禁令的逐步放开，金融管理部门的监督作用将日益显现出来。

2. 社会监督。目前中国的社会监督主要是依靠工会组织、妇联组织、残疾人组织、儿童组织、企业团体、社会舆论等的监督。

（1）社会监督的依据。2007 年的《政府信息公开条例》的颁布，为社会大众对社会保障实施监督提供了依据。其中第九条至第十二条规定了各级政府应对大众公开何种信息。

（2）社会监督的手段。2010 年《中华人民共和国行政监察法》的出台为社会大众行使对社会保障的社会监督权提供了渠道。其中第 6 条规定，监察工作应当依靠群众。监察机关建立举报制度，公民、法人或者其他组织对于任何国家行政机关及其公务员和国家行政机关任命的其他人员的违反行政纪律行为，有权向监察机关提出控告或者检举。监察机关应当受理举报并依法调查处理；对实名举报的，应当将处理结果等情况予以回复。监察机关应当对举报事项、举报受理情况以及与举报人相关的信息予以保密，保护举报人的合法权益，具体办法由国务院规定。

3. 社会保险的监督体系：多重监督。2010 年的《中华人民共和国社会保险法》从人大监督、行政监督、社会监督等三个方面，建立了以下比较完善的社会保险监督体系：

（1）人大监督。《中华人民共和国社会保险法》规定，各级人民代表大会常务委员会听取和审议本级人民政府对社会保险基金的收支、管理、投资运营以及监督检查情况的专项工作报告，组织对该法实施情况的执法检查等，依法行使监督职权。

（2）行政监督。《中华人民共和国社会保险法》规定，国家对社会保险基金实行严格监管，并明确了各级人民政府及其社会保险行政部门、财政部门、审计机关在社会保险监督方面的职责：①规定了各级人民政府在社会保险监督方面的职责：国务院和省、自治区、直辖市人民政府建立健全社会保险基金监督管理制度，保障社会保险基金安全、有效运行。②从两个方面规定了社会保险行政部门的监督职责:一是规定县级以上人民政府社会保险行政部门应当加强对用人单位和个人遵守社会保险法律、法规情况的监督检查。这属于劳动保障监察活动,其措施在《劳动保障监察条 例》中已有详细规定,因此该法没有再作具体规定。二是规定社会保险行政部门对社会保险基金的收支、管理和投资运营情况进行监督检查,并规定了三项措施。③规定财政部门、审计机关按照各自职责,对社会保险基金的收支、管理和投资运营情况实施监督。

(3)社会监督。《中华人民共和国社会保险法》要求县级以上人民政府采取措施,鼓励和支持社会各方面参与社会保险基金的监督,并作了规定:①规定了社会保险监督委员会的设立、组成和主要职责。该法规定,统筹地区人民政府成立由用人单位代表、参保人员代表,以及工会代表、专家等组成的社会保险监督委员会。其主要职责是:掌握、分析社会保险基金的收支、管理和投资运营情况,对社会保险工作提出咨询意见和建议,实施社会监督;听取社会保险经办机构关于社会保险基金的收支、管理和投资运营情况的汇报;聘请会计师事务所对社会保险基金的收支、管理和投资运营情况进行年度审计和专项审计;对发现存在问题的,有权提出改正建议;对社会保险经办机构及其工作人员的违法行为,有权向有关部门提出依法处理建议。②规定有关部门和单位应当向社会公布或者公开社会保险方面的信息,主动接受社会监督。包括:社会保险行政部门应当定期向社会公布社会保险基金检查结果;社会保险经办机构应当定期向社会公布参加社会保险情况以及社会保险基金的收入、支出、结余和收益情况;社会保险监督委员会应当向社会公开审计结果。

(二)社会保障监督模式

从中国目前的社会保障监督状况看,目前社会保障监督模式是一种社会保障管办机构自律与外部监督并重的多重监督模式。

从社会保险监督体系的法律规定、从给社会大众提供监督的依据和监督的手段都可以看出政府对于外部监督的重视。同时另一方面也是为了加强社会保障机构的自律。在机构自律方面,从社会保障行政主管机构的自律措施可以看出。

人力资源和社会保障部内设有社会保险基金监督司和劳动监察局。其中,前者负责拟订社会保险及其补充保险基金监督制度、运营政策和运营机构资格标准;依法监督社会保险及其补充保险基金征缴、支付、管理和运营,并组织查处重大案件;参与拟订全国社会保障基金投资政策。后者负责拟订劳动监察工作制度;组织实施劳动监察,依法查处和督办重大案件;指导地方开展劳动监察工作;协调劳动者维权工作,组织处理有关突发事件;承担其他人力资源和社会保障监督检查工作。

民政部内设有驻民政部纪检组监察局,主要根据《行政监察法》的规定开展工作。其主要工作职责是:①监督检查民政部及所属系统贯彻执行党的路线方针政策和决议,遵守国家法律、法规,执行国务院决定、命令情况。②监督检查民政部党组和行政领导班子及其成员维护党的政治纪律,贯彻执行民主集中制,选拔任用领导干部,贯彻落实党风廉政建设责任制和廉政勤政的情况。③经中央纪委批准，初步核实民政部党组和行政领导班子及其成员违反党纪政纪的问题；参与调查民政部党组和行政领导班子及其成员违反党纪政纪的案件；调查民政部直属机关司局级干部违反党纪政纪的案件及其他重要案件。④受理对民政部直属机关各级党组织、党员和行政监察对象的检举、控告；受理民政部直属机关的党员和行政监察对象不服处分的申诉。⑤协助民政部党组和行政领导班子组织协调民政部及所属系统的党风廉政建设和反腐败工作。⑥组织开展执法监察工作。⑦组织协调纠风和行风建设工作。⑧承办中央纪委监察部交办的其他事项。

复习思考题

1. 简述社会保障组织运行的主要内容。
2. 社会保障组织运行应遵循哪些原则？
3. 中国的社会保障组织运行机构有哪些？
4. 中国的社会保障运行机制是怎样的？
5. 中国的社会保障运行机构的职能是什么？
6. 请简单概括中国的社会保障组织运行方面的立法发展。
7. 试分析说明中国社会保障组织运行方面的立法特点。
8. 分析在目前中国社会保障组织运行的立法实践中存在怎样的问题。
9. 试分析劳动监察与社会保障监督之间有怎样的联系。
10. 思考设立专门的社会保障监督机构的法律依据是什么。

第八章

社会保障基金法

本章要点及学习要求

社会保障基金是指根据国家立法,通过各种特定渠道建立的用于实施社会保障制度的专项资金。中国社会保障基金是社会保障资金的重要部分和主要形式。目前中国的社会保障基金根据制度范畴和实际操作中基金设立的情况划分主要由社会救助类基金、社会保险类基金、补充养老保险基金、全国社会保障基金、社会福利类基金、社会优抚类基金、社会慈善类基金七个部分构成。根据社会保障基金的运行过程,可将社会保障基金法律制度的内容大致分为四个部分:有关社会保障基金筹集的法律制度;有关社会保障基金支付的法律制度;有关社会保障基金投资的法律制度;有关社会保障基金监管的法律制度。

在本章的学习中,要求结合中国的实际情况,运用已经掌握的财税法、金融法等知识,着重把握社会保障基金的筹集、投资和监管法律制度三个部分的内容。着重把握社会保障基金的筹集与投资法律制度两个部分的内容。

第一节 社会保障基金法概述

如果从社会保障制度的运行状态出发,不难看出社会保障基金活动贯穿了整个社会保障制度运行的全过程。实际上,社会保障基金的筹集与管理既是社会保障制度实现其收入再分配功能的基础,也是社会保障制度运行过程的中心环节,这就必然成为社会保障法研究的主要内容。

一、社会保障基金的基本含义

社会保障是通过国民收入的再分配为劳动者、公民提供的物质保障。这个物质保障,从货币形态上来看就是社会保障基金。

社会保障基金是指为实施各项社会保障制度,通过法定的程序,以各种方式建立起来的用于特定目的的货币资金。作为社会保障制度的物质基石,社会保障基金的运作贯穿了社会保障制度的始终。所以,社会保障基金是社会保障制度的中心内容。

从组成上来看,按照国际劳工组织社会保障公约的规定,社会保障基金包括医疗、失业、养老、工伤、生育、家庭、残疾、遗属、疾病等九个方面的基金。其中前五个是最主要的基金。在中国,社会保障基金也涵盖了国际劳工组织社会保障公约所规定的九个方面的内容,涉及社会保障四大基本制度领域。其中,社会保险基金是整个社会保障基金的核心内容。

图 8－1 显示了中国社会保障基金的构成。从基金来源和形成的方式看,社会保险基金主要来源于受保人和其雇主缴纳的保险费,而其他类型的基金则主要来源于国家财政和社会捐赠或彩票发行等。

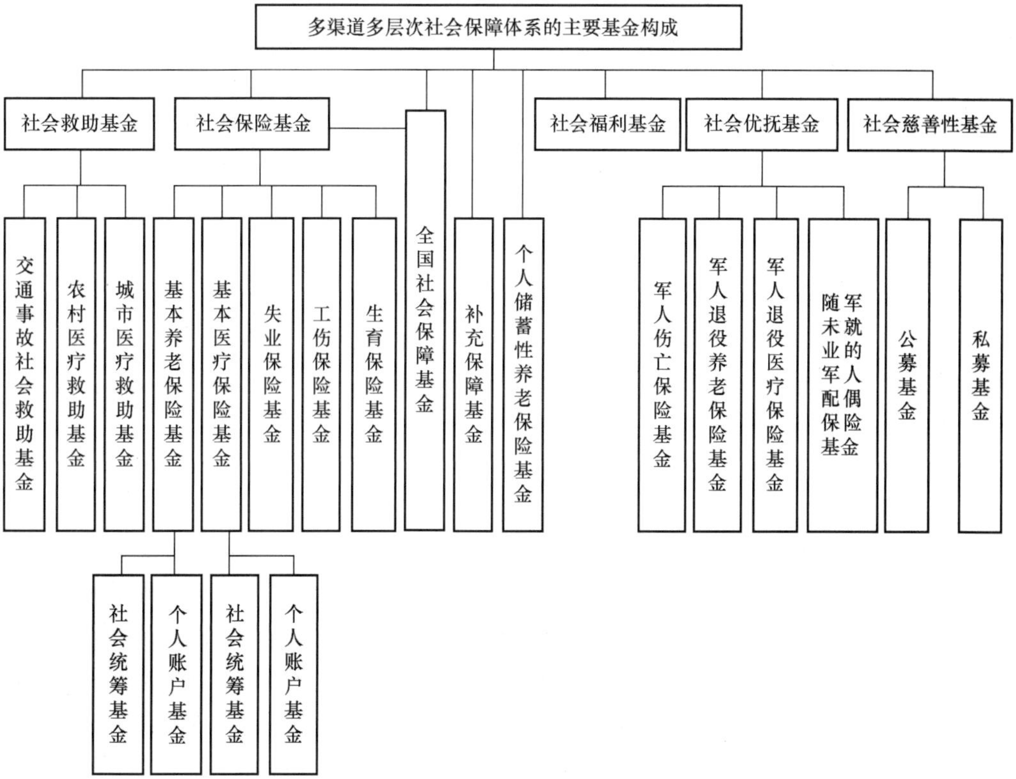

图 8－1　社会保障基金的构成

二、社会保障基金法

社会保障基金法是关于社会保障基金的筹措、使用、投资运营和管理等方面的法律规范的总称。正如社会保障基金问题是社会保障的核心问题一样,社会保障基金法也是社会保障法的核心内容。

不同于社会保障的其他立法,社会保障基金法是从纵向的角度对社会保障基金的资金运营进行规制。基金的征缴、支付和管理涵盖了社会保障各个项目的内容,社会保障基金法以资金的运行为载体衔接了社会保障法的各个部分。

从调整对象上看,社会保障基金法律制度调整的是社会保障基金在筹集、支付和管理过程中所涉及的政府、企业和个人三者相互之间的社会关系。通过法律的形式明确三者在社会保障基金运作过程的权利和义务,实际上体现的是对社会分配关系的再调整。以社会保障费或者社会保障税的形式征集的社会保障基金实质上对经过初次分配的国民收入进行了再分配,这在一定程度上改变了政府、企业和个人在国民收入中的份额。社会保障基金法对这个国民收入的转移过程中当事人之间的关系的调整正是为了从法律上规范三者的权利和义务,平衡各方面的利益。

社会保障基金关系经法律调整之后,就成为法律上的权利义务关系。社会保障基金法律关系是社会保障基金在筹集、使用、投资运营和管理等进行过程中所涉及的当事人之间形成的权利和义务关系。社会保障基金关系的存在与现行有效的社会基金法律制度实施,是形成这种法律关系的前提。

三、社会保障基金法律制度的立法模式及立法原则

(一)立法模式

从各国的立法实践来看,关于社会保障基金法律制度通常有两种立法模式:一种是综合立法,即在该国的社会保障法中设专门的章节加以规定;另外一种是专门制定社会保障基金的单行法规。前者如美国,在其 1935 年颁布的《社会保障法》中就有专门章节对社会保障基金进行规定。后者如新加坡的《中央公积金法》。

(二)立法原则

无论采用什么立法模式,社会保障基金法都应遵循以下立法基本原则。

1. 社会化原则。社会保障基金立法的社会化原则包括三个方面的含义:①社会保障资金筹集的社会化;②社会保障机构设置的社会化;③社会保障基金管理的社会化。社会化是社会保障基金法的首要立法原则,这是由社会保障基金本身的性质所决定的。社会保障基金要真正实现社会化,在实践中就既要避免社会保障的个人(积累)化或企业(保障)化,也应当避免完全官方化(国家或政府保障),而应当是以政府组织为主,以社会化为目标模式的发展道路。在不断扩大社会保障覆盖面的基础上,社会保障的社会化会加大社会保障基金法律关系的复杂性,所以建立专门的基金管理机构进行管理

规范也是社会保障基金法社会化的体现。

2. 公平与效率相结合原则。社会保障法律制度从建立之初就以社会公平为原则,体现了社会法的社会本位的特点。作为社会保障法的核心内容的社会保障基金法毫无疑问也体现了这个原则,通过对社会保障基金的筹集和分配使用,调节社会成员收入上的差别而使贫富不致过于悬殊;另一面,通过社会保障资金的负担形成的收入转移能够确保低收入者最低的生活水平。从社会的角度来看,通过社会保障基金法对所有企业采用统一的标准进行社会保障资金的征收和支付,营造平等的竞争环境,为各个企业主体提供公平的竞争机会。然而,绝对的公平是不存在的,没有效率的支撑,社会保障基金将难以顺利地运作。在资金的筹集方面,对三方所负担比例的规定关系到各方的利益协调:国家的比例过高,会导致社会保障开支剧增,超过经济发展的承受能力,同时还会助长依赖思想,削弱劳动者的积极性,造成劳动力资源闲置,效率得不到保障。而企业负担比例过高,又必然影响企业的积累和扩大生产投资,削弱企业在市场上的竞争能力,使经济活动能力下降。如果个人负担比例过高,会使国家减少对金融市场的参与,从而进一步影响宏观的投资和生产过程。所以立法上要考虑如何平衡三者的利益,以增进社会效率。在基金的运作方面,当今各国的社会保障基金越来越感到来自保值增值的压力。如何能够在安全的基础上降低管理及投资的风险和成本,体现盈利和效率已经越来越成为各国社会保障基金法在立法中不得不重新考虑的问题。

3. 经济性原则。社会保障基金法的目的是保证实现社会保障法的目的,而社会保障法所保障的是国民的基本生活,因此社会保障基金的筹集和使用都要充分考虑国家经济的承受能力,过低的保障标准固然达不到保障目的,但是超出国家财政支付的保障水平将会使基金的运行成为国家经济发展的负担,阻碍一国经济的持续健康增长。因此必须在社会保障基金的筹集方式选择、基金结构、负担比例、基金运营管理等方面确立相对稳定的法律规范以确保基金收支的短期和长期平衡。经济性原则要求在进行法律制度设计时要特别注意控制整体的平衡。

四、社会保障基金法的特点

社会保障基金法的特点可以用强制性、复杂性和技术性来概括。

(一)强制性

在社会保障基金法中,有关社会保障基金项目的确立、社会保障基金的征集、社会保障涵盖人群的范围、社会保障待遇的发放标准、社会保障基金的投资比例等都有明确的规定,任何单位和个人都不能随意进行更改。在社会保障基金法律关系中,各方当事人的自由受到了极大的限制。例如,在社会保险法律关系中,受保单位和个人在接受社会保险事务的经办或社会服务的提供上,按理应该有一定的自由,但实际上,可供选择的机会往往是非常有限的。为了维护社会公平和保护受保障对象的权利不受到侵害,社会保障基金法对合同自由原则的适用作了严格的限制。这些都是国家为了保障公民的基本生活从法律上进行的强制性干预,体现了国家的意志。

(二)复杂性

在社会保障基金法律关系中不仅包括行政性的法律关系,还包括平等主体之间的民事法律关系,有关社会保险金的缴纳、申领和发放等法律规定还明显地体现出了程序法的特征。这些关系交错在一起,呈现出复杂的状态。社会保障基金由于资金来源广泛、筹集方式多样化,各项待遇享受的条件和标准各异,投资方式搭配不一,无疑加大了社会保障基金法的复杂性。

(三)技术性

由于社会保障基金的运行是以数理计算为基础,在计算时会涉及"大数法则"的运用,所以,类似养老保险费率确定等方面的统计和管理反映到立法上就需要很高的技术性。另外,社会保障基金与金融市场的衔接越来越紧密,在利用金融工具规避风险以保值增值的过程中,也同样需要立法技术的支持。

五、中国的社会保障基金立法的发展

社会保障基金的立法建设是中国社会保障改革的一环。社会保障基金活动贯穿了整个社会保障制度的运行,因而在立法上综合立法和单一立法并存。从中国社会保障基金立法的沿革看,20 世纪 80 年代初有少量的相关立法,到 20 世纪 90 年代后期立法渐多。相比之下,早期有关社会保障基金的立法层级低下。其原因主要是随着改革的深入,社会保障制度体系的丰满,社会保障基金项目种类也逐渐增加,也要求加快社会保障基金立法。

(一)20 世纪 80 年代有关社会保障基金立法

这一时期可以说是中国社会保障基金制度的恢复阶段。在社会保险方面,首先试行了全民和集体所有制企业离退休费用社会统筹,并按照工资总额的一定比例筹集养老保险基金。在社会福利基金方面,1982 年国家劳动总局转发了上海市劳动局的《关于加强企业职工福利基金使用管理工作指示》。在社会慈善基金方面有 1988 年国务院颁布的《基金会管理办法》,对基金的使用管理作出了规定。

(二)20 世纪 90 年代有关社会保障基金立法

1. 社会保险基金方面的立法。

(1)有关单项社会保险基金立法。①有关社会养老保险基金的立法。这一时期开始,中国社会保障制度进入了全面改革和发展的阶段。1991 年国务院颁布了《关于企业职工养老保险制度改革的决定》,其中对养老基金的缴纳与管理作了一般性规定;规定养老保险基金实行专户专项储存,积累基金的一部分可以购买国家债券。1993 年 9 月劳动部颁布的《企业职工养老保险基金管理规定》,对养老保险基金的来源、筹集、支付、管理和基金的保值增值等作了相当具体的规定。1995 年国务院发出《关于深化企业职工养老保险制度改革的通知》要求建立健全养老保险的预算管理和财务制度、会计制度,做好缴费记录和个人账户等基础工作,严格控制管理费的提取和使用,坚持专款专用原则,切实搞好基金管理,确保基金的安全并努力实现其保值增值。1997 年 7 月,国务院发出的《关于建立统一的企业职工基本养老保险制度的决定》中规定了基本养老保险个人账户和社会统筹相结合的制度,并对缴费比例进行了明确的界定;强调了对结余基金的管理。同年同月劳动部发布《职工基本养老保险个人账户管理暂行办法》,对职工基本养老保险个人账户的建立、管理、转移、支付和继承作出了具体规定。1998 年 1 月,财政部、劳动部、中国人民银行和国家税务总局发布了《企业职工基本养老保险基金实行收支两条线管理暂行规定》,明确了对企业养老保险基金管理实行收支两条线的原则并规定了其实施方法。1998 年,国务院发出《关于实行企业职工养老保险省级统筹和行业统筹移交地方管理有关问题的通知》,进一步规范了养老保险基金的管理。②有关医疗保险基金的立法。1998 年 12 月,国务院发布了《关于建立城镇职工基本医疗保险制度的决定》,规定了基本医疗保险基金的管理和监督制度,对医疗保险金的支付作出了明确规定。③有关失业保险基金的立法。1999 年 1 月,劳动部发出了《失业保险条例》,其中对失业保险基金的构成、缴纳、管理、支付等作了明确的规定。④有关工伤保险基金的立法。1996 年 8 月,劳动部发出了《企业职工工伤保险试行办法》,对工伤保险基金的构成、支出、管理作出了相应的规定。⑤有关生育保险基金的立法。1994 年,劳动部发布了《企业职工生育保险试行办法》,规定了生育保险基金的来源、征缴、支付和管理方面的内容。

(2)有关社会保险基金方面的立法。在上述单个社会保险项目基金立法之外,财政部和劳动部于 1994 年发布了《关于加强企业职工社会保险基金投资管理的暂行规定》。劳动和社会保障部组建后于 1999 年 1 月发布了《社会保险费征缴暂行条例》;1999 年 3 月发布了《社会保险费申报缴纳管理暂行办法》和《社会保险费征缴监督检查办法》。1999 年 6 月,财政部出台了《社会保险基金会计制度》、财政部与劳动和社会保障部联合出台了《社会保险基金财务制度》; 8 月,财政部发布《社会保障基金财政专户管理暂行办法》;同年 11 月,劳动和社会保障部、国家经贸委、财政部联合发出《关于清理收回企业欠缴社会保险费有关问题的通知》。至此,到 20 世纪 90 年代末,与单个社会保险基金立法并行出现了社会保险基金管理的综合立法。

2. 企业补充保障基金方面的立法。劳动部于 1995 年 12 月发布了《关于建立企业补充养老保险制度的意见》,其中对企业补充养老保险的实施主体和条件、资金来源、决策程序和管理组织、享受待遇的条件和待遇给付提出了指导性的建议。

3. 有关社会福利基金方面的立法。1991 年 9 月中募委发布了《有奖募捐社会福利资金管理使用办法》,后被 1994 年 12 月民政部发布的《有奖募捐社会福利资金管理使用办法》所取代。同年同月民政部发布了《中国福利彩票管理办法》。1996 年国务院发布了《关于加强预算外资金管理的决定》,指出社会福利基金属于预算外资金,要纳入财政专户管理,实行收支两条线。1998 年 9 月民政部发布了《中国福利彩票发行与销售管理暂行办法》;同年 10 月民政部发布了《社会福利基金使用管理暂行办法》,以社会福利基金取代了有奖募捐社会福利资金的称呼。1999 年 3 月民政部出台了《关于社会福利基金筹集、管理与使用规定》,按照社会福利基金筹集、管理和使用分开的原则,对基金筹集、管理与使用作出了规定。

4. 社会优抚基金方面的立法。在社会优抚法一章中已经提及,在这一时期主要是创立了两个保险制度,形成了两个军人保险基金。

(1)1998 年的《中国人民解放军军人伤亡保险暂行规定》,包括了军人伤亡保险基金的筹集与管理,也规定了保险金的发放与条件和对象。

(2)1999 年的《中国人民解放军军人退役医疗保险暂行办法》,对军人退役医疗保险基金的管理和个人账户的建立等作出了规定。

5. 社会慈善基金方面的立法。《中华人民共和国公益事业捐赠法》由第九届全国人民代表大会常务委员会第十次会议于 1999 年 6 月 28 日通过,自 1999 年 9 月 1 日起施行。对于捐赠和受赠 、捐赠财产的使用和管理等作出了规定。为慈善基金管理使用提供了法律依据。

从 20 世纪 90 年代的社会保障基金立法的发展看,除了在社会保险和社会福利两个制度部门有关基金管理方面的立法有所增加之外,社会优抚领域中也出现了有关基金方面的立法。并且社会慈善立法的发展也给社会保障基金带来了新的、规范化的筹资渠道。

(三)21 世纪后的社会保障基金立法

继 20 世纪 90 年代末的社会保障基金方面的立法之后,进入 21 世纪,政府进一步完善了立法。首先是国务院于 2000 年出台了《关于完善城镇社会保障体系的试点方案》,其中对加强社会保障资金的筹集和管理作出了原则性的规定。之后,陆续出台了一些社会保障基金管理方面的法律文件。

1. 社会保险基金管理立法。

(1)单项社会保险基金立法。①养老保险基金立法方面。基本养老保险基金方面。2001 年发布《关于开展基本养老保险费征缴专项稽核的通知》;2005 年国务院发布《关于完善企业职工基本养老保险制度的决定》,明确规定基本养老保险基金要纳入财政专户,实行收支两条线管理,严禁挤占挪用;2007 年劳动和保障部、财政部发出《关于推进企业职工基本养老保险省级统筹有关问题的通知》及附件《企业职工基本养老保险省级统筹标准》,目的在于确保更大范围内统一基本养老保险的缴费基数、比例,提高养老保险基金的使用效率,有利于规范基金的运行。新型农村养老保险基金方面。2011 年财政部、人力资源和社会保障部颁布了《新型农村社会养老保险基金财务管理暂行办法》。②失业保险基金立法。2000 年 10 月,劳动和社会保障部发布《失业保险金申领发放办法》。③工伤保险基金立法。2003 年 4 月,国务院发布了《工伤保险条例》，后于2010年根据《国务院关于修改〈工伤保险条例〉的决定》修订。新修订的《工伤保险条例》规定了费率调整、工伤保险基金逐步实行省级统筹、基金管理实行财政专户存储、用途范围等。2011年的《关于做好工伤保险费率浮动工作的通知》中要求做到真正的浮动，要求各省指导各统筹地区逐步完善费率浮动办法。

（2）社会保险基金管理综合立法。2001年3月劳动和社会保障部发出《关于认真做好公布社会保险费征缴情况工作的通知》；2001年5月颁布《社会保险基金行政监督办法》《社会保险基金举报工作管理办法》；2001年8月发出《关于进一步做好社会保险费征缴和清欠工作的通知》；2002年5月发出《关于进一步规范社会保险审计检查证的通知》；同年7月，劳动和社会保障部、财政部、信息产业部、中国人民银行、审计署、国家税务总局和国家邮政局联合发出《关于加强社会保障基金监督管理工作的通知》；2003年3月劳动和社会保障部办公厅发出《关于印发社会保障基金现场监督规则的通知》；同年5月，财政部、劳动和社会保障部《关于加强社会保险基金财务管理有关问题的通知》；劳动和社会保障部于2005年1月发出《关于进一步加强社会保险稽核工作的通知》；6月发出了《关于开展社会保险基金非现场监督工作的通知》；2006年3月发出《关于印发社会保险基金要情报告制度的通知》；2006年11月发出《关于贯彻落实国务院常委会议精神加强基金监管的问题的通知》。2010年初国务院发出《关于试行社会保险基金预算的意见》，同年，财政部、人力资源和社会保障部发出《关于编报2010年社会保险基金预算的通知》。此后社会保险基金开始了预算制，走入正轨后，将在每年年末开始制定下一年度预算，年初进行上一年度决算。2010年全国人大常委会通过了《社会保险法》，于2011年7月1日起施行，这是目前所有各项社会保险基金管理制度最新、同时也是最高级别的法律依据。

2. 补充保障基金立法方面。2004年1月，劳动和社会保障部发布了《企业年金试行办法》，建立了企业年金。其后围绕企业年金基金的管理，发布了一系列的规定和办法。2004年2月，劳动和社会保障部、中国银监会、中国证监会、中国保监会联合发布了《企业年金基金管理试行办法》；7月劳动和社会保障部发布了《关于贯彻企业年金试行办法和企业年金基金管理试行办法的通知》；9月劳动和社会保障部、中国证监会联合发布了《关于企业年金基金证券投资有关问题的通知》；12月劳动和社会保障部制定了《企业年金基金管理机构资格认定暂行办法》；12月31日又发出了《关于印发<企业年金基金管理运作流程><企业年金基金账户管理信息系统规范><企业年金基金管理机构资格认定专家评审规则>的通知》。2006年11月，劳动和社会保障部发出《关于企业年金银行账户管理有关问题的通知》。人力资源和社会保障部、中国银监会、中国证监会、中国保监会联合出台了《企业年金基金管理办法》，自2011年5月1日起施行，取代了2004年的《企业年金基金管理试行办法》。

3. 有关全国社会保障基金方面的立法。2000年9月，全国社会保障基金理事会成立，负责管理全国社会保障基金的投资运营，以求基金的保值增值。财政部2000年11

月发布《中央社会保障基金财政专户管理实施办法》;2001 年 5 月劳动和社会保障部颁布了《全国社会保障基金投资管理暂行办法》;2001 年 6 月国务院出台了《减持国有股筹集社会保障资金管理暂行办法》;2006 年劳动和社会保障部颁布了《全国社会保障基金境外投资管理暂行规定》,扩大了投资的地域范围和投资项目; 2009 年 6 月,财政部、国资委、证监会、社保基金会联合制定了《境内证券市场转持部分国有股份充实全国社会保障基金实施办法》。

4. 社会福利基金方面的立法。财政部于 2001 年发出《彩票发行与销售机构财务管理暂行办法》;2002 又出台了《彩票发行与销售管理暂行规定》;2007 年出台了《彩票公益金管理办法》;2009 年 5 月国务院颁布《彩票管理条例》;2009 年 12 月 1 日,民政部发出《关于进一步加强社会捐助信息公示工作的指导意见》;12 月 31 日,财政部、司法部发出《关于印发 < 中央专项彩票公益金法律援助项目实施与管理暂行办法 > 的通知》;2010 年 5 月民政部发出《关于 2010 年福利彩票公益金使用的指导意见》;2012 年 1 月 18 日财政部、民政部、国家体育总局发布了《彩票管理条例实施细则》。该《细则》分总则、彩票发行和销售管理、彩票开奖和兑奖管理、彩票资金管理、法律责任、附则 6 章 64 条,自 2012 年 3 月 1 日起施行。根据《彩票管理条例》和《彩票管理条例实施细则》有关规定,财政部于 2012 年 3 月 2 日修订了《彩票公益金管理办法》,取代了 2007 年的版本。

5. 有关社会救助基金方面的立法。

(1)医疗救助基金方面。2004 年财政部、民政部发布了《关于印发〈农村医疗救助基金管理试行办法〉的通知》。2005 年财政部发出《关于加强城市医疗救助基金管理的意见》。民政部根据 2009 年 3 月中共中央国务院发出的《中共中央、国务院关于深化医药卫生体制改革的意见》和同年 4 月国务院发出的《关于印发医药卫生体制改革近期重点实施方案(2009—2011 年)的通知》,于同年 6 月,发出了《关于进一步完善城乡医疗救助制度的意见》。其精神可以理解为要多渠道筹集资金;对于城市医疗救助基金和农村医疗救助基金的基金予以严格管理和使用。

(2)道路交通事故社会救助基金方面。2009 年 10 月财政部、保监会、公安部、卫生部、农业部联合出台了《道路交通事故社会救助基金管理试行办法》,自 2010 年 1 月 1 日起施行。

6. 有关社会优抚基金方面的立法。20 世纪 90 年代在社会优抚制度中创新出军人保险制度,设立了两个基金。进入 21 世纪后, 2012 年出台了《中华人民共和国军人保险法》。其中第 6 章是有关军人保险基金管理方面的内容。新开设了退役军人养老保险基金和随军未就业的军人配偶保险基金。规定了各种军人保险基金的缴费及管理监督制度。

7. 有关社会慈善基金方面的立法。进入 21 世纪以后,建立多层次社会保障制度体系也表现在社会慈善基金方面的立法规定上。2004 年国务院颁布了《基金会管理条例》,其中对于基金会财产的管理和使用作出了规定。2005 年 11 月制定了《中国慈善事业发展指导纲要(2006—2010)》。一项法规和一个纲要的推出,为中国社会慈善基金的发展奠定了良好的法律保证,也标志着中国慈善基金会的发展迈入了里程碑式的一步。另外,关于“慈善法”的立法呼声自进入21世纪后日渐高涨。民政部于2005年开始了起草慈善法的工作,2006年出台了《慈善事业法(草案)》,后列入立法计划。2008年1月1日起《企业所得税法》的实施,企业发生的公益性捐赠支出免税比例从之前的3%提高到12%。2008年1月18日,财政部和国家税务总局联合发布的《关于公益救济性捐赠税前扣除政策及相关管理问题的通知》,扩大了基金会公益性捐赠免税范围。该项优惠政策的出台,扩大了慈善基金的筹集渠道。根据2011年7月民政部发布《中国慈善事业发展指导纲要(2011—2015)》,对今后的慈善事业以及慈善基金管理的立法发展都起到了指导和促进作用。

总之,进入20世纪以后,中国社会保障基金方面的立法全面展开,对于社会保障基金的筹集、使用、投资运营、支付、监管等提供了法律依据。并且从具体的立法内容上可以看出社会保障制度内的各个子制度之间的衔接也体现在基金使用的衔接上,比如彩票的发行作为共同的筹资手段被运用在了社会福利、社会救助对象的救助、社会慈善事业当中。总之,由于社会保障体系是个复杂而庞大的制度体系,维持其运转的基金机制也相当复杂,因此现实中很长时间以来一直存在着很多困难,比如基金监管的问题等。这些也是未来社会保障基金立法的课题。

第二节　社会保障基金筹集的法律制度

社会保障基金的筹集是指由专门的社会保障管理机构按照相关法律的规定征收社会保障费(税)的一种法律行为。基金筹集是社会保障基金运行的前提条件和首要环节,基金筹集的法律制度作为社会保障基金法的重要内容,担负着规范社会保障资金征缴、确保社会保障基金充足储备与能够及时发放的重要任务。

社会保障基金筹集制度的法治化很早就被世界各国所认同并付诸实施。但因其涉及的内容庞杂,故各国法律对社会保障基金的筹集作出的规定也呈现出纷繁复杂的特点。从内容上来看,社会保障基金筹集的法律制度包括社会保障基金的筹集渠道、社会保障基金的筹集模式和社会保障基金的筹集形式这三个重要的法律制度。

一、社会保障基金的筹集渠道

社会保障基金的筹集渠道就是社会保障基金的来源问题。一般而言,许多国家的社会保障基金来源于国家、企业和劳动者三方的共同出资;但具体而言,从世界上目前实行社会保障制度的160多个国家的情况来看,不同的社会保障项目,其基金筹集的渠道有所不同,因筹集渠道不同,负担的比例也有所不同。如养老、医疗、失业等保险基金往往要求国家、企业和个人三方出资或者至少两方出资,而工伤保险基金一般不要求劳动者个人出资，全部由雇主负担。除了上述三方之外，各项社会保障事业的收益或者来自社会各方面的捐款也构成社会保障基金的资金来源。

(一)社会保障基金筹集渠道的国际情况

社会保障基金的来源渠道各国不尽相同。大致可以分为五种方式：

1. 由企业、雇员和政府三方负担的方式。采用这种出资方法的，在老年、残疾、死亡保险中约有50个国家，在疾病、生育保险中约有20个国家。各国的立法一般都采用强制性的保险方法，即职工在职时采取定期从工资收入中扣除的方法，企业按职工工资总额的一定百分比为职工缴纳，国家财政在资金上给予补贴或补助。采用这种筹资模式的有英国、德国、意大利、日本、奥地利等国。但是在三方负担的比例上，各国的情况却各有不同。例如，根据20世纪80年代中期有关统计数据来看，各国企业对社会保险费用的负担比例分别是：法国50.4%，德国35%，日本29%，英国25.2%，加拿大16.2%；雇员负担的比例是：法国21.6%，德国35%，日本26%，英国12.8%，加拿大10.8%。可见，在德国雇主与雇员是按相同的比例负担社会保险费用的，而其他国家则是雇主负担超过雇员负担的比例，其中，法国雇主负担社会保险费比例大大超过了雇员负担比例，高达30个百分点。①

2. 雇员和雇主共同负担的方式。雇员和雇主共同负担，即由企业及劳动者按一定比例缴纳保险费，政府不承担出资责任。世界上有近40个国家在老年、残疾、死亡、生育保障中采用这种方法，如印度尼西亚、希腊、叙利亚等国。美国的社会保障基金基本上也是来源于雇员和雇主两方面，政府只对高龄老人给予养老补助和负担经济调查津贴的全部费用。这种筹资方式根据负担比例的差别，又可以进一步分为三种类型：①雇主与雇员平均负担的类型。如美国法律规定，在老年、残疾、遗属保险负担的15.3%中，企业主和雇员各负担7.65%。②企业主负担绝大部分，雇员只承担一小部分的类型。③雇员承担大部分，企业主负担小部分的类型，希腊的失业保险和家庭津贴、土耳其的疾病保险即是如此。关于保险费双方负担比例，1952年的第35届国际劳工局大会通过的《社会保障最低标准公约》规定了雇员缴纳保险费的最高限度："受保工人负担保险费总数不应超过用于保护工人及其妻子和儿女所需费用总数的50%。"

3. 企业全部负担的方式。采用这种方式的，多数是工业伤害保险和家属津贴额保险。另外，少数国家对社会保险的个别项目，也采用此种模式，如美国和意大利的失业保险。

4. 由政府和雇员负担的方式。采用这种方式的目的是为了推行社会保险和减轻企业的负担。目前只有少数几个国家在个别项目上采用。如瑞典的失业保险和瑞士的健康保险。其做法是政府负担大部分，被保险人负担少部分。

---

① 资树荣：《主要西方国家社会保障费用来源的比较借鉴》，《经济纵横》1996年第二期。

5. 由政府全部负担的方式。采用此种方式的国家，大部分是福利国家，其财力比较充足。但这种国家一般数量较少，并且只在少数保险项目下才采用。如澳大利亚的老年、残废、死亡保险，疾病和生育保险，失业保险和家庭津贴额；加拿大、爱尔兰及北欧等国的家庭津贴保险等。政府全部负担的一个重要特点是，大部分国家的社会保障基金依靠税收的形式进行征集。

（二）三方负担原则

上述五个方式虽然各有优劣，为不同国家所采用，但是社会保障基金由国家、企业和个人三方负担的原则由于更能发挥社会保障的共济性功能，逐渐成为当今各国社会保障基金立法的总原则或基本原则。国家、企业和个人三方负担原则的确立是在长期的立法实践过程中逐步形成的，是社会保障的社会共同责任本位的反映。三方筹集原则体现了“共担风险”的精神，这一早期社会保障模式的管理和经验，成为以后各国建立社会保障法律制度所遵循的公认原则。

个人缴费筹集社会保障基金的初衷是为了规避劳动风险。作为一种类似强迫性的储蓄，它赋予了个人（雇员）对社会保障基金的收支、营运相应的资格和权力，体现了权利和义务对等的原则。但是完全由个人筹集社会保障基金的形式并不多见，主要以新加坡和智利为代表。

企业（雇主）参与到缴费制度中来的依据在于：企业对于维持自身人力资本的存在和发展以及应付突发意外事件负有责任。它的缴费稳定了劳资双方的法律关系，在法律上体现为企业在社会保障基金制度规划和管理过程中的权利和义务。

国家在社会保障基金筹集制度中的出现是社会保障社会化属性的必然结果。国家的财政资助对社会保障基金起到了最后支持者的作用，它实际上是对国家积累的财富在使用途径上予以的重新分配。国家对社会保障资金的负担表明了国家在维护社会公正、保护社会劣势群体中的义不容辞的责任。从形式上看，其渠道来源主要有：财政拨款；发行由财政担保的社会保障债券；进行税收的减免；出售部分国有企业或国有资产等。

三方负担原则的优势体现在：①由国家、企业和个人共同负担，有利于在有限的经济发展水平上，通过拓宽筹资渠道和调动各方面积极性来增加社会保障基金，以尽可能满足社会成员对社会保障待遇需求的增长；②坚持三方出资，合理负担，有利于将各方面的权利和义务结合起来，同时三方之间还可以相互制约，便于管理和监督。

虽然社会捐款和社会保障基金本身的保值增值也可以成为社会保障基金的资金来源，但三方负担作为社会保障基金筹集的主要途径却是绝大部分国家都采用的方式。三方以合理的比例共同出资，各自承担相应的权利和义务是确保社会保障基金筹集制度稳定发展的重要因素。但是，三方负担比例的合理化是一个非常复杂的问题，它不仅要求该比例要与一国国民经济发展状况和国民收入相匹配，而且要考虑实际征缴过程中的可行性，这样才能保障社会保障基金有稳定的资金来源。

(三)中国社会保障基金筹集渠道

中国目前已经确立了以国家、企业和个人三方负担为主要模式的社会保障基金筹集渠道。在社会保险基金的筹集中,养老保险、医疗保险、失业保险三大基本保险采用了个人和单位缴费制,由个人承担一部分社会保险费用,由企业承担一部分社会保险费用。国家负担的社会保障费用则通过成本列支、税收优惠、财政预算对社会保障经费不足时的弥补和对社会救助、社会优抚的预算拨款等形式来完成。

适应社会保障基金筹集由单一渠道向多渠道转化的要求,中国社会保障基金的筹集渠道也以三方负担原则为中心不断得到拓宽和发展。目前中国的社会保障基金,既包括社会保险经办机构管理的基本养老保险、基本医疗保险、失业保险等基金,也包括国务院社会保障基金理事会管理的全国社会保障基金和由企业自主建立的补充保障基金。其中,全国社会保障基金的筹集主要来源于国有股减持或转持划入资金及股权资产、中央财政划入资金和经国务院批准以其他方式筹集的资金及其投资收益形成的资金。另外,福利彩票的发行和利息税的征收也扩大了社会保障基金的来源,促进了社会保障基金筹集渠道的多元化。除此之外,政府还通过征收储蓄利息税的方式,间接筹集社会保障基金。

二、社会保障基金的筹集模式

(一)以收支平衡为目标的筹集模式

社会保障基金的运行遵循的是"收支平衡"原则。"收支平衡"原则可以通过横向平衡和纵向平衡两个方面来实现。横向平衡,即当年内某社会保障项目所提取的基金总和应与其所需支付的费用总和保持平衡。纵向平衡是指被保障对象在投保期间提取的基金总和应与其在享受该项社会保障待遇期间所需支付的费用总和保持平衡。这两种基金平衡方式的核心机制的区别在于有无基金积累。

按照是否进行积累为标准,世界各国社会保障制度基本上有三种模式:现收现付制、完全积累制和部分积累制。

1. 现收现付制。也称为"统筹分摊方式"、"现金支付制"等。这是一种以近期横向收支平衡原则为指导的基金筹集方式。它事先预测出一年(一般以一年为限)内某项社会保障项目所需支付的费用,然后按照一定比例分摊到参加该项保障措施的单位和个人,当年提取当年支付。预先不留出储备金,完全靠当年的收入来满足当年的支出,并力争有所结余。它的突出特点是在制度建立初期收费率较低,随着保障项目和待遇领取人数等的增加而逐步提高,几乎每年都需要调整。

2. 完全积累制。又称为"基金制"、"预提分摊方式"、"纯积累式"、"储蓄制"。它是以远期纵向平衡原则为依据的一种基金筹集方式。在对一些有关人口健康和社会经济发展指标(如退休费、死亡费、工资增长率、通货膨胀率、利息率、就业增长率等)进行长期综合预测的基础上,将被保障对象享受待遇期间的费用总和,按一定的提取比例分摊到整个投保期间,并对已经提取而尚未支出的保障资金进行投资运营。这种模式实际上是本代人对自己收入进行跨时间的分配,即将自己年轻时缴纳的养老保险费积累起来,供退休后使用。这是一种更强调自我保障的模式,也可以被看做是一种强制性储蓄。其主要特点在于,在初期收费率高、筹资见效快,在较长的期间内收费率保持稳定,能够保证保险制度有足够的资金。

3. 部分积累制。把近期横向平衡和远期纵向平衡两种平衡方式结合起来的是部分积累制。部分积累制又被称为"混合制",是现收现付制和完全积累制的一种混合模式。这种模式是在现收现付制的基础上增加一定比例的积累,为顺利度过老龄化时期而做的准备。其特点是在初期收费率较低,以后逐步提高,保持相对稳定。部分积累制是上述两种基金平衡方式之间的一种折中方案,它又有两种类型:一种是"以支定收、略有结余、留有部分积累"的完全社会统筹方式,统筹调剂使用基金;另外一种是采用社会统筹和个人账户相结合的方式,前者实行现收现付的制度,后者实行完全积累的制度。

这三种筹集模式各有特点,基金来源各有不同,但是宗旨都是一个,即要保证社会保障基金的收支平衡,略有结余。但是,目前发达国家多数因为老龄化和人口负增长导致社会保障基金筹集的压力愈来愈大。原本社会保障基金的筹集以保障某种制度项目支付水平为最终目标的以支定收原则大有被以减轻筹集压力为目标的以收定支的原则而取代的趋势。

(二)中国的社会保障基金的筹集模式

中国的社会保障基金的筹集模式也不是单一的。具体看,主要有以下几种模式:

1. 社会救助中实施的两部分基金为医疗救助基金和道路交通事故社会救助基金。

(1)城市医疗救助基金与农村医疗救助基金的筹集模式为多方分担的现收现付模式。所谓多方分担,即基金来源渠道的多方,包括财政拨款、彩票公益金、社会各界自愿捐助、利息收入等。

(2)道路交通事故社会救助基金的筹集模式比较特殊。从收支平衡目标看属于现收现付制。从筹集渠道看是多方,资金主要来源于机动车交通事故责任强制保险的保险费的一定比例、地方财政补助、社会捐助等。这是与非社会保障项目筹资紧密衔接的一个有待探讨的新模式。

2. 社会保险基金的筹集模式也因保险项目不同而不同。

(1)养老保险与医疗保险的保险基金筹集模式为:社会统筹和个人账户相结合的部分积累模式。其中,社会统筹是指社会保险经办机构为某个保险项目所需保险金的总额进行社会性筹资,一般按占工资总额的一定比例确定一个筹资费率(统筹率),在一定范围内由单位和在职职工分担(或全部由单位负担),以保险费(或税)的形式缴纳,形成社会统筹基金,以此基金按规定的计发办法和标准发放保险金。个人账户则是指由社会保险经办机构为参加社会保险的职工建立的个人保险金储备档案,户头终身不变,按个人缴费和单位缴费的一定比例计入账户,累计储存,存储的本金及利息归个人所有,但必须按照国家规定领取。目前中国实施的社会保险制度中,个人缴纳的保险费部分构成了个人账户基金来源的全部,单位缴纳的保险费部分构成了社会统筹基金的全部。另外新型农村养老保险和城市居民养老保险基金筹集模式为部分积累模式。后者与基本养老保险制度不同之处在其于个人账户之外的资金来源于集体补贴和财政补贴。

(2)失业保险、工伤保险、生育保险则为完全社会统筹方式的部分积累制。

3. 补充保险基金模式属于用人单位与个人双方共担的完全积累制或基金积累制。

4. 社会福利基金的筹集模式是基金来源较为单一的现收现付模式,即发行福利彩票。社会福利基金主要来源于福利彩票公益金。

5. 全国社会保障基金则由于其本身是社会保险基金的储备金,是调剂使用基金,着眼于社会保险基金总体长期与近期的平衡,所以也可以说是一种部分积累性质的基金。

6. 社会优抚制度中的军人保险基金的筹集模式因保险项目不同而不同。其中,军人伤亡保险基金的筹集模式为现收现付模式,即以财政拨款为主;另外三种军人保险基金的筹集模式为与军人优待相结合的部分积累模式。优待包括两层含义:其一,完全积累制部分是指军人保险中的个人账户部分,此部分由财政补助部分相抵或部分相抵。其二,关于社会统筹部分的资金,当军人退役之后与地方社会保险接续时,军龄期限视同缴费期限,也就是这部分资金由中央财政负担。

7. 社会慈善类基金的筹集模式则属于现收现付模式。

三、社会保障基金的筹集形式

(一)筹集形式

世界各国的社会保障基金筹集形式,归纳起来看主要有以下三种:

1. 开征社会保障税。这是世界上很多国家都采用的一种筹资形式,截至目前,建立社会保障制度的160多个国家中有130多个开征了社会保障税。通过开征社会保障税筹资的国家,不但保障项目简单明了,而且缴纳和支付均需要遵循统一的法规。这种筹资形式筹集的社会保障基金,直接构成国家的财政收入,成为政府预算的重要组成部分。1935年美国通过的《社会保障法》中第一次开征了社会保障税,从而开创了征收社会保障税的先河。

2. 社会保障统筹缴费。在这种形式下,社会保障基金通过雇主和雇员以缴费的形式来筹集,并由政府或国家指定专门机构负责管理和运营,不直接构成政府财政收入,不足部分由财政专款补助。政府财政部门不直接参与社会保障基金的管理和运营,最多只对社会保障收支进行监督。实行社会保障统筹缴费筹资的国家,保障项目比较繁杂,每一个项目一般都有一套相对独立的缴费办法。德国实行的就是这种筹资模式。

3. 建立预算基金账户制。即将社会保障金融化，是一种储蓄的形式。具体办法是：将雇员的缴费和雇主为雇员的缴费存入个人账户，这笔款项及由此产生的利息，其所有权归雇员个人。政府仅掌握部分使用权和调剂权。这种形式在性质上更接近商业保险，适用于人口较少、经济发展水平较高的国家。新加坡是这种形式的典型国家。

在此，比较各国的基金筹资模式，可以看出上述三者之间存在着明显的区别。

（二）筹集形式比较

1. 在管理效率上：社会保障税的征收与管理主要集中在财政部门；预算基金的收缴和发放主要集中在公积金局；而统筹缴费则是将不同类型的社会保障费交给不同的地区和部门管理，管理比较分散，机构较多，较前两者管理成本较高。

2. 在约束机制上：社会保障的征收、管理和支付都有严格的法律规定，法律的约束性很强；预算基金账户制没有收入就没有支出，有很强的利益约束机制；而统筹缴费的法律规定一般法律层次较低，执行起来缺乏持续性和稳定性。

3. 在公平性的体现上：社会保障税和预算基金账户制几乎不考虑主客观条件影响，参加者都必须按照统一税率或者费率缴纳社会保障金；而统筹缴费经常按照费率和缴纳条件划分收入高低差别、年龄差别和职业差别。

4. 在适应性上：预算基金账户制由于缴费比例过高，且需要建立个人账户，管理比较复杂，适用于人口较少、地区差异不大、个人收入差异不悬殊且经济发展水平较高的国家；统筹缴费操作简单，易于调整，不需要满足很苛刻的条件；社会保障税由于涉及因素较多，故税率设计复杂且不易变化。

5. 在资金负担上：在预算基金账户制中，国家只负责调控，负担均由雇员和雇主分担；采取社会保障税形式，国家的负担最大，税收纳入国家预算支出；而采取统筹缴费形式，国家的负担居于中间，比实施社会保障税情况下的负担小，比实施预算基金账户制的负担重。

（三）中国的社会保障基金的筹集形式

目前，中国的社会保障基金的筹集形式可以说是根据基金筹集或募集渠道的不同，形式多样。一种基金的筹集形式也并非一种，往往多种形式并用，表现为综合形式。具体从资金来源看有以下几种方式：

1. 社会救助制度领域的基金筹集形式。

（1）医疗救助基金的筹集形式为：财政拨款、彩票公益金的一定比例、社会各界自愿捐助、利息收入等。

（2）道路交通事故社会救助基金的筹集形式为：①按照机动车交通事故责任强制保险的保险费的一定比例提取的资金；②地方政府按照保险公司经营交通强制保险缴纳营业税数额给予的财政补助；③对未按照规定投保交通强制保险的机动车的所有人、管理人的罚款；④救助基金孳息；⑤救助基金管理机构依法向机动车道路交通事故责任人追偿的资金；⑥社会捐款；④其他资金。

2. 社会保险制度领域的基金筹集形式。《社会保险法》所规定的社会保险基金项目中的基金筹集形式为缴费制。(1)职工基本养老保险基金由用人单位和个人缴费以及政府补贴构成；新型农村社会养老保险基金由个人缴费、集体补助和政府补贴构成；城镇居民社会养老保险基金由个人缴费和政府补贴构成。(2)职工基本医疗保险基金由用人单位和个人缴费以及政府补贴构成；新型农村合作医疗基金由个人缴费、集体补助和政府补贴构成；城镇居民基本医疗保险由个人缴费和政府补贴构成。(3)失业保险基金由用人单位和职工按照国家规定共同缴纳的失业保险费、政府补贴构成。(4)工伤保险基金和生育保险基金主要由用人单位缴纳的保险费和政府补贴构成。

3. 补充保险的基金筹集形式为缴费制。基金主要由用人单位和职工个人缴纳的保险费、生息部分构成。

4. 社会福利基金的筹集形式。基金主要以下构成：(1)销售中国福利彩票总额扣除兑奖和管理费用后的净收入；(2)彩票销售中不设奖池的弃奖收入；(3)社会福利基金的银行存款利息构成。

5. 全国社会保障基金的筹集形式。全国社会保障基金由中央财政预算拨款以及国务院批准的其他方式筹集的资金构成。

6. 社会优抚制度中的军人保险基金的筹集形式。①军人保险中的伤亡保险基金主要由政府拨款构成。②退役养老保险、退役医疗保险和随军未就业的军人配偶保险基金的筹集形式则主要表现为缴费制。基金由个人缴费和财政补贴构成。

7. 社会慈善类基金的筹集形式主要为募捐制。基金主要由在政府批准的募集范围内募捐所获得的收入和基金运营收入构成。

从以上可以看出，社会保障基金采取何种筹集形式是与制度设计本身直接相关的。关于中国社会保障基金的筹集形式，有些专家建议采取征收社会保障税或税费并举的形式。

第三节　社会保障基金支付的法律制度

社会保障基金的支付是指按照社会保障法律规定的条件、标准和方式，由社会保障实施机构将资金支付给社会成员，以保障他们的基本生活需要。这种行为从宏观上讲是社会保障基金在社会保障项目上的分配运用；从微观上讲是指对符合资格的保障对象的待遇给付。

社会保障基金建立的目的在于为社会成员在遭遇意外事故、失去生活来源或收入减少时提供基本的生活保障，所以，社会保障基金的支付就成为社会保障功能得以实现的关键性环节。只有社会保障金真正地发放到被保障人手中，保障基金的目的才能够真正达到，功能才能够发挥。

从立法上看，社会保障基金支付法律制度的内容大致由支付项目、支付条件、支付形式等几部分组成。

一、社会保障基金支付的一般法律制度

（一）社会保障基金支付的法律原则

1. 统一管理原则。社会保障基金由一定的社会机构管理，设立单独的社会保险基金财务专户，专门用于社会保障的各个项目开支，任何单位和个人都不得挤占挪用社会保障基金，也不得用于平衡财政预算。

2. 收支两条线原则。社会保障机构对社会保障基金实行收入和支付分别管理。对于社会保障基金在银行分别开立收入账户和支出账户，将基金的筹集和支付分别进行核算，不得混合操作。

3. 分账核算原则。在社会保障管理过程中，要求按照项目分别设立账户，也就是说对养老保险基金、失业保险基金、医疗保险基金等分别建立专户，分账核算，自求平衡，不得相互挤占和调剂。

（二）社会保障基金支付水平

社会保障基金的支付水平是衡量社会保障"量"的特征的一个重要指标，它反映了一定时期内一国或地区社会成员享受社会保障程度的高低。它既是社会保障制度的重要构成要素，也是国家的收入分配政策的重要组成部分。所以社会保障基金法律制度的设计应该能够确保社会保障基金支付水平在满足社会成员基本生活需要的同时还能够促进社会经济的健康、协调、稳定的增长。从立法上讲，关于社会保障基金支付水平，有两个重要的原则：

1. 足够保障基本生活需要原则。对社会成员基本生活需要的足够保障，是确定社会保障支付水平所要遵循的首要原则。足够保障基本生活需要有两层含义：第一个含义是，社会保障基金的支付水平要能够保障社会成员的基本生活；第二层含义是，社会保障基金的支出水平要与经济发展水平相适应，不宜过高。可以说此原则是社会保障法的基本原则在基金支付方面的体现。

2. 调整原则。随着经济发展水平的逐步提高，一般来讲，一国的社会保障水平也会越来越高。但是维持社会成员基本生活的物质水平由于受各方面因素影响较多，经常会发生波动。这就要求社会保障基金的支出水平根据变化也要相应的作出调整。社会保障基金法律制度虽然要体现法律的稳定性，不适宜作经常性变动，但是支出水平的灵活性使法律的规制要尽量地与这种变化相吻合。当通货膨胀期间物价的上涨削弱了被保障人群手中货币的实际支付能力时，劳动者的生活水平就会下降，这时就应该适度地调高保障基金的支出水平；而通货紧缩期间，货币的实际购买力会得到加强，物价会呈现下降的趋势，这时应该维持或减少社会保障基金的支出。应该注意的是，社会保障基金的支出具有刚性，也就是说这种基金缺乏弹性或者只具有

单向性的弹性,表现为支出规模只能扩大不能缩小,水平只能提高不能降低。国际实践证明,缩减社会保障支出会引起社会的动荡不安。所以,社会保障基金法对支出水平的调整,尤其是向上调整应该保持谨慎的态度。西欧福利国家由于长期实施高福利,导致了目前支出负担过大、削减困难的窘境,应引以为戒。另外,随着经济的增长,整个社会平均工资也会相应的增长,为了使社会成员的社会保障待遇水平与社会基本生活水平增长相适应,必须随社会平均工资的增长来调节社会保障水平,这个调整原则也叫分享经济增长成果原则。

(三)社会保障基金的支付项目

社会保障基金的支付项目也就是社会保障基金的最终使用范围。由于社会保障自身所具有的特殊性,社会保障基金一般都实行专款专用,对社会保障基金的使用范围严格控制。具体地看,社会保障基金的支付项目一般可分为两大类:社会保障待遇支出和社会保障管理支出。

1. 社会保障待遇支出。这是社会保障基金的最主要支付部分,也是其法定的责任。社会保障待遇支出按照社会保障体系的项目来设置,主要包括:社会保险金的支付、社会福利待遇支付、社会救助项目支付等。本节中将主要就社会保险基金的支付项目,结合中国的五大社会保险项目的情况进行分别的介绍。

2. 社会保障管理支出。社会保障基金的运营需要必要的管理资金投入来保持它的稳定,这部分管理费用也应该从保障基金中扣除。按照性质来看,社会保障管理的支出包括:①内部管理服务费用。这部分内容有管理人员工资、公务费、业务费、设备车辆购置费、房屋基建修缮费、退休人员管理活动经费和其他必须开支的费用等。②银行业务服务费用。这主要包括银行代收代付手续费、有价证券保管费、委托贷款手续费等。③投资费用。这包括投资过程中投资管理人提取的委托资产管理手续费、基金托管人提取的托管费等。

在社会保障基金数量一定的情况下,社会保障待遇支出和社会保障管理费用的支出是反比例关系,前者多后者就少,前者少后者就多,此消彼长。过多的社会保障管理支出会影响到基金对国民基本生活的保障能力。立法的侧重应该尽量避免过多的管理费用支出挤占社会保障待遇的资金。所以,在提倡事资分开的今天,有将社会保障管理费与社会保障基金分开的做法,如中国1999年《社会保险费征缴暂行条例》中规定,社会保险经办机构的管理费用由国家统一拨付,不得从社会保险基金中提取任何费用。

(四)社会保障待遇的支付条件和支付形式

1. 支付条件。社会保障待遇的支付条件,是指社会成员获得社会保障待遇的资格。每一种保障项目的待遇给付标准都不一致,只有满足了法律所规定的给付资格才有可能享受到保障待遇。

国际劳工组织在1952年的《社会保障最低标准公约》中将社会保障划分为九种

津贴，并将这九类社会保障津贴分为需经家庭经济调查和无须经家庭经济调查两大类。前者申请社会保障津贴的条件为法定范围内的低收入者；后者领取社会保障津贴的条件为保险计划的参加者。鉴于保障对象的不同，养老、失业、医疗等各个保障项目的支付条件一般都与被保障者的收入状况、年龄、被保障者投保年限、工资年限等密切相关。

2. 支付形式。社会保障待遇的支付形式是指社会保障管理机构在支付社会保障待遇时所采用的具体方式或方法，社会保障待遇支付有两种基本的形式：一是实物形式，二是货币形式。

(1)实物形式。实物形式是政府直接为社会成员提供特定商品或劳务的一种社会保障支付形式。这种形式也是早期社会保障基金支付较常采用的一种形式。在社会保障项目中，社会福利待遇支付、社会救助待遇支付和优抚安置待遇支付都有相当大一部分采用实物形式，在这一部分基金的支付中，实物支付形式可以发挥其直接性和特定性的优点达到对受保障人群的保护。

(2)货币形式。货币形式是社会保障待遇支付的最主要的形式。在实践中，社会保险的待遇支付完全采用货币形式，社会救助、社会福利、社会优抚等支付的一部分或大部分也都是采用货币支付形式。货币支付形式克服了实物支付形式适用范围的有限性。依据不同的保障项目，货币的支付也体现为不同的方式：①固定金额支付方式；[①] ②定率支付的方式；[②]③保证基本生活基础上的定率支付方式；[③]④随工龄递增支付率

---

① 这种方式是按照固定金额支付社会保障津贴，其支付的金额一般不直接与收入水平相联系。一般采用一次性支付和定期支付。固定金额支付方式使用的范围比较广泛，既适用于无劳动能力的社会成员，也适用于有劳动能力的社会成员。生育津贴、医疗补助、最低生活保障等待遇支付一般采用此种支付方式。

② 这种方法是指国家根据经济发展和不同的保障项目，确定各个保障项目的保险金支付率，然后根据社会保障待遇之前的收入水平，计算具体的保险金支付水平。定率支付一般适用于享受社会保障津贴之前有劳动收入的社会保障对象，主要项目有：养老保险、工伤保险、失业保险等各社会保险项目。在各国具体的法律规定中，对享有社会保障待遇之前的收入水平有不同的规定。在中国，凡是与收入水平直接相关的社会保障待遇支付一般都是按照标准工资来计算保险金的。其通用公式为：$Y = R \times X$（其中，Y 表示社会保障待遇金额，R 表示支付率，X 表示享受社会保险待遇前的收入）。可见，在社会保障支付率一定的情况下，社会保障待遇 Y 的变化与享受社会保障待遇之前的收入水平 X 的变化成正比。

③ 在定率支付的方式下，由于支付水平与社会保障津贴有同等的倍差，可能会造成低收入者和丧失劳动能力者的基本生活得不到保障。所以就应该把握这样的尺度：当社会成员具有劳动能力时，应当以按劳分配为原则，适当拉开收入差距，以促进效率的提高；当社会成员丧失劳动能力以后，既要考虑其原来的劳动贡献，更要注重公平原则，发挥社会保障的稳定机制作用。因此采用在保证基本生活基础上的定率支付方式是一个比较适宜的选择。具体方法是：对于不同收入水平的社会保障对象，先确定一个保证基本生活的社会保障津贴水平，对于高出社会保障基本生活收入水平的部分，按照一定的支付比率计算保障津贴。其计算公式是：$Y = A + R(X - A)$（其中，Y 表示社会保障津贴，X 为享受社会保障津贴前的收入，R 为支付率，A 为保障基本生活水平的收入水平）。采用这种方法，既能保证社会保障对象的基本生活水平，又能适当缩小不同收入水平的社会成员之间的社会保障水平的差异，充分发挥社会保障的收入调节功能，实现高收入与低收入之间的纵向再分配。

的方式[①]。

二、社会保险基金支付的法律制度

(一)养老保险基金支付的法律制度

1. 享受养老保险的资格和条件。世界上绝大多数国家的养老保险给付条件都是复合型的,即必须符合两个或两个以上的资格条件,才能享受到领取养老金的权利。这些条件归纳起来有:

(1)年龄和投保年限条件。被保险人必须达到规定的退休年龄和达到缴纳保险费的期限,才能有领取养老金的资格。采用这种办法的有法国、德国和美国等。德国规定享受养老金的条件为年满63岁、投保35年或年满65岁、投保15年;法国规定为年满60岁、投保37.5年,如果未达到37.5年,则减发养老金;美国规定享受条件为年满65岁(60~64岁者减发养老金)。根据中国的现行法律规定,享受基本养老保险待遇的资格和条件为年龄和投保年限。年龄条件是与退休制度相衔接的。目前中国的退休制度规定:被保险人男性年满60周岁,女性年满50周岁(长期从事技术和管理工作的年满55周岁),且投保年限累计15年以上者,可以享受基本养老保险待遇。2013年11月16日公布的《中央关于全面深化改革若干重大问题的决定》中对于民众关心的养老问题作出明确的规划,将"研究制定渐进式延迟退休年龄政策"。预计未来的中国养老保险基金支付的法律规定也将随之调整。享受基本养老保险待遇的资格条件中的投保年限也将会发生调整。

(2)年龄和工龄条件。被保险人必须达到规定的年龄和所要求的工作年限,才有领取养老金的资格。采用这种办法的主要是苏联和东欧社会主义国家。如苏联规定的享受条件为:男年满60岁、工龄满25年,女年满55岁、工龄满20年。

(3)年龄、工龄和投保年限条件。被保险人必须符合规定的年龄、工龄和缴纳保险费的期限三个条件,缺一不可。如英国规定:男65岁,女60岁,1978年4月以前任何一年内交足保险费50周,或1978年4月前任何一年内交足保险费52周,按工龄计算的"可计年度"相当于一生工龄的9/10的,方可领取养老金。

(4)年龄和居住期限条件。被保险人必须达到规定的年龄,并符合居住国所规定的居住期限,才有资格领取养老金。实行国民年金的国家大多都实行这种方法。如丹

---

① 为了合理地解决工龄的长短均按照一个比率支付社会保障津贴所导致的不公平后果,随工龄递增支付率的方法在社会保障津贴支付中被采用。它的具体方法是:对工龄满一定年限者(如10年)确定一个起始支付率(如收入的50%),工龄满一定年限后,每增加一年工龄,可增加一定的支付率(如1%),所增加支付率最高不得超过收入的一定比例(如70%)。其公式为:$Y = XR + nR_1X = (R + nR_1)X$(其中,$Y$表示社会保障津贴,$X$为享受社会保障前的收入,$R$表示起始支付率,$n$表示工龄满一定年限后所增加的工龄,$R_1$表示所增加工龄的支付率)。这种支付方式既能够保证社会保障对象的基本生活水平,又能适当地考虑就业时间,并同一部分收入挂钩,因此较好地兼顾了公平和效率。

麦规定,国民年金的享受条件为年满 67 岁之前连续 5 年居住本国并有公民权。加拿大规定,国民年金的享受条件为年满 65 岁,18 岁以后在加拿大每居住一年,可领取最高养老年金的 1/40;最少可领取 10 年,最多可领取 40 年。

2. 养老金的给付方式。具体内容如下:

(1)养老金的计算方法。养老金的计算方法有两种,一种是绝对金额制,一种是工资比例制。

绝对金额制是将被保险人及其供养的直系亲属,按不同的标准分为若干种类,每一个种类的人按同一绝对额发给养老金。这种计算方法与被保险人退休前工资的多少无关,多用于普通国民保险或家庭补贴的给付。例如日本,1989 年修改后的国民年金制度规定,每人每月的养老金为 55 500 日元。荷兰 1996 年规定,单身老人每月养老金 1 413.4荷兰盾,年金随工资指数的变化一年调整两次。

薪资比例制是以退休前某段时期内的平均工资或最高工资数额为基数,根据是否与投保年限有关,按一定的比例计算养老金额。若与投保年限无关,养老金的计算通常是工资基数乘以一定比例,这个比例或根据收入、或根据工龄长短确定。这种情况在东欧国家很常见。若与投保年限有关,养老金的计算通常是计算基数乘以一定比例,再乘以投保年限。在实施雇员缴费的国家经常采用这种方式。

世界上的许多国家一般采用上述两种方法中的一种,但也有两种方法都采用的。在中国,2010 年新出台的《社会保险法》中规定:基本养老金由统筹养老金和个人账户养老金组成。基本养老金根据个人累计缴费年限、缴费工资、当地职工平均工资、个人账户金额、城镇人口平均预期寿命等因素确定。据此,可以看出目前中国基本养老保险基金支付的法律制度中,有关养老金的计算方法上采取的是与投保年限相关的薪资比例制。

(2)养老保险金的给付范围、项目。各国依照自身的国民经济发展水平和社会需求确定养老金的给付范围、项目和标准,因此,各国具体的给付标准不同。在某些国家,养老金给付范围既包括被保险人本人,也包括无收入的配偶、未成年人以及其他由被保险人抚养的直系亲属。除基本养老金外,瑞士、瑞典等国的给付项目中,还有低收入补助、看护补助、超缴保险费期间增发额、超龄退休补贴、配偶及未成年子女补贴等。

关于目前中国的基本养老保险金的给付范围和项目,根据《社会保险法》第 16 条和第 17 条的规定,给付范围包括:①参加基本养老保险的个人;②参加基本养老保险的个人中因病或者非因工死亡者的遗属。与之相对应,给付项目则分为:①基本养老金;②丧葬补助金和抚恤金。但当参加基本养老保险的个人在未达到法定退休年龄时,因病或者非因工致残完全丧失劳动能力的,可以领取病残津贴。所需资金由基本养老保险基金中支付。

3. 养老金指数化的法律调整机制。养老保险金的法律调整,是指通过对相关法律法规的调整,使养老金受益者的货币收入不受物价波动的影响,使货币的实际购买力随物价指数、通货膨胀的增长和工资水平普遍的提高也做相应的提高和调整。

在对养老金进行指数化调整的国家中，普遍采用的主要有两种调整机制：

(1)物价指数化调整。即养老金随物价指数的变动相应浮动。当物价指数上升时，老年人的养老金收入也随之增加；当物价指数下降时，老年人的养老金收入也随之减少。物价指数的调整，可使养老金实际价值的绝对量保持不变，因而有利于防止物价上涨、通货膨胀对老年人退休生活的冲击。

(2)工资指数化调整。即养老金随着在职职工工资指数的变动相应浮动。当在职职工指数上升时，老年人的养老金收入也随之增加；当在职职工工资指数下降时，老年人的养老金收入也随之减少。工资指数调整，可使已经退出劳动领域的退休人员，在社会劳动生产率提高、经济增长状况良好、在职职工工资水平提高的情况下，增加养老金收入，与在职职工一起分享社会发展的成果，实现经济发展成果的享受权。

中国在20世纪50年代初制定的养老保险制度，规定退休金以退休前最后一年的工资为准，根据工龄长短按不同的比例领取，没有建立起养老金指数化调整机制。1991年，国务院发布的《关于企业职工养老保险制度改革的决定》规定："国家根据城镇居民生活费用价格指数增长的情况，参照在职职工工资增长情况对基本养老金进行适当调整，所需费用从基本养老保险基金中开支。"这是我国第一次以立法的形式确定了退休人员分享社会发展成果的原则。

中国在养老金指数化具体的机制调整上，自20世纪90年代以来进行了立法探索，在各地实践经验的基础上，2005年，国务院发出《国务院关于完善企业职工基本养老保险制度的决定》，指出要建立基本养老金正常调整机制。根据职工工资和物价变动等情况，国务院适时调整企业退休人员基本养老金水平，调整幅度为省、自治区、直辖市当地企业在岗职工平均工资年增长率的一定比例。自2011年起施行的《社会保险法》中也规定：国家建立基本养老金正常调整机制。根据职工平均工资增长、物价上涨情况，适时提高基本养老保险待遇水平。

可见，目前中国在对基本养老金进行指数化调整时，采用的是包含了物价与工资两个指数在内的调整方式。

(二)医疗保险基金支付的法律制度

1. 医疗保险的给付标准和给付项目。医疗保险的给付，是指被保险人生病后，由医疗社会保险机构按照事先规定的条件和待遇标准，向被保险人提供医疗服务或为其报销医疗费用。其给付条件是：被保险人获得医疗服务给付的资格，履行必要的手续及遵守相关规章制度，如凭证医疗、定点就医、逐级转诊等。

医疗保险待遇标准是指法律规定的被保险人能够享受的医疗给付水平。它有两层含义：一是在法律上，所有被保险人都能够享有同等待遇的权利。二是被保险人实际得到的待遇，依被保险人的病情需要而定，并非人人均等。医疗社会保险给付的待遇标准不是一成不变的，随着医疗需要的变化以及经济的发展，其标准可相应的进行调整。

一般来说，各国的社会医疗保险的给付项目包括各种治疗性服务、辅助性服务和基本药物等。为达到个人安逸的医疗服务、美容性质的医疗服务、特殊需求的医疗服务、滋补药物等，都不在医疗社会保险支付的项目之列。

2. 医疗保险基金的支付方式。从医疗保险基金的立法上看，其支付方式一般可以分为后付制和预付制两种。

(1) 后付制是指在医疗供方提供医疗服务后，按照标准支付费用的方式。这是一种传统的、使用最广泛的支付方式，其代表方式是按服务项目付费。按服务项目付费是指医疗保险机构根据约定的医疗机构或医生，定期向保险机构上报医疗服务记录，按照每个服务项目向服务提供者支付费用。这种付费方式的优点是操作方便，缺点是由于医院的收入与服务项目挂钩容易造成医疗费用居高不下。

(2) 预付制是指医疗服务供方按照在提供服务之前就同保险机构商量好的一个相对固定的付费标准进行付费。按照付费的标准预付制又可以分为：①按人头付费。指由社会医疗机构根据医生服务的被保险人数，定期向医院支付一笔固定的费用。例如，荷兰采用的就是按人头收费制，社会保险费集中缴纳到一个全国性基金会。②总预算制。即由医疗社会保险机构与医院协商确定的年度预算总额进行支付。德国采用了总额预算制，年度医疗费用总额由疾病保险基金联合会与保险医师联合会谈判协商决定。③定额付费。是指按预先确定的住院日费用标准支付住院病人每天的费用，按预定的每次费用标准支付门诊病人的费用。④即根据国际疾病分类法，将病人的疾病分为若干组，又根据疾病的轻重程度及有无合并症、并发症分为若干类，对每一组的不同级别分别制定价格，然后按这种价格对该组疾病治疗的全过程进行一次性收费。⑤工资制。即由社会保险机构根据医生或其他卫生人员提供的服务，确定一定金额的医疗保险待遇标准，在支付被保险人工资时一并支付。

纵观世界各国社会保险基金支付方式的改革，大体的思路是由后付制向预付制转变过渡，以改变按服务项目付费所造成的医疗费用增长过快的困境。预付制改变了医疗社会保险机构作为第三方局外人的被动局面，并通过预付约束，强迫医疗服务提供者承担经济风险，自觉规范医疗行为。另外，预付制使医疗机构获得了一部分相对稳定的资金，可以调动医院合理地使用社会保险资源的积极性。

3. 中国基本医疗保险基金支付的法律制度。2011 年起施行的《社会保险法》第 28 条至第 31 条对于基本医疗保险基金的支付作出了相应的规定：

(1) 符合基本医疗保险药品目录、诊疗项目、医疗服务设施标准以及急诊、抢救的医疗费用，按照国家规定从基本医疗保险基金中支付；

(2) 参保人员医疗费用中应当由基本医疗保险基金支付的部分，由社会保险经办机构与医疗机构、药品经营单位直接结算；

(3) 对于这样几项医疗费用不纳入基本医疗保险基金支付范围：①应当从工伤保险基金中支付的；②应当由第三人负担的；③应当由公共卫生负担的；④在境外就医的。

关于其中②的禁则性规定，另规定如下：当第三人不支付或无法确定第三人的，由基本医疗保险基金先行支付。基本医疗保险基金先行支付后，有权向第三人追偿。

(4)社会保险经办机构根据管理服务的需要，可以与医疗机构、药品经营单位签订服务协议，规范医疗服务行为。医疗机构应当为参保人员提供合理、必要的服务。

(三)失业保险基金的支付法律制度

1. 失业保险基金的给付标准。各国的失业保险金支付部分，在立法上一般可以划分为四个大项目，分别是：失业基本津贴、失业救助金、附加失业津贴和补充失业津贴。

失业保险金的给付标准一般都是以兼顾公平和效率的原则来确定的，即：既要使失业者的收入损失得到部分补偿，同时也应避免对在职者和创造就业产生阻碍作用。计算失业津贴的方法主要有薪金比例制、均一制、薪金比例制与均一制的混合使用。

(1)薪金比例制。世界上大多数国家采用的都是薪金比例制，即失业基本津贴与失业者本人的工资挂钩，按工资的一定比例发放。具体的比例厘定，按照75届国际劳工大会的要求，至少应该不低于原有工资的60%。例如，比利时的法律规定为60%，荷兰规定为80%，丹麦规定为90%。

(2)均一制。即不考虑原工资的水平，而规定以固定的金额形式表示的失业基本津贴。如意大利就规定每日800里拉，瑞典规定每日75马克。

(3)薪金比例制与均一制相结合的方式。采用这种给付标准的主要有芬兰和法国等国。如芬兰就把失业基本津贴分为两部分：第一部分为固定金额，每日70芬兰马克，第二部分与原工资相联系，为原工资的45%。两部分相加就是给付标准。根据中国法律规定，失业保险金的标准按照低于当地最低工资标准、高于城市居民最低生活保障水平，由省、自治区、直辖市政府确定。

2. 失业保险基金的给付期限。失业保险负有保障失业人员的基本生活和促进就业的双重任务。规定失业津贴的给付期限，是为了发挥失业保险的整体作用，既保证暂时的生活，又强调再就业。确定失业津贴的给付期限，应以使大多数失业者重新就业前不过多地减少收入为原则。失业保险的给付期限实际上包括两方面的期限：一是确定失业保险待遇开始给付的期限，即等待期限；二是确定失业保险待遇的享受期限。

对于等待期限，根据1988年国际劳工大会第75届会议的决议，失业者领取保险金的等待期限，原则上不得超过：①每次失业后3天；②12个月内失业后6天；③两者的结合。每次失业，失业保险金的等待期可以延长至7天。目前世界各国的立法一般都将失业保险给付的等待期规定在7天之内。新西兰、日本规定为7天，英国规定为3天，一些发达国家如德国、西班牙、葡萄牙、法国等则完全取消了等待期限。而一些发展中国家由于受财政能力的束缚，其等待期一般较长，如加纳为30天，厄瓜多尔是60天。

关于失业保险待遇的享受期限，国际劳工组织第44号公约规定，无论是按收入的津贴还是补助，支付期应为每年至少156个工作日，在任何情况下，也不能少于78个工作日；据此确定的最低水平失业津贴至少支付13周；或者意外事故期间收入不超过限定条件的居民都得到保护时，失业津贴在 12 个月中至少应支付 26 周。世界各国对失业保险待遇的享受期限规定也相差很大，少则 8 周，多则 36 周。在具体的立法过程中，存在着失业保险的待遇享受期限长短与缴纳失业保险费的期限相挂钩（如西班牙）、与失业者的年龄相挂钩（如日本）、与失业率相挂钩（如美国）等多种复杂的操作形式。

3. 中国失业保险基金支付的法律制度。2011 年起施行的《社会保险法》对中国失业保险基金的支付进行了详细的规定。

（1）关于支付水平。该法规定：失业保险金的标准，由省、自治区、直辖市人民政府确定，不得低于城市居民最低生活保障标准。

（2）有关失业保险基金的支出项目。该法规定：①失业人员在领取失业保险金期间，参加职工基本医疗保险，享受基本医疗保险待遇。失业人员应当缴纳的基本医疗保险费从失业保险基金中支付，个人不缴纳基本医疗保险费。②失业人员在领取失业保险金期间死亡的，参照当地对在职职工死亡的规定，向其遗属发给一次性丧葬补助金和抚恤金。所需资金从失业保险基金中支付。③个人死亡同时符合领取基本养老保险丧葬补助金、工伤保险丧葬补助金和失业保险丧葬补助金条件的，其遗属只能选择领取其中的一项。

（3）有关失业保险的待遇期限方面。该法规定：①失业人员失业前用人单位和本人累计缴费满 1 年不足 5 年的，领取失业保险金的期限最长为 12 个月；②累计缴费满 5 年不足 10 年的，领取失业保险金的期限最长为 18 个月；③累计缴费 10 年以上的，领取失业保险金的期限最长为 24 个月。重新就业后，再次失业的，缴费时间重新计算，领取失业保险金的期限与前次失业应当领取而尚未领取的失业保险金的期限合并计算，最长不超过 24 个月。

（4）有关失业保险基金支付的禁则性规定。该法规定，失业人员在领取失业保险金期间有下列情形之一的，停止领取失业保险金，并同时停止享受其他失业保险待遇：①重新就业的；②应征服兵役的；③移居境外的；④享受基本养老保险待遇的；⑤无正当理由，拒不接受当地人民政府指定部门或者机构介绍的适当工作或者提供的培训的。

（四）工伤保险基金支付的法律制度

根据国际劳工组织 121 号公约规定，以事故发生或患职业病前 12 个月的平均工资作为工伤待遇的计发基数。中国现行的办法规定按照本人标准工资计发。

工伤保险基金的支出补偿项目一般分为医疗服务和现金补偿两种。现金补偿又分为暂时伤残补助、永久残疾抚恤和遗属抚恤金三种。其中现金补偿除定期补偿外，还有一次性补偿。

在中国，根据《社会保险法》的规定，职工因工作原因受到事故伤害或者患职业病，且经工伤认定的，享受工伤保险待遇；其中，经劳动能力鉴定丧失劳动能力的，享受伤残待遇。

（1）有关工伤保险基金的支付项目：①治疗工伤的医疗费用和康复费用；②住院伙

食补助费；③到统筹地区以外就医的交通食宿费；④安装配置伤残辅助器具所需费用；⑤生活不能自理的，经劳动能力鉴定委员会确认的生活护理费；⑥一次性伤残补助金和一至四级伤残职工按月领取的伤残津贴；⑦终止或者解除劳动合同时，应当享受的一次性医疗补助金；⑧因工死亡的，其遗属领取的丧葬补助金、供养亲属抚恤金和因工死亡补助金；⑨劳动能力鉴定费。⑩基本养老保险待遇的差额补偿费用：工伤职工符合领取基本养老金条件的，停发伤残津贴，享受基本养老保险待遇。基本养老保险待遇低于伤残津贴的，从工伤保险基金中补足差额。

（2）有关先行支付项目的规定：①先行支付项目的费用。职工所在用人单位未依法缴纳工伤保险费，发生工伤事故的，由用人单位支付工伤保险待遇。用人单位不支付的，从工伤保险基金中先行支付。从工伤保险基金中先行支付的工伤保险待遇应当由用人单位偿还。用人单位不偿还的，社会保险经办机构可以依照《社会保险法》第63条的规定追偿。②由于第三人的原因造成工伤，第三人不支付工伤医疗费用或者无法确定第三人的，由工伤保险基金先行支付。工伤保险基金先行支付后，有权向第三人追偿。

（3）有关工伤保险基金支付的禁则性规定。工伤职工有下列情形之一的，停止享受工伤保险待遇：①丧失享受待遇条件的；②拒不接受劳动能力鉴定的；③拒绝治疗的。

（五）生育保险基金支付法律制度

生育保险支出一般包括生育津贴和生育医疗费两部分。在中国，根据《社会保险法》的规定，用人单位已经缴纳生育保险费的，其职工享受生育保险待遇；职工未就业配偶按照国家规定享受生育医疗费用待遇。所需资金从生育保险基金中支付。

（1）有关生育医疗费用。该法规定，包括：①生育的医疗费用；②计划生育的医疗费用；③法律、法规规定的其他项目费用。

（2）有关生育津贴。该法规定，职工有下列情形之一的，可以按照国家规定享受生育津贴：①女职工生育享受产假；②享受计划生育手术休假；③法律、法规规定的其他情形。

（3）有关生育津贴的支付标准。该法规定，生育津贴按照职工所在用人单位上年度职工月平均工资计发。

第四节　社会保障基金投资的法律制度

社会保障基金是社会保障资金的收取与支付差额的积累。一般而言，无论采用什么样的筹资模式，都会有一定的收入和支出的余额存在，只不过不同的筹资模式，基金的数量和存续期间会有不同。因为社会保障投资对于克服人口老龄化所带来的社会保障基金支付的压力，加快社会保障基金与金融市场的互动，减少财政负担，协调国民经济的发展有着积极的作用，所以，从世界范围内看，社会保障基金的投资受到极大的关注。而社会保障基金的投资目的实际上就是为了使其能够保值增值。以往的单纯的筹集与发放“两点式”的基金管理已经不能满足现代社会保障运行的需要,社会保障基金的保值增值越来越成为各国社会保障基金管理与运营的关键。而如何用法律对社会保障基金的投资活动加以规范则成为本节的核心内容。

一、社会保障基金投资法的原则

社会保障基金能否起到上述积极作用,即承受将来主要由于老龄化带来的日益增长的社会保障待遇支付负担,协调国民经济的发展,关键在于能否将这些储备基金用于积极有效的投资。社会保障基金的社会公益产品的特征,决定了其投资与其他基金的投资的不同。因此,对于社会保障基金投资更要求立法的保护。社会保障基金投资立法目的决定了其立法原则。社会保障基金法具有以下三大基本原则。其实,这三大原则也是投资的三大原则。

(一)安全性原则

社会保障基金是为了帮助劳动者抵御风险的基金,或者说是劳动者的“保命钱”,这一特性决定了其投资运营与其他金融产品的投资运营不同,社会保障基金的投资应该把安全性放在第一位。安全性原则是社会保障基金投资的首要原则。安全性原则要求:社会保障基金投资的预期收益应该建立在无风险或者尽可能低的风险的基础之上,或者说,社会保障基金的投资应该在安全的条件下追求尽量高的收益。在市场中,高收益往往也就是高风险的代名词,当高利润与安全性发生冲突的时候,社会保障基金的选择毋庸置疑的应该是安全。社会保障基金的投资并不是单纯地追求市场利润的最大化,而是安全收益的最大化。在涉及社会保障基金投资的法律规定中,安全性应该成为一项最为重要的制约因素贯穿社会保障基金投资运行的始终。

为了确保投资的安全,世界各国对社会保障基金的风险投资以法律形式作了特殊的规定。如英国保险法规定:所有各种保险所积存之一切资金,均应归入国民保险基金,而以其利息,其财务盈余部分均投资于国家公债,非经国家批准不得任意支出。马来西亚1969年制定的雇员社会保障法,把社会保障基金投资限定于“政府债券”、由议会担保利息的证券和依联邦法律建立的公共机构经财政部批准发行的有固定利息的证券。

(二)流动性原则

流动性即投资在不发生价值损失条件下的变现能力。社会保障基金所追求的流动性是为了避免基金投资中可能造成的周转困难,以防止发生基金支付的中断和迟延。不同投资方式的变现能力是不同的,为了保证有足够的资金来应付可能出现的支付,基金的法律制度应该限定不同基金投资方式的比例、根据社会保障不同项目的特点来协调搭配投资的期限(短期投资和中长期投资的搭配),使基金投资在应付日常支出的前提下充分发挥效益。如失业、疾病、伤残保险基金,要求变现性较高,而投资收益率就相应较低,适于投资于短期、中期投资项目;长期性保险项目,如养老基金对流动性的要求就不高,其投资收益率较高,选择投资项目时间可以长一些。

(三)收益性原则

社会保障基金的保值增值归根结底依赖于投资的收益,没有收益,就不能够保值、更谈不上增值。社会保障基金投资的初衷正是为了收益性。投资的收益率受多方因素影响,一般而言,对收益率高低的设定要充分地考虑到:投资可能享受到的税收优惠、货币的升值与贬值、投资风险的补偿性和基金使用的机会成本等。应该指出的是,对社会保障基金的收益性应该以比较长远的观点来看待,不应该拘泥于短期内的得失。另外,由于社会保障基金本身的特殊属性,在考虑营利性的同时,还应该兼顾其投资的社会效益,使其投资项目与政府的政策目标相一致,发挥社会经济的最大效用。

上述社会保障基金投资所遵循的三个原则之间其实存在着矛盾和冲突。收益性和安全性、收益性和流动性之间并不能够达到同时的满足。因此,各国社会保障基金投资的法律制度实际上都是三个原则相互协调和均衡的结果,既要考虑到投资回报率的高低,又要考虑到应变时所需投资资产的变现可能性之间的比例。

美国等发达国家在遵循上述三大原则进行社会保障基金的投资的实践中,从操作层面上,对社会保障基金在资本市场的运营规律进行了总结,并以法律的形式加以确定。这些新原则其实是社会保障基金运行中的规则。这些规则有:谨慎性原则,即选择谨慎的基金管理者,管理者必须对基金的投资管理高度忠诚,自行选择投资方式、以避免政府对基金的干预;限制性原则,即以具有约束力的法律,严格限制投资的类别和规模,以降低投资风险;分散化原则,是指将基金分散投资于性质不同、期限不同、地区不同的投资项目,以取得风险和收益的最佳组合;控制性原则,是指对投资项目的风险等级进行规定,控制高风险的投资项目所占的比例。

二、社会保障基金的投资渠道

社会保障基金投资渠道的选择应该以投资的三大原则为标准。具体来看,世界范围内社会保障基金的主要投资渠道如下。

(一)银行储蓄存款生息

储蓄存款生息是指社会保障的专营机构将社会保障基金结余或部分存入国家银行和地方银行,按国家规定利率收取利息。其采取的形式可以为:活期存款、定期存款、大额定期存款及保值储蓄存款等。这种投资方式的特点是风险极低,安全可靠,具有完全的资产流动性。但是在通货膨胀严重的情况下,其收益率有可能变成负值,难以抵消通货膨胀的贬值影响。

(二)有价证券的投资

有价证券的投资是指运用社会保障基金购买国债、公司债券、股票等各种有价证券。国债的特点是:债券利率事先确定,可以获得固定的预期收入,政府发行、财政担保,变现迅速,但受市场利率影响较大,增值收益率不是特别高。公司债券和股票的特点是:收益率较高,流动性很强,在通货膨胀时期易于保存其价值。有经济专家甚至认为:它是最能抵御通货膨胀对资产贬值的投资方式和预期收益最大的投资项目之一。其缺点是所承担的经营风险较大。

(三)不动产投资

房地产作为一个有巨大投资前景的产业,其收益率相当高,社会保障基金对医院、住宅、供水、居住环境、福利设备等福利相关项目的投资更体现了其很强的社会性。但是,由于房地产易形成虚假的经济泡沫,社会保障基金投资于其间的安全性不能得到足够的和充分的保障。另外,由于不动产的生产周期长,占用资金数量大,致使其流动性很差。

(四)投资于生产与流通领域

这是指社会保障专门机构利用社会保障基金,特别是养老保险基金积累的长期较稳定的特点进行资本投资,以期取得投资的收益。这是西方国家资金的投资方式之一。预期收益率一般都要高于银行存款利率,但是存在着投资的风险,所以,在投资中,一般都选择流通好、变现快的短期项目或者效益好、稳定安全的中长期项目。

(五)委托金融机构投资

这主要是指社会保障基金管理机构委托金融机构(包括国家、私营银行或专业银行、专业投资机构)进行投资。其优点是:金融机构有长期的投资和贷款经验,可以把握基金投资对象。金融机构作为中介人能利用制约力加强对资金利用者的监督,有利于把握投资方向,是一条较好的投资途径。而且为了保障贷款资金的安全,还可以通过再保险的办法对风险投资的回报率进行担保。这样,安全性能够得到一定的保障。

(六)向被保险人提供信贷

这是指社会保障管理机构通过各种信贷的形式向受保人及其家属提供消费性信贷或其他的信贷服务以期获得收益。如新加坡公积金账户就规定:相当于工资30%部分的普通账户可以用于购房、投资、教育;6%为保健账户,可以用于支付住院医疗费用和重症医疗保险;4%为特别账户,只限于债券和特殊情况下紧急支付。

(七)投资于国际资本市场

社会保障基金投资的原则要求投资的多样化。随着各国结余基金规模的扩大,在国内资金运营吸纳能力有限的情况下要求保险基金的增值,国际投资就成为了必要。近年来以智利为代表的国家在海外投资中获取的高收益更是为其他国家提供了良好的经验。对国际资本市场的涉足扩展了社会保障基金的投资渠道,对社会保障基金的投资运营提出了新的挑战和课题。

(八)风险投资

风险投资主要指向有发展潜力的私营企业,特别是向开发高新技术或促使其产业化的中小企业提供股权资本,通过股权转让(交易)来回收投资并获取投资效益。风险投资可以是直接投资,也可以通过风险投资基金间接投资。是一种高风险高回报的投资方式,自20世纪90年代以后较为常见。

(九)衍生金融工具投资

衍生金融工具的投资主要是指向诸如利率期货、股指期权等的投资。除了以上的传统的金融工具以外,衍生金融工具投资也被用来减轻投资收益的波动性。但相比投资于传统的金融工具,衍生金融工具的投资风险大,往往局限于进行投资组合止损保险。

投资渠道的选择是社会保障基金保值增值的关键。现实中一国的社会保障基金的投资往往是多种渠道组合运用。

三、国外有关社会保障基金投资的法律制度规定

一个国家社会保障基金的投资方向和投资组合应该从本国的国情出发,参考多方面的因素而加以确定。社会保障基金的特点要求对其投资的实施和运营应该严格遵照本国相关法律的规定进行,排除随意性的自由选择。一般而言,各国的法律从投资立法的原则出发,都对社会保障基金投资结构和组合进行了一定程度的限制,以保证社会保障基金运行的有效性和安全性。从国际劳工组织提供的材料来看,允许资金投资运营的国家,其资金的投资比例一般是:公司股票和不动产占60%,公司债券占17%,政府债券占6%,短期贷款占3%,有担保的贷款占14%。

(一)欧美国家的社会保障基金投资的法律制度规定

为了实现社会保障基金投资的原则,欧美国家的法律一般都对基金投资组合进行了相应的规定(如表8-1所示)。

表8-1　欧美国家对养老基金投资组合实施限额规定的情况

国别	投资组合限额(占基金资产的百分比)
比利时	自我投资不得超过15%,房地产投资不得超过40%,单项存款不得超过10%
丹麦	股票、房地产投资比例不得超过49%,政府债券、抵押信用券不低于60%
法国	不低于50%的资产投资于欧盟公共债券,贷款项目不得超过30%
德国	指导性原则:投资欧盟股票不得超过30%,投资欧盟房地产不得超过25%,非欧盟债券不得超过6%,外国资产不得超过20%,自我投资不得超过10% 养老金投资股票的比例为21%~75%,房地产不得超过30%,流动资产不得超过49%
爱尔兰	实施严格谨慎的规则,自我投资需要批准
意大利	由基金董事会制定投资政策,政府债券不得超过90%
日本	投资债券不低于50%,投资股票不超过30%,房地产不超过20%,外国资产不超过30%,投资单一公司的资产不得超过10%
荷兰	自我投资不超过5%,自由准备金可达10%,自我投资15%
挪威	投资股票不得超过20%,投资未担保贷款不得超过30%

续表

国别	投资组合限额（占基金资产的百分比）
葡萄牙	政府债券30%，房地产投资不超过50%，自我投资不超过15%，投资股票、房地产不超过40%
西班牙	投资金融资产比例10%，投资债券、存款、房地产抵押贷款项目不超过90%
瑞典	大部分养老金资产只允许投资于债券、抵押债券等
英国	自我投资不超过5%，实行谨慎性投资规则
美国	谨慎人投资规则

资料主要来源：Davis（1995）。

欧美国家的投资立法从对投资组合的限制程度看，一般主要分为两种类型：

1. 缓和型。这一类国家以美国、英国、加拿大、澳大利亚以及荷兰等国家为代表。这些国家对社会保障基金（主要是养老保险基金）的投资组合没有太严格的限制，主要是遵循谨慎性原则选择投资项目。采取这种类型，需要有完善的资本市场体系和完善的相关法律支撑作为前提条件，同时还需要有高度透明的监管体系作为实施保障。如英国国民社会保险法规定逐年拨入国民保险基金，其财务盈余部分，均投资于国家公债，非经国会批准，不得随意动用；并于1980年专门成立国民投资贷款办事处，接受卫生和社会保障部委托储存和经营保险基金，规定一部分按国家规定用于公共设施投资、购买政府发行的债券也允许委托投资，另一部分用于短期信贷，特别是借给政府急用。而对于补充养老保险，英国1995年养老保险法规实行最低基金要求，补充养老基金投资于股票的比例高达70%左右，在20世纪90年代初期高达83%。因此，从1980年以来，英国的补充养老保险基金的投资收益率平均高达18%。

2. 严格型。以法国、德国等欧洲大陆国家为代表，有比较严格的立法模式，在法律中对社会保障基金的投资组合作了较为硬性的规定。如法国的养老保险基金投资运营于资本市场。《社会保险综合法》规定，养老保险基金的储备金50%用于购买政府债券，贷款项目不得超过30%。基金制度化以外的特殊行业养老保险基金管理机构可以选择自己的投资方向。法国的AGIRC（高级管理人员）和ARRCO（蓝领和行政工作人员）两个行业养老保险基金实行内部管理，近几年的投资回报率接近9%～10%。

（二）拉丁美洲国家的社会保障基金投资的法律制度规定

拉丁美洲对社会保障基金的投资一般也采取了较为严格的组合限额。如智利、阿根廷、秘鲁三国规定投资政府债券的资产分别不得超过35%～50%、50%和40%，投资于私营部门债券和定期存单的资产分别不得超过30%～50%、28%、35%和50%，投资于股票资产分别不得超过35%～50%、35%和30%。此外，智利还规定投资于单一金融机构的资产不得超过养老保险基金的15%，投资于非金融机构的债券不应超过养老保险基金的70%。但值得特别注意的是，进入21世纪以后，受诸多因素的影响，拉丁美洲国家在一定程度上放宽了对社会保障基金投资组合的限制，主要体现在对投资股票的限制普遍由20世纪90年代初的10%放宽到30%～50%，投资于国外资产的比例限制也有所放宽。与欧洲大陆国家相比，拉丁美洲国家的社会保障基金投资收益都比较高，如智利自1982年至今，基金的年平均收益率均在10%以上。智利于1980年颁布了《养老保险法》，依照该法，其养老保险基金都是通过私营的养老保险基金公司AFP来实现的。截至21世纪初，一共有15家基金管理公司在参与养老金的运营。私营的养老保险基金公司作为社会养老保险基金运营机构也是社会保障基金管理社会化的典型表现。并且，在投资组合中，智力政府公债一直保持着较高的份额，对于基金的安全营运发挥着基础的作用，抵押贷款的投资也占到相当的份额，投资于存款的比例一直呈现下降趋势，而投资于股票的比例一直居高不下。

（三）东南亚国家的社会保障基金投资的法律制度规定

东南亚国家尤其是新加坡和马来西亚，其立法类型是集中管理的公积金模式。这些国家更强调政府在社会保障基金中的主导作用，运用社会保障基金投资于经济建设的投资策略，以达到社会保障基金在促进经济发展和实现社会政策的双重目标。

新加坡中央公积金局根据《公积金法》，对社会保障基金直接实施全面管理和控制，进行独立操作。根据《公积金法》和《信托投资法》进行投资运营，主要将社会保障基金用于购买政府债券、金融管理局存款、可转让存款证券、市场债券、信托公司股票、银行定活期存款。中央公积金局聘请了5位投资专家负责此项工作，每月向中央公积金局递交投资报告。基金投资利息收入定期支付给储蓄账户。

马来西亚于1969年制定《雇员社会保障法》，其中规定社会保障基金的投资仅仅限定于政府发行的证券、议会担保利息的证券、财政部批准发行的有固定利息的证券，以及选择财政部许可的投资方式。该国在1985年规定，社会保障基金可以用于购买信托基金证券、国营公司股票和债券；同时规定全部投资中至少要有70%用于购买政府债券。其立法还要求基金的投资年度最低回报率为2.5%。但对于工伤与疾病保险基金，仅限于国内投资，而不允许海外投资。

四、中国社会保障基金投资的法律制度

（一）社会保障基金投资立法的发展

中国有关社会保障基金投资的立法历史仅有20多年的历史。其中从法律规定的内容看，前一个十年，即从20世纪90年代开始的第一个十年应该说是对社会保障基金的投资范围严格限制的十年。进入21世纪以后可以说中国开始了尝试扩大社会保障基金投资的范围。

1.20世纪90年代的法定投资范围——购买国债和存入银行。关于社会保障金可以进行投资的规定始见于有关企业职工养老保险制度方面的法律文件。20世纪90年代的整个期间主要是对企业职工养老保险基金这一基金项目的投资方面的规定，而且

投资范围严格限制于购买国债和存入银行。

(1)1991 年国务院发布的《关于企业职工养老保险制度改革的决定》中规定,企业和职工个人缴纳的基本养/老保险费转入社会保险管理机构在银行开设的“养老保险基金专户”,实行专项储存,专款专用,任何单位和个人均不得擅自动用。银行应按规定提取“应付未付利息”;对存入银行的基金,按其存期以中国人民银行规定的同期城乡居民储蓄存款利率计息,所得利息并入基金。积累基金的一部分可以购买国家债券。

(2)1993 年《中共中央关于建立社会主义市场经济体制若干问题的决定》指出:“社会保险基金经办机构,在保证基金正常支付和安全性流动性的前提下,可依法把社会保险基金主要用于购买国家债券,确保社会保险基金的保值增值。”

(3)1994 年,财政部和劳动部发布了《关于加强企业职工社会保险基金投资管理的暂行规定》,该规定对社会保险基金投资的相关内容作了规定:①为保证养老保险基金的安全和完整并妥善处理该基金的保值问题,国家发行社会保险基金特种定向债券(以下简称特种定向债券)。职工养老保险基金收支相抵后的结余额,除留足两个月支付费用外,80% 左右应用于购买特种定向债券,在国务院没有作出新的规定前,不得在境内外进行其他直接投资和各种形式的委托投资。②职工失业保险、医疗保险、工伤保险等其他社会保险基金,在保证必要支出后,其结余额的一部分以及养老保险基金购买特种定向债券后的结余额,应根据国家下达的年度国债发行计划,积极认购其他种类的国家债券。其中,失业保险等其他社会保险基金结余额,也可视国债发行计划需要,认购一部分特种定向债券。③各种社会保险基金购买国家债券的利息收入免缴税费并转入基金。④社会保险基金购买国家债券以后仍有结余的部分,应按社会保险基金管理的有关规定存入银行的专户。

(4)1995 年《国务院关于深化企业职工养老保险制度改革的通知》中规定:“要根据国家有关规定建立健全养老保险的预算管理和财务、会计制度,做好缴费记录和个人账户等基础工作,严格控制管理费的提取和使用,坚持专款专用原则,切实搞好基金管理,确保基金的安全并努力实现其保值增值。当前,养老保险基金的结余额,除留足 2 个月的支付费用外,80% 左右应用于购买由国家发行的社会保险基金特种定向债券,任何单位和个人不得自行决定基金的其他用途。养老保险基金营运所提收益,全部并入基金并免征税费。”

(5)1997 年《国务院关于建立统一的企业职工基本养老保险制度的决定》中规定:“抓紧制定企业职工养老保险基金管理条例,加强对养老保险基金的管理。基本养老保险基金实行收支两条线管理,要保证专款专用,全部用于职工养老保险,严禁挤占挪用和挥霍浪费。基金结余额,除预留相当于 2 个月的支付费用外,应全部购买国家债券和存入专户,严格禁止投入其他金融和经营性事业。要建立健全社会保险基金监督机构,财政、审计部门要依法加强监督,确保基金的安全。”

从上述相关法律规定中可以看出,中国政府长期以来对社会保障基金的投资加以严格的管制,限定为专户储存和购买政府债券,严禁用于其他用途。这是与我国资本市场发育程度低、投资渠道少、实业投资风险大、营运监管手段落后以及风险防范能力弱的现状相适应的。其结果是造成了极大的资金浪费,降低了基金本身的金融效率,使中国社会保障基金的收益率一直处于一个很低的水平。

2. 21 世纪以后的法定投资范围的扩大。进入 21 世纪以后,为了实现保值增值的目标,从社会保障资金的名称上逐渐形成了各个制度类别的基金,如社会救助基金、社会保险基金、补充保障基金、全国社会保障基金、社会福利基金、社会优抚基金。相应的基金管理方面的立法也逐渐增多。并且对所有基金都规定了对结余部分采取存入银行的方式保值增值。其中明确了允许在保证安全的基础上,可以投资运行实现保值增值的基金从养老保险基金扩展到了包括基本养老保险基金在内的社会保险基金、全国社会保障基金、补充保障基金。而其中的全国社会保障基金和补充保障基金两个基金的法定投资范围明确,而社会保险基金的投资运营目前仅停留在概念上。

(1)有关社会保险基金的投资立法。目前有效的法律依据是 2010 年 10 月 28 日,全国人大颁布了《中华人民共和国社会保险法》。其中首次对社会保险基金的投资运营进行了原则性的规定:"社会保险基金在保证安全的前提下,按照国务院规定投资运营实现保值增值。"然而,自《社会保险法》施行以来,国务院尚没有明确方案可以落实,致使社会保险基金的投资运营成为一纸空文。

(1)有关全国社会保障基金的投资立法。其包括:

①2001 年的《全国社会保障基金投资管理暂行办法》,对全国社会保障基金的投资运作行为进行了规范,办法规定了全国社会保障基金投资的范围;投资比例的原则规定;对管理机构、投资管理人、托管人、投资活动、收益分配、报告制度以及法律责任都做了规定。从法律上第一次确定了社会保障基金进入资本市场的途径,为基本社会保险社会统筹账户和个人账户以及企业补充养老保险等其他形式的社会保障基金的投资起到了示范作用,为更大规模的社会保障基金进入资本市场提供了法律经验。

2003 年 6 月 2 日,全国社保基金理事会与南方、博时、华夏、鹏华、长盛、嘉实 6 家基金管理公司签订相关授权委托协议,全国社保基金将正式进入证券市场。

2009 年《境内证券市场转持部分国有股充实全国社会保障基金实施办法》的实施,进一步保证了全国社会保障资金来源的稳定性。本办法所称国有股转持是指股份有限公司首次公开发行股票并上市时,按实际发行股份数量的 10%,将上市公司部分国有股转由全国社会保障基金理事会持有。

②2006 年的《全国社会保障基金境外投资管理暂行规定》,将全国社会保障基金的投资范围扩大到了境外。同时还规定了较为宽泛的投资渠道。

(2)有关补充保障基金的投资立法。2004 年 1 月,国务院发出《关于推进资本市场改革开放和稳定发展的若干意见》,其中指出:鼓励合规资金入市。继续大力发展证券投资基金。支持保险资金以多种方式直接投资资本市场,逐步提高社会保障基金、企业补充养老基金、商业保险资金等投入资本市场的资金比例。要培养一批诚信、守法、专业的机构投资者，使基金管理公司和保险公司为主的机构投资者成为资本市场的主导力量。

2004年9月的《关于企业年金基金证券投资有关问题的通知》及其配套附件《企业年金基金证券投资登记结算业务指南》;12月的《企业年金基金管理机构资格认定暂行办法》;和《〈企业年金基金管理机构资格认定专家评审规则〉的通知》，对企业年金基金投资进行了较为全面的规范。

目前有关补充保障基金投资运营的有效法律规定是自2011年5月1日起施行的《企业年金基金管理办法》。《企业年金基金管理办法》是根据劳动法、信托法、合同法、证券投资基金法等法律和国务院有关规定，制定的专门规范补充保障基金的受托管理、账户管理、托管、投资管理以及监督管理的法律文件。

（二）现行社会保障基金投资的主要法律规定

1. 全国社会保障基金投资的主要规定。其包括：

（1）全国社会保障基金资产的独立性。全国社保基金资产是独立于全国社会保障基金理事会、社保基金投资管理人、社保基金托管人的资产。

（2）全国社会保障基金的投资地域范围：境内和境外。①境内投资的全国社会保障基金来源全国社会保障基金理事会（以下简称理事会）负责管理的由国有股减持划入资金及股权资产、中央财政拨入资金、经国务院批准以其他方式筹集的资金及其投资收益形成的由中央政府集中的那部分社会保障基金。②境外投资的全国社会保障基金来源于以外汇形式上缴的境外国有股减持所得。

（3）全国社会保障基金的境内投资渠道范围与投资组合的规定。全国社会保障基金投资的范围限于银行存款、买卖国债和其他具有良好流动性的金融工具。划入全国社会保障基金的货币资产的投资，按成本计算，应符合下列规定：①银行存款和国债投资的比例不得低于50%。其中，银行存款的比例不得低于10%。在一家银行的存款不得高于社保基金银行存款总额的50%。②企业债、金融债投资的比例不得高于10%。③证券投资基金、股票投资的比例不得高于40%。

单个投资管理人管理的全国社会保障基金资产投资于一家企业所发行的证券或单只证券投资基金，不得超过该企业所发行证券或该基金份额的5%；按成本计算，不得超过其管理的全国社会保障基金资产总值的10%。

委托单个全国社会保障基金投资管理人进行管理的资产，不得超过年度全国社会保障基金委托资产总值的20%。

全国社会保障基金建立的初始阶段，投资限于减持国有股所获资金。关于之外的中央预算拨款部分，在条件成熟时由财政部会同人力资源和社会保障部商理事会报国务院批准后，按上述比例进行投资。

划入全国社会保障基金的股权资产纳入全国社会保障基金统一核算，按照国家有关规定进行管理。股权资产变现后的投资也按上述比例执行。

(4)全国社会保障基金的境外投资渠道范围的规定。全国社会保障基金境外投资的比例,按成本计算,不得超过全国社会保障基金总资产的20%。全国社会保障基金境外投资限于下列投资品种或者工具:①银行存款。此处银行是指境外中资银行和国际公认评级机构最近3年对其长期信用评级在A级或者相当于A级以上的外国银行。②外国政府债券、国际金融组织债券、外国机构债券和外国公司债券。此处债券是指国际公认评级机构对其评级在BBB级或者相当于BBB级以上的债券。③中国政府或者企业在境外发行的债券。④银行票据、大额可转让存单等货币市场产品。此处的货币市场产品是指国际公认评级机构对其评级在AAA级或者相当于AAA级的货币市场产品。⑤股票:此处股票是指在境外证券交易所上市的股票。⑥基金:指证券市场公开发行的基金,基金投资范围需符合本条关于其他投资品种或者工具的规定。⑦掉期、远期等衍生金融工具:指金融市场上流通的衍生金融工具。全国社会保障基金投资衍生金融工具仅限于风险管理需要,严禁用于投机或放大交易。⑧财政部会同人力资源和保障部批准的其他投资品种或工具。

此外,《全国社会保障基金境外投资管理暂行规定》还规定,单个全国社会保障基金境外投资管理人管理的全国社保基金委托资产投资于一家机构发行的单只证券和基金不得超过该证券和基金份额的10%,按成本计算,不得超过其管理的全国社保基金境外委托资产总值的20%。但后两种情形不受此比例限制:其一,全国社会保障基金会委托全国社会保障基金境外投资管理人以机构投资者身份参与境外上市配售以及定向配售的;其二,全国社会保障基金会将其持有股票委托给全国社会保障基金境外投资管理人投资运作的。

全国社会保障基金会委托单个全国社会保障基金境外投资管理人管理的资产,不得超过全国社会保障基金境外投资委托资产总值的50%。

2.《企业年金基金管理办法》中的企业年金基金,是指根据依法制定的企业年金计划筹集的资金及其投资运营收益形成的企业补充养老保险基金。是保证多层次社会保障中的第二层次的补充保障制度运行的基金。它与第一层次的社会保障基金的不同之处在于没有来自于财政的补贴。《企业年金基金管理办法》中有关企业年金基金投资运营的规定内容如下:

(1)企业年金基金的投资运营采取托管制。①投资运营关系中的主体。委托人:建立企业年金计划的企业及其职工;受托人:企业年金理事会或者法人受托机构;账户管理人:企业年金基金账户管理机构;托管人:企业年金基金托管机构;投资管理人:企业年金基金投资管理机构。②关于主体个数的规定。1∶1∶1∶1∶n。即,一个企业年金计划,应当仅有一个受托人、一个账户管理人和一个托管人,可以根据资产规模大小选择适量的投资管理人。③各主体之间的合同关系。一个受托管理合同关系,三个委托管理合同关系:委托人与受托人之间签订受托管理合同;受托人与托管人之间签订委托管理合同；受托人与托管人之间签订委托管理合同；受托人与投资管理人之间签订委托管理合同。④企业年金基金财产的独立性。企业年金基金缴费必须归集到受托财产托管账户，并在 45 日内划入投资资产托管账户。企业年金基金财产独立于委托人、受托人、账户管理人、托管人、投资管理人和其他为企业年金基金管理提供服务的自然人、法人或者其他组织的固有财产及其管理的其他财产。

（2）对于企业年金基金的投资渠道范围的规定。①地域范围：限于境内投资。②渠道范围：包括银行存款、国债、中央银行票据、债券回购、万能保险产品、投资连结保险产品、证券投资基金、股票，以及信用等级在投资级以上的金融债、企业（公司）债、可转换债（含分离交易可转换债）、短期融资券和中期票据等金融产品。

（3）投资组合的规定。每个投资组合的企业年金基金财产应当由一个投资管理人管理，企业年金基金财产以投资组合为单位按照公允价值计算应当符合三点规定：①投资银行活期存款、中央银行票据、债券回购等流动性产品以及货币市场基金的比例，不得低于投资组合企业年金基金财产净值的 5%；清算备付金、证券清算款以及一级市场证券申购资金视为流动性资产；投资债券正回购的比例不得高于投资组合企业年金基金财产净值的 40%。②投资银行定期存款、协议存款、国债、金融债、企业（公司）债、短期融资券、中期票据、万能保险产品等固定收益类产品以及可转换债（含分离交易可转换债）、债券基金、投资连结保险产品（股票投资比例不高于 30%）的比例，不得高于投资组合企业年金基金财产净值的 95%。③投资股票等权益类产品以及股票基金、混合基金、投资连结保险产品（股票投资比例高于或者等于 30%）的比例，不得高于投资组合企业年金基金财产净值的 30%。其中，企业年金基金不得直接投资于权证，但因投资股票、分离交易可转换债等投资品种而衍生获得的权证，应当在权证上市交易之日起 10 个交易日内卖出。

此外，单个投资组合的企业年金基金财产，投资于一家企业所发行的股票，单期发行的同一品种短期融资券、中期票据、金融债、企业（公司）债、可转换债（含分离交易可转换债），单只证券投资基金，单个万能保险产品或者投资连结保险产品，分别不得超过该企业上述证券发行量、该基金份额或者该保险产品资产管理规模的 5%；按照公允价值计算，也不得超过该投资组合企业年金基金财产净值的 10%。

单个投资组合的企业年金基金财产，投资于经备案的符合第四十八条投资比例规定的单只养老金产品，不得超过该投资组合企业年金基金财产净值的 30%，不受上述 10% 规定的限制。

第五节　社会保障基金监管的法律制度

一、社会保障基金监管概述

(一)社会保障基金监管的含义

社会保障基金监管是指国家授权专门机构依法对社会保险基金收缴、安全营运、基金保值增值等过程进行监督管理,以确保社会保障基金正常稳定的运行。实施对社会保障基金的监管可以降低社会保障基金运作的风险性,满足社会保障基金自身信托性质的需要,克服社会保障基金运动过程中资金信息的不对称性。

对社会保障基金的监管一般分为政府监管和非政府监管两部分。政府对社会保障基金的监管主要是通过政府有关部门进行的。按照政府部门的职能,这种监管可以划分为三种:立法监管、司法监管和行政监管。非政府监管的机制,主要表现为以下几个方面的监管:①行业协会;②审计、会计和金融评级机构;③新闻媒体;④被保险人。

社会保障基金监管的主要方法可以从两个层次上加以解释:一是根据采取行动的时间,可以划分为事前监管、日常监管和事后监管;二是根据采取行动的地点,可以划分为非现场检查和现场检查。

(二)社会保障基金监管的内容

一般而言,社会保障基金监管的主要内容大致有:对社会保障基金运营机构的选择和确定,制定各项监管规则,设计社会保险基金运营的指标体系,实施社会保障基金的现场监管和非现场监管,确保社会保障基金的长期稳定运行和实现社会政策目标。具体地看,其内容有:

1. 社会保障基金运营机构的市场准入和退出。无论采取相对集中性的还是分散竞争性的运营机构,对其进行资格审查都是首要的一环。审查的内容一般包括:准入标准(如投资机构的资本实力、以往业绩、管理人员素质等)、筛选程序以及开展投资活动的各项主要指标要求(如投资限额和投资组合规定、最低盈利标准、基金盈利波动准备金规模、投资准备金规模等)。

另外,当某些基金运营机构不能确保基金利益和安全时,监管机构有权限制其运作基金的活动,甚至取消其运营资格,以确保社会保障基金的安全性。

2. 日常监管。多数国家对于运营机构的日常活动一般都通过制定监管规则间接监管,但也可对社保基金的活动进行直接监管。监管的方式一般为:监管机构定期地对基金的筹集、支付、投资运营活动进行评估,对基金投资公司所提供的财务报告、资产负债报告、审计报告和清算报告等运营文件进行审查,处理和解决违规问题。

3. 投资规则的实施。各国监管机构的一项主要职能就是监督运营机构对投资规则的实施。其内容包括:基金投资的总量控制和结构调整,规定投资方向,各项投资限额,投资组合的实施等。通过一般投资规则和管理者监管相结合的办法,保证基金在一定投资收益率基础上的安全运营。

4. 信息披露。社会保障基金的有效监管,需要政府对基金运营公司的信息披露作出严格规定,以实现社会公众的外部监管目标。严格的信息披露制度将使社会保障基金的基金管理者、投资者等各方获得充分的信息,减少因不完全甚至虚假错误信息导致的风险和损失。监管机构着重审查的是信息披露的真实性,尽可能地将基金运营机构置于监管机构和基金持有人的双重监督之下,从而有效防止其违规操作。

5. 风险管理。建立风险保障基金,及时对超过预警指标的基金进行保护,是社会保障基金监管的重要任务之一。当基金的投资收益率低于法律规定的投资盈利水平时,由监管部门强制地提取安全保证金。如智利就规定当基金投资收益低于行业投资收益率的50%时,必须由基金公司用投资收益和现金储备弥补。否则,基金公司将被勒令关闭,并由国家补足基金差额,以保障被保障人的合法利益。

(三)社会保障基金监管模式

社会保障基金的监管是一项非常复杂的系统工程,受经济环境、金融市场发展、制度演化的历史过程、法律条件、社会心理和文化因素等多方面的制约。一般而言,很难通过单一的规则体系来确保基金监管的有效性。受此影响,世界各国的监管模式呈现出不同的特点,一般来说可以分为四种类型:

1. 政府直接管理。政府管理的内容不仅包括制定有关社会保障的政策法规,还包括负责社会保障的业务管理,如社会保障基金的征集、支付和营运。采取这种模式的国家通常由中央政府的一个部或专门委员会(下设各分支机构)对社会保障基金实行自上而下的统一管理。如英国的卫生和社会保障局为全国的最高管理机构,各地设国民保障局,在各县设有国民保障办事处。在这种模式下,社会保障基金机构既是一个公职部门,又是一个金融单位。立法一般会对其进行国家机关和财政部门的双重监管。

2. 政府间接管理。在此种模式下,政府负责社会保障的立法和监督,公法机构负责社会保障基金的收支和运营,即监督和具体业务管理分开。公法机构一般是区别于政府机构和私人企业的具有自治性的公共团体,一般由政府、雇主、雇员三方组成各种社会保障委员会或基金会,下设办事机构。委员会一般都拥有较大的自主权,政府主管部门无权干涉其正常业务,但有权对它进行检查和监督。如美国,社会保障基金的投资由财政部部长、社会保障署署长、劳工部部长等五人组成的基金委员会管理。

3. 民营化管理。采取这种模式的国家通常由高度专业化的私营公司管理社会保障基金,这些公司被称为基金管理公司(AFPS)。各国立法对私人基金管理公司的监管主要涉及两方面:一是对私人基金管理公司的规定,另一个是关于监管机构与基金管理公司关系的规定。智利是此种模式的代表。该国的基金管理公司监督委员会职能有:批准基金管理公司的成立、章程和存续;监督基金管理公司的运作;确保基金管理公司满足基金资本和储备的最低下限;对治理养老保险体制运作的改革提出法律和管理上的建议;对有关养老保险的现行法律和规定进行解释;为基金管理公司制定强制性的一般规则;征收罚款;强迫基金管理公司停止营运。

4. 混合管理。采取这种模式的国家通常由政府或准政府机构制定有关社会保障的规则,如发放养老金的条件等,资金统一征集完成之后,根据一定投资组合的要求,委托给相互之间存在竞争关系的多个经营投资机构,由其负责投资和提供回报,投资回报及其支出安排仍由上述政府机构或准政府机构来掌握,并负责保障基金的发放。

虽然不同国家采用的监管模式大不相同,但是,随着近些年社会保障部分基金制或完全基金制模式受到普遍重视,私营化的监管模式愈加引人注目。以智利为代表的拉美国家和以波兰为代表的东欧国家,都在社会保障基金私营化分散性监管模式方面积累了丰富的立法经验。

二、社会保障基金监管的国际情况

构建社会保障基金监管机构是保证社会保障基金正常运营的重要制度基础。各国立法一般都赋予了社会保障基金监督管理部门较大的独立权限,旨在立足基金的长期安全稳定的营运,避免受短期经济政策的影响和地方政府经济行为的干预。严格监管,谨慎规则是社会保障基金监管部门始终遵守的原则。

由于监管模式的不同,对于社会保障内部子项目的监管,各国采用的办法也不大相同,一般类型有两种。

(一)集中统一型监管

第一种类型是集中统一的监管,由统一的监管机构对所有社会保障项目进行全面监管,其典型国家是英国。卫生和社会保障部是全英社会保障最高的行政管理机关,它采取了中央集权制。其任务是:负责国民保险、家庭津贴、战争年金及国民健康服务的立法及处理日常所发生的各种政策性问题,监督各区级机构办理的业务情况。保障机构由国家统一设置并管理。卫生和社会保障部内设有三个行政管理机构,即政策规划局、财务管理局和法律事务局。他们的主要职能是:①协调各机构之间的业务关系;②协助常务次官研究制定社会保障方面的各项政策法规;③协助常务次官为国务大臣解释和落实法规服务,争取在议会上获得通过;④为有关机构提供法律方面和政策方面的分析和咨询服务;⑤同国内有关机构与外国建立和发展社会保障方面的合作关系。在这些管理机构外部还设有相对独立的执行机构,即津贴管理局、基金收缴管理局、信息技术局、救济局、儿童福利管理局和战争优抚局等六个管理局。其中津贴管理局是最重要的一个管理部门。各个管理局在业务上一方面各有侧重,一方面又相互配合。除了中央的领导机构外,英国各地区还设置了区级的国民保险局,在县设立了国民保险办事处。区级国民保险局的主要职责是:①负责管理所在辖区各地方办事处的业务和人事;②负责监督地方顾问委员会、战争年金委员会、地方诉讼法庭、医疗诉讼法庭及医务理事会。

(二)分散型监管

第二种类型是分散性监管,即不同的子项目由不同的监管部门分别进行监管,或者由不同部门对业务经办、投资运营等分别进行监管。其典型国家是德国和法国。

德国的联邦劳动和社会部为社会保险最高行政机关。它主要负责立法和监督,但立法是分部门进行的。如联邦劳动和社会部负责养老金保险、失业保险、意外伤害保险和护理保险的立法,联邦卫生部负责医疗保险和社会救助的立法,国防部负责军人保险立法,内务部负责公务员保险立法,司法部负责法官和律师保险立法等。联邦保险局执行对联邦直属社会保障负担者的监督,对超出一个州的保险机构都属于该局管辖的范围。另外各州还都设有社会保险局,负责监督执行各州的保险计划。德国的社会保障监督,主要是以立法来规范保险机构的行为。德国的社会保障立法相当完善,基本形成了一整套的法规。联邦政府设立了保险监督局,负责检查、监督保险机构的行为规范,包括各类保险机构依据法律制定的补充规定和章程,都要纳入审查范围,检查其是否与联邦法律规定相一致,如果社会保险机构违反了国家的法律规定,企业或者投保人都有权依照法律程序提出诉讼。联邦保险监督局还负责全国养老保险机构、医疗保险机构之间的财政平衡和调剂事宜。

法国实施由政府领导的统一社会保障制度,社会与全国团结部为全国老年、伤残、死亡、疾病、生育、工伤保险的最高管理机关,并由联合征收机构征收社会保险费;卫生与社会保障部管理失业与家属津贴。社会保障基金的管理由工会与雇主协会的代表组织的非官方的基金会负责,国家对于社会保障基金的管理,都运用法律和行政的手段予以强大的干预。中央一级的管理机构分为:全国养老保险基金会,负责管理全国养老保险的有关事务;全国疾病保险基金会,负责管理全国疾病、工伤和生育保险的有关事宜;全国家属津贴基金会,主要协调各地区基金会的工作并进行财政平衡。地方基金与中央的基金基本保持一致。政府一方面对于各个基金赋予了很大的自主权,另一方面又保留了很大的控制权,这些控制权包括:①制定统一的法律法规;②政府有权对中央一级基金会的经理进行任命及对中央和地方各基金会进行财务监督和行政监督;③有对征收保险费率和支付待遇标准的调整权。

三、中国社会保障基金监管的法律规定

(一)中国社会保障基金监管状况

中国的社会保障基金监管体系建设尚处于不断完善过程中。基于历史传统,中国一直沿用的是统一集中管理的模式,监管机构本身实际上担负了多重职能。虽然近年来出台了一系列基金监管的措施,如强调收支两条线的管理,保障基金专款专用,加大行政监管的力度等,但是这些措施没有从根本上触及监管体制的核心。既管理又监督

的行政结构加剧了基金运行中的隐患和基金流失的现象。依照国际立法的经验，根据中国社会保障基金建立和运作的现状，对中国来说，分权制衡式的管理体系应该是较理想的基金监管模式。

中国社会保障基金分权式管理制度根据“统账”结合制度的特点，在社会保障基金的行政管理权与经营管理权，资产管理权与负债管理权、统筹账户资产，负债管理权与个人账户资产、负债管理权以及监督权分离的基础上，将社会保障基金的行政管理权交给社会保障管理部门（简称“社保部门”），统筹账户资产经营权交给具有相对独立性的社会保障基金信托委员会，个人账户资产经营和管理权交给投资管理机构，统筹账户的负债管理权交给财政部门，监督权交给社保部门、监管委员会和外部监督机构，以建立一个多权分离、各行其职、各负其责的管理制度。其特点是政事分权、经营管理分权、统账分权和资产负债分权。

如图 8－2 所示，在整个社会保障基金运营监管体系中，将社会保障基金充足性监督权交给社保部门，将社会保障基金运营的合法性监督权交给全国社会保障基金监督管理委员会，外部监管机构对社会保障基金运作的全过程进行监督，体现内部监管与外部监管相结合，以实现交叉监管的目的。同时通过监管委员会这一代表广泛利益的组织，可以建立起内部制衡机制。制衡式监督制度强调的是在监管职能的履行方面各机构之间的分工与协作，即社保部门、财政部门、个人账户基金管理委员会、监管委员会和外部监督机构共同监督基金运行的全过程，以及五者之间相互制约。

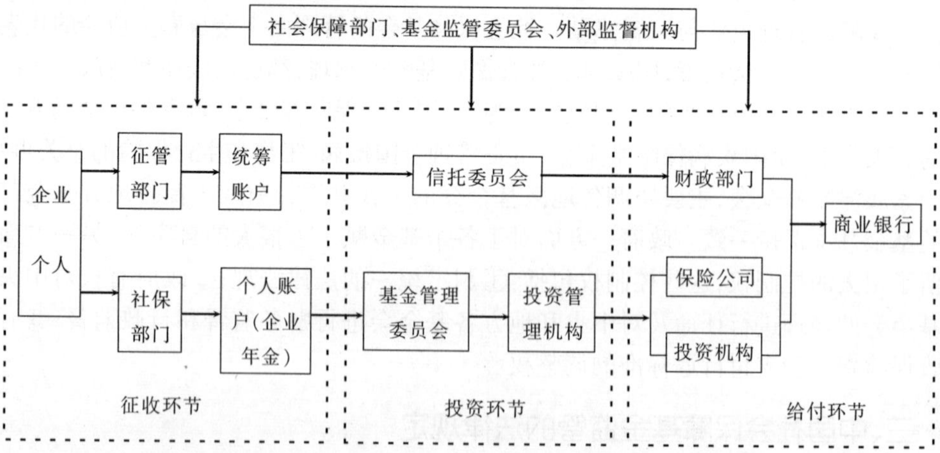

图 8－2　中国社会保障基金分权制衡式管理体系的基本框架图

本框架以省级统筹作为前提。就中国目前的实际情况来看，在这个体系中，其核心内容是对全国社会保障基金监督管理委员会和社会保障基金信托委员会的构建。监管委员会应该由社保部门、财政部门、雇主、雇员、专家、基金业和托管人行业代表共同组成，实行委员会制。监管委员会按城市设立地方监管办事处（类似于人民银行、证监会和保监会的管理体制），垂直管理。社会保障基金信托委员会应该由人力资源和社会保障部门组建，但独立于社会保障部门。信托委员会由社保部门、雇员、雇主代表以及专家组成，实行委员会制。

（二）中国有关社会保障基金监督的法律规定

1.20世纪90年代的基金监管制度。在前面所介绍的社会保障基金管理方面的立法中，20世纪90年代出台的法律文件中也有若干涉及社会保障基金监管的内容。

（1）1991年版和1994年版的《有奖募捐社会福利资金管理使用办法》中都有一章专门对于社会福利资金的监督。主要是对社会福利募捐资金使用管理的监督实行各级募集委员会对上级负责制，信息公布，社会监督。社会福利资金的使用，要严格执行财经纪律和政策规定，接受财政、金融、审计部门的监督；各级评委会要接受上级评委会的业务指导和监督检查。关于社会福利资金的管理、使用情况要定期提交本级募委会审议，并向社会公布，接受群众监督；各级民政部门和募委会对受资助单位的社会福利资金使用情况，必须负责地进行监督检查。

（2）1998年，《关于建立城镇职工基本医疗保险制度的决定》中规定，各级劳动保障和财政部门，要加强对基本医疗保险基金的监督管理；审计部门要定期对社会保险经办机构的基金收支情况和管理情况进行审计；统筹地区应设立由政府有关部门代表、用人单位代表、医疗机构代表、工会代表和有关专家参加的医疗保险基金监督组织，加强对基本医疗保险基金的社会监督。

（3）1999年的《社会保险费征缴监督检查办法》属于缴费环节的监督检查。重点在资金筹集方面的监督。劳动保障行政部门负责社会保险费征缴的监督检查工作。

（4）1999年的《社会保险基金财务制度》中专设一章，第九章标题为监督检查。经办机构要建立健全内部管理制度，定期或不定期向社会公告基金收支和结余情况，接受社会监督；劳动保障、财政和审计部门等要定期或不定期地对收入户、支出户和财政专户内的基金收支和结余情况进行监督检查，发现问题及时纠正，并向政府和基金监督组织报告。

（5）关于福利基金的监管，在《关于社会福利基金筹集、管理与使用规定》中规定了一项内容。审计、纪检和监察部门负责对民政部本级社会福利基金的使用进行监督检查。

2.进入21世纪以后，社会保障基金监管的制度。进入21世纪后，在继承20世纪90年代采取的监管做法之上，中国对于社会保障基金的筹集、使用、管理等方面的监管，加强了立法。从前面述及的社会保障基金管理的七个大类别的立法发展来看，关于社会保障基金监督方面的立法最多的就是社会保险基金监督方面的立法。从单一社会保险项目的立法到社会保险全体的监督方面的立法中，对不同形式、不同性质的社会保障基金的监督检查作出了不同监督检查内容的法律规定。并且，从2010年起，中国开始试行社会保险基金预算。社会保险基金预算是根据国家社会保险和预算管理法律法规建立、反映各项社会保险基金收支的年度计划。通过对社会保险基金筹集和使用实行预算管理，能够强化社会保险基金的管理和监督，保证社会保险基金安全完整，提高社会保险基金运行效益。

前面所介绍的七大类社会保障基金立法中各自都涉及社会保障基金管理监督的内容。并且可以看出进入21世纪后，中国政府加强了对社会保障基金的筹集、管理、使用、运营等的监督方面的立法。从具体的规定内容看，中国的社会保障基金监管的立法大致涉及以下几个方面的内容：

(1)监管主体。人力资源和社会保障部主管全国社会保障基金监督工作。县级以上地方各级人民政府人力资源和社会保障行政部门主管本行政区域内的社会保障基金监督工作。人力资源和社会保障行政部门负责社会保障基金的监督机构具体实施社会保障基金监督工作。

关于投资管理的监管，《投资管理暂行办法》规定：财政部会同劳动和人力资源和社会保障部拟定社会保障基金管理运作的有关政策，对社会保障基金的投资运作和托管情况进行监督。中国证券监督管理委员会(以下简称中国证监会)和中国人民银行按照各自的职权对社会保障基金投资管理人和托管人的经营活动进行监督。

(2)监管内容。社会保险基金监督包括以下内容：①贯彻执行社会保险基金管理法律、法规和国家政策的情况；②社会保险基金预算执行情况及决算；③社会保险基金征收、支出及结余情况；④社会保险基金管理的其他事项。

(3)监管机构的权利。监督机构及其监督人员在履行职责时，享有下列权利：①要求被监督单位提供或报送社会保险基金预算或财务收支计划、预算执行情况、决算、财务报告，以及其他与社会保险基金管理有关的资料；②查阅被监督单位与社会保险基金有关的会计凭证、会计账簿、会计报表，以及其他与社会保险基金管理有关的资料；③就监督事项向有关单位和个人进行调查，并取得有关证明材料；④对被监督单位隐匿、伪造、变造会计凭证、会计账簿、会计报表以及其他与社会保险基金管理有关的资料的行为予以纠正或制止；⑤对被监督单位转移、隐匿社会保险基金资产的行为予以纠正或制止；⑥对被监督单位违反社会保险基金管理法律、法规的其他行为予以纠正或制止。

(4)监管方式。监督机构实施监督时，应当由两名以上监督人员共同进行。社会保险基金监督方式包括现场监督和非现场监督。监督机构应当制定年度监督计划。年度监督计划要明确现场监督的地区或单位的比例，并抄送同级财政、审计部门。

现场监督是指监督机构对被监督单位社会保险基金管理情况实施的实地检查。现场监督分为定期监督、不定期监督和按《社会保险基金监督举报工作管理办法》的规定受理的举报案件查处。根据《管理办法》的规定，公民、法人和其他社会组织有权对养老保险基金、医疗保险基金、失业保险基金、工伤保险基金、生育保险基金收支、管理方面的违法违纪行为进行检举、控告。公民、法人和其他社会组织进行的检举、控告,人力资源和社会保障行政部门应当受理。县级以上各级人民政府人力资源和社会保障行政部门负责社会保险基金监督的机构,具体承办举报受理和办理工作。社会保障基金现场监督应当遵循依法监督、实事求是、客观公正的原则。社会保障基金现场监督人员应具备下列条件:①熟悉社会保障法律、法规和政策;②掌握财政、金融和审计等专业知识;③具有相应的调查研究、综合分析和文字表达能力;④法律、法规规定的其他条件。

非现场监督是指监督机构对被监督单位报送的社会保险基金管理有关数据资料进行的检查、分析。非现场监督分为常规监督和专项监督。常规监督通过被监督单位按监督机构的要求定期报送有关数据进行;专项监督通过被监督单位按监督机构的要求报送专项数据进行。在非现场监督过程中发现被监督单位存在严重违法违纪问题的,应实施现场监督。

(5)监管实施程序。监督机构实施现场监督,依照下列程序进行:①根据年度监督计划和工作需要确定监督项目及监督内容,制订监督方案,并在实施监督 3 日前通知被监督单位;②检查被监督单位社会保险基金会计凭证、会计账簿、会计报表、统计报表,查阅与监督事项有关的文件、资料,检查现金、实物、有价证券,向被监督单位和有关个人调查取证,听取被监督单位有关社会保险基金管理情况的汇报;③根据检查结果,写出监督报告,并送被监督单位征求意见。被监督单位应当在接到监督报告 10 日内提出书面意见。逾期未提出书面意见的,视同无异议。

监督机构实施非现场监督,依照下列程序进行:①根据监督计划及工作需要,确定非现场监督目的及监督内容,提出定期报送数据或专项报送数据的范围、格式、报送方式及时限,通知被监督单位;②审核被监督单位报送的数据,对不符合要求的数据,应要求被监督单位补报或重新报送;③分析被监督单位报送的数据,评估社会保险基金管理状况及存在的问题,写出监督报告。

(6)法律责任。被监督单位有下列行为之一的,由监督机构责令改正;拒不改正的,由监督机构建议被监督单位行政主管部门对主要负责人和直接责任人给予行政处分;构成犯罪的,由司法机关依法追究刑事责任:①拒绝、阻挠监督人员进行监督的;②拒绝、拖延提供与监督事项有关资料的;③隐匿、伪造、变造、毁弃会计凭证、会计账簿、会计报表以及其他与社会保障基金管理有关资料的;④转移、隐匿社会保障基金资产的。

被监督单位报复陷害监督人员的,由被监督单位行政主管部门对直接责任人给予行政处分;构成犯罪的,由司法机关依法追究刑事责任。

监督人员滥用职权、徇私舞弊、玩忽职守的,由人力资源和社会保障行政部门给予行政处分;构成犯罪的,由司法机关依法追究刑事责任。

(三)社会保险基金的预算制

1. 预算制的提出。中共十四届三中全会上提出了要建立复式预算体系,包括公共财政预算、国有资本金预算和社会保障预算。但是社会保障是一个大的概念,社会保障基金的覆盖范围也比较广,所以政府决定于2010年开始试行社会保险基金的预算制。为此,2010年初国务院发出《关于试行社会保险基金预算的意见》,推行社会保险预算制。

2. 社会保险基金预算的概念:是根据国家社会保险和预算管理法律法规建立、反映各项社会保险基金收支的年度计划。社会保险基金预算坚持以科学发展观为指导,通过对社会保险基金筹集和使用实行预算管理,增强政府宏观调控能力,强化社会保险基金的管理和监督,保证社会保险基金安全完整,提高社会保险基金运行效益,促进社会保险制度可持续发展。

3. 中国社会保险基金预算应遵循以下基本原则:(1)依法建立,规范统一。依据国家法律法规建立,严格执行国家社会保险政策,按照规定范围、程序、方法和内容编制;(2)统筹编制,明确责任。社会保险基金预算按统筹地区编制执行,统筹地区根据预算管理方式,明确本地区各级人民政府及相关部门责任;(3)专项基金,专款专用。社会保险各项基金预算严格按照有关法律法规规范收支内容、标准和范围,专款专用,不得挤占或挪作他用;(4)相对独立,有机衔接。在预算体系中,社会保险基金预算单独编报,与公共财政预算和国有资本经营预算相对独立、有机衔接。社会保险基金不能用于平衡公共财政预算,公共财政预算可补助社会保险基金;(5)收支平衡,留有结余。社会保险基金预算坚持收支平衡,适当留有结余。

4. 预算的编制:预算试行意见中,明确社会保险基金预算按险种编制,包括企业职工基本养老保险基金失业保险基金城镇职工基本医疗保险基金工伤保险基金生育保险基金等内容。根据国家法律法规建立的其他社会保险基金,条件成熟时,也应尽快纳入社会保险基金预算管理。

总之,通过推行预算制,实行对基金收入来源以及支出的明确有效的监管。其中,明确基金收入的来源,如有关企业职工基本养老保险基金的收入预算,规定基金收入包括:基本养老保险费收入、利息收入、政府补贴收入、转移收入、下级上解收入、其他收入等。明确基金支出主要包括基本养老金支出、医疗补助金支出、丧葬抚恤补助支出、转移支出、补助下级支出、上解上级支出、其他支出等。

5. 预算程序:预算的编制;审批;执行和调整;决算。

社会保险基金预算草案经统筹地区人民政府批准后,由财政和人力资源社会保障部门批复,社会保险经办机构具体执行。社会保险基金预算不得随意调整。在执行中因特殊情况需要增加支出或减少收入,应当编制社会保险基金预算调整方案。

年度终了,统筹地区社会保险经办机构应按有关规定编制年度社会保险基金决算草案,经人力资源社会保障部门审核汇总,财政部门审核后,由财政和人力资源社会保障部门联合报本级人民政府审批。

统筹地区财政和人力资源社会保障部门将社会保险基金决算草案报本级人民政府审批后，报上一级财政和人力资源社会保障部门。省级财政和人力资源社会保障部门将本省（区、市）社会保险基金决算草案报本级人民政府后，报财政部和人力资源社会保障部。

全国社会保险基金决算草案由人力资源社会保障部汇总编制，财政部审核后，由财政部和人力资源社会保障部联合向国务院报告。

建立社会保险基金预算，是完善社会保险基金管理的一项重大制度建设，涉及面广，政策性强。这一制度的建立应该说参考了日本的社会保险基金的复式预算的做法。日本就是在管理体制上实行立法机构、行政管理机构、执行机构、社会保险基金管理运营机构、保险基金使用的监督机构分立的管理体制和运行机制。可即使这样日本的社会保险基金的管理漏洞依然存在，也就是说完美的体制实际上除了监管做到尽可能的科学合理之外，还需要有一个思想品德高尚的专业人才队伍。

总之，社会保障基金监管是一个复杂的系统，是现代社会保障制度体系运行中必不可少的一个环节。中国近几年的实践证明，在社会保障基金监管方面出现的漏洞，会导致政府信誉度的降低，最根本的还是会影响到社会成员近期或远期的基本生活。社会保障基金的监管水平迫切需要提高，但在现代社会，社会保障基金的监管必须依法进行，因而要求必须进一步加强相应的立法建设。

复习思考题

1. 社会保障基金法有哪些主要内容？

2. 简述社会保障基金的筹集立法的核心内容。

3. 简述社会保障基金投资运营的法律原则。

4. 简述社会保障基金投资监管的法律原则。

5. 说明什么是社会保险基金预算制。

6. 案例分析：2013 年年末，电视新闻中报道，某老人被某骑车小伙撞倒在地，骑车小伙下车扶起被撞老人后，连连道歉和询问伤情，并提出要送老人去医院做检查。被撞老人起身后，活动了一下腿脚后，对小伙说："疼是有些疼，但你去上班吧，我可以自己去医院，我有医疗保险。"后来在众人目视中老人也摇摇晃晃走开，小伙子也千恩万谢地离开了。有人感叹老人是好人。电视台的此项新闻报道人员最后也说了一句诸如被撞老人的言行令人感到很温暖之类的话。

请思考，从社会保障制度中医疗保险的规定看，如果被撞老汉去医院检查伤势、进行治疗所产生的医疗费能否从医疗保险基金中予以支付？为什么？

第九章

社会保障争议法

本章要点及学习要求

社会保障争议法主要是对解决、处理社会保障法律关系主体间因权利义务冲突而产生的社会保障争议的原则和程序方面的法律规范的总称。它属于社会保障的程序法。从国内外的社会保障争议法的实践看,社会保障争议法体系主要应包括社会保障争议调解法、社会保障争议仲裁法、社会保障争议行政复议法。

在本章的学习中,要求运用法学基本知识和理论,通过分析比较,共同探讨中国的社会保障争议法体系的建立,解决、处理社会保障争议所应采取的方式以及遵循的原则和程序。

第一节 社会保障争议法概述

一、社会保障争议的概念及种类

(一)社会保障争议的概念

社会保障争议,即人们之间发生在社会保障权利和义务领域的纠纷。

由于社会保障实施的范围广、项目多,由此而形成的社会保障关系非常复杂,涉及全体社会成员的各种利益,因此,随着社会保障事业的发展,在社会保障法律关系的当事人之间,必然有许多有关社会保障权利义务的争议发生。比如在社会救助领域,围绕社会救助金的发放和发放标准以及资格的认定,可能在社会成员与社会救助机构之间发生争议；在社会保险领域，围绕缴费可能在不同的主体之间，如社会保险经办机构与用人单位、社会保险经办机构与社会成员、用人单位与社会成员之间发生争议等。

从争议性质看，社会保障争议中行政争议占大部分，原因是社会保障管理机构在绝大多数场合，都处于争议的一方当事人的地位。社会保障管理机构和用人单位发生的争议，主要发生在社会保障基金的征集环节；而社会保障管理机构和社会成员之间发生的争议，则呈现出多样化状态。各种社会保障给付项目，如社会保险给付、社会救助给付等，都可能因给付资格、给付数额、给付期限等而发生争议。

（二）社会保障争议的种类

如上所述，社会保障涉及的社会关系非常广泛，社会保障争议也相当纷繁复杂。如何科学分类则成为有效解决争议的先决条件。根据不同的分类方法进行的分类，其结果也自然不同。

自现代社会保障制度建立以来，各国对社会保障中政府的责任的认识与定位发生了很大的变化。社会保障社会化的含义从社会保障主体性质的变化中已经相当程度地表现了出来。由于主体性质变得愈加复杂，社会保障争议亦日趋复杂。我们可以根据以下标准对社会保障争议进行分类：

1. 根据传统的社会保障争议的主体进行分类。从社会保障争议的主体看，社会保障争议的发生，无非是发生在政府和社会成员之间、社会保障管理机构和用人单位之间、用人单位和社会成员之间、社会成员和社会保障服务机构之间。因此，社会保障争议的种类可以分成政府和社会成员的争议、社会保障管理机构和用人单位之间的争议、用人单位和社会成员之间的争议、社会成员和社会保障服务机构之间的争议。从主体的性质看，多数争议具有行政纠纷的特征。

2. 根据现代社会保障制度主体的性质分类。从现代社会保障制度主体看，根据发生社会保障纠纷当事人的性质，社会保障争议可以分为三类：公共制度领域中的争议、混合管理社会保障制度领域的争议、与职业相关的社会保障制度领域的争议。

（1）公共制度领域中，公民与国家及公共社会保障经办机构之间的纠纷具有行政特征，如公共社会保险制度中的公民与国家及公共社会保险经办机构之间的纠纷。在实践中，社会保障经办机构与政府的关系十分重要，是授权关系或者代理关系。

（2）在混合管理的制度领域中，社会保障制度的服务主体可能是国家、用人单位和社会成员组成的机构，也可能是依法进行社会保障服务的私营机构。如混合管理的社会保险制度中社会保险制度的服务主体可能是国家、雇主和雇员组成的三方机构，或者是私营保险公司，其纠纷性质必须因具体案件所涉及的具体当事人而定。

（3）与职业相关的社会保障制度领域，如在职业社会保险或者与职业相关的社会保险制度中，可能出现缴费义务人和受益人之间因履行缴费义务而发生的纠纷，这种纠纷与劳动关系相联系，具有民事纠纷的特征。

不同类型的争议必须用不同的原则和程序解决。因此，许多国家建立了专门法庭处理社会保障争议，或者授权普通法院适用特殊程序处理社会保障争议。例如在我国，根据《社会保险费征缴暂行条例》和有关社会保障部门的规定，社会保险领域的争议可以按照行政争议和劳动争议的处理方式解决。

二、处理争议的方式

处理社会保障争议的方式，包括司法和非司法两种方式。这两种方式，在不同的国家适用原则是不同的。

（一）司法方式

1. 由劳动法院或劳动法庭处理社会保障争议。劳动法院或劳动法庭，起源于雇主和雇员参与法庭处理社会纠纷的思想，产生于法国大革命时期。劳动法院的传统理论，是从维护社会公正出发，建立比民事更便捷、经济且具有特殊功能和程序的、专门的法庭处理劳动争议。目前，一些欧盟国家的劳动法院在处理劳动纠纷的同时还处理社会保障争议。此类法院或法庭的特点如下：

（1）劳动法庭由职业人员组成，这些人员可以是职业法官，也可以不是。兼职法官常常是劳动法庭的重要组成人员。兼职法官可以来自雇主组织、雇员组织（工会）甚至个体就业者协会。他们必须是劳动和社会保障专业领域的专家，他们的出现是为了保证劳动法庭的工作更加有效和公正。

（2）劳动法庭适用便捷、经济的程序；劳动法庭的当事人受律师的制约少于其他法庭。他们可以请求职业组织的代表、工会的代表或者家庭成员参与诉讼。如在比利时，劳动法庭审理社会保险案件时，国家公诉人必须出庭，以维护公民的权益。

2. 由社会法院、社会保障法庭等处理社会保障争议。除上述劳动法院以外，社会法院、社会保障法庭以及行政法院也有处理劳动与社会保障争议的丰富实践经验，例如英国的社会保障法庭，德国、西班牙的社会法院，葡萄牙、希腊的行政法院。

（1）英国。在英国，围绕社会保障待遇一般有一个两级上诉体系，第一级上诉机构是社会保障上诉法庭，第二级上诉机构是社会保障专员（或者专员署），第一个上诉层次是向社会保障上诉法庭提出，而对该法庭决定的任何法律问题，可以向社会保障专员提出上诉。因英国属判例法系国家，社会保障上诉体系还产生了具有法律约束力的判决。

（2）德国。德国社会保障争议的处理采取社会保险机构复议和社会法院审理。根据 1954 年《社会法院法》，德国社会法院从行政法院体系中分离出来。目前，德国共有基层社会法院 86 个，州级社会法院 16 个，联邦社会法院 1 个。全国职业社会保障法官约 1 100 人，每年处理社会保障争议案大约 35 万件。

3. 由其他的法院和机构处理社会保障争议。如澳大利亚的劳工补偿机构和法院等均可处理社会保险争议，法院可以做出提高医疗费用的决定。

（二）非司法方式

在市场经济国家，调解、仲裁被广泛用于处理社会保障争议。相对于司法方式来说，非司法方式具有便捷、经济和接近当事人心理的优势。

1. 调解。即在争议双方主体自我协商失败的情况下，由第三者或者中间人介入争议处理过程，并可以提出自己的建议，通知双方当事人，帮助他们达成和解协议。

2. 仲裁。是在争议双方主体自我协商失败的情况下，第三者或者中间人介入争议处理过程。但是，仲裁人更接近于法官，他们拥有做出仲裁决定的权力，这不同于商业仲裁制度中的协议仲裁，即当事人在签订合同时选择仲裁机构和仲裁员的做法。

一些国家设立了与法院既相似又不同的裁判实体。例如，丹麦的国家调解员办公室。在丹麦，社会政策领域的争议由普通法院和劳动法庭处理（根据不同的标的划分受理范围）。国家调解员办公室是一个不同于行政法院的、具有行政色彩的机构，在处理社会保障争议方面起着非常重要的作用。它具有一些行政色彩，又独立于行政机构之外。这一行政裁判实体由德高望重的中间人组成，在普通法院的指导下工作。每个法令将规定该行政裁判实体是否有资格处理本法范围的争议，其责任是保证法律在行政领域的正确实施。它不能改变行政决定，也不是行政机关的附属物。事实上，多数社会保障领域内的争议，在这个行政裁判实体的协调中得到了妥善处理，只有极少数的争议诉到法院。在卢森堡，社会保障争议在基层由仲裁委员会审理，在国家一级则由最高社会保险委员会审理。

从上述国家的实践中可以看出：在社会保障领域，不仅需要完善的立法执法体系，而且需要完善的司法体系；不仅司法机构要健全，而且要拥有高素质的专业法官、兼职法官、仲裁员、调解人的队伍。独立司法原则在社会保障领域得到应用，人们的社会权利才能得到保障。为创造和谐的、贫富相对均衡的社会关系和秩序，应有机运用司法和非司法方式解决社会保障争议，使之相辅相成地发挥作用。

保证社会成员实现社会权利与给予社会权利同样重要。来自发达国家的社会保障司法实践对于中国的社会保障司法制度具有一定的现实意义。事实上，进入21世纪以后，中国在加大社会保障立法建设的力度的过程中，对社会保障争议处理也吸取了其他国家的一些经验，结合本国国情，单独进行一系列社会保障争议处理的立法，以保证及时、经济、有效地处理社会保障争议。

三、中国的社会保障争议立法的发展

中国社会保障争议立法的发展是随着社会保障制度建立与发展而来的。经历了一个从企业劳动争议立法向社会保障争议立法发展的过程，同时也是立法层级不断提高的阶段。

（一）20世纪末的企业劳动争议立法阶段

中国自1987年恢复劳动争议仲裁制度以来，随着企业劳动争议处理条例和劳动法的相继颁布实施,形成了以协商、调解、仲裁、诉讼为主要环节的劳动争议处理制度。

1. 有关社会保障争议的调解立法。在 20 世纪 90 年代,中国社会保障争议的解决主要是 1993 年的《中华人民共和国企业劳动争议处理条例》和《企业劳动争议调解委员会组织及工作规则》,属于以调解方式解决社会保障争议的主要法律依据。在当时就有学者建议,当另行制定"社会保障争议处理条例""社会保障争议调解委员会组织条例"等法规,完善社会保障争议调解制度。

2. 有关社会保障争议的仲裁立法。在 20 世纪 90 年代,中国有关社会保障争议仲裁的法律文件有:1993 年的《劳动争议仲裁委员会办案规则》《劳动争议仲裁委员会组织规则》、1995 年的《劳动仲裁员聘任管理办法》以及 1999 年 9 月原人事部颁布的《人事争议处理办案规则》。有学者建议,当另行制定"社会保障争议仲裁委员会办案规则"、"社会保障争议仲裁委员会组织条例"和"社会保障争议仲裁员资格审查条例"等法规,以完善社会保障争议仲裁制度。

3. 有关社会保障行政争议,主要是通过行政复议程序来解决。中国的行政复议一直都是来自行政机关内部的,是由上级机关对下级机关的具体行政行为做出是否合法、适当的判断,对不合法、不适当的行政行为予以纠正的一种监督制度。1990 年国务院制定了《中华人民共和国行政复议条例》,到 1999 年,全国人大常委会制定了《中华人民共和国行政复议法》。是有关行政复议最高级别的法律依据。随后,原劳动和社会保障部 1999 年 11 月 23 日发布了《劳动和社会保障行政复议办法》,开始要建立专门的社会保障行政争议处理制度。

4. 有关社会保障的争议的行政诉讼立法。《中华人民共和国行政诉讼法》于 1989 年 4 月 4 日第七届全国人民代表大会第二次会议通过 1990 年 10 月 1 日起施行。该法中第二章受案范围中规定了人民法院受理公民、法人和其他组织对下列具体行政行为不服提起的诉讼。其中的第六款认为行政机关没有依法发给抚恤金的;第七款认为行政机关违法要求履行义务的,与社会保障争议有关。为了便于该法的执行,1999 年 10 月 24 日最高人民法院审判委员会第 1088 次会议通过,《最高人民法院关于执行〈中华人民共和国行政诉讼法〉若干问题的解释》,于 2000 年 3 月 10 日起执行。但这个阶段在行政诉讼的领域没有提及关于社会保障争议的概念。

(二)21 世纪以后社会保障争议立法阶段

1. 社会保险争议调解仲裁立法。2003 年,为了加强仲裁队伍建设,原劳动部发出了《关于加强兼职劳动仲裁员队伍建设有关问题的意见》。2007 年 12 月 29 日第十届全国人民代表大会常务委员会第三十一次会议通过,并于 2008 年 5 月 1 日起开始施行了《中华人民共和国劳动争议调解仲裁法》。其中明确规定了中华人民共和国境内的佣人单位与劳动者之间因社会保险发生的争议适用本法。

作为配套措施,为公正及时处理劳动、人事争议,规范仲裁办案程序,根据《中华人民共和国劳动争议调解仲裁法》以及《中华人民共和国公务员法》、《中国人民解放军文职人员条例》和有关法律法规、国务院有关规定，人力资源和社会保障部于2009年初颁布了制定《劳动人事争议仲裁办案规则》。1993年10月18日原劳动部颁布的《劳动争议仲裁委员会办案规则》和1999年9月6日原人事部颁布的《人事争议处理办案规则》同时废止。

人力资源和社会保障部于2010年初颁布了《劳动人事争议仲裁组织规则》，此项规定对仲裁员公平、公正处理争议案件，提高仲裁社会公信力具有重要意义。根据《劳动争议调解仲裁法》的有关规定，《组织规则》具体细化了仲裁监督的有关规定，包括仲裁委员会监督仲裁活动的具体环节、方式，仲裁员的行为限制以及法律责任等。通过制定《组织规则》规范整合后的仲裁委员会及其办事机构的运作与管理，最大限度地节约仲裁资源，方便当事人。原劳动部1993年11月5日颁布的《劳动争议仲裁委员会组织规则》（劳部发[1993]300号）、1995年3月22日颁布的《劳动仲裁员聘任管理办法》（劳部发[1995]142号）以及原人事部1999年9月6日颁布的《人事争议仲裁员管理办法》（人发[1999]99号）同时废止。

2. 社会保障行政争议立法。(1)单独的社会保险行政争议立法。2001年5月，原劳动部发布了《社会保险行政争议处理办法》，明确规定经办机构和劳动保障行政部门分别采用复查和行政复议的方式处理社会保险行政争议。(2)社会保障行政争议立法。《人力资源社会保障行政复议办法》已于2010年2月25日通过，2010年3月发布施行。劳动和社会保障部1999年11月23日发布的《劳动和社会保障行政复议办法》（劳动和社会保障部令第5号）同时废止。

总之，进入21世纪以后，社会保障争议立法还在不断地完善中。为了解决现在行政诉讼受案门槛太高、范围太窄，特别是一系列抽象行政行为均不在受案范围之内，导致大量的行政争议案件无法进入行政诉讼程序的问题，《行政诉讼法》被纳入十二届全国人大常委会公布立法计划。第十二届全国人大常委会第六次会议上将首次审议《中华人民共和国行政诉讼法修正案（草案）》。这次修改是司法改革中的一大步，也应该对社会保障争议的解决带来实惠。根据中国的社会保障立法中涉及争议处理的相关规定，目前中国的社会保障争议立法体系主要由相应的调解仲裁立法、行政复议立法、行政诉讼立法构成。

第二节　中国社会保障争议处理制度

中国社会保障争议的处理方式有协商、调解、仲裁、诉讼、行政复议和行政诉讼。

一、协商

中国目前尚没有专门的社会保障争议的协商机构，有关用人单位与劳动者之间发生的社会保险争议的协商，适用劳动争议处理中的协商方式。其法律依据为现行的《中华人民共和国劳动争议调解仲裁法》。其第二条规定，中华人民共和国境内的用人单位与劳动者发生的下列劳动争议，适用本法：因确认劳动关系发生的争议；因订立、履行、变更、解除和终止劳动合同发生的争议；因除名、辞退和辞职、离职发生的争议；因工作时间、休息休假、社会保险、福利、培训以及劳动保护发生的争议；因劳动报酬、工伤医疗费、经济补偿或者赔偿金等发生的争议；法律、法规规定的其他劳动争议。

根据《中华人民共和国劳动争议调解仲裁法》的规定，发生在用人单位与劳动者之间的属于社会保障争议的社会保险争议的解决，应当根据根据事实，遵循合法、公正、及时、着重调解的原则，依法保护当事人的合法权益。在争议发生后，劳动者可以与用人单位协商，也可以请工会或者第三方共同与用人单位协商，达成和解协议。

对于社会保障争议，当事人不愿协商、协商不成或者达成和解协议后不履行的，可以向调解组织申请调解。也就是说从社会保障争议处理的方式上讲，协商是一个方式。但是从争议处理的程序看，则非必经程序。

二、调解

（一）社会保障争议调解的概念

社会保障争议的调解，是指社会保障争议调解组织对有劳动隶属关系的平等主体间发生的社会保障争议，以国家的社会保障法律、法规为准绳，采用民主协商的方式，使双方当事人达成协议，消除纷争的一种争议处理方式。注意，这里所说的调解与仲裁程序中的调解有所不同。这里的调解不是社会保障纠纷解决的必经程序，而仲裁程序中的调解则是必经程序的一个步骤。

（二）社会保障争议的调解组织

中国也没有专门的社会保障争议处理的调解机构，根据《中华人民共和国劳动争议调解仲裁法》，发生在用人单位与劳动者之间发生的社会保险争议，属于劳动争议处理范畴的，当事人可以到下列劳动争议的调解组织申请调解：企业劳动争议调解委员会；依法设立的基层人民调解组织；在乡镇、街道设立的具有劳动争议调解职能的组织。

企业劳动争议调解委员会由职工代表和企业代表组成。职工代表由工会成员担任或者由全体职工推举产生，企业代表由企业负责人指定。企业劳动争议调解委员会主任由工会成员或者双方推举的人员担任。

调解组织的调解员应当由公道正派、联系群众、热心调解工作，并具有一定法律知识、政策水平和文化水平的成年公民担任。

（三）社会保障争议的调解程序

按照劳动争议调解程序，调解组织调解社会保障争议，一般包括申请与受理、调解、调解终止几个阶段。发生争议的劳动者一方在十人以上，并有共同请求的，可以推举代表参加调解。

1. 申请与受理。当事人申请劳动争议调解可以书面申请,也可以口头申请。口头申请的,调解组织应当当场记录申请人基本情况、申请调解的争议事项、理由和时间。

2. 调解。调解员应当充分听取双方当事人对事实和理由的陈述,耐心疏导,帮助其达成协议。经调解达成协议的,应当制作调解协议书。

3. 调解终止。终止有三种情况:①调解协议书由双方当事人签名或者盖章,经调解员签名并加盖调解组织印章后生效,对双方当事人具有约束力,当事人应当履行。至此调解终止。②自争议调解组织收到调解申请之日起十五日内未达成调解协议的,当事人可以依法申请仲裁。至此调解终止。③达成调解协议后,一方当事人在协议约定期限内不履行调解协议的,另一方当事人可以依法申请仲裁。另外,因支付拖欠劳动报酬、工伤医疗费、经济补偿或者赔偿金事项达成调解协议,用人单位在协议约定期限内不履行的,劳动者可以持调解协议书依法向人民法院申请支付令。人民法院应当依法发出支付令。

根据《中华人民共和国劳动争议调解仲裁法》规定,不愿调解、调解不成或者达成调解协议后不履行的,可以向劳动争议仲裁委员会申请仲裁。明确了调解方式也不是社会保障争议处理的必经程序。

调解程序在中国原是为解决劳动和劳动保险方面争议而设立的特有程序,在解决纠纷,促使社会稳定团结上,具有重大的意义。

三、仲裁

(一)仲裁的概念

仲裁也称公断,其基本含义是由一个公正的第三者对当事人之间的争议作出评断。社会保障争议仲裁是仲裁组织对用人单位与劳动者之间发生的争议,在查明事实、明确是非、分清责任的基础上,依法作出裁决的活动。

仲裁是解决有劳动隶属关系的平等主体之间的社会保障纠纷的必经程序,即必须首先申请仲裁,对仲裁裁决不服,方可提起诉讼。中国目前还没有设立专门的社会保障争议仲裁委员会,根据《中华人民共和国劳动争议调解仲裁法》规定,用人单位与劳动者之间发生的有关社会保险的争议,由劳动争议仲裁委员会受理。

(二)仲裁委员会

1. 仲裁委员会的设立。劳动争议仲裁委员会按照统筹规划、合理布局和适应实际需要的原则设立。省、自治区人民政府可以决定在市、县设立;直辖市人民政府可以决定在区、县设立。直辖市、设区的市也可以设立一个或者若干个劳动争议仲裁委员会。劳动争议仲裁委员会不按行政区划层层设立。

劳动争议仲裁委员会下设办事机构,负责办理劳动争议仲裁委员会的日常工作。

2. 仲裁委员会的组成。劳动争议仲裁委员会由劳动行政部门代表、工会代表和企业方面代表组成。劳动争议仲裁委员会组成人员应当是单数。

劳动争议仲裁委员会应当设仲裁员名册。仲裁员应当公道正派并符合下列条件之一:曾任审判员的;从事法律研究、教学工作并具有中级以上职称的;具有法律知识、从事人力资源管理或者工会等专业工作满五年的;律师执业满三年的。

3. 仲裁委员会的职责。劳动争议仲裁委员会依法履行下列职责:聘任、解聘专职或者兼职仲裁员;受理劳动争议案件;讨论重大或者疑难的劳动争议案件;对仲裁活动进行监督。

(三)仲裁原则

1. 终局裁决原则。根据《中华人民共和国劳动争议调解仲裁法》规定,下列劳动争议,除本法另有规定的外,仲裁裁决为终局裁决,裁决书自作出之日起发生法律效力:①追索劳动报酬、工伤医疗费、经济补偿或者赔偿金,不超过当地月最低工资标准十二个月金额的争议;②因执行国家的劳动标准在工作时间、休息休假、社会保险等方面发生的争议。

2. 先行调解原则。即仲裁委员会应在裁决之前先行调解。调解不成或者调解书送达前,一方当事人反悔的,仲裁庭应当及时做出裁决。

3. 回避原则。即仲裁员有下列情形之一,应当回避,当事人也有权口头或者书面提出回避申请:①是本案当事人或者当事人、代理人亲属的;②与本案有利害关系的;③与本案当事人、代理人有其他关系,可能影响公正裁决的;④私自会见当事人、代理人,或者接受当事人、代理人的请客送礼的。

4. 合议原则。裁决应当按照多数仲裁员的意见作出,少数仲裁员的不同意见应当记入笔录。仲裁庭不能形成多数意见时,裁决应当按照首席仲裁员的意见作出。

5. 属地原则。仲裁委员会负责管辖本区域内发生的劳动争议。争议由劳动合同履行地或者用人单位所在地的劳动争议仲裁委员会管辖。双方当事人分别向劳动合同履行地和用人单位所在地的劳动争议仲裁委员会申请仲裁的,由劳动合同履行地的劳动争议仲裁委员会管辖。

6. 时效原则。属于劳动争议的社会保障争议的申请仲裁的时效期限为一年。

7. 缺席裁决原则。被申请人收到书面通知,无正当理由拒不到庭或者未经仲裁庭同意中途退庭的,可以缺席裁决。

8. 部分先行裁决原则。仲裁庭在裁决劳动争议案件时,其中一部分事实已经清楚,可以就该部分先行裁决。

9. 先予执行原则。仲裁庭对追索劳动报酬、工伤医疗费、经济补偿或者赔偿金的案件,根据当事人的申请,符合下列条件的,可裁决先予执行,移送人民法院执行:①当事人之间权利义务关系明确;②不先予执行将严重影响申请人的生活。

(四)仲裁程序

根据《中华人民共和国劳动争议调解仲裁法》规定,争议仲裁的程序大致分为申请和受理、开庭和裁决、裁决终止几个阶段。

1. 申请和受理：

①书面申请。原则上申请人申请仲裁应当提交符合记载事项要求的书面仲裁申请，并按照被申请人人数提交副本。书写仲裁申请确有困难的，可以口头申请，由劳动争议仲裁委员会记入笔录，并告知对方当事人。

②受理。劳动争议仲裁委员会收到仲裁申请之日起五日内，认为符合受理条件的，应当受理，并通知申请人；认为不符合受理条件的，应当书面通知申请人不予受理，并说明理由。对劳动争议仲裁委员会不予受理或者逾期未作出决定的，申请人可以就该劳动争议事项向人民法院提起诉讼。

③向被申请人送达仲裁申请书副本。劳动争议仲裁委员会受理仲裁申请后，应当在五日内将仲裁申请书副本送达被申请人。

④被申请人答辩书的提交。被申请人收到仲裁申请书副本后，应当在十日内向劳动争议仲裁委员会提交答辩书。劳动争议仲裁委员会收到答辩书后，应当在五日内将答辩书副本送达申请人。被申请人未提交答辩书的，不影响仲裁程序的进行。

2. 开庭和裁决。

劳动争议仲裁委员会裁决劳动争议案件实行仲裁庭制。仲裁庭由三名仲裁员组成，设首席仲裁员。简单劳动争议案件可以由一名仲裁员独任仲裁。

①开庭准备。劳动争议仲裁委员会应当在受理仲裁申请之日起五日内将仲裁庭的组成情况书面通知当事人。仲裁庭应当在开庭五日前，将开庭日期、地点书面通知双方当事人。当事人有正当理由的，可以在开庭三日前请求延期开庭。是否延期，由劳动争议仲裁委员会决定。仲裁庭对专门性问题认为需要鉴定的，可以交由当事人约定的鉴定机构鉴定；当事人没有约定或者无法达成约定的，由仲裁庭指定的鉴定机构鉴定。

②开庭。当事人在仲裁过程中有权进行质证和辩论。质证和辩论终结时，首席仲裁员或者独任仲裁员应当征询当事人的最后意见。当事人提供的证据经查证属实的，仲裁庭应当将其作为认定事实的根据。仲裁庭应当将开庭情况记入笔录。当事人和其他仲裁参加人认为对自己陈述的记录有遗漏或者差错的，有权申请补正。如果不予补正，应当记录该申请。

③先行调解。仲裁庭在作出裁决前，应当先行调解。调解达成协议的，仲裁庭应当制作调解书。调解不成或者调解书送达前，一方当事人反悔的，仲裁庭应当及时做出裁决。

④裁决终止。申请人收到书面通知，无正当理由拒不到庭或者未经仲裁庭同意中途退庭的，可以视为撤回仲裁申请。被申请人收到书面通知，无正当理由拒不到庭或者未经仲裁庭同意中途退庭的，可以缺席裁决。裁决应当按照多数仲裁员的意见作出，少数仲裁员的不同意见应当记入笔录。仲裁庭不能形成多数意见时，裁决应当按照首席仲裁员的意见作出。

裁决书应当载明仲裁请求、争议事实、裁决理由、裁决结果和裁决日期。裁决书由仲裁员签名,加盖劳动争议仲裁委员会印章。对裁决持不同意见的仲裁员,可以签名,也可以不签名。

对上述仲裁裁决结果不服,可以走诉讼程序予以解决。视当事人双方的具体情况不同,《中华人民共和国劳动争议调解仲裁法》分别规定了劳动者不服起诉与用人单位不服要求撤销裁决等的具体时效规定。期满无不服起诉的以及不服要求撤销裁决的情况下,裁决书即发生法律效力。

四、社会保障争议的民事诉讼

(一)社会保障争议诉讼的概念

社会保障争议的诉讼,是指人民法院依法对社会保障争议案件进行审理的活动。此外,社会保障争议的诉讼,还包括当事人一方不履行仲裁委员会已发生法律效力的裁决书或调解书,另一方当事人申请人民法院强制执行的活动。社会保障争议的诉讼,是解决社会保障争议的最终程序。

对于没有劳动隶属关系的平等主体间的社会保障争议,当事人可以直接向有管辖权的人民法院提起诉讼。对于有劳动隶属关系的平等主体之间的社会保障争议,仲裁是有关劳动和社会保障争议诉讼的必经程序,仲裁后,当事人不服裁决,自收到裁决书之日起 15 日内,可以向有管辖权的人民法院提起诉讼;未经仲裁的案件,人民法院不予受理。

(二)社会保障争议诉讼的原则

人民法院在审理社会保障争议案件中,同样遵循司法审判中的一般诉讼原则,如以事实为依据、以法律为准绳的原则,独立行使审判权的原则,回避原则等。

此外,根据社会保障争议案件的特殊性,还应体现密切与有关单位配合的原则。

(三)民事诉讼程序

根据《民事诉讼法》,民事诉讼程序包括第一审程序、第二审程序、再审程序和执行程序。

1. 一审程序。一审程序分为普通程序和简易程序。

(1)普通程序包括起诉和受理、审理前准备和开庭审理三个阶段。

(2)简易程序是人民法院审理事实清楚、权利义务关系明确、争议不大的简单的民事案件所适用的程序,具有起诉与受理程序简便、传唤方式简便、审判组织简便、审理程序简便的特点。

2. 二审程序。二审程序是上级人民法院根据当事人的上诉,对下级人民法院的一审判决或裁定,在其未发生法律效力前对案件进行审理的程序。二审必须组成合议庭,可以开庭审理,也可以径行判决。

中国实行两审终审制,二审人民法院的裁判为终审裁判,裁判作出后即发生法律效力,当事人不得再上诉。

3. 再审程序。再审程序是指对人民法院已经发生法律效力的判决、裁定和调解书，发现其确有错误，而依法对案件进行再次审理的程序。提起再审有三条途径：一是人民法院对已经发生法律效力的判决、裁定和调解书，发现其确有错误，依法对案件再行审理；二是当事人对已经发生法律效力的判决、裁定和调解书，认为确有错误，向原审或上级人民法院提出申请，要求人民法院重新对该案件进行审理；三是人民检察院对已经发生法律效力的判决、裁定，发现其确有错误，提出抗诉，从而引起人民法院再审。

4. 执行程序。执行程序指在负有义务的一方当事人拒绝履行已生效法律文书确定的义务的情况下，人民法院根据享有权利一方当事人的申请，或自动依据职权，强制履行义务所适用的程序。

我国《民事诉讼法》还规定有先予执行程序。即是在法院判决之前，为解决权利人生活或生产经营的急需，裁定义务人先履行义务的制度。追索赡养费、抚养费、抚育费、抚恤金、医疗费用的案件，追索劳动报酬的案件，以及其他因情况紧急需要先予执行的案件，根据权利人的申请，法院可以裁定先予执行。其中规定的抚恤金等社会保障争议的案件也可以采取先予执行程序。

（四）举证责任

民事诉讼中的举证责任，一般贯彻谁主张谁举证的原则；社会保障争议诉讼既然适用民事诉讼法，亦应贯彻同样原则。但司法实践中，涉及用人单位处分、处罚或处置职工而发生的争议，往往要求用人单位负有举证责任。

（五）人民法院变更用人单位决定的问题

司法实践中，人民法院对于追索退休金、工伤保险给付、医疗保险给付等案件，若认为用人单位的处理决定事实清楚、适用法律基本正确，只是认定的给付数额明显不当时，可以判决予以变更；对于用人单位的其他行政处分决定，人民法院认为在认定事实和适用法律上确有错误的，一般不变更决定，只能判决予以撤销或判令用人单位重新作出处理。

五、社会保障行政复议

（一）社会保障行政复议的概念

社会保障行政复议，是指公民、法人或者其他组织认为人力资源社会保障部门作出的具体行政行为侵犯其合法权益，向人力资源社会保障行政部门申请行政复议，人力资源社会保障行政部门及其法制工作机构开展行政复议相关工作，以此解决争议的一种方式。

中国为了规范人力资源社会保障行政复议工作，根据《中华人民共和国行政复议法》和《中华人民共和国行政复议法实施条例》，制定了《人力资源社会保障行政复议办法》。此办法是目前社会保障行政复议的依据。

本办法所称人力资源社会保障部门包括人力资源社会保障行政部门、社会保险经办机构、公共就业服务机构等具有行政职能的机构。

(二)社会保障行政复议机关

人力资源社会保障行政复议机关为各级人力资源社会保障行政部门,应当认真履行行政复议职责,遵循合法、公正、公开、及时、便民的原则,坚持有错必纠,保障法律、法规和人力资源社会保障规章的正确实施。行政复议机关应当依照有关规定配备专职行政复议人员,为行政复议工作提供财政保障。

人力资源社会保障行政复议机关负责法制工作的机构(以下简称行政复议机构)具体办理行政复议事项,履行下列职责:1. 处理行政复议申请;2. 向有关组织和人员调查取证,查阅文件和资料,组织行政复议听证;3. 依照行政复议法实施条例第九条的规定,办理第三人参加行政复议事项;4. 依照行政复议法实施条例第四十一条的规定,决定行政复议中止、恢复行政复议审理事项;5. 依照行政复议法实施条例第四十二条的规定,拟订行政复议终止决定;6. 审查申请行政复议的具体行政行为是否合法与适当,提出处理建议,拟订行政复议决定,主持行政复议调解,审查和准许行政复议和解协议;7. 处理或者转送对行政复议法第七条所列有关规定的审查申请;8. 依照行政复议法第二十九条的规定,办理行政赔偿等事项;9. 依照行政复议法实施条例第三十七条的规定,办理鉴定事项;10. 按照职责权限,督促行政复议申请的受理和行政复议决定的履行;11. 对人力资源社会保障部门及其工作人员违反行政复议法、行政复议法实施条例和本办法规定的行为依照规定的权限和程序提出处理建议;12. 研究行政复议过程中发现的问题,及时向有关机关和部门提出建议,重大问题及时向行政复议机关报告;13. 办理因不服行政复议决定提起行政诉讼的行政应诉事项;14. 办理或者组织办理未经行政复议直接提起行政诉讼的行政应诉事项;15. 办理行政复议、行政应诉案件统计和重大行政复议决定备案事项;16. 组织培训;17. 法律、法规规定的其他职责。

(三)专职社会保障行政复议人员

专职行政复议人员应当具备与履行行政复议职责相适应的品行、专业知识和业务能力,并取得相应资格。各级人力资源社会保障部门应当保障行政复议人员参加培训的权利,应当为行政复议人员参加法律类资格考试提供必要的帮助。

1. 行政复议人员的权利:①依法履行行政复议职责的行为受法律保护;②获得履行行政复议职责相应的物质条件;③对行政复议工作提出建议;④参加培训;⑤法律、法规和规章规定的其他权利。

2. 行政复议人员的义务:①严格遵守宪法和法律;②以事实为根据,以法律为准绳审理行政复议案件;③忠于职守,尽职尽责,清正廉洁,秉公执法;④依法保障行政复议参加人的合法权益;⑤保守国家秘密、商业秘密和个人隐私;⑥维护国家利益、社会公共利益,维护公民、法人或者其他组织的合法权益;⑦法律、法规和规章规定的其他义务。

（四）社会保障行政复议范围

《人力资源社会保障行政复议办法》第七条规定，有下列情形之一的，公民、法人或者其他组织可以依法申请行政复议：1. 对人力资源社会保障部门作出的警告、罚款、没收违法所得、依法予以关闭、吊销许可证等行政处罚决定不服的；2. 对人力资源社会保障部门作出的行政处理决定不服的；3. 对人力资源社会保障部门作出的行政许可、行政审批不服的；4. 对人力资源社会保障部门作出的行政确认不服的；5. 认为人力资源社会保障部门不履行法定职责的；6. 认为人力资源社会保障部门违法收费或者违法要求履行义务的；7. 认为人力资源社会保障部门作出的其他具体行政行为侵犯其合法权益的。

《人力资源社会保障行政复议办法》第八条规定，有下列情形之一的，公民、法人或者其他组织不能申请行政复议：1. 人力资源社会保障部门作出的行政处分或者其他人事处理决定；2. 劳动者与用人单位之间发生的劳动人事争议；3. 劳动能力鉴定委员会的行为；4. 劳动人事争议仲裁委员会的仲裁、调解等行为；5. 已就同一事项向其他有权受理的行政机关申请行政复议的；6. 向人民法院提起行政诉讼，人民法院已经依法受理的；7. 法律、行政法规规定的其他情形。

（五）社会保障行政复议的程序

一般经过行政复议申请、行政复议受理、行政复议审理和决定、行政复议终止几个阶段。

1. 行政复议申请。①复议申请期限：公民、法人或者其他组织认为人力资源社会保障部门作出的具体行政行为侵犯其合法权益的，可以自知道该具体行政行为之日起 60 日内提出行政复议申请。《人力资源社会保障行政复议办法》规定，人力资源社会保障部门对公民、法人或者其他组织作出具体行政行为，应当告知其申请行政复议的权利、行政复议机关和行政复议申请期限。②复议申请提出的方式：申请人书面申请行政复议的，可以采取当面递交、邮寄或者传真等方式递交行政复议申请书。有条件的行政复议机构可以接受以电子邮件形式提出的行政复议申请。对采取传真、电子邮件方式提出的行政复议申请，行政复议机构应当告知申请人补充提交证明其身份以及确认申请书真实性的相关书面材料。

2. 行政复议受理。①受理与否的通知：行政复议机构收到行政复议申请后，应当在 5 日内进行审查，按照情况作出受理、材料补正受理、不受理的处理。②无正当理由不受理的处理：上一级人力资源社会保障行政部门可以根据申请人的申请或者依职权先行督促其受理；经督促仍不受理的，应当责令其限期受理，并且制作《责令受理行政复议申请通知书》；必要时，上一级人力资源社会保障行政部门也可以直接受理。③特殊受理：劳动者与用人单位因工伤保险待遇发生争议，向劳动人事争议仲裁委员会申请仲裁期间，又对人力资源社会保障行政部门作出的工伤认定结论不服向行政复议机关申请行政复议的，如果符合法定条件，应当予以受理。

3. 行政复议审理和决定。①书面审查。行政复议原则上采取书面审查的办法，但是申请人提出要求或者行政复议机构认为有必要的,可以向有关组织和人员调查情况,听取申请人、被申请人和第三人的意见。②受理7日内,向被申请人送达复议申请书副本或行政复议申请笔录复印件。③调查取证。根据第三十三条所规定的情形,行政复议机构可以实地调查核实取证。调查取证时,行政复议人员不得少于2人,并应当向当事人或者有关人员出示证件。④听证审理。对重大、复杂的案件,申请人提出要求或者行政复议机构认为必要时,可以采取听证的方式审理。⑤作出审理决定。《人力资源社会保障行政复议办法》第三十八条依照行政复议法第二十八条第一款第一项规定,具体行政行为认定事实清楚,证据确凿,适用依据正确,程序合法,内容适当的,行政复议机关应当决定维持。第三十九条依照行政复议法第二十八条第一款第二项规定,被申请人不履行法定职责的,行政复议机关应当决定其在一定期限内履行法定职责。第四十条具体行政行为有行政复议法第二十八条第一款第三项规定情形之一的,行政复议机关应当决定撤销、变更该具体行政行为或者确认该具体行政行为违法;决定撤销该具体行政行为或者确认该具体行政行为违法的,可以责令被申请人在一定期限内重新作出具体行政行为。第四十一条被申请人未依照行政复议法第二十三条的规定提出书面答复、提交当初作出具体行政行为的证据、依据和其他有关材料的,视为该具体行政行为没有证据、依据,行政复议机关应当决定撤销该具体行政行为。第四十二条具体行政行为有行政复议法实施条例第四十七条规定情形之一的,行政复议机关可以作出变更决定。第四十三条依照行政复议法实施条例第四十八条第一款的规定,行政复议机关决定驳回行政复议申请的,应当制发《驳回行政复议申请决定书》,并通知申请人、被申请人和第三人。第四十四条行政复议机关依照行政复议法第二十八条的规定责令被申请人重新作出具体行政行为的,被申请人应当在法律、法规、规章规定的期限内重新作出具体行政行为;法律、法规、规章未规定期限的,重新作出具体行政行为的期限为60日。

公民、法人或者其他组织对被申请人重新作出的具体行政行为不服,可以依法申请行政复议或者提起行政诉讼。

4.行政复议终止。①行政复议机关作出行政复议决定,应当制作《行政复议决定书》,行政复议机关应当根据《中华人民共和国民事诉讼法》的规定,采用直接送达、邮寄送达或者委托送达等方式,将行政复议决定送达申请人、被申请人和第三人。至此,行政复议终止。②公民、法人或者其他组织对人力资源社会保障部门行使法律、法规规定的自由裁量权作出的具体行政行为不服申请行政复议,在行政复议机关作出行政复议决定之前,申请人和被申请人可以在自愿、合法基础上达成和解。申请人和被申请人达成和解的,应当向行政复议机构提交书面和解协议。申请人和被申请人经调解达成协议的,行政复议机关应当制作《行政复议调解书》。③行政复议机关终止行政复议的,应当制发《行政复议终止通知书》,并通知申请人、被申请人和第三人。

六、行政诉讼

（一）行政诉讼的概念

行政诉讼，是指人民法院依照法定权限和程序审理行政案件的活动。行政诉讼俗称“民告官”，中国于1989年颁布的《中华人民共和国行政诉讼法》（以下简称《行政诉讼法》），是行政诉讼程序的法律依据。

（二）行政诉讼的主要原则

其具体包括：

1. 人民法院对行政案件独立行使审判权的原则。

2. 对具体行政行为的合法性进行审理的原则。

3. 合议、回避、公开审理和两审终审制原则。其中的合议原则表明，人民法院必须组成合议庭，而不适用民事诉讼法中的简易程序。

4. 当事人在行政诉讼中法律地位平等的原则。由于行政机关与相对人在行政法律关系中的地位是不平等的，行政诉讼中强调当事人法律地位的平等性。

5. 在诉讼过程中不停止具体行政行为执行的原则。

（三）行政诉讼程序

行政诉讼程序是指人民法院审理行政案件的步骤、方式、方法等的综合过程。一般而言，包括案件的起诉与受理、一审程序、二审程序、审判监督程序和执行程序。

1. 起诉与受理。案件起诉和受理是整个行政诉讼程序的开始。

起诉是指公民、法人或者其他组织因为行政机关的具体行政行为侵犯其合法权益，要求法院对具体行政行为进行审查从而保护自己权益的行为。我国《行政诉讼法》规定，公民、法人或者其他组织直接向人民法院提起诉讼的，应当在知道作出具体行政行为之日起3个月内提出；不服复议决定的，可以在收到复议决定书之日起15日内向人民法院提起诉讼；复议机关逾期不作出决定的，申请人可以在复议期满之日起15内向人民法院提起诉讼。

受理是指人民法院收到原告的起诉后，对其进行审查以决定是否予以受理。审查主要看是否符合行政诉讼受案的法定要件，包括范围、期限、是否重起诉、起诉手续是否完备等，起诉与受理不影响具体行政行为的执行。

2. 一审程序。人民法院受理行政案件即进入一审程序。依据《行政诉讼法》规定，人民法院应当在立案之日起5日内，将起诉状副本发送被告。被告应当在收到起诉状副本之日起10日内向人民法院提交作出具体行政行为的有关材料，并提出答辩状。人民法院应当在收到答辩状之日起5日内，将答辩状副本发送原告。被告不提出答辩状的，不影响人民法院审理。这是一审程序的审理前准备。

人民法院一般公开审理行政案件，涉及国家机密、个人隐私和法律另有规定的除外。

人民法院审理行政案件以法律、行政法规和地方性法规为依据，参照国务院部委规章和地方人民政府规章。在民族自治地方，还要以民族自治地方的自治条例和单行条例为依据。

人民法院对行政案件的一审程序，应当在3个月内作出判决。

3. 二审程序。二审程序是指人民法院基于当事人对第一审行政案件所作的判决、裁定不服，向其提起上诉，对案件进行审理的程序。依据《行政诉讼法》，当事人不服人民法院第一审判决，有权在判决书送达之日起15日内向上一级人民法院提出上诉。当事人不服人民法院第一审裁定的，有权在裁定书送达之日起10日内向上一级人民法院提起上诉。

人民法院审理上诉案件应当在收到上诉状之日起2个月内作出终审判决。有特殊情况需要延长的，由高级人民法院批准；高级人民法院审理上诉案件需要延长的，由最高人民法院批准。

4. 审判监督程序。审判监督程序是指人民法院对已经发生法律效力的判决、裁定，发现违反法律、法规的规定，依法再次审理的程序。审判监督程序并不是行政案件的必经程序，而是为了纠正和监督行政诉讼中发生的错误的一种特殊程序。

依据我国《行政诉讼法》的规定，人民法院院长对本院已经发生法律效力的判决、裁定，发现违反法律、法规规定认为需要再审的，应当提交审判委员会决定是否再审。上级人民法院对下级人民法院已经发生法律效力的判决、裁定，发现违反法律、法规规定的，有权提审或者指令下级人民法院再审。

人民检察院对人民法院已经发生法律效力的判决、裁定，发现违反法律、法规规定的，有权按照审判监督程序提出抗诉。

5. 执行程序。执行程序是指人民法院或行政机关对已经生效的判决、裁定，在义务人逾期拒不履行时，依法采取强制措施使之得以实现的活动。

执行有两种情形：一是公民、法人或者其他组织拒绝履行判决、裁定的，行政机关可以向第一审人民法院申请强制执行，或者依法强制执行。二是行政机关拒绝履行判决、裁定的，第一审人民法院可以采取以下措施：对应当归还的罚款或者给付的赔偿金，通知银行从该行政机关的账户内划拨；在规定期限内不履行的，从期满之日起，对该行政机关按日处50元至100元的罚款；向该行政机关的上一级行政机关或者监察、人事机关提出司法建议。接受司法建议的机关，根据有关规定进行处理，并将处理情况告知人民法院；拒不履行判决、裁定，情节严重构成犯罪的，依法追究主管人员和直接责任人员的刑事责任。

《行政诉讼法》也规定有先予执行程序。其中第48条规定，人民法院对于因一方当事人的行为或者其他原因，可能使具体行政行为或者人民法院生效裁判不能或者难以执行的案件，可以根据对方当事人的申请作出财产保全的裁定；当事人没有提出申请的，人民法院在必要时也可以依法采取财产保全措施。如人民法院审理起诉行政机关没有依法发给抚恤金、社会保险金、最低生活保障费等案件,可以根据原告的申请,依法书面裁定先予执行。

当事人对财产保全或者先予执行的裁定不服的,可以申请复议。复议期间不停止裁定的执行。

《行政诉讼法》还规定有行政侵权赔偿程序,它是行政机关的具体行政行为侵犯了公民、法人等的合法权益并造成损害时,由行政机关承担赔偿责任的一种制度。其具体程序为:①提出赔偿请求。赔偿请求可以连同行政案件一起向人民法院起诉。若单就损害赔偿提出请求,而不对具体行政行为提起诉讼的,应首先向造成损害的行政机关或其上级机关提出,由该行政机关作出是否赔偿的决定;对决定不服的,方可向人民法院起诉;未经行政机关受理,直接诉至人民法院的,人民法院不予受理。此外,行政诉讼不适用调解,但赔偿诉讼可以适用调解。②履行赔偿责任。若具体行政行为是行政机关直接作出的,由该行政机关履行赔偿责任;若具体行政行为是该行政机关工作人员作出的,由工作人员所在行政机关履行赔偿责任;但工作人员在作出具体行政行为时,有故意或重大过失的,行政机关在履行赔偿责任后,有权向其追偿,由其承担部分或全部赔偿费用。

七、有关社会保险争议处理的法律体系

目前,依据《劳动法》、《劳动争议调解仲裁法》、《工伤保险条例》、《社会保险行政争议处理办法》和《行政诉讼法》等法律、法规,劳动者和用人单位之间的社会保险争议按劳动争议及行政争议处理。

(一)适用的法律体系

1. 适用劳动争议的调解、仲裁和民事诉讼。劳动者与用人单位之间发生的社会保险争议,按照劳动争议处理。在中国,劳动者的社会保险权益是基于其与用人单位之间的劳动关系而产生的,《中华人民共和国劳动法》第72条规定:“用人单位和劳动者必须依法参加社会保险,缴纳社会保险费。”用人单位基于劳动关系为劳动者缴纳失业、养老、医疗、工伤等社会保险费,当劳动者的社会保险权益受到用人单位的侵犯时,按照劳动争议来处理和解决。《中华人民共和国劳动争议调解仲裁法》第二条规定:“中华人民共和国境内的用人单位与劳动者发生的下列劳动争议,适用本法:……(四)因工作时间、休息休假、社会保险、福利、培训以及劳动保护发生的争议……”《工伤保险条例》第54条规定:“职工与用人单位发生工伤待遇方面的争议,按照处理劳动争议的有关规定处理。”《中华人民共和国劳动争议调解仲裁法》规定了劳动争议的处理原则、机构和程序,简称为“一调一裁两审判”,其中,调解并非必经程序,仲裁是必经程序,审判是最终程序。人民法院只受理当事人不服仲裁而起诉的社会保险争议案件,由民事法庭依民事诉讼程序审理。

2. 适用行政复议与行政诉讼。公民、法人或者其他组织与社会保险管理机构之间

发生的社会保险争议按照行政争议处理和解决。《社会保险行政争议处理办法》规定，公民、法人或者其他组织对于经办机构未按规定审核社会保险缴费基数、未按规定核准、支付、调整社会保险待遇等具体行政行为，可先向作出该具体行政行为的经办机构申请复查；对复查决定不服，或经办机构逾期仍未作出复查决定的，可向直接管理该经办机构的劳动保障行政部门申请行政复议；对行政复议决定不服的，可依法向人民法院提起行政诉讼。《社会保险费征缴暂行条例》第25条规定：缴费单位和缴费个人对劳动保障行政部门或者税务机关的处罚决定不服的，可以依法申请复议。《工伤保险条例》第55条规定，有下列情形之一的，有关单位或者个人可以依法申请行政复议，也可以依法向人民法院提起行政诉讼：①申请工伤认定的职工或者其近亲属、该职工所在单位对工伤认定申请不予受理的决定不服的；②申请工伤认定的职工或者其近亲属、该职工所在单位对工伤认定结论不服的；③用人单位对经办机构确定的单位缴费费率不服的；④签订服务协议的医疗机构、辅助器具配置机构认为经办机构未履行有关协议或者规定的；⑤工伤职工或者其近亲属对经办机构核定的工伤保险待遇有异议的。

此外，2010年新修订的《社会保险法》中也有同样的规定。第83条规定，用人单位或者个人认为社会保险费征收机构的行为侵害自己合法权益的，可以依法申请行政复议或者提起行政诉讼。用人单位或者个人对社会保险经办机构不依法办理社会保险登记、核定社会保险费、支付社会保险待遇、办理社会保险转移接续手续或者侵害其他社会保险权益的行为，可以依法申请行政复议或者提起行政诉讼。

（二）社会保险争议处理体系尚有待完善

西北政法大学郭捷在《论社会保险权的司法救济》[1]一文中指出，劳动争议及行政争议与社会保险争议在本质上存在差别，它们在争议主体、内容范围、制度体系、处理原则和程序等方面均有很大差别。社会保险权的社会权本质决定了社会保险关系不是单纯的民事关系、行政关系，也不等同于劳动关系，人为地将其分解从而分别适用民事或行政程序，不能有效维护社会保险权人的利益以及国家和社会的利益。所以，社会保险权利司法（包括行政司法）救济，既不可单纯依据传统私法原理，也不能单纯依据传统公法原理，而应是建立在公法和私法的调整方法融合的基础上。应建立专门性的社会保险权司法救济体制，进而完善社会保险权司法救济体制。建议在人民法院设立劳动和社会保障法庭，专门从事审理劳动和社会保障争议案件，使当事人在其社会保障权益受不法侵害时获得有力的司法保护，在条件成熟后，可借鉴国外普遍实行的专门法院审判方式，建立我国专门的劳动和社会保障法院。这一司法体制改革的进程要适合中国国情，比如专业法官队伍的建设就任重而道远，应在现有的人民陪审员制度的基础上进行改进，让特定领域的专家和技术人员参与到社会保障司法救济上来，有效解决专职司

---

① 西北政法大学·郭捷《论社会保险权的司法救济》、法律教育网 http://www.chinalawedu.com/new/21602_4000_/2010_1_18_ma905220307181101021272O.shtml2010年5月19日。

法人员在特殊领域专业知识缺乏的难题。在审判中充分体现出劳动和社会保障事务的特殊性。人民法院对社会保障领域里发生的违法、犯罪案件,应当依法及时审理;对拒不缴纳法定的社会保险费、拒不履行支付保险金义务、不正当使用保险基金、贪污、挪用、侵占保险基金的行为人,应当依法分别追究其刑事责任、行政责任和民事责任。现在,有些地方在人民法院已设立了社会保障法庭,对欠缴社会保险费的企业采取强制的司法措施,追缴了社会保险费,充分体现了司法机制在保证社会保障法律实施方面具有的强制性和震慑作用。

同时,该文章中还对社会保险权的司法救济制度提出了如下建议:(1)建立以诉讼为形式的违宪审查制度;(2)建立社会保险公益诉讼制度;(3)建立社会保险争议诉讼证据规则;(4)完善相关法律责任制度;(5)构建多主体的权利保护网相关制度。应该说这5点建议对未来社会保险争议,乃至整个社会保障争议的处理都是有很大借鉴意义的。

第三节 社会保障争议解决的辅助制度——法律援助制度

一、法律援助制度的性质

法律援助制度是由政府设立的法律援助机构组织法律援助的律师,为经济困难或特殊案件的人给予无偿提供法律服务的一项法律保障制度。帮助人们能够运用法律手段保护自己的权益或获取应得的利益。在现代国家,它作为实现社会正义和司法公正,保障公民的基本权利的国家行为,在一国的司法体系中占有十分重要的地位。

现代社会保障制度体系在中国的历史并不长。并且受传统的制度影响,同一个制度部门内部往往存在适用的阶段性问题,就如同前面提到的基本养老保险制度在适用上划分阶段:制度成立之前已经退休,领取退休金的人适用老办法;制度成立之后开始工作缴纳社会保险费的人适用新办法;工作期间施行了新制度的人适用新办法,但配套采取过渡性措施等。即,所谓的“老人”老办法,”新人”新办法,”中人”过渡。再加上社会保障的制度部门中的各个子制度之间往往还存在穿插,特别是当具体到某一个人遇到社会保障中的风险事故之后,一部分属于社会保障制度范畴内的风险,一部分则属于劳动关系范畴内的风险。比如工伤事故,在经济补偿上适用社会保障范畴中工伤保险待遇的发放;而因伤导致不能继续从事原工作,需要做工作岗位的具体调整,则不适用工伤保险待遇。诸如此类的情况很多且很复杂,在社会保障制度内的某一个制度创立之时,难以包罗万象,这也是造成争议发生后解决困难的一个原因。

社会保障的宗旨是保证人们的基本生活,而基本生活的具体标准在现实中是有千差万别的。在社会保障制度领域中,社会救助保障的是社会成员的最低生活水平,社会保险保障的是社会成员的基本生活水平,社会福利则保障社会成员生活质量的改善或生活水平的提高。这就使得在适用上,因社会成员自身的生活水平不同,主要适用的制度部门也不同。而当其因自身生活水平没能得到保证而与其他组织发生争议后,解决的途径也不同。解决这些争议不仅要费时间、费精力,还要发生费用。因此在现实生活中,放弃寻求解决争议的方法,或者根本不知道运用怎样的手段去解决的也大有人在。

社会保障的公平原则即要求制度的设立要着眼于公平,也要求解决争议的手段能被社会成员公平地利用。而以中国目前社会保障争议处理的法律体系来应对社会成员的所有围绕基本生活问题导致的争议是不现实的。所以自20世纪90年代后期开始,中国逐渐创立了法律援助制度。尽管法律援助制度的援助范围不仅仅是社会保障争议案件,但其适用对象为社会救助制度的救助对象。因而此制度,按现在的一般归类方式,往往被归属于社会救助制度范畴内。而法律援助制度的形式和最终目标又是帮助解决争议。因为恰恰从受援人的角度来说,法律援助是解决争议的有效有段。通过获得法律援助,借助专业人士的帮助,走正确的法律途径,顺利解决社会保障争议的个案。因此说,法律援助制度是使社会救助对象得以顺利或快速解决社会保障争议的保障,是解决社会保障争议的一个辅助制度。并且,随着社会政治的进步,经济水平的提高,对于制度受援人的范围规定也并非是一成不变的,也可以如同北欧国家那样,扩展到社会保险制度适用的工薪阶层。

二、法律援助制度的历史沿革

(一)国外的法律援助制度

1. 历史沿革。法律援助制度起源于15世纪的英国,在西方国家已有500多年的历史。在英国,自1495年起即承认穷人享有其身份免付诉讼费的权利。依据《最高法院章程》对不能支付民事诉讼费用的给予法律援助。1903年对所诉刑事案件请求辩护人帮助的问题,又进一步作了专门规定。英国的法律援助制度,为西方许多国家所借鉴。西方国家法律援助制度的发展,大体经历了三个主要阶段:

(1)15世纪末期以后。在法律援助制度产生的初期,是对穷人的法律援助,无论是由私人宗教组织提供的,还是由行政机关提供的,或是由公共援助机构提供的,均被视为一种慈善行为。因此,早期的法律援助,更为经常地表述为“法律救助”“法律救济”。

(2)19世纪中期以后。法律援助作为一种政治权利,在西方国家得到确认。这一时期,资本主义制度在欧美主要国家已初步确立,资产阶级人权观念,成为西方国家所极力标榜的宪法原则,早期的将“穷人”作为一阶层,而施之以法律援助的传统理论,逐步为保障公民诉讼权利的理论所代替,从而使法律援助进一步社会化,并从单纯的慈善事业向国家责任转化。

(3)20世纪以后。西方国家法律中社会化思想的发展,进一步推动了法律援助制度的发展,特别是第二次世界大战以后,西方福利国家进一步以社会为本位,为实现公民之间的平等,强调当事人有取得律师帮助的权利,这些措施构成了现代西方国家法律援助的新发展。西方国家法律援助制度的发展是不平衡的,而且,由于各国的历史条件、社会条件和经济实力不同,在法律援助的指导思想、立法规定、援助的方式、对象和条件等方面,也不尽相同。

2. 制度类型。

(1)英美型。英国和美国基本属一种类型。尽管两国有关法律规定,以及法律援助的组织形式等方面各有特色,但总体来说,法律援助体系的运行,主要是依靠受政府资助的独立的私人团体来操作。律师协会、各种私人基金会,律师个人,在这种体制中起着决定性的作用。这种类型的特点就是法律援助形式的不统一与各种形式的重叠。

这种类型的法律援助体系,发端于最早的慈善性质的法律救济,传统的理论对其影响较为深刻,是自由资本主义条件下法律援助发展的典型。随着国家对法律援助的财政上支持的加强,以及法律援助的私人机构的迅速发展,在英、美,法律援助的社会化程度也达到了较为发达的程度。尽管各援助组织是独立地处理法律援助事务,但国家也制定了相应的法律、法规,从原则上对法律援助进行规范和控制。

(2)北欧型。西方国家法律援助的另一种类型,是以瑞典、丹麦为代表的,所谓现代福利国家的法律援助体制。这种体制的一个显著特点,是将法律援助纳入国家的福利制度,而由国家统一实施。在这种制度下,法律援助作为一种由国家提供的福利而面对社会,法律援助的对象、范围宽泛。国家设立专门的组织机构,雇佣专门的人员,进行法律援助工作,因此法律援助的社会化程度高,充分体现了法律援助的国家责任原则。在瑞典和丹麦,均建立了诉讼保险制度,使中产阶级能够避免由于高额的诉讼费用而导致家庭生活困难。同英、美相比,瑞典、丹麦的法律援助制度的社会化程度更高。但是瑞典、丹麦的法律援助制度较英、美而言,给国家财政造成的压力相对也更大。

(二)中国法律援助制度

法律援助制度在中国20世纪90年代后期初设,21世纪后进一步得到发展。

1. 20世纪90年代。

(1)"法律援助"一词首次写入法律。1994年开始在中国司法部内就开始酝酿建立法律援助制度。1996年3月17日通过第一次修正的《中华人民共和国刑事诉讼法》第34条规定:公诉人出庭公诉的案件,被告人因经济困难或者其他原因没有委托辩护人的,人民法院可以指定承担法律援助义务的律师为其提供辩护。被告人是盲、聋、哑或者未成年人而没有委托辩护人的,人民法院应当指定承担法律援助义务的律师为其提供辩护。被告人可能被判处死刑而没有委托辩护人的,人民法院应当指定承担法律援助义务的律师为其提供辩护。这是在中国立法史上,首次将"法律援助"明确写入法律。

(2)律师必须依法承担法律援助义务的原则。1996年5月15日通过的《中华人民共和国律师法》对法律援助的有关内容在第6章作了专章规定。第6章中规定:公民在赡养、工伤、刑事诉讼、请求国家赔偿和请求依法发给抚恤金等方面需要获得律师帮助,但是无力支付律师费用的,可以按照国家规定获得法律援助。律师必须按照国家规定承担法律援助义务,尽职尽责为受援人提供法律援助。法律援助的具体办法,由国务院司法行政部门制定,报国务院批准。这些规定明确了公民获得法律援助的范围和律师必须依法承担的法律援助义务的原则。为其后制定法律援助的专门立法奠定了法律基础。

(3)明确规定特殊人群享有法律援助。1996 年 8 月 29 日,全国人大常委通过的《老年人权益保障法》第 39 条中明确规定了对老年人提供法律援助的内容:老年人因其合法权益受侵害提起诉讼交纳诉讼费确有困难的,可以缓交、减交或者免交;需要获得律师帮助,但无力支付律师费用的,可以获得法律援助。

(4)法律援助机构的成立。1997 年 1 月,司法部法律援助中心成立。随后,中国法律援助基金会经国务院批准成立。

2. 进入 21 世纪以后。

(1)第一个专门立法的出台。2003 年 7 月 16 日,国务院公布《法律援助条例》,自 2003 年 9 月 1 日起施行。《法律援助条例》对法律援助的含义、特征、组织机构、范围、程序、实施和法律责任等基本问题作出了全面、具体的规定。它的公布实施,标志着我国法律援助工作进入了法制化、规范化的阶段,为进一步促进和规范法律援助工作提供了必要的法律法规保障,对保障困难公民获得必要的法律服务,促进社会公平正义和社会主义和谐社会建设,都具有重要作用。

(2)进一步规定了特殊人群享有的法律援助。如上所述,20 世纪 90 年代,老年人在法定情况下可以获得法律援助的规定载入《老年人权益保障法》,进入 21 世纪后,《老年人权益保障法》修订。并且,妇女和残疾人在法定情况下可以获得法律援助的规定也载入了相应的法律中。①2005 年 8 月 28 日修订通过了《中华人民共和国妇女权益保障法》,自 2005 年 12 月 1 日起施行。其中第 52 条规定:妇女的合法权益受到侵害的,有权要求有关部门依法处理,或者依法向仲裁机构申请仲裁,或者向人民法院起诉。对有经济困难需要法律援助或者司法救助的妇女,当地法律援助机构或者人民法院应当给予帮助,依法为其提供法律援助或者司法救助。②2008 年 4 月 24 日修订通过了《中华人民共和国残疾人保障法》。其第 60 条规定:残疾人的合法权益受到侵害的,有权要求有关部门依法处理,或者依法向仲裁机构申请仲裁,或者依法向人民法院提起诉讼。对有经济困难或者其他原因确需法律援助或者司法救助的残疾人,当地法律援助机构或者人民法院应当给予帮助,依法为其提供法律援助或者司法救助。③2012 年 12 月 28 日修订通过了《中华人民共和国老年人权益保障法》,自 2013 年 7 月 1 日起施行。修订后的内容上增加了对于法律援助提供方的规定:“鼓励律师事务所、公证处、基层法律服务所和其他法律服务机构为经济困难的老年人提供免费或者优惠服务。”的内容。这一款内容的增加也是受之前的律师法的修订的影响。

(3)法律援助提供方的义务得以进一步明确。2007 年 10 月 28 日第一次修订通过的《中华人民共和国律师法》,自 2008 年 6 月 1 日起施行。其第 42 条规定:律师、律师事务所应当按照国家规定履行法律援助义务，为受援人提供符合标准的法律服务，维护受援人的合法权益。增加了对于律师事务所的法律援助义务的规定。其第 50 条具体规定了包含对于律师事务所拒绝履行法律援助义务的行政处罚措施。由设区的市级或者直辖市的区人民政府司法行政部门视其情节给予警告、停业整顿一个月以上六个月以下的处罚，可以处十万元以下的罚款；有违法所得的，没收违法所得；情节特别严重的，由省、自治区、直辖市人民政府司法行政部门吊销律师事务所执业证书。其后，《中华人民共和国律师法》于 2012 年 10 月 26 日第二次修订通过，自 2013 年 1 月 1 日起施行。其中在涉及法律援助有关规定内容方面，增加了两条内容。①增加了一条对于律师可以从事的业务的规定，第 28 条第 3 款中规定了律师可以依法接受法律援助机构的指派，担任辩护人，参加公诉。②另外，第 47 条具体规定了包含对于律师拒绝履行法律援助义务的行政处罚措施。由设区的市级或者直辖市的区人民政府司法行政部门给予警告，可以处五千元以下的罚款；有违法所得的，没收违法所得；情节特别严重的，给予停止执业三个月以下的处罚。

（4）法律援助条例中的程序性规定对刑事诉讼法的影响。2012 年 3 月 14 日第二次修正通过了《中华人民共和国刑事诉讼法》，其中规定了获取法律援助的两种渠道：①直接向法律援助机构提出申请。第 34 条第 1 款规定：犯罪嫌疑人、被告人因经济困难或者其他原因没有委托辩护人的，本人及其近亲属可以向法律援助机构提出申请。对符合法律援助条件的，法律援助机构应当指派律师为其提供辩护。②由司法机关通知法律援助机构指派律师。第 34 条第 2 款规定：犯罪嫌疑人、被告人是盲、聋、哑人，或者是尚未完全丧失辨认或者控制自己行为能力的精神病人，没有委托辩护人的，人民法院、人民检察院和公安机关应当通知法律援助机构指派律师为其提供辩护。同条第 3 款规定：犯罪嫌疑人、被告人可能被判处无期徒刑、死刑，没有委托辩护人的，人民法院、人民检察院和公安机关应当通知法律援助机构指派律师为其提供辩护。

三、中国法律援助制度的内容

（一）法律援助的适用范围

1. 关于法律援助制度的适用范围。各国在这方面的规定不尽相同。从中国的实际情况来看，应该包括适用的案件范围和对象范围两个方面。

（1）关于法律援助适用的案件范围应该包括：无能力为自己辩护的未成年人、残疾人、老人犯罪案件和追索侵权赔偿的案件；请求给付赡养、抚育费、扶养费的；因公受损害请求赔偿（责任事故除外）；请求给付劳动保险金、抚恤金的；赡养协议、抚养协议公证和有关领取抚恤金、救济金的公证；公民民主权利受到侵犯（如选举权、被选举权被非法剥夺）的案件；有可能被判处死刑、被告人没有委托辩护人的案件；其他确需提供法律援助的事项。

（2）关于法律援助的对象。各国规定受援对象主要是自然人，也有个别国家规定了法人可作为受援对象。从中国的国情看,受援对象应包括自然人和法人。确定法人作为受援对象,有利于解决不少企业经济上处于窘境但又需要法律帮助的问题,特别是有利于解决某些经济上有严重困难的国有或集体企业在生产经营中遇到的法律纠纷,以稳定经济秩序、依法调整经济关系和化解社会矛盾,保障社会的稳定。

2. 中国的法律规定。在《中华人民共和国法律援助条例》第 10 条、第 11 条和第 12 条的规定中,对法律援助制度的适用范围作出了规定。根据规定,公民有下列事项,没有委托代理人或辩护人的,可以申请法律援助或由人民法院指定辩护:①依法请求国家赔偿的;②请求给予社会保险待遇或者最低生活保障待遇的;③请求发给抚恤金、救济金的;④请求给付赡养费、抚养费、扶养费的;⑤请求支付劳动报酬的;⑥主张因见义勇为行为产生的民事权益的;⑦因医疗事故、交通事故、工伤事故造成的人身损害赔偿案件;⑧因家庭暴力、虐待、重婚等,受害人要求离婚及人身损害赔偿案件;⑨犯罪嫌疑人在被侦查机关第一次询问后或者采取强制措施之日起,因经济困难没有聘请律师的;⑩公诉案件中的被害人及其法定代理人或者近亲属,自案件移送审查起诉之日起,因经济困难没有委托诉讼代理人的;⑪自诉案件的自诉人及其法定代理人,自案件被人民法院受理之日起,因经济困难没有委托诉讼代理人的;⑫公诉人出庭公诉的案件,被告人因经济困难或者其他原因没有委托辩护人,人民法院为被告人指定辩护时,法律援助机构应提供法律援助;⑬被告人是盲、聋、哑人或者未成年人而没有委托辩护人的,或者被告人可能被判处死刑而没有委托辩护人的,人民法院为被告人指定辩护时,法律援助机构应当提供法律援助,无须对被告人进行经济状况的审查。

(二)获得法律援助的程序

1. 人民法院指定法律援助的程序。①指定辩护通知书的送达。由人民法院指定辩护的案件,人民法院在开庭 10 日前将指定辩护通知书和起诉书副本或者判决书副本送交其所在地的法律援助机构;人民法院不在其所在地审判的,可以将指定辩护通知书和起诉书副本或者判决书副本送交审判地的法律援助机构。②法律援助机构的回复期限。对人民法院指定辩护的案件,法律援助机构应当在开庭 3 日前将确定的承办人员名单回复作出指定的人民法院。

2. 当事人申请法律援助的程序。

(1)视具体情况向相应的法律机构提出:①请求国家赔偿的,向赔偿义务机关所在地的法律援助机构提出申请;②请求给予社会保险待遇、最低生活保障待遇或者请求发给抚恤金、救济金的,向提供社会保险待遇、最低生活保障待遇或者发给抚恤金、救济金的义务机关所在地的法律援助机构提出申请;③请求给付赡养费、抚养费、扶养费的,向给付赡养费、抚养费、扶养费的义务人住所地的法律援助机构提出申请;④请求支付劳动报酬的,向支付劳动报酬的义务人住所地的法律援助机构提出申请;⑤主张因见义勇为行为产生的民事权益的,向被请求人住所地的法律援助机构提出申请。⑥刑事诉讼中符合可以向法律援助机构申请法律援助规定的,应当向审理案件的人民法院所在地的法律援助机构提出申请。

(2)公民申请代理、刑事辩护的法律援助应当书面申请,填写申请表,同时提交法律规定的证件、证明材料:①身份证或者其他有效的身份证明,代理申请人还应当提交有代理权的证明;②经济困难的证明;③与所申请法律援助事项有关的案件材料。

(3)法律援助机构回复期限。自收到申请援助事项的全部材料之日起十个工作日内进行审查,作出是否予以法律援助的决定:①对符合条件者,作出同意提供法律援助的书面决定,指派承办法律援助事务的法律服务机构,并通知受援人。法律援助机构与受援人应签订法律援助协议;②对不符合条件者,作出不予法律援助的决定,并书面通知申请人。

(4)具体实施主体的确定。法律援助机构可以指派律师事务所安排律师或者安排本机构的工作人员办理法律援助案件;也可以根据其他社会组织的要求,安排其所属人员办理法律援助案件。中国法律援助的三个专业实施主体是律师、公证员、基层法律工作者。律师主要提供诉讼法律援助(包括刑事辩护、刑事代理和民事诉讼代理等)和非诉讼法律援助;公证员主要提供公证事项的法律援助;基层法律工作者主要提供法律咨询、代书、普通非诉讼事项的帮助等简易法律援助。

(三)法律援助机构的管理体系

国务院司法行政部门监督管理全国的法律援助工作。县级以上地方各级人民政府司法行政部门监督管理本行政区域的法律援助工作。中国全国律师协会和地方律师协会应当按照律师协会章程对依据《法律援助条例》实施的法律援助工作予以协助。

直辖市、设区的市或者县级人民政府司法行政部门根据需要确定本行政区域的法律援助机构。法律援助机构统称"法律援助中心"。负责受理、审查法律援助申请,指派或者安排人员为符合本条例规定的公民提供法律援助。

未设立法律援助中心的地方,由司法局指派人员代行法律援助中心职责。律师事务所、公证处、基层法律服务机构在本地区法律援助中心的统一协调下,实施法律援助。其他团体、组织、学校开展的法律援助活动,由所在地法律援助中心指导和监督。

(四)法律援助的基金管理

1. 法律援助基金的筹集。

(1)筹资机构。关于法律援助的资金来源。各国无一例外地都有政府拨款支持这一事业。中国的法律援助也不例外。中国设立有专门的筹资机构,即中国法律援助基金会。此基金会是经国务院批准,于 1997 年在民政部依法登记成立的公募基金会,是目前中国唯一一家致力于发展法律援助事业的全国性公募基金会。中国法律援助基金会的宗旨是保障全体公民享受平等的司法保护,维护法律赋予公民的基本权利。主要任务是募集法律援助资金,为实施法律援助提供物质支持,促进司法公正,维护社会公平与正义。

(2)基金来源。中国法律援助基金会为公募基金会,本基金会的收入来源于:①国家财政支持资金;组织募捐的收入;②自然人、法人或其他组织自愿捐赠;③投资收益;④其他合法收入。

2. 法律援助基金的使用。

(1)通过不同形式,支持各地区一体化法律援助机构对符合《法律援助条例》规定的公民提供法律援助;

(2)资助有关法律援助项目,开展法律援助活动;

(3)支付本基金会行政办公开支及工作人员工资福利及其余符合有关规定的支出。

基金会章程规定,本基金会每年用于从事章程规定的公益事业支出,不得低于上一年总收入的70%。本基金会工作人员工资福利和行政办公支出不超过当年总支出的10%。

3. 法律援助基金的监管。《法律援助条例》自第29条至第48条对基金的筹集、使用、运营几个环节都作出了相应的规定。主要包括以下内容:(1)募捐活动的登记备案制度。

(2)公益资助项目种类以及申请、评审程序的社会公开制度。

(3)捐赠人查询监管制度。

(4)基金会对于受助情况的监管制度。

(5)内部会计监管制度。

(6)接受税务监督和会计监督制度。

(7)财务审计制度。

(8)在登记管理机关指定的媒体上公布年度工作报告,接受社会监督制度。

复习思考题

1. 什么是社会保障争议?

2. 简述社会保障争议法体系的构成。

3. 解决社会保障争议的方式和原则有哪些?

4. 目前中国是如何处理社会保障争议的?

5. 如何构筑中国的社会保障争议法律体系?

6. 中国社会保险行政争议处理方式的特点是什么?

7. 分析法律援助制度在中国社会保障争议处理体系中居于何种地位。

附录一

案例选编

1.10 万元住院费难倒父亲无奈抛弃病儿致死①

【案情】

顾某系安徽某地农民,小学文化程度。2009 年 10 月 22 日,顾某的妻子生下一男婴。这本是一桩喜事,但夫妇俩却发现婴儿无法进食。据顾某描述,经县医院转安徽省某知名医院检查后被告知孩子患有先天性食道闭锁、新生儿黄疸、吸入性肺炎。因孩子太小,该医院建议顾某到北京就医。无奈之下,当年 10 月 27 日,顾某带着刚出生 6 天的孩子来到北京某医院。当天办理了住院手续,因为手头没钱,第二天申请办理了出院手续。原因是医院的说法是治疗孩子的病大约需要 10 万人民币左右,且孩子的病比较罕见,不一定能只好,最后得到的结果也许是“人财两空”。至此,顾某陷入绝境。10 月 28 日下午,顾某将几经犹豫之后,咬牙将孩子放到了东单体育场附近的公交车站,将透视片和病历放在孩子身下,希望有好心人能够将他收养并且出钱为其治病。在放下孩子之后,顾某站在马路对面观察,在看到一名妇女抱起了孩子,并有警察过去之后,顾某便乘车返回老家。

然而,孩子虽被送进了北京一家专门收治弃婴的医院,但 3 天后,这个被抛弃的孩子经抢救无效,死亡。回到老家的顾林终日以泪洗面,数天之后,难耐良心折磨的他重返北京,向北京市公安机关投案自首。

北京市东城区人民法院对此案审理后认为,顾林对年幼患病且无独立生活能力的亲生子,负有抚养义务而拒绝抚养且最终致其死亡,已构成遗弃罪,鉴于其有自首情节,认罪态度较好,案发前亦已积极为其患病之亲生子进行医治,其最终选择遗弃亲生子在一定程度上亦属无奈,法院以遗弃罪判处被告人顾林拘役 5 个月。

---

① http://china.findlaw.cn/info/baozhangfa/shjz/sjal/101694_2.html(2010 年 5 月 20 日)

【分析与评价】

本案是按照遗弃罪来对顾某做出判罚的。至于量刑的根绝则是上述的顾某的自首与态度，以及弃婴的原因实属无奈。假设如果是将健康的婴儿或是仅有微小病况的婴儿遗弃，在量刑上要重得多。

有不少人对本案的顾某持同情态度。在因病致困，因困无法治病的恶劣境况面前，人们往往会选弃婴。

中国青少年研究中心青少年法律研究所所长鞠青认为，当前靠社会道德的力量难以唤醒失去良知的父母，必须借助法律的力量。对于因遗弃行为使未成年人重伤、死亡或生活无着流离失所，走投无路的，应当依法追究监护人的刑事责任。

本案属于个案，但是暴露和折射出社会救助制度上存在的问题。近年社会上来弃婴增多。据某家儿童福利院的院长说，当前弃婴的构成以先天残疾婴儿和女婴为主，主要来自两个渠道：一是计划外生育的非婚生子；二是计划内生育的残疾婴儿和女婴。

本案的主审法官也指出，针对弃婴问题应该进一步加强社会救助体系的建设。

2. 未建个人账户不影响养老金待遇水平

【案情】

河北某市某商场营业员刘某，高中毕业后，曾到内蒙古牧区插队5年，1972年返城后在家中待业2年，1974年1月分配到商场工作。自1993年1月起，单位就从其工资中代扣养老保险费，至2000年退休前一直没有中断过。其间，城镇职工养老保险改革，实施社会统筹与个人账户相结合的保险模式，从1998年1月1日起刘某拥有了属于自己的养老保险账户。退休时，刘某担心其个人账户养老保险费用过少，会影响今后的养老保险待遇水平，故向社会保险经办机构要求将其建立个人账户前的视同缴费年限的工龄折成钱，记入自己的个人账户。市社会保险经办机构答复：根据刘某本人情况，到1999年底，刘某缴费年限计31年，其中，视同缴费年限24年，实际缴费年限为7年。从1998年1月1日起已给其建立了养老保险个人账户，在此之前得出缴费年限和视同缴费年限共29年，可作为计发养老金的依据，但不能折算成钱记入个人账户。对此答复刘某自然不满，认为不能折算成钱记入个人账户，必然要影响到老后的养老保险待遇水平。

【分析与评价】

本案分歧的产生是围绕个人账户建立前的工龄能否折算成钱记入个人账户。但实际上，就本案件而言，需要明确的是养老保险待遇水平由哪些因素决定。本案中的当事人刘某属于社会统筹与个人账户相结合制度实施前参加工作、实施后退休的，这种情况属于养老保险改革中的“中人”。《国务院关于建立统一的企业职工基本养老保险制度的决定》（国发〔1997〕26号）规定，本决定实施前参加工作、实施后退休且个人缴费和视同缴费年限累计满15年的人员，按照新老办法平稳衔接、待遇水平基本平衡的原则，在发给基础养老金和个人账户养老金的基础上再确定过渡性养老金。所以决定刘某养老保险待遇水平的因素有缴费年限，还有基本养老保险金和过渡性养老保险金。

所谓缴费年限，顾名思义，是指职工缴纳基本养老保险费的年限。缴费年限的提出，可以作为我国企业职工基本养老保险制度改革不断深化的标志之一。中国自20世纪50年代初建立企业职工养老保险制度以来一直到90年代初，职工个人是不缴纳基本养老保险费的。连续工龄的长短，成为计发其退休待遇的主要甚至是唯一的条件。1991年改革以后，全国各地相继实行了职工个人缴纳基本养老保险费的制度。在此基础上，1993年10月，劳动部发布了《关于基本养老金计发办法改革试点工作的通知》，规定基本养老金的两部分均以缴费时间的长短作为计发的依据。1995年，《国务院关于深化企业职工养老保险制度改革的通知》所提出的两个实施办法中，基本养老保险金的计发均与职工的缴费年限和数额挂钩。这标志着，按职工连续工龄长短计发基本养老金的观念已逐步被按缴费年限长短计发养老金所取代。到1997年国务院26号文件发布之后，已找不到连续工龄的概念了。

中国企业职工个人缴纳基本养老保险费，是在20世纪90年代初才普遍实行的，对于建立个人缴费制度后参加工作的职工，缴费年限就是实际缴费年限。但对于此前参加工作的企业职工而言，实际缴费年限仅是全部工作年限中很少的一部分。因此，为了促进养老保险制度的改革，就有必要将职工按规定实际缴费前的连续工龄，作为视同缴费年限来对待，“视同缴费年限”也就是这样提出的。在国发〔1995〕6号文件实施办法中，将其表述为“实行个人缴费制度前，职工的连续工龄可视同缴费年限”。

具体到本案刘某的缴费年限的计算，按照上述有关缴费年限、视同缴费年限的界定，由于其所在地区的企业是从1993年1月起实行个人缴费制度的，到1999年底，其实际缴费年限计7年。在1993年以前，其连续工龄的计算又分为两部分：第一部分是其曾插队5年，按照国家的有关规定，凡在“十年动乱”期间由国家统一组织下乡插队的知识青年，在他们到城镇参加工作后，其在农村参加劳动的时间，可以与参加工作后的工作时间合并计算为连续工龄，这样，如果刘某插队满5年，这5年即可计算为连续工龄；第二部分是其自1974年1月参加工作到1992年底这段未实行个人缴费的时间，如果这段时间没有间断过，按规定是应该计算为连续工龄的，计19年；两部分相加，刘某的连续工龄亦即视同缴费年限计24年。所以，社会保险经办机构答复其缴费年限（含视同缴费年限）计31年，是正确的。

刘某符合社会保险待遇的缴费年限的条件规定，决定了其可以享受与其他同一年度内符合条件退休的人员相同的基础养老保险待遇，即当地职工平均工资的20%。同时，还决定了其可以作为个人账户部分的补偿，享受过渡性养老保险金。

个人账户部分的养老保险金的多少，是与费基、费率和缴费年限的长短相关联的。刘某的个人账户部分的金额由于加入年限较短，按照120个月均摊后领取，其养老保险的水平则不能完全体现出其31年劳动贡献的水平。但刘某可通过过渡性养老保险金获得其个人账户部分的待遇水平较低的补偿。

刘某的过渡性养老保险金是通过 $X \times 31 \times 1\%$ 计算得出的,其中:X是指实施个人缴费以后年度的指数化月平均缴费工资;31是指刘某的缴费年限;1%是省统一规定的过渡性养老保险金的计发系数。

所以,关于是否能把个人账户前的工龄折算成钱记入个人账户,国家没有这方面的规定。但对于这些工龄,实际上也在计发的过渡性养老金中有所补偿,也就没有必要进行折算。综上,职工在以前的贡献并没有因为未建个人账户而影响到计发养老金待遇。

3. 劳动者无权放弃社会保险①

【案情】

李先生于2008年3月1日到沂水县某房地产开发有限公司上班,双方签订了为期1年的劳动合同。在工作期间,公司没有给李先生办理社会保险手续和缴纳社会保险费。今年3月24日,李先生离开房地产开发有限公司后诉至当地劳动争议仲裁委员会,要求公司为其补缴工作期间的社会保险费。

该公司表示,去年3月5日,李先生书面声明自愿放弃用人单位为其办理社会保险的权利,公司因此将应缴的社会保险费折算成补贴,随工资一同发放给了李先生。

【分析与评价】

本案案情简单,属于劳动关系双方就社会保险权,即社会保险的加入与缴费发生的争议。属于劳动争议仲裁委员会管辖范围。

仲裁委经审理后认为,李先生虽然作出书面声明,但根据法律规定,参加社会保险既是劳动者和用人单位的权利,也是双方的义务,是国家的强制性规定,李先生的书面声明违反了法律强制性规定,不具有法律效力。公司应为李先生办理社保手续,补缴社会保险费。如果公司将应缴的社会保险费折算成补贴,随工资一同发放给了李先生,那么,李先生就应当返还用人单位发放的社会保险费补贴。但是,该公司的工资发放表上并没有社保补贴记录,且用人单位也不能提供相关证据。因此,仲裁委对用人单位的主张不予支持。依照有关法律规定,仲裁委裁决房地产开发有限公司为李先生办理社保手续,补缴社会保险费。

劳动仲裁部门有关人士表示,不少用人单位为逃避社会保险义务,让劳动者作出书面承诺,表示自愿放弃办理社保。殊不知,这种做法属无效行为,劳动者仍有权要求用人单位为其补办社会保险。

随着中国社会保障立法日益加强,人们的社会保障权的维权意识也会逐渐增强,未

---

① http://china.findlaw.cn/info/case/ldal/108183.html(2010年5月20日)

来这类案件的发生会逐渐减少。即使发生，劳动者有维权意识，依靠法律，也完全可以维护自己的利益。

4. 破产企业的退休人员能否分享社会发展成果

【案情】

某人退休后，其所在单位因经营不善，于1996年破产，退休人员的养老金由所在县社会保险局按月支付。此后其养老金待遇水平没有调整过。该退休人员曾向社会保险局询问，答复为：被卖掉的企业的退休人员不享受国家每年调整养老金的规定的待遇。该退休人员对答复不满，申请行政复议。

【分析与评价】

围绕破产企业退休人员是否享受国家每年调整养老金的待遇，意见不一。有人认为国家没有明确规定破产企业退休人员养老金调整问题，社会保险局的回答是正确的；有人认为国务院1997年颁发的国发〔1997〕26号文规定：在26号文发布前已离退休的人员，仍"执行养老金调整办法"，也适用于破产企业退休职工。

需要明确的是，争议的关键点看上去在于破产企业退休人员应否分享社会发展成果，但由于1997年企业社会养老保险制度的深化改革，社会养老保险待遇已经改由社会保险经办机构统一发放，所以，无论是否是破产企业，问题的关键实际上在于退休人员能否分享社会发展成果。这样一来，问题就非常明确，答案也非常肯定。国务院1995年颁发的国发〔1995〕6号文规定：为了保障离退休人员的基本生活，退休金应该"按当地职工上一年度平均工资增长率的一定比例调整"，并且"由省、自治区、直辖市政府确定"。国务院1997年颁发的国发〔1997〕26号文规定：在26号文发布前已离退休的人员，仍"执行养老金调整办法"。这说明，政府采取调整养老金的方式保障退休人员分享社会发展成果。

现行政策已很明确，即养老金应该加以调整，但并没有规定每年必须调整。如何调整、怎么调整，由省一级的人民政府确定。同样，这些解释也适用于破产企业的退休职工。

本案中由于原企业经营不善破产，可能是先破产后出（拍）卖。如果这样，国家另有规定：破产企业对已退休、离休人员的离退休需要要作出妥善安排。一般的办法是，由破产变卖（出卖、拍卖）所得中，预先向当地社会保险机构缴纳一笔平均够支付离退休金所需的费用。这笔费用怎么算，支付多少年，都由各省、自治区、直辖市人民政府规定，有的省一级行政单位规定为10年。这样一笔预支费用是必不可少的。

这笔费用如何计算，各地有各自的具体情况。但是，除离退休金的当年应付数额外，应该把在10年中离退休金应按国家政策予以调整的因素加上。这个账应由当地社会保险机构和破产企业共同商研同意后确定，账应该算满。如果漏算，不论责任在谁，都应保障离退休人员的应得权益。

故，本案中，社会保险局的答复是不正确的，剥夺了破产企业退休人员享受社会发展成果的权利。

5. 工亡家属是否符合工亡抚恤金的领取条件①

【案情】

王某的丈夫原系河北省某矿矿工，1991年，王某丈夫在工作中不幸被矿石砸中头部，经医院抢救无效死亡。该矿对此按因工死亡处理，并按月向王某发放抚恤救济费，王某当年33岁。2004年《工伤保险条例》实施后，该矿认为，王某（当年46岁）不符合《因工死亡职工供养亲属范围规定》（原劳动部令第18号）第3条（二）款规定的供养条件："工亡职工配偶男年满60周岁、女年满55周岁"，停发了王某享受的抚恤金。王某于2009年5月将该矿诉至当地仲裁委，要求继续领取抚恤金。

【分析与评价】

本案属于围绕有关因工死亡职工亲属范围认定的法律溯及力产生的争议。

根据《因工死亡职工供养亲属范围规定》第7条规定"本办法自2004年1月1日起施行"，也就是说该规定对2004年1月1日前，因工死亡供养亲属范围不具溯及力，王某仍然享有领取抚恤金的权利。同时，王某继续领取抚恤金并不会造成用人单位的负担。如果该事故伤害经过劳动保障行政部门认定为工伤，且该矿按照国家、省及市有关规定参加工伤保险，又不拖欠工伤保险费，可以依据河北省《关于企业"老工伤"人员纳入工伤保险统筹有关问题的通知》（冀劳社办[2006]105号）精神，把工亡职工供养亲属抚恤金纳入统筹项目。

最后，当地仲裁委经审理认为，王某申诉时虽已超过法定仲裁时效，但本着以人为本的原则，仲裁委对该矿做了大量的法律解释工作，使该矿负责人同意按照法律规定继续为申诉人发放抚恤金。

本案就此结束，但是企业是否加入工伤保险，不仅对于职工以及其家属是保障，对于企业本身也是保障，可以减轻因工伤事故赔偿给企业带来的经济负担。但从根本上讲，要减少和避免这里争议的发生，最根本的是要做到安全生产，防止工伤和工亡事故的发生。

6. 发生工伤后补保的企业自担保险责任的仲裁裁决是否正确②

【案情】

2004年10月16日，女职工吕某进入海安县某化纤公司工作，2005年7月28日，

---

① http://china.findlaw.cn/info/case/ldal/112807.html（2010年5月20日）

② http://china.findlaw.cn/info/case/ldal/111316.html（2010年5月20日）

化纤公司与吕某签订了期限至2006年7月27日的劳动合同。2005年8月28日，吕某在工作中不慎将左手划伤，经诊断为左手中指切割伤，肌腱断裂。10月19日，海安县劳动保障局认定吕某为工伤。2006年1月19日，南通市劳动能力鉴定委员会评定吕某为伤残10级。吕某受伤后，化纤公司支付了相关医疗费用。

吕某发生工伤事故前，化纤公司并未为吕某申报工伤保险，亦未缴纳工伤保险费。2005年8月28日发生工伤事故后，化纤公司于8月31日向工伤保险经办机构提出申请，要求缴纳包括吕某在内的6名职工的8月份的工伤保险费。9月1日，工伤保险经办机构收取了这6名职工的8月至9月的工伤保险费并向化纤公司出具了收据。

吕某在治疗期间，化纤公司发放了8月份的工资，但9月份后再未发放吕某的工资。此后，吕某与化纤公司之间因工伤待遇该由谁支付及支付标准等问题引发了劳动争议。2006年2月28日，吕某向劳动争议仲裁委提出申诉，要求化纤公司依法承担一次性伤残补助金、一次性工伤医疗补助金、一次性伤残就业补助金、劳动能力鉴定费等工伤保险待遇责任。4月21日，仲裁委裁决化纤公司一次性向吕某支付工伤保险待遇25 278.84元。

化纤公司不服仲裁委的裁决，向法院提出诉讼。

【分析与评价】

本案的关键是当企业在职工发生工伤事故后，才向劳动保障部门缴纳了工伤保险费，后形成的工伤保险关系对先前发生的工伤事故是否具有溯及力。

一种意见认为，化纤公司已为吕某缴纳了工伤保险费，劳动保障部门出具的收据明确所收工伤保险费包括8月至9月，由此可以推定，劳动保障部门对8月份发生的工伤事故追认了保险行为，因此，吕某的工伤保险待遇应由社会保险经办机构发放。

一种意见认为，与一般民事行为不同的是，社会保险所保危险应当具有未来性和不确定性等特征，已发生的事故不能成为保险对象，因而后补工伤保险费的行为对已发生的事故不具有溯及力，劳动保障部门接受后补的工伤保险费不能推定为追认，只能视为企业补充履行社会性法定义务。化纤公司在发生工伤事故前未给吕某缴纳工伤保险费，未能与社会保险经办机构建立工伤保险关系，尽管劳动保障部门收取了化纤公司后补的8月份的工伤保险费，但不能视为对已发生工伤事故的保险追认，故化纤公司应支付吕某的工伤保险待遇。化纤公司主张已为吕某缴纳了工伤保险费，社会保险经办机构应支付吕某工伤保险待遇的理由难以成立，故不予支持。

最终，8月7日，江苏省海安县法院在审理一起工伤待遇纠纷案时对此予以否定，认为已发生的工伤事故不能作为风险投保，劳动保障部门不应为此发放工伤保险待遇，企业自己承担未投保期间的工伤保险责任。

本案件的意义在于要求企业按照国家法律规定加入社会保险。不要对工伤事故发生的可能性存有侥幸心理，更不要找各种手段逃避应尽的法律义务。

7. 并非所有的医疗费都由基本医疗保险支付

【案情】

尹军在北京市通州区一家建筑公司做财务工作已3年。2002年9月，尹军突然昏倒在办公室，被同事们紧急送往附近医院，经抢救后苏醒过来，不久就被确诊为心肌炎，同时还有肺部囊肿的并发症，需住院治疗。于是尹军便办理了相关手续，休病假在医院治疗。

2002年底，痊愈出院，前后共计花掉各种医药费及其他杂费9.8万元，其中包括：挂号费、检查治疗加急费、点名手术附加费、气功治疗费、急救车费、护工费、电冰箱费、空调费、电视费、门诊煎药费共计2万元，与心肌炎和肺部囊肿无关的医药费0.05万元；治疗头部外伤的相关费用0.25万元。回到工作岗位后，他把有关单据送到当地医疗保险经办机构准备报销。3天后，他被告知：根据有关规定，他的医药费只能报销6万元，其余部分自负。

对此，尹军很是不解，便去找医疗保险经办机构的主管领导理论。那位领导指着长长的药费单，问他：头部外伤是怎么回事？尹军承认，那是因为在住院期间，与人吵架被打所致。于是领导告诉他：按有关规定，头部外伤的这部分费用加上挂号费、检查治疗加急费……门诊煎药费和与心肌炎及肺部囊肿无关的医药费（经查是尹军用自己的医疗保险证为别人开药的药费）总共2.3万元是不能报销的。另外，由于当地职工的年平均工资是1.8万元（$0.15\times12=1.8$），医疗统筹保险基金的最高支付额是当地职工年平均工资的4倍，即7.2（$1.8\times4=7.2$）万元。但这7.2万元不能全部由统筹基金负担，按规定个人也要负担一定比例。因此，他的医药费只能报销6万元。

【分析与评价】

为保护人民的身体健康，国家建立了医疗保险制度。1998年12月，国务院发布的《国务院关于建立城镇职工基本医疗保险制度的决定》确定：基本医疗保险费由用人单位和个人双方共同承担，实行社会统筹和个人账户相结合的基金模式，从而强化了个人自我保障的责任。该《决定》规定：统筹基金和个人账户要划定各自的支付范围，分别核算，不得互相挤占。要确定社会统筹的起付标准和最高支付限额，起付标准原则上控制在当地职工年平均工资的10%左右，最高支付限额原则上应控制在当地职工年平均工资的4倍左右。起付标准以下的医疗费用，从个人账户中支付或由个人自付。起付标准以上、最高支付限额以下医疗费用，主要从统筹基金中支付，个人也要负担一定比例……

该《决定》还指出，若参保人员有下列行为的，除对直接责任人员追回所发生的医疗费用外，还可视其情节轻重处以一定的罚款：①将本人医疗保险证件转借他人试用的；②持他人医疗保险证件冒名就医的；③私自伪造、涂改处方、费用单据而多报冒领的；④用自己的医疗保险证件为别人开药的。

相关的限制性规定还有：

基本医疗保险不支付的医疗服务设施费有：①就诊（转诊）交通费、急救车费；②空调费、电视费、电话费、婴儿保温箱费、食品保温箱费、电冰箱费及损坏公务赔偿费；③陪护费、护工费、洗理费、门诊煎药费；④膳食费；⑤文娱活动费以及其他特需生活服务费用。

《国家基本医疗保险诊疗项目范围》不予支付费用的诊疗项目范围所包括的服务项目有：挂号费、院外会诊费、病例工本费、出诊费、检查治疗加急费、点名手术附加费、优质优价费、自请特护等特需医疗服务。

对于工人打架负伤的医疗待遇问题，国家做了如下规定：为了维护法制和生产秩序，对职工在生产期间打架负伤的，费用自理。

就本案而言，关键在于哪些费用是不由医疗保险支付的。尹军9.8万元医疗费中的挂号费、检查治疗加急费……电视费、门诊煎药费共计2万元不在基本医疗保险承包范围之内，医疗统筹基金不予报销；为他人代开药的行为是违法的，但鉴于情节不十分严重，可不予处罚，所代开药的药费不予报销；对于尹军因打架而花费的医疗费也不属医疗统筹基金报销范围之列，因此其费用自理。从9.8万元中除去违规费用后剩余7.5万元，但这7.5万元要受限于当地统筹基金最高7.2万元的限制，不能全额报销，而对于7.2万元的最高支付额，若由统筹基金负担其主要部分6万元，则尹军本人还要承担1.2万元的医疗费。

综上所述，基本医疗保险待遇的支付范围与支付标准是由一系列法律法规严格规定的，并非包括所有的医疗费用。

8.“封顶线”以上的医疗费由谁负担

【案情】

今年，某公司小朱因患重病住院，共花费6.4万元。小朱所在单位已经参加了基本医疗保险，所以小朱按基本医疗保险政策规定到医疗保险经办机构报销了3.4万元（当地统筹基金最高支付限额为3万元，个人自付0.4万元）。医疗保险经办机构经办人员说：“你的费用已有一部分超过了基本医疗统筹基金最高支付限额，超过部分不属于基本医疗保险统筹基金报销。”小王患病已经十分困难，无力负担余下的3万元。无奈之中，小王到公司找经理，要求公司报销余下的医药费。公司经理答复：“公司已经参加医疗保险，你应去找医疗保险机构报销。公司除按时缴医疗保险费外，任何医药费的报销，概不负责。”

【分析与评价】

本案所涉及的是基本医疗保险统筹基金最高支付限额以上的医疗费用如何报销的问题。《国务院关于建立城镇职工基本医疗保险制度的决定》规定：超过最高支付限额的医疗费用,可以通过商业医疗保险等途径解决。为了不降低一些特定行业职工现有的医疗消费水平,在参加基本医疗保险的基础上,作为过渡措施,允许建立企业补充医疗保险。《关于实行国家公务员医疗补助的意见》第4条规定:医疗补助经费主要用于基本医疗保险统筹基金最高支付限额以上,符合基本医疗保险用药、诊疗范围和医疗服务设施标准的医疗费用补助。

根据国家和各地已出台的政策和实践来看,最高支付限额以上的医疗费用的支付主要有四种途径:一是属享受国家公务员补助的人员,从国家公务员补助中按规定解决;二是企业缴纳了补充医疗保险费的,从补充医疗保险费中解决;三是参加商业医疗保险的,可以从商业保险理赔解决一部分;四是已出台社会救助政策的地区,从社会救助金中予以解决。

本案中,该公司经理的想法是错误的。当前进行的城镇职工基本医疗保险制度改革,在保障水平上遵循的是"低水平、广覆盖"原则,用人单位参加了基本医疗保险,不是一保百了。由于小王自付医疗费用数额较大,影响基本生活,用人单位可以给予适当的生活补助。

9. 合同制女职工也应享受生育保险待遇

【案情】

小李是在某县一家私人服装厂工作的一名合同制女工,2000年6月1日与单位签订了3年的劳动合同。在2003年4月1日,她在医院顺产一男婴,接着开始休产假。对于小李的接生费、住院费和药费等,服装厂一次性予以报销。但是,在4月28日,小李突然接到了服装厂的电话,她被告之,因其工作岗位已有人代替,单位准备解除与她的劳动关系。

对此,小李深感委屈。她与服装厂的劳动合同还未到期,对方不能单方面解除与她的劳动合同。于是她与服装厂交涉,希望对方遵守相关规定,在劳动合同尚未到期前,要发给她一定的生育津贴。但是,无论小李怎样申辩,服装厂总是置之不理,更不用说发放她的生育津贴了。

无奈之下,小李在产假结束后,于2003年7月5日到当地劳动争议仲裁委员申请仲裁。

【分析与评价】

本案属于社会保险中的生育保险的范畴,也可以说是属于社会福利中妇孺保护的范畴。

就本案而言,当事人的权利与义务清晰。生育是女职工为人类的繁衍所作出的贡献和牺牲,具有重要的社会意义,理应得到更多的心理关怀与物质帮助,因此,国家制定了一系列的规定,保障女职工的各项待遇和权利,其中也包括女职工的职业保障。根据劳动人事部劳人办(1998)4 号文的规定,劳动合同制女职工,实行计划生育的,在怀孕、产假和哺乳期内,任何单位不得解除与她们的劳动关系;在怀孕、产假和哺乳期内,即使劳动合同期满,也不能解除合同,而必须延续到孕期、产假和哺乳期满,其生育保险待遇,仍按国家有关规定计发,所需费用仍由原单位支付。

综上,仲裁裁决:服装厂不得无理地单方解除与小李的劳动合同,他们之间的劳动合同关系应一直延续到小李哺乳期满,此间,服装厂必须按有关规定发给小李生育津贴和其他的生育费用。

随着社会保险覆盖范围的扩大,合同制女工也应享受各项相关社会保险待遇。

10. 最低工资不包括个人依法缴纳的社会保险费①

【案情】

2008 年 1 月 18 日杨浦区劳动保障监察大队接到吴某投诉,反映某学校未规定为其缴纳社会保险费。接报后,大队立即前往该校对其实施监察,并要求其提供有关用工资料。该校负责人杨某按规定提供,配合调查。

经查:2003 年 10 月 27 日,吴某进入该校工作,该校于 2007 年 12 月 25 日单方面与吴某解除劳动关系,吴某当天离职。吴某在该校工作期间,单位未按规定为其缴纳社会保险费。对于上述事实,学校方确认无误,表示愿为其补缴在职期间的社会保险费,并主动额外支付吴某一个月工资替代提前通知期。

当监察员对吴某的工资进行确认时,发现一个细节:由于吴某工资较低,每月的收入为本市的最低工资标准,故如果要吴某本人承担社会保险费个人应缴纳部分款项后,月工资报酬就低于本市的最低工资标准。

监察员立即找到该校负责人杨某,对其进行了宣传教育,一方面告知该校:根据国家相关法律法规规定,劳动者每月的工资报酬在扣除社会保险费个人应缴纳部分后,不得低于最低工资标准;另一方面立即前往区社保中心,了解核实该吴某的应缴费金额。

面对监察员的细致工作,杨某当即表示会根据社保补缴核算表,逐月核算吴某每月应当缴纳的个人部分,依法承担应由单位承担的社会保险费部分。2008 年 5 月 19 日,该单位整改到位。投诉人对处理结果表示满意。

【分析与评价】

本案具有一定的典型性。从案情看主要涉及两个方面的问题。一方面是社会保险费和最低工资标准的关系问题。一方面是社会保障监察的问题。

《最低工资规定》(中华人民共和国劳动和社会保障部令第 21 号)第十二条规定:

---

① 蔚旭春《最低工资不包括个人依法缴纳的社会保险费》http://china.findlaw.cn/info/case/ldal/112384.html(2010 年 5 月 20 日)

用人单位支付给劳动者的工资在剔除“法律、法规和国家规定的劳动者福利待遇”等项目后，不得低于当地最低工资标准；《上海市企业职工最低工资规定》第五条明确：法律、法规、规章规定的职工劳动保险、福利待遇，不得列入最低工资；《上海市劳动和社会保障局关于调整本市月最低工资标准的通知》[沪劳保综发(2008)23号]更是明确：个人依法缴纳的社会保险费和住房公积金等不作为月最低工资的组成部分，单位应按规定另行支付。因此，员工个人依法缴纳的社会保险费不能作为月最低工资的组成部分，用人单位代扣代缴劳动者社会保险费个人应缴纳部分款项后，应保证劳动者工资报酬不得低于最低工资标准。对于最低工资的构成用人单位必须明确，劳动者本身也应当增强法律意识，防止不法企业违规操作，切实维护好自身的合法权益。

另外本案的劳动监察大队的监察员细心彻底的工作，使得投诉人的利益得到了维护。但是中国的劳动保障监察部门并没有什么强制手段，当遇到对监察大队的宣传教育拒不接受的时候，即使做出处罚，最后往往还主要是通过申请法院强制执行，这样就需要一个漫长的执法过程。税务部门设有公安科，可以采取强制手段，如果社会保障部门也可以设立公安科，劳动部门的工作效率将会大大提高。从目前发展趋势来看，有必要在社会保障部门成立一个公安科是非常有必要的。

11. 被判有期徒刑的人能否领取失业保险金

【案情】

汪利伟是河南某县居民，1998年9月，因未能考上大学，便进入该县的醉苏李制酒公司工作。制酒业竞争激烈，小汪所在的醉苏李公司因设备落后，产品销路不太好，因而效益较差。小汪一直不甘心在这里干，但一时又没有其他门路，于是每日拖拖拉拉，不求上进，有时甚至还旷工。鉴于小汪的表现，2000年2月醉苏李公司开始裁员时，“汪利伟”的名字便进入了首批“下岗”人员名单。就这样，小汪在毕业后不到两年的时间里便失业了。

失业后的小汪更是消沉，几乎每日借酒浇愁，无所事事。2000年4月5日，小汪酒后因琐事与他人争执起来，一时性起，他抄起酒瓶将对方头部打伤，也因此惹来官司，被法院以故意伤害罪判处有期徒刑一年，缓刑一年。

被判刑后小汪警醒了许多，他决心振作起来，重新做人，并准备借些钱，再积攒起自己的失业保险金，以开设一个食杂店。可自5月份起，当小汪按时去银行领取失业保险金时，他发现账户上总是空的。于是小汪便到公司询问原因，他被告知，因为他被判徒刑，所以再没有资格领取失业保险金了。

【分析与评价】

围绕被判徒刑的人有无资格领取失业保险金有不同的观点。有的观点认为醉苏李制酒公司的做法是对的；但另一种观点正相反，认为醉苏李制酒公司是没有法律依据的。

本案的关键是对于失业保险待遇的领受资格的限制性规定中是否包括被判刑的人。中国的《失业保险条例》第 15 条规定,失业人员在领取失业保险金期间有下列情形之一的,停止领取失业保险金,并同时停止享受其他失业保险待遇:①重新就业的;②应征服兵役的;③移居境外的;④享受基本养老保险待遇的;⑤被判刑收监执行或者被劳动教养的;⑥无正当理由,拒不接受当地人民政府指定的部门或者机构介绍的工作的;⑦有法律、行政法规规定的其他情形的。

本案中,因小汪还未开设食杂店,所以他并没有重新就业;但是他被判了有期徒刑,这似乎是他失去领保险金权利的一个理由。但是,我们仔细分析一下《失业保险条例》第 15 条第五项的规定就可知:只有"被判刑收监执行"的失业人员,才"停止领取失业保险金",而本案中的小汪虽然被判有期徒刑,但同时又被宣告缓刑,也就是说,小汪的刑罚不必收监执行,只要他在监外遵守有关规定,不再重新犯罪,则对他所处的徒刑可以不必执行。因此,醉苏李制酒公司的做法是不正确的,是对《失业保险条例》相关规定的片面理解,该公司应补发停发的部分并在小汪以后的失业期间继续向其发放失业保险金,直到给付期限届满,或给付期限内小汪重新找到工作之时。

12. 劳动合同解除,失业人员怎样才能得到经济补偿金

【案情】

小龚是某工厂的一名女工,因工作调整,该工厂与其解除了劳动合同。但小龚与另一家单位签订劳动合同时,由于小龚要照顾孩子,不同意接受这家单位提供的三班倒的岗位,双方没能就劳动合同条款达成一致,致使劳动合同没能签订,小龚失业了。在这种情况下,小龚去原单位申请经济补偿,但原单位拒绝支付。小龚该怎样才能得到经济补偿金?

【分析与评价】

劳动合同的签订和解除完全是小龚和两家不同企业之间的行为,应按照《劳动法》的有关规定办理。

《劳动法》和《违反和解除劳动合同的经济补偿办法》(劳部发[1994]481 号)规定,经劳动合同当事人协商一致,劳动合同可以解除。经劳动合同当事人协商一致,由用人单位解除劳动合同的,用人单位应根据劳动者在本单位工作年限,每满一年发给相当于 1 个月的工资补偿金,最多不超过 12 个月。工作时间不满一年的按一年的标准发给经济补偿金。经济补偿金的工资计算标准是指企业正常生产情况下劳动者解除劳动合同前 12 个月的月平均工资。如果是劳动者自己提出解除劳动合同的,则用人单位不应给予经济补偿。

小龚在经济补偿金上与原用人单位发生劳动争议,在这种情况下,当事人可以向本

单位的劳动争议调解委员会申请调解；调解不成，当事人一方要求仲裁的，可以向劳动争议仲裁委员会申请仲裁。《劳动法》第82条规定："提出仲裁要求的一方应当自劳动争议发生之日起60日内向劳动争议仲裁委员会提出书面申请。"这里所说的"劳动争议发生之日"是指当事人知道或者应当知道其权利被侵害之日。对仲裁裁决不服的，可以向人民法院提起诉讼。

13. 病人复归社会也是社会保障的追求目标之一

【案情】

慕某，男性，44岁，已婚，某省水利电力工程局干部。1990年7月18日坐本单位吉普车外出办公，返回途中因下雨路滑，司机处理不当而坠入路边3米深沟内，当即昏迷，被送至当地县医院，醒后双下肢无感觉、运动障碍，大、小便失禁，经检查诊为胸10、胸11骨折脱位，T10完全性脊髓损伤，辗转经数家医院施治后，于1991年5月6日到中国康复研究中心住院，进行康复治疗。

1991年5月12日对患者进行初期评价，由主管医师、PT师（physical therapist）、OT师（occupational therapy）、心理医师、社会工作者及职业康复师、康复工程人员参加评价。经主管医师病情介绍，各科室人员会诊分析，认为患者关节活动度（Rom）受限（踝关节背屈受限），肌力较弱，体干较硬，不能充分前屈，坐位平衡差，不能坐起、移乘（轮椅户床）。PT训练目标为Rom维持增大训练，增强肌力训练，坐位平衡训练、起坐、移乘训练。

社会工作者通过与患者及家属的谈话了解到，患者毕业于某林业学校，伤前在单位生产科任科长工作，妻子无业自营承包一小卖部，但效益不太好，一子一女均待业。患者伤前月收入200元，现降至160元，住院3个月后单位将工人护理减至1人，每天4元的生活补助费取消。患者一家四口住一间半平房，没有无障碍设施，将给今后生活带来困难。因患者定为工伤，故治疗费暂无问题。社会工作者认为患者目前存在的社会问题如下：①护理人员安排。②住房改造与调换。③回归社会后的工作岗位问题。并将采取会谈、直接与单位领导交涉、书信等方式解决以上问题。经公函与其单位主管领导协商，护理人员及费用问题答复如下：①若让其妻子作为护理人员，月工资可增加120元。②可让其儿子作护理人员，护理费单位支出。③若上二条建议患者不同意，单位可负责请人护理。社会工作者根据单位意见，与患者商量后，患者同意第三条，由单位找人护理。至此，患者住院期间的护理人员问题已圆满解决。

心理医师经与患者谈话及心理测试认为，患者中年，过去在工作上一直较顺利，伤后社会环境发生很大变化，以前的领导、同志对其疏远，对患者心灵造成很深的创伤，自觉人情淡漠。伤后1990年7月至1991年1月因病情不见好转经历第一次抑郁期，后找气功师看病，病情有点好转，心情好些。住进康复中心后，得知病情预后不良，心情再次抑郁,但看到周围有许多同样的残疾病友,心理略有安慰。现病人的康复意识较弱,只想能自己上下床及移乘轮椅就出院。出现反对独立的一系列表现,虽然自述想自己照顾自己,但强调现在行动不便,需人照顾。对康复训练不积极,改变现状无信心,处于抑郁期向反对独立期的过渡阶段。随着时间流逝,抑郁症状将减少,反对独立症状增加,患者将进入反对独立期。目前最主要问题是意志力减退影响康复训练,暂采用患者中心疗法,调动他自身的力量去解决这个问题,使其行为有些改变。

康复工程人员认为,患者出院前可定做下肢支具,以改善其站立和行走功能,带支具训练一段时间后,使其能独立穿、脱支具,并习惯在日常生活中使用方可出院。

1991 年 6 月 30 日进行中期评价,康复治疗小组全体成员参加。首先主管医师介绍了自初期评价至今患者的康复情况及存在的问题。PT 师认为经一个月的训练,病人的关节活动度有所改善,肌力上肢有较大进步,从 4 公斤哑铃能作 50 个增加到 6 公斤哑铃作 100 个,已可反复独立完成仰卧至坐位的动作,移乘时在后方稍加保护即可完成。

社会工作者介绍,经与单位领导多次面谈及电话、公函联系,住房调换及无障碍改造问题单位已基本答应解决,单位已打报告给上级领导,但尚需时间。至于重返原岗位工作问题,领导同意待其出院后可继续担任生产科副科长职务,负责搞生产计划,可以坐轮椅上班,路途较近。

心理医师认为,患者现已对伤残渐渐习惯,能与病友交流思想及治疗经验,对领导给其解决的护理人员及房屋调换问题尚表满意。但其依赖性仍很大,有时与别的病友单位比较待遇时仍心理不平衡,希望改变或减少已不可避免的损失和残疾事实,以达到长期依靠的目的。此时患者抑郁症状较轻,进入反对独立期。应适当采用一些认知疗法,使患者认识到问题的解决要靠自己的努力。

1991 年 8 月 3 日进行末期评价,主管医生认为经康复小组成员的共同努力,患者各方面都有很大进步,生活自理能力明显提高,大小便功能有改善。PT 师认为,给三个多月的训练,目前可独立完成翻身、起坐、移乘以及在平衡棒内站立,由于痉挛严重,站立时体干前屈,坐位平衡只能达到 3 级,今后还需继续进行站立训练及坐位平衡训练。

社会工作者介绍了 3 个月来的工作,经多方努力患者的住房已解决,单位在市中心购买了一套 70 平方米的楼房,位于一层,生活设备齐全,住宅环境很好,门前是街心公园,周围是草坪。社会工作者已根据房屋面积及具体情况,设计出无障碍改造的图纸,将门加宽至 85cm,以便轮椅通过。一层阳台两侧打开改成坡道,以便残疾者出入楼房,参与社会活动及上下班等,至此,患者回归家庭、回归社会、回归原岗位的障碍已基本扫清,此残疾者可顺利回归社会。

心理医生经多次与患者谈心,加之单位领导对其困难解决的比较圆满,考虑也较周到,使患者心情渐好转,情绪趋于稳定,现能面对残疾的现实,积极参加康复训练,准备回家后继续坚持训练,早日返回工作岗位。

康复工程人员介绍患者的长支具已经制作完成,并经过一段时间的试验,患者已熟练掌握了支具的使用方法,现穿上支具可以独立在平衡棒内站立,但回家后仍需坚持训练。

【分析与评价】

此案例属于社会福利中比较典型的康复个案。每个残疾患者来到康复中心,都要在康复小组全体成员的参与下制定具体的康复计划,并制定出康复的近期目标和远期目标,使患者能得到功能恢复、心理治疗、社会康复等全方位服务,使其顺利重返社会,参与社会生活。

在本案中,社会康复机构的社会工作者尤其是个案工作者发挥了极大的作用。中国康复研究中心社会工作者经过多年实践经验,总结出康复机构中的社会工作者应从以下几方面帮助残疾人和其他相关病人(如老年病人和慢性病人)解决社会保障问题。这些也在本案中得以实践。

(1)对住院患者的个人史、家庭情况和所在的社区环境进行充分的了解,以便掌握患者存在的社会、家庭问题及问题的背景,帮助其解决住院期间的困难。

(2)对患者致残原因或病因进行认真调查分析,从而对涉及的政治、法律、经济、生产劳动条件和家庭伦理道德等问题进行专题和综合研究,适当干预。

(3)和有关病区的医护人员密切配合协助医护人员解决他们在医学之外不能或不便解决的问题,如手术期间陪护、医疗费用的拖欠等等事宜。

(4)和心理工作者密切配合,了解病人心理负担的起因,并对所涉及的家庭,社会问题积极加以解决。

(5)和医学工程技术人员密切配合,做好康复家庭器械的配备,以及病人出院时对残疾人家庭环境的无障碍设施改造工作。

(6)经常组织住院病人参与社会的活动以减少他们的孤独,自卑感,如游览公园,到商业区购物,观看文体比赛,举行病人及医护人员之间的各种联谊活动等。

(7)为病人、家属及单位提供咨询服务和康复资料。

康复机构中的社会康复个案工作者应该采取以下措施:

(1)在病人入院的24小时之内,个案工作者应与病人或其家属进行谈话。抢救性或急性期患者,只应接触其家属及陪护人,以免干扰医护人员的抢救和治疗。

(2)根据患者或其家属提供的情况,决定是否建立《社会康复个案登记表》。对接受立案的病人,应继续与其家属、单位、陪护人员及主管医生,护士协商,开展工作。

(3)在条件允许的情况下,应到一些社会问题较多的重点家庭、单位和社区进行调查,以便与残疾人家属和社会有关方面共同做好工作。

(4)认真参加联合查房和定期的康复评定,经常与医护人员交流病人情况,查阅病人的病案记录,及时了解病人在医疗、心理和功能训练方面存在问题及取得的进步。

(5)组织患者参加各种社会活动,事前要同各病区医护人员妥善安排。在社会活动中既要防止各种事故的发生,又要使病人心情舒畅,有良好的收效。

(6)对病人及其家属的咨询和谈话,一方面要谦虚谨慎,态度和蔼,另一方面又要坚持原则,注意政策;特别是涉及工伤的认定和处理方面要讲究谈话方法,并及时记录在案。

(7)在每次康复评定前,要对病人作出社会康复方面的评价,并在病人出院前为其回归社会作出相应安排。

(8)建立信息反馈、随诊和复查制度,及时了解病人回归社会后的情况。

14. 劳动终局裁决原则的适用问题①

【案情】

纪某系来安县工业园区某公司(以下简称公司)职工。2006 年 12 月 2 日,纪某在工作时发生工伤事故,公司将其送至来安县人民医院治疗,并支付了全部医疗费。2007 年元月,纪某回公司上班。2007 年 5 月,纪某擅自离开公司。后来,公司得知,纪某向来安县劳动争议仲裁委员会申请劳动仲裁,请求裁决公司支付一次性伤残补助金 6 400 元;一次性伤残就业补助金、一次性工伤医疗补助金 23 664 元;工伤期间误工工资 12 000元。2007 年 10 月 17 日,因纪某的申请来安县劳动和社会保障局作出工伤认定。2008 年 1 月 24 日,因纪某的申请滁州市劳动能力鉴定委员会作出鉴定:纪某劳动能力障碍等级为九级。2008 年 9 月 5 日,来安县劳动争议仲裁委员会作出仲裁裁决:公司在本裁决生效后十日内支付纪民一次性伤残补助金 6 670. 40 元;公司在本裁决生效后十日内支付纪某一次性伤残就业补助金 14 794 元、一次性伤残医疗补助金 8 876. 40 元,合计 23 670. 40 元。而且仲裁裁决书上还明确载明:若对本裁决不服,双方当事人可在收到本裁决书之日起十五日内向人民法院起诉,逾期不起诉,本裁决即起法律效力。公司认为纪某受伤在 2006 年,其应按照统筹地区 2005 年职工平均工资支付各项工伤费用,故诉至来安法院,请求法院依法确认公司按照统筹地区 2005 年职工标准支付被告一次性伤残补助金、一次性伤残就业补助金及一次性伤残医疗补助金。

【分析与评价】

一种意见认为:《劳动法》第八十三条规定,劳动争议当事人对仲裁裁决不服的,可以自收到仲裁裁决书之日起十五日内向人民法院提起诉讼。劳动争议调解仲裁法第四十七条规定,对追索劳动报酬、工伤医疗费、经济补偿或者赔偿金,不超过当地月最低工资标准 12 个月金额的争议,劳动争议仲裁委员会所作的仲裁裁决为终局裁决,裁决书自作出之日起发生法律效力。滁州市 2005 年和 2007 年在职职工平均工资分别为

① 安徽省来安县人民法院·冼拾 http://china.findlaw.cn/info/case/ldal/111307.html(2010 年 5 月 20 日)

500.80元/月和1 479.40 元/月。纪某在向来安县劳动争议仲裁委员会递交的申请书中列明的争议各项之和金额超过了滁州市最低工资标准十二个月金额,劳动仲裁裁决不是终局裁决,原告(公司)起诉属于基层人民法院受理民事案件的管辖范围。

另一种意见认为,本案的劳动仲裁裁决对伤残补助金、伤残就业补助金、伤残医疗补助金各项的裁决数额均不超过滁州市最低工资标准十二个月金额,属于终局裁决。根据劳动争议调解仲裁法第四十八条及第四十九条规定,劳动者对第四十七条规定的仲裁裁决不服的,可以自收到仲裁裁决书之日起 15 日内向人民法院提起诉讼;用人单位有证据证明第四十七条规定的裁决书有适用法律法规错误或违反法定程序等情形的可在自收到仲裁裁决书之日起 30 日内向劳动争议仲裁委员会所在地的中级人民法院申请撤销裁决。原告(公司)起诉不属于基层人民法院受理民事案件的管辖范围,应依据民事诉讼法第一百零八条规定裁定驳回。

本教程编者支持第一种意见,理由:第一,仲裁裁决书上明确载明如对本裁决不服,双方当事人可在收到本裁决书之日起十五日内向人民法院起诉,逾期不起诉,本裁决即起法律效力。第二,本案不属于小额的情况,因为各项请求的金额总和超过当地月最低工资标准 12 个月金额。其实本案的主要分歧也是在金额的多少上。如果说根据是各项请求金额的总和来计算还是根据单项请求金额来计算是否超过当地月最低工资标准 12 个月金额的话,恰恰说明现行劳动争议调解仲裁法存在有法律漏洞,依据有漏洞的法律才裁决只会引发新的争议。并且裁决书中明文规定了起诉期限等内容也说明本案件不属于小额的情况。第三,尽管的劳动争议调解仲裁法出台的意义在于加快处理案件,但是前提还是要保证公平。这才是裁决的意义,对当事人都公平是法律的意义所在。因为社会保障法是为了保护劳动者合法权利不受侵犯,不是单方面只保护劳动者的法律。所以,在本案中,原告(公司)可以去基层人民法院起诉。

15. 汉中市社保基金案件[①]

【案情】

2003 年1 月至2006 年12 月,汉中市社保中心副主任强丹和综合科副科长张小华,违反社保基金银行专户管理有关规定,动用失业保险收入户资金和支出户资金,擅自开设银行账户转存失业保险金 20 笔共 2 279.82 万元,并且部分为公款私存。目前,这些私开账户已全部清理,资金追回。2004 年 5 月至 2007 年 3 月,该中心失业保险科出纳张志鹏,采取向会计提供假银行对账单和票据、收缴失业金不记账、填写假电汇单、伪造法人代表印鉴等手段套取现金,先后作案 15 起,涉案金额 140.8 万元,大部分被挥霍。截至 2007 年 7 月,检察机关已追回侵吞资金 80 余万元和部分赃物。

---

① 《陕西省劳动和社会保障厅关于汉中市社保基金案件的通报》2007 年 7 月 9 日。

7 月 3 日，汉中市常委会议决定，对严重违反国家社保基金管理政策规定，负有重要领导责任的汉中市劳动保障局原局长郭舍林，给予党内严重警告、行政记大过处分；对负有主要领导责任的汉中市劳动保障局副局长、市社保中心主任吴启名，给予留党察看两年、行政撤职处分；对负有直接领导责任的社保中心副主任强丹给予留党察看两年、行政撤职处分；对擅自设立账户、公款私存的该中心综合科副科长张小华给予行政记大过处分，调离会计岗位；对失业保险科出纳张志鹏涉嫌贪污失业保险金的问题，移交司法机关处理，追究刑事责任。

【分析与评价】

汉中市社保中心违反规定，多头开设银行账户，转存失业保险基金，出纳张志鹏侵吞挥霍巨额失业保险金问题，是一起典型的违纪违法案件。究其原因，为该中心监督缺失缺位，内部管理混乱，社保基金运行不透明，个别工作人员法律法纪意识淡薄所致。

社保基金是社会保险的“生命线”，基金安全影响劳动保障事业的发展，关系人民群众的切身利益和社会的和谐稳定。基金纪律是“高压线”，违反基金纪律造成基金损失，在中国是从追究党纪政纪和法律责任两个方面予以追究。

然而说到基金的监管漏洞，不只是在中国出了这一个案子，在所谓的立法先行国家也一样发生了令人震惊的社保基金丑闻。对类似案件的事后制裁是必要和必须的，但是因此造成的损失往往是无可挽回或者很难弥补的。所以在基金运营管理方面要制定尽可能科学严谨的法律制度，强化自律和加强外部监督，保证基金最终能发挥应有的作用。

进入 21 世纪以后，中国在社会保障基金管理方面已经加大立法建设的步伐和力度，《社会保险法》也已于 2011 年开始施行，但社会保障基金监管的问题依然存在。2013 年的今天，社会救助对象的廉租住房制度被恶用的现象也见于报端。这些都要求能够运用现代技术，量化和模式化基金的使用管理过程、对基金运营的全过程予以跟踪，并更加科学合理地对社会保障基金实行监管，使社会保障基金能够保值增值，切实用于社会成员的生活基本保障之上。

附录二

主要社会保障法律法规

中华人民共和国宪法(节选)

(1982年12月4日中华人民共和国第五届全国人民代表大会第五次会议通过)

第四十二条 中华人民共和国公民有劳动的权利和义务。

国家通过各种途径,创造劳动就业条件,加强劳动保护,改善劳动条件,并在发展生产的基础上,提高劳动报酬和福利待遇。

劳动是一切有劳动能力的公民的光荣职责。国营企业和城乡集体经济组织的劳动者都应当以国家主人翁的态度对待自己的劳动。国家提倡社会主义劳动竞赛,奖励劳动模范和先进工作者。国家提倡公民从事义务劳动。

国家对就业前的公民进行必要的劳动就业训练。

第四十四条 国家依照法律规定实行企业事业组织的职工和国家机关工作人员的退休制度。退休人员的生活受到国家和社会的保障。

第四十五条 中华人民共和国公民在年老、疾病或者丧失劳动能力的情况下,有从国家和社会获得物质帮助的权利。国家发展为公民享受这些权利所需要的社会保险、社会救济和医疗卫生事业。

国家和社会保障残废军人的生活,抚恤烈士家属,优待军人家属。

国家和社会帮助安排盲、聋、哑和其他有残疾的公民的劳动、生活和教育。

中华人民共和国劳动合同法(节选)

(2007年6月29日第十届全国人民代表大会常务委员会第二十八次会议通过第十一届全国人民代表大会常务委员会第三十次会议修订)

第四条 用人单位应当依法建立和完善劳动规章制度,保障劳动者享有劳动权利、履行劳动义务。

用人单位在制定、修改或者决定有关劳动报酬、工作时间、休息休假、劳动安全卫生、保险福利、职工培训、劳动纪律以及劳动定额管理等直接涉及劳动者切身利益的规章制度或者重大事项时,应当经职工代表大会或者全体职工讨论,提出方案和意见,与工会或者职工代表平等协商确定。

在规章制度和重大事项决定实施过程中,工会或者职工认为不适当的,有权向用人单位提出,通过协商予以修改完善。

用人单位应当将直接涉及劳动者切身利益的规章制度和重大事项决定公示,或者告知劳动者。

第十七条 劳动合同应当具备以下条款:

(一)用人单位的名称、住所和法定代表人或者主要负责人;

(二)劳动者的姓名、住址和居民身份证或者其他有效身份证件号码;

(三)劳动合同期限;

(四)工作内容和工作地点;

(五)工作时间和休息休假;

(六)劳动报酬;

(七)社会保险;

(八)劳动保护、劳动条件和职业危害防护;

(九)法律、法规规定应当纳入劳动合同的其他事项。

劳动合同除前款规定的必备条款外,用人单位与劳动者可以约定试用期、培训、保守秘密、补充保险和福利待遇等其他事项。

第三十八条 用人单位有下列情形之一的,劳动者可以解除劳动合同:

(一)未按照劳动合同约定提供劳动保护或者劳动条件的;

(二)未及时足额支付劳动报酬的;

(三)未依法为劳动者缴纳社会保险费的;

(四)用人单位的规章制度违反法律、法规的规定,损害劳动者权益的;

（五）因本法第二十六条第一款规定的情形致使劳动合同无效的；

（六）法律、行政法规规定劳动者可以解除劳动合同的其他情形。

用人单位以暴力、威胁或者非法限制人身自由的手段强迫劳动者劳动的，或者用人单位违章指挥、强令冒险作业危及劳动者人身安全的，劳动者可以立即解除劳动合同，不需事先告知用人单位。

第四十一条 有下列情形之一，需要裁减人员二十人以上或者裁减不足二十人但占企业职工总数百分之十以上的，用人单位提前三十日向工会或者全体职工说明情况，听取工会或者职工的意见后，裁减人员方案经向劳动行政部门报告，可以裁减人员：

（一）依照企业破产法规定进行重整的；

（二）生产经营发生严重困难的；

（三）企业转产、重大技术革新或者经营方式调整，经变更劳动合同后，仍需裁减人员的；

（四）其他因劳动合同订立时所依据的客观经济情况发生重大变化，致使劳动合同无法履行的。

裁减人员时，应当优先留用下列人员：

（一）与本单位订立较长期限的固定期限劳动合同的；

（二）与本单位订立无固定期限劳动合同的；

（三）家庭无其他就业人员，有需要扶养的老人或者未成年人的。

用人单位依照本条第一款规定裁减人员，在六个月内重新招用人员的，应当通知被裁减的人员，并在同等条件下优先招用被裁减的人员。

第四十二条 劳动者有下列情形之一的，用人单位不得依照本法第四十条、第四十一条的规定解除劳动合同：

（一）从事接触职业病危害作业的劳动者未进行离岗前职业健康检查，或者疑似职业病病人在诊断或者医学观察期间的；

（二）在本单位患职业病或者因工负伤并被确认丧失或者部分丧失劳动能力的；

（三）患病或者非因工负伤，在规定的医疗期内的；

（四）女职工在孕期、产期、哺乳期的；

（五）在本单位连续工作满十五年，且距法定退休年龄不足五年的；

（六）法律、行政法规规定的其他情形。

第四十四条 有下列情形之一的，劳动合同终止：

（一）劳动合同期满的；

（二）劳动者开始依法享受基本养老保险待遇的；

（三）劳动者死亡，或者被人民法院宣告死亡或者宣告失踪的；

（四）用人单位被依法宣告破产的；

（五）用人单位被吊销营业执照、责令关闭、撤销或者用人单位决定提前解散的；

（六）法律、行政法规规定的其他情形。

第四十五条 劳动合同期满，有本法第四十二条规定情形之一的，劳动合同应当续延至相应的情形消失时终止。但是，本法第四十二条第二项规定丧失或者部分丧失劳动能力劳动者的劳动合同的终止，按照国家有关工伤保险的规定执行。

第四十九条 国家采取措施，建立健全劳动者社会保险关系跨地区转移接续制度。

第五十条 用人单位应当在解除或者终止劳动合同时出具解除或者终止劳动合同的证明，并在十五日内为劳动者办理档案和社会保险关系转移手续。

劳动者应当按照双方约定，办理工作交接。用人单位依照本法有关规定应当向劳动者支付经济补偿的，在办结工作交接时支付。

用人单位对已经解除或者终止的劳动合同的文本，至少保存二年备查。

第五十一条 企业职工一方与用人单位通过平等协商，可以就劳动报酬、工作时间、休息休假、劳动安全卫生、保险福利等事项订立集体合同。集体合同草案应当提交职工代表大会或者全体职工讨论通过。

集体合同由工会代表企业职工一方与用人单位订立；尚未建立工会的用人单位，由上级工会指导劳动者推举的代表与用人单位订立。

第五十二条 企业职工一方与用人单位可以订立劳动安全卫生、女职工权益保护、工资调整机制等专项集体合同。

第五十五条 集体合同中劳动报酬和劳动条件等标准不得低于当地人民政府规定的最低标准；用人单位与劳动者订立的劳动合同中劳动报酬和劳动条件等标准不得低于集体合同规定的标准。

第七十四条 县级以上地方人民政府劳动行政部门依法对下列实施劳动合同制度的情况进行监督检查：

（一）用人单位制定直接涉及劳动者切身利益的规章制度及其执行的情况；

（二）用人单位与劳动者订立和解除劳动合同的情况；

（三）劳务派遣单位和用工单位遵守劳务派遣有关规定的情况；

（四）用人单位遵守国家关于劳动者工作时间和休息休假规定的情况；

（五）用人单位支付劳动合同约定的劳动报酬和执行最低工资标准的情况；

（六）用人单位参加各项社会保险和缴纳社会保险费的情况；

（七）法律、法规规定的其他劳动监察事项。

第七十七条 劳动者合法权益受到侵害的，有权要求有关部门依法处理，或者依法申请仲裁、提起诉讼。

第七十八条 工会依法维护劳动者的合法权益，对用人单位履行劳动合同、集体合同的情况进行监督。用人单位违反劳动法律、法规和劳动合同、集体合同的，工会有权提出意见或者要求纠正；劳动者申请仲裁、提起诉讼的，工会依法给予支持和帮助。

中华人民共和国社会保险法

（2010年10月28日第十一届全国人民代表大会常务委员会第十七次会议通过）

第一章　总　则

第一条　为了规范社会保险关系，维护公民参加社会保险和享受社会保险待遇的合法权益，使公民共享发展成果，促进社会和谐稳定，根据宪法，制定本法。

第二条　国家建立基本养老保险、基本医疗保险、工伤保险、失业保险、生育保险等社会保险制度，保障公民在年老、疾病、工伤、失业、生育等情况下依法从国家和社会获得物质帮助的权利。

第三条　社会保险制度坚持广覆盖、保基本、多层次、可持续的方针，社会保险水平应当与经济社会发展水平相适应。

第四条　中华人民共和国境内的用人单位和个人依法缴纳社会保险费，有权查询缴费记录、个人权益记录，要求社会保险经办机构提供社会保险咨询等相关服务。

个人依法享受社会保险待遇，有权监督本单位为其缴费情况。

第五条　县级以上人民政府将社会保险事业纳入国民经济和社会发展规划。

国家多渠道筹集社会保险资金。县级以上人民政府对社会保险事业给予必要的经费支持。

国家通过税收优惠政策支持社会保险事业。

第六条　国家对社会保险基金实行严格监管。

国务院和省、自治区、直辖市人民政府建立健全社会保险基金监督管理制度，保障社会保险基金安全、有效运行。

县级以上人民政府采取措施，鼓励和支持社会各方面参与社会保险基金的监督。

第七条　国务院社会保险行政部门负责全国的社会保险管理工作，国务院其他有关部门在各自的职责范围内负责有关的社会保险工作。

县级以上地方人民政府社会保险行政部门负责本行政区域的社会保险管理工作，县级以上地方人民政府其他有关部门在各自的职责范围内负责有关的社会保险工作。

第八条　社会保险经办机构提供社会保险服务，负责社会保险登记、个人权益记录、社会保险待遇支付等工作。

第九条　工会依法维护职工的合法权益，有权参与社会保险重大事项的研究，参加社会保险监督委员会，对与职工社会保险权益有关的事项进行监督。

第二章　基本养老保险

第十条　职工应当参加基本养老保险，由用人单位和职工共同缴纳基本养老保险费。

无雇工的个体工商户、未在用人单位参加基本养老保险的非全日制从业人员以及其他灵活就业人员可以参加基本养老保险，由个人缴纳基本养老保险费。

公务员和参照公务员法管理的工作人员养老保险的办法由国务院规定。

第十一条　基本养老保险实行社会统筹与个人账户相结合。

基本养老保险基金由用人单位和个人缴费以及政府补贴等组成。

第十二条　用人单位应当按照国家规定的本单位职工工资总额的比例缴纳基本养老保险费，记入基本养老保险统筹基金。

职工应当按照国家规定的本人工资的比例缴纳基本养老保险费，记入个人账户。

无雇工的个体工商户、未在用人单位参加基本养老保险的非全日制从业人员以及其他灵活就业人员参加基本养老保险的，应当按照国家规定缴纳基本养老保险费，分别记入基本养老保险统筹基金和个人账户。

第十三条　国有企业、事业单位职工参加基本养老保险前，视同缴费年限期间应当缴纳的基本养老保险费由政府承担。

基本养老保险基金出现支付不足时，政府给予补贴。

第十四条　个人账户不得提前支取，记账利率不得低于银行定期存款利率，免征利息税。个人死亡的，个人账户余额可以继承。

第十五条　基本养老金由统筹养老金和个人账户养老金组成。

基本养老金根据个人累计缴费年限、缴费工资、当地职工平均工资、个人账户金额、城镇人口平均预期寿命等因素确定。

第十六条　参加基本养老保险的个人，达到法定退休年龄时累计缴费满十五年的，按月领取基本养老金。

参加基本养老保险的个人，达到法定退休年龄时累计缴费不足十五年的，可以缴费至满十五年，按月领取基本养老金；也可以转入新型农村社会养老保险或者城镇居民社会养老保险，按照国务院规定享受相应的养老保险待遇。

第十七条　参加基本养老保险的个人，因病或者非因工死亡的，其遗属可以领取丧葬补助金和抚恤金；在未达到法定退休年龄时因病或者非因工致残完全丧失劳动能力的，可以领取病残津贴。所需资金从基本养老保险基金中支付。

第十八条　国家建立基本养老金正常调整机制。根据职工平均工资增长、物价上涨情况，适时提高基本养老保险待遇水平。

第十九条　个人跨统筹地区就业的，其基本养老保险关系随本人转移，缴费年限累计计算。个人达到法定退休年龄时，基本养老金分段计算、统一支付。具体办法由国务院规定。

第二十条　国家建立和完善新型农村社会养老保险制度。

新型农村社会养老保险实行个人缴费、集体补助和政府补贴相结合。

第二十一条　新型农村社会养老保险待遇由基础养老金和个人账户养老金组成。

参加新型农村社会养老保险的农村居民，符合国家规定条件的，按月领取新型农村社会养老保险待遇。

第二十二条　国家建立和完善城镇居民社会养老保险制度。

省、自治区、直辖市人民政府根据实际情况，可以将城镇居民社会养老保险和新型农村社会养老保险合并实施。

第三章　基本医疗保险

第二十三条　职工应当参加职工基本医疗保险，由用人单位和职工按照国家规定共同缴纳基本医疗保险费。

无雇工的个体工商户、未在用人单位参加职工基本医疗保险的非全日制从业人员以及其他灵活就业人员可以参加职工基本医疗保险，由个人按照国家规定缴纳基本医疗保险费。

第二十四条　国家建立和完善新型农村合作医疗制度。

新型农村合作医疗的管理办法，由国务院规定。

第二十五条　国家建立和完善城镇居民基本医疗保险制度。

城镇居民基本医疗保险实行个人缴费和政府补贴相结合。

享受最低生活保障的人、丧失劳动能力的残疾人、低收入家庭六十周岁以上的老年人和未成年人等所需个人缴费部分，由政府给予补贴。

第二十六条　职工基本医疗保险、新型农村合作医疗和城镇居民基本医疗保险的待遇标准按照国家规定执行。

第二十七条　参加职工基本医疗保险的个人，达到法定退休年龄时累计缴费达到国家规定年限的，退休后不再缴纳基本医疗保险费，按照国家规定享受基本医疗保险待遇；未达到国家规定年限的，可以缴费至国家规定年限。

第二十八条　符合基本医疗保险药品目录、诊疗项目、医疗服务设施标准以及急诊、抢救的医疗费用，按照国家规定从基本医疗保险基金中支付。

第二十九条　参保人员医疗费用中应当由基本医疗保险基金支付的部分，由社会保险经办机构与医疗机构、药品经营单位直接结算。

社会保险行政部门和卫生行政部门应当建立异地就医医疗费用结算制度，方便参保人员享受基本医疗保险待遇。

第三十条 下列医疗费用不纳入基本医疗保险基金支付范围：

（一）应当从工伤保险基金中支付的；

（二）应当由第三人负担的；

（三）应当由公共卫生负担的；

（四）在境外就医的。

医疗费用依法应当由第三人负担，第三人不支付或者无法确定第三人的，由基本医疗保险基金先行支付。基本医疗保险基金先行支付后，有权向第三人追偿。

第三十一条 社会保险经办机构根据管理服务的需要，可以与医疗机构、药品经营单位签订服务协议，规范医疗服务行为。

医疗机构应当为参保人员提供合理、必要的医疗服务。

第三十二条 个人跨统筹地区就业的，其基本医疗保险关系随本人转移，缴费年限累计计算。

第四章 工伤保险

第三十三条 职工应当参加工伤保险，由用人单位缴纳工伤保险费，职工不缴纳工伤保险费。

第三十四条 国家根据不同行业的工伤风险程度确定行业的差别费率，并根据使用工伤保险基金、工伤发生率等情况在每个行业内确定费率档次。行业差别费率和行业内费率档次由国务院社会保险行政部门制定，报国务院批准后公布施行。

社会保险经办机构根据用人单位使用工伤保险基金、工伤发生率和所属行业费率档次等情况，确定用人单位缴费费率。

第三十五条 用人单位应当按照本单位职工工资总额，根据社会保险经办机构确定的费率缴纳工伤保险费。

第三十六条 职工因工作原因受到事故伤害或者患职业病，且经工伤认定的，享受工伤保险待遇；其中，经劳动能力鉴定丧失劳动能力的，享受伤残待遇。

工伤认定和劳动能力鉴定应当简捷、方便。

第三十七条 职工因下列情形之一导致本人在工作中伤亡的，不认定为工伤：

（一）故意犯罪；

（二）醉酒或者吸毒；

（三）自残或者自杀；

（四）法律、行政法规规定的其他情形。

第三十八条 因工伤发生的下列费用，按照国家规定从工伤保险基金中支付：

（一）治疗工伤的医疗费用和康复费用；

（二）住院伙食补助费；
（三）到统筹地区以外就医的交通食宿费；
（四）安装配置伤残辅助器具所需费用；
（五）生活不能自理的，经劳动能力鉴定委员会确认的生活护理费；
（六）一次性伤残补助金和一至四级伤残职工按月领取的伤残津贴；
（七）终止或者解除劳动合同时，应当享受的一次性医疗补助金；
（八）因工死亡的，其遗属领取的丧葬补助金、供养亲属抚恤金和因工死亡补助金；
（九）劳动能力鉴定费。

第三十九条 因工伤发生的下列费用，按照国家规定由用人单位支付：
（一）治疗工伤期间的工资福利；
（二）五级、六级伤残职工按月领取的伤残津贴；
（三）终止或者解除劳动合同时，应当享受的一次性伤残就业补助金。

第四十条 工伤职工符合领取基本养老金条件的，停发伤残津贴，享受基本养老保险待遇。基本养老保险待遇低于伤残津贴的，从工伤保险基金中补足差额。

第四十一条 职工所在用人单位未依法缴纳工伤保险费，发生工伤事故的，由用人单位支付工伤保险待遇。用人单位不支付的，从工伤保险基金中先行支付。

从工伤保险基金中先行支付的工伤保险待遇应当由用人单位偿还。用人单位不偿还的，社会保险经办机构可以依照本法第六十三条的规定追偿。

第四十二条 由于第三人的原因造成工伤，第三人不支付工伤医疗费用或者无法确定第三人的，由工伤保险基金先行支付。工伤保险基金先行支付后，有权向第三人追偿。

第四十三条 工伤职工有下列情形之一的，停止享受工伤保险待遇：
（一）丧失享受待遇条件的；
（二）拒不接受劳动能力鉴定的；
（三）拒绝治疗的。

第五章 失业保险

第四十四条 职工应当参加失业保险，由用人单位和职工按照国家规定共同缴纳失业保险费。

第四十五条 失业人员符合下列条件的，从失业保险基金中领取失业保险金：
（一）失业前用人单位和本人已经缴纳失业保险费满一年的；
（二）非因本人意愿中断就业的；
（三）已经进行失业登记，并有求职要求的。

第四十六条 失业人员失业前用人单位和本人累计缴费满一年不足五年的，领取失业保险金的期限最长为十二个月;累计缴费满五年不足十年的,领取失业保险金的期限最长为十八个月;累计缴费十年以上的,领取失业保险金的期限最长为二十四个月。重新就业后,再次失业的,缴费时间重新计算,领取失业保险金的期限与前次失业应当领取而尚未领取的失业保险金的期限合并计算,最长不超过二十四个月。

第四十七条 失业保险金的标准,由省、自治区、直辖市人民政府确定,不得低于城市居民最低生活保障标准。

第四十八条 失业人员在领取失业保险金期间,参加职工基本医疗保险,享受基本医疗保险待遇。

失业人员应当缴纳的基本医疗保险费从失业保险基金中支付,个人不缴纳基本医疗保险费。

第四十九条 失业人员在领取失业保险金期间死亡的,参照当地对在职职工死亡的规定,向其遗属发给一次性丧葬补助金和抚恤金。所需资金从失业保险基金中支付。

个人死亡同时符合领取基本养老保险丧葬补助金、工伤保险丧葬补助金和失业保险丧葬补助金条件的,其遗属只能选择领取其中的一项。

第五十条 用人单位应当及时为失业人员出具终止或者解除劳动关系的证明,并将失业人员的名单自终止或者解除劳动关系之日起十五日内告知社会保险经办机构。

失业人员应当持本单位为其出具的终止或者解除劳动关系的证明,及时到指定的公共就业服务机构办理失业登记。

失业人员凭失业登记证明和个人身份证明,到社会保险经办机构办理领取失业保险金的手续。失业保险金领取期限自办理失业登记之日起计算。

第五十一条 失业人员在领取失业保险金期间有下列情形之一的,停止领取失业保险金,并同时停止享受其他失业保险待遇:

(一)重新就业的;

(二)应征服兵役的;

(三)移居境外的;

(四)享受基本养老保险待遇的;

(五)无正当理由,拒不接受当地人民政府指定部门或者机构介绍的适当工作或者提供的培训的。

第五十二条 职工跨统筹地区就业的,其失业保险关系随本人转移,缴费年限累计计算。

第六章 生育保险

第五十三条 职工应当参加生育保险,由用人单位按照国家规定缴纳生育保险费,职工不缴纳生育保险费。

第五十四条 用人单位已经缴纳生育保险费的，其职工享受生育保险待遇；职工未就业配偶按照国家规定享受生育医疗费用待遇。所需资金从生育保险基金中支付。

生育保险待遇包括生育医疗费用和生育津贴。

第五十五条 生育医疗费用包括下列各项：

（一）生育的医疗费用；

（二）计划生育的医疗费用；

（三）法律、法规规定的其他项目费用。

第五十六条 职工有下列情形之一的，可以按照国家规定享受生育津贴：

（一）女职工生育享受产假；

（二）享受计划生育手术休假；

（三）法律、法规规定的其他情形。

生育津贴按照职工所在用人单位上年度职工月平均工资计发。

第七章 社会保险费征缴

第五十七条 用人单位应当自成立之日起三十日内凭营业执照、登记证书或者单位印章，向当地社会保险经办机构申请办理社会保险登记。社会保险经办机构应当自收到申请之日起十五日内予以审核，发给社会保险登记证件。

用人单位的社会保险登记事项发生变更或者用人单位依法终止的，应当自变更或者终止之日起三十日内，到社会保险经办机构办理变更或者注销社会保险登记。

工商行政管理部门、民政部门和机构编制管理机关应当及时向社会保险经办机构通报用人单位的成立、终止情况，公安机关应当及时向社会保险经办机构通报个人的出生、死亡以及户口登记、迁移、注销等情况。

第五十八条 用人单位应当自用工之日起三十日内为其职工向社会保险经办机构申请办理社会保险登记。未办理社会保险登记的，由社会保险经办机构核定其应当缴纳的社会保险费。

自愿参加社会保险的无雇工的个体工商户、未在用人单位参加社会保险的非全日制从业人员以及其他灵活就业人员，应当向社会保险经办机构申请办理社会保险登记。

国家建立全国统一的个人社会保障号码。个人社会保障号码为公民身份号码。

第五十九条 县级以上人民政府加强社会保险费的征收工作。

社会保险费实行统一征收，实施步骤和具体办法由国务院规定。

第六十条 用人单位应当自行申报、按时足额缴纳社会保险费，非因不可抗力等法定事由不得缓缴、减免。职工应当缴纳的社会保险费由用人单位代扣代缴，用人单位应当按月将缴纳社会保险费的明细情况告知本人。

无雇工的个体工商户、未在用人单位参加社会保险的非全日制从业人员以及其他灵活就业人员，可以直接向社会保险费征收机构缴纳社会保险费。

第六十一条 社会保险费征收机构应当依法按时足额征收社会保险费，并将缴费情况定期告知用人单位和个人。

第六十二条 用人单位未按规定申报应当缴纳的社会保险费数额的，按照该单位上月缴费额的百分之一百一十确定应当缴纳数额；缴费单位补办申报手续后，由社会保险费征收机构按照规定结算。

第六十三条 用人单位未按时足额缴纳社会保险费的，由社会保险费征收机构责令其限期缴纳或者补足。

用人单位逾期仍未缴纳或者补足社会保险费的，社会保险费征收机构可以向银行和其他金融机构查询其存款账户；并可以申请县级以上有关行政部门作出划拨社会保险费的决定，书面通知其开户银行或者其他金融机构划拨社会保险费。用人单位账户余额少于应当缴纳的社会保险费的，社会保险费征收机构可以要求该用人单位提供担保，签订延期缴费协议。

用人单位未足额缴纳社会保险费且未提供担保的，社会保险费征收机构可以申请人民法院扣押、查封、拍卖其价值相当于应当缴纳社会保险费的财产，以拍卖所得抵缴社会保险费。

第八章 社会保险基金

第六十四条 社会保险基金包括基本养老保险基金、基本医疗保险基金、工伤保险基金、失业保险基金和生育保险基金。各项社会保险基金按照社会保险险种分别建账，分账核算，执行国家统一的会计制度。

社会保险基金专款专用，任何组织和个人不得侵占或者挪用。

基本养老保险基金逐步实行全国统筹，其他社会保险基金逐步实行省级统筹，具体时间、步骤由国务院规定。

第六十五条 社会保险基金通过预算实现收支平衡。

县级以上人民政府在社会保险基金出现支付不足时，给予补贴。

第六十六条 社会保险基金按照统筹层次设立预算。社会保险基金预算按照社会保险项目分别编制。

第六十七条 社会保险基金预算、决算草案的编制、审核和批准，依照法律和国务院规定执行。

第六十八条 社会保险基金存入财政专户，具体管理办法由国务院规定。

第六十九条 社会保险基金在保证安全的前提下，按照国务院规定投资运营实现保值增值。

社会保险基金不得违规投资运营,不得用于平衡其他政府预算,不得用于兴建、改建办公场所和支付人员经费、运行费用、管理费用,或者违反法律、行政法规规定挪作其他用途。

第七十条 社会保险经办机构应当定期向社会公布参加社会保险情况以及社会保险基金的收入、支出、结余和收益情况。

第七十一条 国家设立全国社会保障基金,由中央财政预算拨款以及国务院批准的其他方式筹集的资金构成,用于社会保障支出的补充、调剂。全国社会保障基金由全国社会保障基金管理运营机构负责管理运营,在保证安全的前提下实现保值增值。

全国社会保障基金应当定期向社会公布收支、管理和投资运营的情况。国务院财政部门、社会保险行政部门、审计机关对全国社会保障基金的收支、管理和投资运营情况实施监督。

第九章 社会保险经办

第七十二条 统筹地区设立社会保险经办机构。社会保险经办机构根据工作需要,经所在地的社会保险行政部门和机构编制管理机关批准,可以在本统筹地区设立分支机构和服务网点。

社会保险经办机构的人员经费和经办社会保险发生的基本运行费用、管理费用,由同级财政按照国家规定予以保障。

第七十三条 社会保险经办机构应当建立健全业务、财务、安全和风险管理制度。

社会保险经办机构应当按时足额支付社会保险待遇。

第七十四条 社会保险经办机构通过业务经办、统计、调查获取社会保险工作所需的数据,有关单位和个人应当及时、如实提供。

社会保险经办机构应当及时为用人单位建立档案,完整、准确地记录参加社会保险的人员、缴费等社会保险数据,妥善保管登记、申报的原始凭证和支付结算的会计凭证。

社会保险经办机构应当及时、完整、准确地记录参加社会保险的个人缴费和用人单位为其缴费,以及享受社会保险待遇等个人权益记录,定期将个人权益记录单免费寄送本人。

用人单位和个人可以免费向社会保险经办机构查询、核对其缴费和享受社会保险待遇记录,要求社会保险经办机构提供社会保险咨询等相关服务。

第七十五条 全国社会保险信息系统按照国家统一规划,由县级以上人民政府按照分级负责的原则共同建设。

第十章 社会保险监督

第七十六条 各级人民代表大会常务委员会听取和审议本级人民政府对社会保险基金的收支、管理、投资运营以及监督检查情况的专项工作报告，组织对本法实施情况的执法检查等，依法行使监督职权。

第七十七条 县级以上人民政府社会保险行政部门应当加强对用人单位和个人遵守社会保险法律、法规情况的监督检查。

社会保险行政部门实施监督检查时，被检查的用人单位和个人应当如实提供与社会保险有关的资料，不得拒绝检查或者谎报、瞒报。

第七十八条 财政部门、审计机关按照各自职责，对社会保险基金的收支、管理和投资运营情况实施监督。

第七十九条 社会保险行政部门对社会保险基金的收支、管理和投资运营情况进行监督检查，发现存在问题的，应当提出整改建议，依法作出处理决定或者向有关行政部门提出处理建议。社会保险基金检查结果应当定期向社会公布。

社会保险行政部门对社会保险基金实施监督检查，有权采取下列措施：

（一）查阅、记录、复制与社会保险基金收支、管理和投资运营相关的资料，对可能被转移、隐匿或者灭失的资料予以封存；

（二）询问与调查事项有关的单位和个人，要求其对与调查事项有关的问题作出说明、提供有关证明材料；

（三）对隐匿、转移、侵占、挪用社会保险基金的行为予以制止并责令改正。

第八十条 统筹地区人民政府成立由用人单位代表、参保人员代表，以及工会代表、专家等组成的社会保险监督委员会，掌握、分析社会保险基金的收支、管理和投资运营情况，对社会保险工作提出咨询意见和建议，实施社会监督。

社会保险经办机构应当定期向社会保险监督委员会汇报社会保险基金的收支、管理和投资运营情况。社会保险监督委员会可以聘请会计师事务所对社会保险基金的收支、管理和投资运营情况进行年度审计和专项审计。审计结果应当向社会公开。

社会保险监督委员会发现社会保险基金收支、管理和投资运营中存在问题的，有权提出改正建议；对社会保险经办机构及其工作人员的违法行为，有权向有关部门提出依法处理建议。

第八十一条 社会保险行政部门和其他有关行政部门、社会保险经办机构、社会保险费征收机构及其工作人员，应当依法为用人单位和个人的信息保密，不得以任何形式泄露。

第八十二条 任何组织或者个人有权对违反社会保险法律、法规的行为进行举报、投诉。

社会保险行政部门、卫生行政部门、社会保险经办机构、社会保险费征收机构和财政部门、审计机关对属于本部门、本机构职责范围的举报、投诉，应当依法处理；对不属于本部门、本机构职责范围的，应当书面通知并移交有权处理的部门、机构处理。有权处理的部门、机构应当及时处理，不得推诿。

第八十三条 用人单位或者个人认为社会保险费征收机构的行为侵害自己合法权益的，可以依法申请行政复议或者提起行政诉讼。

用人单位或者个人对社会保险经办机构不依法办理社会保险登记、核定社会保险费、支付社会保险待遇、办理社会保险转移接续手续或者侵害其他社会保险权益的行为，可以依法申请行政复议或者提起行政诉讼。

个人与所在用人单位发生社会保险争议的，可以依法申请调解、仲裁，提起诉讼。用人单位侵害个人社会保险权益的，个人也可以要求社会保险行政部门或者社会保险费征收机构依法处理。

第十一章　法律责任

第八十四条 用人单位不办理社会保险登记的，由社会保险行政部门责令限期改正；逾期不改正的，对用人单位处应缴社会保险费数额一倍以上三倍以下的罚款，对其直接负责的主管人员和其他直接责任人员处五百元以上三千元以下的罚款。

第八十五条 用人单位拒不出具终止或者解除劳动关系证明的，依照《中华人民共和国劳动合同法》的规定处理。

第八十六条 用人单位未按时足额缴纳社会保险费的，由社会保险费征收机构责令限期缴纳或者补足，并自欠缴之日起，按日加收万分之五的滞纳金；逾期仍不缴纳的，由有关行政部门处欠缴数额一倍以上三倍以下的罚款。

第八十七条 社会保险经办机构以及医疗机构、药品经营单位等社会保险服务机构以欺诈、伪造证明材料或者其他手段骗取社会保险基金支出的，由社会保险行政部门责令退回骗取的社会保险金，处骗取金额二倍以上五倍以下的罚款；属于社会保险服务机构的，解除服务协议；直接负责的主管人员和其他直接责任人员有执业资格的，依法吊销其执业资格。

第八十八条 以欺诈、伪造证明材料或者其他手段骗取社会保险待遇的，由社会保险行政部门责令退回骗取的社会保险金，处骗取金额二倍以上五倍以下的罚款。

第八十九条 社会保险经办机构及其工作人员有下列行为之一的，由社会保险行政部门责令改正；给社会保险基金、用人单位或者个人造成损失的，依法承担赔偿责任；对直接负责的主管人员和其他直接责任人员依法给予处分：

（一）未履行社会保险法定职责的；

（二）未将社会保险基金存入财政专户的；

基层群众性自治组织和依法设立的老年人组织应当反映老年人的要求，维护老年人合法权益，为老年人服务。

提倡、鼓励义务为老年人服务。

第八条 国家进行人口老龄化国情教育，增强全社会积极应对人口老龄化意识。

全社会应当广泛开展敬老、养老、助老宣传教育活动，树立尊重、关心、帮助老年人的社会风尚。

青少年组织、学校和幼儿园应当对青少年和儿童进行敬老、养老、助老的道德教育和维护老年人合法权益的法制教育。

广播、电影、电视、报刊、网络等应当反映老年人的生活，开展维护老年人合法权益的宣传，为老年人服务。

第九条 国家支持老龄科学研究，建立老年人状况统计调查和发布制度。

第十条 各级人民政府和有关部门对维护老年人合法权益和敬老、养老、助老成绩显著的组织、家庭或者个人，对参与社会发展做出突出贡献的老年人，按照国家有关规定给予表彰或者奖励。

第十一条 老年人应当遵纪守法，履行法律规定的义务。

第十二条 每年农历九月初九为老年节。

第二章 家庭赡养与扶养

第十三条 老年人养老以居家为基础，家庭成员应当尊重、关心和照料老年人。

第十四条 赡养人应当履行对老年人经济上供养、生活上照料和精神上慰藉的义务，照顾老年人的特殊需要。

赡养人是指老年人的子女以及其他依法负有赡养义务的人。

赡养人的配偶应当协助赡养人履行赡养义务。

第十五条 赡养人应当使患病的老年人及时得到治疗和护理；对经济困难的老年人，应当提供医疗费用。

对生活不能自理的老年人，赡养人应当承担照料责任；不能亲自照料的，可以按照老年人的意愿委托他人或者养老机构等照料。

第十六条 赡养人应当妥善安排老年人的住房，不得强迫老年人居住或者迁居条件低劣的房屋。

老年人自有的或者承租的住房，子女或者其他亲属不得侵占，不得擅自改变产权关系或者租赁关系。

老年人自有的住房，赡养人有维修的义务。

第十七条 赡养人有义务耕种或者委托他人耕种老年人承包的田地，照管或者委托他人照管老年人的林木和牲畜等，收益归老年人所有。

第十八条 家庭成员应当关心老年人的精神需求,不得忽视、冷落老年人。

与老年人分开居住的家庭成员,应当经常看望或者问候老年人。

用人单位应当按照国家有关规定保障赡养人探亲休假的权利。

第十九条 赡养人不得以放弃继承权或者其他理由,拒绝履行赡养义务。

赡养人不履行赡养义务,老年人有要求赡养人付给赡养费等权利。

赡养人不得要求老年人承担力不能及的劳动。

第二十条 经老年人同意,赡养人之间可以就履行赡养义务签订协议。赡养协议的内容不得违反法律的规定和老年人的意愿。

基层群众性自治组织、老年人组织或者赡养人所在单位监督协议的履行。

第二十一条 老年人的婚姻自由受法律保护。子女或者其他亲属不得干涉老年人离婚、再婚及婚后的生活。

赡养人的赡养义务不因老年人的婚姻关系变化而消除。

第二十二条 老年人对个人的财产,依法享有占有、使用、收益和处分的权利,子女或者其他亲属不得干涉,不得以窃取、骗取、强行索取等方式侵犯老年人的财产权益。

老年人有依法继承父母、配偶、子女或者其他亲属遗产的权利,有接受赠与的权利。子女或者其他亲属不得侵占、抢夺、转移、隐匿或者损毁应当由老年人继承或者接受赠与的财产。

老年人以遗嘱处分财产,应当依法为老年配偶保留必要的份额。

第二十三条 老年人与配偶有相互扶养的义务。

由兄、姐扶养的弟、妹成年后,有负担能力的,对年老无赡养人的兄、姐有扶养的义务。

第二十四条 赡养人、扶养人不履行赡养、扶养义务的,基层群众性自治组织、老年人组织或者赡养人、扶养人所在单位应当督促其履行。

第二十五条 禁止对老年人实施家庭暴力。

第二十六条 具备完全民事行为能力的老年人,可以在近亲属或者其他与自己关系密切、愿意承担监护责任的个人、组织中协商确定自己的监护人。监护人在老年人丧失或者部分丧失民事行为能力时,依法承担监护责任。

老年人未事先确定监护人的,其丧失或者部分丧失民事行为能力时,依照有关法律的规定确定监护人。

第二十七条 国家建立健全家庭养老支持政策,鼓励家庭成员与老年人共同生活或者就近居住,为老年人随配偶或者赡养人迁徙提供条件,为家庭成员照料老年人提供帮助。

第三章　社会保障

第二十八条　国家通过基本养老保险制度，保障老年人的基本生活。

第二十九条　国家通过基本医疗保险制度，保障老年人的基本医疗需要。享受最低生活保障的老年人和符合条件的低收入家庭中的老年人参加新型农村合作医疗和城镇居民基本医疗保险所需个人缴费部分，由政府给予补贴。

有关部门制定医疗保险办法，应当对老年人给予照顾。

第三十条　国家逐步开展长期护理保障工作，保障老年人的护理需求。

对生活长期不能自理、经济困难的老年人，地方各级人民政府应当根据其失能程度等情况给予护理补贴。

第三十一条　国家对经济困难的老年人给予基本生活、医疗、居住或者其他救助。

老年人无劳动能力、无生活来源、无赡养人和扶养人，或者其赡养人和扶养人确无赡养能力或者扶养能力的，由地方各级人民政府依照有关规定给予供养或者救助。

对流浪乞讨、遭受遗弃等生活无着的老年人，由地方各级人民政府依照有关规定给予救助。

第三十二条　地方各级人民政府在实施廉租住房、公共租赁住房等住房保障制度或者进行危旧房屋改造时，应当优先照顾符合条件的老年人。

第三十三条　国家建立和完善老年人福利制度，根据经济社会发展水平和老年人的实际需要，增加老年人的社会福利。

国家鼓励地方建立八十周岁以上低收入老年人高龄津贴制度。

国家建立和完善计划生育家庭老年人扶助制度。

农村可以将未承包的集体所有的部分土地、山林、水面、滩涂等作为养老基地，收益供老年人养老。

第三十四条　老年人依法享有的养老金、医疗待遇和其他待遇应当得到保障，有关机构必须按时足额支付，不得克扣、拖欠或者挪用。

国家根据经济发展以及职工平均工资增长、物价上涨等情况，适时提高养老保障水平。

第三十五条　国家鼓励慈善组织以及其他组织和个人为老年人提供物质帮助。

第三十六条　老年人可以与集体经济组织、基层群众性自治组织、养老机构等组织或者个人签订遗赠扶养协议或者其他扶助协议。

负有扶养义务的组织或者个人按照遗赠扶养协议，承担该老年人生养死葬的义务，享有受遗赠的权利。

第四章 社会服务

第三十七条 地方各级人民政府和有关部门应当采取措施，发展城乡社区养老服务，鼓励、扶持专业服务机构及其他组织和个人，为居家的老年人提供生活照料、紧急救援、医疗护理、精神慰藉、心理咨询等多种形式的服务。

对经济困难的老年人，地方各级人民政府应当逐步给予养老服务补贴。

第三十八条 地方各级人民政府和有关部门、基层群众性自治组织，应当将养老服务设施纳入城乡社区配套设施建设规划，建立适应老年人需要的生活服务、文化体育活动、日间照料、疾病护理与康复等服务设施和网点，就近为老年人提供服务。

发扬邻里互助的传统，提倡邻里间关心、帮助有困难的老年人。

鼓励慈善组织、志愿者为老年人服务。倡导老年人互助服务。

第三十九条 各级人民政府应当根据经济发展水平和老年人服务需求，逐步增加对养老服务的投入。

各级人民政府和有关部门在财政、税费、土地、融资等方面采取措施，鼓励、扶持企业事业单位、社会组织或者个人兴办、运营养老、老年人日间照料、老年文化体育活动等设施。

第四十条 地方各级人民政府和有关部门应当按照老年人口比例及分布情况，将养老服务设施建设纳入城乡规划和土地利用总体规划，统筹安排养老服务设施建设用地及所需物资。

非营利性养老服务设施用地，可以依法使用国有划拨土地或者农民集体所有的土地。

养老服务设施用地，非经法定程序不得改变用途。

第四十一条 政府投资兴办的养老机构，应当优先保障经济困难的孤寡、失能、高龄等老年人的服务需求。

第四十二条 国务院有关部门制定养老服务设施建设、养老服务质量和养老服务职业等标准，建立健全养老机构分类管理和养老服务评估制度。

各级人民政府应当规范养老服务收费项目和标准，加强监督和管理。

第四十三条 设立养老机构，应当符合下列条件：

（一）有自己的名称、住所和章程；

（二）有与服务内容和规模相适应的资金；

（三）有符合相关资格条件的管理人员、专业技术人员和服务人员；

（四）有基本的生活用房、设施设备和活动场地；

（五）法律、法规规定的其他条件。

第四十四条 设立养老机构应当向县级以上人民政府民政部门申请行政许可；经

许可的，依法办理相应的登记。

县级以上人民政府民政部门负责养老机构的指导、监督和管理，其他有关部门依照职责分工对养老机构实施监督。

第四十五条 养老机构变更或者终止的，应当妥善安置收住的老年人，并依照规定到有关部门办理手续。有关部门应当为养老机构妥善安置老年人提供帮助。

第四十六条 国家建立健全养老服务人才培养、使用、评价和激励制度，依法规范用工，促进从业人员劳动报酬合理增长，发展专职、兼职和志愿者相结合的养老服务队伍。

国家鼓励高等学校、中等职业学校和职业培训机构设置相关专业或者培训项目，培养养老服务专业人才。

第四十七条 养老机构应当与接受服务的老年人或者其代理人签订服务协议，明确双方的权利、义务。

养老机构及其工作人员不得以任何方式侵害老年人的权益。

第四十八条 国家鼓励养老机构投保责任保险，鼓励保险公司承保责任保险。

第四十九条 各级人民政府和有关部门应当将老年医疗卫生服务纳入城乡医疗卫生服务规划，将老年人健康管理和常见病预防等纳入国家基本公共卫生服务项目。鼓励为老年人提供保健、护理、临终关怀等服务。

国家鼓励医疗机构开设针对老年病的专科或者门诊。

医疗卫生机构应当开展老年人的健康服务和疾病防治工作。

第五十条 国家采取措施，加强老年医学的研究和人才培养，提高老年病的预防、治疗、科研水平，促进老年病的早期发现、诊断和治疗。

国家和社会采取措施，开展各种形式的健康教育，普及老年保健知识，增强老年人自我保健意识。

第五十一条 国家采取措施，发展老龄产业，将老龄产业列入国家扶持行业目录。扶持和引导企业开发、生产、经营适应老年人需要的用品和提供相关的服务。

第五章 社会优待

第五十二条 县级以上人民政府及其有关部门根据经济社会发展情况和老年人的特殊需要，制定优待老年人的办法，逐步提高优待水平。

对常住在本行政区域内的外埠老年人给予同等优待。

第五十三条 各级人民政府和有关部门应当为老年人及时、便利地领取养老金、结算医疗费和享受其他物质帮助提供条件。

第五十四条 各级人民政府和有关部门办理房屋权属关系变更、户口迁移等涉及老年人权益的重大事项时，应当就办理事项是否为老年人的真实意思表示进行询问，并依法优先办理。

第五十五条 老年人因其合法权益受侵害提起诉讼交纳诉讼费确有困难的，可以缓交、减交或者免交；需要获得律师帮助，但无力支付律师费用的，可以获得法律援助。

鼓励律师事务所、公证处、基层法律服务所和其他法律服务机构为经济困难的老年人提供免费或者优惠服务。

第五十六条 医疗机构应当为老年人就医提供方便，对老年人就医予以优先。有条件的地方，可以为老年人设立家庭病床，开展巡回医疗、护理、康复、免费体检等服务。

提倡为老年人义诊。

第五十七条 提倡与老年人日常生活密切相关的服务行业为老年人提供优先、优惠服务。

城市公共交通、公路、铁路、水路和航空客运，应当为老年人提供优待和照顾。

第五十八条 博物馆、美术馆、科技馆、纪念馆、公共图书馆、文化馆、影剧院、体育场馆、公园、旅游景点等场所，应当对老年人免费或者优惠开放。

第五十九条 农村老年人不承担兴办公益事业的筹劳义务。

第六章　宜居环境

第六十条 国家采取措施，推进宜居环境建设，为老年人提供安全、便利和舒适的环境。

第六十一条 各级人民政府在制定城乡规划时，应当根据人口老龄化发展趋势、老年人口分布和老年人的特点，统筹考虑适合老年人的公共基础设施、生活服务设施、医疗卫生设施和文化体育设施建设。

第六十二条 国家制定和完善涉及老年人的工程建设标准体系，在规划、设计、施工、监理、验收、运行、维护、管理等环节加强相关标准的实施与监督。

第六十三条 国家制定无障碍设施工程建设标准。新建、改建和扩建道路、公共交通设施、建筑物、居住区等，应当符合国家无障碍设施工程建设标准。

各级人民政府和有关部门应当按照国家无障碍设施工程建设标准，优先推进与老年人日常生活密切相关的公共服务设施的改造。

无障碍设施的所有人和管理人应当保障无障碍设施正常使用。

第六十四条 国家推动老年宜居社区建设，引导、支持老年宜居住宅的开发，推动和扶持老年人家庭无障碍设施的改造，为老年人创造无障碍居住环境。

第七章 参与社会发展

第六十五条 国家和社会应当重视、珍惜老年人的知识、技能、经验和优良品德，发挥老年人的专长和作用，保障老年人参与经济、政治、文化和社会生活。

第六十六条 老年人可以通过老年人组织，开展有益身心健康的活动。

第六十七条　制定法律、法规、规章和公共政策，涉及老年人权益重大问题的，应当听取老年人和老年人组织的意见。

老年人和老年人组织有权向国家机关提出老年人权益保障、老龄事业发展等方面的意见和建议。

第六十八条　国家为老年人参与社会发展创造条件。根据社会需要和可能，鼓励老年人在自愿和量力的情况下，从事下列活动：

（一）对青少年和儿童进行社会主义、爱国主义、集体主义和艰苦奋斗等优良传统教育；

（二）传授文化和科技知识；

（三）提供咨询服务；

（四）依法参与科技开发和应用；

（五）依法从事经营和生产活动；

（六）参加志愿服务、兴办社会公益事业；

（七）参与维护社会治安、协助调解民间纠纷；

（八）参加其他社会活动。

第六十九条　老年人参加劳动的合法收入受法律保护。

任何单位和个人不得安排老年人从事危害其身心健康的劳动或者危险作业。

第七十条　老年人有继续受教育的权利。

国家发展老年教育，把老年教育纳入终身教育体系，鼓励社会办好各类老年学校。

各级人民政府对老年教育应当加强领导，统一规划，加大投入。

第七十一条　国家和社会采取措施，开展适合老年人的群众性文化、体育、娱乐活动，丰富老年人的精神文化生活。

第八章 法律责任

第七十二条　老年人合法权益受到侵害的，被侵害人或者其代理人有权要求有关部门处理，或者依法向人民法院提起诉讼。

人民法院和有关部门，对侵犯老年人合法权益的申诉、控告和检举，应当依法及时受理，不得推诿、拖延。

第七十三条　不履行保护老年人合法权益职责的部门或者组织，其上级主管部门应当给予批评教育，责令改正。

国家工作人员违法失职，致使老年人合法权益受到损害的，由其所在单位或者上级机关责令改正，或者依法给予处分；构成犯罪的，依法追究刑事责任。

第七十四条　老年人与家庭成员因赡养、扶养或者住房、财产等发生纠纷，可以申请人民调解委员会或者其他有关组织进行调解，也可以直接向人民法院提起诉讼。

人民调解委员会或者其他有关组织调解前款纠纷时，应当通过说服、疏导等方式化解矛盾和纠纷；对有过错的家庭成员，应当给予批评教育。

人民法院对老年人追索赡养费或者扶养费的申请，可以依法裁定先予执行。

第七十五条 干涉老年人婚姻自由，对老年人负有赡养义务、扶养义务而拒绝赡养、扶养，虐待老年人或者对老年人实施家庭暴力的，由有关单位给予批评教育；构成违反治安管理行为的，依法给予治安管理处罚；构成犯罪的，依法追究刑事责任。

第七十六条 家庭成员盗窃、诈骗、抢夺、侵占、勒索、故意损毁老年人财物，构成违反治安管理行为的，依法给予治安管理处罚；构成犯罪的，依法追究刑事责任。

第七十七条 侮辱、诽谤老年人，构成违反治安管理行为的，依法给予治安管理处罚；构成犯罪的，依法追究刑事责任。

第七十八条 未经许可设立养老机构的，由县级以上人民政府民政部门责令改正；符合法律、法规规定的养老机构条件的，依法补办相关手续；逾期达不到法定条件的，责令停办并妥善安置收住的老年人；造成损害的，依法承担民事责任。

第七十九条 养老机构及其工作人员侵害老年人人身和财产权益，或者未按照约定提供服务的，依法承担民事责任；有关主管部门依法给予行政处罚；构成犯罪的，依法追究刑事责任。

第八十条 对养老机构负有管理和监督职责的部门及其工作人员滥用职权、玩忽职守、徇私舞弊的，对直接负责的主管人员和其他直接责任人员依法给予处分；构成犯罪的，依法追究刑事责任。

第八十一条 不按规定履行优待老年人义务的，由有关主管部门责令改正。

第八十二条 涉及老年人的工程不符合国家规定的标准或者无障碍设施所有人、管理人未尽到维护和管理职责的，由有关主管部门责令改正；造成损害的，依法承担民事责任；对有关单位、个人依法给予行政处罚；构成犯罪的，依法追究刑事责任。

第九章 附 则

第八十三条 民族自治地方的人民代表大会，可以根据本法的原则，结合当地民族风俗习惯的具体情况，依照法定程序制定变通的或者补充的规定。

第八十四条 本法施行前设立的养老机构不符合本法规定条件的，应当限期整改。具体办法由国务院民政部门制定。

第八十五条 本法自 2013 年 7 月 1 日起施行。

中华人民共和国残疾人保障法

（1990年12月28日第七届全国人民代表大会常务委员会第十七次会议通过 2008年4月24日第十一届全国人民代表大会常务委员会第二次会议修订）

第一章　总　则

第一条　为了维护残疾人的合法权益，发展残疾人事业，保障残疾人平等地充分参与社会生活，共享社会物质文化成果，根据宪法，制定本法。

第二条　残疾人是指在心理、生理、人体结构上，某种组织、功能丧失或者不正常，全部或者部分丧失以正常方式从事某种活动能力的人。

残疾人包括视力残疾、听力残疾、言语残疾、肢体残疾、智力残疾、精神残疾、多重残疾和其他残疾的人。

残疾标准由国务院规定。

第三条　残疾人在政治、经济、文化、社会和家庭生活等方面享有同其他公民平等的权利。

残疾人的公民权利和人格尊严受法律保护。

禁止基于残疾的歧视。禁止侮辱、侵害残疾人。禁止通过大众传播媒介或者其他方式贬低损害残疾人人格。

第四条　国家采取辅助方法和扶持措施，对残疾人给予特别扶助，减轻或者消除残疾影响和外界障碍，保障残疾人权利的实现。

第五条　县级以上人民政府应当将残疾人事业纳入国民经济和社会发展规划，加强领导，综合协调，并将残疾人事业经费列入财政预算，建立稳定的经费保障机制。

国务院制定中国残疾人事业发展纲要，县级以上地方人民政府根据中国残疾人事业发展纲要，制定本行政区域的残疾人事业发展规划和年度计划，使残疾人事业与经济、社会协调发展。

县级以上人民政府负责残疾人工作的机构，负责组织、协调、指导、督促有关部门做好残疾人事业的工作。

各级人民政府和有关部门，应当密切联系残疾人，听取残疾人的意见，按照各自的职责，做好残疾人工作。

第六条　国家采取措施，保障残疾人依照法律规定，通过各种途径和形式，管理国家事务，管理经济和文化事业，管理社会事务。

制定法律、法规、规章和公共政策，对涉及残疾人权益和残疾人事业的重大问题，应当听取残疾人和残疾人组织的意见。

残疾人和残疾人组织有权向各级国家机关提出残疾人权益保障、残疾人事业发展等方面的意见和建议。

第七条 全社会应当发扬人道主义精神，理解、尊重、关心、帮助残疾人，支持残疾人事业。

国家鼓励社会组织和个人为残疾人提供捐助和服务。

国家机关、社会团体、企业事业单位和城乡基层群众性自治组织，应当做好所属范围内的残疾人工作。

从事残疾人工作的国家工作人员和其他人员，应当依法履行职责，努力为残疾人服务。

第八条 中国残疾人联合会及其地方组织，代表残疾人的共同利益，维护残疾人的合法权益，团结教育残疾人，为残疾人服务。

中国残疾人联合会及其地方组织依照法律、法规、章程或者接受政府委托，开展残疾人工作，动员社会力量，发展残疾人事业。

第九条 残疾人的扶养人必须对残疾人履行扶养义务。

残疾人的监护人必须履行监护职责，尊重被监护人的意愿，维护被监护人的合法权益。

残疾人的亲属、监护人应当鼓励和帮助残疾人增强自立能力。

禁止对残疾人实施家庭暴力，禁止虐待、遗弃残疾人。

第十条 国家鼓励残疾人自尊、自信、自强、自立，为社会主义建设贡献力量。

残疾人应当遵守法律、法规，履行应尽的义务，遵守公共秩序，尊重社会公德。

第十一条 国家有计划地开展残疾预防工作，加强对残疾预防工作的领导，宣传、普及母婴保健和预防残疾的知识，建立健全出生缺陷预防和早期发现、早期治疗机制，针对遗传、疾病、药物、事故、灾害、环境污染和其他致残因素，组织和动员社会力量，采取措施，预防残疾的发生，减轻残疾程度。

国家建立健全残疾人统计调查制度，开展残疾人状况的统计调查和分析。

第十二条 国家和社会对残疾军人、因公致残人员以及其他为维护国家和人民利益致残的人员实行特别保障，给予抚恤和优待。

第十三条 对在社会主义建设中做出显著成绩的残疾人，对维护残疾人合法权益、发展残疾人事业、为残疾人服务做出显著成绩的单位和个人，各级人民政府和有关部门给予表彰和奖励。

第十四条 每年5月的第三个星期日为全国助残日。

第二章 康　复

第十五条　国家保障残疾人享有康复服务的权利。

各级人民政府和有关部门应当采取措施，为残疾人康复创造条件，建立和完善残疾人康复服务体系，并分阶段实施重点康复项目，帮助残疾人恢复或者补偿功能，增强其参与社会生活的能力。

第十六条　康复工作应当从实际出发，将现代康复技术与我国传统康复技术相结合；以社区康复为基础，康复机构为骨干，残疾人家庭为依托；以实用、易行、受益广的康复内容为重点，优先开展残疾儿童抢救性治疗和康复；发展符合康复要求的科学技术，鼓励自主创新，加强康复新技术的研究、开发和应用，为残疾人提供有效的康复服务。

第十七条　各级人民政府鼓励和扶持社会力量兴办残疾人康复机构。

地方各级人民政府和有关部门，应当组织和指导城乡社区服务组织、医疗预防保健机构、残疾人组织、残疾人家庭和其他社会力量，开展社区康复工作。

残疾人教育机构、福利性单位和其他为残疾人服务的机构，应当创造条件，开展康复训练活动。

残疾人在专业人员的指导和有关工作人员、志愿工作者及亲属的帮助下，应当努力进行功能、自理能力和劳动技能的训练。

第十八条　地方各级人民政府和有关部门应当根据需要有计划地在医疗机构设立康复医学科室，举办残疾人康复机构，开展康复医疗与训练、人员培训、技术指导、科学研究等工作。

第十九条　医学院校和其他有关院校应当有计划地开设康复课程，设置相关专业，培养各类康复专业人才。

政府和社会采取多种形式对从事康复工作的人员进行技术培训；向残疾人、残疾人亲属、有关工作人员和志愿工作者普及康复知识，传授康复方法。

第二十条　政府有关部门应当组织和扶持残疾人康复器械、辅助器具的研制、生产、供应、维修服务。

第三章 教　育

第二十一条　国家保障残疾人享有平等接受教育的权利。

各级人民政府应当将残疾人教育作为国家教育事业的组成部分，统一规划，加强领导，为残疾人接受教育创造条件。

政府、社会、学校应当采取有效措施，解决残疾儿童、少年就学存在的实际困难，帮助其完成义务教育。

各级人民政府对接受义务教育的残疾学生、贫困残疾人家庭的学生提供免费教科书,并给予寄宿生活费等费用补助;对接受义务教育以外其他教育的残疾学生、贫困残疾人家庭的学生按照国家有关规定给予资助。

第二十二条 残疾人教育,实行普及与提高相结合、以普及为重点的方针,保障义务教育,着重发展职业教育,积极开展学前教育,逐步发展高级中等以上教育。

第二十三条 残疾人教育应当根据残疾人的身心特性和需要,按照下列要求实施:

(一)在进行思想教育、文化教育的同时,加强身心补偿和职业教育;

(二)依据残疾类别和接受能力,采取普通教育方式或者特殊教育方式;

(三)特殊教育的课程设置、教材、教学方法、入学和在校年龄,可以有适度弹性。

第二十四条 县级以上人民政府应当根据残疾人的数量、分布状况和残疾类别等因素,合理设置残疾人教育机构,并鼓励社会力量办学、捐资助学。

第二十五条 普通教育机构对具有接受普通教育能力的残疾人实施教育,并为其学习提供便利和帮助。

普通小学、初级中等学校,必须招收能适应其学习生活的残疾儿童、少年入学;普通高级中等学校、中等职业学校和高等学校,必须招收符合国家规定的录取要求的残疾考生入学,不得因其残疾而拒绝招收;拒绝招收的,当事人或者其亲属、监护人可以要求有关部门处理,有关部门应当责令该学校招收。

普通幼儿教育机构应当接收能适应其生活的残疾幼儿。

第二十六条 残疾幼儿教育机构、普通幼儿教育机构附设的残疾儿童班、特殊教育机构的学前班、残疾儿童福利机构、残疾儿童家庭,对残疾儿童实施学前教育。

初级中等以下特殊教育机构和普通教育机构附设的特殊教育班,对不具有接受普通教育能力的残疾儿童、少年实施义务教育。

高级中等以上特殊教育机构、普通教育机构附设的特殊教育班和残疾人职业教育机构,对符合条件的残疾人实施高级中等以上文化教育、职业教育。

提供特殊教育的机构应当具备适合残疾人学习、康复、生活特点的场所和设施。

第二十七条 政府有关部门、残疾人所在单位和有关社会组织应当对残疾人开展扫除文盲、职业培训、创业培训和其他成人教育,鼓励残疾人自学成才。

第二十八条 国家有计划地举办各级各类特殊教育师范院校、专业,在普通师范院校附设特殊教育班,培养、培训特殊教育师资。普通师范院校开设特殊教育课程或者讲授有关内容,使普通教师掌握必要的特殊教育知识。

特殊教育教师和手语翻译,享受特殊教育津贴。

第二十九条 政府有关部门应当组织和扶持盲文、手语的研究和应用,特殊教育教材的编写和出版,特殊教育教学用具及其他辅助用品的研制、生产和供应。

第四章　劳动就业

第三十条　国家保障残疾人劳动的权利。

各级人民政府应当对残疾人劳动就业统筹规划，为残疾人创造劳动就业条件。

第三十一条　残疾人劳动就业，实行集中与分散相结合的方针，采取优惠政策和扶持保护措施，通过多渠道、多层次、多种形式，使残疾人劳动就业逐步普及、稳定、合理。

第三十二条　政府和社会举办残疾人福利企业、盲人按摩机构和其他福利性单位，集中安排残疾人就业。

第三十三条　国家实行按比例安排残疾人就业制度。

国家机关、社会团体、企业事业单位、民办非企业单位应当按照规定的比例安排残疾人就业，并为其选择适当的工种和岗位。达不到规定比例的，按照国家有关规定履行保障残疾人就业义务。国家鼓励用人单位超过规定比例安排残疾人就业。

残疾人就业的具体办法由国务院规定。

第三十四条　国家鼓励和扶持残疾人自主择业、自主创业。

第三十五条　地方各级人民政府和农村基层组织，应当组织和扶持农村残疾人从事种植业、养殖业、手工业和其他形式的生产劳动。

第三十六条　国家对安排残疾人就业达到、超过规定比例或者集中安排残疾人就业的用人单位和从事个体经营的残疾人，依法给予税收优惠，并在生产、经营、技术、资金、物资、场地等方面给予扶持。国家对从事个体经营的残疾人，免除行政事业性收费。

县级以上地方人民政府及其有关部门应当确定适合残疾人生产、经营的产品、项目，优先安排残疾人福利性单位生产或者经营，并根据残疾人福利性单位的生产特点确定某些产品由其专产。

政府采购，在同等条件下应当优先购买残疾人福利性单位的产品或者服务。

地方各级人民政府应当开发适合残疾人就业的公益性岗位。

对申请从事个体经营的残疾人，有关部门应当优先核发营业执照。

对从事各类生产劳动的农村残疾人，有关部门应当在生产服务、技术指导、农用物资供应、农副产品购销和信贷等方面，给予帮助。

第三十七条　政府有关部门设立的公共就业服务机构，应当为残疾人免费提供就业服务。

残疾人联合会举办的残疾人就业服务机构，应当组织开展免费的职业指导、职业介绍和职业培训，为残疾人就业和用人单位招用残疾人提供服务和帮助。

第三十八条　国家保护残疾人福利性单位的财产所有权和经营自主权，其合法权益不受侵犯。

在职工的招用、转正、晋级、职称评定、劳动报酬、生活福利、休息休假、社会保险等方面，不得歧视残疾人。

残疾职工所在单位应当根据残疾职工的特点，提供适当的劳动条件和劳动保护，并根据实际需要对劳动场所、劳动设备和生活设施进行改造。

国家采取措施，保障盲人保健和医疗按摩人员从业的合法权益。

第三十九条 残疾职工所在单位应当对残疾职工进行岗位技术培训，提高其劳动技能和技术水平。

第四十条 任何单位和个人不得以暴力、威胁或者非法限制人身自由的手段强迫残疾人劳动。

第五章 文化生活

第四十一条 国家保障残疾人享有平等参与文化生活的权利。

各级人民政府和有关部门鼓励、帮助残疾人参加各种文化、体育、娱乐活动，积极创造条件，丰富残疾人精神文化生活。

第四十二条 残疾人文化、体育、娱乐活动应当面向基层，融于社会公共文化生活，适应各类残疾人的不同特点和需要，使残疾人广泛参与。

第四十三条 政府和社会采取下列措施，丰富残疾人的精神文化生活：

（一）通过广播、电影、电视、报刊、图书、网络等形式，及时宣传报道残疾人的工作、生活等情况，为残疾人服务；

（二）组织和扶持盲文读物、盲人有声读物及其他残疾人读物的编写和出版，根据盲人的实际需要，在公共图书馆设立盲文读物、盲人有声读物图书室；

（三）开办电视手语节目，开办残疾人专题广播栏目，推进电视栏目、影视作品加配字幕、解说；

（四）组织和扶持残疾人开展群众性文化、体育、娱乐活动，举办特殊艺术演出和残疾人体育运动会，参加国际性比赛和交流；

（五）文化、体育、娱乐和其他公共活动场所，为残疾人提供方便和照顾。有计划地兴办残疾人活动场所。

第四十四条 政府和社会鼓励、帮助残疾人从事文学、艺术、教育、科学、技术和其他有益于人民的创造性劳动。

第四十五条 政府和社会促进残疾人与其他公民之间的相互理解和交流，宣传残疾人事业和扶助残疾人的事迹，弘扬残疾人自强不息的精神，倡导团结、友爱、互助的社会风尚。

第六章　社会保障

第四十六条　国家保障残疾人享有各项社会保障的权利。

政府和社会采取措施，完善对残疾人的社会保障，保障和改善残疾人的生活。

第四十七条　残疾人及其所在单位应当按照国家有关规定参加社会保险。

残疾人所在城乡基层群众性自治组织、残疾人家庭，应当鼓励、帮助残疾人参加社会保险。

对生活确有困难的残疾人，按照国家有关规定给予社会保险补贴。

第四十八条　各级人民政府对生活确有困难的残疾人，通过多种渠道给予生活、教育、住房和其他社会救助。

县级以上地方人民政府对享受最低生活保障待遇后生活仍有特别困难的残疾人家庭，应当采取其他措施保障其基本生活。

各级人民政府对贫困残疾人的基本医疗、康复服务、必要的辅助器具的配置和更换，应当按照规定给予救助。

对生活不能自理的残疾人，地方各级人民政府应当根据情况给予护理补贴。

第四十九条　地方各级人民政府对无劳动能力、无扶养人或者扶养人不具有扶养能力、无生活来源的残疾人，按照规定予以供养。

国家鼓励和扶持社会力量举办残疾人供养、托养机构。

残疾人供养、托养机构及其工作人员不得侮辱、虐待、遗弃残疾人。

第五十条　县级以上人民政府对残疾人搭乘公共交通工具，应当根据实际情况给予便利和优惠。残疾人可以免费携带随身必备的辅助器具。

盲人持有效证件免费乘坐市内公共汽车、电车、地铁、渡船等公共交通工具。盲人读物邮件免费寄递。

国家鼓励和支持提供电信、广播电视服务的单位对盲人、听力残疾人、言语残疾人给予优惠。

各级人民政府应当逐步增加对残疾人的其他照顾和扶助。

第五十一条　政府有关部门和残疾人组织应当建立和完善社会各界为残疾人捐助和服务的渠道，鼓励和支持发展残疾人慈善事业，开展志愿者助残等公益活动。

第七章　无障碍环境

第五十二条　国家和社会应当采取措施，逐步完善无障碍设施，推进信息交流无障碍，为残疾人平等参与社会生活创造无障碍环境。

各级人民政府应当对无障碍环境建设进行统筹规划，综合协调，加强监督管理。

第五十三条 无障碍设施的建设和改造,应当符合残疾人的实际需要。

新建、改建和扩建建筑物、道路、交通设施等,应当符合国家有关无障碍设施工程建设标准。

各级人民政府和有关部门应当按照国家无障碍设施工程建设规定,逐步推进已建成设施的改造,优先推进与残疾人日常工作、生活密切相关的公共服务设施的改造。

对无障碍设施应当及时维修和保护。

第五十四条 国家采取措施,为残疾人信息交流无障碍创造条件。

各级人民政府和有关部门应当采取措施,为残疾人获取公共信息提供便利。

国家和社会研制、开发适合残疾人使用的信息交流技术和产品。

国家举办的各类升学考试、职业资格考试和任职考试,有盲人参加的,应当为盲人提供盲文试卷、电子试卷或者由专门的工作人员予以协助。

第五十五条 公共服务机构和公共场所应当创造条件,为残疾人提供语音和文字提示、手语、盲文等信息交流服务,并提供优先服务和辅助性服务。

公共交通工具应当逐步达到无障碍设施的要求。有条件的公共停车场应当为残疾人设置专用停车位。

第五十六条 组织选举的部门应当为残疾人参加选举提供便利;有条件的,应当为盲人提供盲文选票。

第五十七条 国家鼓励和扶持无障碍辅助设备、无障碍交通工具的研制和开发。

第五十八条 盲人携带导盲犬出入公共场所,应当遵守国家有关规定。

第八章 法律责任

第五十九条 残疾人的合法权益受到侵害的,可以向残疾人组织投诉,残疾人组织应当维护残疾人的合法权益,有权要求有关部门或者单位查处。有关部门或者单位应当依法查处,并予以答复。

残疾人组织对残疾人通过诉讼维护其合法权益需要帮助的,应当给予支持。

残疾人组织对侵害特定残疾人群体利益的行为,有权要求有关部门依法查处。

第六十条 残疾人的合法权益受到侵害的,有权要求有关部门依法处理,或者依法向仲裁机构申请仲裁,或者依法向人民法院提起诉讼。

对有经济困难或者其他原因确需法律援助或者司法救助的残疾人,当地法律援助机构或者人民法院应当给予帮助,依法为其提供法律援助或者司法救助。

第六十一条 违反本法规定,对侵害残疾人权益行为的申诉、控告、检举,推诿、拖延、压制不予查处,或者对提出申诉、控告、检举的人进行打击报复的,由其所在单位、主管部门或者上级机关责令改正,并依法对直接负责的主管人员和其他直接责任人员给予处分。

国家工作人员未依法履行职责，对侵害残疾人权益的行为未及时制止或者未给予受害残疾人必要帮助，造成严重后果的，由其所在单位或者上级机关依法对直接负责的主管人员和其他直接责任人员给予处分。

第六十二条 违反本法规定，通过大众传播媒介或者其他方式贬低损害残疾人人格的，由文化、广播电影电视、新闻出版或者其他有关主管部门依据各自的职权责令改正，并依法给予行政处罚。

第六十三条 违反本法规定，有关教育机构拒不接收残疾学生入学，或者在国家规定的录取要求以外附加条件限制残疾学生就学的，由有关主管部门责令改正，并依法对直接负责的主管人员和其他直接责任人员给予处分。

第六十四条 违反本法规定，在职工的招用等方面歧视残疾人的，由有关主管部门责令改正；残疾人劳动者可以依法向人民法院提起诉讼。

第六十五条 违反本法规定，供养、托养机构及其工作人员侮辱、虐待、遗弃残疾人的，对直接负责的主管人员和其他直接责任人员依法给予处分；构成违反治安管理行为的，依法给予行政处罚。

第六十六条 违反本法规定，新建、改建和扩建建筑物、道路、交通设施，不符合国家有关无障碍设施工程建设标准，或者对无障碍设施未进行及时维修和保护造成后果的，由有关主管部门依法处理。

第六十七条 违反本法规定，侵害残疾人的合法权益，其他法律、法规规定行政处罚的，从其规定；造成财产损失或者其他损害的，依法承担民事责任；构成犯罪的，依法追究刑事责任。

第九章　附　则

第六十八条 本法自 2008 年 7 月 1 日起施行。

中华人民共和国军人保险法

（2012年4月27日第11届全国人民代表大会常务委员会第26次会议通过）

第一章 总 则

第一条 为了规范军人保险关系，维护军人合法权益，促进国防和军队建设，制定本法。

第二条 国家建立军人保险制度。

军人伤亡保险、退役养老保险、退役医疗保险和随军未就业的军人配偶保险的建立、缴费和转移接续等适用本法。

第三条 军人保险制度应当体现军人职业特点，与社会保险制度相衔接，与经济社会发展水平相适应。

国家根据社会保险制度的发展，适时补充完善军人保险制度。

第四条 国家促进军人保险事业的发展，为军人保险提供财政拨款和政策支持。

第五条 中国人民解放军军人保险主管部门负责全军的军人保险工作。国务院社会保险行政部门、财政部门和军队其他有关部门在各自职责范围内负责有关的军人保险工作。

军队后勤（联勤）机关财务部门负责承办军人保险登记、个人权益记录、军人保险待遇支付等工作。

军队后勤（联勤）机关财务部门和地方社会保险经办机构，按照各自职责办理军人保险与社会保险关系转移接续手续。

第六条 军人依法参加军人保险并享受相应的保险待遇。

军人有权查询、核对个人缴费记录和个人权益记录，要求军队后勤（联勤）机关财务部门和地方社会保险经办机构依法办理养老、医疗等保险关系转移接续手续，提供军人保险和社会保险咨询等相关服务。

第二章 军人伤亡保险

第七条 军人因战、因公死亡的，按照认定的死亡性质和相应的保险金标准，给付军人死亡保险金。

第八条　军人因战、因公、因病致残的，按照评定的残疾等级和相应的保险金标准，给付军人残疾保险金。

第九条　军人死亡和残疾的性质认定、残疾等级评定和相应的保险金标准，按照国家和军队有关规定执行。

第十条　军人因下列情形之一死亡或者致残的，不享受军人伤亡保险待遇：

（一）故意犯罪的；

（二）醉酒或者吸毒的；

（三）自残或者自杀的；

（四）法律、行政法规和军事法规规定的其他情形。

第十一条　已经评定残疾等级的因战、因公致残的军人退出现役参加工作后旧伤复发的，依法享受相应的工伤待遇。

第十二条　军人伤亡保险所需资金由国家承担，个人不缴纳保险费。

第三章　退役养老保险

第十三条　军人退出现役参加基本养老保险的，国家给予退役养老保险补助。

第十四条　军人退役养老保险补助标准，由中国人民解放军总后勤部会同国务院有关部门，按照国家规定的基本养老保险缴费标准、军人工资水平等因素拟订，报国务院、中央军事委员会批准。

第十五条　军人入伍前已经参加基本养老保险的，由地方社会保险经办机构和军队后勤（联勤）机关财务部门办理基本养老保险关系转移接续手续。

第十六条　军人退出现役后参加职工基本养老保险的，由军队后勤（联勤）机关财务部门将军人退役养老保险关系和相应资金转入地方社会保险经办机构，地方社会保险经办机构办理相应的转移接续手续。

军人服现役年限与入伍前和退出现役后参加职工基本养老保险的缴费年限合并计算。

第十七条　军人退出现役后参加新型农村社会养老保险或者城镇居民社会养老保险的，按照国家有关规定办理转移接续手续。

第十八条　军人退出现役到公务员岗位或者参照公务员法管理的工作人员岗位的，以及现役军官、文职干部退出现役自主择业的，其养老保险办法按照国家有关规定执行。

第十九条　军人退出现役采取退休方式安置的，其养老办法按照国务院和中央军事委员会的有关规定执行。

第四章　退役医疗保险

第二十条　参加军人退役医疗保险的军官、文职干部和士官应当缴纳军人退役医疗保险费,国家按照个人缴纳的军人退役医疗保险费的同等数额给予补助。

义务兵和供给制学员不缴纳军人退役医疗保险费,国家按照规定的标准给予军人退役医疗保险补助。

第二十一条　军人退役医疗保险个人缴费标准和国家补助标准,由中国人民解放军总后勤部会同国务院有关部门,按照国家规定的缴费比例、军人工资水平等因素确定。

第二十二条　军人入伍前已经参加基本医疗保险的,由地方社会保险经办机构和军队后勤(联勤)机关财务部门办理基本医疗保险关系转移接续手续。

第二十三条　军人退出现役后参加职工基本医疗保险的,由军队后勤(联勤)机关财务部门将军人退役医疗保险关系和相应资金转入地方社会保险经办机构,地方社会保险经办机构办理相应的转移接续手续。

军人服现役年限视同职工基本医疗保险缴费年限,与入伍前和退出现役后参加职工基本医疗保险的缴费年限合并计算。

第二十四条　军人退出现役后参加新型农村合作医疗或者城镇居民基本医疗保险的,按照国家有关规定办理。

第五章　随军未就业的军人配偶保险

第二十五条　国家为随军未就业的军人配偶建立养老保险、医疗保险等。随军未就业的军人配偶参加保险,应当缴纳养老保险费和医疗保险费,国家给予相应的补助。

随军未就业的军人配偶保险个人缴费标准和国家补助标准,按照国家有关规定执行。

第二十六条　随军未就业的军人配偶随军前已经参加社会保险的,由地方社会保险经办机构和军队后勤(联勤)机关财务部门办理保险关系转移接续手续。

第二十七条　随军未就业的军人配偶实现就业或者军人退出现役时,由军队后勤(联勤)机关财务部门将其养老保险、医疗保险关系和相应资金转入地方社会保险经办机构,地方社会保险经办机构办理相应的转移接续手续。

军人配偶在随军未就业期间的养老保险、医疗保险缴费年限与其在地方参加职工基本养老保险、职工基本医疗保险的缴费年限合并计算。

第二十八条　随军未就业的军人配偶达到国家规定的退休年龄时,按照国家有关规定确定退休地,由军队后勤(联勤)机关财务部门将其养老保险关系和相应资金转入退休地社会保险经办机构，享受相应的基本养老保险待遇。

第二十九条 地方人民政府和有关部门应当为随军未就业的军人配偶提供就业指导、培训等方面的服务。

随军未就业的军人配偶无正当理由拒不接受当地人民政府就业安置，或者无正当理由拒不接受当地人民政府指定部门、机构介绍的适当工作、提供的就业培训的，停止给予保险缴费补助。

第六章 军人保险基金

第三十条 军人保险基金包括军人伤亡保险基金、军人退役养老保险基金、军人退役医疗保险基金和随军未就业的军人配偶保险基金。各项军人保险基金按照军人保险险种分别建账，分账核算，执行军队的会计制度。

第三十一条 军人保险基金由个人缴费、中央财政负担的军人保险资金以及利息收入等资金构成。

第三十二条 军人应当缴纳的保险费，由其所在单位代扣代缴。

随军未就业的军人配偶应当缴纳的保险费，由军人所在单位代扣代缴。

第三十三条 中央财政负担的军人保险资金，由国务院财政部门纳入年度国防费预算。

第三十四条 军人保险基金按照国家和军队的预算管理制度，实行预算、决算管理。

第三十五条 军人保险基金实行专户存储，具体管理办法按照国家和军队有关规定执行。

第三十六条 军人保险基金由中国人民解放军总后勤部军人保险基金管理机构集中管理。

军人保险基金管理机构应当严格管理军人保险基金，保证基金安全。

第三十七条 军人保险基金应当专款专用，按照规定的项目、范围和标准支出，任何单位和个人不得贪污、侵占、挪用，不得变更支出项目、扩大支出范围或者改变支出标准。

第七章 保险经办与监督

第三十八条 军队后勤（联勤）机关财务部门和地方社会保险经办机构应当建立健全军人保险经办管理制度。

军队后勤（联勤）机关财务部门应当按时足额支付军人保险金。

军队后勤（联勤）机关财务部门和地方社会保险经办机构应当及时办理军人保险

和社会保险关系转移接续手续。

第三十九条 军队后勤(联勤)机关财务部门应当为军人及随军未就业的军人配偶建立保险档案,及时、完整、准确地记录其个人缴费和国家补助,以及享受军人保险待遇等个人权益记录,并定期将个人权益记录单送达本人。

军队后勤(联勤)机关财务部门和地方社会保险经办机构应当为军人及随军未就业的军人配偶提供军人保险和社会保险咨询等相关服务。

第四十条 军人保险信息系统由中国人民解放军总后勤部负责统一建设。

第四十一条 中国人民解放军总后勤部财务部门和中国人民解放军审计机关按照各自职责,对军人保险基金的收支和管理情况实施监督。

第四十二条 军队后勤(联勤)机关、地方社会保险行政部门,应当对单位和个人遵守本法的情况进行监督检查。

军队后勤(联勤)机关、地方社会保险行政部门实施监督检查时,被检查单位和个人应当如实提供与军人保险有关的资料,不得拒绝检查或者谎报、瞒报。

第四十三条 军队后勤(联勤)机关财务部门和地方社会保险经办机构及其工作人员,应当依法为军队单位和军人的信息保密,不得以任何形式泄露。

第四十四条 任何单位或者个人有权对违反本法规定的行为进行举报、投诉。

军队和地方有关部门、机构对属于职责范围内的举报、投诉,应当依法处理;对不属于本部门、本机构职责范围的,应当书面通知并移交有权处理的部门、机构处理。有权处理的部门、机构应当及时处理,不得推诿。

第八章 法律责任

第四十五条 军队后勤(联勤)机关财务部门、社会保险经办机构,有下列情形之一的,由军队后勤(联勤)机关或者社会保险行政部门责令改正;对直接负责的主管人员和其他直接责任人员依法给予处分;造成损失的,依法承担赔偿责任:

(一)不按照规定建立、转移接续军人保险关系的;

(二)不按照规定收缴、上缴个人缴纳的保险费的;

(三)不按照规定给付军人保险金的;

(四)篡改或者丢失个人缴费记录等军人保险档案资料的;

(五)泄露军队单位和军人的信息的;

(六)违反规定划拨、存储军人保险基金的;

(七)有违反法律、法规损害军人保险权益的其他行为的。

第四十六条 贪污、侵占、挪用军人保险基金的,由军队后勤(联勤)机关责令限期退回,对直接负责的主管人员和其他直接责任人员依法给予处分。

第四十七条 以欺诈、伪造证明材料等手段骗取军人保险待遇的,由军队后勤(联勤)机关和社会保险行政部门责令限期退回,并依法给予处分。

第四十八条 违反本法规定,构成犯罪的,依法追究刑事责任。

第九章 附 则

第四十九条 军人退出现役后参加失业保险的,其服现役年限视同失业保险缴费年限,与入伍前和退出现役后参加失业保险的缴费年限合并计算。

第五十条 本法关于军人保险权益和义务的规定,适用于人民武装警察;中国人民武装警察部队保险基金管理,按照中国人民武装警察部队资金管理体制执行。

第五十一条 本法自2012年7月1日起施行。

境内证券市场转持部分国有股份充实全国社会保障基金实施办法

(2009年6月19日 财政部 国资委 证监会 社保基金会　财政部 国资委 证监会 社保基金会颁布施行)

第一章　总　则

第一条　按照中央关于多渠道筹集社会保障基金的决定精神,根据国务院关于在境内证券市场实施国有股转持的有关政策,制定本办法。

第二条　本办法所称国有股东是指经国有资产监督管理机构确认的国有股东。

第三条　本办法所称国有资产监督管理机构,是指代表国务院和省级以上(含计划单列市)人民政府履行出资人职责、负责监督管理企业国有资产的特设机构和负责监督管理金融类企业国有资产的各级财政部门。

第四条　本办法所称国有股是指国有股东持有的上市公司股份。

第五条　本办法所称国有股转持是指股份有限公司首次公开发行股票并上市时,按实际发行股份数量的10%,将上市公司部分国有股转由全国社会保障基金理事会(以下简称社保基金会)持有。

第二章　转持范围、比例和方式

第六条　股权分置改革新老划断后,凡在境内证券市场首次公开发行股票并上市的含国有股的股份有限公司,除国务院另有规定的,均须按首次公开发行时实际发行股份数量的10%,将股份有限公司部分国有股转由社保基金会持有,国有股东持股数量少于应转持股份数量的,按实际持股数量转持。

第七条　股权分置改革新老划断后至本办法颁布前首次公开发行股票并上市的股份有限公司,由经国有资产监督管理机构确认的上市前国有股东承担转持义务。经确认的国有股东在履行转持义务前已发生股份转让的,须按其承担的转持义务以上缴资金等方式替代转持国有股。

第八条　本办法颁布后首次公开发行股票并上市的股份有限公司,由经国有资产监督管理机构确认的国有股东承担转持义务。

第九条 混合所有制的国有股东,由该类国有股东的国有出资人按其持股比例乘以该类国有股东应转持的权益额,履行转持义务。具体方式包括:在取得国有股东各出资人或各股东一致意见后,直接转持国有股,并由该国有股东的国有出资人对非国有出资人给予相应补偿;或者由该国有股东的国有出资人以分红或自有资金一次或分次上缴中央金库。

第十条 对符合直接转持股份条件,但根据国家相关规定需要保持国有控股地位的,经国有资产监督管理机构批准,允许国有股东在确保资金及时、足额上缴中央金库情况下,采取包括但不限于以分红或自有资金等方式履行转持义务。

第三章 转持程序

第十一条 股权分置改革新老划断后至本办法颁布前首次公开发行股票并上市的股份有限公司的转持程序:

1. 国有资产监督管理机构根据现有资料对转持公司中的国有股东身份和转持股份数量进行初步核定,并由财政部、国务院国资委、中国证券监督管理委员会(以下简称证监会)和社保基金会将上市公司名称、国有股东名称及应转持股份数量等内容向社会联合公告。应转持股份自公告之日起予以冻结。

2. 国有股东对转持公告如有疑义,应在公告发布后30个工作日内向国有资产监督管理机构反馈意见,由国有资产监督管理机构予以重新核定。

3. 对于以转持股份形式履行转持义务的,国有资产监督管理机构向中国证券登记结算有限责任公司(以下简称中国结算公司)下达国有股转持通知,并抄送社保基金会。中国结算公司在收到国有股转持通知后15个工作日内,将各国有股东应转持股份,变更登记到社保基金会转持股票账户。

对于以上缴资金方式履行转持义务的,国有股东应及时足额就地上缴中央金库,凭一般缴款书(复印件)到中国结算公司办理股份解冻手续。

4. 国有股东在国有股转持程序完成后30个工作日内,应将转持股份情况,或以其他方式履行转持义务情况以及一般缴款书(复印件)等有关文件报国有资产监督管理机构备案,并抄送财政部和社保基金会。

第十二条 本办法颁布后首次公开发行股票并上市的股份有限公司的转持程序:

1. 首次公开发行股票并上市的股份有限公司的第一大国有股东向国有资产监督管理机构申请确认国有股东身份和转持股份数量。国有资产监督管理机构确认后,出具国有股转持批复,并抄送社保基金会和中国结算公司。国有股转持批复应要求国有股东向社保基金会作出转持承诺,并载明各国有股东转持股份数量或上缴资金数量等内容。该批复应作为股份有限公司申请首次公开发行股票并上市的必备文件。

2. 对于以转持股份形式履行转持义务的,中国结算公司在收到国有股转持批复后、首次公开发行股票上市前，将各国有股东应转持股份，变更登记到社保基金会转持股票账户。对于以上缴资金方式履行转持义务的，国有股东须按国有股转持批复的要求，及时足额就地上缴到中央金库。

3. 国有股东在国有股转持工作完成后30个工作日内将转持股份情况，或以其他方式履行转持义务情况以及一般缴款书（复印件）等有关文件报国有资产监督管理机构备案，并抄送财政部和社保基金会。

第四章　转持股份的管理和处置

第十三条　转由社保基金会持有的境内上市公司国有股，社保基金会承继原国有股东的禁售期义务。对股权分置改革新老划断至本办法颁布前首次公开发行股票并上市的股份有限公司转持的股份，社保基金会在承继原国有股东的法定和自愿承诺禁售期基础上，再将禁售期延长三年。

第十四条　社保基金会转持国有股后，享有转持股份的收益权和处置权，不干预上市公司日常经营管理。

第十五条　国有股转持给社保基金会和资金上缴中央金库后，相关国有单位核减国有权益，依次冲减未分配利润、盈余公积金、资本公积金和实收资本，并做好相应国有资产产权变动登记工作。对于转持股份，社保基金以发行价入账，并纳入基金总资产统一核算。对国有股东替代转持上缴中央金库的资金，财政部应及时拨入社保基金账户。

第十六条　财政部负责对转持国有股充实全国社保基金的财务管理实施监管。财政部可委托专业中介机构定期对社保基金会转持国有股的运营情况进行审计。

第十七条　社保基金会应设立专门账户用于接收转持股份，按本办法转持国有股以及转持股份在社保基金各账户之间转账，免征过户费。

第十八条　国有股转持过程中涉及的信息披露事项，由相关方依照有关法律法规处理。

第五章　附　则

第十九条　本办法由财政部商有关部门负责解释。

第二十条　境外上市公司减转持工作仍按现有相关规定执行。

第二十一条　本办法自颁布之日起施行。

参考文献

[1]杨思斌,陈步雷.劳动法案例教程[M].中国法制出版社,2009.

[2]徐浩洵.医疗改革从何入手[M].经济科学出版社,2009.

[3]杨俊.中国公共养老保险制度宏观经济学分析[M].中国劳动社会保障出版社,2009.

[4]张琪,朱俊生.中国医疗卫生服务与保障制度的整合研究[M].中国劳动社会保障出版社,2009.

[5]刘钧.社会保障案例评析[M].中国劳动社会保障出版社,2007.

[6]王国军.社会保障:从二元到三维 中国城乡比较社会保障制度的比较与统筹[M].对外经济贸易大学出版社,2005.

[7]关保英.法学概论[M].北京:中国政法大学出版社, 2003.

[8]罗伯特·伊斯特,周长征等译.社会保障法[M].北京:中国劳动社会保障出版社,2002.

[9](法国)让·雅克·迪贝卢,爱克扎维尔·普列多,蒋将元译.社会保障法[M].北京:法律出版社,2002.

[10]上海财经大学公共政策研究中心.2002年中国财政发展报告——社会保障公共政策研究[M].上海:上海财经大学出版社, 2002.

[11]何军.劳动与社会保障[M].大连:东北财经大学出版社, 2002.

[12]穆怀中.社会保障国际比较[M].北京: 中国劳动社会保障出版社, 2002.

[13]林嘉.社会保障法的理念、实践与创新[M].北京: 中国人民大学出版社, 2002.

[14]齐海鹏,刘明慧,付波颖.社会保障基金管理研究[M].大连:东北财经大学出版社, 2002.

[15]林义.社会保险基金管理[M].北京:中国劳动社会保障出版社, 2002.

[16]劳动和社会保障部社会保险基金监督司.社会保障基金监督法规文件汇编[M].北京: 中国劳动社会保障出版社, 2002.

[17]王益英.外国劳动法和社会保障法[M].北京:中国人民大学出版社, 2001.

[18]仇雨临,孙树菡.医疗保险[M].北京:中国人民大学出版社, 2001.

[19]关怀.劳动法[M].北京:中国人民大学出版社, 2001.

[20]李珍.社会保障理论[M].北京: 中国劳动社会保障出版社, 2001.

[21]罗元文.国际社会保障制度比较研究[M].北京:中国经济出版社,2001.

[22]杨燕绥.劳动与社会保障立法国际比较研究[M].北京:中国劳动社会保障出版社, 2001.

[23]胡锦光.行政法案例分析[M].北京:中国人民大学出版社, 2000.

[24]刘雄.失业保险[M].北京:中国劳动社会保障部出版社, 2000.

[25]张礼文,贾振江.工伤保险权益维护[M].北京:中国劳动社会保障出版社, 2000.

[26]李政伦,李军.医疗保险[M].北京:中国劳动社会保障出版社, 2000.

[27]孙树涵.工伤保险[M].北京:中国人民大学出版社, 2000.
[28]杨伟民.失业保险[M].北京:中国人民大学出版社, 2000.
[29]龚贻生.养老保险权益维护[M].北京:中国劳动社会保障出版社, 2000.
[30]皮广州,齐东斌.医疗保险权益维护[M].北京:中国劳动社会保障出版社, 2000.
[31]王益英.社会保障法[M].北京:中国人民大学出版社,2000.
[32]郑功成.社会保障学[M].北京:商务印书馆, 2000.
[33]刘雄.养老保险[M].北京:中国劳动社会保障出版社, 2000.
[34]董克用,王燕.养老保险[M].北京:中国人民大学出版社, 2000.
[35]史探径.社会保障法研究[M].北京:法律出版社, 2000.
[36]李明.社会保障与社会保障税[M].北京:中国税务出版社,2000.
[37]孙光德, 董克用.社会保障概论[M].北京:中国大学大学出版社, 2000.
[38]杨燕绥.社会保险法[M].北京: 中国人民大学出版社, 2000.
[39]种明钊.社会保障法律制度研究[M].北京: 法律出版社,2000.
[40]金新政,沈继权.医疗保险信息系统[M].北京:人民卫生出版社, 2000.
[41]方乐华.社会保障法论[M].北京:世界图书出版公司, 1999.
[42]戴凤歧, 李新新.经济法[M].北京: 首都经济贸易大学出版社,1999.
[43]张文显.法理学[M].北京: 高等教育出版社, 北京大学出版社, 1999.
[44]谢建华,巴峰.社会保险法学[M].北京: 北京大学出版社, 1999.
[45]覃有土, 樊启荣.社会保障法[M].北京: 法律出版社, 1997.
[46]赵曼.社会保障制度结构与运行分析[M].北京: 中国计划出版社, 1997.
[47]陶继侃,张志超.当代西方国家税收[M].太原:山西经济出版社, 1997.
[48]中华人民共和国人力资源和社会保障部网 http://www.mohrss.gov.cn
[49]中华人民共和国民政部网 http://www.mca.gov.cn
[50]中华人民共和国财政部网 http://www.mof.gov.cn